상담과 심리치료를 위한 철학
피타고라스로부터 포스트모더니즘까지

상담과 심리치료를 위한 철학
피타고라스로부터 포스트모더니즘까지

초판 인쇄 2025년 8월 20일
초판 발행 2025년 8월 30일

옮긴이 이영의·이진오 **펴낸이** 박찬익 **편집장** 권효진 **디자인** 정봉선·이수빈
펴낸곳 ㈜**박이정 주소** 경기도 하남시 조정대로45 미사센텀비즈 8층 827호
전화 031)792-1195 **팩스** 02)928-4683
홈페이지 www.pijbook.com **이메일** pijbook@naver.com
등록 2014년 8월 22일 제2020-000029호
ISBN 979-11-7497-011-4 (93160)

* 책값은 뒤표지에 있습니다.

ⓒ Alex Howard 2000
This translation of Philosophy for Counselling and Psychotherapy: Pythagoras to Postmodernism, First Edition is published by arrangement with Bloomsbury Publishing Plc.

The Korean Language edition ⓒ 2025 Pagijong Press, Inc.
The Korean translation rights arranged with Bloomsbury Publishing Plc through EntersKorea Co., Ltd., Seoul, Korea.

이 책의 한국어판 저작권은 (주)엔터스코리아를 통한 저작권사와의 독점 계약으로 박이정이 소유합니다. 저작권법에 의하여 한국 내에서 보호를 받는 저작물이므로 무단전재와 무단복제를 금합니다.

상담과 심리치료를 위한 철학

알렉스 하워드 지음
이영의·이진오 번역

피타고라스로부터
포스트모더니즘까지

박이정

목차

서문	vi
감사의 글	xx
1 피타고라스 (580–500 BC 경)	1
2 헤라클레이토스 (540–480 BC 경)	14
3 소포클레스 (496–406 BC 경)	23
4 소크라테스 (기원전 470–399)와 플라톤 (기원전 427–347)	32
5 아리스토텔레스 (기원전 384–322년)	53
6 에피쿠로스주의	77
7 스토아주의	88
8 성 아우구스티누스 (서기 354–430년)	117
9 성 토마스 아퀴나스 (1225–1274년)	132
10 니콜로 마키아벨리 (1462–1527년)	144
11 루터 (1483–1546)	155
12 토마스 홉스 (1588–1679년)	168
13 르네 데카르트 (1596–1650년)	182
14 바루흐 스피노자 (1632–1677년)	199
15 존 로크 (1632–1704년)	214
16 고트프리트 빌헬름 폰 라이프니츠 (1646–1716년)	228
17 조지 버클리 (1685–1753년)	238
18 데이비드 흄 (1711–1776년)	248

19 장 자크 루소 (1712-1778년) ………………………………… 262
20 이마누엘 칸트 (1724-1804년) ………………………………… 283
21 벤담 (1748-1832) ………………………………………………… 297
22 게오르크 빌헬름 프리드리히 헤겔 (1770-1831년) ……… 308
23 쇼펜하우어 (1788-1860) ………………………………………… 323
24 밀 (1806-1873) …………………………………………………… 341
25 키르케고르 (1813-1855) ………………………………………… 356
26 카를 마르크스 …………………………………………………… 374
27 니체 (1844-1900) ………………………………………………… 391
28 지그문트 프로이트 (1856-1939년) …………………………… 410
29 칼 구스타프 융 (1875-1961년) ………………………………… 429
30 루드비히 비트겐슈타인 (1889-1951년) ……………………… 447
31 마르틴 하이데거 (1889-1976년) ……………………………… 467
32 사르트르 (1905-1980) …………………………………………… 487
33 다음은 어떤 철학일까? ………………………………………… 510

결론 ……………………………………………………………………… 527
부록 ……………………………………………………………………… 538
역자 소개 ……………………………………………………………… 541
역자 후기 ……………………………………………………………… 542
색인 ……………………………………………………………………… 546

v

서문

철학이라는 단어를 보고도 독자들이 이 책을 읽게 되어 다행으로 생각한다. 사람들은 철학자들의 말이 이해할 수 없고 삶과 관련이 없으며 순진하다고들 말한다. 그렇지만 철학자들이 제기하는 질문들은 인간 존재를 어떻게 이해해야 하는가, 행복을 어떻게 이해하고 달성해야 하는가와 같이, 우리 모두 종종 던지는 중요한 질문이다. 우리는 너무 열심히 행복하려고 하는 것 자체가 우리를 비참하게 만드는 건 아닌지 궁금해 한다. 어쩌면 행복은 다른 활동의 부산물일 지도 모른다. 우리가 그것을 쫓으면 오히려 잃게 되는 것일지도 모른다.

새천년의 길목에 서서 아마도 우리는 그 어느 때보다도 우리의 삶을 재평가하고 다음과 같은 질문을 던지게 된다. 삶의 의미는 무엇인가? 가식 아래에 숨겨진 진정한 나는 누구인가? 어디로 가고 있는가? 어디로 가야 하는가?

고난에 처한 사람들에게 이런 질문들은 특별하고 실질적으로 절실하게 다가올 수 있다. 철학자들은 최소한 2천 5백년 동안 이런 질문들을 숙고해왔다. 어린이들은 더 중요한 직장을 얻기 위해 필요한 자격증, 쇼핑, 사회적 지위로 그들의 타고난 호기심이 가려지기 전까지는 종종 그런 질문을 던진다.

삶에 관한 중요한 철학적 질문들과 그 의미는 의학이 다룰 일은 아니다. 또한 그런 문제들은 심리학적으로만 다룰 일도 아니고 심리학이 앞장서서 다룰 것도 아니다. 그것들은 현대 심리치료의 매우 좁은 의제에 맞추어 넣을 수 없다. 이런 점을 고려해서 이 책은 돌보미들과 자신의 삶을 재평가하려는 내담자들이 지난 오십년 내지 백년 사이에 나온 치료와 관련된 문헌들을 넘어서면 어떤 도움을 얻을 수 있는지 보여줄 것이다.

만약 철학자들이 오로지 다른 철학자들만 관심을 가질 질문을 던진다면 그들은 자신뿐만 아니라 철학 전체에도 중대한 해를 끼치게 된다. 이 점에 대해 고대 그리스인들은 그런 철학자들보다 더 잘 알고 있었다. 그들은 철학이란 당연히 우리 모두와 관련된 질문을 제기해야만 한다는 점을 알았다. 그리스인들은 철학적 주제가 인간에 대한 다른 탐구들과 연결되어야 하고 그것들에 의해 논증되어야 한다는 점을 알고 있었다. 그들은 또한 어떤 철학적 주제가 중요한 것이라면, 그것은 반드시 우리 모두가 생각하고, 느끼고, 선택하는 방식과 우리 주변의 다른 사람들과 상호작용하는 방식에 중대하고 실질적인 영향력을 일상에서 발휘해야 한다는 점을 잘 알고 있었다.

그렇다면 철학이란 무엇인가? 여기에 간결한 대답이 하나 있는데 그것에 따르면 철학은 이전에 제시된 답변들의 근거를 계속 질문하다 보면 마지막에 도달하게 되는 바로 그것이다. 캐묻기 좋아하는 아이들은 '왜'라는 질문을 계속한다. 그들은 가끔 그 뜻을 체득하지 못한 채 철학적 질문을 계속하기도 한다. 이 단계에서 아이들은 질문을 중단하라는 충고를 받기도 하고, 들은 대로 받아들이거나 지시받은 대로 행동하라는 말을 듣기도 한다. 내가 학교에서 배운 바에 의하면, 만약 당신이 이미 대답이 주어진 문제에 대해 질문을 계속할 경우 선생님은 분명히 인내력에 한계를 보일 것이다. 나는 몇 가지 가정을 받아들이라는 말을 들었거나, '그런 질문을 하는 사람은 많지 않아'라는 조언을 받았다.

실제로 일부 사람만이 고등교육에서 까다로운 질문을 계속할 수 있고, 그런 일이 철학이라고 불린다는 사실을 발견했을 때, 나는 내 행운을 믿을 수 없었다. 철학과 함께 배웠던 심리학은 철학에 비해 매우 실망스러웠다.

나는 철학이 제기하는 끈질긴 질문을 견뎌낼 수 없는 심리학은 살아남을 만한 가치가 없다는 결론을 내렸다. 따라서 내가 배운 철학으로 심리학을 생각하게 된 후 내가 배운 심리학은 거의 모두 사라졌다. 현대 심리학의 상당 부분은 사회 문화사를 놀라울 정도로 고려하지 않은 것으로 보였다. 심리학은 정체성과 목적, 방법론에 대한 전제들을 그것들의 토대나 그 대안의 존재를 고려하지 않은 채 받아들였다. 심리학은 너무 많은 의문을 낳았다. 또한 심리학은 그 자신이 갖고 있지 않은 지식체계, 기술, 객관화 능력을 갖고 있다고 전재했고 실제로 제공할 수 없는 다양한 전문 서비스를 제공하겠다고 공언했다.

철학적 질문이 모든 것을 무너뜨리는 것은 아니지만 그것은 더 다양한 아이디어가 성장하고 번영할 수 있는 기반을 마련한다. 따라서 나는 이 책에서 자신의 삶을 이해하려고 노력하는 사람들이나 또는 내담자들이 자신의 삶을 돌아볼 수 있도록 돕는 상담사들에게 특히 도움이 될 만한 말을 해줄 여러 철학자들의 주장을 한데 모을 것이다. 물론 어떤 철학자나 주장이 가장 적절한지는 독자들이 각자 판단할 것이다. 나는 나 자신의 견해를 숨기지는 않을 것이다. 하지만 모든 사람이 나의 견해에 동의할 것이라고 상상하거나 기대하지는 않는다.

상담 및 다른 전문 '돌봄 패키지'는 우리 시대의 문화 현상 중 하나이다. 상담사와 전문 돌봄사는 많은 사람에게 사제의 역할을 대신하고 있으며, 일상적으로 사고 및 응급 서비스를 보조하며, 대중매체는 일상적으로 그들을 다양한 문제에 대해 언론이 예상되는 (그러나 종종 의문이 제기되는) 해결책 묶음의 일부로 간주한다. 다양한 범주의 보건 및 사회복지 분야에 종사하는 많은 사람들이 이제 '상담 기술'을 자신의 업무에서 중요한 요소로 생각하고 있다. 이들은 상담 기술을 보유하고 있다고 주장하거나 아니면 그것을 습득하려고 노력한다.

한때 드물었던 '상담'은 이제 어디에서나 볼 수 있다. 수천 명의 사람들이 스스로를 상담사 또는 상담 기술 실천가라고 부른다. 상담사 교육도 그에 따라 성장하여 수많은 과정과 방대한 양의 교과서 및 학술지가 쏟아져 나왔다. 1985년 이전에는 영국에서 출판된 상담 관련 책은 거의 없었다. 따라서 상담은 최근의 활동이며 그것은 단지 몇 십 년 동안만 규모 있게 존재해 왔다는 결론을 내리고 싶다.

특정 산업군이 성장하면서 그와 함께 다양한 어휘, 도서관 및 명예의 전당도 생겨나고 있다. 상담사 및 심리치료사[1]는 특정 학파 내에서 좋아하는 상담 멘토, 인물, 이론가의 가르침에 따라 선호하는 모델을 채택하여 훈련한다. 이 모든 것은 이미 잘 알려져 있고 문서화되어 있다. 그렇다면 새로운 것은 무엇인가? 다른 상담 이론이나 다른 학파가 필요할까?

이제 현재 상황을 점검하고 이 모든 학파들이 운영되는 배경과 맥락을 살펴볼 때이다. 상담은 개인과 개인 사이에서 일어나는 일에 초점을 맞추는 경향이 있다. 나는 이 활동의 문화적, 철학적 뿌리의 깊이와 강도를

---

[1] 이 둘은 종종 명확히 정의되지 않은 채 혼용되어 사용되고 있다.

살펴보고 자 한다. 건강한 정신, 규율, 결단력, 동기 부여, 영감을 유지하기 위한 우리 자신의 노력을 지난 세대들의 노력과 어떻게 비교할 수 있을까? 발굴할 가치가 있는 역사는 얼마나 될까? 얼마나 더 거슬러 올라가야 할까? 아주 최근의 일처럼 보이는 운동이 과연 어떤 역사를 지니고 있을까?

사람들이 상담의 역사를 이야기할 때, 그들은 대개 1950년대의 칼 로저스로 이야기를 시작한다. 심리치료에 대해 이야기하는 사람들은 더 자주 1,900년경의 지그문트 프로이트로 시작한다. 더 최근에 '상담심리학'이라는 분야가 등장했는데, 그것은 불과 몇 년 전에 등장했지만 자체 문헌을 빠르게 개발하고 있다.

이전 책에서 밝힌바와 같이[2] 나는 현재 대화치료가 불충분한 토대 위에서 시행되고 있다고 생각한다. 따라서 나는 훨씬 더 넓은 범위에서 작업을 계획하고 있으며, 50년이나 100년이 아니라, 2,500년 전으로 거슬러 올라간다. 나의 상담 이야기는 고대 그리스의 고전적 인본주의[3] 문화에서 시작될 것이다. 그렇게 한 이유는 다음과 같다.

로저스, 프로이트 및 동시대 학자들보다 훨씬 이전부터 사람들은 자신의 삶을 이해하고 도움을 주고받으려고 노력했다. 우리의 현재 전문성이 과연 매우 뛰어나서 이전의 노력들을 무시할 수 있을 정도인가? 자연과학 분야에서 20세기의 지식은 종종 이전의 이론을 쓸모없는 것으로 만들곤 한다. 200년, 500년 또는 2,000년 전의 사람들이 우리를 방문한다면, 우리의 기술 역량과 과학적 이해의 규모에 놀라움과 압도감을 느낄 것이다. 우리는 신체가 어떻게 작동하는지에 대해 그들보다 훨씬 더 많은

---

2 Alex Hoard, *Challenges to Counseliing and Psychology*, Macmillan, 1996.
3 [역주] 이 책에서 'humanism'은 '인본주의'로 번역되었다.

것을 알고 있으며, 조상들이 상상조차 할 수 없었던 기계장치로 자신을 가꾸고 즐겁게 하고 힘을 강화할 수 있다.

우리의 과학과 기술은 의심할 여지없이 발전해 왔으며, 이제 우리는 교량건설 기술에 대해 조상들보다 훨씬 더 많이 알고 있다. 하지만 우리 자신과 다른 사람들 사이의 (은유적이지만 훨씬 더 중요한) '다리'를 건설하는 것은 어떨까? 우리의 증조부들은 우리의 도덕적 감각에 크게 놀라고 감탄할까? 우리의 자기 인식이나 자기 훈련, 협력하고 소통하고 지지를 주고받는 우리의 능력이나 의지에 대해서는 어떨까? 여기서 우리는 그 진보란 것이 그다지 인상적이지도 뚜렷하지도 않으며, 모든 시대와 장소에서 온 방문객들에게도 깊은 인상을 주지 못할 것이라는 점을 인정할 것이다. 우리는 나무 몽둥이 대신 미사일 기술을 가지고 있지만, 그로 인해 서로를 죽일 가능성이 줄어든 것일까? 20세기는 그 어떤 이전 세대보다 더 많은 과학적 진보와 인간의 잔혹성을 경험했다. 우리의 기술은 놀라울 정도이고, 우리는 여러 면에서 더 똑똑하고 더 많은 지식을 갖고 있다. 하지만 우리가 더 현명해지고 더 자비로워지고, 도덕적으로 더 민감해졌다고 확신할 수는 없다. 또한 우리가 서로 더 협력하고 소통하며 지지하고 도움이 되는 조언을 주고 있다고 자신할 수 없다.

따라서 나는 지금 우리 시대와 멀리 떨어진 시대에 살았던 다양한 사상가들이 정체성, 협동, 의미, 사랑, 지혜라는 주제에 대해 여전히 많은 것을 제공할 수 있다고 믿는다. 나는 다음 장부터는 이 중 수십 가지를 선별하여 독자들에게 가장 적절하고 도움이 될 만한 내용을 소개할 것이다. 다른 사람을 돌보는 전문가와 그들의 지원을 받는 내담자는 사람들과 똑같이 자신과 자신의 선택에 대해 이해하려고 노력해 온 방식을 탐구하는 데 관심을 가질 수 있다. 우리는 어떻게 서로를 돕거나 방해할 수 있을까? 이런 질문은 매우 중요하며, 사람들은 여러 세대에 걸쳐 이를 고민해 왔다. 이에 대한 흥미로운 해답이 단지 지난 100년에만 존재했다고 생각하는 것은 다소 현명하지 않은 것 같다.

내가 선정한 철학자 중 일부는 멋있고 간결하며 명료하게 글을 썼다. 나는 이런 글들을 매우 많이 인용했다. 그들은 글을 통해 자신의 목소리를 내는데 나는 그 중 가장 적절해 보이는 것을 선택했다. 언어와 문체보다 아이디어가 더 인상적인 철학자들도 있다. 이 경우 나는 훨씬 더 많은 것을 설명하고 요약해야만 했다. 나는 이를 통해 일반 독자뿐만 아니라 잠재적인 인적 돌봄 및 지원 제공자 모두의 관심을 끌고 그들을 자극하고자 한다.

일부 철학자들의 사상이 일상생활 및 실천에 적절한지는 명확하고 쉽게 이해될 수 있다. 그러나 우리는 때로 이상하고 비현실적이며 현재의 고민과 무관해 보이는 아이디어를 탐구할 때도 있을 것이다. 여기에는 그럴만한 중요한 이유가 있다. 친숙한 것에 머물러 있는 한, 우리는 현재의 전제, 은유, 사고방식, 습관에서 벗어날 수 없기 때문이다. 이러한 전제에서 벗어남으로써 처음으로 그것들을 보고 그에 따라 새로운 관점을 통해 우리의 전제를 선택하고 평가할 수 있는 기회를 얻게 된다.

현재의 삶과 무관해 보이는 아이디어를 가진 낯선 사상가를 이해하는 것은 더 어렵다. 그들이 어떻게 생각했는지 들여다보는 것은 어려운 일이며, 그들이 했던 방식으로 세상을 바라보는 것은 더더욱 어려운 일이다. 하지만 안내하면 다른 세계가 보이기 시작한다. 매우 다른 대안과 비교하기 전까지는 보통은 보이지 않았던 우리 자신의 전제들이 슬쩍 보이게 된다. 근본적인 철학을 인식하면 우리는 더 넓은 관점을 가질 수 있고 삶에 대해 좀 더 잠정적이고 질문을 제기한 접근을 취할 수 있다. 그 결과 나와 다른 생각을 가진 사람을 이해하고 공감하는 것이 조금 더 쉬워질 수 있다.

마지막으로, 만약 우리가 친숙한 것에만 관심을 기울이면, 사상사에서 중요한 많은 것을 놓칠 수 있다. 천문학자들은 눈에 보이지 않는 물질이 우주의 90퍼센트 이상을 차지한다고 주장한다. 마찬가지로 나는 '보이지 않는 아이디어들'이라는 중력적 인력이 우리 동시대 사고의 많은 부분을 결정한다고 주장하고자 한다. 친숙한 것은 낯선 것에 의해 형성된다는 점을 우리는 배우게 될 것이다. 철학은 정신적 지도를 시험하고 확장한다. 우리가 지적 도구 상자 안에서 습관적이고 소박하며 현대적이고 즉각적인 것만 주목하면 이런 시험과 확장은 불가능하다.

요점이나 목적 없이 제시된 역사는 지루하고 죽어 있다. 역사는 기술되는 인물과 마찬가지로 죽은 것처럼 보이는 날짜와 세부 사항으로 구성될 수 있기 때문이다. 역사가 너무 많은 내용을 다루면 피상적이 되고 오래전에 사라진 장소와 사람들에 대한 통찰의 환상만을 제공할 것이다. 우리 조상들은 우리와 다른 질문, 가정, 편견으로 우리와 매우 다른 방식으로 생각하고 느꼈다. 우리는 그들에 대해 무언가를 알고 있다고 생각할 수 있지만, 우리가 배우는 것은 어쩔 수 없이 단어의 의미와 중요성에 대한 우리 자신의 상황과 이해를 통해 구성되고 여과된 것이다. 그렇다면, 수백 년 전에 죽은 사람과 어떻게 진정으로 일관된 연결을 맺을 수 있을까?

역사는 각 세대에 의해 각자의 우선순위와 관점에 따라 각자의 목적을 위해 쓰여 지고 새롭게 쓰여 진다. 한 개인이나 단체의 역사는 다른 사람이나 단체의 역사와 다를 수 있다. 이러한 모든 문제와 한계를 감안할 때, 왜 우리는 역사에 신경을 써야 할까? 어떤 역사를, 누구의 역사를 고려해야 하는가? 누가 왜 그것을 선택하는가?

물론 저자들은 자신이 내린 선택에 대해 중재자 역할을 해야 한다. 하지만 저자들이 독자의 관심을 끌기를 원한다면, 자의적인 선택을 해서는 안 된다. 나는 독자들이 대화 프로그램과 다른 형태의 '지금 여기' 돌봄을 이해하는 데 도움을 줄 아이디어를 가진 사상가들을 선택했다. 나는 그 결과로 돌봄 의제들이 더 넓은 관점에서 관찰될 수 있게 되고, 이를 통해 독자들이 자신의 정체성, 기회, 한계에 대해 더 넓고 깊은 이해를 발전시킬 수 있기를 바란다.

과거에 사람들이 말하고, 행위하고, 관심을 가졌던 것이 현재 우리가 행하고 걱정하는 것과 관련이 있는 한, 역사는 중요하다. 사건은 반복되지 않을 수 있지만, 건강한 정신과 어리석음, 진실과 거짓, 사랑과 무관심이라는 근본적인 원리들은 크게 변하지 않을 수 있다. 그런데 다행히도 우리가 깨닫든 깨닫지 못하든 과거의 많은 부분이 우리 안에 살아 있다. 모든 과거가 끝나고 사라진 것은 아니다. 과거는 살아 있고, 현재에 존재하며, 활동 중이고, 지금 이 순간에도 미래를 형성하고 있다. 과거는 실재하는 현재와 가능한 미래 모두에 대한 관점과 생각과 통찰력을 제공할 수 있다.

역사는 우리 이야기의 일부이며, 우리가 현재 어디에 있는지를 이해하는 방법 중 하나다. 역사는 미래를 상상하는 데도 도움이 된다. 상담사는 이를 개별 내담자와의 관계에서 알고 있으며, 그들이 완전히 끝나지 않은 자신의 과거 부분을 탐구하도록 격려한다. 상담 운동도 마찬가지로 자신의 역사적 영향을 더 잘 인식함으로써 스스로를 점검하고 실천을 강화할 수 있다.

내가 이 책에서 제시하는 철학은 엄격한 연대순으로 구성되어 있다. 시간 순서가 중요하다. 그러나 그 순서는 예를 들어 알파벳 순서처럼 자의적이지 않다. 최고 수준의 철학자들을 자의적으로 앞이나 뒤로 옮길 수는 없다. 그들이 말 속에는 그들보다 먼저 생존한 사람들로부터 얻은 정보가 있다. 이전에 생존했던 철학자들의 사상은 후대의 철학자들에게 가르침을 주고, 영감을 주고, 향기를 불어넣는다. 로크는 흄 이후에 등장할 수 없었을 것이다. 칸트는 흄 이전에 나타날 수 없었을 것이다. 만약 그들이 다른 순서로 태어났다면, 그들의 지능과 능력을 고려할 때, 그들이 말했을 내용은 매우 달랐을 것이다.

물론 이 개론서가 2,500년의 역사를 포괄적으로 연구할 필요는 없다. 나는 이 글을 쓸 수 없었을지도 모르고, 상담 및 기타 돌봄 직업에 관심이 있는 사람들이 이 글을 읽을 이유도 없고, 읽고 싶지도 않을 수도 있다. 하지만 앞으로 보게 되겠지만, 우리 조상들 중 최고의 인물들은 여전히 우리에게 많은 것을 가르쳐 주고 있다. 우리가 그들로부터 배우려고 노력한다면, 치료적 대화와 행위, 그 문제점과 가능성에 대해 더 넓고 깊은 비전을 개발할 수 있다. 물론 마지막에는 최종적인 해답도 없고 끝도 보이지 않을 것이다. 하지만 우리가 지금 어디에 있고 어떻게 여기까지 왔는지에 대한 통찰력과 더 선명하고 큰 그림은 얻을 수 있을 것이다.

상담사와 치료사는 철학이나 역사, 문화, 자아 모델 또는 가치 체계에 대해 '학습'하거나 신경 쓸 필요가 없다는 주장이 종종 제기된다. 왜 그럴까? 상담사는 그저 내담자가 자신의 가치, 우선순위, 방향, 존중감, 정체성, 삶의 이유를 스스로 발견할 수 있도록 경청하고, 촉진하고, 도와줄 뿐이기 때문에 그렇다는 것이다.

상담사는 그저 한 쌍의 귀와 따뜻한 마음만 있으면 된다는 생각은 실제 가치보다 통용되는 가치가 훨씬 더 큰 위험한 착각이다. 이 책을 진행하면서 나는 그 이유를 설명하겠다. 우선 우리의 귀는 사실 뇌의 일부다. 그런데 귀와 뇌 사이에 하드웨어와 소프트웨어가 없다면, 귀로는 아무것도 들을 수 없다. 즉, 단지 듣기만 하는 것은 원칙적으로 불가능하다. 경청이란 우리에게 중요한 아이디어, 경험 및 가치를 활용하지 않고는 일어날 수 없는 창조적인 행위다. 마찬가지로 우리의 언어적, 비언어적 반응 방식 역시 내담자에 의해서만 결정되는 것이 아니라 우리 자신의 구성, 가치관, 우선순위, 아이디어, 역사에 의해 형성된다. 이는 영향을 미칠 수밖에 없는 것이다. 상담사인 내가 내담자에게 영향을 미치지 않는다고 상상하는 것은 인간 상호 작용의 본질에 대해 놀라울 정도로 무지와 순진함을 드러내는 것이다. 상담사가 답을 제공하지 않으려 할 때에도 그들은 분명히 내담자가 올바른 질문을 할 수 있도록 돕는 일을 하고 있어야 하지 않겠는가? 이러한 촉진에는 상당한 지식과 기술이 필요하며, 소크라테스는 이런 활동에 있어서 지그문트 프로이트, 칼 로저스 또는 다른 어떤 현대 치료사들보다 더 나은 롤 모델이 될 수 있다. 자세한 내용은 나중에 다시 설명하겠다.

상담사들은 사회적 지위와 존경을 추구한다. 그들은 인간적인 얼굴을 가진 전문가로 받아들여지길 원한다. 물론 영국에는 왕실 고문변호사들, 기소 및 변호를 위한 법률고문들이 있고, 법조인은 그 자체로 한때는 사람들이 싸우지 않고 서로의 차이를 해결하도록 돕는 직업이었다. 요즘 변호사 비용을 감당할 수 있는 사람은 거의 없다 (정신분석가의 비용을 감당할 수 있는 사람은 얼마나 될까?). 또한 법의 형식성만으로 충분하다고 생각되지도 않는다. 우리는 친근한 인간의 얼굴을 지닌 상담에 돈을 지불하고 그것이 '활성화'되기를 원한다. 많은 이들에게 성직자는 더 이상 의지할 사람이 아니다. 상담사가 해결책을 주겠다고 약속한다. 이것이 가능할까?

나는 이전 책 『상담과 심리치료에 대한 도전』[4]에서 상담의 본질에 대한 몇 가지 도전적인 질문을 다루었다. 그 책에서 나는 너무 많은 질문들이 대답되지 않은 채 남아있고, 치료적 대화를 실행하는 방식에서도 너무 많은 차이가 있다고 주장했다. 부족한 부분이 많다고 말했기 때문에 나 스스로 그 책에서 지적했던 차이들을 메우고 싶다는 생각이 들었다.

『상담과 심리치료에 대한 도전』에는 해답보다는 의문이 더 많이 제기되었다. 이번 작업에서는 그 불균형을 바로잡으려고 한다. 물론 이 책이 정답을 제시하지는 못하지만 (원칙적으로 정답은 없다), 오늘날 내담자와 돌보미에게 실질적인 도움이 되는 자료와 자극을 제공할 수 있기를 바란다.

나는 누구인가? 나는 무엇을 알고 있나? 나는 어디로 가고 있는가? 어디로 가야 하는가? 이 네 가지 질문은 우리 모두의 근본적인 관심사이다. 피타고라스부터 현재에 이르기까지 가장 중요한 철학자 30명 이상이 이 질문들을 해결하기 위해 노력했다. 많은 철학자들은 이 네 가지 질문

---

[4] 같은 책

을 '나'의 관점에서가 아니라 '우리'와의 관계에서 생각했다. 그들은 한 사회의 정체성이란 무엇이고, 어떤 집단적 지식이나 방향성, 양심이 가능한지를 물었다. 이러한 광범위한 접근 방식은 관례적으로 특정 개인에게만 관심을 집중해 온 돌보미들에게는 무의미해 보일 수 있다. 우리는 매우 '자기 중심적인' 시대에 살고 있으며, 많은 상담 및 돌봄 이론가들은 우리가 속한 사회와 문화에 대해서는 거의 관심을 기울이지 않고 개인의 딜레마와 역학 관계에만 관심을 기울인다. 앞으로 확인하게 될 것이지만, 치유와 삶의 목적에 대한 이러한 개인주의적 관점은 고대 그리스 시대 이후로 많은 비판을 받아왔다. 현대의 개인주의는 거의 역사적 일탈이며, 내 생각에는 매우 유감스러운 사조이다. 개인적 건강이나 웰빙은 사회적 건강이나 웰빙과 실제로 분리될 수 없다면, 사회적, 문화적, 정치적 차원에서 문제를 해결하지 못하는 한, 개인적 해결책은 존재할 수 없다.

철학은 치유, 정체성, 방향, 의미를 위한 수단으로서 치료를 뒷받침한다. 따라서 철학에 더 많은 관심을 기울일 필요가 있다. 시인, 화가, 수필가, 소설가, 연주자, 작곡가 등 많은 사람들이 치유와 의미라는 주제에 대해 많은 것을 제공하고 있다. 치유와 목적은 의사, 심리학자, 상담사 등 특정 집단의 전문가나 치료 전문가만의 전유물이 되기에는 그 범위가 너무 넓고 중요하다. 여기서 탐구되는 질문들은 우리 모두의 문제이며 우리 모두의 것이다. 우리는 서양철학[5]의 오랜 전통의 수혜자다. 서양철학의 이야기는 흥미롭고 일관되며 적절하다. 다시 말하자면, 철학은 첫 번째나 두 번째 또는 세 번째 답을 '최종' 답으로 취하지 않으면 결국

---

[5] 극히 일부분의 경우를 제외하고 나는 이 책에서 서양철학만을 다루었다. 솔직히 말해서 지면이 제한돼 있기 때문이 아니라 동양철학을 이 책의 한 부분으로 채택해 다룰 역량을 나 자신이 아직 갖추지 못하고 있기 때문이다. 그러나 동양철학은 다룰만한 가치가 충분하다고 확신한다.

하게 되는 일이다. 여기서 우리는 최고의 사상가들이 계속해서 질문을 던졌을 때 어떤 일이 일어났는지 엿볼 수 있다. 탐구자라면 당신이 누구든, 어디에 있든, 당신은 철학으로 자신이 원하는 것을 만들어낼 수 있다.

마지막으로, 독자들은 이 책에 여성 철학자가 한 명도 소개되지 않았다는 점을 알아차릴 수밖에 없을 것이다. 한 두 명이라도 포함하려고 애썼지만, 나는 여성철학자들을 대표하기 위해 특정 여성철학자를 포함하거나, 형평성을 위해 특정 여성철학자를 포함하지 않기로 결정했다. 철학은 항상 지극히 남성적인 활동이었으며, 주요 여성 철학자들이 존재했더라도 그들은 역사에서 너무도 효과적으로 무시되어 왔다. 하지만 이제 과거 남성의 텃밭이었던 철학에 여성들이 강자로 등장하면서 상황이 달라질 것이다.

여성에게 한 가지 문제는 종종 팀이 일을 진행하고 싶어 할 때도 철학은 계속 질문을 던지는 사람들을 끌어들이는 경향이 있다는 점이다. 우수한 팀원으로서 여성은 이런 점이 답답할 수 있다. 철학은 다소 비현실적일 수 있다. 우리 문화는 여성이 현실적이고 책임감 있는 행동인이 되기를 장려한다. 철학은 질문하고, 탐구하고, 시험하고, 사고의 토대를 넓히고 깊게 한다. 진지한 목적을 가진 진지한 철학적 질문이 그렇다. 퇴폐적인 철학은 모든 활동을 약화시키기 위해 질문하지만, 그 자리에 어떤 것도 제시하지 못한다. 철학은 최악의 경우 긍정적인 목적에 전혀 도움이 되지 않는 일종의 남성적인 지적 파괴행위이다. 나는 여성적 지성이 이러한 경향에 저항할 가능성이 더 높고 그래서 환영받아야 한다고 믿는다.

2001년 알렉스 하워드(Alex Howard)
consult@alexhoward.demon.co.uk

감사의 글

영어판 『존재와 시간』에서 인용할 수 있도록 허락해 주신 Blackwell 출판사와 마르틴 하이데거의 아들이자 후계자인 하이데거 박사에게 감사의 뜻을 전합니다. 『존재와 시간』의 독일어 원본에 대한 저작권을 보유한 Max Niemeyer 출판사에도 감사드립니다. C. G. 융의 『영혼을 찾는 현대인』 및 J. P. 사르트르의 『존재와 무』에서 발췌한 내용을 인용할 수 있도록 허락해 준 Routledge 출판사에도 감사드립니다.

이 책에서 인용한 모든 저작권자를 찾으려 노력했습니다. 간과된 분이 있다면 출판사는 가장 빠른 시간 안에 필요한 조치를 기꺼이 취할 것입니다.

Chapter 1

피타고라스 (580-500 BC 경)

요점

* 피타고라스는 우주의 조화를 이해함으로써 성취감과 마음의 평화를 얻을 수 있다고 확신했다. 그런데 이런 일은 음악과 수학을 통해 가장 잘 달성할 수 있었다.

* 인간은 존재의 패턴, 일관성, 온전함 안에서만 자신을 발견했다. 삶의 근본적인 밑그림은 말뿐만 아니라 주로 수로 풀이됐다. 우주의 언어는 수학이었다.

* 수학과 명상은 개인 개발과 미적 이해의 수단으로서 똑같이 중요한 것으로 여겨졌다.

* 피타고라스는 화음을 이루는 음표들 사이의 간단한 수적 관계를 발견했다. 수들의 패턴과 소리의 하모니가 일치되었다. 수학은 음악의 미적 성격과 융합되었고 언젠가는 '천상의 음악'을 풀어낼 것이다.

적용

* 포스트모던 시대에 수학자와 과학자들은 예술가와 작가들이 인본주의적 의제를 버리고 주관성과 단편화로 후퇴하는 것처럼 '만물이론'을 탐사한다. (33장 및 결론 참조)

* 기계는 상담사의 행위와 생명체의 진화를 모의한다.

* 기계는 조잡한 기하학이 아니라 유기적으로 보이는 구조를 생성한다.
* 수학은 일반적으로 우리의 본질적인 인간성과 동떨어지고, 소외감을 느끼게 하며, 무관한 것으로 여겨진다. 피타고라스는 반대로 생각했다. 최근 새롭게 등장하는 증거는 조화에 대한 피타고라스의 비전을 뒷받침한다.
* 위험과 인간의 선택 가능성에 대한 수학적 예측은 인간의 '직관적' 추측보다 더 정확한 경우가 많다.

▶

학생들에게는 직각삼각형 정리로 더 잘 알려진 이 고대 그리스인은 우리가 21세기에 동정심과 협동을 이해하는 데 어떤 보탬이 될까? 수들은 다른 사람들을 이해하는 데 어떤 도움이 될까? 피타고라스는 궁극적으로 수학이 삼각형과 음표에 대해서뿐만 아니라 우리 자신과 타인에 대한 통찰력을 얻는 데 도움이 될 것이라고 믿었다. '인간 기하학'이라고 말하면, 현대인의 귀에는 정말 이상하고 우스꽝스럽게 들린다. 당신이 알게 된다면 기뻐할 수도 있지만, 수학은 이 장 뒤에 이어지는 거의 모든 장에서 다시 사라진다. 당연한 것이겠지만, 이 책 편집자는 혼자 교실에 앉아 있는 피타고라스가 독자들이 좀 더 익숙한 영역으로 더 읽어 들어가는 것을 막아설까 걱정했다. 하지만 현대 수학은 피타고라스의 예측 중 일부를 따라잡고 있는 것 같다. 그래서 나는 이 책 한 장을 피타고라스를 위해 확보하려고 싸웠다.

피타고라스는 BC 532년 경 사모스 섬에서 살았다. 그는 콩 먹는 걸 삼가야 하며, 떨어진 것들을 줍지 말고, 하얀 수탉을 만지지 말며, 빵을 나누지 말라는 등의 충고를 했다. 충고 목록은 더 길지만 각 항목은 현대인의 눈에는 하나 같이 자의적이고 터무니없는 것처럼 보인다. 그의 종교 규율체계에 합류 한 제자들에게는 그렇게 보이지 않았다. 그 후 2,500년 동안 마찬가지로 자의적인 다른 많은 지침 목록이 만들어졌으며, 그 각각은 일련의 규칙을 따르기를 원하고 스스로 너무 열심히 생각할 수 없거나 생각하지 않으려는 사람들에 의해 성실하고 경건하게 지켜졌다. 두말할 필요도 없이, 오늘날에도 비슷한 목록과 명령이 있다. 지금부터 200~300년 뒤 우리가 가진 것 중 어떤 것이 전통적으로 현명한 사람들 사이에서 웃음과 믿음의 대상이 될까? 수 세기가 지난 후에도 기억되는 위대한 인물들 중에서도 극소수만이 오늘날 많은 존경과 관심을 받을 수 있다는 것이 이 이야기의 교훈이다.

우리는, 아니 적어도 수학자들은 직각삼각형의 빗변의 제곱이 인접한 두 변의 제곱의 합과 같다는 피타고라스의 깨달음에 여전히 감명을 받고 있다. 하지만 이런 종류의 문제는 피타고라스가 이를 발견한 이래로 대부분의 학생들을 무관심의 늪에 빠뜨리고 있는 것도 사실이다. 상담사나 고객 모두에게도 흥미롭지 않을 수 있다. 그렇다면 피타고라스에게는 어떤 다른 모습이 있을까?

피타고라스와 그의 동료들은 근본적인 패턴과 규칙성을 설명하는 데 사용할 수 있는 수학 공식을 발견하기 시작하면서 말 그대로 수에 열광했다. 삼각형이 흥미로웠던 이유는 세상이 직각 삼각형으로 가득 차 있기 때문이 아니라, 삼각 측량을 통해 다른 방법으로는 불가능한 계산과 측정을 삼각형 프레임 내에서 수행할 수 있었기 때문이다. 이는 다른 방식으로는 불가능한 일이었다. 옥타브와 옥타브를 만들어내는 다양한 현의 길이 사이에서 발견된 관계는 더욱 흥미로웠다.

피타고라스에게 이 모든 것은 우리 삶의 활동을 통제하고 현상 간의 관계를 통제하는 규칙을 수로 결정할 수 있음을 시사했다. 그것은 마치 겉으로 보이는 표면 아래를 파헤쳐 우리의 경험을 설명하고 서로 연결되는 구조와 원리를 발견하는 것과 같았다. 피타고라스는 수학을 통해 우주의 가장 내밀한 작동 원리를 발견할 수 있을 것이라 확신했다. 우주의 깊은 구조에 접근할 수 있게 해준 언어는 그리스어나 라틴어 혹은 우리 시대처럼 영어가 아니었다. 그것은 수학이었다. 그 언어는 문자가 아니라 숫자였다. 태초에 피타고라스에게 로고스는 '말씀'이 아니라 '수'였다. 피타고라스 학파는 우리가 실재의 근원과 연결되려면 수학을 배워야 한다고 결론지었다. 우리는 존재의 하모니를 노래하고 수학 방정식은 악보를 제공했다. 음악 music, 수학 mathemaitcs, 신비주의 mysticism: 이 세 'M'은 삼위일체. 이것은 새로운 밀레니엄 시대에 개인 개발을 위해 유행하는 길은 아니지만, 다시 한번 살펴볼 필요가 있지 않을까? 악기 하나에 숙련되는 일은 고도의 치유방식으로 여겨진다. 악기 연주자들은 보통 연주의 중심점을 의미와 영감의 근원이자 그들 자아의 한 부분으로 나타낸다. 또한 음악적 능력과 수학적 능력은 긍정적인 상관관계가 있는 것으로 나타났다. 어쩌면 우리는 개인의 발전과 웰빙에 대해 너무 단편적이고 편협한 관점을 가지고 있는 것은 아닐까?

분명히 피타고라스는 우리가 어떻게 서로 연결되고 관련되어 있는지 이해하기 위해서 '직관적인' 답을 '내면에서' 찾지 않아도 될 때가 올 것이라고 생각했다. 오히려 우리는 수학을 통해 삶의 춤이 지닌 진정한 내면을 발견하게 될 것이다.

앞으로 살펴보겠지만, 뉴턴 이래로 수학이 이해로 가는 왕도라는 개념은 증거를 통해 더욱 확고하게 입증되었다. 원자, 분자, 전자, 쿼크를 이해하는 일은 이것들의 실체이거나 실체가 될 바닥의 '모래'로 내려가는 일이 아니다. 그것은 현미경을 들여다보듯 시각적인 말로 설명하는 것이 아니다. 그것은 상호 관계를 분석하는 방정식을 이해하는 것이다. 이러한 근본적인 현상이 어떻게 작동하는지를 본다는 것은 문자 그대로 보는 것이 아니라 수학을 통해 이를 설명하는 방정식을 지적으로 파악하듯 '본다'는 뜻이다. 대상은 다른 대상과 관련되어 있는 한에서 '존재하며', 숫자로 설명되는 관계는 상호 연결되는 대상들보다 더 근본적이고 확고하며 오래 지속된다.

여기에는 근본적 '핵심' 자아와 더 나은 '접촉'을 하고자 하는 사람들에게 중요한 교훈이 있다. 이러한 심리적 원자주의는 최종적으로 근본적인 실체를 찾는 다른 어떤 것과 마찬가지로 잘못된 것일 수 있다는 것이다. 패턴화된 활동의 출현을 이해할 수 있는 (수학적) 원리를 제외하고는 최종적으로 근본적인 것은 아무것도 없을까? 우리는 '자아'를 일종의 비물리적 본질로 상상하는데, 이러한 본질에 대해서는 아무리 흥미 있고 중요할지라도 무생물이나 물리적 물체에만 자신들의 방법을 적용하는 수학자들이 말할 수 있는 것은 아무것도 없다. 하지만 '자아'가 환경과 상호작용하는 신체라고 하는 이 놀랍도록 방대한 복잡성 속에서 생겨난 어떤 속성이라면 어떨까? 만약 이 모든 활동을 지배하는 패턴과 과정, 원리를 설명하기 위해 수학이 필요하다면 어떻게 될까? 그렇다면 수학은 '자아'라는 '더 높은' 현상에 대해서는 중요하지 않은 평범한 것일까? 그렇지 않을 수도 있다.

수와 수를 구성하는 공식은 모든 자연과학에서 대세를 이루고 있다. 피타고라스가 예측한 것처럼, 수학의 발전은 수학을 통해 대상을 정량화할 수 있을 뿐만 아니라 이를 통해 설명하고 이해할 수 있는 정도에 따라 측정된다. 사회과학 역시 이러한 자연과학을 모방하려고 노력하며, 사회와 인간 시스템에 대한 우리의 생각에 수학적 방정식을 도입할 수 있는 한에서 '진보'하고 있다고 주장한다. 사람 역시 숫자로 된 분류표를 점점 많이 달지만, 현재도 인간으로 존재한다는 것은 실수할 수 있다는 것이고, 숫자보다 단어를 선호한다고 여겨진다. 인류가 수와 공식으로 환원되지 않도록 노력해야 한다고 우리는 믿는다. 수와 공식은 우리 삶에서 점점 더 많은 부분을 차지하고 있지만, 일반적으로 수와 공식은 삶에 색을 더하는 것보다 생명성을 죽이는 경우가 더 많은 것으로 생각된다.

아직까지 우리는 여전히 '정신'(그것이 무엇이든)에 대한 최선의 분석은 말, 대화 치료, 성찰, 그리고 무엇보다도 자격을 갖춘 치료사의 기술을 사용하는 집중 치료 세션을 통해 이루어져야 한다고 생각한다. 하지만 수는 우리의 생물학적 청사진을 결정짓는 이중나선을 설명하며 점점 더 가까워지고 있다. 모든 사람의 워드 프로세스 작업은 수로 구성되었다. 수는 텍스트 음성 변환 소프트웨어, 음성 인식 소프트웨어를 실행한다. 원시 숫자 연산이 세계 체스 챔피언을 이길 수 있다.

수는 셈을 한다. 심지어 수는 상담사 행세를 하는 기계도 만들어낸다. 수는 진화하고, 말하고, 상호작용하며, 긍정적인 양육 전략에 잘 반응하는 사이버 생명체를 지배한다. 이 피조물들은 수백조 개의 유전자 조합을 제공하는 수백 개의 사이버 유전자에 따라 작동된다. 수는 도시의 성장 패턴이 일부 박테리아 군집의 성장 패턴과 유사하다는 사실을 보여준다. 이것이 그렇다고 우리가 박테리아와 같다는 뜻은 아니지만, 존재의 더 깊은 구조와 본질에서 비슷한 기회와 제약을 공유한다는 것을 보여준다.

수학 공식은 직관에 의존해 '내면'을 상상하는 것보다 그 사람이 무엇을 할 것인지, 다음에 무엇을 해야 할 것인지를 더 잘 예측할 수 있다. 이 사람이 자살 위험이 있는가? (체크리스트에 따른) 과거 이력에 대한 공식화된 평가는 보다 개인적이고 개별적이지만 불완전한 토론에서 도출된 직관적인 판단보다 이런 위험성에 대해 더 신뢰할 수 있는 평가를 제공할 수 있다. 내가 우려하는 것이 무엇이든 나는 어느 정도의 위험에 처해있을까? 보험 계리사는 내 자신의 환상과 이웃의 신경증에 대해 내가 자문해줄 수 있는 것보다 더 정확한 답을 제공할 수 있다.

인간의 개별적인 판단보다 수학적 분석이 인간의 선택 가능성을 더 잘 예측하는 사례가 점점 더 많아지고 있다. 광고주는 구매 가능성이 높은 제품을 찾기 위해 낯선이와 상담을 할 필요가 없다. 광고주는 소비자 시장 내에서 당신의 위치를 분석하고 당신의 의견, 가치관, 소유물, 취미, 습관 등 가장 가능성이 높은 '프로필'을 무서울 정도로 정확하게 평가할 수 있을 것이다.

더 많은 학문적 일에서 수에 따라 결정이 내려진다. 명문 대학의 학부생으로 입학하고 싶은가? 자신의 능력에 대한 에세이적 설명이 중요하겠지만, 평균 시험 성적이 기준 점수보다 높지 않으면 고려 대상조차 되지 않는다.

충분한 양이 확보되면 수는 그 자체로 질적인 특성을 제공한다. 수식은 말로 설명하는 것보다 더 미묘하고 간결하며 정교하고 확실하게 상호관계를 설명한다. 물론 수가 모든 경우에 단어를 대체할 수 있는 것은 아니다. 아무도 수와 수식이 그렇게 될 거라고 믿지 않았다. 피타고라스는 일상생활 언어로서 그리스어에 전적으로 만족했다. 하지만 그는 삶의 근본 원리를 탐구하려면 다른 무엇보다도 수가 필요하다고 생각했다.

이런 점에서 피타고라스는 고리타분하고 쓸모없는 존재와는 거리가 멀다. 그의 관찰은 점점 더 강력해지고 어떤 사람들에게는 유망해 보이지만, 다른 사람들에게는 매우 위협적이고 생경하게 만드는 것처럼 보인다. 피타고라스는 가장 초기의 그리스 철학자 중 한 명이지만, 그의 비전은 가장 충만하게 표현되고 실현되어 미래에도 여전히 우리를 기다리고 있을지도 모른다. 그의 삼각형은 놀이와 삶이 분리된 지루한 일상을 떠올리게 할 수도 있다. 그러나 그는 자연의 조화에 대한 인간의 기쁨이 자연 속 수들에 대한 지적 분석과 융합되는 시대를 엿보았다. 최근 몇 년 동안 수학은 실제로 피타고라스의 꿈을 이루기 시작했다. 수학은 다양한 종류의 사물과 유기체의 형태와 패턴을 분석할 수 있다. 수식은 삼각형을 그렇게 생성한 것처럼 쉽게 전산 자료구조인 트리 tree 를 '생성'할 수 있다. 핵심은 특정 형태나 패턴의 구성을 지배하는 규칙을 찾는 것이다. '영혼' 즉 본질은 그로 인해 파괴되는 것이 아니라 드러나고 찬양되는 것이다. 수학자는 가장 '아름답고', 우아하고 강력한 방정식을 찾는다. 진리와 아름다움은 정말 하나가 아닐까?

현대 생활의 비극 중 하나는 우리의 가장 강력한 언어이자 사고와 이해의 도구이자 매개체인 수학이 많은 사람들에게 너무 멀고, 두렵고, 무관한 것처럼 보인다는 것이다. 이는 다른 모든 면에서 교양 있고 문명화되고 세련되었다고 스스로를 생각하는 사람들 사이에서도 마찬가지다. 그러나 수학을 이해한다는 것은 단순히 건조하고 메마른 추상적인 지적 운동에 참여하는 것이 아니다. 아무리 작은 것이라도 존재의 리듬을 파악하고, 느끼고, 흡입하는 것이다. 죽어 있고 둔하고 비활성 상태인 것이 아니라 현상이 어떻게 움직이고 상호 작용하는지 보는 것이다. 피타고라스는 조화를 이루는 음표들 사이의 간결한 수적 관계를 발견했다. 수의 미학은 소리의 미학과 융합되었다. 복잡함의 근간이 되는 단순함, 그리고 전혀 다른 것처럼 보이는 현상들 간의 상호 연결은 정말 아름답고 놀라웠다.

그 결과 피타고라스는 모든 곳에서 비슷한 화음이 발견될 것이라고 확신하게 되었다. 수학은 이러한 패턴과 리듬을 발견하고 설명할 수 있는 수단이 될 것이다. 우리가 결국 귀가 아닌 지성과 마음을 통해 '들을 수 있는' (천상의) 음악'이 존재한다고 그는 확신했다. 적어도 피타고라스에게는 열정과 분석의 원천이었던 수학이 이 두 가지를 융합시켰을 것이다. 각각은 서로에게 영감을 주고 성보를 세공했다.

수학을 통해 우리는 궁극적으로 우리 주변의 세계를 파악하고, 이를 통해 우리 자신에 대한 더 깊은 이해에 도달할 수 있다. 우리는 천체의 조화에 없어서는 안 될 부분이다. 따라서 우리가 주변 세계를 외면하고 '내면'에 있는 것만 바라본다면, 우리 자신이나 다른 어떤 것에 대해서도 많은 통찰력을 얻을 수 있을 것이라고 기대할 수 없다. 우리는 은둔이 아닌 관계 속에서 자신을 '발견'하기 때문에 피타고라스에서 영감을 받은 올림픽 신전에서는 노래와 수학을 모두 공부할 수 있었다.

수는 일반적으로 너무 차갑고 비인간적이며 비인격적이어서 자기 계발과 관련이 없다고 생각되기 쉽다. 하지만 바흐는 음악에 수적 질서정연함을 부여했고, 우리는 천국으로 이동하게 된다. 신비주의자들은 명상할 때 단 하나의 음, 즉 'OM'에 머물러야 '나 자신'을 잃지 않고 찾을 수 있다고 말한다. 그렇다면 그런 사람들은 '우리에게 우리 고유의 수가 있다'고 주장할 수 있을까? 아니면 그러한 수적 탐구가 정체성에 대한 이해와 발전과는 무관한 것일까?

수학에 대한 피타고라스의 관심은 진정한 지혜를 얻기 위해서는 근본적인 질문에 대한 총체적인 접근이 필수적이라고 생각한 그리스 철학자들 사이에서 전승되었다. 그래서 아테네 북서쪽 아카데미아 정원에 있는 900년 이상 운영된 플라톤 아카데미 입구 위에는 '수학에 무지한 사람은 이곳에 들어올 수 없다'는 문구가 새겨져 있다.

이러한 진술이 대화적 치료와 관련성이 있을까? 물론 내담자들은 종종 자신의 삶에 대한 근본적인 일관성, 방향, 의미 (또는 그리스인들은 이를 '로고스'라고 불렀다)를 찾거나 확립하려고 한다. 피타고라스는 수학을 통해 이러한 일관성을 가장 잘 드러낼 수 있으며, 수는 '충분하지는 않지만 존재의 형태를 밝히는 데 필요한 수단'이라고 주장했다. 기하학은 모든 삶을 하나로 묶고 있었으며, 이 근본적인 로고스를 이해하지 못하면 우리는 무질서하고 혼란스러워질 것이다.

피타고라스의 오래 지속된 통찰은 어쩔 수 없이 지금 우리가 일시적인 헛소리로 여기는 것들과 뒤섞여 버렸다. 피타고라스는 시대적으로 우리와 너무 멀리 떨어져 있어 그의 저술은 남아 있지 않으며, 추종자들은 피타고라스의 견해일 수도 있고 아닐 수도 있는 것을 피타고라스의 것으로 돌렸다. 피타고라스 추종자들은 수학을 공부했을 것이다. 그들은 또한 피타고라스를 추종하는 것이라면서 쇠막대로 불을 젓지 않도록 주의했고, 빵을 통째로 먹지 않고, 화환을 뽑지 않고, 제비가 자신들의 지붕을 차지하지 않도록 주의하는 등의 행동을 했다.

우리에게 이런 건 필요 없다. 우리가 가장 절실히 원하는 것은 피타고라스 정리를 설명할 수 있을 뿐만 아니라 21세기 학생들에게 영감을 불어넣어 흥분, 경외감, 경이로움, 경건함, 뛰는 심장 박동, 땀에 젖은 손바닥, 존재의 음악을 느낄 수 있게 하는 더 많은 수학 교사들이다. 수학자는 음악가가 교향곡을 느끼는 것처럼 방정식을 느낄 수 있다. 흥분, 기쁨, 감사, 삶의 풍요로움은 각각의 경우에서 똑같이 위대한 것일 수 있다. 게다가 어떤 하나가 다른 것과 크게 다르지 않을 수도 있다. 그러나 그것을 듣고 느끼고 알기 위해서는 들어야 한다. 수의 교향곡과도 같은 존재의 춤을 느낄 수 있는 사람이 너무 적다는 것은 슬픈 일이다. 수학을 통해 우리는 글로벌 시장에서 더 효과적으로 경쟁할 수 있다. 훨씬 더 결정적인 점은 우리는 수학을 통해서 우리의 세계를 더 잘 파악할 수 있고, 그렇게 함으로써 그 뜻과 그 안에서 우리의 위치에 대해 더 깊은 경외심과 감사를 느낄 수 있다는 것이다.

질문

1. 수, 방정식, 통계가 다른 사람을 이해하는 데 당신에게 도움이 되는 경우와 방해가 되거나 중요하지 않은 경우는 언제이며 왜 그럴까? 예를 생각해 볼 수 있는가?

2. 물리학자처럼 심리학자는 심리학적 질문을 표현하고 탐구하기 위해 어느 정도까지 수학을 사용해야 하는가?

3. 음악은 종종 치료적이다. 수학을 마주하면 우리 대부분은 긴장하고 수학적인 것에 부적합하다고 느낀다. 그런데 수적 함수는 동화보다 더 환상적인 세계를 보여준다. 어떻게 이 파티에 참여할 수 있는가?

4. 『이상한 나라의 앨리스』(1865)의 저자가 『평면 대수 기하학 강의안』(1860)과 『유클리드와 그의 현대 경쟁자들』(1879)의 저자이기도 한 것은 우연의 일치일까?

연습

1. 비수학자를 위한 수학 및 과학 서적을 갖춘 도서관이 점점 늘어나고 있으니 한두 권 읽어보라. 대칭, 카오스, 복잡성, n차원 공간 등의 개념은 사고의 도구로서 기본으로 입증되고 있다.

2. 개미는 먹이를 찾아 최단 경로를 따라 열을 지어 이동한다. 이 모든 것은 수학적으로 행해진다. 최단 경로는 시간이 가장 적게 걸리기 때문에 개미 밀도가 가장 높고 개미 흔적도 가장 강하다. 그런 다음 이 최단 경로 자체가 강화된다. 수에 의해 지배되는 겉보기에 '일관성 있는', '지능적인' 행동의 다른 예를 찾아보라. (자연계에는 비교적 단순한 수학적 원리에 따라 진화하는 복잡계의 사례가 많이 있다.)

3. 개인은 통계와 위험 분석에 대해 잘 모르기 때문에 주변의 위험을 잘못 추정한다. 여러분과 여러분의 내담자가 직면한 가장 큰 위험에 얼마만 한 수를 붙일 수 있는지 확인해보라.

4. 성격유형을 프로파일링하고 소비자 시장의 세심하게 분석된 구간 내에서 개인을 찾아내는 동기 부여 연구 전문가를 광고주는 고용한다. 성격유형에 대한 통계적 프로파일링의 강점과 약점에 대해 논의하고 개별 접촉을 통해 얻을 수 있는 통찰과 대조해보라.

결론

피타고라스는 다음 장에서 탐구하는 관념의 실타래와 크게 분리되어 있으며 그 바깥에 있다. 이런 상황은 앞으로 몇 년 안에 바뀔 수도 있다. 피타고라스는 오늘날 수학의 힘에 대해 기뻐할 것이다. 그가 예측한 대로 수학적 원리에 따라 단순한 속성에서 복잡한 현상이 나타나기 때문이다. 그는 우리 대부분이 여전히 수학의 미적 통찰과 조화를 이해하지 못한다는 사실에 경악할 것이다. 그는 수학 없이는 어떤 개인 개발 프로그램도 완성될 수 없다고 주장했을 것이다. 이 점에서 그는 대부분의 후대 철학자보다 앞서 있으며 과거보다는 미래에 속하는 인물이다.

우리는 수에 영혼이 없으므로 심리학이나 우리의 개인적 삶과는 무관하다고 생각하는 경향이 있다. 하지만 만약 영혼이 수를 언어로 사용하는 우주에서 비롯된 '창발적' 속성이라면 어떨까? 피타고라스는 수가 마술적이고 매혹적이며 우리가 필수적인 부분인 존재의 실체에 대한 근원이자 경로라고 생각했다. 아마도 미래에는 현재의 모든 의구심에 대해 그가 옳았다는 것이 증명될 수도 있다.

참고문헌

Christopher Bamford (ed.) *Rediscovering Sacred Science*, Lindisfarne Books, 1994

W.KC. Guthrie, *A History of Greek Philosophy Volume 1: The Earlier PreSocratics and the Pythagoreans*, 1962 Cambridge University Press.

Kenneth Sylvan, *Pythagorean Sourcebook and Library: An Anthology of Ancient Writings Which Relate to Pythagoras and Pythagorean Philosophy*, Guthrie, Phanes Press, 1991

Chapter 2

헤라클레이토스 (540-480 BC 경)

요점

* 모든 것은 유동, 변화, 과정이며, 다른 무언가가 되는 것이다.
* 우리가 삶을 통해 움직이는 것이 아니라 삶이 우리를 통해 흐른다.
* 우리는 세상에 속에 있는 것이 아니라 세상의 일부다.
* '자아'와 '세계' 사이의 경계는 절대적인 것이 아니라 상호 연결된 하나의 과정 안에서 유동적이다.
* 영속성은 환상에 불과하며 그 기저에는 변화가 있다.

적용

* 내담자는 자신의 정체성과 환경 간 관계에 대한 통찰력을 구한다.
* 헤라클레이토스는 다양한 정신적 전통에서 자아와 세계에 대한 총체적인 비전을 제시한다.
* 변화에 저항하지 않고 이를 포용함으로써 우리는 가장 잘 살아남을 수 있고 영감을 얻을 수 있다.
* 존재의 움직임과 상호 연결은 경외심, 겸손, 경건함을 불러일으킬 수 있다.

▶ 피타고라스는 수의 심오한 중요성을 이해하게 해준다. 헤라클레이토스는 '대상'이 아닌 '과정'의 중요성에 대한 그의 인식 때문에 우리가 꼭 기억해야 한다. 그의 가장 중요한 아이디어는 존재 전체에서 영구적인 것은 아무것도 없다는 개념이다. 모든 것은 유동적이고, 변화하고, 과정이며, 다른 무언가가 되는 것이다. 주변 환경과 분리되거나 다른, 영구적으로 정의된 경계가 있는 대상이나 사물은 없기 때문에 모든 것은 다른 모든 것과 상호 연결되어 있다.

헤라클레이토스는 강은 항상 흐르고 있기 때문에 우리는 같은 강에 두 번 발을 들여놓을 수 없다고 말했다. 그리고 이것이 현대 상담에서 중요한 것은 동일한 '자아'를 두 번 관찰할 수 없다는 것을 암시한다. 헤라클레이토스적 관점은 '나'는 반짝이는 다이아몬드처럼 드러날 수 있는 어떤 견고한 본질이 아니라는 것을 함의한다. 분석과 성찰을 통해 '본질적인' 자아를 둘러싸고 있는 방어와 망상의 진흙탕을 제거할 수는 없다. '나'는 오히려 대수학의 'x'와 비슷하다. 나는 상수라기보다는 변수다. 나는 맥락과 상황에 따라 의미와 방향, '혼란'과 가치가 달라진다. 이것 역시 끊임없이 변화하고 있다. 나는 주변 환경과 밀접하게 섞여 있다. 나는 환경 속에만 있는 것이 아니라 환경의 일부다.

강은 물의 흐름인 동시에 그 흐름이 놓이고 움직이는 맥락이기 때문에 그 맥락에서 강을 추출할 수 없다. 마찬가지로 '나'는 나의 상황과 무관하게 추출하거나 분석할 수도, 독립적으로 이해할 수도 없다. 강이 흐르는 토양이 물의 움직임에 의해 형성되고 구성되는 것처럼, 환경은 나를 형성하고 구성하며, 나는 환경을 형성하고 구성한다.

헤라클레이토스는 2,500년 전에 우리 삶에 대한 심오한 통찰을 제공했으며, 20세기에 하이데거는 무엇보다도 이를 발전시켰다. 헤라클레이토스의 철학은 '자기 자신'을 찾는다는 치료 의제가 실제로 무엇을 의미할 수 있는지가 확실치 않다는 문제를 제기한다. 확고하고 고정된, 진정으로 견고한 자아를 발견할 수 있다는 생각은 문제가 된다. 게다가 치료사라는 낯선 사람과의 비밀스러운 만남에서 자아를 가장 잘 탐구하고 발견하고 발전시킬 수 있는 걸까? 물고기는 물 밖으로 꺼내면 색과 생명을 잃는다. 마찬가지로 헤라클레이토스에게 사람의 진정한 색은 중요한 타인, 환경, 일상과 함께 자기 삶의 흐름 안에서만 알 수 있는 것이다. 이러한 맥락에 대한 지식은 적어도 내담자의 내면의 의식 흐름에 관한 사적인 고백에서 얻은 정보만큼이나 중요하다.

　헤라클레이토스의 철학을 받아들인다면, 내담자의 실제 삶의 흐름에서 벗어난 의제를 탐구할 때 치료 활동이 다소 '건조해질' 수 있다는 위험이 드러난다. 내담자의 삶에 실제로 들어가서 경험하는 것이 아니라 내담자의 삶의 흐름과 불을 묘사하고 분석하기 때문에 치료사는 내담자의 상황으로 그을리거나 젖지 않는다. 치료사는 비참여자이기 때문에 직접적으로 어떤 것도 관찰하지 않는 관찰자로부터 얻을 수 있는 모든 통찰력과 이해를 얻기도 하고 잃기도 한다. 많은 치료사는 자신이 도울 수 있는 가장 중요한 방법 중 하나가 내담자를 위해 '거기 곁에 있어 주는 것'이라고 주장한다. 이것으로 그들이 의미하는 것은 상상 속에서만 '거기에' 있으며, 내담자와 공감하고 함께 느끼려고 노력한다는 것이다. 하지만 실제로 그들은 고객의 일상적인 환경에서 적극적인 참여자로서 고객과 함께 있지 않다. 치료는 거의 항상 치료실 안에 국한된다. 일대일 만남은 비밀이 유지되는 동시에 내담자의 실제 삶의 과정, 내용 및 맥락과 단절된 채로 이루어진다. 이러한 현재와 상황은 형성되고 그 사람에 의해 형성되어지지만, 치료사는 실제로 그것에 전혀 직접 관여하지 않는다. 따라서 치료사는 내담자의 존재의 세부사항을 직접 형성하거나 그것에 의해 영향을 받는 것을 절대 허용하지 않는다.

시야에서 벗어나 있으면 통찰력을 얻을 수 있다는 사실을 부인할 수는 없다. 우리 모두는 관점을 얻기 위해 때때로 물러날 필요가 있다. 하지만 이로써 또 얼마나 많은 것을 잃게 될까? 삶과 환경에 따라 움직이거나 움직이지 않는 독립적인 '자아'는 존재하지 않는다. 삶은 우리를 관통해 흐른다. 그것은 우리를 샅샅이 뒤지고, 점수를 매기고, 끊임없이 우리를 변화시킨다. 강은 물, 강둑, 바위, 모래, 그리고 강이 현재 '저것'이 아닌 '이것'이 될 수 있게 하는 윤곽선이다. 어떻게 강이 그냥 물일 수 있겠는가? 그럴 수 없다. 마찬가지로 '자아'가 어떻게 이 몸이나 이 '인식'에 불과할 수 있을까? 자아를 둘러싼 모든 주변 환경은 단순히 자아를 둘러싸고 있는 것이 아니라, 부분적으로는 자아의 일부이며, 현재 우리 존재의 일부다. 따라서 우리 삶의 주요 인물과 환경이 변화하거나 사라질 때 우리는 자아의 상실을 느낄 수 있다.

살아 있다는 것, 자각하고 깨어 있다는 것은 고정되고 변하지 않는 '나'를 전혀 의식하지 않는다는 역설이 여기에 있다. 오히려 매 순간 새롭고 신비한 것을 들이마시고, 그러면서 오래되고 익숙하고 소중한 것, 그리고 내가 '나'라고 생각했던 것의 일부를 숨을 내쉬며 잃어버리는 것이다. 헤라클레이토스가 옳다면, 나는 변화와 운동의 과정에 있다고 말하는 것만으로는 충분하지 않으며, 나는 변화와 운동의 과정 그 자체다. 따라서 나에 대한 최종적인 '발견'은 있을 수 없으며, 자기 인식과 통찰에 대한 확신도 존재하지 않는다. 대신 우리가 나와 우리의 것으로 간직할 수 있기를 바랐던 것을 지속적으로 잃어버리는 것만 있을 뿐이다. 우리가 이해하지 못하는 것, 혼란스러운 것, 신비스럽고 우리가 생각했던 자아를 훼손하는 것처럼 보이는 것을 지속적으로 얻게 된다.

헤라클레이토스의 말이 맞다면, 우리는 그냥 사물이 아니라 사건이다. 우리는 타오르고, 빛을 던지고, 받아들이고, 내주고, 소멸하는 불꽃이다. 우리는 움직이고 변화하며, 고정되고 최종적인 것처럼 보이는 것에 집착하다가도 그것이 계속 움직이는 것을 보게 된다. 우리는 우리가 누구이고 무엇인지에 대한 '자기 인식'을 산더미처럼 쌓아 올릴 수 있다. 우리는 자부심을 가지고 '산'을 바라볼 수도 있고, 그 산에 짓눌려서 짓눌린다고 느낄 수도 있다. 어느 쪽이든 산도 침식되면서 위로 올라가고 앞으로 나아간다. 우리의 관점에서 보면 산은 영원해 보일 수 있다. 지질학적 시간의 맥락에서 보면 산은 바다의 물처럼 솟아올랐다가 사라진다.

헤라클레이토스의 견해는 서양의 관점에서는 전통적이지 않지만 동양의 전통에서는 삶을 흐름, 과정, '시바의 춤'으로 보는 관점이 전통적인 지혜다. 존재의 과정에 대한 이해가 깊어질수록 우리는 영원하고 변하지 않는다고 생각했던 모든 것이 그렇지 않다는 것을 알게 된다. 원자는 독립적이고 '딱딱한' 기본 개체로 존재하지 않는다. 그들은 지속적인 관계에 있다. '딱딱한' 것이 아니라 '물결치는' 것이다. 원자의 '가장자리'는 공간 전체에 '번져' 있다. 별은 무한히 타오르지 않는다. 그들은 합쳐지고, 타거나, 소멸하거나 폭발하고, 다시 합쳐진다. 대부분의 원소는 별이 폭발하면서 생긴 파편으로만 존재한다. 우리는 은유적으로가 아니라 말 그대로 별가루다. 이 모든 것의 과학은 동화보다 더 환상적이고 아름답다.

물론 헤라클레이토스의 과학은 그가 죽은 후 2,500년 동안 이어진 끈질긴 연구의 혜택을 받지 못했다. 변화와 흐름에 관한 그의 원리는 잘 유지되고 있지만, 그가 이해한 세부 사항들은 세월이 흐르면서 그다지 성공적이지 못했다.[6] 그는 흙, 공기, 불, 물에 대한 근본적인 현상에 대한 생각에 영향을 받았으며 그들 사이에 위계가 있다고 상상하는 것 같았다:

36. 영혼이 물이 되는 것은 죽음이고 물이 땅이 되는 것은 죽음이다. 땅에서 물이 나오고 물에서 영혼이 나온다.

따라서 수많은 세기가 지난 후, 영혼의 '습한' 또는 '건조한' 상태에 대해 이루어진 다양한 관찰들은 정보 제공보다는 호기심을 불러일으키고 재미있는 것으로 여겨진다:

117. 어른이 술에 취하면, 비틀거리며 미성숙한 소년에게 이끌려 가는데, 어디로 가는지 모르고, 영혼은 젖은 상태가 된다.

118. 마른 (건조한) 영혼이 가장 현명하고 최고이다.

기본 원소가 흙, 공기, 불, 물로 구성된다는 개념은 엠페도클레스(BC 490~430년경)와 데모크리토스(BC 460~370년경)에 의해 더욱 발전했다. 이는 서기 17세기까지 많은 (서양과 동양의) 사상가들의 '상식'이 되었다. 이 네 가지 원소는 자연계를 구성하는 기본 요소이자 인간의 신체적, 심리적 구성 요소로 여겨졌다. 히포크라테스 이후 의사에게 이 요소는 혈액, 점액, 황담즙, 흑담즙 이라는 네 가지 신체적 '기질'로 나타났다.

---

[6] 다음 인용문들은 헤라클리토스의 단편들 『Fragments』에서 발췌한 것이다.

신체적, 정신적 건강은 이러한 기질이 조화롭게 작용하는 데 달려 있다.

이러한 원소 중 가장 우세한 것에 따라 다른 성격이 형성되었다. 따라서 느긋하고, 무표정하며, 무감각적인 성격은 점액이 많았다. 혈액이 과다하면 낙관적이고, 쉽게 흥분하며, 열정적인 기질이 생겼다. 흑담즙은 우울함을 낳았다. 황담즙이 너무 많으면 짜증스럽고 황달에 걸린 성격이 만들어졌다.

헤라클레이토스의 근본적인 통일성에 대한 원칙은 네 가지 원소보다 더 가치가 있었지만, 그는 이러한 아이디어를 제공하는 데 유용한 세부 사항을 거의 제공하지 않았다. 헤라클레이토스는 수 세기에 걸쳐 근본적인 통일성 안에서 변화가 다양성의 견고함보다 더 근본적이라고 생각한 많은 사람 중 한 명이었다:

> 50. 너희가 내 말이 아니라 법칙(로고스)을 들었을 때, 모든 것이 하나라는 데 동의하는 것이 현명하다.

19세기에 헤겔은 이 관점에 대한 가장 중요하고 영향력 있는 지지자였다. 나중에 살펴보겠지만 헤겔은 이러한 전체적인 통일성이 역동적인 긴장 상태 속에 존재한다는 개념을 탐구했으며, 헤라클레이토스 역시 이를 예상했다:

> 51. 그 자체로서는 일치하지 않는 것이 일치 속에 존재한다. 조화는 활과 거문고처럼 서로 상반되는 긴장으로 이루어져 있다.

주변을 둘러보면 우리는 분기점, 반대, 갈등, 파편화, 양극성의 세계를 볼 수 있다. 그러나 이러한 표면 아래에는 파편과 양극성을 하나로 모으거나 오히려 모든 것이 이미 서로 연결되어 있고 조화로운 통일체임을 드러내는 원리가 숨어 있다. 헤겔적 통합의 버전은 19세기에 자아와 세계를 바라보는 지배적인 방식을 제공했지만, 그 후 그 중요성이 떨어지면서 우리는 존재의 근본이 어떻게 조직되는지에 대한 개념에서 다시 한 번 더 원자론적이고 기계론적인 관점을 가지게 되었다. 진자가 다시 움직이고 있지만, 그 진동이 어디로 향하든 시간은 흐르고, 전반적으로 우리가 바랄 수 있듯이 철학의 정교함도 함께 향상된다.

질문

1. '나 자신'에 대해 어떤 은유와 이미지가 떠오르는가? 떠오르는 것이 있는가, 아니면 이 질문이 '이상한' 질문으로 느껴지는가?
2. '자신'에 대해 고정되고 변하지 않는 것이 무엇이라고 생각하는가?
3. '자신'에 대해 변했거나 변할 것에 대해 무엇을 생각할 수 있나? 당신 때문인가? 변화하는 상황 때문인가?
4. 언제 '나는 누구인가'라는 질문을 던질 가치가 있을까? 이 질문에서 다음 과제로 넘어가는 단계는 언제가 좋은가? 각 질문의 예들을 생각할 수 있는가?

연습

1. 당신이나 내담자는 자신과 자신의 상황에서 중요하고 변하지 않는 것의 목록을 작성할 수 있다. 각 항목에 대해 어떻게 생각하는가?
2. 이 목록을 5년 전, 10년 전과 비교하여 자신과 환경에 중요한 것과 달라진 것의 목록과 비교하라.
3. 5년, 10년 후에도 같을 것과 달라질 중요한 항목의 목록을 작성하라.
4. '만약에 그렇다면...' 만약에... 어제였다면 무엇이 당신을 다른 사람으로 만들었

수 있었을까? 내일은 무엇이 당신을 다른 사람으로 만들까? 어떤 면에서 달라질까? 어떤 생각이 떠오르는가? 그 생각에 대해 어떤 느낌이 드나? 적절하게 답변을 기록하고 공유해보라.

결론

변화는 혼돈을 의미하지 않는다. 헤라클레이토스는 상호 연결된 존재의 움직임을 지배하는 일관된 원리, 즉 근본적인 로고스를 볼 수 있다고 생각했다. 그의 견해는 많은 서양철학들보다 더 체계적으로 변화에 대처하는 방법을 탐구해 온 불교와 힌두교의 많은 가르침에서 중요한 방향을 일으킨다. 기독교의 가르침은 가부장적 신을 통해 영속성의 '닻'을 찾으려는 경향이 있다. 헤라클레이토스와 많은 동양철학자들은 우리에게 변화의 강에서 헤엄치라고 권한다. 더 깊이 들어가면 여러분은 강에 '녹아든다'. 여러분은 강 속에 있는 것이 아니라 강의 일부다.

참고문헌

R. D. McKirahan, *Philosophy Before Socrates: An Introduction With Text and Commenray*, Hackett Publishing Company, 1994
M. Ring, *Beginning with the Pre-Socratics*, Mayfield, US, 1987
T. M. Robinson, (tr.) *Heraclitus*; University of Toronto Press, 1991
D. Sweet, Heraclitus: *Translation and Analysis by Heraclitus*, University Press of America, 1995
C. C.W. Taylor (ed.) *From the Beginning to Plato* (History of Philosophy, Vol. I), Routledge, 1997

Chapter 3

소포클레스 (496-406 BC 경)

요점

* 그리스 비극은 현대 심리학보다 인간의 곤경에 대한 정교한 이해를 보여줄 수 있다.

* 스토리텔링은 심리 및 상황을 탐구하는 데 유용한 매체다.

* 프로이트의 오이디푸스에 대한 설명에는 상당한 오류가 있다. 프로이트의 '오이디푸스 콤플렉스'에는 소포클레스 오이디푸스의 복잡 미묘함이 결여되어 있다.

* 그리스 비극은 인간이 처한 가혹한 현실 앞에서 눈 하나 깜빡이지 않고 굴복하지 않는 강인함을 보여주었다.

적용

* 현대 심리학은 철학자와 극작가들의 통찰력을 더 많이 포함한다면 이득을 볼 수 있을 것이다.

* 상담은 개인의 '내적 역학'에 초점을 맞추고 있다. 그것은 인간 환경의 역할을 더 철저히 탐구함으로써 그 범위를 넓힐 수 있다.

* 그리스 비극작가들의 교훈은 수 세기 동안 소중하게 여겨져 왔다. 어쩌면 우리는 그들의 지혜에 더욱 깊이 주목해야 할지도 모른다.

그는 인간을 분열시키는 모든 저주 중에서 악한 조언이 최고의 저주라는 것을 인류에게 증언했다. (『안티고네』)
아니, 나쁜 조언보다 더 증오스러운 것은 없다. (『일렉트라』)
그 어떤 부귀보다 더 귀중한 것은 좋은 조언이다. (『안티고네』)

▶

우리는 어떻게 그리고 왜 살아야 할까? 무엇이 중요한가? 우리는 무엇을 위해, 그리고 왜 죽을 수 있을까? 편안하고 안정된 시대에는 이러한 영원한 질문을 더 깊이 들여다보기가 쉽다. 모두가 농사를 짓고 싸우고 있을 때는 철학과 예술을 위한 여지가 줄어들지 않을까? 노예가 많았던 기원전 500년경의 아테네는 일부 엘리트들에게 사색할 수 있는 시간을 제공했다.

철학과 드라마는 모두 인간의 의미와 목적을 고려한다. 철학자는 질문하고 분석한다. 드라마작가는 이야기를 들려준다. 논문이 아닌 이야기가 더 보편적인 호소력을 갖는다. 우리는 추상적인 개념이 아니라 살과 피를 가진 인물과 소통한다.

하지만 실존 인물이든 상상 속 인물이든 그 인물과 마주했을 때 우리는 얼마나 전념해야 할까? 그냥 시간만 채울까? 꿈과 환상에 빠지거나 편견에 굴복할까? 아니면 좀 더 진지해질까? 도전, 불안, 영감, 고양, 축소, 정보, 유머 또는 공포를 주는 이야기를 원할까? 하나의 작품 안에서 한 사람에게 이 모든 것이 가능하다. 메시지는 관객과 작가 모두를 공격하고, 이들에게 나타나고, 스멀스멀 올라올 수 있다. 우리는 함께 흔들리거나 서로 다른 경험의 세계를 점유할 수 있다. 관객과 작가는 자신이 어디로 끌려가고 있는지 알 수도 있고 모를 수도 있다.

그리스 비극 하나가 지그문트 프로이트를 통해 심리치료에 전해졌다.

바로 오이디푸스 이야기다. 프로이트가 설명한 '오이디푸스 콤플렉스'는 소포클레스가 말한 오이디푸스의 복잡성을 우리에게 보여주지 못한다. 프로이트의 버전은 규모나 정교함에서 소포클레스의 오이디푸스와 일치하지 않기 때문에 이것은 매우 중요하다. 따라서 치료는 역사에 대한 감각이 부족하고 우리의 풍부한 문화유산을 거의 활용하지 못하기 때문에 그 가치가 떨어진다.

프로이트에 따르면 오이디푸스는 아버지를 죽이고 어머니와 성관계를 맺으려고 했다. 모든 남성은 이와 같다. 그들은 아버지에 대한 성적 질투를 느끼며, '무의식적으로' 그들을 죽이고 어머니를 성적으로 정복하려고 한다.

프로이트가 그렇게 말했기 때문에 수십 년 동안 지직이고 정교한 의견은 남성에 대한 이러한 견해가 옳다고 가정했다. 돌이켜보면 오이디푸스 콤플렉스는 콩을 삼가고, 떨어진 것을 줍지 말아야 하며, 흰 수탉을 만지지 말아야 한다는 피타고라스의 생각처럼 단순하고 어리석은 것처럼 보인다. 우리 중 아버지를 죽이거나 어머니와 성관계를 맺고 싶어 하는 사람은 거의 없다. 우리는 성적인 감정을 가지고 있으며 때때로 분노하고 살인하고 싶을 정도로 분노를 느끼기도 한다. 하지만 부모가 존재하지 않는 것에 대한 환상을 가질지라도, 우리는 부모를 살해할 계획을 진지하게 세우지 않거나 조금이라도 생각하지 않는다.

프로이트가 주장한 대로 우리가 생각하지 않는다는 사실은 프로이트에게 큰 문제가 되지 않는다. 그의 대답은 우리가 무의식적으로는 그렇게 생각한다는 것이었다. '무의식적으로' 무언가를 생각하는 것과 전혀 생각하지 않는 것의 차이는 명확하게 밝혀진 적이 없다. 하지만 프로이트는

3. 소포클레스 (496-406 BC 경) **25**

우리에게 보이지 않는 내면의 세계를 제시했고, 이는 우리를 '깊고 신비로운' 존재로 만들었다. 이는 현상뿐 아니라 실제로도 자신이 얕고 둔하다고 두려워하는 사람들에게 매력적이었다. 그 결과 프로이트를 불편하게 하는 질문은 수십 년 동안 연기되었다. 깊이, 드라마, 독립적이고 공정한 '과학'과 결합한 프로이트의 내러티브는 수십 년 동안 일부 서구 지식인층의 상상력과 돈을 붙잡았다. 더 자세한 것은 28장에서 다루겠다.

프로이트의 소포클레스 오이디푸스 버전은 근본적이고 심오한 오류가 있으며 이야기의 전체 요점을 놓치고 있다. 원작에서 오이디푸스는 자신이 죽인 사람이 아버지라는 사실을 모르고, 그와 결혼한 여성이 어머니라는 사실도 모른다. 그는 분명히 아버지를 해치거나 어머니와 결혼할 의도가 없다. 하지만 이런 일이 벌어진다. 왜 그럴까?:

> 마지막에 신탁을 통해 오이디푸스에게 드러나는 것은 그의 금지된 성적 욕망과 공격적인 갈망이 아니라 그가 예견된 운명을 피할 수 없었다는 사실이다. 압도적으로 비극적인 것은 그가 어머니를 욕망하고 아버지를 죽이고 싶어하는 것이 아니라 그가 자신이 옳은 일을 하고 있다고 믿으면서 이러한 추악한 짓을 저질렀다는 것이다. (van Deurzen Smith, 1997[7])

그래서, '충분히 좋은' 사람은 '충분히 열심히', 아니 정말 열심히 노력하지만 결과는 계획된 대로, 원하는 대로, 좋은 대로 나오지 않는다. 정의는 어디에 있을까? 그 대답은 무엇인가? 인생은 불공평하다. 항상 그렇지는 않지만 종종 그렇다. 가수 레너드 코헨은 이렇게 말했다: '주사위가 던져졌다는 것은 누구나 알고 있다. ... 선한 사람이 졌다는 것은 누구나 알고 있다'. 하지만 이것도 역시 단순하다. 소포클레스가 알았듯

---

[7] Emmy van Oeurzen-Smith, *Everyday Mysteries*, Routledge, 1997.

이 싸움은 결코 끝나지 않는다. 우리는 계속 고군분투하지만 가끔씩만 이기고, 가끔씩만 이기는 것이 무엇인지 알 수 있다. 그리고 가끔씩 그럴 경우가 있다면, 승리하는 것이 무엇으로 이루어진 것인지 알기도 한다.

당신이 결코 '자신을 찾지 못할 수도 있고, 찾았다고 해도 자신이 발견한 것이 마음에 들지 않을 수도 있다는 것을 소포클레스는 대부분의 현대 치료사들보다 더 잘 알았다. 당신은 파편, 폐허, 잔해만 발견할 수도 있다. 어떤 자아는 일부 나무처럼 완전한 키와 성숙에 도달하기도 한다. 하지만 많은 자아는 발육부진, 뿌리 뽑힘, 영양실조, 그늘에 가려짐, 익사, 불에 타버림, 폭파 등을 겪는다. 물이 부족하거나 너무 많거나, 모래가 너무 많거나, 돌이 너무 많기 때문이다. 꿈의 잠재력을 최대한 발휘한다는 것은 사실상 우리가 운이 좋다는 뜻이다.

우리가 여기서 얻을 수 있는 교훈은 성장과 성숙에 대한 우리의 개념을 근본적으로 바꿔야 한다는 점이다. 성숙은 기회뿐만 아니라 한계, 좌절, 좌절의 현실도 인정한다. 행운은 정의상 비교적 드물다. 평균적인 운이 정상이고 불운은 흔하다.

그리스 비극작가들은 이를 깊이 이해했다. 우리는 내면을 들여다볼 수도 있지만, 우리가 처한 상황과 기회를 통해 앞으로 나아가야 한다. 그리스 비극의 영웅들은 고군분투했다. 하지만 그들이 추구한 모든 것을 성취한 경우는 거의 없었으며, 사건이 행복하게 끝난 경우는 거의 없었다. 상황이 지배했지만 정신은 어쨌든 계속 투쟁했다. 오이디푸스는 노력했지만 결국 아버지를 죽이고 어머니와 결혼했다. 상황은 그를 조롱하는 것처럼 보였지만 실제로는 그렇지 않았다. 그는 자신이 그저 신들의 장난감이거나 신들과는 무관한 한낱 인간일 뿐이라는 것을 증명했다.

이것이 영웅주의의 진정한 모습이 아닐까? 영웅주의는 자신이 패배할 수도 있다는 사실을 알면서도 싸워야 하는 것을 요구한다. 패배가 매우 현실적으로 나타날 가능성에 대한 증거는 압도적이다. 우리 주변에는 수많은 삶의 희생자들이 흩어져 있다. 우리 앞에도 그런 일이 발생하지는 않을까? 누가 알겠는가?

오이디푸스는 강한 사람, 좋은 사람, 성공한 사람, 왕, 영웅이었고, 그로 인해 존경과 추앙을 받았다. 그러다 그는 거의 전멸당할 뻔했다. 특별한 이유도 없이 그랬다. 그는 줄곧 전멸 당했지만, 그렇지 않다고 생각했음이 드러났다. 상황, 신의 변덕, 우연, 행운과 같은 모든 것이 그를 집어 들어 산산조각 냈다. 그는 안팎으로 찢기고, 압도당하고, 만신창이가 되었다. 불공평했지만 그는 할 수 있는 일을 했다. 간단한 해피엔딩은 없었다. 엄청난 잔해 속에서도 살아 있는 인간의 정신이 있었다. 용기와 지혜가 그들이 직면한 상황과 항상 같지는 않았던 것이다.

그리스 비극작가들의 이 메시지가 현대인의 삶의 어려움과 관련이 있을까? 그런 것 같다. 오이디푸스 콤플렉스는 잊어 버리고, 오이디푸스 자체에 주목하자. 소포클레스와 다른 사람들에게로 돌아가자. 소포클레스의 가르침은 그 어느 때보다 생생하게 살아 있다. 매튜 아놀드는 밤에 도버 해변의 광경과 소리, 그리고 그 해변이 유발하는 자극을 목격하면서 이 메시지를 떠올렸다. 그는 이 메시지를 동명의 시에 담았다. 나는 이 시가 현대의 치료 '패키지'에서 제공되는 매우 많은 것들보다 인간의 조건에 더 깊숙이 들어가 있다고 믿는다. 그 시의 일부를 소개하겠다. 먼저 한 구절은 소리다:

오래 전 소포클레스는

에게해에서 그 소리를 들었고,
그것은 그의 마음속에 인생고의 탁한 밀물과 썰물을 가져왔죠.
우리 역시
소리 속에서 한 가지 생각을 찾아 내죠
아득이 먼 이 북쪽 바다에서 그걸 들으면서.

두번째는 메시지다:

아, 사랑이여 우리를 진실되게 하라
서로에게! 세상은 꿈나라처럼 우리 앞에 펼쳐져 있는 듯하고
너무도 다채롭고 아름답고 새로워
실상은 기쁨도 사랑도 광명도 없고
신념도 평화도 없고 고통을 면할 길 없구나.
우리가 서있는 이 어두운 평야에서
싸움과 도주의 혼란스런 아우성에 휩쓸려
눈 먼 군대들이 야음을 타 격돌한다.
(Mattew Arnold, 'Dover Beach'[8])

여기 어두운 비전이 있다. 도망칠까? 그 속에서 허우적거릴까? 이것을 어떻게 활용할 수 있을까? 수많은 상담의 핵심에 자리 잡고 있는 현대인의 꿈은 행복, 완전성, 성취감을 이룰 수 있고, 또 그래야 한다는 희망과 믿음이다. 그러나 이것은 비교적 새롭고 다소 어리석은 기대다. 오히려 삶에는 기쁨보다 고통이 더 많을 수도 있다. 대신 좌절을 삶의 장애물이 아니라 삶의 날실과 씨실과 같은 것으로 기대하는 법을 배운다면 어떨까? 역설적이지만, 곰곰이 생각해보면 행복에 대한 기대치를 낮추면 더 많이, 더 자주 행복해질 수 있을 것이다.

우리는 행복에 대한 권리가 없지만, 우리가 어떤 형태로든 행복을 선호

---

8 Manhew Arnold, *Poems*, Oxford University press, 1913.

하는 것은 자연스러운 일이다. 우리 중 자신의 잠재력을 최대한 발휘하는 사람은 거의 없으며, 운과 용기가 있으면 우리는 존엄성을 갖고 자신의 상처를 안고 살아갈 수 있다. 우리는 상대적으로 무너지지 않기를 희망할 수 있다. 하지만 우리 중에서도 영웅적인 사람이라도 쉽게 무너질 수 있다. 명예와 영웅심이 성공을 보장하지는 않지만 어쨌든 그것들은 존경할 만하다. 미덕, 지식, 지혜는 성취를 촉진하지만, 성취를 보장하지는 못한다. 그러므로 고대 오이디푸스의 복잡성이 성립한다. 현대 오이디푸스 콤플렉스의 단순한 광기와 비교할 때, 고대 오이디푸스의 복잡성은 여전히 많은 것을 제공한다.

질문

1. 특정 내담자에게 들려주면 도움이 될 만한 특정한 가상의 이야기를 당신은 구체적으로 생각해 볼 수 있는가?
2. 인간의 비극을 효과적으로 다룬 현대 극예술의 예로 어떤 것을 생각할 수 있나? 그것은 특정 내담자에게 추천할 만한 가치가 있는가? 또 그것은 어떤 이점이 있을까?
3. 상담사 또는 치료사로서 당신의 훈련은 인간 존재의 비극적 차원을 어떻게 탐구했고 탐구하고 있는가? 이와 관련해 당신은 무엇을 배웠는가?
4. 비극에 대한 집착은 어느 때 응석받이인가? 희극은 어느 때 도피인가? 질문을 의식하는 일이 특정 답변에 매달리는 일보다 더 중요할 수 있다.

연습

1. 돌보미로서 남은 경력 동안 내담자에게 도움이 될 만한 연극, 소설, 그림, 시, 음악 목록을 점차적으로 정리해보라. 사실과 예술을 적절히 매칭할 수 있도록 주제 색인을 작성하라.

2. 익숙하지 않다면 그리스 비극이나 셰익스피어를 시도해 보라. 우리가 치유하고, 제정신을 유지하고, 생존하고, 번영하기 위해 시도하는 다양한 방법을 생각해 보라. 의학과 심리치료는 상대적으로 작은 부분이다. 고급문화와 저급 문화, 자연, 다른 사람, 프로젝트, 최소한의 번영 이 모든 것이 중요하다.

결론

프로이트에 대한 이야기는 나중에 다시 하겠다. 이 장에서는 이 책의 범위를 넘어서는 방대한 의제를 다루고 있다. 치유와 도움이란 무엇인가? 상담사와 심리학자들은 이 질문에 대해 고민한다. 이 책은 그 질문에 대답하는데 기여하고 있는 철학자들과 기여해야 할 많은 철학자들을 제시하고 있다. 하지만 이 모든 것 너머에는 예술, 자연, 문화, 사회가 (또는 그것의 결여) 있다. 치유라는 주제를 살펴볼 때 더 많은 유용한 연결고리가 만들어질 수 있고, 만들어져야 한다.

참고문헌

Focus Multimedia, CD Rom: over nine hundred and fifty novels, plays and works of philosophy, including seven plays of Aeschylus, seven of Sophocles and nineteen of Euripides.

D. Grene, *Sophocles* in R. Lattimore (ed.) *The Complete Greek Tragedies*, University of Chicago Press,

Sophocles, *Oedipus the King*, Oedipus at Colonus, Antigone (*The Complete Greek Tragedies*, Vol. 1) R. Lattimore and David Grene (eds) University of Chicago Press, 1992

Chapter 4

소크라테스 (기원전 470-399)와
플라톤 (기원전 427-347)

요점

* 소크라테스는 기록을 남기지 않았고 주로 플라톤을 통해 우리에게 알려져 있다.

* 소크라테스는 다른 사람들이 주장한 지식에 대해 끊임없이 질문을 던졌는데, 이는 항상 인기를 얻는 방법은 아니다.

* 플라톤이 보기에 자기표현은 자기통제와 분리될 수 없다.

* 우리는 자기훈련, 이성, 성찰 때문에 다른 존재와 구별되며, 자기를 인식할 수 있다.

* 개인의 발전은 그가 속한 사회의 발전 없이는 이루어질 수 없다.

적용

* 영국 철학자 화이트헤드(1861-1947)는 서양철학은 플라톤에 대한 주석에 불과하다고 주장했다. 플라톤의 저술 범위는 매우 방대하다.

* 플라톤은 개인의 발전이라고 부리는 것은 단지 정치, 교육, 예술, 종교, 신체, 자연, 문화 전반의 발전을 구성하는 요소일 뿐이라는 점을 보여준다.

* 플라톤의 철학은 통합을 위한 많은 현대적 노력보다 더 전체론적이다.

* 플라톤은 수 세기 동안 교양 교육에서 높이 평가받아 왔으며, 여전히 많은 것을 제공한다.

▶

> 모든 좋은 조언은 동일한 방식으로 시작된다; 사람은 자신이 무엇을 조언하고 있는지를 알아야 한다. 그렇지 않으면 그의 조언은 모두 무의미해질 것이다. (플라톤, 『파에드루스』)
>
> 좋은 조언은 분명 일종의 지식이다. 우리는 무지가 아니라 지식으로 올바른 조언을 하지 않는가? (플라톤, 『국가』)
>
> 그러므로 나의 조언은 영혼은 불멸하고 모든 종류의 선과 악을 견딜 수 있다는 점을 고려하여 항상 천상의 길을 고수하고 정의와 미덕을 따르라는 것이다. (플라톤, 같은 책)

소크라테스 (기원전 470-399년) 는 델포이 신탁에서 이 세상에서 가장 지혜로운 사람으로 지목되었다. 그러나 소크라테스는 이런 주장이나 '신탁들'에 대한 다른 믿음에 대해 매우 회의적일 정도로 지혜로웠다. 그는 자신이 신의 목소리에 의해 인도받고 있다고 생각했고, 오랜 명상 (또는 카타르시스) 상태에 빠질 수 있다고 전해졌다.

소크라테스는 자신이 높이 평가되는 것을 원치 않았고, 그의 회의주의는 현명하고 통찰력이 있다고 자부하는 사람이라도 의문을 품게 만들었다. 소크라테스는 다른 사람들은 스스로 매우 많은 것을 알고 있다고 생각하지만, 정작 자신은 아무것도 모른다고 느꼈기 때문에 자신이 그들보다 더 많은 것을 알 수도 있다고 생각했다. 그렇지만, 그는 우리가 아는 것이 얼마나 사소한지에 대해 충분히 사색하고 질문하고 성실하면

지식이 궁극적으로 달성 가능하다고 믿었다:

> 그러면 왜 어떤 사람들은 나와 함께하는 많은 시간을 보내고 싶어 하는가? 그 이유는 여러분이 이미 들었을 것이다. 나는 여러분에게 진실을 말했고 여러분은 자신이 지혜롭다고 믿지만 사실은 그렇지 않은 사람들을 검토하는 것을 즐기기 때문이다. 그 경험은 재미가 쏠쏠하다.
> (플라톤, 『소크라테스의 변론』, 52쪽)

다른 사람들이 지식과 지혜에 대해 주장하는 바를 체계적으로 질문하는 것이 소크라테스에게 삶의 방식이 되었다. '소크라테스적 방법'은 소크라테스가 다른 사람들에게 전하려 했던 특정 이론이나 사상에 의존하지 않았다. 그것은 오히려 어떤 것도 신뢰하지 않고, 어떤 것도 단순히 다른 사람들이 믿는다고 해서 믿을만하다고 여기지 않는 마음의 태도였다. 소크라테스는 자기 주위의 모든 의견과 모든 사람을 파괴하기 위해서가 아니라, 그들의 기초, 연결 관계, 일관성을 검증하기 위해, 질문하고, 질문하고, 다시 질문했다.

소크라테스는 우리에게 전해진 바와 같이 깨어 있고, 통찰력 있으며, 불안정하고 호기심이 많았다. 다른 사람들에게는 설명이 필요하지 않았던 것들이 이제 소크라테스가 그들이 너무 무심하거나 느리거나 자기 이익에 빠져 알아차리지 못했던 어색한 질문들을 모두 파헤치고 나자 많은 설명이 필요하게 되었다. 이렇게 활기 넘치고 탐구적인 사고는 강한 자가 무너지는 모습을 즐기는 감탄하는 사람들을 만들어내고, 눈이 열리는 경험을 선물할 수 있다. 그러나 이런 회의는 적을 만들기도 한다. 무엇보다도, 모든 사람이 진리를 추구하지는 않는다. 사람들은 대부분 생계를 유지하고 명성을 확보하는 데 집중한다. 진리와 정직이 도움 된다면 더할 나위 없지만, 정당화할 수 있는 것보다 더 많은 권력, 지위, 소득, 혜택이 보장되어 있다면 급진적 질문은 덜 환영받을 수 있다. 우리는 다른 이들이 우리의 효율성, 통찰력, 진실성을 의문시하기를 원하지 않을 것이다. 당신이 원하는 만큼 똑똑하고 옳을 수 있지만, 만약 그것이 나의 비용으로 이루어진다면 나는 그리 기쁘지 않을 수도 있다. 소크라테스적 질문 때문에, 내 생계가 위협받고 내 기반이 무너지기 시작하면, 나는 냉정함을 유지하기 어려울 것이다. 우리는 사회적 지위를 위해 입고 있는 옷과 장식이 환상으로 드러나는 것을 원치 않는다. 우리는 질문과 논의가 어디로 이어질지 따라가고 싶지 않을 것이다. 대신, 우리는 질문자와 질문을 침묵시키거나, 최소한 질문자의 신뢰성, 동기, 능력을 공격하고 깎아내리려고 할 것이다. 그러므로 소크라테스가 결국 재판을 받고 사형에 처해진 것은 놀라운 일도 아니다. 그는 젊은이를 부패시키고 도시의 신들을 믿지 않는다는 혐의를 받았다.

지혜로운 자는 진리를 추구하지만, 만약 당신이 오랜 삶을 원하거나 권력을 갖고 있는 동시대인들의 지위와 존경을 유지하고자 한다면, 때로는 진리를 찾는 것을 미루는 것이 현명할 수도 있다.

소크라테스는 어떤 글도 남기지 않았으며, 그는 대답을 제공하기보다 올바른 질문을 찾는 데 더 중점을 두었던 것으로 보인다. 이런 능력 덕분에 그는 당대에 가장 지혜로운 인물 중 하나였을 것이다. 오늘날 가장 중요한 것은 여전히 지식, 즉 무엇을 물어야 하는지를 알고, 피상적인 답변에 그치지 않고 질문을 지속하는 지식이다. 하지만 질문을 멈출 시점은 언제인가? 우리가 가진 답변이 충분치 않더라도 행위하고 선택하며 결정을 내려야 하는 시점은 언제인가? 모든 가정의 기초가 완전히 명확해질 때까지 기다리고, 행위하기 전에 완전한 지식, 증거, 일관성을 요구한다면 우리는 결코 행위 할 수 없을 것이다. '철학'이라는 단어의 라틴어 어원은 '지식과 지혜를 사랑하는 자'이다. 그러나 모든 이에게 질문하고 철학하는 것만을 가르치는 정부는 현명하지 않을 것이다. 누군가는 거리를 청소해야 하고, 누군가는 밭을 갈고, 대부분 소크라테스적 탐구의 엄격함을 견딜 수 없는 정책을 실행해야 한다. 질문할 때가 있고, 행동할 때가 있다. 각각은 기껏해야 서로를 형성하고, 정보를 주고, 또 서로에게서 정보를 받는다.

플라톤이 상세히 설명한 것처럼, 소크라테스는 재판 중 진리를 염려하지 않고 전술, 아첨, 공감을 선택했다면 비교적 쉽게 생명을 부지할 수 있었던 순간이 많았다:

> 나의 죄목은 내가 삶에서 배운 교훈에 대해 침묵하지 않았다는 것이다. 나는 사람들이 대부분 소중히 여기는 것, 즉 돈 벌기와 재산 관리, 군대 지휘와 대중 선도, 각종 정치적 직위와 음모와 뒷거래를 경시해 왔다.
> (같은 책, 56쪽)

소크라테스는 유죄 판결을 받았을 때 감형을 제안할 수 있었고, 그랬더라면 그것은 거의 확실히 받아들여져 사형을 면할 수 있었다. 그러나 그렇게 하려면 소크라테스는 자신의 무죄를 확신하는 가운데 유죄를 인정해야 했다:

> 나는 스스로 아무에게도 해를 끼친 적이 없다고 확신하기 때문에, 내가 해를 입어 마땅하다고 인정하고 스스로에게 어떤 형벌을 제안하는 식으로 나 자신을 해치지는 않을 것이다. 왜 그래야 하는가? 밀레토스가 제안한 형벌을 피하기 위해서인가? (같은 책, 57쪽)

소크라테스는 자신의 생명을 지탱할 수 없는 상황에서도 진리를 지지하기로 선택했다. 그 이후 많은 순교자들처럼 그의 삶은 짧아졌다. 그는 이런 결과를 잘 알고 있었고, 그래서 굽히지 않으려는 그의 태도는 단순히 순진하고 무지한 것이 아니라 의식적이고 용감한 것이었다. 이것이 반드시 현명했는지는 소크라테스가 더 신중하게 고려했을 문제일 수 있다. 어쩌면 그는 그렇게 했어야만 했을 것이다. 반대로, 그의 사상이 자신을 넘어서 살아남도록 하는 가장 좋은 방법 중 하나는 그것을 위해 죽는 것이었다. 소크라테스는 이미 71세였다. 그가 죽음을 선택한 것은 의심할 여지없이 그의 이름이 거의 2,500년 동안 살아남는데 기여했다! 아마 그는 가치 있는 선택이 자신에게 점점 사라지고 있다는 것을 올바르게 알아차렸을지도 모른다. 어쨌든, 그는 지구상의 삶 이후에 또 다른 삶이 존재한다고 믿었던 것 같고, 그것이 행복한 세상이라고 생각했다:

> 내가 이 나이에 추방을 당해 한 도시에서 다른 도시로 떠돌고 항상 쫓겨난다면, 나는 참으로 훌륭한 삶을 살 수 있을 것이다! 왜냐하면 나는 어디를 가든 젊은이들이 여기서처럼 내 말을 들을 것이라는 것을 잘 알고 있기 때문이다. 만약 내가 그들을 물리친다면, 그들은 스스로 어른들을 설득해 나를 추방하게 만들 것이다. 내가 그렇게 하지 않으면, 그들의 아버지와 다른 친척들이 젊은이들을 위해 나를 쫓아낼 것이다. (같은 책, 58쪽)

우리는 소크라테스에 대해 실제로 무엇을 알고 있는가? 그는 자신이 아무것도 모르고 있다는 것을 알았는가? 아니면 그는 신의 권위에 의해 인도받으며 죽음 이후 영원한 삶을 살 것이라고 믿었는가? 우리가 알고 있는 대부분의 정보는 그의 제자 플라톤의 저술을 통해 전해진 것이다. 플라톤은 끊임없이 질문하는 소크라테스와 자신감이 지나치게 강한 다른 인물들 간의 대화를 통해 많은 철학적 문제를 논의한다. 이 대화들에서 소크라테스는 얼마나 상상적이고 이상화된 인물인가? 그중 실제로 일어난 대화는 얼마나 되는가? 그들의 '풍미'는 플라톤 자신의 사상과 해석에 얼마나 영향을 받았는가? 플라톤이 묘사한 소크라테스는 역사적으로 얼마나 정확한가? 그것은 어느 정도로 플라톤의 투영, 이상화, 편리한 구성물인가? 우리는 물론 이 질문에 대한 답을 결코 알 수 없을 것이다. 언제나 그렇듯, 질문은 답보다 더 빠르고 쉽게 찾을 수 있다.

우리가 접할 수 있는 소크라테스는 다른 사람들에 의해 묘사된 소크라테스뿐이며, 그중 특히 플라톤에 의해 묘사된 것이 가장 많다. 하지만 또 다른 제자인 크세노폰도 소크라테스에 대해 기록을 남겼는데, 그의 이야기는 때때로 플라톤의 기록과 매우 다르다.

우리가 아는 소크라테스가 실제로 존재했던 소크라테스와 얼마나 같은지는 여전히 불확실하다. 플라톤이 제시한 소크라테스의 질문과 인식의 능력은 지금도 예전처럼 강력한 자극을 준다. 그는 마치 잠자는 지성 위에 신선한 공기나 차가운 물을 던져 놓은 것처럼, 우리의 사고를 깨우는 존재이다. 그의 질문하는 정신은 계속 살아남을 자격이 있다. 질문은 불편하고 번거로울 수 있다. 때로는 답이 없는 질문도 있다. 하지만 소크라테스는 사소하고 현학적이고 관련 없는 질문이 아닌, 깊이 있는 중요한 질문을 찾아내는 능력이 있었던 것 같다. 아마도 이것이 위대한 철학자와 그렇지 못한 철학자를 구별짓는 중요한 요소일 것이다. 위대한 철학자는 우리가 삶을 이해하는 방식을 근본적으로 파고들고, 그렇지 못한 철학자는 별다른 의미나 목적 없이 현학에 빠진다. 소크라테스적 정신, 용기, 기술을 가진 사람들은 결코 많지 않다. 지금 살아있는 소크라테스는 그 당시에 그랬던 것처럼 귀중하지만 불편할 존재일 것이다.

플라톤과 소크라테스의 사상을 구분하기가 매우 어려워 두 철학자를 한 장에서 함께 다루었다. 제자인 플라톤은 자신의 스승인 소크라테스의 생각뿐 아니라 자신의 생각까지 소크라테스라는 인물을 통해 표현했다. 소크라테스는 직접 기록을 남기지 않았기 때문이다. 동시에, 플라톤은 매우 광범위한 주제에 대해 다수의 글을 남겼고, 이 책에서 그의 사상 전체를 요약하는 것은 불가능하다. 늘 그렇듯, 현대 상담가나 돌보미에게 흥미롭고 유용할 몇 가지 플라톤의 사상을 간단히 소개하는 것에 초점을 맞추고자 한다.

플라톤은 『국가』에서 개인과 사회가 잘 살기 위해 어떻게 자신을 조직해야 하는지를 폭넓게 탐구한다. 이는 또한 충만한 삶이란 무엇인가를 고찰하는 과정도 포함한다. 플라톤에게 정신적 건강과 행복은 함께 가는 것이었고, 폭군은 본질적으로 병들어 있으며, 비록 폭군이 이 사실을 알지 못할 가능성이 크더라도, 불의는 피해자보다 가해자에게 더 큰 해를 끼친다고 보았다.

오늘날 '좋은 삶'은 종종 소비주의적 관점에서 이해되는 경향이 있다. 우리는 우리가 산 것과 팔 수 있는 것으로 정의된다. 좋은 삶은 텔레비전에서 볼 수 있듯이 부유하고, 권력 있고, 생동감 넘치고, 역동적이며, 자신감 있고, 흥미롭고, 활발한 삶을 의미한다. 우리는 좋은 직업을 얻는 데 필요한 자격증을 취득할 수 있도록 추가 훈련을 받을 자격을 갖추기 위해 훈련과 교육을 받는다. 좋은 직업은 안정적이고 보수가 높아서 우리가 쇼핑을 하고 성공, 성취, 만족감을 주는 자신만의 생활방식을 꾸밀 수 있게 해준다.

하지만 플라톤에게 좋은 삶은 소비와 표현보다는 '절제'에 관한 것이 었다:

> 절제는 분명 일종의 질서, 특정한 쾌락과 욕망의 통제를 의미한다. 사람들은 '자기 자신을 지배하는 자'라는 표현을 사용하는데, 그 의미가 무엇이든 간에 다른 표현들도 같은 방식을 가리킨다. (플라톤, 『국가』, 121쪽)

오늘날 우리는 주로 좋은 삶을 살기 위해 자신을 찾고 표현해야 한다고 이야기하는 반면, 플라톤에게는 자기 자신을 지배해야 할 필요성이 더 중요한 의제였다. 이것은 무엇을 의미하는가?:

> '자기 자신을 지배하는 자'라는 표현은 어리석은 말이 아닌가? 자신을 지배하는 사람은 아마도 자신에게 지배받는 존재일 것이며, 주체는 지배자일 것이다. 이 모든 용어는 같은 사람에게 적용된다. (같은 책, 121쪽)

따라서 우리가 지배력을 얻기 위해 복종을 배워야 한다면, 누구 또는 무엇이 누구를 지배하게 되는가? 그리고 그 기준은 무엇인가? 누가 결정을 내릴 권리가 있는가?:

> 이 표현은 사람 자신, 즉 그의 영혼 속에 더 나은 부분과 더 나쁜 부분이 있다는 것을 의미한다. 그리고 그는 본래 더 나은 부분이 더 나쁜 부분을 지배할 때 자기 자신을 지배한다고 할 수 있다. 이것은 확실히 칭찬의 표현이다. 반면, 나쁜 가정교육이나 나쁜 친구들로 인해 더 나은 부분이 더 나쁜 부분에 의해 압도될 때, 마치 적은 병력이 많은 군중에게 밀리는 것처럼, 이는 수치로 여겨진다. 그런 상태의 사람은 자기 자신에게 노예가 되며, 절제력이 없는 사람이라고 불린다. (같은 책, 122쪽)

그러므로 자기 통제는 현대의 자기 발견과 자기표현에 대한 관심보다 훨씬 더 우선적이었다. 실제로 플라톤은 자기 지배가 이루어지지 않는 한 그 두 가지는 불가능하다고 보았다.

소크라테스와 플라톤은 사람들이 영혼의 세 가지 요소를 구별함으로써 가장 잘 이해될 수 있다고 생각했다. 현대적으로 말하자면, 이는 성격의 세 가지 요소로, 욕망, 이성, '기개'가 그것이다. 그 세 가지는 동기 간 갈등이 발생할 때 드러난다. 예를 들어 우리는 술 한 잔을 더 마시고 싶은 욕구와 이를 피하고 싶은 마음이 동시에 존재할 수 있다. 이는 활을 당기고 활시위를 당기는 것처럼 자아 내의 두 요소가 분명히 서로 대립하고 있다:

> 그렇다면 이들에 대해 무엇을 말할 수 있는가? 그들이 영혼에는 술을 마시도록 유도하는 무언가와 이를 막으려는 무언가가 존재하며, 후자는 전자를 압도하는 독립적 존재가 아닌가?
> 그리고 이런 억제 원칙이 개입하는 것은 항상 반성에서 비롯되며, 반면에 영혼을 끌어당기거나 밀어내는 충동은 외부의 영향이나 비정상적인 조건에서 비롯된다고 말할 수 있지 않은가?
> 그러므로 우리가 그것들이 두 개의 독립적 원리라고 주장할 충분한 이유가 있을 것이다. 우리는 영혼이 반성하는 부분을 이성적이라고 부를 수 있고, 배고픔과 갈증을 느끼거나 성적 욕망과 다른 욕구들로 인해 방해받는 부분, 즉 특정한 욕구를 채우는 즐거움과 관련된 부분을 비이성적 욕망이라고 부를 것이다. (같은 책, 133쪽)

욕망은 다른 동물들과 공유하는 것이고, 반성이 우리를 특별하게 만들었다. 반성의 힘을 통해 우리는 자기 통제를 가지고 욕망과 원하는 행위 간 제동을 걸 수 있다. 우리는 원인들을 살펴보고, 결과를 고려하며, 상충하는 욕망과 반대되고 모순된 사고와 의견을 탐구할 수 있다. 요컨대, 우리는 통제되지 않은 긴급함으로 가득찬 몸이 아니라 책임 있는 인간 행위자로 행동할 수 있다. 이것은 욕망 자체에 본질적으로 잘못이 있다는 것을 의미하지 않는다. 욕망은 정해지고, 통제되고, 우선 순위 안에서 맥락이 정립되어야 한다는 것을 의미한다.

감정은 반드시 욕망과 관련되는가? 이성의 요소는 항상 감정을 억제하려고 하는 것일까? 흥미롭게도, 플라톤은 그렇지 않다고 생각했다. 이성은 반드시 건조하고 메마른 것이 아니었다. 이성은 열정을 가질 수 있었으며, 우리의 감정은 이성과 반대되기보다는 이성과 결합할 수 있었다. 예를 들어 우리는 욕망을 억제하지 못했을 때 긍정적으로 분노를 느낄 수 있다:

> 분노는 때때로 욕망과 충돌하는데, 마치 이 둘이 서로 다른 원리인 것처럼 보인다. 우리는 종종 자신의 욕망이 이성을 거스르도록 만들고, 그로 인해 자신을 꾸짖고, 자신을 억제하려는 이 부분에 분노를 느끼는 사람을 발견하지 않는가? 이는 두 파벌 사이의 싸움과 같으며, 그 싸움에서 분노는 이성의 편을 든다. (같은 책, 134쪽)

또한 플라톤은 다음과 같이 제안했다:

> 나는 당신이 자신이나 다른 누구에게서, 이성이 잘못된 행동이라고 판단하는 행동에서 분노가 욕망과 공조하는 것을 관찰한 적이 없을 것이라고 믿는다. (같은 책, 134쪽)

그러나 우리는 욕망을 너무 많이 제어해서 지루한 삶을 살게 된 것에 대해 자신에게 화를 낼 수 있다. 너무 쉽게 양보한 것에 대해 화를 낼 수도 있고, 너무 통제되고 억제된 것에 대해 화를 낼 수도 있다. 이성은 때때로 자기 자신과 싸운다. 우리는 욕망이 합리적인지 아닌지 확신할 수 없다. '자기 절제'가 언제 순응이나 비겁함이 되는 걸까? 내 욕망은 건강한 식욕인가, 아니면 천박한 산만함인가? 그것이 나를 충족시킬 것인가, 아니면 실패로 이끌 것인가? 그것이 내 자존감을 강화할 것인가, 아니면 약화시킬 것인가? 내 명성을 높이거나 해칠 것인가? 그리고 내 정체성과 목적을 강화할 것인가? 답은 분명하지 않을 수 있다. 우리는 여러 번 마음을 바꿀 수도 있고, 여전히 무엇이 옳고 건강하며 적절한지 확신할 수 없다.

플라톤은 다음과 같이 주장했다:

> 영혼이 분열될 때, 그것은 이성의 편에서 무장할 준비가 훨씬 더 잘 되어 있다. (같은 책, 135쪽)

하지만 매우 파괴적이고 짐승 같으며, 진보적이며 문명화된 20세기를 지나면서, 이는 가끔씩만 사실인 것 같다.

플라톤에게 이성과 성찰은 우리를 다른 생명체와 구별짓는 요소였다. 우리의 내면은 혼란스러울 수 있지만, 자기 지배를 통해 우리는 전반적인 균형, 조화, 목적, 관점, 정체성을 이룬다고 보았다:

> 정의로운 사람은 자신의 영혼의 여러 요소들이 서로의 기능을 침범하지 않도록 한다. 그는 자제와 규율을 통해 자신을 다스리고 내면의 평화를 이루며, 마치 음계의 비율에서 최고음과 최저음, 그리고 그 사이의 중간음과 모든 간격을 조화롭게 하듯이, 영혼의 세 부분을 조율한다.
> (같은 책, 139쪽)

플라톤은 '하위 성격'에 관한 현대의 이야기를 인정했겠지만, 내담자가 다양한 욕망과 싸우는 자아들을 모두 표현하도록 격려하는 대신, 그는 이 모든 것을 어떤 지배적인 질서로 끌어들일 필요가 있다고 경고했을 것이다. 실제로 플라톤은 이런 식으로 우리 스스로를 정리하는 방법을 통해서만 성숙한 정체성을 발전시킬 수 있다고 주장했다. 자아는 즉각적인 표현, 만족, 방종을 통해 개발되는 것이 아니라, 훈련과 성숙, 배려를 통해서 발전한다고 보았다.

> 그가 이 부분들을 잘 조화롭게 연결시켜 하나의 사람이 되었을 때, 비로소 그는 돈을 벌고 신체적인 욕구를 충족시키는 일이든, 사업 거래든, 국가 문제든 무엇이든 할 준비가 되어 있을 것이다. (같은 책, 139쪽)

좋은 삶은 단순한 소비, 주장, 생산의 삶이 아니었다. 이 모든 것은 정의와 명예라는 틀 안에서만 의미를 가질 수 있는 더 큰 그림의 일부였다:

> 이 모든 분야에서 그가 정의롭고 명예로운 행동을 말할 때, 그는 이런 마음(많은 반대되는 욕망들이 아니라 하나의 자기 지배된 마음)의 습관을 생산하고 보존하는 데 도움이 되는 행동을 의미할 것이다. … 그리고 지혜는 이런 행동을 지배하는 지식을 의미할 것이다. (같은 책, 139쪽)

흥미롭게도, '명예'는 현대 치료에서 거의 언급되지 않지만, 플라톤에게 명예는 정신 건강, 의미, 일관성, 정체성, 그리고 공동체의 핵심이었다. 명예는 단순한 '자부심' 이상의 것이었으며, 자신에 대한 존중을 더 명확하게 사회적 맥락 안에 놓았다. 나는 내 자신을 위해 옳고 잘했다고 생각할 때 자부심을 느낀다. 내가 우리 모두를 위해 옳은 일을 했다고 나와 그들이 생각할 때 나는 명예를 느끼고, 다른 사람들로부터 존경을 받는다. 플라톤은 자아의 세 번째 구성 요소인 '기개'가 명예심의 구현이라고 보았다. 자기 존중이 없는 사람은 기개가 가난한 사람이다. 자기 존중이 지나치게 자기중심적이어서 다른 사람들과의 상호 존중을 연결하지 않고 구현하지 않는 사람도 기개가 가난한 사람이다. 상호 존중은 사회를 형성하고 유지하는 접착제였다. 나에 대한 존중과 상대에 대한 존중은 각각 서로 불가분의 관계에 있었다. 따라서 개인의 기개와 공동체의 기개는 서로 연결되어 있으며, 이는 특히 도시 국가의 가치, 명예, 문화, 그리고 공동의 목적을 지키기 위해 방어하고, 그 안에 서서 이를 위해 싸운 군사 계급에 의해 구현되었다.

따라서 플라톤에게 정의, 균형, 건강, 치유, 자기 지배는 본질적으로 같은 실재를 다른 관점에서 본 다양한 용어들에 불과했다. 지금은 욕망을 충족시키는 데 많은 시간과 노력이 들지만, 플라톤에게 문제는 우리가 단순히 욕망의 노예가 되지 않도록 하는 것이었다. 자기 지배가 없다면 그런 노예 상태는 피할 수 없으며, 그로 인해 우리는 단기적인 선호가 장기적인 행복, 목표, 목적, 의무를 압도하도록 허용하게 되어 혼란스러운 삶, 분열된 정체성, 불의와 불행이 발생할 것이다:

> 이것은 세 가지 요소 간의 일종의 내전처럼 보인다. 각 요소가 서로의 기능을 침해하고, 영혼의 어느 한 부분이 전체에 반란을 일으켜 자신이 아무런 권리가 없는데도 지배 원리에 종속될 운명이 아니라는 주장을 펼친다.
>
> (같은 책, 139쪽)

플라톤에게 해결책은 분명했다:

이성은 전체 영혼을 대신하여 지혜와 신중함으로 다스려야 할 것이다. 한편, 기개는 이성의 하위적이고 동맹적인 역할을 해야 한다. 앞서 말한 것처럼, 이 두 부분은 정신적, 신체적 훈련의 결합을 통해 조화를 이루어야 한다. 하나의 현악기를 조율하듯이, 한 쪽은 긴장을 풀고, 다른 쪽은 조화롭게 이끌며, 이성적 부분은 고귀한 문학을 통해 길러지고, 다른 부분의 거칠음은 조화와 리듬으로 다스려져야 한다. 두 부분이 이렇게 길러지고 훈련을 받아 자신의 진정한 역할을 알게 되면, 욕망을 지배해야 한다. 욕망은 각 사람의 영혼에서 가장 큰 부분을 차지하며 본질적으로 끝없이 탐욕스럽다. 이들은 육체적인 즐거움에 탐닉하여 이 부분이 너무 커지고 강력해져서 본래의 역할을 벗어나 다른 부분들을 노예로 삼고 지배권을 쥐려 하지 않도록 지켜봐야 한다. 그렇게 되면 삶 전체가 뒤집히게 된다. 동시에, 이 두 부분은 외부의 적으로부터 영혼과 몸을 보호하는 최고의 수호자가 될 것이다. 하나는 조언을 하고, 다른 하나는 싸워서 지배자의 명령을 따르며, 자신의 용기 있는 행동으로 지배자의 계획을 실행에 옮길 것이다.

(같은 책, 137쪽)

이성은 조언을 제공할 것이며, 이는 비판적이지 않은 과정이 아니라 본질적으로 판단, 선택지를 평가하고 판단하는 과정이다:

그러므로 덕은 영혼의 건강, 아름다움, 웰빙과 같고, 악은 질병, 변형, 약함과 같다. 또한 덕과 악은 각각 명예롭거나 불명예로운 삶의 방식에 의해 이루어진다. (같은 책, 140쪽)

많은 측면에서 플라톤의 이런 분석은 전통적인 지혜의 일부가 되었다. 성숙함은 우리의 싸우는 욕망을 다스리고, 우리가 속한 사회와의 상호연결을 이해하며, 자신의 영혼을 지배하는 것을 요구했다. 그러나 비교적 최근에 일부 계층에서는 이 전통적인 의제가 '내면의 아이'를 찾는 것으로 대체되었고, 그와 더불어 모든 감정을 표현하는 것이 감정과 욕망을 통제하는 것보다 더 진정성 있고 실제적이라는 유치한 견해가 등장했다.

최근에야 개인적 충족의 추구가 우리가 속한 문화에 대한 필요와 책임으로부터 이렇게 포괄적으로 분리되었다. 플라톤에게 개인적 의제와 정치적 의제를 분리하는 것은 상상할 수 없고, 이해할 수 없으며, 미친 짓이었다. 플라톤의 견해는 공동체와 개인의 영혼 사이에 많은 매혹적인 유사점과 상호 연결성이 존재한다는 것이었다:

> 우리는 한 사람은 마치 국가가 정의로운 것과 마찬가지로 정의롭다고 결론 지을 것이다. 국가에서 정의란 그 안의 세 계층이 각자의 고유한 일을 하고 있다는 것을 의미했다는 것을 잊어서는 안 된다. 따라서 이제 우리는 각자 정의로운 사람이 될 수 있으며, 그가 자신의 고유한 기능을 수행할 때, 우리 각자의 본성의 여러 부분이 그들의 기능을 수행할 때에만 그렇게 될 수 있다는 점을 염두에 두어야 한다. (같은 책, 136쪽)

정의로운 개인에게는 영혼의 세 구성 요소인 이성, 욕망, 기개가 이성의 지배 아래에서 조화를 이루어야 한다. 플라톤은 이 개별적 구성 요소들이 사회 내에서 반영될 가능성이 있다고 생각했다:

> 영혼은, 그 자체를 결속시키는 세 가지 계층, 즉 상인들, 보조자들, 상담자들이 있는 국가와 같지 않은가? (같은 책, 135쪽)

개인은 이성에 의해 지배되며, 국가는 상담자들에 의해 지배된다. 상담자들(수호자, 철학자)은, 현대의 판단하지 않는 개인주의적 변형들과는 달리, 사람들의 재능을 존중하면서 판단하고 결정을 내리고 권력과 리더십을 발휘한다:

> 각 계층 - 상인들, 보조자들, 수호자들 - 이 자신의 고유한 일에 충실하고, 그 일이 잘 이루어질 때, 그것이 바로 정의이며 정의로운 사회를 만든다.
> (같은 책, 126쪽)

상인들은 욕망을 다루지만 수호자들의 지도력을 인정한다. 기개를 다루는 보조자들은 국가를 내부와 외부의 위협으로부터 방어했다. (항상 소수인) 수호자는 다른 두 계층이 중요한 역할을 한다는 것을 인정하고, 그들의 행위와 상호작용을 정의와 조화의 틀 안에서 결합시켰다:

> 한 사회가 정의롭다는 것은... 그 사회에 포함된 세 가지 유형의 인간 성격이 각자 자신의 기능을 수행할 때이다. 또한, 그 사회는 같은 유형들의 특정한 다른 감정과 정신 상태 덕분에 절제 있고 용감하며 지혜롭다.
> (같은 책, 128쪽)

따라서 사회는 더 낮은 지위에 있는 구성 요소 중 하나가 적절한 위치를 벗어나 수호자들을 밀어내고 그들의 자리를 대신하여 통치한다면 부정의해질 것이다. 예를 들어, 폭정국가는 보조자들에 의해 통치되는 국가일 텐데, 보조자들은 기개로 통치하지만 이성과 정의를 위한 능력이 부족하다. 금권국가는 상인들에 의해 통치되는 국가인데, 상인들은 욕망에 이끌리지만 사회 전체의 이익을 저울질하고 평가할 능력이 없어 이성이나 정의 없이 행동한다.

이런 국가들은 매우 드물다. 왜냐하면 아주 최근까지 상인들은 군인 귀족, 왕, 성직자처럼 많은 권력을 행사하지 않았기 때문이다. 그러나 지금은 거의 전 세계가 플라톤이 상인으로 간주했을 사람들에 의해 지배되고 있으며, 금권국가에 대한 플라톤의 설명은 매우 낡아 보인다. 그럼에도 불구하고 그의 분석은 많은 생각을 하게 한다. 만약 상인들이 지구를 지배한다면, 그들이 국가에서 정의와 행복을 극대화할 것이라고 기대하는 것이 현실적일까, 아니면 그저 자신의 사업 내에서만 그렇게 할 것인가? 그리고 만약 그들이 사회 전체의 선을 추구하려 하지 않거나 할 수 없다면, 모든 사업가가 자신의 욕망을 억제 없이 추구하는 것만으로 모든 가능 세계 중 최상의 세계가 이루어질 수 있을까? 상인들이 모두의 이익을 위해 법을 만들 것인가? 그렇지 않다면, 누가 만들 것인가? 우리는 이제 몇 십 년 동안 상인들의 통치를 경험해 왔다. 모든 이가 혜택을 본 것 같지는 않다. 어쩌면 플라톤이 여전히 일정 부분 주목받아야 하는 이유가 있을지도 모른다. 나는 플라톤의 분석이 충분하지는 않지만, 오늘날 치료나 그 밖의 곳에서 제공되는 현대의 진부함보다는 훨씬 앞서 있고, 훨씬 더 세련되었다고 생각한다.

플라톤은 개인, 국가, 윤리, 정치, 교육, 건강 등을 하나의 상호 연결된 분석으로 통합하여 폭넓은 아이디어를 제시한 점에서 현대 사상가들과 매우 다르다. 건강한 개인은 건강한 사회를 필요로 한다. 개인과 사회 내에서, 그리고 양자 간에서, 각각의 요소들이 그런 것처럼 그 요소들은 서로 의존한다.

이런 목표를 달성하기 위해서는 광범위하고 통합적인 신체적, 지적, 음악적, 예술적 교육이 필수적이었다. 이는 특히 상담자·수호자에게 해당되었지만, 누구나 자신의 가치를 보여줄 기회를 가져야 했다. 플라톤은 능력주의를 믿었기 때문에, 신분이 낮은 농부의 자녀도 상담자가 되기 위해 필요한 모든 자질을 가질 수 있고, 만약 그렇다면 그에 맞게 교육을 받아야 한다고 생각했다.

플라톤은 따라서 최근까지 서구문화의 중심에 있었던 교양교육 전통의 영감을 주는 원천이 되었다. 18세기와 19세기 동안 유럽과 미국은 고대 그리스와 로마의 스타일로 건물을 지었으며, 더욱 중요하게는 '내면의 인간'을 구축하는 데 사용한 청사진에도 그 스타일을 적용했다. 이런 그리스인들은 여전히 서구 문화에 가장 오랜 영향을 미친 상담자들이다.

최근의 '상담'에 대한 세분화된 시각은 개별적이고, 단편적이며, 자아도취적이고, 쾌락주의적 성격을 띠며, 자신과 건강에만 집중하고 존재의 더 넓고 깊은 요소들을 희생한다. 이런 접근은 최근의 것이며, 이후 장에서 나타나듯이, 균형상 유감스럽다.

흥미롭게도, 플라톤은 최소한 그의 수호자들에게 제시한 삶에 대해서는 최초의 공산주의자 중 하나였다. 그는 수호자들이 국가 전체의 복지를 위해 지속적으로 헌신해야 하므로, 사유재산을 전혀 소유해서는 안 된다고 주장했다:

> 만약 그들이 자신의 땅과 집, 돈을 소유하게 된다면, 그들은 농장과 가정 관리를 위해 수호직을 포기하고, 동료 시민들과 적이 되어 폭군이 될 것이다. 그들은 결국 자신들의 삶을 미워하고 미움을 받으며, 음모를 꾸미고 음모의 대상이 되며, 외국의 적보다 국내의 적을 훨씬 더 두려워할 것이고, 결국 그들 자신과 함께 그들의 나라를 파멸로 몰아넣을 파멸에 빠르게 다가갈 것이다. (같은 책, 106쪽)

이 점에서 플라톤은 크게 비판받았으며, 특히 아리스토텔레스로부터 강한 비판을 받았다. 하지만 그는 분명히 모든 정부에서 영원히 존재하는 문제를 지적했다: 통치자들이 큰 권력을 가질 때, 그들이 그 권력을 자신과 가족을 위한 이익을 추구하는 데 사용하는 것을 어떻게 막을 수 있을까? 어떻게 도둑정치를 피할 수 있을까? 이 문제는 플라톤의 시대, 거의 2,500년 전과 마찬가지로 오늘날에도 여전히 현실적이고 시급한 문제이다.

질문

1. 상담사 훈련이 자기 절제와 명예에 충분한 주의를 기울이고 있다고 생각하는가? 플라톤의 다른 우려 사항 중 어떤 것을 커리큘럼에 추가해야 하는가?
2. '욕망', '이성', '기개'의 개념이 여전히 유용한가? 개인 정체성에 대한 어떤 모형을 선호하며 그 이유는 무엇인가?
3. 광범위한 자유주의적 인문 교육이 여전히 실현 가능한가? 누가 혜택을 받아야 하며, 어떻게 해야 하는가?
4. 우리는 고대 그리스인들처럼 더 넓은 우리들 사회의 일원이라고 느끼는가? 그렇게 느끼지 않는 것이 중요한가? 무엇을 해야 하는가?
5. 상담사들이 국가를 통치해야 하는가? 그렇다면, 현대적 상담사여야 할까, 아니면 플라톤적 상담사여야 하는가?

연습

1. 사회의 발전이 개인의 발전에 도움을 주는 다섯 가지 중요한 방법과 개인에게 방해가 되는 다섯 가지 사회적 장애물을 나열하라.
2. 자신의 수입에 대해 보다 '소크라테스적' 접근 방식을 취하는 데 무엇이 필요할지를 고려하라.
3. 자신과 내담자가 '좋은 삶'에 대해 가진 견해를 검토하고 평가하라. 이를 플라톤의 분석과 비교하라.
4. 내담자에 대한 책임과 시민으로서의 더 넓은 의무가 충돌할 수 있는 사례를 논의하라.

결론

소크라테스는 무엇보다도 다른 사람들에게 어떤 질문을 해야 하는지 아는 것에 의해 그들을 '촉진'했다. 플라톤은 개인의 발전을 도시 국가의 발전과 떼려야 뗄 수 없는 관계로 보았다. 표현과 통찰은 규율과 타협을 필요로 했다. 어떤 한 감정의 무제한적 성장과 주장은 성격과 공동체 전체를 불안정하게 만들곤 했다. 열정은 균형을 이루어야 했고, 개인의 취향은 공동체의 우선 사항과 타협해야 했다. 많은 경쟁하는 충동과 개인들 사이에서 균형을 이루기 위해서는 지혜가 필요했다. 이런 영원한 문제들은 이후 철학자들과 정치인들에 의해 탐구되었다. 플라톤에게 현대의 개인화와 '심리학적' 인간 발전은 타락하고 미성숙한 것으로 여겨졌을 것이다.

웹사이트

http://www.unex.ucla.edu/plato/
http://www.geocities.com/Athens/Academy/3963/main.htm

참고문헌

Plato, *The Apology of Socrates*, Dent, 1963
Plato, *Republic*, Oxford University Press, 1970
Plato, *Trial and Death of Socrates*, Dover, 1992
Plato, *Defence of Socrates, Euthyphro, Crito*, Oxford University Press, 1997

Chapter 5

아리스토텔레스 (기원전 384-322년)

요점

* 이해란 플라톤적인 (혹은 다른 종류의) 추상화로부터 내려오는 것이 아니라, 행위와 관찰로 구성된다.

* 선택은 자신의 열정을 제어할 수 있는 사람에게만 기능하고 의미가 있다.

* 우리는 사회적 존재이기 때문에, 내성이나 고립보다는 다른 사람들과 함께, 그리고 그들과 관계를 맺으며 배운다.

* 사회로부터의 분리는 너무 지나치면 사람을 메마르게 할 수 있다. 아리스토텔레스는 그 문제의 살아있는 전형이었을지도 모른다!

적용

* 아리스토텔레스는 관찰과 행위에 대한 인지행동주의자들의 관심에 크게 공감을 했을 것이다.

* 그는 우리가 체화된 유기체로서 생물학에 뿌리내리고 있다는 점을 강조했다.

* 아리스토텔레스에게, 플라톤과 마찬가지로, 건강한 개인은 건강한 도시에서 살며, 각각은 타인의 건강을 필요로 하고 지원했다.

* 삶은 균형을 맞추는 일이다. 그 균형은 상반된 내적 욕구와 고차원적 원칙,

자기중심적인 염려와 공동의 책임, 도덕적 이상과 신체적 한계 사이에서 타협이다.

▶

동시대인들에 대한 아리스토텔레스의 영향은 상당했다. 실제로, 그의 제자 중 한 명이 알렉산더 대왕이었다. 그의 저술은 로마의 몰락 후, 적어도 서구에서는 잊혀 졌지만, 천 년간 훌륭하고 정교한 이슬람 문화의 보살핌 속에서 존속되었다. 이후 아리스토텔레스의 저술은 라틴어로 번역되면서 유럽에서 재발견되었다. 그 결과는 매우 심오해서 그는 서구 학문 사상에 단순히 영향을 미친 것이 아니라, 그것을 구현하며 틀과 토대, 질문과 대부분의 답을 제공했다. 이것은 그 자체로 사상적 경직화의 방법이었지만 우리는 그 점에 대해 아리스토텔레스를 비난할 수는 없다.

아리스토텔레스는 무엇보다도 생물학자였지만, 그의 저술은 모든 분야에 걸쳐 있다. 우리가 당연하게 여기는 주제들의 경계는 그리스인들에게는 인식되지 않았다. 다시 한번 현대 돌보미들에게 자극과 영감을 주고 생각할 거리를 제공할 수 있는 몇 가지 단편을 살펴보겠다.

'행복'이라는 주제로 시작해 보자. 그것은 그때나 지금이나 여전히 중요하다. 새천년의 끝자락에 있는 독자들에게 아리스토텔레스가 제시할 수 있는 흥미로운 통찰은 무엇인가?:

행복이 무엇으로 이루어져 있는지에 대해 말할 때, 사람들의 의견은 다양하다. 사람들은 대부분 단순하고 구체적인 것, 예를 들어 쾌락, 돈, 또는 사회적 지위를 행복이라 여긴다. 누군가는 그중 하나가 행복이라고 생각하고, 다른 누군가는 또 다른 것을 꼽는다. 심지어 같은 사람도 상황에 따라 행복의 정의를 여러 번 바꾸곤 한다. 병이 나면 행복은 건강이라 하고, 돈이 부족할 때는 행복은 돈이라고 말한다.

(아리스토텔레스, 『니코마코스 윤리학』, 29쪽)

이 말은 지금도 여전히 진리로 들린다. 아리스토텔레스가 제시하는 경고 역시 여전히 적절하다:

자신들이 이 논의를 다루기 어렵다는 것을 의식한 사람들은 대부분, 자기들보다 높은 수준의 이야기를 장황하게 늘어놓는 사람들에게 쉽게 감명받는다. (같은 책, 29쪽)

정말로, 어리석은 추종자들도 충분히 많아서 거대한 바벨탑을 쌓고 교조적으로 떠들어댈 수 있다. 그러니 이런 위험에 유의하면서 아리스토텔레스의 비교적 평이하고 직접적인 문제를 따르기로 하자 (나는 너무 건조하거나 지루하지 않도록 노력할 것이다).

아리스토텔레스는 우리가 이해하는 방식의 민주주의자가 아니었다. 그는 모든 사람이 똑같이 자신을 완전히 실현할 잠재력을 갖고 있다고 믿지 않았다. 그의 관점은 귀족적이었고, 엘리트와 계층 구조가 그의 삶의 당연한 일부였기에, 행복에 대한 설명에서도 그런 사회적 차이를 고려해야 했다:

저급한 취향을 가진 사람들(대개 다수)은 행복을 쾌락이라 여긴다. 따라서 그들은 즐거운 시간을 보내는 삶보다 더 나은 것을 바라지 않는다. 인간 무리의 극단적인 저속함은 소가 사는 방식의 존재를 선호하는 데서 드러난다. (같은 책, 30쪽)

발전은 우리 모두에게 가능했지만, 말만으로는 부족했다. 행위가 말보다 강력하며, 진정한 변화가 일어나려면 행위가 반복적으로 실천되어야 했다. 아리스토텔레스는 변화에 대한 인지행동적 접근에 대해 상당히 공감했을 것이다:

> 도덕적 덕은 우리가 그것을 먼저 실천함으로써 얻어진다. 이는 예술이나 공예 전반에도 마찬가지다. 공예가는 물건을 만드는 방법을 배워야 하지만, 그는 그것을 만드는 과정에서 배운다. 그래서 사람은 건축을 함으로써 건축가가 되고, 하프를 연주함으로써 하프 연주자가 된다. 마찬가지로, 우리는 정의로운 행동을 함으로써 정의로워지고, 절제 있는 행동을 함으로써 절제 있게 되며, 용감한 행동을 함으로써 용감해진다. (같은 책, 56쪽)

> 사람은 잘 지음으로써 좋은 건축가가 되고, 잘못 지음으로써 나쁜 건축가가 된다. 우리는 다른 사람들과의 관계 속에서 정의로워지거나 정의롭지 않게 된다. 유사한 활동은 유사한 성향을 낳는다. 그래서 우리의 활동이 올바른 성격을 띠도록 하는 것이 우리의 의무가 된다… 따라서 우리의 초기 교육이 어떤 습관을 강화 하는지가 정말로 중요한 문제이다. (같은 책, 56쪽)

따라서 아리스토텔레스에게 행복으로 가는 길은 대화나 치료보다는 교육과 행위를 통해 이루어졌다. 교육의 우선성에 대해서는 플라톤과 생각이 같았지만, 행위에 대한 관심은 특히 아리스토텔레스가 더 많았다. 플라톤은 추상적인 세계가 일상적 삶보다 더 실재한다고 믿었다. 고양이의 '형상', 원리, 혹은 개념은 개별 고양이보다 더 본질적이고 실재하며 중요하다고 여겼다. 플라톤의 관점에서 이런 추상적이고 구조적인 본질은 분리되고 사색적인 마음을 통해 다루어진다. 실제 고양이를 일상적으로 다루는 것은 철학자들에게 덜 중요한, 하위적 존재의 일부였다.

아리스토텔레스의 경우 사정이 전혀 달랐다. 우리는 개별적인 것들을 능동적으로 다룸으로써만 보편적인 것들을 배운다. 따라서 상당한 부분의 앎은 행위를 필요로 한다. 이를 통해 경험에 기반한 실제적 근거를 갖고 결론을 도출하고, 일반화를 하고, 원리를 추론할 수 있다. 실제 고양이 없이는 '고양이의 형상'을 상상할 수 없다. 아리스토텔레스는 따라서 경험적 연구의 초기 옹호자 중 한 명이었고, 생물학자로서 그는 실제로 관찰한 것에 기반해 생물체를 분류하고 묘사함으로써 자신의 철학을 실천하려고 노력했다.

그래서 아리스토텔레스적 상담사는 행위와 능동적 참여를 권장할 것이다. 내담자들은 단순히 이야기하거나 추측하는 것 이상으로 훨씬 더 많은 것을 해야 한다. 그들은 탐구하고, 관찰하고, 실험하고, 대안을 시도하며, 과제를 수행해야 한다. 하지만 진전은 어떻게 이루어지고 측정될 수 있는가?:

> 도덕적 자질은 한편으로는 결핍, 다른 한편으로는 과잉에 의해 파괴된다는 본성을 지닌다. 신체적 강인함은 과도한 운동이나 너무 적은 운동에 의해 손상된다. 건강 또한 과도하거나 너무 적은 음식과 음료 섭취로 망가진다. 절제, 용기, 다른 덕목도 마찬가지다. 모든 것을 피하고 아무것도 견뎌내지 못하는 사람은 겁쟁이가 된다. 아무것도 두려워하지 않고 모든 위험에 맞서는 사람은 무모해진다. 마찬가지로, 모든 쾌락에 빠지고 하나도 절제하지 않는 사람은 방탕해진다. 반면, 희극 속의 촌뜨기처럼 모든 쾌락을 거부하고 등을 돌리는 사람은 감각이 무뎌질 것이다. (같은 책, 58쪽)

중용이 필요하지만, 그것이 항상 정확히 중간 지점을 의미하는 것은 아니었다. 중간이 항상 옳다고 가정하는 것 자체가 극단적 입장이 될 수 있기 때문이다. 균형, 원칙, 분별력, 판단과 또 다른 판단, 능동적이고 시험적이고 탐구적인 접근이 요구된다. 물론, 아리스토텔레스조차 항상 옳을 수는 없었다는 것은 그의 몇 가지 오류에서도 분명히 드러난다:

다시 말해, 위험을 기꺼이 맞서거나 적어도 고통스러운 감정을 느끼지 않고 대면하는 사람이 용감한 사람이다. 반면, 이런 감정을 느끼는 사람은 겁쟁이다. (같은 책, 59쪽)

이 주장은 분명 과장되어 있으며 균형을 잃은 것처럼 보인다. 용기와 대담함은 두려움을 느끼는 것을 전제로 한다. 그렇지 않다면 그 용기가 극복해야 할 대상은 무엇이겠는가? 위험을 두려워하지 않는다면 그것은 어리석음이다. 용기는 두려움을 없애는 것이 아니라 행위가 필요하다는 것을 알기 때문에 두려움에도 불구하고 행위 하는 것이다. 따라서 어떤 이유로든 위험을 인지하지 못하고 두려워하지도 않은 사람에게 훈장을 주는 것은 옳지 않다.

아리스토텔레스의 균형과 극단 사이를 조율하는 개념은 현재 일반적인 것으로 보일 수 있으며, 실제로 그 중요성이 과하게 강조될 수도 있다. 하지만 이 개념은 여전히 자주 간과되고 있다:

사회적인 즐거움에서 얻어지는 친화성에서, 적당히 중용을 이루는 사람은 '재치 있는' 사람이다. 과도한 경우는 '광대'라고 하고, 반대 극단은 '촌뜨기'이다. (같은 책, 70쪽)

아리스토텔레스는 '까칠함-우호적-아첨'이라는 연속선에서 균형을 찾아야 한다는 비슷한 예를 든다. 그 목적은 플라톤과 마찬가지로 자신을 통제하는 사람이 되는 것이었다. 자신을 통제하지 못하면 행복은 소처럼 살아가는 형태에 머물 수밖에 없기 때문이다:

자기 통제력이 없는 사람은 욕망을 느끼면서도 선택하지 않지만, 정반대로 자신의 열정을 통제하는 사람은 선택을 실행한다. ... 더욱이, 선택은 열정과 동일시될 수 없다. 열정의 결과로 이루어진 행위는 결코 신중한 선택에 의한 행위라고 할 수 없다. (같은 책, 83쪽)

아리스토텔레스는 대칭성을 지나치게 열심히 추구하면서 자신의 주장을 과장하는 경향이 있다. 자기 통제 없이는 선택을 행사할 수 없다는 주장은 지나치다. 하지만 통제는 욕망을 없애는 것이 아니라 그것을 억제하는 것이다. 또한, 열정에 따라 행위할 때도 선택을 한 것일 수 있다. "열정의 소산이므로 나는 선택할 수 없었다."라는 주장은 항상 정당화될 수 없다. 만약 선택의 여지가 없었다면 책임도 없다. 하지만 우리가 더 나은 판단을 내릴 수 있었음에도 열정이 이를 압도하도록 내버려 두었다면, 그에 대한 책임은 적어도 어느 정도는 우리에게 있지 않은가?

아리스토텔레스는 우리에게 '위대한 철학자들'의 주장에 지나치게 감탄하거나 겁먹지 말라고 경고한다. 그리고 우리는 이 원칙을 아리스토텔레스 자신에게도 적용하는 것이 현명할 것이다. 버트런드 러셀은 올바르게도 다음과 같이 지적하고 있다:

『윤리학』에는 초기 철학자들에게서 볼 수 없는 감정적 빈곤이 있다. 아리스토텔레스의 인간사에 대한 사색은 지나치게 자기 만족적이고 안락해 보인다. 인간이 서로에게 열정적 관심을 갖도록 만드는 모든 것이 잊혀진 것 같다. 그의 우정에 대한 설명조차도 미지근하다. 그가 말하는 것은 열정이 약하고 편안하게 살아가는 사람들에게 유용한 것이지만, 신이나 악마에 사로잡힌 사람들, 혹은 외부의 불행으로 절망에 빠진 사람들에게는 아무것도 말해주지 않는다. (버트런드 러셀, 『서양 철학사』)

하지만 증거 없이 일반화하는 것은 경계해야 한다. 아리스토텔레스 자신의 말이 때로는 그를 비난하게 만들기도 한다. 예를 들어:

> 우월한 사람의 또 다른 특징은 다른 사람에게 도움을 요청하기를 거부하거나 꺼리는 반면 항상 스스로 도움을 줄 준비가 되어 있다는 점이다.
> (『니코마코스 윤리학』, 124쪽)

다른 사람에게 도움을 요청하지 않는 것은 '우월함'이 아니라, 어리석은 자만이다. 힘난한 세상을 살아본 적 없이 조용히 살아온 사람들만이 타인의 도움 없이 스스로 모든 것을 해결할 만큼 '우월하다'라고 상상할 수 있다. 이와 관련된 더 흔한 오해는, 더 많은 도움을 필요로 하는 사람이 우리보다 열등하다고 여기는 것이다. 하지만 실제로는 그들이 더 어려운 상황에 처해 있을 가능성이 높다. 상담사 중 얼마나 많은 이들이 마음속 깊이, 자신이 내담자들보다 삶을 더 잘 정리했다고 생각할까? 하지만 사실 내담자는 상담사가 같은 상황과 과거의 유산에 직면했을 때 보다 더 효과적으로 대처하고 있을지도 모른다.

이런 어리석은 독립과 자기 의존에 대한 믿음은 여전히 큰 위험성을 지닌다. '위대한 치유사'는 도움이 필요할 때 누구에게 의지하는가? 예를 들어 의사들은 다른 사람에게 의존하기를 꺼리는 것으로 악명 높고, 높은 지위를 가진 치료사들도 아마 마찬가지일 것이다.

아리스토텔레스가 묘사한 '우월한 사람'의 모습은 지혜라기보다는 피해야 할 진정한 위험에 대한 경고처럼 보인다. 만약 독자들이 그가 말한 우월성을 진지하게 받아들인다면, 아리스토텔레스는 인간 발전에 파괴적인 영향을 미칠 것이다. 예를 들어 '우월한 사람'에 대해 그는 이렇게 말했다:

> 그는 감정이 복받치는 사람이 아니다. 왜냐하면 그에게는 대단한 감탄을 불러일으키는 주제가 없기 때문이다. (같은 책, 121쪽)

'위대한' 사람은 결코 흥분하지 않는다고 믿게 되어 있다. 그는 결코 동요하지 않고, 결코 '감격하지' 않으며, 자신의 엄청난 위대함에 비하면 아무것도 그렇게 대단하지 않기 때문에 강력하게 감탄하지도 않는다. 이것은 한심하고 해로운 분석이다. 이를, 예를 들어 일본의 시인이자 현자인 바쇼 Basho의 말과 비교해 보라:

보아라, 아이들아, 우박이다.
우리 밖으로 달려 나가자!

이 두 줄의 시는 진정으로 지혜로운 사람이 어린아이의 열정과 경이로움을 나눌 수 있으며, 성인의 시각을 잃는 것을 두려워하지 않는다는 점에서 아리스토텔레스의 입장을 무너뜨린다:

그는 원한을 품지 않는다. 왜냐하면 우월한 사람은 다른 사람에 대한 원한을 기억하지 않기 때문이다. 특히 그에게 해를 가하려고 했던 일들을 말이다. 그는 그런 모든 것을 간과하는 경향이 있다. 그는 개인적인 대화에 관심이 없으며, 자신이나 다른 사람에 대해 이야기하는 것을 꺼린다. 또한 그는 결코 서두르지 않으며 (사람들은 그렇게 생각한다), 저음의 목소리와 신중한 말투를 갖고 있다. (같은 책, 125쪽)

이 모든 말이 우스꽝스럽다. 우리는 원한을 품지 않으려 노력할 수는 있지만, 항상 성공할 수 있다고 믿는 것은 어리석다. '개인적인 대화'를 항상 초월했다고 믿는다면 우리는 무례한 사람이다. 권위를 행사하기 위해 깊은 목소리를 가장하고 개발한다면 우리는 터무니없는 사람이다. (그런데 다음 주 영화 광고에서 자주 들리는 깊고 거친 목소리에 얼마나 많은 사람이 빠지는가?):

> 흥분할 가치가 거의 없다고 믿는 사람은 서두르거나 예민해지지 않을 것이며, 그 결과 그의 목소리는 날카롭고 행동은 분주하게 되지 않을 것이다.
> (같은 책, 125쪽)

흥분할 만한 것이 거의 없다고 믿는 사람은 대부분의 삶의 도전에 잘 대처할 것이다. 왜냐하면 그들은 그러한 도전을 경험하거나, 진지하게 참여하거나, 헌신하지 않을 것이기 때문이다. 그들은 삶의 많은 부분을 실제로 살지 않음으로써 삶을 다룬다. 그들은 열정 없이 살면서 열정에 저항할 것이다. 따라서 그들은 열정이 자신을 스쳐 지나가는 것이 아니라 뚫고 지나간다는 것을 아는 사람들과 공감할 수 없을 것이다.

아리스토텔레스 윤리학의 심각한 약점을 인정한다면, 이제 다른 극단으로 가서 심리학과 도덕에 대한 그의 생각이 현대 독자들에게 무의미하다고 무시해야 할까? 그러지 않기를 바란다. 아리스토텔레스는 우리 모두와 마찬가지로 훌륭한 통찰과 큰 맹점을 동시에 가졌다. 절제는 적당할 때 가치가 있으며, 균형 또한 그것이 우리를 새로운 것에 뛰어들거나 몰두하는 것을 꺼리게 만들지 않는 한 가치가 있다. 예를 들어 아래와 같은 생각은 쉽게 무시하기 어렵다:

> 사람들이 함께 살며 대화를 나누고 일하며 교류하는 사회적 관계에서, 예의가 지나치다고 여겨지는 사람들이 있다. 이들에게는 모든 것이 훌륭하고 즐거운 것으로 보이며, 어떤 비판도 하지 않고, 만나는 누구에게도 불쾌감을 주지 않으려는 것이 자신들의 의무라고 여긴다. 그러나 이와 정반대의 부류도 있다. 이들은 모든 것에 반대 의견을 제기하고, 상대방에게 고통을 주는 것에 대해 전혀 개의치 않는다. 우리는 이들을 거만하거나 다투기 좋아하는 사람이라 부른다. (같은 책, 130쪽)

상담사들 역시 다른 사람들과 마찬가지로 이런 오류를 범하기 쉽다.

일부는 내담자들을 괴롭히거나 그들의 사적 세계에 침범할 수 있다. 다른 이들은 주간 수수료를 잃을까 두려워 내담자와의 대면을 피할 것이다. '판단적'으로 보이는 것이 두려워 비판을 삼가는 이는 얼마나 될까? '고객 관리' 교육을 받은 직원들이 '진정한 지원'을 표현하는 말들을 진정성이 없이 입에 담는 경우는 얼마나 될까? '비지시적 칭찬'과 '무조건적인 긍정적 존중'에 대해 말하면서 그것들이 가능하거나 바람직한지 고려해 보지 않는 이는 또 얼마나 될까?

아리스토텔레스는 냉정하고 이성적이고 인간미 없는 사람으로 보일 수 있다. 하지만 여러 선택지에 대한 그의 신중한 분석은 주목할 가치가 있다. 그는 또한 플라톤과 마찬가지로, 우리가 큰 대가를 치르고 망각한 '명예'라는 개념에 대한 관심과 이해를 갖고 있었다:

> 명예는 외적 재화 중 가장 위대한 것이다. 따라서 우월한 사람은 명예와 불명예에 대해 올바른 태도를 지니고 있다. (같은 책, 121쪽)

'우월한 사람'이라는 표현은 현대 독자들에게 불편함을 줄 수 있지만, 명예라는 개념 자체는 그렇지 않아야 한다. 플라톤과 마찬가지로, 아리스토텔레스는 명예가 단순한 자존심 이상이며 훨씬 더 중요하다고 보았다. 명예는 단지 명예로운 사람이 되기 위해서가 아니라, 올바른 것을 올바르기 때문에 행하는 데에 관한 것이었다. 올바른 일을 함으로써 우리는 자신 내면에서, 다른 사람들과의 관계에서, 그리고 우리가 속한 세상에서 의미, 일관성, 연결을 증진시켰다. 반대로 잘못된 일을 하거나 자신과 다른 사람을 실망시키는 것은 단절, 분열, 불일치, 혼돈, 무의미를 만들어 냈다. 따라서 우리는 덕을 추구하는 것은 단지 덕이 있는 사람이 되거나 사후에 좋은 삶을 살기 위함이 아니라, 존재의 근본적인 로고스 또는 일관성과 연결되기 위해서였다. 그렇게 함으로써 우리는 실제로 '좋은 삶을 살 수 있으며, 소비주의, 과시, 오락, 산만함이라는 현대의 환상에서 벗어날 수 있다. 아리스토텔레스는 이런 얕은 기쁨들을 잘 알고 있었고 이에 대해 경고했다:

> 오락을 진지한 일로 여겨 그것에 힘든 시간을 쓰는 것은 어리석음과 유치함의 극치이다. (같은 책, 302쪽)

행복하다는 것은 미덕을 갖고, 헌신하며, 활동적인 상태에 있는 것을 의미했다:

> 행복은 활동이다. (같은 책, 278쪽)

행복은 또한 부산물이기도 하다. 우리는 올바른 일을 하면 행복할 수 있지만, 행복해지기 위해서가 아니라 올바르기 때문에 올바른 일을 해야 했다. 더 나아가, 그것은 혼자서 해서는 안 되는 일이었다:

> 아무도 세상의 모든 좋은 것을 혼자만 가질 수 있다는 조건이 붙는다면, 이를 기꺼이 선택하지 않을 것이다. 인간은 사회적 동물이며, 동료에 대한 필요는 그의 본성에 깊이 새겨져 있다. (같은 책, 277쪽)

아리스토텔레스는 사람들이 이런 이상을 실제로 얼마나 달성할 수 있는지에 대해 때로 모호한 입장을 취한다. 그는 다음과 같이 제안한다:

> (명예로운 사람은) 평범한 사람이 보냈을 조용한 존재와 온화한 즐거움의 긴 기간보다, 영광스런 삶의 혼잡한 한 시간을 더 선호할 것이다. 그는

많은 작은 성공보다 한 번의 위대한 눈부신 성취를 선호할 것이다. 이 말은 분명히 다른 사람을 위해 자신의 목숨을 바친 이들에 대해서도 적용될 수 있다. 그들은 자신을 위해 영광의 왕관을 선택한다. (같은 책, 276쪽)

이는 다음과 같은 질문을 불러일으킨다. 그런 '명예로운 사람'은 얼마나 존재할까? 그들 또한 자기중심적이지 않을까? 그들은 자신의 '영광'이 아니라 타인에게 더 집중해야 하지 않을까? 추측하건데 진정으로 명예로운 사람은 자신이 얼마나 명예로운 사람인지를 평가하기 위해 시간을 전혀 낭비하지 않을 것이다. 하지만 다른 부분에서 아리스토텔레스는 실제로 사람들이 얼마나 명예롭게 행동할 수 있는지에 대해 훨씬 더 신중한 태도를 보인다:

> 세상은 항상 자신만을 우선시하는 사람들을 비난하고, 그들을 이기적이라고 낙인찍는다. 일반적으로 나쁜 사람은 모든 것을 이기적인 동기로 행동한다고 믿어지며, 그가 더 나쁠수록 더 많이 그렇게 한다고 여겨진다. 반면, 좋은 사람은 항상 고귀한 원칙에 따라 행동하고, 자신의 이익을 소홀히 하더라도 친구의 이익을 증진시키는 것으로 여겨진다. 그러나 이 견해는 사실과 맞지 않는다. 그리고 이는 놀랄 일이 아니다. (같은 책, 274쪽)

정기적으로 명예로운 삶을 살 수 있다고 가정하더라도, 무엇이 실제로 명예로운 행동을 구성할까? 우리가 그것을 성취하고 있는지 어떻게 알 수 있을까? 우리가 정의롭게 행동하고 있는지 아니면 그렇지 않게 행동하는지를 항상 구별할 수 있을까?:

> 불의를 행하는 것은 마땅히 가져야 할 것 이상을 가지는 것이고, 불의를 당한다는 것은 마땅히 가져야 할 것보다 적게 가지는 것이다.
> (같은 책, 154쪽)

하지만 이것이 사실이라 해도, 단지 질문의 초점이 바뀠을 뿐이다. 우리는 결국 "마땅히 가져야 할 것보다 더 많이 혹은 더 적게 가지는 때가 언제인가?"라는 질문을 던질 수밖에 없다. 아리스토텔레스가 그의 『정치학』에서 관찰했듯이 현실 세계에는 그 질문에 대해 사람들 간 의견 차이가 실제로 존재한다. 한편으로는 다음과 같은 경우가 있다:

> 평등에 집착하는 사람들은 자신들이 더 적게 갖고 있지만 더 많이 가진 사람들과 평등하다고 믿을 때 혁명을 시작한다.
> (아리스토텔레스, 『정치학』, 193쪽)

반면, 다음과 같은 경우도 있다:

> 그리고 불평등과 우월성을 추구하는 사람들은 자신들이 불평등하게도 더 많이 갖지 못하고, 오히려 평등하거나 더 적게 갖는다고 생각할 때 역시 혁명을 일으킨다. 더 적게 가진 자는 평등해지기 위해 반란을 일으키고, 평등한 자는 더 위대해지기 위해 반란을 일으킨다. 이와 같은 조건들이 혁명으로 이어진다. 이제 동기에 대해 살펴보면 이익과 명예, 그리고 그 반대가 동기로 나타날 수 있다. 사람들은 금전적 손실이나 지위 상실을 피하려는 과정에서, 친구를 위해서든 자신을 위해서든, 종종 자국에서 혁명을 일으키기도 한다. (같은 책, 193쪽)

어떤 사람들은 자신이 다른 사람들보다 더 많이 가져야 한다고 믿으며, 모든 사람에게 동일한 기회를 주는 세상은 정의롭지 않다고 본다. 반대로, 정의를 평등과 동일시하려는 경향도 강하다:

> 불평등은 대개 국가 내 내전의 근본 원인이다. 왜냐하면 사람들이 공정하고 평등한 것을 추구하는 과정에서 분열이 발생하기 때문이다.
> (같은 책, 191쪽)

아리스토텔레스는 정의와 불평등의 관계를 완전히 해명하지 못했지만, 이 때문에 그를 비판하는 것은 불공평할 것이다. 이 문제는 오늘날까지도 해결되지 않은 채 남아 있다. 세계적 관점에서 보면, 권력과 물질적 풍요의 불평등은 오늘날이 과거 어느 때보다도 심각하다고 할 수 있다. 서구 사회의 자유주의적 요소들은 이를 한탄하며, 낡은 물건과 푼돈을 자선 단체에 보내지만, 우리 중 극히 일부만이 현재의 생활 방식을 근본적으로 변화시킬 무언가를 하거나 지지할 준비가 되어 있는 듯하다. 우리는 아리스토텔레스가 동시대 그리스인들 사이에서 관찰했던 것처럼, 우리의 돈을 지키기 위해 열심히 노력한다.

생물학자로서 아리스토텔레스는 윤리학, 심리학, 물리학에 대한 많은 설명에서 생물학적이고 유기체적인 관점을 취했다. 그는 우리가 특정 목적을 추구하며 행동하는 이유가, 그것이 유기체로서 우리의 본성에 속하기 때문이라고 주장했다. 그는 무생물에 대해서도 같은 관점을 가졌다. 예를 들어 물체가 아래로 움직이는 이유는 뉴턴이 나중에 제시한 외부의 중력 때문이 아니라, 그런 움직임이 물체의 성격과 본성의 일부였기 때문이라는 것이다. 운동과 변화는 수동적인 물체에 강요되는 것이 아니라, 그 물체로부터 자연스럽게 전개된다고 보았다. 물체는 자극에 반응하기보다는 자신의 본성에 따라 행동한다고 여겼다. 예를 들어 공이 땅으로 되돌아오는 이유는 그것이 공의 본성이기 때문이다. 이런 관점은 다소 이상하게 보일 수 있다. 하지만 오랜 시간 동안, 공이 '중력'이라는 힘에 반응한다는 '원격 작용'의 개념은 훨씬 더 신비롭게 여겨졌다. 심지어 뉴턴 자신도 이 개념에 불편함을 느꼈다. 어쩌면 그는 아인슈타인의 이론을 더 선호했을지도 모른다. 즉, 공이 곡선으로 휘어진 공간 속에서 직선으로 이동한다는 것이다. 이제 이 이론은 이론물리학자들 사이에서는 '상식'으로 여겨지지만, 여전히 일반 대중에게는 그렇지 않다.

생물학과 물리학에 대한 아리스토텔레스의 사상은 현대의 돌보미들에게 시급한 관심사가 아닐 수 있다. 그러나 그가 주장한대로 행복, 성취, 성숙이 정말로 덕에 달려 있다면, 그의 윤리학과 심리학에 대한 관점은 주목받을 가치가 있다. 아리스토텔레스가 옳다면, 상담사의 첫 번째 과제는 내담자의 도덕적 자질, 존엄성에 대한 감각, 명예에 대한 이해에 초점을 맞추는 것이어야 한다. 상담에 대한 이런 아리스토텔레스적 접근은 지금은 다소 기이하게 보일 수 있지만, 이는 수 세기 동안 수많은 성직자가 신도들을 지원했던 바로 그 방식이다. 현재도 여전히 이런 방식을 유지하는 사람들이 있다. 그들을 무시하는 것이 옳은가? 개인적 발전이 자기 절제와 자제력에서 분리되기 시작한 것은 오직 최근의 일이다.

수 세기 동안 발전은 본질적으로 정확히 규율을 달성하는 것이라는 생각이 당연하게 여겨져 왔다. 이는 서구뿐만 아니라 동양의 철학적, 윤리적, 영적 전통에서도 마찬가지였다. 예를 들어 신과의 합일을 추구하는 다양한 형태의 요가는 무엇보다도 여러 방식의 자기 통제를 가르쳤다. 사람들은, 예를 들어 딱딱한 매트나 단단한 바닥 위에 똑바로 앉는 법을 배우면서 자신을 발견했다. 그러나 최근 몇 년 동안 일부 상담 분야에서는 큰 쿠션 위에 드러눕거나 긴 의자에 몸을 뻗는 것이 내면을 성찰하는 최선의 방법이라고 생각하기 시작했다.

내가 보기에 이것은 분명하지 않을 뿐만 아니라, 현재의 심리 기술이 과거보다 더 규칙적이고 신뢰할 만하게 사람들이 '자신을 찾는' 데 기여한다는 명확한 증거도 없다. 오히려, 많은 현대의 상담 의제는 실질적인 치유를 제공하는 것과는 거리가 멀고, 이런 사회적, 영적 문제에 대한 해결책이 아니라 사회적 단절, 집단적 의미 및 정체성 상실의 증상으로 보인다.

이전 세기에 조언을 제공했던 대부분의 사람들은 고객의 윤리적 및 공동체적 발전에 주의를 기울였으며, 필요하다고 판단될 때 사회 교육과 도덕적 지침을 제공할 준비가 되어 있었다. 일부 현대 상담, 특히 인지 행동적 형태에서는 이런 지침이 여전히 중요하다. 그러나 누구도 다른 사람을 감히 판단해서는 안 된다는 관점에서 도덕적 측면은 축소되는 경향이 있다.

이런 현대적 자유방임적 접근은 대부분의 역사에서 치유자들을 당황하게 만들었을 것이다. 내담자가 완전히 판단적이지 않은 방식으로 노움을 받는 것이 최선이라고 믿는 사람은 거의 없었다. 이전 세기의 '솔로몬'들은 그들의 판단의 질에 따라 지혜로운지 아닌지 평가되었다. 판단을 하지 않는 것은 약하고 무책임한 것으로 여겨졌을 것이다.

우리가 과연 일관된 가치 체계 안에 서고 그것을 지지하는 것을 회피할 여유가 있을까? 그렇지 않다면, 어떻게 더 많은 분열과 자기 집착, 비도덕성을 회피할 수 있을까? 따라서 상담이 발전하기 위해서는 현재보다 더 넓게 주위를 살펴보고 우리를 형성하고 가르쳐온 풍부한 문화 전통에서 체계적으로 배워야 한다는 생각이 든다. 이는 20세기 서구 문화를 넘어서는 것을 의미한다. 20세기는 기술적, 과학적 진보에도 불구하고 도덕적, 정신적, 인문적 성취에서는 훨씬 덜 성공적이었다.

우리는 아리스토텔레스와 다른 고대인들에게 우리의 엄청난 과학적, 기술적 진보에 대해 많은 것을 가르칠 수 있다. 그러나 우리는 윤리,

심리학, 상담에 대한 이해에서 그다지 크게 진보하지 못했다. 오히려 우리는 단순한 교훈들의 바벨탑으로 고통 받고 있는 것으로 보인다. 각각의 교훈은 빠르게 유행에 따라 오르내리며, 지위와 안정적인 수입을 위해 서로를 앞지르려고 아우성치고 있다.

아리스토텔레스의 일부 정치적 관찰은 시간이 지나면서도 잘 수용되어 왔다. 예를 들어 그는 플라톤의 제안에 대해 비판적이다. 플라톤은 도시국가의 수호자·상담사·통치자들이 재산을 공동으로 소유해야 한다고 주장했는데, 아리스토텔레스는 이에 대해 다음과 같이 비판한다:

> 공동 소유에는 또 다른 단점이 있다. 소유자가 많을수록 재산에 대한 존경이 적어진다. 사람들은 자신이 소유한 물건에는 더 신경을 쓰지만, 공동 소유물에는 그만큼 신경을 쓰지 않는다. 공공 재산에 대해서는 자신에게 직접적인 영향이 있을 때만 신경을 쓴다. 다른 이유들을 떠나서, 누군가가 그것을 돌보고 있다고 생각하면, 그것에 대해 신경을 덜 쓰게 된다. (아리스토텔레스, 『정치학』, 58쪽)

아리스토텔레스는 현실주의와 이상주의를 결합한다. 이상적으로는 통치자들이 공유 재산을 자신들의 재산처럼 돌봐야 한다고 생각하지만, 실제로는 어떨까? 통치자들은 얼마나 자신의 백성을 착취할까? 그들은 국가를 이끌어가는 정치가가 될까, 아니면 도둑 같은 통치자가 될까? 때때로 아리스토텔레스는 낙관적이다:

> 그들은 또한 입법자가 권력 획득을 공개적으로 승인해야 한다고 생각하는 것은 잘못이다. 자유인에 대한 지배는 폭군적인 지배보다 더 고귀하고 미덕에 더 부합한다. (같은 책, 289쪽)

그러나 다른 경우에는 그는 더 실용적이다:

가장 긴 폭정은 오르타고라스와 그의 아들들이 이끌었던 시키온의 폭정으로, 이는 100년 동안 지속되었다. 이 군주들은 백성들을 온건하게 다루고 많은 문제에서 법의 지배에 스스로를 복종시켰기 때문에 오랜 기간 통치를 유지할 수 있었다. 또한 클레이스테네스는 전쟁을 좋아하는 인물이었기 때문에 쉽게 건드릴 수 없는 사람이었다. 일반적으로 그들은 백성들을 반복적으로 돌봄으로써 백성들을 자신들에게 끌어들였다. (같은 책, 231쪽)

아리스토텔레스에게 이상적인 도덕 원리에 대한 선호는 종종 실제 인간이 항상 그런 높은 기준에 부합하지 않는다는 현실적인 인식으로 완화된다. 실제 인간은 항상 그런 높은 기준을 충족시키지 못한다는 점을 인식한 것이다. 다시 말해, 이는 균형의 문제일지도 모른다. 만약 우리가 완전히 이기적이고 도덕 원리의 중요성을 무시한다면, 우리는 혼란을 일으키고 행복을 찾지 못할 것이다. 하지만 우리가 너무 완벽주의적이어서 동료 인간들의 비원칙적인 이기심을 직면하고 처리할 수 없다면, 우리는 어떻게 살아남을 수 있을까?:

> 성벽에 관해서, 일부 사람들이 그렇듯이, 용맹을 주장하는 도시들은 성벽이 필요 없다고 말하는 것은 결코 시대에 맞지 않는다. 우리는 그런 자랑을 한 도시들에게 실제로 어떤 일이 일어났는지를 살펴보기만 하면 된다.
> (같은 책, 279쪽)

아리스토텔레스에게 삶은 균형을 맞추는 행위였다. 즉, 그것은 상충되는 내적 욕구와 더 높은 원칙 사이에서, 자기중심적인 관심사와 공유된 책임 사이에서, 도덕적 이상과 실제 신체적 한계 사이에서 타협을 찾는 것이다. 그는 오늘날에도 여전히 문제인 많은 정치적 어려움을 관찰하고, 그것들이 개인적인 딜레마와 어떻게 연결되는지 보여주었다. 아리스토텔레스에게 개인적이고 정치적인 발전은 분리될 수 없는 것이었다. 그는

민주적 시민권을 지지했지만 그 위험에 경계를 기울였다:

> 민주주의에서 혁명의 가장 강력한 원인은 대중 지도자들의 원칙 없는 성격이다. 때때로 그들은 재산 소유자들에 대해 악의적인 기소를 하나씩 진행하여 그들이 연합하게 만든다. 공통된 두려움이 가장 격렬한 적들이 협력하게 만든다. 다른 때에는 그들이 공개적으로 민중을 부추겨 그들과 싸우게 만든다. (같은 책, 200쪽)

그는 성장하고 성공적인 도시국가를 지지했지만, 성장은 영원히 지속될 수 없으며 건강한 상태를 유지될 수 없다고 보았다:

> 경험에 따르면 인구가 지나치게 많은 경우, 잘 그리고 법적으로 통치되기 어렵고, 불가능할 수도 있다. 어쨌든, 나는 인구를 제한하지 않는 잘 조직된 도시를 알지 못한다. (같은 책, 265쪽)

그는 오늘날에도 여전히 인식될 수 있는 중산층의 일부를 묘사했는데, 그들은 편안함, 편리함, 자기만족, 보수주의, 다른 곳에서 벌어지고 있는 노골적인 권력 투쟁에 대한 무관심을 특징으로 한다:

> 중산층은 또한 가장 안정적인 요소이자 변화에 대한 열망이 가장 적은 집단이다. 그들은 가난한 사람들처럼 다른 사람들의 소유물을 탐내지 않으며, 다른 사람들도 가난한 사람들이 부유한 사람들의 소유물을 탐내듯이 그들의 것을 탐내지 않는다. 그래서 그들은 더 위험한 삶을 살지 않으며, 음모를 꾸미지 않고 음모의 대상이 되지도 않는다. (같은 책, 172쪽)

그는 일관된 사회가 규칙을 필요로 한다는 점을 인식했고, 시민으로서 규칙을 형성하고, 준수하고, 비판하고, 보호하는 데에 각각 필요할 때마다 역할을 해야 한다고 보았다:

명령하는 방법뿐만 아니라 복종하는 방법도 아는 것이 분명 좋은 일이고, 시민의 선함은 바로 이것, 즉 잘 다스리는 방법과 잘 다스려지는 방법을 아는 것이라고 할 수 있다. (같은 책, 109쪽)

우리는 결단력과 겸손이 혼합된 태도로 판단할 준비가 되어 있어야 하고, 또한 판단 받을 준비가 되어 있어야 했다. 우리는 자율성과 진정성이 동료 시민들과의 상호 연결 속에서만 존재한다는 것을 배워야 했다. 우리는 '자기 자신'을, 광야에서, 혼자서, 고립된 채로, 내면을 들여다보는 것만으로, 짝을 이루어 비밀스럽게 소통하는 것만으로 발견하는 것이 아니라, 우리의 사회, 도시, 가족 속에서 발견했다. 바로 여기가 우리가 속한 곳이며, 여기에 우리가 존재하고 있다:

시민을 다른 사람들과 효과적으로 구별하는 것은 판단과 권위에 참여하는 것, 즉, 법적, 정치적, 행정적 직책을 맡는 것이다. (같은 책, 102쪽)

따라서 시민권은 단순히 관람하는 활동이거나 권리가 가정되지만 책임이 수반되지 않는 활동이 아니었다. 시민권은 능동적인 과정이며, 개별 시민들은 자신이 속한 도시 국가에서의 능동적인 참여를 통해 자신의 정체성을 찾았다. 그리스인들의 관점에서, 정치와 도시의 일에 적극적으로 참여하는 것이 그들을 특별하고 문명화된, 문화적이며 본질적으로 '야만인' 이웃들과 다른 존재로 만든 것이었다. 시민권을 통해 우리는 인간성을 발견하고 키웠다.

아리스토텔레스적 관점에서 개인 발전은 시민이 되는 것을 요구했으며, 진정한 시민은 능동적인 시민이었다. 이는 책임을 지고, 판단을 내리고, 규칙을 따르고, 명령을 주고받으며, 법의 틀 안에서 살고, 공동의 관심사, 목적, 축하, 문화 활동을 공유하는 것을 포함했다. 건강한 개인은 건강한 도시에서 살았고, 그 둘은 서로의 건강을 요구하고 지원했다. 개인의 성장은 각 시민이 필수적인 부분인 도시의 '토양' 내에서만 가능했다.

이 모든 것이 내가 믿기에 우리가 대부분 잊어버린 중요한 교훈을 포함하고 있다. 우리는 도시와 사회에 주의를 기울이지 않고서는 개인 발전을 이룰 수 없다. 그것들은 분리될 수 없다.

아리스토텔레스에게 개인은 살아있는 유기체였고, 그가 속한 도시 국가도 마찬가지였다. 아리스토텔레스는 그 두 가지에서 건강한 발전의 원칙을 탐구하는 데 관심을 가졌다. 도시는 시민과 분리되어 생각될 수 없었다. 그러나 지금 심리학자들은 정치학을 무시하고, 정치인들과 경제학자들은 개인의 필요와 인식을 거의 신경 쓰지 않는다. 전문 지식으로의 '진보' 과정에서 우리는 단편화되고 고립되었다. 플라톤과 아리스토텔레스의 넓고 통합된 자유주의적 인본주의 전통은 느슨해지고 잊혀졌다. 그러나 우리가 전체적인 인간 시민으로서의 정체성을 되찾는 것은 아직 늦지 않았다. 나는 우리가 직면한 영원한 문제들은 이 더 넓은 시각을 회복하기 전까지는 효과적으로 해결될 수 없다고 믿는다.

질문

1. 교육이 치유와 성숙의 중요한 요소인가? 내담자기 스스로 알 수 없는 것 중 반드시 알아야 할 것이 있다면 무엇일까? 어떤 개인과 문제들이 생각나는가?

2. 내담자들이 자신의 문제를 해결하기 위해 어떤 행위를 해야 한다고 생각하는가? 그들에게 교육을 시키는 것이 내 일인가? 누구와 무엇이 떠오르는가?

3. 아리스토텔레스가 덕을 행복으로 가는 중요한 방법이라고 주장한 것에 동의하는

가? 덕과 자기 규율이 부족하다고 생각되는 내담자에게 도전할 수 있고 그래야 할까?
4. '명예'가 상담사 교육 과정의 일부가 되어야 할까? 그렇다면 무엇을 포함하고 탐구해야 할까?
5. 자신의 윤리적 원리가 내담자에게 어떤 영향을 미치는가? 구체적인 예가 생각나는가?

연습

1. 자신의 내담자를 위해 설정한 다양한 실용적인 실습의 종류를 나열하라. 내담자가 참여하도록 초대하거나 요구하는가? 실용적인 과제가 상담에서 얼마나 중요한가?
2. 통찰력, 자아 존중감, 성숙의 발전을 위해 필수적이라고 생각되는 윤리적 원리들을 고려하라.
3. 시민권을 개발하는 방법이 어떻게 사람을 발전시키는지, 그리고 그 반대의 경우도 어떻게 이루어지는지 탐구하라.
4. 개인의 발전을 도울 수 있는 정치적 변화에 대해 논의하라.

결론

아리스토텔레스는 개인 발전을 생물학, 사회, 역사, 도덕적 의무, 의무감, 명예 의식과 연결지었다. 플라톤처럼 그는 균형 잡힌 자유 교육을 주장했다. 그는 아테네의 리세이온에 학교를 세워 플라톤의 아카데미와 경쟁했다. 그는 개인과 그들이 속한 도시를 살아있는 유기체로 보았다. 플라톤처럼 그는 '만능형'으로서 가장 중요한 질문들이 하나의 학문 분야에 국한될 수 없다는 것을 인식했다. 그러나 지식의 발전을 고려할 때,

지금 누가 우리가 아는 것의 중요성에 대해 전체적인 이해를 얻을 수 있을까?

웹사이트

http://www.fortunecity.com/victorian/durer/192/
http://webatomics.com/Classics/Aristotle/metaphysics.html
http://webatomics.com/Classics/Aristotle/nicomachaen.html
http://webatomics.com/Classics/Aristotle/poetics.html
http://webatomics.com/Classics/Aristotle/soul.html
http://webatomics.com/Classics/Aristotle/youth_old.html
http://www.ucmp.berkeley.edu/history/aristotle.html
http://www.yale.edu/lawweb/avalon/athemain.htm

참고문헌

Aristotle, *The Nicomachean Ethics*, Penguin, 1963
Aristotle, *The Politics*, Penguin, 1967
Aristotle, *Poetics*, Penguin, 1997
Matsuo Basho, *Narrow Road to the Deep North and Other Travel Sketches*, trans. Nobuyuki Yuasa, Penguin, 1967
Bertrand Russell, *History of Western Philosophy*, Allen & Unwin, 1961

Chapter 6

에피쿠로스주의

요점

* 단기적 만족과 장기적 만족은 종종 충돌한다. 즉각적 쾌락은 나중에 후회될 수 있다.

* 현재의 산만함은 미래의 성취를 가로막는다. 자기설제 가 우리의 정체성과 미래를 형성한다. 방탕한 자아는 분열된 자아다.

* 지혜는 진정한 행복을 가져온다. 우리는 어떻게 온전하고 공정하게 살아야 하는지를 공부해야 한다.

* 우리는 자연스럽게 자동적으로 '성장'하지 않는다. 성숙은 노력, 자제, 반성, 통찰을 요구한다.

적용

* 내담자는 '어떻게 살아야 할지'를 배우고자 한다. 에피쿠로스는 그들이 가르침 없이 이를 찾아낼 수 있다고 믿지 않았다.

* 현대 문화는 자기 주장에 초첨을 맞추고 있지만, 에피쿠로스는 자기 절제의 필요성을 강조하며 이에 대한 해독제를 제공한다.

* 상담은 내담자의 선을 찾으려 하지만, 우리는 '악'에 어떻게 대응하고 관계를 맺어야 할까?

* 현재 치유 프로그램에서는 육성과 포기가 중요한 역할을 하지 않는다. 아마도 그것들이 좀 더 주목받을 필요가 있지 않을까?

▶ 하지만 전체적인 틀을 통해 가장 중요하고 지배적인 것은 우리가 마음이라고 부르는 그 조언이다. (루크레티우스, 『사물의 본성에 대하여』, 1995)

에피쿠로스는 원래 동부 에게해 연안을 중심으로 활동했지만, 기원전 307년에 아테네에 학교를 설립했다. 칼 로저스처럼, 아마도 더 많은 정당성을 갖고, 에피쿠로스는 자기 아이디어의 중요성과 독창성을 주장했다. 그의 철학은 세속적인 쾌락주의의 초기 형태 중 하나였다. 에피쿠로스학파 철학자들에 따르면 신들은 많았지만, 그들의 철학은 신들이 이 세상에 개입하지 않는다고 주장하는 인간 중심의 인본주의 철학이었다. 신들은 인간을 돕지도 방해하지도 않는다.

에피쿠로스는 개인의 도덕성에 집중했으며, 윤리적 문제의 사회적이거나 정치적 차원에는 거의 관심을 두지 않았다. 그는 사후의 삶이나 신적인 존재에 대해 숙고하기보다는 물질적 신체와 피로 이루어진 인간 세계를 고려했다. 에피쿠로스는 쉽게 낙관할 이유가 없다고 보았다. 무조건적인 긍정적 존중이 우리 모든 걱정과 긴장을 자연스럽게 없애주지는 않을 것이다. 직면해야 할 악의 문제가 존재했다.

신이 악을 막으려고 하지만 막을 수 없다면, 신은 전능하지 않다. 신은 악을 막을 수 있지만 막으려고 하지 않는다면 신은 전적으로 선하지 않다. 그렇다면 왜 악이 존재하는가? 많은 사람이 이 문제를 다뤘다. 에피쿠로스가 받아들이지 않은 해결책 중 하나는 악은 단지 환상이나 오해에 불과하다는 주장이다. 만약 우리가 단지 온정적이고 긍정적이며 공감적이고 진실하다면, 악은 사라질까? 우리가 더 분명히 소통한다면, 자연스럽게 협력할 수 있을까? 전쟁과 권력 정치가 단순히 오해와 불안정성의 결과일까? 만약 우리가 자신을 용서하고 다른 사람들의 말을 경청한다면, 모두가 함께 춤추고 노래할 수 있을까? 수세기 동안 인류의 역사에서 끊이지 않았던 조작, 강간, 약탈, 착취, 강도, 교수형, 사지 절단과 같은 잔혹한 행위들이 과연 끝날 수 있을까?

우리는 때때로 협력한다. 물론 그렇다. 우리는 춤추고, 수영하고, 노래하고, 듣고, 서로 성장하는 것을 도울 수 있지만, 항상 그런 것은 아니다. 때때로 우리는 갑옷, 성, 무장한 남자로 구성된 군대가 필요하다고 느껴왔다. 우리 대부분은 이런 것들의 비용을 감당할 수 없기 때문에 우리는 적설히 강력하고 보호적인 족장이 이끄는 부족에 속하거나 그런 부족을 찾아낸 것을 기쁘게 생각해 왔다. 우리는 무릎을 꿇고 십일조와 세금을 내며, 그렇게 해서 적당한 나이까지 살아남을 수 있기를 희망했다. 확실히, 그것이 인류 역사 대부분의 모습이었다.

평화와 권력은 동전의 양면과 같다. 로마의 평화 (팍스 로마나), 영국의 평화 (팍스 브리태니카), 미국의 평화 (팍스 아메리카나)가 있다. 로마가 지배한 영국 사회가 보석, 의상, 대화, 문화, 중앙 난방을 제공할 수 있었던 것은 로마인들이 다른 사람들에게 무조건적인 긍정적 존중을 보여주었기 때문이 아니었다.

무조건적인 긍정적 힘은 현명하게 사용되었고, 필요할 때는 철저한 잔인함으로 사용되었다. 이것이 더 일반적인 해결책이었다. 로마의 벽은 픽트족 관찰자들을 완전히 압도할 수 있었고, 로마 군단은 상대가 훨씬 더 많을 때조차도 반대 세력을 신속하고 철저하게, 효율적으로 압도할 수 있었다.⁹ 우리는 이제 더 문명화되었는가? 많은 지역에서 사람들은 절망적이고 굶주리고 있다. 서양은 부유하고, 비대하고, 지구 자원을 부적절하게 차지하고 있다. 우리는 이 불평등을 어떻게 유지하는가?

현대 사회에서 더 이상 성(城)은 사용되지 않는다. 항공모함, 폐쇄회로, 경찰, 해안경비대, 군함과 같은 장비들이 그 역할을 대신하고 있다. 그러나 이런 장비들이 정말로 필요할까? 방어해야 할 것이 있을까? 위협이 되는 사람은 누구일까? 어쩌면 물리적 무장보다는 쿠션, 따뜻함, 발전된 공감 능력이 우리에게 더 도움이 되지 않을까? 다른 뺨을 내미는 것을 배워야 할까? 만약 그렇게 한다면, 우리는 십자가에 못 박히지 않을까? 선은 악을 이길 수 있으며, 그 영향력은 전염될 수 있다. 그러나 역사는 악이 선을 이긴 많은 사례를 보여준다. 온순하고 약한 사람들이 결국 세상을 물려받을 수도 있지만, 지금까지는 그들이 짓밟히는 경우가 더 많았다. 사랑은 강력할 수 있지만 권력도 마찬가지이다. 더 나아가, 권력에 대한 사랑은 사랑의 힘보다 더 강할 수 있다.

에피쿠로스는 사랑과 권력의 이런 문제들을 탐구했으며, 쉬운 낙관주의나 냉소적 절망을 피했다. 『주요 교리』는 그의 가르침 중 가장 중요한 40개 조항을 모은 것으로, 그의 제자 중 한 명이 편집한 것으로 추정된다. 이 문서는 디오게네스 라에르티오스 (서기 3세기)의 『저명 철학자들의 생애와 사상』에 보존되었으며, 『메노이케우스에게 보내는 편지』와 함께 에피쿠로스 윤리적 가르침에 대한 유일한 직접적인 자료를 구성한다.

에피쿠로스에게 있어 '좋은 삶'은 단순히 자연에 맡겨지는 것이 아니었

---

9 한 전투에서, 8천 명의 로마 군단병이 보우디카(Boadicea)가 이끄는 10만 명 이상의 브리튼족을 거의 손실 없이 괴멸시켰다. 영국 정복은 로마의 우수한 전술과, 예를 들어 켄트 해안 근처를 맴돌던 800척의 로마 갤리선과 같은 압도적인 병력 덕분에 나라를 심각하게 황폐화하거나 파괴하지 않았다.

다. 미덕은 반드시 함양되어야 했으며, 윤리적 철학은 학습되어야 했다. 그는 "덕 스런 삶을 소유하지 못한 사람은 결코 즐겁게 살 수 없다"고 주장했다. 단기적 및 장기적 선택과 결과는 신중히 검토되어야 했다. 현재의 불편함을 무조건 피하거나 즉각적 만족을 추구하면, 장기적으로 자신의 이익을 해칠 수 있다. 욕망 자체가 폭군이 될 수 있는데, 탐닉과 과도함으로 이어지고 그 뒤에 훨씬 더 긴 후회의 과정이 따를 수 있기 때문이다. 욕망은 또한 우리를 행운의 인질이 되게 할 수 있다. 현재의 안락함이 영구적일 것이라는 보장은 없다.

그러므로 건강, 체력, 겸손, 그리고 진정으로 더 안정적인 행복으로 이어지는 단순하고 소박한 삶이 권장되었다. 더 고급스러운 사치품들은 가끔씩만 누려야 했다. 그래야 그 가치를 더욱 깊이 느낄 수 있었다. 습관적이고 지속적인 소비는 감각을 무디게 할 뿐이었다.

에피쿠로스는 상대적으로 세상과 거리를 두는 조용한 삶의 미덕을 믿었다. 그러나 그런 삶은 게으르지 않아야 한다. 그는 『메노이케우스에게 보내는 편지』에서 "젊어서는 철학을 배우는 것을 미루지 말고, 늙어서도 배움에 지치지 말라."라고 썼다. 여기서 철학이란 학문적인 꼼꼼함이나 공허한 사변을 의미하는 것이 아니었다. 그것은 우리가 일관성, 목적, 평정심, 진정한 자존감을 갖고 살아갈 수 있는 원칙에 대한 적극적인 탐구여야 했다. 우리는 사람들 간의 행동과 상호작용의 패턴과 결과를 연구하고, 우리의 이익을 다른 사람들의 이익과 비교하여 신중하게 판단해야 한다. 무엇보다도, 우리는 죽음에 직면하고 그것과 타협할 의지를 가져야 한다. "그러므로 가장 무서운 악인 죽음은 우리에게 아무것도 아니다. 우리가 존재하는 동안 죽음은 우리와 함께하지 않으며, 죽음이 오면 우리는 더 이상 존재하지 않기 때문이다. 그러므로 죽음은 살아 있는 자에게도, 죽은 자에게도 아무 관계가 없다. 왜냐하면 살아 있는 자에게는 죽음이 없고, 죽은 자는 더 이상 존재하지 않기 때문이다"(『메노이케우스에게 보내는 편지』).

물론, 에피쿠로스는 죽음이나 다른 어떤 것에 대해서도 최종적인 결론을 제시하지는 않았다. 만약 모두가 그가 제안한대로 행동하며 국가의 일과 그 유혹에서 물러난다면, 어떻게 사회가 형성되고 기능하고 지속될 수 있을까? 그러나 에피쿠로스는 어떻게 살아야 하는지, 다른 사람들이 살아가는 과정을 어떻게 도와야 하는지에 대한 조언을 제공하기 위해 진지한 노력을 기울였다. 여러모로 이런 초기 인본주의 비전은 오늘날의 인본주의 변형들 중 일부보다 더 세련되고 현실적이다.

에피쿠로스는 미덕을 지지했지만, 미덕이 항상 악을 이길 수 있다고 믿을 만큼 순진하지는 않았다. 진정성이 있고, 사람들을 좋아하고, 그들을 이해하는 것은 전염이 되어 도움이 될 수 있다. 미덕은 악을 줄일 수는 있지만, 없앨 수는 없다. 역사가 이를 매우 명확히 보여주지만, 현대 유토피아주의자들은, 이전의 사람들처럼, 역사에 별로 신경 쓰지 않는 경향이 있다. 그래서 오늘날 많은 치료사들이 자신이 그런 일을 하고 있다는 것을 깨닫지 못한 채 다양한 이전의 아이디어들을 재활용하고 있다. 그러므로 그들은 자신들이 겪을 가능성이 있는 문제들을 예상하지 못하는 경향이 있는데, 그 문제들은 이전 세기에 철저히 다루어졌다.

예를 들어, 우리는 '진정한' 생각이 무엇인지 쉽게 알지 못할 수 있다. 오늘의 명백한 진정성이 내일의 어리석음으로 드러날 수 있다. 우리는 오해하고 잘못 이해한다. 어제는 심오하고 감동적이었던 생각이나 감정이 오늘은 진부하고 쉬워 보일 수 있다. 머리나 마음에 떠오르는 모든 의견과 감정을 '중요하게 여기는' 것은 지혜롭지 않다. 판단은 변하지만, 판단은 필요하다. 우리의 의견은 상반되고 모순적일 수 있다. 내일은 어떨까? 오늘의 선한 의도에서 어떤 나쁘고 예기치 못한 결과가 발생할까?

이해는 달성하기 어렵다. 이해하지 못한다면, 어떻게 이해했다고 보여줄 수 있을까? 자신이 이해하고 있다는 것을 어떻게 알 수 있을까? 이해는 시간이 지남에 따라 변화할 수 있다. 우리가 진정성 있게 행동하고 타인을 존중하라는 현대의 조언은 우리 조상들이 인식하고 탐구했던 어려움과 역설을 너무 자주 간과한다. 이에 비해 에피쿠로스는 20세기 철학자들보다 인간 중심의 비전이 지닌 복잡성을 더 잘 이해하고 있는 것으로 보인다.

진정한 에피쿠로스는 누구였을까? 우리는 그것을 어떻게 알 수 있을까? 그 질문은 도대체 무엇을 의미하는 것일까? 만약 우리가 타임머신을 타고 그의 발치에 앉는다고 해도, 우리 각자는 다른 경험과 해석을 가지고 돌아올 것이다. 그의 저작들 대부분은 남아 있지 않다. 그는 자신의 경쟁자이자 동시대인인 스토아철학자들로부터 많은 비판을 받았던 것으로 보이며, 번역은 번역자의 해석과 매우 다른 문화적 상황으로부터 결코 자유로울 수 없다.

에피쿠로스주의는 창시자의 견해에서 벗어나지 않았다. 에피쿠로스는 질문하거나 탐구하기보다는 배워야 했던 인물인 듯하다. 이런 면에서 그는 자유사상가였지만 제자들이 위대한 저작들을 끊임없이 되풀이하고, 반복하고, 존경하고, 되새기도록 하려는 오랜 전통의 영적 스승 Guru 중 첫 번째도 마지막도 아니었다. 그때나 지금이나 마찬가지다. 경쟁하는 사상 학파들은 자주 자기 비전의 독창성과 가치를 과대평가하고 경쟁자의 견해를 왜곡하는 경향이 있다.

예를 들어 경쟁자인 스토아학파의 구루인 에픽테토스는 에피쿠로스에 대해 "당신이 자신에게 합당하다고 선언하는 삶은 먹고, 마시고, 성교하고, 배설하고, 코를 골며 사는 것이다"라고 말했다.[10] 이는 "나는 빵과 물로 살 때 몸의 쾌락에 전율을 느끼고, 사치스러운 쾌락을 그 자체 때문이 아니라 그것에 따르는 불편함 때문에 멸시한다"라고 말한 사람에게는 매우 공정하지 않은 평가였다. 에피쿠로스의 쾌락은 정적이고, 겸손하며, 균형을 중심으로 했다. 폭식은 복통을 유발하기 때문에 피해야 했다. 음주는 숙취를 유발했다. 부와 명예는 불안을 유발했다. 성교는 몹시 불안정했다. 조용하고 사색적인 종류의 우정이 가장 좋았으며, 그것은 위험하고 방해하는 적이나 경쟁이 생기지 않도록 대중의 관심에서 벗어난 삶을 통해 가능했다. 이는 그것은 위험하고 방해하는 적이나 경쟁이 생기지 않도록 대중의 관심에서 벗어난 삶을 통해 가능했다. 바카날리아 축제와 방종은 소화, 평형, 평온을 방해할 것이다. 에피쿠로스는 젊은 꼰대였을지도 모른다!

에피쿠로스는 우리가 어떻게 살아야 할지에 대한 연구를 통해 지혜를 얻고 아타락시아(근심으로부터의 자유)를 달성할 수 있다고 제안했다. 이 프로그램에는 많은 부족함이 있지만, 적어도 에피쿠로스는 이해와 우정의 본질을 확립하기 위한 노고의 필요함을 지지하고 이해했다. 우리는 참나무처럼 자연스럽게 성장하지 않는다. 참나무와 달리 우리는 질문,

---

10 Epictetus, *Discourses*, Book II, Chapter xx.

의심, 위험, 불확실성을 제기할 수 있는 어려운 선택들을 검토하고, 평가하고, 판단하고, 결정해야 할 책임이 있다.

그 문제에 대해 말하자면, 도토리가 저절로 반드시 훌륭한 참나무로 자라는 것은 아니다. 실제로 그렇게 되는 것은 소수에 불과하다. 대부분의 도토리는 자신이 놓인 토양과 환경이 우리가 이상적으로 생각하는 참나무의 완전한 '실현'을 허용하지 않는다는 것을 깨닫게 된다. 나머지 경우, 환경이 양호하더라도 유전적 청사진에 여러 가지 방식으로 결함이 있을 수 있거나, 실제로 손상되지 않았더라도 씨앗은 단순히 적당하고, 수수하고, 보통이고, 평범한 나무를 생산할 수 있을 뿐 경이로운 나무를 생산할 수 없을 수 있다. 인간 또한 나무와 다를 바 없다. 우리 모두가 뛰어나지는 않으며, 우리 모두가 상을 받지도 않으며, 항상 상을 받을 만한 방식으로 행동하고, 생각하고, 느끼는 것도 아니다. 우리는 그렇지 않은 척함으로써 우리 자신이나 다른 사람에게 도움이 되지 않는다.

질문

1. 자기절제가 부족해 고통받는 내담자들이 있었는가? 그들이 이 문제를 해결하는 데 도움을 주려면 어떻게 해야 하는가?
2. 상담사나 돌보미가 내담자에게 지시를 제공해야 할 역할을 맡아야 하는가? 그렇다면 왜 그런가? 아니라면 왜 그런가? 구체적인 예가 생각나는가?
3. 내담자에게서 도덕적으로 혐오스런 행동을 경험한 적이 있는가? 그때 어떻게 대응했는가? 자신의 대응에 대해 얼마나 만족했거나 만족스럽지 않았는가? 구체적인 예가 떠오르는가?
4. 내담자가 단기적 결과와 장기적 결과를 비교하도록 얼마나 격려하는가? 구체적인 예가 떠오르는가?

연습

1. 이 장과 이후의 장에서 설명된 철학자들과 관련하여 자신의 가치 체계를 '요약'하려고 시도하라. 로저스나 에피쿠로스와 비교할 때, 자신의 신념은 얼마나 비슷하고 다른가?

2. 지금까지 자신의 가치, 아이디어, 상담 및 전문 돌봄 방법에 가장 큰 영향을 미친 저자들에 대한 일지를 작성하라.

3. 자신의 가치와 상담 방법이 내담자에게 미칠 방안을 상상하여 일지에 기록하라. 내담자들이 당신과 시간을 보낸 결과로 어떤 생각과 행동을 할 가능성이 있는가?

결론

보통 우리는 '에피쿠로스주의자'를 음식과 포도주에 특히 집착하며, 나아가 감각적 쾌락에 몰두하는, 정교하고 섬세한 취향을 가진 인물로 묘사한다. 사실 이것은 에피쿠로스 철학의 실상이라기 보다는 평판에 더 가까워 보인다. 에피쿠로스주의자들은 단순한 삶을 추구하고 단기적인 감각적 방해를 피한다는 점에서 스토아주의자들과 유사한 입장을 취했다. 그들은 역경에 대처하는 것의 중요성을 강조했다. 철학 연구는 완전하고 공정하게 살아가기 위해 필수적인 것으로 여겨졌다. 철학 연구를 통해 우리는 기회를 활용하고 역경을 헤쳐 나가는 데 도움이 될 태도와 믿음을 배우게 된다. 그것 없이는 우리는 자기 절제가 부족하고, 쉽게 산만해지며, 무지하고, 미성숙하며, 무책임해질 것이다.

웹사이트

http://www.creative.net/~epicurus/

참고문헌

Epicurus, *The Essential Epicurus: Letters, Principal Doctrines, Vatican Sayings, and Fragments*, Prometheus, 1993

Epicurus, *The Epicurius Reader: Selected Writings & Testimonia*, trans (ed.) L. P. Gerson, Brad Inwood. Hackett Publishing Company, US, 1994

Epicurus, *Guide to Happiness*, Phoenix, 1995

Lucretius, *On the Nature o/Things*, Johns Hopkins University Press, 1995

Chapter 7

스토아주의

요점

* 덕은 자연과 조화롭게 사는 데 있다.
* 사건 자체보다 사건에 대한 반응과 기대가 더 많은 불안을 초래한다.
* 욕망을 다스리고, 정확하게 사고하며, 의무를 수행하는 것은 성숙과 개인적 안녕에 필수적이다.
* 세상이 우리의 선호에 맞추어질 것이라고 상상하는 것은 잘못된 생각이며, 그렇게 기대하는 것은 현명하지 않다.

적용

* 스토아 철학의 원리는 인지치료 및 합리적 정서치료에 사용되지만 충분히 인정받지 못하고 있다.
* 스토아 철학의 원리는 대화치료의 의제에 지혜, 성숙, 자기 절제, 도덕성 및 의무를 추가한다.
* 스토아 철학의 원리는 역경에 대처할 때와 내담자의 기대가 비현실적으로 높을 때 특히 유용하다.

인간의 영혼은 첫째, 그것이 마치 우주에 종기나 종양처럼 될 때, 가능한 한 스스로에게 폭력을 가한다. 왜냐하면 일어나는 어떤 일에 화를 내는 것은 우리 자신을 자연으로부터 분리하는 것이기 때문이다. 자연의 일부에는 다른 모든 것들의 본성이 포함되어 있다. 둘째, 영혼은 어떤 사람에게서 등을 돌리거나 그를 해치려는 의도로 다가갈 때 자신에게 폭력을 가한다. 분노한 사람들의 영혼이 그렇다. 셋째, 영혼은 쾌락이나 고통에 압도될 때 자신에게 폭력을 가한다. 넷째, 영혼은 연극을 하거나 진실되지 않게 행위하거나 말할 때 자신에게 폭력을 가한다. 다섯째, 영혼은 자신의 어떤 행동이나 움직임이 목적 없이 이루어지도록 허용하고, 생각 없이, 그것이 무엇인지 고려하지 않고 어떤 일을 할 때 자신에게 폭력을 가한다. 심지어 가장 작은 일들조차도 목적을 갖고 행해져야 하며, 이성적 동물들의 목적은 가장 오래된 도시와 정치의 이성과 법을 따르는 것이다.

(마르쿠스 아우렐리우스, 『명상록』, 제2권)

당신을 동요시킬 만한 어떤 일이 당신에게 보고될 때, 이 원칙을 명심하라. 그 원칙에 따르면 그 소식은 당신 의지의 힘 안에 있는 어떤 것에 대한 것이 아니다. 누군가 당신이 나쁜 생각을 가졌거나 나쁜 욕망을 가졌다고 보고할 수 있을까? 결코 그럴 리 없다. 하지만 그는 어떤 사람이 죽었다고 보고할 수 있다. 그럼 그것이 당신에게는 무슨 상관인가? 그는 어떤 사람이 당신을 험담한다고 보고할 수 있다. 그럼 그것이 당신에게 무슨 상관인가? 아니면 당신의 아버지가 무슨 계획을 세우고 있다고 보고할 수도 있다. 누구를 상대로 그 계획을 세우고 있을까? 당신의 의지를 상대로 그럴까? 어떻게 그럴 수 있겠는가? 그러나 당신의 가련한 몸이나 당신의 작은 재산을 상대로 하는 것일까? 그 경우 당신은 매우 안전하다. 그것은 당신을 상대로 하는 것이 아니기 때문이다. (에픽테토스, 『담론』)

스토아 철학은 진지하게 고려될 가치가 있다. 그것은 오늘날에도 여전히 다른 명칭들로 작동하고 있다. 우리는 삶에 대해 스토아적인 태도를 취한다는 말을 자주 하며, 이는 일상적인 어휘의 일부가 되었다. 기원전

3세기 초 스토아학파의 창시자인 제논은 태초에는 오직 불(火)만 존재했다고 믿었다. 이후 공기, 물, 땅이 차례로 나타났으며, 결국 모든 것이 다시 본래의 불같은 상태로 되돌아갈 것이라고 주장했다. 이런 추측은 우주 진화에 관한 현대의 '빅뱅'모델과 '빅 크런치' 모델을 (매우) 조잡하게나마 연상시킨다.

결국 다시 불로 환원될 운명인 세계 속에서, 우리는 자신의 존재를 어떻게 이해해야 할까? 스토아 철학은 단순히 쾌락을 추구하는 삶을 피하고, 덕을 삶의 나침반과 지침으로 삼아야 한다고 보았다. 덕을 실천하는 삶이란 자연과 조화를 이루며 사는 삶이었다. 스토아 철학자들에게 이는 이성을 따라 사는 것을 의미했다. 자연은 우리에게 이성을 부여했으며, 이로 인해 인간은 다른 동물들과 구별되는 특별한 존재가 되었다. 이성에 대한 스토아 철학의 정서적이고 도덕적 매력은 이성을 차갑고, 부자연스럽고, 자연과 동떨어진 것으로 여기는 '인간 잠재력' 운동 내의 현대 낭만주의와 뚜렷이 대조된다. 1960년대 이후 등장한 개인 성장 애호가들에게 이성은 당신을 당신의 진정한 자아, 자연스러운 감정, 내적·외적 세계에 대한 직관적 지식으로부터 단절시킬 가능성이 높은 것으로 여겨졌다.

반면, 스토아 사상은 우리가 일상적이고 단기적인 욕망에 휘둘리고 있다고 보았다. 이런 욕망은 우리의 지각과 판단을 왜곡시킬 수 있다. 우리의 원초적 본능 너머를 보고, 자기 절제를 개발하기 위해서는 의지력이 필요했다. 지각의 성숙과 자기 통제는 장기적인 관점에서 우리의 이익에 부합했으며, 우리가 능동적인 시민으로 속한 사회에도 최선이었다.

스토아 철학에 따르면, 모든 사람은 '좋은 삶'을 살 수 있다. 왜냐하면 그것을 성취하는 것은 현대적 영어로 '내면의 아이'를 발견하는 것이 아니라, '내면의 어른'[11]을 개발하고, 가꾸며, 헌신하는 데 달려 있기 때문이다. 오늘날 텔레비전에서 보여지고 소비주의 문화 전반에 내재된 좋은 삶은 물질적 지위와 안락함, 유명세, 흥분, 영원한 젊음으로 정의된다. 상품과 서비스를 판매할 때 가장 쉽게 자극할 수 있는 욕망은 인간 동기에서 가장 보편적인 것들을 대표한다. 이런 가치관은 결코 스토아 철학이 추구하는 덕의 길이 아니다. 오히려 이는 방황, 피상성, 거짓 우상과 우상숭배로 이어지는 유치한 길이다. 그렇다면 우리는 스토아 철학에서 진보한 것인가? 아니면 퇴보하고 있는가? '개인 성장'에 대한 현대적 관심은 이런 초기 그리스 분석보다 더 나은 것일까? 아니면 덕에 대한 깊이 있는 통찰과 분석을 제공하지 못하기에 훨씬 열등한 것일까?

스토아 철학의 원리는 가장 어려운 상황에서도 사람들이 온전하고 일관되며 자부심과 평화를 유지하도록 도울 수 있다. 그들은 가난하거나, 감옥에 갇히거나, 부당한 대우를 받거나, 억압적이고 폭군적인 권력에 신체적으로 취약할 수 있다. 하지만 만약 그들이 자기 생각, 감정, 행동을 적절히 통제할 수 있고, 자신과 타인을 존중하는 것이 무엇인지 알 수 있다면, 그들에게는 훔치거나 조작할 수 없는, 소중한 자기 정체성과 방향성에 대한 핵심적인 감각이 있다. 비록 그들이 귀족이나 미디어 스타는 아닐지라도, 진정한 의미에서 최고의 '귀족'이 될 수 있다. 그리고 이 귀중한 것을 얻는다면, 그들은 그것이 수많은 고급 자동차나 공중 혹은 땅 위의 성보다 훨씬 더 값지다는 것을 알게 될 것이다. 그들은 자신을 발견하게 될 것이다. 그러나 쉽고 수월하게 찾을 수는 없다. 우리

---

[11] '내면의 어른'이라는 개념은 스토아 철학의 어휘에는 포함되어 있지 않지만, 스토아 원칙을 정확히 설명하며 현대의 자기애, 유아성, 쾌락주의와 극명하게 대조를 이루기 때문에 강조할 가치가 있다.

의 원숭이 같은 마음과 심장의 방황하고, 횡설수설하며, 요구하고, 비하하는 모든 변덕과 징징거리는 항의를 소중히 여기고 애착을 갖게 되면 우리는 결코 그것을 찾을 수 없다.

따라서 스토아의 길은 때로 힘난할 수 있다. 그러나 이 길은 주변 상황이 약한 정신을 짓누를 수 있는 상황에서 사람들이 스스로 붕괴되는 것을 막는 수단을 제공할 수 있으며, 수 세기에 걸쳐 실제로 그렇게 해왔다.

스토아적 관점 역시 다른 철학들과 마찬가지로 문제점, 위험한 경향, 한계를 피할 수 없다. 예를 들어 '자연과 조화를 이루며 살아간다'라는 말은 인상깊게 들리고, 수 세기 동안 반복되었으며 오늘날에도 여전히 자주 언급된다. 하지만 이 말의 실제 의미는 무엇일까? 우리 안에는 상반되고 모순적이며 때로는 파괴적인 감정, 생각, 의도, 성향들이 존재한다. 과연 어떤 것은 '자연적'이고, 어떤 것은 그렇지 않다고 말할 수 있을까? 자연은 수확과 행복뿐만 아니라 전염병과 재난도 '자연적으로' 만들어낸다. 그렇다면 자연에 기대어 무엇을 선택하고 무엇을 버려야 할지 확실히 알 수 있을까? 어쩌면 우리는 스스로 책임을 지고, 우리의 원칙을 구축하며, 이를 실천 속에서 실현해야 할지도 모른다.

기술은 한때 인간 활동과 우월성의 '자연스러운' 일부로 여겨졌다. 인간의 둥지는 새의 둥지처럼 자연스럽지만 더 큰 뇌 덕분에 더 우수하다고 여겨졌다. 그러나 이제는 핵, 화학, 유전자 산업이 '비자연적'이며 '자연에 반한다'라고 보는 경향이 있다. 이는 무슨 뜻일까? 조화가 있을 수는 있겠지만, 이를 발견하고 따르는 일은 결코 쉽거나 단순하지 않다. 유전학자들은 유전공학을 개발하려면 유전체(DNA) 내의 깊은 구조적 조화를 발견해야 한다. 그렇다면 모든 그런 기술이 조화롭지 않다는 뜻일까? 만약 우리가 이전의, 더 '자연적인' 형태의 농업으로 되돌아간다면, 우리 대부분은 생존하지 못할 것이다. 그렇다면 대부분의 사람들이 살아 있는 것이 비자연적이라는 뜻일까? 혁신은 우리가 익숙해질 때까지 '비자연적' 결과를 가져온다. '자연적'이라는 말이 단순히 '익숙한'이라는 뜻으로 쓰여서는 안 될 것이다.

잔혹함과 불의가 '자연적'이라고 말할 수도 있다. 분명히 잔혹함과 불의는 스토아 철학자들이 인내력, 내적 평화, 자기 통제력을 기르는 기회를 제공한다. 하지만 자기 훈련이 항상 역경을 이길 수 있다고 보기 어려우며, 또한 덕을 그 자체로 목적으로 추구하는 데는 별다른 의미가 없다. 덕은 분명 다른 목적을 달성하기 위한 수단을 제공하며, 그 목적 또한 면밀히 검토받아야 한다.

스토아주의적 사고방식의 위험성은 다른 형태의 생존주의가 가진 쓸쓸함과 비관주의 없이도 생존 주의적 사고방식을 만들어낸다는 것이다. 스토아 철학자는 평화, 통찰, 절제를 추구하지만, 그 추구가 지나치게 심화되면 결국 삶에서 물러서게 된다. 살아간다는 것은 더러워지고, 혼란스러워지고, 상처를 입을 위험을 감수하는 것이며, 헌신하고, 소매를 걷어붙이고 행위하며, 실수하고 그 결과를 견디는 것을 포함한다. 스토아주의 안에는 정적주의, 은둔, 그리고 일종의 평온함과 우주적 관점에 대한 경향이 있는데, 그 경향은 관찰자로 하여금 개인의 성공과 고통에 대해 냉담하고 무관심하게 만든다. 이는 다른 수도원 전통에서도 유사한 위험으로 지적된 바 있다. 통찰을 너무 추구하다 보면 일상적인 세상에서 멀어지게 된다. 우리는 자신을 일상의 일상적인 일과, 갈등, 혼란에서

'위'에 있거나 '초월'했다고 여길 수 있다.

　진리를 추구하는 자, 즉 영적 제자는, 소리 지르는 아이들, 매일의 타협, 책임, 제약 속에서 살아가는 가정주부의 길과 비교하여 자신의 길이 더 고귀하다고 생각한다. 그러나 가정주부는 끝도 없는 일상적인 혼란 속에서 삶을 유지하기 위해 그 모든 것을 수습한다. 반면 진리 추구자는 더 '궁극적인' 무언가를 성취하려 하지만, 결국 모든 삶이 지속되기 위해서는 그러한 수습이 필요하다. 그러므로 현명한 논평가들이 가장 높은 길은 사실 가장 낮은 길, 즉 불확실성, 좌절, 열정, 혼란, 제약이라는 일상의 잡다한 일들 속에 깊이 빠져드는 것이라고 자주 제안해 온 것은 전혀 놀라운 일이 아니다. 이러한 것들이 때로는 진정한 실질적인 성과를 낳기를 바라는데, 그것들은 때로 더 높은 의식의 '체리'가 놓일 수 있는 케이크와 같다.

　스토아주의는 에피쿠로스주의와 달리 창시자의 사상과 저술에만 고정되지 않고, 다양한 이름을 통해 영감을 받아 발전해 왔다. 크리시푸스(기원전 280-207)는 덕이 항상 행복으로 이어지며, 악행은 지구상에서 그 자체로 고통과 불만족을 초래한다고 주장했다. 그의 이런 관점은 스토아주의를 비롯한 여러 전통의 많은 사람들에게 계승되었다. 이것은 우리가 지상에서 정의를 믿고자 하는 욕구의 또 다른 표현이다. 즉, 선한 사람은 행복하고, 악한 사람은 그렇지 않다는 것이다. 이는 사람들이 덕을 실천하도록 하는 충분한 동기를 제공한다. 거짓말하고, 속이고, 훔치며, 자기 기만에 빠진 많은 사람들은 겉으로는 행복해 보일지라도 내면은 불행하고 불안하며 죄책감에 시달린다. 반면 온정적이고 도움을 주며, 관대하고, 협력적인 사람들은 실제로 행복하고, 존경받으며, 사랑받고, 사랑을 나누며 자신과 평화로운 상태일 수 있다.

하지만 이런 '정의로운' 결과들이 보장되는 걸까? 마피아의 모든 구성원이 불행할까? 모든 사랑하는 아이가 행복한 자리를 찾게 될까? 인간으로서 무너지고, 상처받고, 낙담하며 파괴된 모든 사람들이 이런 운명을 받아들여야 할까? 그들이 모두 운명을 받아들이고 평화를 찾는 방법을 발견할까? 그렇지 않다는 것은 자명하다. 인간의 딜레마를 성숙한 시각에서 바라본다면, 이는 우리가 직면하고 받아들여야 할 진실이다. 세상은 정의롭지 않다. 선한 사람들이 항상 승리하지 않으며, 항상 행복하거나 '자아실현'을 이루지도 않는다. 악한 사람들은 우리가 선과 악을 어떻게 정의하든, 항상 패배하지 않는다. 그들이 반드시 불행하거나 죄책감에 시달리거나 불편함을 느끼는 것도 아니다. 그들은 우리가 좋아하는 이야기 속에서 듣고자 하는 대본과는 달리 행복하게 잘 살 수도 있다.

선이 반드시 악을 이기지는 않는다. 불운과 불의는 현실이며, 오래 지속된다. 소포클레스는 불운과 불의의 힘을 보여주었다. 이는 3장에서 언급된 바 있다. 이런 현실은 종종 참을 수 없는 것으로 여겨졌다. 그래서 많은 신학자들은 정의가 복원될 것이라고 주장한다. 이 세상이 아니라면, 다음 세상에서라도 말이다. 신들은 세심한 관찰자이자 회계사라는 것이다. 죽은 뒤에는 세상의 모든 계정이 정리될 것이며, 부당한 대우를 받은 사람들은 보상받고, 부정한 일을 저지른 사람들은 처벌받을 것이라고 한다. 요약하면, 당신이 죽으면 천국에서 파이를 먹게 될 것이고, 그것은 현재 끊임없이 문제투성이인 세상의 많은 곳에서 횡행하는 불량배들과 깡패들이 즐기는 모든 지상의 파이보다 더 나을 것이다.

스토아주의자들은 우리 인격의 본질이 신체가 사라진 후에도 살아남는지에 대해 의견이 엇갈렸다. 설사 사후 생존이 존재한다 해도, 지상에서 겪은 불의에 대해 천상의 보상이나 처벌이 있을지는 분명치 않았다.

스토아주의를 대표하는 로마의 세 인물로는 세네카, 에픽테토스, 마르쿠스 아우렐리우스가 있다. 세네카(기원전 3년~기원후 65년)는 정치에서 추방된 것은 불운이었지만, 이후 교사로 일할 수 있게 된 것은 행운이었다. 그러나 그의 제자가 네로 황제였다는 점에서는 다시 불운했다. 스토아주의자였던 세네카는 돈을 모으는 지저분한 일에 '초연'했지만 여전히 엄청난 재산을 축적했다. 그의 재산 중 많은 부분은 영국에 높은 이율로 돈을 빌려주며 얻은 것이었다. 보아디체아 여왕은 이에 반발했지만, 로마 군대는 이 문제를 해결하는 자신들만의 방식을 갖고 있었다. (6장에서 설명된 것처럼). 이 돈은 조건 없이 빌려준 것이 아니었고, 보아디체아의 이익에 무조건적이지도 우호적이지 않았으며, 로마의 대응은 공감적이지 않았다. 비록 영국인들에게 힘을 실어주지는 않았지만, 이는 확실히 강력했다. 이 모두 것은 동시대 사람들에게 충분히 '자연스러운' 행동, 즉 피로 물든 이빨과 발톱을 가진 자연스러운 인간 행동처럼 보였다.

세네카의 강력한 제자였던 네로는 결국 그가 자신을 모반했다고 비난했다. 이것이 사실인지는 분명치 않다. 어쨌든 네로는 너그러운 선택을 했다. 자신의 스승을 고문하거나 처형하지 않고, 세네카에게 자살할 기회를 주었다. 세네카는 유언을 남길 시간조차 없었지만, 가족들에게 이렇게 말했다고 한다. "걱정하지 마라. 나는 세속적인 재산보다 훨씬 더 가치 있는 것, 즉 덕 있는 삶의 본보기를 남긴다."[12] 적어도 이렇게 전해진다. 타키투스의 표현에 따르면, 세네카가 스스로 몸을 베었고 그의 피처럼

---

12 Bertrand Russell, *History of Western Philosophy*, Allen & Unwin, 1961, p. 267.

그의 말도 계속 흘러나왔다.

에픽테토스(기원후 60~100년)는 그리스 출신의 로마 노예였다. 마르쿠스 아우렐리우스(기원후 121~180년)는 황제였다. 이처럼 배경은 크게 달랐지만, 그들의 스토아 철학은 매우 비슷했다. 이들은 노예나 왕족의 환경에서 비롯된 침해나 왜곡 없이 일반적인 질문을 다룰 수 있었다. 당시 기준으로 다소 자유주의자였던 아우렐리우스는 검투사들이 무딘 검으로 싸울 수 있도록 허락했다. 그러나 로마 제국의 상황은 점점 더 악화되고 있어 그가 낙관적인 태도를 유지하기는 쉽지 않았다. 이런 상황에서 아우렐리우스와 에픽테토스는 스토아 철학이 그들의 처지에 적합하다고 느꼈다. 이 철학은 그들이 주변 환경이 쇠퇴와 붕괴로 혼란스럽고 위험한 황무지로 변해갈 때 위안, 내적 자원, 자부심과 목적의식을 가지고 견딜 수 있는 수단을 제공했다.

에픽테토스는 "사람들은 상황에 의해 괴롭힘을 당하기보다는 상황에 대한 반응에 의해 괴롭힘을 당한다"고 말했다. 이는 종종 맞는 말이며, 어떤 반응은 상황보다 더 쉽게 통제할 수 있다. 하지만 기대와 상황은 종종 매우 통제하기 어려우며 때로는 불가능하기도 하다. 에픽테토스는 심지어 선한 사람은 고문대 위에서도 만족을 찾을 수 있다고 주장하기까지 했다. 그러기 위해서는 아주 선한 사람이 극악한 고문대 위에 놓이는 상황이 필요하다고 여겨졌다.

고문대가 종종 인간보다 선한 것처럼 보이며, 스토아주의는 때로 우리를 너무 완벽하게 묘사하는 경향이 있다. 실제로 우리는 스토아주의자들이 기대하는 만큼 선하거나 강하지 못할 때가 많다. 영웅주의가 존경받는 이유는 그것이 단지 덕이 있기 때문만이 아니라 드물기 때문이다.

그럼에도 불구하고, 영웅적인 용기는 사람들을 매우 힘든 상황을 헤쳐 나가게 할 수 있고, 실제로 그렇게 하고 있다. 이것은 오늘날 상담 분야에서 받는 관심보다 더 많은 주목을 받을 가치가 있다. 현대 상담은 종종 역사적 관점에서 비교적 문제가 적은 사람들의 웰빙을 개선하려고 하는 경우가 많다. 고가의 집중적인 심리적 치료를 감당할 수 있는 내담자는 과거와 현재를 통틀어 하루를 무사히 넘기기만을 바라는 대다수의 사람들보다 훨씬 더 부유하다.

당신의 물질적 필요가 심지어 중세 왕보다도 더 완전히 충족된다면, 당신은 분명히 자신이 상상하는 '내면의 삶'을 기르고 탐구하고 꾸미는 시간을 찾을 수 있다. 당신의 일상적인 상황이 발전하는 속도만큼이나 빠르게 무너져 내리는 것처럼 보인다면, 당신은 현대 인본주의 운동에서 제공되는 것보다 더 많은 강인함을 가진 삶의 철학이 필요하다.

인본주의 운동은 2,500년 이상의 매우 다양한 상황을 거쳐 왔기 때문에, 전투복을 제공하는 스토아 철학과 같은 여러 가지 변형이 발전해 왔을 것이라고 예상할 수 있다. 전쟁 중 '내면의 아이'를 찾는 것은, 그게 무엇이든 간에, 사치스럽고 위험할 수 있다. '내면의 군인'을 찾는 것이 더 현명할 수 있다. 만약 당신이 캘리포니아의 온수 욕조에 앉아 있다면 이 말이 지나치게 암울하게 들릴 수 있지만, 레닌그라드 포위전 중 쥐로 연명하면서 독일군의 또 다른 폭격을 견뎌야 한다면, 바로 그것이 필요할지도 모른다. 그것은 현대의 상트페테르부르크에서 굶주림과 러시아 마피아의 위협과 협상할 때도 마찬가지로 유용할 수 있다.

인간의 곤경에 대한 전체적인 비전은 사랑과 햇빛을 분명히 포용해야 한다. 그러나 그것은 너무 많은 사람들의 일상적인 경험이었고, 지금도 그러한 지옥을 외면해서는 안 된다.

그러므로, 만약 당신의 삶이 지옥 같다면, 영웅이 되어보는 건 어떨까? 여기 하나의 대본이 있다:

> 나는 죽어야 한다. 그렇지만 신음하며 죽어야 할까? 나는 감옥에 갇혀야 한다. 그렇지만 불평하며 투옥되어야 할까? 나는 추방당해야 한다. 그럼 내가 미소 지으며, 용기를 가지고, 평화롭게 가는 것을 누가 막을 수 있을까?[13]

내면의 아이라고? '내면의 영웅'을 찾아보는 건 어떨까? 그게 필요할지도 모른다. 그것은 당신의 생존에 도움이 될 수 있다. 이것은 모험 이야기, 서부 영화, 역사 드라마 및 공상과학 소설의 주제가 된다. 그것은 존 웨인, 이미니 용기[14], '상황이 힘들이지면 강한 사람은 더 잘 이겨낸다.'라는 말과 같은 것이다. 그보다 더 단순한 버전들에 대해 비웃고 놀리는 것은 쉽지만, 이런 정신이 자신의 상황을 극복하는 데 필요하다면 결코 웃어넘길 일이 아니다. 물론, 당신이 성공하지 못할 수도 있다. 영웅으로 쓰러지거나 완전히 부서질 수도 있다. 어쨌든 당신은 무너지고, 짓밟히고, 닳고, 찢어질 수 있다. 모든 사람이 성장하고 자아를 실현하는 것은 아니다.

에픽테투스는 어려운 시기를 초월하기 위해서 두려움뿐 아니라 적에 대한 증오도 정복해야 한다고 가르쳤다. 원수를 사랑하는 것은 너무 완벽하게 보이려고 하는 것이 아니었다. 그것은 사랑과 증오의 전체 드라마를

---

[13] From W. J. Oates, *The Stoic and Epicurean Philosophers,* in Russell, p. 270.
[14] [역주] 마더 커리지 독일 작가 베르톨트 브레히트(Bertolt Brecht)가 1939년에 쓴 희곡 『마더 커리지와 그녀의 아이들』(*Mother Courage and Her Children*)에 등장하는 용기 있는 여성

더 넓은 관점에서 보는 것과 관련이 있다. 그렇게 함으로써 우리는 무기력한 희생자가 되는 것을 피할 수 있다. 신들의 관점을 취함으로써 우리는 어떤 의미로는 삶의 가능성에 대한 신성한 취미에 참여할 수 있다. 그러나 우리는 신이 아니며, 우리의 일상적인 자부심, 자기만족, 수치심, 고통을 초월할 수 있는 초인적인 능력을 항상 또는 자주 이룰 수 있는 것은 아니다. 예수 또한 원수를 사랑하라고 가르쳤다. 이것을 성취한 평범하거나 비범한 인간은 그리 많지 않을 것이다. 니체는 기독교인들이 더 구원받은 것처럼 보인다면 예수가 구원자라고 믿을 수 있다고 말했다.

스토아적 생존주의는 환경이 기회보다 역경을 더 많이 제공할 경우 효과적으로 작용한다. 우리가 행복할 수 없다면 적어도 선하게 살도록 노력해 보자. 아마 그렇게 하는 것이 가장 심오하고 가치 있으며 견고한 형태의 행복을 가져다줄 수 있을 것이다. 지상적 즐거움을 누릴 수 없을 때, 그것을 더 높은 목표로부터의 방해물로 바라보는 것이 현명하다. 나는 최고급 와인을 원하지 않는다고 스스로에게 말한다. 이는 내가 그것을 감당할 수 없기 때문에 합리적이다. 이는 또한 나와 나의 와인 속에 담긴 신 포도[15]일 수도 있다.

수도승들은 피할 유혹이 없도록 하여 유혹을 피한다. 왕, 귀족, 부유층은 권력이 특별한 기회를 제공하기 때문에 방탕과 바카날리아[16]에 깊이 빠질 수 있다. 군대는 규율을 유지하지만, 정복이 완료되고 정복된 국가의 여성들이 보호받지 못하게 되면 어떻게 될까? 역사를 읽어보거나 상상

---

15 [역주] 이솝 우화 중 하나인 "여우와 신포도"에서 여우는 높은 나무에 매달린 포도를 먹고 싶어 하지만, 포도에 닿을 수 없어서 결국 포도가 신 것이라고 합리화하며 포기한다. 이는 우리가 원하는 것을 얻을 수 없을 때 그것을 깎아내리거나 덜 중요하게 여기는 경향을 풍자한다.
16 [역주] 로마의 신 바쿠스를 모시는 비밀의례

력을 발휘해 보라. 자기 절제는 실제로 존재하지만, 종종 우리가 선하거나 해가 없게 되는 것은 그저 나쁜 행동을 할 기회를 많이 찾지 못하기 때문이다. 유혹은 상대적으로 드문 경우가 많다. 어쩌면 그것이 오히려 다행일지도 모른다.

스토아주의는 편안하게 사는 사람들 사이에서는 위협적이고 비관적이며 무관해 보일 수 있다. 그러나 서구 중산층의 상황이 얼마나 일반적일까? 상담을 받는 내담자들이 누리는 안전과 편안함은 대부분의 장소와 시대에 대부분의 사람들이 겪는 기회의 부족과 위협의 풍부함에 비추어 보면 매우 특별하다. 예를 들어 로마의 번영이 절정에 달했던 시기조차도 평화의 취약성, 가난한 사람들과 노예들로부터의 위험, 농촌의 가난, 흉작의 위험, 가능한 내선, 지방의 산적, 내전, 지역 범죄와 착취, 일상적인 일반적인 잔혹함 등 이 모든 것이 원치 않거나 바람직하지 않더라도 정상적이고 자연스러운 것이었다.

우리는 그리 오래 거슬러 올라갈 필요가 없다. 20세기는 수천만 명의 마음과 생명을 앗아간 두 차례의 세계대전을 목격했다. 그 이후 '평화' 속에서도 수많은 전쟁이 일어났다. 서구의 '문명'은 몇몇 공항, 교외 지역 및 관리되고 있는 쇼핑몰 주변에 섬세하게 떠 있는 얇은 장식판에 지나지 않는다. 3차 세계대전은 지금까지 피할 수 있었지만, 앞으로의 시간이 우리가 핵무기를 소유하였으나 사용하지 않은 50여 년보다 훨씬 길기를 바란다. 내가 지금 글을 쓰고 있는 지금도 빈곤에 시달리는 어떤 러시아 장교가 테러리스트에게 핵무기를 팔고 있을지도 모른다. 사회적이고 시민적인 붕괴의 위협은 세계 인구의 절반 이상에게 매우 현실적이다. 그러니 스토아 철학을 잊지 말아야 한다. 그것이 필요할지도 모른다. 그리고 생각보다 더 빨리 그럴 수 있다.

　아직 언급되지 않은 한 가지 개념은 스토아주의의 핵심이지만 현대의 치유 프로그램에서 종종 결여된 '의무'라는 개념이다. 진정한 스토아주의자는 평화로운 마음이 근본적인 도덕 원칙과 조화를 이루며 사는 데서 온다는 것을 알고 옳은 일을 했을 것이다. 스토아 철학자들은 자신들의 사회와 환경과의 일체감을 느꼈다(이 장의 시작 부분에서 인용된 내용을 다시 살펴보라). 다른 사람이나 사물에게 잘못을 저지르는 것은 자신이 서 있는 바로 그 기반을 손상시키는 것이다. 만약 당신이 '우리'를 실망시킨다면, 당신은 스스로를 실망시키는 것이다. 사회적 또는 도덕적 공허 속에서 '자신을 찾을' 수는 없다. 우리는 우리가 해야 할 적절한 일을 발견함으로써 자신을 발견하고 표현했다. 우리는 의무를 인식하고 수행함으로써, 마지못해서가 아니라 자유롭고 적극적이며 책임감 있게 의무를 짊어짐으로써 자신을 발전시키고 표현했다. 시민적·윤리적 가치와 개인적 성취 및 성숙의 통합은 스토아 철학자 이후 최고의 통치 계층 사이에서 좋은 삶의 비전이었다. 이는 로마의 장군과 행정관들이 최고의 시대 동안 믿도록 교육받은 것이며 중세 기사들이 배운 것이며, 영국의 빅토리아 시대 귀족이 배운 것이다. 의무와 명예란 자신, 국가, 국민에 대한 것이다. 그것들은 분리될 수 없는 관계에 있다. 각각은 당신이 자신과 다른 사람들과 평화와 선의로 살아갈 수 있는 수단이었다.

　말할 필요도 없이, 대부분의 사람들은 이러한 이상에 도달하지 못하는 경우가 더 많았다. 이상은 본질적으로 도착지가 아니라 목표를 향해 나아가도록 하는 등대와 같다. 역사를 통해 냉소주의자들, 사기꾼들, 범죄자들은 그러한 목표에 따라 살아갈 만큼 '어리석다'고 여기는 사람들을 경멸해 왔다. 불공정한 세상에서 왜 정의로운 삶을 살아야 하는가? 스토아 철학의 최고의 덕목은 우리가 반드시 보상받기 때문이 아니라 옳기 때문에 옳은 일을 한다는 것이었다. 사회는 이런 미덕이 실행되는 만큼 '문명화'된다.

예를 들어 영국의 공무원은 항상 효율적이지는 않았을지 모르지만, 공공 서비스의 전통에 따라 살아왔고, 바라건대 여전히 그렇게 살고 있으며, 그러한 전통을 지키는 것에 자부심을 갖고 있다. 이는 모든 사람에게 가격이 있으며 모두가 매수될 수 있다는 냉소적인 견해를 반박한다. 부패는 결코 완전히 사라지지 않는다. 전 세계 권력자들 사이의 부패 행위의 양은 여전히 거의 상상하기 어려울 정도로 엄청나다. 그러나 부패가 만연하지 않은 시기와 장소가 있다. 때로는 비교적 드물기도 하다. 이것이 '좋은 시대'이다. 이것이 '좋은 삶'이다. 이런 사회에서 살고 있는 사람들은 정말로 운이 좋다. 우리는 공공 영역과 공공 서비스의 개념과 전통을 당연하게 여길 수 있다. 이들은 재건하는 것보다 파괴하는 것이 더 쉬울 수 있다. 우리는 그것들이 사라졌을 때만 그리워할 수 있다.

에픽테투스에게 욕망을 통제하고, 의무를 수행하며, 자신과 세상에서 자신의 위치를 정확하게 생각하는 것은 필수적이며 서로 연결되어 있었다. 이런 의제가 결여된 치유 프로그램은 사회의 파편화, 자아 집착, 무질서, 정체성, 독립성, 진정성에 대한 순진한 개념을 조장했다.

에픽테투스의 견해에 따르면, 우리는 우리가 원하는 것과 세상이 제공하는 것 사이의 정확한 균형을 찾지 못했을 때 괴로워하게 된다. 가장 편안한 위치에 있는 사람조차도 상황이 자신의 욕구를 충족시켜줄 것이라고 기대할 이유는 없었다. 우리의 계획과 세상을 조화시키려 하기보다는, 우리의 상황에 맞게 계획을 다듬을 필요가 있었다. 에픽테투스는 우리의 전체 환경과 상황을 통제하는 것보다 자기 훈련으로 욕망을 통제하는 것이 훨씬 쉽다고 주장했다. 우리가 행복할 권리가 있고 모든 상황을 통제할 권리가 있다는 터무니없는 기대는 비참함으로 이어질 뿐이다.

스토아주의의 메시지는 주장하고 이해하기에 매우 쉽긴 하지만, 그것을 어떻게 성취할 수 있을까? 에픽테투스는 올바른 행동의 본성에 대한 실천과 명상을 통해 필요한 미덕을 실천해야 한다고 주장했다. 우리는 어려운 상황을 상상하고, 그것에 어떻게 대응할지를 생각해야 했다. 우리의 좋고 나쁜 시절을 더 넓은 관점에서 바라봐야 했다. 우리는 내일이 오늘보다 더 나쁠 경우에 대비할 준비가 되어 있는가? 비록 평생 지속될 것처럼 보일지라도 나쁜 시절 또한 끝이 있다는 것을 스스로에게 상기시킬 수 있는가?

"내일 당신은 죽을 수도 있다"는 말을 공포나 절망 없이 스스로에게 속삭일 수 있을까? 우리 삶의 연약함과 덧없는 불확실성에 편안함을 유지할 수 있을까? 끝날 것을 알면서도 순간들을 음미할 수 있을까? 우리의 무지와 불확실성은 좌절과 두려움이 아니라 경외와 신비로 이어질 수 있다. 우리는 우선순위를 매기고, 현실적이고 용감해질 수 있다. 우리는 무게를 재고, 균형을 잡고, 판단하며, 맥락을 이해하고, 분석하고 탐구할 수 있다. 이를 통해 우리는 불확실성, 제약, 부정의 속에서도 생산적으로 살아갈 수 있다. 우리는 파괴적이고 자멸적인 감정을 피할 수 있다. 에픽테투스는 우리에게 "죽는 것뿐만 아니라 고문과 추방과 채찍질을 견디고, 한마디로 당신의 것이 아닌 모든 것을 포기하는 것을 배우라"고 권고했다. 우리는 책임감을 배울 수 있으며, "모든 것은 두 개의 손잡이를 갖고 있다. 하나는 견딜 수 있는 것이고, 다른 하나는 견딜 수 없는 것이다"라는 것을 깨달을 수 있다.

현대의 처세술 저자들은 혼자 고군분투하는 개인 독자를 대상으로 하는 경향이 있다. 그러나 에픽테투스와 다른 스토아 철학자들은 우리가 사회적 존재임을 강조했다. "의무는 관계에 의해 보편적으로 측정된다." "발이 몸에서 분리되면 더 이상 발이 아니듯, 당신이 다른 사람들과 분리되면 더 이상 사람이 아니다. 인간이란 무엇인가? 신과 인간으로 이루어진 국가의 일부이다. 그 다음에는 그 다음이라고 불리는 것, 즉 보편적 국가의 작은 이미지의 일부이다. 우리는 세계의 시민이지 신이 아니며, 단순한 동물 이상이다. "당신은 신의 통치를 이해하고 사물의 연결을 고려할 수 있는 능력을 갖고 있다."

사회적 존재로서 우리의 발전은 주로 공적인 과정이었다. "공공 업무에 참여하고, 결혼하고, 자녀를 낳고, 신을 경배하며, 부모를 돌보고, 일반적으로 사물을 욕망하고, 혐오하고, 추구하고, 회피하는 것을 우리가 해야 할 방식으로, 그리고 우리의 본성에 따라 행하는 것이다. 우리는 의무를 다하고, 선택하며, 무게를 재고, 평가하고, 우선순위를 정하고, 생각과 감정을 더 넓은 관점에서 바라봄으로써만 다른 사람들과 함께 자신을 찾을 수 있다. 우리는 부정적이고 적대적인 방식으로 비난하거나 도덕화하기 위해서가 아니라 이해하기 위해, 즉 지혜롭게 보고 행동할 수 있도록 판단하고 또 판단해야 했다.

마르쿠스 아우렐리우스는 매 순간을 마지막인 것처럼 보내라고 조언했다. 그렇게 함으로써 우리는 순간을 음미하고 존재의 경이로운 신비에 맞설 수 있다. 우리는 사회의 산물이자 구성 요소이므로, "벌통에 좋지 않은 것은 벌에게도 좋을 수 없다." 자신의 방에 혼자 앉아 있는 벌은 자신이나 벌통에 아무런 쓸모가 없을 수 있다. 세상은 혼돈보다는 일관성이 있으며, 우리가 자신과 사회 내에서 일치하고 원칙적인 관계를 발견하도록 배운다면 우리 삶도 있다. 사람이 모든 것의 진정한 본성을 철저히 아는 것, 즉 그것의 물질과 형식이 무엇인지를 아는 것, 그의 마음과 영혼을 다해 항상 정의로운 일을 하고 진실을 말하는 것에 삶의 행복이 있다,

최근 몇 년 동안, 다른 학파들이 스토아주의의 메시지를 받아들이고 있는데, 그것들은 다른 이름으로 부르고 있다. 예를 들어:

> 인지행동치료(CBT)는 오늘날 인기 있는 심리치료 중 가장 젊은 편에 속하며, 나는 내가 1955년 1월에 이것을 '합리적 치료(RT)' 및 '합리적 정서 치료(RET)'라는 이름으로 창시한 것 같다고 자부할 수 있다.
> (Ellis, 1957, 1958, 1962)[17]

RET와 CBT는 "사람들이 주로 자기 비하 SD와 낮은 좌절 내성 LFT에 빠지거나, 삶이 현재보다 절대적으로 더 쉽고 만족스러워야 한다고 요구하고, 그렇지 않을 때 끔찍하게 여기고 불평함으로써 불필요하게 스스로를 괴롭힌다"는 것을 보여주려고 한다." (Ellis, 1957, 1962, 1979, 1980, 1985, 1988, 1994, 1996)[18]

인지치료의 거장 중 한 명인 알버트 엘리스는 그 치료가 1955년까지 거슬러 올라가는 것에 대한 자신의 기여에 대해 분명히 밝혔다. 엘리스는 REBT를 다음과 같이 설명한다:

---

[17] Albert Ellis in *The Future of Counselling and Psychotherapy*, S. Palmer and V. Varma(eds) Sage, 1997, p. 1.
[18] 앞의 책, 7쪽.

[그 이론은] 장애의 주요 요인이 인지적·정서적 강박 행위, 즉 자신, 타인, 외부 조건에 대한 절대적인 '의무', '당위', '요구'를 독단적이고 완고하며 강압적으로 고수하는 것이라고 가정한다. 또한 사람들이 코르지브스키(1933)와 다른 사람들이 지적한 과잉 일반화, 실체화, 절대화하는 타고난 경향을 포함하여 핵심적인 기능 장애 철학을 인식하고 변화시키는 방법을 보여주는 데 초점을 맞춘다. (Ellis quoted in Palmer and Valma)[19]

엘리스는 명료하고 힘 있는 글을 쓴다. 그의 문체는 분명히 고대 그리스나 로마보다는 20세기 미국에 속한다. 나는 '우리는 모든 것을 시도했지만 효과가 없다'라는 진부한 견해보다 엘리스의 북미 문체를 선호한다. 그러나 그의 글에는 때때로 신중하고 성찰하는 특성이 부족하다. 엘리스의 용어는 기억에 남을 만큼 매력적이지만, 약어와 전문 용어에 얽매여 있다. 그의 자신감은 전염성이 있을 수 있지만, 동시에 유혹적이고 순진할 수 있다. 그는 '기능 장애 철학'에 대해 이야기하며, 철학이 그의 의제의 일부임을 분명히 했다. 그러나 엘리스가 1955년 1월에 REBT를 창시했다고 주장하는 것은 스토아주의 이후 그 철학을 발전시키려는 이전의 많은 서양과 동양의 노력을 충분히 반영하지 못한다.

엘리스는 기억에 남는 약어가 된 '무조건적인 자기 수용'과 같은 다양한 용어를 만들어낸다. 아마 이것은 그의 용어들 일부의 강점이자 약점이기도 하지만, 엘리스는 이런 아이러니를 인식하지 못한다.

무조건적 자기 수용의 문제는 죄책감의 역할에 주의를 기울이지 않는다는 것이다. 수치, 후회, 자책은 모두 우리를 무력하게 만들고 자기파괴적일 수 있다. 그러나 때때로 우리는 정당한 이유로 죄책감을 느낀다. 만약 우리가 결코 수치와 후회를 느끼지 않는다면, 어떻게 배울 수 있을

---

[19] 앞의 책, 6쪽.

까? 엘리스는 "당신의 매우 복잡한 자아, 본질 또는 존재를 결코 평가하거나 측정하지 마라. 오직 당신의 생각, 감정, 행위만을 평가하라. 자기 평가를 하지 마라!"라고 조언한다. (엘리스, 1973, 1994, 1996) 하지만 우리의 생각, 감정, 행위는 우리가 아닐지라도 여전히 우리의 것이다. 우리는 잘했을 때 자랑스러움을 느낀다. 그렇다면 우리가 잘못했을 때 수치심을 피해야 할 권리가 있을까?

엘리스는 1955년에 인지행동치료CBT를 '창시'한 것을 자랑스러워하지만, 그것을 자신이 창시했다고 주장한 것에 대해 약간의 후회도 있어야 할 것이다. 분명히 그는 CBT를 발전시켰지만, 그것은 우리 시대보다 수 세기 전에 발전해 오고 있었다. 엘리스는 스토아주의의 원칙을 적절히 현대적으로 표현하기 시작했지만 현재의 버전은 지나치게 개인주의적 경향이 강하고, 인간 존재의 비극적 측면에 대한 그리스인의 이해가 결여되어 있다.

초기의 더 정교한 버전의 스토아주의 버전조차도 문제에 직면한다. 나는 정의와 공정을 요구하기보다는 선호한다는데 동의한다. 그러나 나의 가장 온건하고 겸손한 선호조차 충족되지 않을 때 나는 어떻게 해야 할까? 만약 내가 행운과 경험을 전혀 공유하지 못한다면 어떻게 해야 할까? 나는 어떤 감정도 전혀 느끼지 말아야 할까? 실망, 슬픔, 짜증과 같은 모든 감정이 부적절하고 자기 파괴적일까? 나는 결코 분노를 느끼지 않아야 할까? 아니면 상처를 느끼지 않아야 할까? 아니면 절망에 빠지지 않아야 할까?

우리가 항상 스토아주의의 원칙을 실천한다면, 어떤 재앙적인 상황이 발생하더라도 단순한 상황 때문에 우리의 근본적인 '평온함'은 방해받지 않을 것이다. 우리는 마치 TV 드라마 스타 트렉의 스팍 박사와 같을 것이다. 우리는 항상 "우리에게 일어난 일에 대해 걱정하고 호들갑을 떠는 것이 비합리적이다. 불행에 대해 슬퍼함으로써 우리 경험을 왜 더 악화시키는가? 불행 자체로 충분하지 않은가?"라는 말을 하게 될 것이다. 이런 태도는 스토아적 '합리성'을 '비합리적'인 (그리고 비인간적인) 극단으로 몰고가, 우리는 자신과 타인에게 냉담하고 무관심해질 것이다.

당신이 어떤 행동을 상관없이 결코 기뻐하거나 분노하지 않는 파트너와 어떻게 관계를 맺을 수 있을까? 어떤 커플에서는 실로 한 사람이 엘리스의 가르침을 흉내 내어 "자기야, 걱정해도 소용없어, 도움이 안 돼. 당신을 불안하고 초조하게 만들 뿐이야"라고 말할 수 있다. 이것은 우리가 TV 프로그램을 놓쳤거나 다른 사소한 실망을 겪었을 때는 좋은 조언일 수 있다. 그러나 자녀가 방금 사망했거나, 노상에서 폭행을 당했거나, 직장에서 해고당했거나, 집이 불타버렸다면 어떻게 될까? 누가 "불안해할 필요가 없어. 사람은 죽고, 집은 불타고, 범죄는 매일 일어나. 왜 우리에게는 이런 일이 일어나지 말아야 하지?"라고 말할 수 있을까?

만약 우리의 친구나 파트너가 이런 식으로 행동한다면 우리는 그들에게 실망하고 떠나거나, 그들이 미친 게 아닌지, 그들이 자신의 상황을 부인할 정도의 엄청난 트라우마를 겪고 있는 것은 아닌지 궁금해 할 것이다. 파트너가 지나치게 평온을 유지하려는 덜 극단적인 상황에서 우리의 일반적인 전략은 그들을 자극해 더 이상 그들의 평온을 유지할 수 없게 만드는 것이다. 그런 다음 우리는 그들이 결국 인간이라는 사실에 안도의 한숨을 쉬고, 자신이 파트너나 친구, 동료보다 우위에 서게 된 점을 자축하며, 그들의 사랑스러운 한계와 평범한 인간성을 위로하려고 한다.

모두가 동의하는 불운이 계속되면, 하늘을 향해 주먹을 치켜들며 "왜 하필 나야?"라고 외치는 것이 인간다운 반응일 것이다. 스토아 철학자들은 "왜 당신은 아니겠는가?"라고 제안한 점에서 옳다. 낯선 이의 불운에는 설명이 필요 없다. 상황이라는 복권에서는, 이유가 있든 없든 몇몇은 승자이고, 대부분은 그 중간 어디에 있으며, 몇몇은 무엇을 하든 계속해서 불운을 겪는다. 한발 물러서서 보면 우리는 이 모든 것을 볼 수 있다. 그러나 항상 뒤로 물러나 내려다보기만 한다면, 우리는 결코 현실에 서 있는 능동적인 참여자가 될 수 없을 것이다. 축구 선수가 골을 넣으면 그는 물론 팀과 팬들 모두 달려가고 뛰고 환호성을 지른다. 그들은 "골을 넣을 수도 있고 못 넣을 수도 있는데 왜 흥분하냐"라고 말하지 않는다. 장기적으로 보면 우리는 모두 죽는다. 하지만 그렇다고 해서 지금 이곳에서 당장 죽을 듯한 감정에 휩싸여야 할까?

스토아 철학자들은 인간 감정의 덧없음을 관찰했다. 더 긴 관점을 취한다면 우리는 기쁨과 슬픔 모두에서 더 초연해질 것이다. 그러나 우리는 항상 초월적인 관점을 취할 수 있고 또 그렇게 해야 할까? 감정의 롤러코스터를 타기보다는 그것을 바라볼 수 있을까? 그렇게 할 수 없는데, 구태여 시도해야 할 이유가 있을까?

스토아주의는 불행에 과민 반응하는 경향이 있을 때 유용하지만, 삶에 적극적으로 참여하기보다는 관찰자로 남아 있기를 선호하는 사람들에게는 덜 도움이 된다. 스토아주의는 지나치게 감정적인 사람들을 도울 수 있지만, 일부 사람들은 이미 감정에 둔감해졌고 고통 받는 것을 지나치게 꺼려할 수도 있다.

스토아주의는 불교처럼 초연함을 통해 고통을 피할 수 있다고 가르친다. 그러나 왜 우리는 항상 고통을 피하려고만 해야 할까? 그렇게 하는 것은 비겁하고, 무책임하고, 비인간적일 수 있다. 반대로 기독교적 가르침은 우리에게 '네 십자가를 지고 걸으라'고 권장한다. 이는 자기학대적일 수 있지만, 고통은 항상 피할 수 있는 삶의 장애물이 아니다. 고통은 종종 존재의 불가피한 구성 요소로 용접된 것처럼 보인다.

엘리스와 초기 스토아주의적 접근 방식은 역경에 처한 사람들에게 도움을 줄 수 있다. 그것은 또한 (물론 당신과 내가 아닌!) 정말로 징징거리고 게으르고 무질서하며 상대적으로 편안한 상황이 많은 불평을 일으켜서는 안 되는 사람들에게도 유용할 수 있다. 서구 사회에서 상담 내담자의 상당수는 지구상의 가장 쾌적한 시역 중 가장 편안한 위치에 있으므로, 스토아주의적 치료는 확실히 필요하다. 그러나 엘리스의 현대적 스토아주의 해석은 정말 나쁜 행동을 했거나 단순한 감기가 아닌 압도적인 상황에 직면한 사람들에게 적용될 때 훨씬 더 문제가 된다.

예를 들어 "내 아이들을 죽인 행동은 나쁘지만 나는 괜찮은 사람이다"라고 말하는 것은 터무니없다. 상식과 일반적인 전통적 지혜에 따르면, 행동이 끔찍할 때 그 행위자가 '괜찮다'고 말할 수 없다.

모든 종교 전통에서 죄인은 일반적으로 회개하면 용서받는다. 그러나 그들이 "나는 내 행동만 평가하고 나 자신은 평가하지 않겠다."와 같은 진부한 말로 과실을 떨쳐버리면 용서받지 못한다. 심리적 용어에 깊이 빠진 사람들만이 "당신의 행위에 화가 났지만 당신에게는 화가 나지는 않았다"라고 생각할 수 있다. 나머지 사람들은 "나는 당신의 행위 때문에 당신에게 화가 나고, 당신은 그에 대한 책임을 져야 한다"라고 주장할 것이다. 우리는 "내 행위가 부끄럽지만 나 자신은 자랑스럽다"라고 말하지 않는다. 진정한 자부심은 심각한 실수를 인정할 용기를 찾고 "나는 나 자신이 부끄럽다"라고 고백하는 데 있다.

행동에 비해 자부심과 자존감이 너무 낮은 사람들이 있다. 그러나 자신감이 능력을 앞지르듯이 자부심도 성취를 앞지를 수 있다. 상담사가 "자부심을 갖고 자신을 좋게 생각함으로써 평화를 얻어야 합니다"라고 말하기는 쉽다. 내담자는 이를 듣기 위해 기꺼이 비용을 지불하고, 자기중심 사회는 자신감과 자존감을 높이기 위한 프로그램으로 가득 차 있다. 그러나 내담자에게 재정적으로 의존하는 상담사가 "당신은 너무 자존심이 세고, 자신감이 능력을 초과하며, 거만하고, 자기만족적이고, 비도덕적이다"라고 말할 여유가 있을까?

사람을 존중하고 칭찬하는 것은 '지원'과 '역량강화'라고 불린다. 이는 내담자로부터 돈을 뜯어내는 방식이다. 비도덕적이거나 무도덕한 행동에 대한 성직자의 도전은 이제 '판단'이라고 불린다. 많은 상담 학파에서는 이런 판단이 부정적으로 여겨지며, 비전문적이고 오만하며 도움이 되지 않는 것으로 간주된다.

역사적 관점에서 보면, 이런 무조건적인 존중은 일종의 일탈이다. 성직자, 고해 신부, 상담사, 무당, 주술사, 현인, 철학자 모두가 판단하고 판단받을 준비가 되어 있었다. 이들은 모두 진리를 찾는 이들이 스스로를 판단하도록 격려 했을 것이다. 회개는 성숙과 통찰의 중요한 요소였다. 몇 달, 몇 년에 걸친 후회, 죄책감, 양심의 가책, 통곡과 이를 가는 것, 참회 복장과 재, 울음, 애도는 대부분의 전통, 문화, 세기에서 치유의 흔한 방식이었다.

참회는 자기학대로 변할 수 있으며, 자기혐오는 스스로를 갉아먹는 나쁜 습관으로 변할 수 있다. 그러나 우리는 치유의 수단으로서 슬픔의 위치를 너무 모르고 기쁨에 지나치게 집중하는 것처럼 보인다.

도처에 자신감 향상 프로그램이 있으며, 자기주장 훈련 프로그램, 자존감을 높이고 죄책감과 자기 의심을 제거하기 위해 고안된 개입이 있다. '나의 이야기'는 어디서나 방영되며 높은 시청률을 기록하고 있다. 그러나 우리가 지나치게 자신감이 넘치고, 둔감하며, 과장되고, 자기중심적이라면 어떻게 될까? 우리가 파괴적이고 이기적으로 행동했으면서도 죄책감, 후회, 회한을 느끼지 않는다면 어떻게 될까?

우리는 부상을 당하면 고통을 겪는다. 고통을 느끼지 않는다면, 미처 알아차리지 못한 상처로 인해 우리는 죽을 수도 있다. 타인에게 상처를 입힌다면, 그들의 고통을 생각하며 우리도 고통을 느껴야 하지 않을까? 그렇지 않으면, '정치적 몸'은 비도덕적인 개인들에 의한 부상으로 죽을지도 모른다. 고통은 최후의 수단이 될 수 있다. 우리는 만족과 불만족, 보상과 처벌을 통해 배우고 변화한다. 삶은 균형과 불균형 사이의 역동성이다. 우리가 지나치게 균형 잡히고 만족했다면, 우리는 여전히 나무 어딘가에서 균형을 잡고 있을 것이다.

그렇다면 이런 상반되고 모순된 원칙들 사이에서 최적의 균형점은 어디에 있을까? 단일하거나 쉬운 답이 없을지도 모른다. 그래서 삶의 기술은 단순한 기술이며, 컴퓨터 프로그램이나 고급 상담 훈련, 다른 전문적 돌봄 패키지에 국한될 수 없다.

물리학과 다른 과학 분야에서 우리는 이해의 폭과 깊이에서 확실히 조상들보다 앞서 있다. 그러나 심리학과 (소위) 사회과학에서는 진보가 훨씬 덜 확실하다. 이 시대는 인간 이해의 측면에서 특별히 성공적인가? 우리는 조상들보다 더 문명화되었는가? 예를 들어 국제앰네스티는 117개국의 국가 당국이 일상적으로 죄수를 고문하고 학대한다고 주장한다(Time, 1998년 7월 6일). 개인은 그들의 공동체와 분리되어 연구된다. 우리의 영혼을 파괴하는 소비주의 철학은 사람을 상품과 조작의 대상으로 여긴다.

최악의 경우는 현대 상담과 무조건적 자기 수용은 존재의 '의무들'을 제거하는 때이다. 우리는 판단해서는 안 된다고 판단한다. 이런 판단은 나에게는 매우 현명하지 않게 보인다.[20]

질문

1. 스토아주의가 현대 돌봄 상담사 교육에 어떤 기여를 할 수 있을까?

2. 덕, 의무, 자기 규율이 돌봄 실천에서 적절한 주제라고 생각하는가? 이런 주제가 당신의 교육 과정에서 충분히 다루어지고 있는가?

3. 인지행동치료(CBT)는 오늘날 인기 있는 심리치료 중 가장 최근의 것 중 하나이다. 이에 동의하는가?

4. 철학으로서의 스토아주의가 내담자에게 제공할 수 있는 주요 강점과 약점은 무엇이라고 생각하는가?

연습

1. CBT 교재와 이 장의 참고문헌에 나열된 일부를 비교하고 주요 유사점과 차이점을 기록하라.

---

20 실제로, 모든 것과 모든 사람에 대해 항상 판단을 내리는 것을 원칙적으로 피하는 것은 불가능하다.

2. 스토아주의 원칙이 가장 유익하거나 가장 덜 유익한 내담자 문제들의 종류를 메모하라.
3. '자연과 조화롭게 살기' 라는 개념이 돌봄 상담사로서의 자신의 실천에 얼마나 실질적으로 관련이 있고 유용한지를 고려하라.
4. 스토아주의와 인지행동치료와 같은 현대적 이론은 우리가 내리는 판단에 도전하고 그것을 탐구하는 것의 중요성을 강조한다. 다른 치료사들은 우리가 '판단적이지 않아야 한다'라고 주장한다. 판단을 내리거나 피하는 것의 중요성에 대한 자신의 의견을 고려하라.

결론

스토아주의의 원칙은 사람들이 그 철학에 익숙한지 여부와 상관없이 수 세기 동안 많은 사람들이 생존 전략의 주요 부분을 차지해 왔다. 스토아주의는 역경과 한계에 대처하고 받아들이기 위해 자신을 훈련하는 방법을 탐구한다. 이는 축하보다는 생존을 위한 전략이지만, 모든 상담사의 기본 도구 모음에 포함되어야 한다. 스토아주의는 보다 낙관적인 형태로 인지행동치료와 합리적 정서치료에 적용되고 통합되었다. 원래 이론은 때때로 현대의 수정본보다 더 정교하고 성숙하며 현실적이다.

웹사이트

http://www.eb.com:180/cgi-bin/g?DocF=macro/5004/99/91.html

참고문헌

Marcus Aurelius, *Meditations*, Penguin Classics, 1969
A. Ellis in S. Palmer and V. Valma (eds) *The Future of Counselling and Psychotherapy*, Ch. I, Sage, 1997

Epictetus, *A Manual for Living*, HarperCollins, San Francisco, 1994

Epictetus, *That We Ought not To Be Disturbed by any News* in C. Gill (ed.) *Discourses of Epictetus*, Everyman, 1995

F. and H. Hazlitt (eds) *Wisdom of the Stoics: Selections from Seneca, Epictetus and Marcus Aurelius*, University Press of America, 1984

B. Inwood, *Ethics and Human Action in Early Stoicism*, Oxford University Press, 1987

S. Lebell, *Epictetus: The Art of Living*, Audio Literature, 1997

A. A. Long (ed.) *Problems in Stoicism*, Athlone Press, 1996

L.A. Seneca, *Letters from a Stoic*, Penguin Classics, 1969

Chapter 8

성 아우구스티누스 (서기 354-430년)

요점

* 우리가 신으로부터 등을 돌리면 그 결과는 오직 악일 뿐이다.
* 우리는 오로지 신 안에서만 우리 자신을 발견한다.
* 우리는 오직 신을 통해서만 발전한다.
* 신은 우리 안과 주위에 살아 있는, 느껴지는 현존이다.
* 신은 우리의 상담자이며, 기도를 통해 접촉할 수 있다.

적용

* 아우구스티누스의 가르침은 현대 사회의 고도로 세속적인 성격을 극명한 대비를 통해 드러낸다.
* 나는 '나 자신'을 얼마나 신격화했는가? 그것이 개인적, 사회적, 영적 안녕에 미치는 영향은 무엇인가?
* 현대의 삶은 아우구스티누스가 『신국론』에서 묘사한 '살아 있는 지옥'과 얼마나 유사한가?
* 아우구스티누스의 『고백록』에서 느껴지는 영적 유대감은 생생하다. 이것이 오늘날에도 관련이 있는가?
* 모든 형태의 돌봄에 내재된 영적 차원은 주목받을 가치가 있다.

▶

아우구스티누스는 386년에 기독교로 개종했다. 개종이 그에게 무엇을 제공했을까? 그의 『고백록』(약 397년)은 그의 영적 성장 과정을 서술하고 있다. 그의 『신국론』(약 413-426년)은 두 가지 형태의 사랑의 관점에서 역사를 설명한다. 아우구스티누스에 따르면, 우리는 두 도시 중 하나에 거주할 수 있다. 하나는 자기애와 자신에 대한 집착으로 작동하고 조직되는 '지상의 도시'이며, 다른 하나는 신의 사랑을 중심으로 의미와 관심에 초점을 두는 '천상의 도시'이다.

아우구스티누스는 '도시'라는 개념을 관심의 우주, 즉 우리의 삶을 이해하려고 하는 조직 원리를 나타내기 위한 은유로 사용한다. 아우구스티누스에게는 두 가지 주요 선택지가 있었다. 그가 그 중 어떤 것을 선호했는지는 어렵지 않게 짐작할 수 있다.

아우구스티누스에게 죄의 본질은 우리가 자신을 창조하고, 유지하며, 스스로에게 의존할 수 있다고 믿는 세속적인 믿음에 있었다. 즉, 아우구스티누스에게 현대 상담의 의제는 은총으로부터의 타락, 혼돈으로의 전락, 우리의 뿌리로부터의 단절, 분열, 이탈, 잃어버린 원인, 허위의식, 고갈, 환상이었을 것이다:

> 그의 영혼의 약점은 당신을 신뢰하기보다는 자기 자신에게 의존한 것이었다. 당신은 그에게 자신이 아닌 당신을 신뢰하도록 가르쳤다.
> (『고백록』, 122, 123쪽)

오늘날 크게 수요가 있는 상품인 자기 존중감은 아우구스티누스에게 피해야 할 유혹이었다:

나는 자기 존중감으로 부풀어 올라 나 자신을 위대한 사람이라고 생각했다.
(같은 책, 60쪽)

이런 종류의 이야기는 현대의 지혜로 여겨지는 것과 극명히 대조되기 때문에, 아우구스티누스를 현대 상담사, 돌보미, 내담자들에게 간략하게 소개하는 것은 흥미롭고 쓸모가 있다. 현대인이 보기에 그가 모호하고, 먼 옛날 사람이며, 무관해 보일 수 있다. 그러나 그는 성 토마스 아퀴나스와 함께 역사상 가장 중요하고 영향력 있는 두 명의 기독교 철학자이자 신학자 중 하나로 평가받는다.

아우구스티누스의 사상은 그의 사망 후에도 사라지지 않았다. 그의 사상은 기독교 전통의 핵심 기둥이 되었으며, 그 영향은 19세기까지 이어졌다. 그러나 지난 100년 동안 그의 사상은 이제 완전히 세속적 사회가 된 현대에서 낯설고, 이상하며, 익숙하지 않은 것으로 간주되기 시작했다.

아우구스티누스에게 악이란 우리의 사랑을 신으로부터 멀리하고 우리 자신에게로 돌아선 결과다. 이는 우리가 의도적으로 어둠 속으로 빠져드는 것이 아니라, 오직 하나뿐인 신성한 빛을 잃어버리는 것이다. 어둠은 유일한 대안이 된다. 내면을 들여다보는 내적 성찰은 불가능하다. 내면에는 빛은 없다. 통찰 또는 그 외의 어떤 깨달음도 오직 신과 기도를 통해서만 얻을 수 있다. 내가 신이 아닌 나 자신에게 초점을 맞출 때, 나는 당신을 잃고, 우리를 잃는다. 그리고 '우리'는 '나'를 형성하는 근본의 일부이기 때문에, 나는 결국 나 자신도 잃게 된다. 대신 나는 환상을 쫓아간다. 나는 점점 더 불만족스럽고, 더 피상적이고, 더 단절되고, 혼란스럽고, 괴로워하며, 산만해진다. 오직 신 안에서만 나는 모든 생명의 근원, 우리, 당신, 나 자신의 근원을 찾을 수 있다. 신 없이 내 안으로 들어가는 것은 아무 곳에도 도달하지 못하는 것과 같다:

> 인간의 영혼은 빛을 증언하지만, 그 자체는 빛이 아니다. (같은 책, 144쪽)

아우구스티누스의 『고백록』은 그가 내면 성찰이 가능하다고 믿지 않았기 때문에, 그의 과거 행동을 고찰하는 성찰적 독백이 아니다. 오히려, 『고백록』은 자신과 창조주 사이의 대화이다. 아우구스티누스에게 신은 명백히 실재하며 계시되고 지속하는 현존이다. 그 성인은 신을 단순히 믿는다기보다는, 신과 접촉하고 있음을 경험한다고 보았다:

> 당신은 나에게 간음하지 말라고 명령하셨고, 결혼하는 것을 금하지는 않으셨지만, 더 나은 길을 선택하라고 권하셨습니다. (같은 책, 233쪽)

끊임없이 이용 가능한 신성한 원본을 갖고 있는데, 누가 지상의 상담사를 필요로 하겠는가? 이것은 아우구스티누스가 신을 이해하고, 파악하고, 묘사하며, 어떤 방식으로든 신을 포용할 적절한 단어를 찾을 수 있다고 느낀 것을 의미하지 않는다. 그는 인간 지성을 통해 신의 신비에 빛을 비출 수 있다고 믿지 않았다. 우리가 할 수 있는 것은 단지 신이 우리에게, 그리고 우리 안에 빛을 비출 수 있도록 스스로를 준비시키는 것이다. 우리는 스스로 빛을 발하지 않는다. 우리는 존재의 신비를 풀어낼 수 없으며, 단지 그 안에 서서 수용, 경외, 인내, 겸손, 경건함을 갖고 서 있을 수 있을 뿐이다.

따라서 신과의 만남은 우리가 적극적이고 단호하며, 탐구하고 이해하는 과정이 아니다. 이런 생각을 하는 것은 아우구스티누스에게는 신성모독이며 어리석은 행위였을 것이다. 신의 빛 안에서 우리는 통찰과 이해를 얻는 것이 아니라, 오히려 황홀경, 경외심, 경이로움, 숭배하는 엎드림 속에서 끌어올려지고, 던져지고, 흩어지고, 압도된다. 독자는 아우구스티누스가 느꼈던 신이 현존하는 힘을 『고백록』의 거의 모든 구절에서 느낄 수 있다:

> 내 영혼이 깊은 곳에서 울부짖는 소리를 들어 주소서. 당신이 우리의 가장 깊은 고난 속에서도 우리 소리를 듣지 않으신다면, 우리에게 무슨 일이 일어날까요? 누구에게 부르짖어야 할까요? (같은 책, 254쪽)

아우구스티누스에게 '지상의 도시'는 자기 자신에 대한 집착으로 가득 차 있으며, 누구에게도 충만감이나 권한 부여를 제공하지 못하고, 누구도 '자기실현'에 이를 수 있는 수단을 제공하지 못한다. 이 메시지는 아우구스티누스의 가르침 속에서 명확하다.

만약 자신, 개인적 발전, 현대적 삶의 모든 자기애적 도구들이 나의 주된 관심, 염려, 사랑의 대상이 된다면, 나는 어떻게 진정으로, 피상적이지 않게 다른 사람들과 연결될 수 있겠는가? 나는 내 성찰과 자기 염려만으로 어디에 속할 수 있겠는가? 내가 오랫동안 자기 성찰과 자의식의 거울을 바라보면서 그렇게 오랜 시간을 보낸다면, 세상의 무엇을 볼 수 있겠는가? 어둠 속에서 거울을 든다면 무엇을 배울 수 있다고 생각하겠는가? 만약 우리 각자가 자신에게만 몰두한다면, 우리는 결코 서로 연결되지 못할 것이다. 우리는 진공 상태에서 혼자일 것이다. 그러한 존재는 무의미하고, 목적이 없으며, 요점이 없을 것이다.

만약 우리 모두가 고립되고 자기 자신에 몰두한다면, 누가 우리 이야기에 귀 기울이고 싶어 하겠는가? 누가 우리를 걱정하겠는가? 어떤 관심이라도 받으려면 상대방에게 어떤 보상이 있어야 할 것이다. 그러나 그러한 '관계'는 조건적이고, 불안정하며, 결국 환상에 불과하게 된다. 만약 한 쪽이 다른 쪽보다 더 많이 준다면 어떻게 될까? 한 쪽은 빚을 지게 되고, 패자가 될 것이다. 다른 쪽은 관계에서 물러나고 싶어 할 것이며, 가능한 한 빨리 그렇게 할 수 있다. 상호적 자기 몰두가 궁극적인 가치가 된다면, 진정한 주고받음은 존재하지 않을 것이다. 보상을 기대하고 주는 것은 결코 주는 것이 아니며, 빚을 졌다고 믿으며 받는 것은 결코 받는 것이 아니다. 그것은 투자이다. 그것은 사고파는 것이다. 그것은 계산된 행위이다. 그것은 자기 홍보, 자기 개발, 자기 염려, 자기 방어가 삶의 핵심을 이루는 '지상의 도시'에서 이루어진다.

그런 도시에서 가장 안전하고 쉬운 소통 방법은 당신의 말을 들어줄 사람을 고용하는 것이다. 그러면 당신은 당신, 보험 회사 또는 납세자가 보수를 지불하는 한, 전문적인 관심을 받을 것이다. 이런 방식은 상업적이기 때문에 계약이 명확하고 깔끔해진다. 우리는 모두 이런 계약적 관계를 이해할 것이다. '지상의 도시'에서는 그것이 우리가 이해할 수 있는 유일한 관계의 형태일 것이다. 왜냐하면 우리의 신은 곧 '자기 자신'이며, 자율적인 개인들 간의 상업적 거래가 이런 도시의 중심이기 때문이다.

이런 '지상의 도시'가 우리의 현실적인 존재의 현재 모습인가? 아우구스티누스는 의심의 여지 없이 그렇다고 생각했을 것이다. 그는 우리의 현대적 삶을 천상의 세계를 수용하려는 노력이 없는 필연적인 결과인 지상의 지옥으로 보았을 것이다. 그는 우리의 현재 곤경을 명백히 고통, 산만함, 환상으로 가득 찬 것으로 보았을 것이다. 우리의 신성한 상담자를 버린 후, '인본주의적' 상담의 세속적 대안은 아우구스티누스에게 우리

내면의 근본적 병을 단적으로 보여주는 종기, 부풀어 오르고, 점점 커지고, 터져 나오는 종기로 보였을 것이다.

아우구스티누스에게 구원은 개인의 내면을 헛되이 파헤치는 데서 찾을 수 있는 것이 아니었다. 그는 우리가 평화와 충만함을 오직 타인에 대한 관심, 무엇보다도 우리의 개별적 존재와 공동체적 존재의 근원인 신 안에서 찾을 수 있다고 보았다:

> 네가 가진 것을 팔아라. 가난한 자들에게 나누어 주어 풍성한 수확을 거두고, 네 보물은 하늘에 있게 될 것이다. (같은 책, 327쪽)

> 우리의 빵을 굶주린 자와 나누고, 가난한 자와 방랑자를 우리 집에 환영하며, 벌거벗은 자를 만나 옷을 입히고, 우리의 혈육을 외면하지 말자.
> (같은 책, 325쪽)

> 우리는 당신이 창조하신 것들을 봅니다. 그것들이 존재하기 때문입니다. 그러나 그것들은 당신이 그것들을 보고 계시기에 존재합니다.
> (같은 책, 346쪽)

개인의 주장과 자기 몰두는 '헛된 황금'을 좇는 여정이었다. 그것은 개인적 자율성과 능력에 대한 환상을 포함하고 있었으며, 우리가 보고, 말하고, 행하고, 생각하는 모든 것에서 신에게 얼마나 의존하고 있는지를 이해하지 못한 것을 보여주었다:

> 그러나 주님, 우리는 당신의 '작은 양떼'입니다. 우리를 당신의 것으로 지켜 주십시오. 당신의 날개를 펴시어 우리를 그 아래에서 보호해 주십시오. 오직 당신 안에서만 영광을 누리게 하여 주십시오, (같은 책, 245쪽)

인간이 잠시라도 신 없이 기능할 수 있다고 상상하는 것은 오만한 일이었다. 우리의 추론 능력은 '하등' 동물들의 능력보다 뛰어났지만, 신성한 능력에 비하면 보잘것없었고, 신의 도움 없이 사용될 때는 거의 쓸모가 없었다:

> 우리는 오직 이성만으로 진리를 발견하기에는 너무나 약하므로, 성서의 권위가 필요하다. (같은 책, 117쪽)

인간의 지성, 덕, 통찰에 대한 자부심은 우리의 진정한 약점과 신성한 지원에 대한 의존을 깨닫지 못하는 오만과 무지의 형태였다. 우리는 우리의 호기심과 지성을 통해 존재의 신비와 불확실성에 어떤 빛도 비출 수 없었다:

> 이 헛된 호기심은 과학과 학문의 이름으로 위장하고 있으며, 지식과 시각에 대한 우리의 갈증에서 비롯되므로, 지식이 습득되는 주요 감각인 성경에서는 '눈의 만족'이라고 불린다. (같은 책, 241쪽)

혼자서 나아가고, 아무도 가보지 않은 곳을 탐험하고 자신의 판단을 믿고, 자신의 직관이나 체계적인 관찰에 의존하는 것 등 이런 모든 인본주의 의제는 아우구스티누스에게 자만과 어리석음으로 보였다. 우리는 우리의 비판적 지성을 성경에 적용하여 그것을 어떻게 해석하는 것이 가장 좋은지 논쟁할 수 있다고 가장할 수 있다. 우리는 삶의 본질에 관한 철학적 질문들에 대해 추측할 수 있다고 믿을 수도 있다. 그러나 궁극적으로:

> 나는 모든 이 모든 주장을 듣고 생각하지만, 듣는 사람들의 마음만 불안하게 만들 수 있는 장황한 논쟁에는 참여하지 않을 것이다. (같은 책, 295쪽)

우리의 질문, 갈등, 불확실성에 대한 해결은 궁극적으로 신에게서만 올 수 있다:

> 당신 외에 다른 사람이 나에게 영감을 준다면, 내 말이 진실이 아닐 것이라고 믿습니다. 당신은 진리이며, 모든 사람은 거짓말쟁이이기 때문입니다. 그래서 거짓을 말하는 자는 그저 그가 본래 하는 대로, 그의 것만을 말하는 것입니다. 그렇다면 내가 진실을 말하려면, 사람들이 나의 것이 아닌 당신의 것을 말하게 하십시오. (같은 책, 337쪽)

아우구스티누스는 자신이 위대한 인물이라고 여기지 않았을 것이다. 그가 성인이었다면(실제로 가톨릭교회에서 그렇게 선언했듯이), 그것은 그가 한 일이나 말이나 존재 때문이 아니었다. 오히려 그것은 그가 신이 그를 통해 움직이고 말할 수 있도록 자신을 허용했기 때문이었다. 아우구스티누스는 단지 신성한 사랑과 통찰력의 수용자이자 전달자였을 뿐이다. 이것이 우리가 자신과 타인에게 진정으로 가치 있는 전부였다:

> 나는 당신 앞에서 말합니다. 오 주여. 그래서 나는 진실을 말할 것입니다.
> (같은 책, 340쪽)

우리가 신과 접촉을 시도할 때조차 우리가 그렇게 함으로써 창조주의 관심을 끌려고 한다고 상상해서는 안 된다. 신은 전능하고, 전지하며, 어디에나 존재하므로, 우리가 누구이며, 어디에 있으며, 무엇을 원하는지, 무엇이 필요한지 완벽하게 알고 있었다:

> 우리의 천상의 아버지는 우리가 그에게 구하기 전에 우리에게 필요한 것이 무엇인지 잘 알고 계신다. 그러므로 우리의 비참한 상태를 고백하고 그의 자비를 인정함으로써 우리는 그에게 마음을 열어, 그가 이미 시작한 대로

전적으로 우리를 완전히 자유롭게 하신다. 그러면 우리는 더 이상 우리
자신 안에서 비참하지 않을 것이며, 그 안에서 진정한 행복을 찾을 것이다.

(같은 책, 253쪽)

다시 말해, 기도의 과정에서 우리는 이미 우리를 알고 있는 신에게 자신을 알리는 것이 아니다. 사실, 우리는 그에게 연결하려는 과정을 통해 우리 자신을 스스로에게 알리고 있다. "너 자신을 발견하고 싶은가?" 그러면 신에게 더 가까이 다가가야 한다. 아우구스티누스에게는 다른 방법이 없었다. 다른 모든 것은 방해와 환상이다. 신의 은총을 통해 신이 자신을 알리는 한, 너 자신을 알고 너의 신을 알라. 이 두 가지는 동일한 것이다. 신을 알면 다른 모든 것이 위대한 계획 속에서 자연스럽게 제자리를 찾는다.

이런 의제 안에서 겸손, 덕, 자기 부정은 중요한 관심사로 자리 잡고 있다. 자기 집착, 자존감, 만족을 직접적으로 추구하는 것은 피해야 할 함정이었다. 그러나 아우구스티누스의 일부 생각은 불길한 느낌을 준다. 양 떼의 비유는 항상 힘을 주지는 않는다. 때로는 그저 애처롭게 느껴진다. 니체는 이를 외설스럽다고 여겼다. 그러나 기독교의 어린 양들은 때때로 꽤 날카로운 이빨을 가지고 있었다. 만약 신만이 구원의 길이고, 신이 당신을 통해 말하고, 신 없이 다른 이들이 필연적으로 저주를 받는다고 가정한다면, 다른 사람들이 신의 가르침에 (의도적이든 무지에서든) 반대하여 말하고 행동하는 것으로 해석될 때 어떻게 느낄 것인가? 이에 대해 아우구스티누스는 분명히 말했다:

성경에 나오는 당신의 적들이 나에게 얼마나 혐오스러운가! 당신의 양날
검으로 그들을 처치해 주시기를 얼마나 바라는지! 당신의 말씀에 반대할

자가 없기를 얼마나 바라는가! 나는 그들이 자신에게 죽고 당신에게 살기를 기꺼이 바란다. (같은 책, 290쪽)

온화한 성인이 이런 전투적인 말을 하는 것을 보면, 수 세기 동안 많은 이들이 그들의 죄에서 구원받고 '영원한 생명'을 찾을 가능성을 높이기 위해 심문과 고문, 교수형, 사지 절단, 화형에 처해진 것은 놀라운 일이 아니다. 일부 기독교 가르침은 관용과 수용의 덕을 설교했지만, 신의 목소리가 자신을 도구로 사용하고 있으며, 다른 누군가가 신의 운명에 방해가 되고 있다고 확신한다면, 아무것도 하지 않고 지내는 것은 어렵다.

자신의 지성이 다른 사람들보다 우월하다고 믿을 때, 그들을 경멸하기 쉽다. 그러나 만약 자신의 목소리가 단순한 지성이 아니라 신 자신에 의해 이끌어진다고 가정한다면, 반내변을 얼마나 더 경멸할 것인가? 이것이 일어나고 있다는 당신의 확신은 단순한 '믿음'보다 강하고, 계시는 지성보다 훨씬 더 강하므로 지적 토론과 분석에 개방적이지 않을 것이다. 신이 나를 통해 자신을 드러내실 때, 나는 그저 비어 있는 도구일 뿐이다. 그러나 이런 상황에서 감히 논쟁을 시도하는 사람에게는 재앙이 따를 것이다. 그들은 나와 논쟁하는 것이 아니라, 나를 통해 일하시는 신의 의지와 논쟁하는 것이다. 나는 그저 그릇일 뿐이다. 나는 논쟁하지 않을 것이다. 그들은 신과 논쟁하고 있다. 나는 이것을 단순히 믿는 것이 아니다. 나는 이것을 안다. 따라서 나는 증거나 논증이 필요 없다. 신이 나를 통해 움직인다면, 나는 신으로부터 영적 선물을 받을 것이다. 그것들은 나의 행위가 아니지만, 신을 모독하는 것이므로 가볍게 여겨져서는 안 된다. 만약 신이 나를 통해 움직인다면, 나는 엄청난 책임에 직면해야

한다:

> 영적 선물을 가진 자는 또한 신실한 사람들을 판단하여, 그들의 행위와 도덕에서 옳다고 판단된 것을 승인하고, 잘못된 것을 비난한다. 그는 열매를 맺는 땅과 같은 그들의 자선 행위와 더불어, 살아있는 영혼 안에서 금식과 정절의 실천, 몸을 통해 의식하는 감각에 대해 묵상할 때 신에 대한 의무에 대한 영혼의 존중으로 복종하게 되는 그들의 열정으로 그들을 판단한다. 그는 오직 자신이 바로 잡을 수 있는 것만 판단한다. (같은 책, 334쪽)

기독교 교회가 권력을 얻으면서 '바로잡을' 권력도 그에 따라 증가했고, 판단하려는 의지, 자발성, '의무'도 증가했다. 그 결과, 수많은 영혼이 구원받았다고 믿을 수도 있다. 그리고 수많은 몸이 죽었다고 믿을 수도 있다!

적어도, 일부 책임은 졌다:

> 나는 여전히 죄를 지은 것이 우리가 아니라 내 안에 있는 다른 본성이 죄를 짓는 것이라고 생각했다. 내가 죄를 지었다고 고백하지 않고, 당신에게 죄 지은 영혼을 치유하기 위해 당신이 데려오기를 바라지 않는다고 생각하는 것은 내 자존심을 만족시켰다. 나는 나 자신을 변명하고, 내 안에 있지만 내 일부가 아닌 이미지의 존재를 탓하는 것이 좋았다. 그러나 진실은 그것이 모두 나 자신이었다는 것이었고, 나의 경건하지 못함이 나를 분열시켰다는 것이다. 내가 죄인이라고 생각하지 않았기 때문에 내 죄는 더욱 불치병이었다. 당신에게 복종하고 구원을 얻기보다는 당신의 목적을 패배시키고 내 영혼을 잃는 것을 선호하는 것은 혐오스러운 악이었다.
> (같은 책, 103쪽)

아우구스티누스에게 신은 철학적 원리나 추론 과정에서 유도되어 증명될 수 있는 개념이 아니었다. 또한 신은 일상생활의 체계적인 관찰을 통해 추론될 수 있는 추상적인 존재도 아니었다. 아우구스티누스에게 신은 그의 실재성과 신성이 드러난 후에는, 더 이상 증명이 필요 없는 지속적이고 실제적인 살아있는 현존이었다. 어디를 보고 어떻게 보느냐가 중요했다. 그리고 신은 단순히 명백하고 어디에나 존재했다. 사실, 신의 힘은 압도적으로 강하고 밝게 빛났다. 태양이 우리 위에 비추고 있다는 것을 증명해야 할 필요가 있을까? 감히 그것을 보고, 느끼며, 그 효과와 강한 반사가 우리 주위에 모두 있다는 것을 보면 안 될까? 신의 빛은 얼마나 더 밝은가?

아우구스티누스는 『고백록』에서 주로 신과 대화한다. 그는 자신이 움직이고, 결정하고, 느끼고, 생각하고, 찾고, 숨을 때, 이 모든 것을 신과 관련하여 행한다고 당연하게 여긴다. 신이 아우구스티누스를 찌르고, 빌고, 탐색하는 외부 기관이라는 것도 아니다. 신은 '외부'에 있지만 또한 그의 내부에 있다. 프로이트는 우리 안 깊숙한 곳에서 쾌락 원리에 의해 움직이는 '이드'가 있다고 말했지만, 많은 기독교인이 이것을 악마라고 불렀을 것이다. 아우구스티누스에게 그 안에서 작용하는 가장 깊은 원리는 신이었다. 신의 왕국은 그 안에 있었다.

우리 자신을 경험하는 이런 방식은 현대와 포스트모던 세속사회에서 점점 더 낯설어지고 있다. 우리의 궁극적인 주권자, 즉 신은 오늘날 서구 문화에서 바로 '나'이다. 자아는 그 자체로 신이 된다. 나는 나 자신을 찾기 위해 상담사를 찾아간다. 나는 내가 직면하는 모든 딜레마에 대해 최종적인 결정을 내리는 존재다. 진정성 있고 '실제적'이 되려면 나 자신에 의해 움직이고 지속적으로 접촉해야 한다.

그러나 아우구스티누스만이 특이하게도 자신이 알고 있다고 생각한 자기보다 훨씬 더 큰 존재에 의해 자신이 움직여지고 있다고 느낀 것은 아니다. 우리는 누구인가? 무엇이 우리를 이끌고, 무엇이 우리를 반대하는가? 무엇이 내 안에 있고, 내 안에서 평화를 유지하고 전쟁 중인 것은 무엇인가? 이런 질문은 결코 쉬운 질문이 아니다. 이어지는 장에서 보게 되겠지만, 온갖 흥미로운 대답이 제안되었고 경험이 보고되었다. 그러나 자아와 행위에 관한 우리의 최신 은유들이 가장 정교하거나, 가장 포괄적이거나, 가장 치유적인 것인지는 결코 확신할 수 없다.

질문

1. 돌봄 실천에서 '영적' 차원은 무엇을 의미하며, 얼마나 중요한가?
2. 돌봄 실천에서 '신'이라는 개념은 어떤 역할을 할 수 있는가?
3. 만약 신이 당신의 내담자 경험에서 중심적인 요소라면, 또는 그렇지 않다면, 어떻게 해야 하는가?
4. '기도'는 당신에게 어떤 역할과 의미가 있는가?

연습

1. 단순히 신을 '믿는' 것보다 '느끼고', '경험하고', '아는' 것이 무엇을 의미하는지 논의하라.
2. '영성'이 무엇을 의미하는지에 대한 당신의 생각을 공유하라.
3. 돌봄 실천에서 '영성'이 역할을 해야 하는지, 아니면 하지 말아야 하는지를 논의하라.
4. 내담자가 아우구스티누스처럼 신과 친밀하게 관계를 맺을 때 얻는 것과 잃는 것에 대해 논의하라.

5. 아우구스티누스의 영성에 대한 설명과 니체의 설명(27장)을 비교하라.

결론

성 아우구스티누스는 단순히 신을 믿는 것이 아니라, 신과 지속적인 대화를 나누었다. 개인의 발전은 오직 신 안에서만 가능했다. 만약 우리가 자아를 신으로 삼고 신 없이 세속적인 도시에서 살았다면, 우리는 지옥에 있었을 것이다. 우리의 삶은 분열되고 고립되었을 것이다. 우리는 서로 반목하고, 환상 속에 길을 잃고, 무의미한 무관심 속에 살았을 것이다. 신은 우리의 상담사였다. 우리는 신 앞에서만, 신을 증인으로 삼아, 신의 지원을 받아 상담할 수 있었다. 신 없이 우리는 아무것도 아니었고, 상담도 의미가 없었으며, 우리의 계획, 가치, 삶은 전혀 아무런 의미가 없었다.

웹사이트

http://ccat.sas.upenn.edu/jod/augustine.html

참고문헌

St Augustine, *City of God*, Doubleday, 1958
St Augustine, *Confessions*, Penguin, 1977
B. Stock, *Augustine the Reader: Meditation, Self Knowledge, and the Ethics of Interpretation*, Harvard University Press, 1998

Chapter 9

성 토마스 아퀴나스 (1225-1274년)

요점

* 신의 존재는 이성의 힘으로 증명될 수 있다.[21]

* 신은 믿음과 신성한 계시를 통해 알려졌으므로 그의 존재는 이성으로 증명될 필요가 없다.[22]

* 아퀴나스는 아우구스티누스와 함께 대부분의 기독교 사상과 견해의 기초를 이루는 두 개의 기둥이었다.

* 우리는 사후에 신에 대한 더 완전한 비전을 갖게 될 것이다. 하지만 지상에서의 우리의 행위는 우리가 그러한 신성한 접촉에 이를 수 있을지를 결정짓는다.

적용

* 종교적 믿음은 쇠퇴했지만 사라지지는 않았다. 돌보미는 신이 삶의 중요한 요소인 내담자와 어떻게 관계를 맺을지를 결정해야 한다.

* 종교적 믿음은 가치와 목적의 틀을 제공한다. 돌보미는 내담자가 세속적인 목적과 방향을 찾는 데 어떤 기준과 방법을 사용할지를 고려해야 한다. 그것들을 어디에서 찾아야 할까? 스스로 찾아야 할까, 돌보미에게서? 아니면

---

21 [역주] 아퀴나스의 입장
22 [역주] 아우구스티누스의 입장

누구에게서 찾아야 할까?

* 아퀴나스는 수 세기 동안 오늘날의 심리치료사들보다 훨씬 더 중요한 압도적인 권위자였다. 하지만 지금은 대체로 무시되고 있다. 이러한 점은 우리에게 성찰의 기회를 제공하며, 현재 우리가 가진 '확신'에 대해 겸손한 태도를 갖도록 이끌어야 한다.

* 아퀴나스는 지성을 탐구하는 데 자신의 삶을 바쳤지만, 궁극적으로 그의 신에 대한 그의 믿음은 지적 논쟁에 영향을 받지 않았다. 오늘날의 '신성시되는' 개념 중 이와 비슷하게 논쟁을 초월하는 것들이 있는가?

▶

아퀴나스의 사상은 성 아우구스티누스의 사상처럼 그의 사후에 더욱 발전했다. 1879년에 이르러서도 교황 레오 13세는 철학에 관한 논의가 있을 때마다 가톨릭 교육기관에서 아퀴나스의 철학을 진리의 유일한 올바른 버전으로 교육되어야 한다고 결정했다.[23] 아퀴나스는 그가 살던 시대에는 논쟁의 여지가 있는 인물이었지만, 오늘날에는 스콜라 철학자 중 가장 위대한 인물로 평가받는다. 그러나 스콜라 철학의 위상이 더 이상 그다지 크지 않다는 점을 고려하면, 이는 과거만큼 큰 영예는 아니다.

스콜라 철학은 기독교 교리를 고대 그리스 철학과 조화시키려고 노력하는 중세 기독교 철학이었다. 이 고전 철학은 이슬람 학문 내에서 천년 동안 보존되었다가 라틴어로 번역되어 중세 유럽에서 다시 발견되었다. 이슬람 학자들은 특히 아리스토텔레스를 존중했으며, 아퀴나스는 아리스토텔레스의 사상이 중세 유럽에서 다시 지배적인 영향력을 갖게 되는 데 핵심적인 역할을 했다. 특히, 그는 가톨릭 신자들에게 아리스토

---

[23] 교황 회칙 '기독교 철학의 복원에 대하여'(*On the Restoration of Christian Philosophy*)

텔레스의 사상이 기독교 교리와 일치할 수 있다는 점을 설득하는 데 가장 크게 기여했다.

아퀴나스는 아우구스티누스보다 신의 존재에 대한 합리적 근거와 '증명'을 제공하는 데 더 많은 관심을 기울였다. 그의 증명은 정교하지만, 현대 철학자들에게는 설득력이 없다. 아퀴나스와 그의 동시대인들에게 기독교가 궁극적으로 신성한 계시에 기반을 두고 있었다는 점을 고려하면 그가 신 존재를 증명하려고 그토록 많은 노력을 기울인 이유는 의문으로 남는다. 만약 누군가가 신을 직접 만났다는 것을 '안다면', 그 사람은 신의 존재를 증명하려는 필요를 느끼지 않을 것이다. 키르케고르는 이 점을 최근에 강하게 주장했다.(25장 참조) 아퀴나스는 자신의 지적 논증이 적절하며, 자신의 지성이 신성한 존재를 뒷받침하는 논증들을 찾을 수 있다고 확신했다. 그러나 궁극적으로 그는 자신의 지성이 신의 지성보다 훨씬 더 신에게 의존한다고 믿었다. 따라서 그의 논증들이 무너지더라도 이는 모든 지성을 초월하는 신에 대한 그의 믿음에 대한 진정한 위협이 되지 않을 것이다.

이는 스콜라 철학을 깊이 연구할 필요성을 느끼지 못하는 돌보미들에게 단순한 배경지식일 뿐이다. 나는 아퀴나스 사상을 상세히 탐구할 의도는 없으며, 다만 현대적 관심사들에 유용한 통찰과 접근 방식을 제공하는 요소들만 다루고자 한다.

철학자들이 자주 그렇듯이, 아퀴나스는 지혜와 진리를 삶에서 가장 중요한 목표로 여겼다. 이것은 성취, 개인적 성장, 만족과 같은 피상적인 동물적 욕구보다 훨씬 더 중요한 것이었다.[24] 그러나 아퀴나스에게 진리

---

24 아우구스티누스는 그리스어 '철학'은 '지혜에 대한 사랑'을 의미한다고 보았다.

는 신으로부터 오는 것이었으며, 이는 우리에게 직접적으로 계시되었기 때문에 이성적 분석이나 정당화를 필요로 하지 않았다. 이로 인해, 토미스트[25] 철학자와의 토론은 두 가지 규칙으로 플레이하는 사람과 체스를 두는 것과 비슷하다. 그가 청중을 설득하는 동안에는 세속적 지적 사회에서 인정되는 지적 일관성과 증거의 원칙을 따를 것이다. 하지만 그가 논쟁에서 밀리게 되어 상대가 그의 왕(혹은 그의 신)을 체스판에서 제거할 것처럼 보이는 상황에 처하면, 그는 지성과 논증, 분석은 우주적 의식을 다루기에 너무 사소한 인간적 집착이라는 견해로 돌아갈 것이다. 상대는 그의 주군이자 왕은 여전히 체스판 위에 살아 있다는 차가운 말을 듣게 될 것이다. 왜냐하면 신의 존재는 단순한 규칙이나 이성에 의존하지 않기 때문이다.

이런 유형의 상대와 마주했을 때, 그들이 논쟁에서 이기기 위해 무엇이 필요할지를 묻는 것뿐만 아니라, 더욱 중요한 것은 그들이 잘못되었음을 인정하고 마음을 바꾸기 위해 무엇이 필요할지를 질문하는 것이 유용하다. 아퀴나스는 어떤 상황에서도 결코 "신에 대한 나의 주장이 거짓으로 드러났다. 나는 기독교를 포기해야 한다"라고 말할 의무를 느끼지 않을 것이다. 따라서 토미스트 철학자와 신에 대해 논의하는 것은 헛된 행위로 끝날 가능성이 크다. 토미스트들은 지적 논의에 대한 관심이 있지만, 그들의 주장과 아이디어의 진실성이나 타당성에 의존하지 않는다. 그러므로 그들의 주장이 적절한지 여부를 증명하는 것은 결국 그들이 내릴 결론에 아무런 영향을 미치지 않는다. 그들의 결론은 미리 정해져 있다. 신은 존재한다.

---

25 [역주] 토미즘(Tomism)은 토마스 아퀴나스의 사상을 중심으로 하는 철학적 전통이며, 토미스트(Thomist)는 토미즘을 따르고 지지하는 사람을 말한다.

왜 이런 지적 속임이 여전히 중요한가? 당신도 나도 토미스트 철학자가 될 가능성은 낮다. 토미스트 사상은 더 이상 큰 매력을 갖고 있지 않지만, 논쟁에서 무적에 가까운 그들의 불침투성은 유사하게 보호되는 많은 현대 사상 때문에 주목할 가치가 있다. 우리는 아퀴나스가 우리보다 더 편견에 사로잡혀 있었다고 상상할 권리가 없다. 본질적인 차이는, 토미스트의 편견은 우리에게 더 쉽게 드러나지만, 새로운 천년 기에 속한 우리의 편향성은 잘 보이지 않는다는 점이다. 예를 들어 얼마나 많은 현대 상담 학파들이 믿음의 영역으로 수용되고 있는가? 증거의 부족과 근본적 사고의 피상성이 상담사나 내담자에게 얼마나 영향을 미치는가? 상담사들은 종종 상담이 좋은 것이라는 사실을 단순히 '안다'고 주장한다. 그러나 그들의 확신은 이름에 걸맞은 어떤 증거와도 거의 관련이 없는 것처럼 보인다. 상담사들은 자신과 내담자의 만족감을 마치 증거인 양 인용하지만, 역사는 예상할 수 있듯이 사람들이 자신의 삶을 지배하고 의미를 부여하는 지배적 사상과 제도에 일반적으로 만족한다는 사실을 보여준다. 수 세기 동안, 성직자들과 신도들은 성 토마스 아퀴나스와 끊임없이 고통 받는 인류에게 지원을 제공하는 그의 방법에 깊이 '만족했다. 이제 현대의 세속적인 돌보미들은 아퀴나스의 사상에 매우 만족하지 못하고 당황하여 이 장이 왜 존재하는지 궁금해 할 수 있다. 그러나 역사적 관점을 가지면, 우리가 새롭다고 생각하는 것 중 많은 것이 종종 반복된 원칙, 실천, 편견이 재활용된 변형이라는 것을 알게 된다.

물론 우리는 우리 자신의 편협함에 대해 발견될 수 있는 모든 긍정적인 증거를 환영할 것이다. 그러나 증거가 뒷받침되지 않으면 문제는 신뢰받는 결과에 있는 것이 아니라 증거에 있다. 상담은 좋은 것이다. 우리는 이것을 직관적으로 안다. 아퀴나스의 시대에 사람들은 가톨릭 신앙에 대해 적어도 만족했다. 아퀴나스는 논증과 증거를 탐구했지만, 되돌아보면 이런 것들이 그에게 중심적인 중요성을 가지지 않았으며, 가톨릭 신자들에게도 마찬가지였다는 것을 알 수 있다. 그러나 교사와 제자 모두 자신의 신념이 이성이나 증거보다 편견과 습관에 더 기반을 두고 있다고 생각하려 하지 않는다. 각 세대는 자신이 이전 세대보다 더 합리적이고 개방적이라고 상상하는 것을 좋아한다. 그러나 이 자체도 이성과 증거에 근거하지 않은 편견이다. 반대되는 증거는 틀림없이 우리의 자녀 세대에서 나타날 것이다.

우리가 이 문제를 숙고해 보면, 어떤 것에 대해 기분이 좋다고 해서 그것이 반드시 우리에게 유익하다는 것을 의미하지는 않는다는 것은 분명하다. 이는 우리가 그 가치를 객관적 증거로 뒷받침할 수 없는 다양한 제품과 서비스에 대해 만족감을 느끼는 인간의 본성을 막을 수는 없다. 그때와 마찬가지로 지금도 그렇다.

아퀴나스 시대에는 성직자들이 우리가 희망하고 기대했던 것처럼 항상 선한 사람들이었는지에 대한 우려가 있었다. 이는 상담사와 돌보미들이 필요한 만큼 숙련되고 덕스러운지에 대한 현대적 우려와 유사하다. 아퀴나스는 성례와 교회 전체가 자체적인 힘을 가지고 있으므로 악한 성직자가 신성한 봉사를 제공할 때도 효과적이라고 주장함으로써 이 문제를 '해결'했다. 이는 수 세기 동안 신도들에게 큰 안도감을 주었는데, 그들은 자신들의 눈으로 성직자들이 일상적인 실천에서 성스럽다고는 도저히 볼 수 없는 경우를 목격했기 때문이다. 아퀴나스의 전략은 많은 성직자들이 타락, 부패, 냉소, 이기심의 심연으로 내려갔을 때에도 교회를 하나의 제도로서 보존할 수 있게 했다. 물론 사람들이 참아낼 수 있는 한계는 있었다. 그들은 혁명을 요구하지는 않았지만, 결국 일부는 종교개혁을 요구했다.

아퀴나스는 성직자들이 스스로 그다지 선하지 않더라도 선을 행할 수 있다고 주장했다. 신의 뜻을 표현하는 기관으로서의 교회의 덕은 개인의 인간적 결함을 극복한다고 보았다. 수행자에게 탁월한 수준의 인간적인 덕을 요구하는 것으로 보이는 상담도 비슷한 해결책을 찾을 수 있을까? 예를 들어 상담사가 '등록'되어 있다면, 그들의 기술적, 윤리적 부족함을 보완할 수 있을까? 상담은 인간적 한계를 강화하기 위해 초인적 신에게 의지할 수 없지만, 비록 효과가 없더라도 '절차'와 '메커니즘'을 신격화한다면 문제를 해결할 수 있을까?

아퀴나스는 신이 존재한다는 것을 증명하려고 했지만, 동시에 그는 신적 실재를 '알고' 있었으며, 인간의 이해가 허용하는 범위 내에서 신의 존재를 경험했다고 주장했다. 그러나 이 삶이 끝난 후에야 우리는 정말로 창조주를 만나게 되고, 인간적으로 가능한 가장 완전한 신의 본질의 비전을 얻게 될 것이라고 믿었다. 그런 비전은 너무나도 광대하고 찬란하며 경외롭고 놀라운 것이어서, 우리가 이 땅에서 경험한 모든 것은 이 격변적인 만남, 즉 현재의 삶이 끝났을 때 다가올 진정한 삶에 대한 희미한 그림자이자 인내심 있는 준비일 뿐이었다. 우리는 죽은 후에야 비로소 진정한 삶을 살기 시작할 것이다!

그럼에도 불구하고 지상의 삶은 중요했다. 우리의 행위는 사후 세계에서의 우리의 위치를 결정했다. 우리의 행동은 우리 자신에게 중요한 관심사여야 했고, 창조주의 관심사이기도 했다. 우리의 목표, 의도, 목적은 무엇이었는가? 우리는 부, 명예, 영광, 권력을 추구했는가? 아퀴나스와 신은 이런 것들을 세속적인 방해물, 피상적인 것, 환상으로 보았는데, 왜냐하면 그것들은 우리의 유일한 진정한 행복의 원천인 신의 은총으로부터 우리를 점점 멀어지게 만들기 때문이다. 우리는 신성한 접촉에 더 많거나 적게 수용적일 수 있었지만 아퀴나스는 아우구스티누스와 마찬가지로 이런 교류는 우리가 통제할 수 있는 것이 아니라는데 동의했다. 신은 우리의 의지대로 소환될 수 없었다. 하지만 우리가 신성한 법을 벗어나 비열하게 행동하면 우리는 신으로부터 더 멀어지게 될 것이었다. 신은 전능했지만, 신이 그렇게 되기를 원했기 때문에 우리는 자유 의지를 가졌다. 우리가 원하는 것이 신성한 의도와 일치한다면, 구원은 더 가능해질 것이다. 그러나 구원은 여전히 성령의 선물이었으며, 우리는 이 삶이나 사후 세계에서 우리의 운명을 완전히 예측하고 통제할 수 있다고 상상할 권리는 없었다.

아퀴나스는 몇 가지 범주(대죄, 소죄, 원죄)로 죄를 분석했다. 그는 개인의 행위를 집단적 법률 제정과 연결했으나, 이런 모든 세속적인 의제는 결국 그의 가장 큰 영적 관심사인 인간과 신의 재결합에 종속되었다. 그의 『신학대전』Summa Theologica은 방대한 백과사전이다. 그는 방대한 가톨릭 제도의 중심에 서서 가르치고, 지원하며, 위로하고, 설명하며, 통치하고, 연민과 위안을 제공했다. 아우구스티누스와 마찬가지로 그는 개인적인 발전에 대한 모든 노력이 신 없이는 아무 소용이 없다고 확신했다. 아우구스티누스보다 더 훨씬, 그는 지상에서 신의 가르침에 대한 살아있는 구현체는 교회라고 확신했다. 신의 왕국은 '내부'(우리자신)에 있지만 무엇보다도 가톨릭의 신성한 가르침을 따르는 과정 안에서 발견될 수 있었다.

현대 상담사들이 자신의 서가에 로저스 Rogers나 이건 Egan의 저술을 두는 것처럼, 전통적인 가톨릭 교사, 성직자, 상담사(이들은 전통적으로 '삼위일체'였다)는 아퀴나스의 저술을 도서관의 중앙에 두었을 것이다. 수 세기 동안, 유럽 전역에서 아퀴나스는 논의되고, 분석되며, 인용되고, 주석 달리며, 기록되고, 발표되었다. 학생들은 토미스트 원칙과 실천을 배우고 이를 자신의 제자들과 함께 항상 도움이 필요한 평신도들에게 전달했다. 아퀴나스는 거대한 지적 대성당 같아서, 인지적 기둥, 차양, 아치, 첨탑 아래에서 수백만 명이 존재의 폭풍으로부터 600년 이상 피난처를 얻었다. 그는 사람들이 자신을 인식할 수 있고 영감, 지원, 믿음, 위안을 얻을 수 있는 의미, 목적, 일관성의 틀을 제공했다. 그는 의미, 목적, 그리고 사람들이 자신을 정체화 하고 영감을 얻으며, 지원과 신앙, 위안을 얻을 수 있는 통합된 틀을 제공했다. 그의 사상은 우리 시대의 토론 사회에서 다루는 자료가 아니었다. 그것은 사회를 하나로 묶는 접착제였으며, 사람들에게 매일 새로운 날을 시작할 이유를 주는 비전이었고, 혼돈으로부터 우리를 보호하는 권위였으며, 의심과 환멸 앞에서 연민과 지지의 원천이었다.

신자와 아퀴나스에게, 그의 가르침은 신의 뜻을 드러내는 것이었고, 그는 단지 신의 대변인이었다. 그러나 훨씬 더 세속적인 우리의 관점에서 본다면, 신이 아퀴나스를 통해 사람들에게 다가간 것이 아니라, 사람들이 아퀴나스를 통해 신에게 다가갔다고 보는 것이 더 나을 것이다. 따라서 아퀴나스는 엄청나게 강력하고 중요한 인물이었다. 현대에는 이 두 위대한 성인, 아우구스티누스와 아퀴나스가 이룬 포괄적이고 포용적이며 오래 지속되는 영향력을 달성하는 데 근접한 사람은 아무도 없으며, 앞으로도 없을 것이다.

그러나 오늘날 토마스주의는 거의 사라졌다. 보존할 가치가 있는 흔적이 있을까? 얼마나 많은 것이 우리 자신의 집착을 말해주고 있는가? 현대의 영적 스승들은 아퀴나스처럼 또 다른 600년 동안 활동적이고 중요한 존재로 남아 있을 수 있을까? 칼 로저스나 다른 현대의 어떤 스승도 2,600년에 발행될 '교황 회칙Encyclicals에서 필수 읽기 자료로 남을 것 같지 않다.

질문

1. 당신에게 증거와 추론은 돌봄과 지원을 정이하고 뒷받침하는 데 얼마나 중요한가?
2. 상담에 대한 당신의 믿음은 어느 정도까지 믿음의 행위라고 할 수 있는가?
3. 당신에게 중요한 상담 교사는 누구인가? 그들의 영향력이 앞으로 100년 동안 지속될 수 있을까? 지속 여부가 중요한가?
4. 내담자에게 가치관과 목적의 체계를 제공해야 한다고 생각하는가? 아니면 내담자가 스스로 길을 찾도록 돕는 것이 더 낫거나 충분하다고 생각하는가?
5. 가치관, 의미, 우선순위의 체계 없이 상담할 수 있는가? 없다면, 당신의 체계는 무엇을 기반으로 하고 있는가?

연습

1. 현재 상담 및 전문적인 돌봄 실천에 작용하는 가장 중요한 문화적 영향을 논의하라. 그것들이 얼마나 적절한지 어떻게 판단할 수 있는가?
2. 앞으로 50년 동안 상담과 돌봄 실천이 어떻게 발전하고 변화하기를 원하는지

고려하라. 당신의 실천이 성장하고, 발전하며, 성숙했다고 말하려면 무엇이 필요한가?
3. 내담자가 신을 믿거나 믿지 않는 것이 상담 실천에 얼마나 관련이 있다고 생각하는가? 이것이 상담에 어떤 방식으로 영향을 미칠 수 있는가?

결론

아우구스티누스에게 신의 존재는 너무나도 명백하여 논증이 불필요했다. 반면, 아퀴나스는 신의 존재를 '증명'해야 한다고 느꼈다. 그러나 이성은 신성한 존재를 뒷받침하는 필수적인 요소라기보다는 선택적인 부가물이었다. 아퀴나스는 이슬람 세계에서 1,000년간 보존된 아리스토텔레스와 그리스 철학자들을 복원하는 데 관심이 있었다. 우리는 서구 문명의 고대 그리스적 뿌리를 보존한 준 동방의 '이교도'들에게 감사의 빚을 지고 있다. 아퀴나스는 아리스토텔레스의 그늘 아래서 작업했으나, 그 자신은 600년 동안 서구 사고의 대부분의 기반과 경계를 구성한 지적 거인이 되었다. 현대 사상가들을 적절한 역사적 맥락에 배치하려면, 이보다 더 큰 문화적 캔버스에 그들을 함께 그려 넣어야 한다. 이는 겸손이라는 바람직한 결과를 가져올지도 모른다.

웹사이트

http://www.home.duq.edu/~bonin/thomasbibliography.html
http://members.aol.com/jmageema/index.html
http://www.nd.edu/Departments/Maritain/etext
http://www.knight.org/advent/summa/summa.html

참고문헌

St Thomas Aquinas, *God's Greatest Gifts*, Sophia Institute Press, 1996

F. Copleston, *Aquinas*, Penguin, 1991

B. Davies, *The Thought of Thomas Aquinas*, Oxford University Press, 1993

A. Kenny, *Aquinas on Mind*, Routledge, 1994

R. Mclnerny (ed.) *Selected Writings: St Thomas Aquinas*, Penguin Classics, 1998

L. H. Yearley, *Mencius and Aquinas: Theories of Virtue and Conceptions of Courage*, State University of New York Press, 1990

Chapter 10

니콜로 마키아벨리 (1462-1527년)

요점

* 사랑과 권력의 현실은 권력과 사랑의 현실보다 더 중요하다.
* 명예와 사랑의 환상은 현실보다 더 효과적인 결과를 가져올 수 있다.
* 냉혹해질 준비가 되어 있지 않은 지도자는 사회를 결속시킬 수 없다.
* 좋은 행동은 가능할 때 바람직하지만, 생존을 위해서는 항상 가능하지 않을 수 있다.

적용

* 마키아벨리는 사람들이 기본적으로 신뢰할 수 있고, 명예롭고, 사랑스럽다는 돌보미의 가정에 도전한다.
* 그는 상담에서 종종 간과되는 권력 연구에 중요한 기여를 했다.
* 그는 정직과 진정성에 대한 단순한 설명에 도전한다.
* 그는 자기 인식이 우리를 지지하는 개인적 및 국가적 권력에 대한 인식을 요구한다고 주장한다.
* 그는 인간이 단순히 어려움을 극복하려고 할 뿐만 아니라, 서로를 이기려고 노력하기도 하며, 때로는 서로에게서 벗어나야 한다고 주장한다!

▶

　상담사들은 인간성에 대해 비교적 낙관적인 관점을 갖는 경향이 있다. 그들은 사람들이 오해와 좌절이 명확해지고, 표현되고, 해결되기만 하면, 일반적으로 회복할 수 있고, 사랑스럽고, 사랑받을 수 있다고 가정한다. 개인은 악의적이고 폭력적이라기보다 막히고 갇혀 있다. 분노는 표현되면 파괴되기 보다는 사라질 것이다. 우리가 더 나은 세상을 만들고 싶다면, 그리고 우리는 분명 모두 그렇게 하고 싶어 한다고 가정할 때, 우리는 사랑의 치유력에 집중해야 한다. 우리는 소통의 통로를 열고 상호 공감과 이해를 보여주어야 한다.

　마키아벨리는 다른 어떤 철학자보다 사회에 대한 낙관적인 비전에 도전하기 때문에 상담사들이 살펴볼 가치가 있다. 나는 마키아벨리가 인간의 잠재력과 현실을 너무 어둡게 그려냈기를 바란다. 현대 상담은 인간 존재의 악의적이고 이기적인 구성 요소, 특히 그것의 본질을 너무 순진하게 받아들이는 경향이 있다. 우리는 세상의 악에 굴복하지 않고 참여하고 이해해야 한다. 따라서 우리는 인간성 혹은 비인간성의 마키아벨리적 차원을 이해해야 한다. 이를 위한 가장 좋은 방법은 마키아벨리 자신의 저술을 고찰하는 것이다.

　마키아벨리의 가장 유명한 저술은 『군주론』(1513)이다. 이는 타인 위에 군림하려는 사람들을 위한 일종의 '스스로 하기'(DIY) 안내서로, 그 이후로 많은 군력자들이 그 책을 연구해 왔다. 이 책은 실용적이고 현실적이며, 인간의 결점을 재치 있거나 완곡한 표현 없이 직접적이고 솔직하며 냉혹한 방식으로 고찰한다. 마키아벨리의 글쓰기 스타일은 너무 솔직하고 직설적이며 명료하여 별도의 요약이나 설명이 필요 없다. 많은 철학자의 산문은 고통스럽고 거의 이해할 수 없는 반면, 마키아벨리의 단순함

과 간결함은 개선될 필요가 없다. 예를 들어 보자:

> 군주는 전쟁과 그 규칙 및 규율 외에는 다른 목표나 생각을 가져서는 안 되며, 그 외 다른 무엇도 공부의 대상으로 삼아서는 안 된다. 이는 군주에 속하는 유일한 기술이며, 태어날 때부터 군주인 사람들을 지탱할 뿐만 아니라, 평민에서 그 지위로 올라서도록 가능케 하는 힘을 갖고 있다. 반대로, 군주들이 무기보다 안락함을 더 생각했을 때 그들의 국가를 잃었다는 것을 볼 수 있다. (『군주론』, 제14장)

이는 분명 과장된 주장이며, 마키아벨리 자신도 모든 통치자의 도구 상자에 포함될 다른 핵심 기술을 고려하기 시작하면서 알고 있었을 것이다. 하지만 마키아벨리는 독자에게 충격을 주는 것을 즐기는 듯하다. 그는 아첨과 조작이 없는 힘차고 고통스러운 언어를 사용한다. 이것은 그의 조언에 다소 어긋나는 행동이다. 아마도 이것이 그가 권력자들의 인정을 얻는 데 그가 원했던 만큼 성공하지 못한 이유일 것이다. 그의 책은 그의 사후에야 비로소 진정한 생명력을 얻고 영향력을 발휘하게 되었다. 오늘날에도 그 영향력이 지속되고 있을까? 그럴 필요가 있을까?:

> 무장하지 않은 상태가 가져오는 다른 악들 중 하나로, 사람들로 하여금 당신을 경멸하게 만든다는 점이 있다. 무장한 자가 무장하지 않은 자에게 자발적으로 복종해야 한다는 것은 이치에 맞지 않는다. …따라서 그는 전쟁이라는 주제를 결코 마음에서 놓아서는 안 되며, 평화 시에도 전쟁 시보다 훈련에 더 몰두해야 한다. 이는 두 가지 방법으로 할 수 있는데, 하나는 행동으로, 다른 하나는 연구로 하는 것이다. (같은 책)

마키아벨리는 그의 글에서 드러나는 만큼 냉혹하지는 않았다. 그는 세련되고 정교했으며, 따라서 지혜 없이 사용되는 단순한 폭력만으로는 복종시키는 것보다 더 빠르게 적을 만들 수 있다는 것을 깨달았다. 그는 권력에 대한 사랑과 사랑의 힘 모두에 초점을 맞췄다. 말할 필요도 없이 권력은 마키아벨리 사상의 핵심이었지만, 그가 택한 길은 종종 단순한 폭력이 아니라 주로 외교와 조작이었다:

> 앞서 언급한 다른 자질들에 대해 말하자면, 나는 모든 군주가 잔인하기보다는 관대하다고 여겨지기를 바라야 한다고 생각한다.
> 여기서 질문이 제기된다. 사랑받는 것이 두려움의 대상이 되는 것보다 나은지, 아니면 두려움의 대상이 되는 것이 사랑받는 것보다 나은지? 둘 다 되는 것을 바라는 것이 좋다고 대답할 수 있지만, 한 사람 안에서 둘을 결합하는 것이 어렵기 때문에, 둘 중 하나를 포기해야 할 때 두려움의 대상이 되는 것이 훨씬 더 안전하다. 왜냐하면 이는 일반적으로 인간에 대해 단언할 수 있는 사실인데, 그들은 은혜를 모르고, 변덕스럽고, 거짓되고, 비겁하고, 탐욕스럽기 때문이다. 그리고 당신이 성공하는 한 그들은 완전히 당신의 것이다. 곤경이 먼 곳에 있을 때는 그들은 당신에게 그들의 피, 재산, 생명 및 자녀를 바치겠다고 말하지만, 곤경이 다가오면 그들은 당신을 배신한다. 그리고 그들의 약속에 전적으로 의존하여 다른 예방 조치를 소홀히 한 군주는 파멸한다. 왜냐하면 거래로 얻은 우정은 마음의 위대함이나 고귀함으로 얻은 것이 아니기 때문에, 실제로 얻을 수는 있지만 확보되지는 않으며, 필요할 때 의지할 수 없기 때문이다. 그리고 사람들은 사랑받는 사람보다 두려움의 대상이 되는 사람을 공격하는 데 덜 주저한다. 왜냐하면 사랑은 의무의 연결 고리로 유지되지만, 사람들의 비열함으로 인해 그들의 이익을 위해 언제든 끊어지기 때문이다. 그러나 두려움은 결코 실패하지 않는 처벌에 대한 두려움으로 당신을 보호한다.
> 그럼에도 불구하고 군주는 사랑을 얻지 못하더라도 증오를 피할 수 있도록 두려움을 불러일으켜야 한다.
> 두려움의 대상이 되는 것과 사랑받는 것에 대한 질문으로 돌아가서, 나는 사람들이 자신의 의지에 따라 사랑하고 군주의 의지에 따라 두려워한다는 결론에 도달한다. 현명한 군주는 다른 사람의 통제가 아닌 자신의 통제 하에 있는 것에 자신을 확립해야 한다. 그는 이미 말했듯이 증오를 피하기

위해 노력해야 한다. (같은 책, 17장)

권력의 힘에 대한 이런 노골적인 인정은 시대에 매우 뒤떨어진 것이다. 이는 '정치적으로 올바르지 않다.' 더욱이, 처벌이 결코 실패하지 않는다는 마키아벨리의 주장은 분명히 잘못이다. 우리는 모두 이제 민주주의자이며, 그렇다고 주장한다. 파시즘은 권력과 냉혹함을 크게 찬양했지만, 히틀러는 패배했다. 그는 전략과 섬세함도 부족했다. 그렇다면 민주주의적 수사는 실제로 민주주의적 현실을 묘사하고 있는가? 서구는 다른 지역과 비교했을 때 잘 살고 있으며, 재화와 자원을 불균형적으로 많이 차지하고 있다. 우리는 어떻게 이를 유지할 수 있는가? 다른 사람들이 우리의 근면과 총명함을 인정하고 단지 우리를 모방하려고 노력하기 때문인가? 우리의 항공기, 전차, 미사일, 군함이 빈곤층이 우리에게 던지려는 그 어떤 것보다 완전히 우수하기 때문인가?

부유한 국가들이 더 이상 서로 적대적이지 않을 때 국제적 권력은 덜 중요해 보일 수도 있다. 빈곤한 국가들과의 중요한 권력 투쟁은 없다. 왜 그런가? 우리가 무력에 의한 문제 해결을 넘어섰기 때문인가? 더 가능성이 높은 것은 우리가 빈곤한 국가들보다 훨씬 더 강력해서, 적어도 우리에게는 권력이 이야기의 일부가 아니라고 느껴진다는 것이다.

그리고 진실성은 어떤가? 우리는 교활함과 조작을 넘어섰는가? 걸프전 동안, 서구는 민주주의와 국가의 자치권을 옹호한다고 주장했다. 우리는 모두, 사실 우리가 서구의 석유 공급을 수호하고 있었다는 것을 알고 있으며, 마키아벨리가 말했듯이, 그렇게 하면 왜 안 되겠는가? 심지어 미국 국방성 관리들도 쿠웨이트의 주요 수출품이 오이였다면 그들은 별로 신경 쓰지 않았을 것이라고 솔직히 인정했다. 그렇다면 마키아벨리는

원칙, 윤리, 진실성의 위치에 대해 어떤 의견을 제시했는가?:

> 모든 사람은 군주가 신의를 지키고, 진실하게 살며, 교활하게 살지 않는 것이 얼마나 칭찬받을 만한 일인지 인정한다. 그럼에도 불구하고, 우리의 경험상 위대한 일을 이룬 군주들은 신의를 크게 중요하게 여기지 않았으며, 교활함으로 사람들의 지성을 우회하는 방법을 알고 있었고, 그들의 말을 믿었던 사람들을 극복했다. 인간 사이에 경쟁하는 두 가지 방법이 있음을 알아야 한다. 하나는 법에 의한 것이고, 다른 하나는 힘에 의한 것이다. 첫 번째 방법은 인간에게 적합하고, 두 번째는 짐승에게 적합하지만, 첫 번째 방법만으로는 충분하지 않을 때가 많기에 두 번째 방법에 의지할 필요가 있다. 따라서 군주는 짐승과 인간의 방법을 활용할 줄 알아야 한다. … 그러므로 올가미를 발견하는 데는 여우처럼, 늑대를 위협하는 데는 사자처럼 행동할 필요가 있다. (같은 책, 18장)

따라서 마키아벨리는 법을 무시하지 않는다. 그는 규칙이 인간을 발톱과 속도에 의지하는 짐승과 구별하는 것임을 인정한다. 그러나 그는 우리 모두 내면에 여전히 싸워야 할 커다란 야수성이 있으며, 따라서 우리 필요에 따라 싸우고 도망칠 줄 알아야 한다고 제안한다. 특히 우리 자신의 영역에서 보스가 되고 싶다면 더욱 그러하다. 이론과 규칙이 항상 작동하는 것은 아니다. 우리는 또한 몸을 낮추거나 좌우로 흔들어 공격을 피할 줄 알고, 때로는 다른 사람들이 싸우지 않고 물러서도록 성공적으로 위협할 줄 알아야 한다. 사자는 자칼과 거의 싸우지 않는다. 이것은 법의 힘 때문이 아니라 턱과 발톱 때문이다. 그렇다면 선과 원칙은 어떤가?:

> 만약 사람들이 완전히 선하다면 이런 규범은 성립하지 않겠지만, 그들은 악하고 당신과 신의를 지키지 않으므로, 당신도 그들과 신의를 지킬 의무가 없다. (같은 책)

우리의 기본적인 야수성에 대해 솔직해야 할까? 그것이 친구를 사귀고 사람들에게 영향을 미치는 데 도움이 될까? 마키아벨리는 그렇지 않다고 생각한다. 우리는 실제로 그런 것보다 더 원칙적이고 명예롭다는 것을 홍보를 통해 가장하고, 속이고, 자세를 취하고, 확신시켜야 한다. 그는 야수성에 대해 다음과 같이 말한다:

> 이런 특성을 잘 숨길 줄 알아야 하며, 위대한 가장자와 위선자가 되어야 한다. 그리고 사람들은 너무 단순하여 현재 필요에 매우 종속되기 때문에, 속이려는 사람은 항상 속아 넘어갈 사람을 찾을 것이다.
> 따라서 군주가 내가 열거한 모든 좋은 자질을 가질 필요는 없지만, 그것을 갖춘 것처럼 보이는 것이 매우 필요하다.
> 그리고 당신은 이것을 이해해야 하는데, 특히 새로운 군주는 사람들이 존경하는 모든 것들을 지킬 수 없으며, 종종 국가를 유지하기 위해 신의, 우정, 인간성, 종교에 반하는 행동을 해야 한다. 그러므로 그는 운명의 바람과 변화가 강요하는 대로 자신을 돌릴 준비가 된 마음을 가져야 하지만, 위에서 말했듯이 할 수 있다면 선에서 벗어나지 않아야 하며, 강요된다면 그렇게 하는 방법을 알아야 한다. (같은 책)

따라서 마키아벨리는 가능하다면 선한 행동에서 벗어나지 말아야 한다고 제안한다. 그러나 우리는 현실에서 생존하기 위해서는 선한 행동이 항상 가능한 것은 아니며, 선한 목표가 다른 것과 종종 충돌한다는 것을 인식해야 한다. 이는 일상적인 일에서 성공하기 위해서는 타협할 의지가 필수적이며, 거기에는 덕을 타협하는 것도 포함한다는 것을 의미한다. 선함은 승리하는 자질이 될 수 있지만, 계속해서 승리하고자 한다면 때때로 순교를 피하기 위해 선함을 포기해야 할 수도 있다. 존경받고 싶다면 모든 수단을 통해 덕이 있어야 하지만, 거칠고 유연하며 빠르고 냉혹해야 한다. 또한, 냉혹함에 대한 평판이 너무 많지 않도록 주의해야 한다.

당신은 실제로 선한 것보다 더 자주 선하게 보이도록 똑똑해야 한다:

> 이러한 이유로 군주는 위에서 언급한 다섯 가지 자질로 가득 찬 말만 입밖에 내도록 주의해야 한다. 그래야 군주를 보고 듣는 사람들이 군주를 완전히 자비롭고, 성실하며, 인간적이고, 정직하며, 종교적인 사람으로 여길 수 있다. 이 마지막 자질을 갖춘 것처럼 보이는 것보다 더 필요한 것은 없다. 사람들은 일반적으로 손보다 눈으로 판단하기 때문이다. 누구나 당신을 볼 수 있지만, 당신과 접촉하는 사람은 소수에 불과하다. (같은 책)

겉모습이 중요하다. 겉모습은 나름의 실재를 형성하며, 그 실재가 많은 것을 좌우한다. 마키아벨리는 이에 대해 확신을 가졌다. 이는 마케팅 전문가들이 공유하는 관점이며, 오늘날 서구 국가들에서는 실재에 대한 이해와 교육 보다 겉모습을 홍보하는 마케팅, 홍보, 광고에 더 많은 비용을 지출하고 있음을 잊지 말아야 한다:

> 모두가 당신의 겉모습을 보지만, 당신의 실재를 아는 사람은 거의 없다. 그리고 소수의 사람들은 국가의 위엄으로 자신들을 방어하는 다수의 의견에 감히 맞서지 않는다. 모든 사람의 행동, 특히 이의를 제기하는 것이 현명하지 않은 군주의 행동은 결과로 판단된다. (같은 책)

역사는 종종 승자의 이야기라고 한다. 승자들이 항상 자신을 선한 사람이라고 묘사하기 때문에 선한 사람들은 일반적으로 이긴다:

> 그러므로 군주가 자신의 국가를 정복하고 유지하는 공로를 인정받는다면, 수단은 항상 정직한 것으로 여겨질 것이며, 모든 사람들로부터 칭찬을 받을 것이다. 왜냐하면 일반 대중은 항상 사물의 겉모습과 결과에 현혹되기 때문이다. 그리고 세상에는 일반 대중만이 존재하며, 소수는 다수가 의지할 곳이 없을 때에만 존재할 수 있다. (같은 책)

그렇다면 명예롭고 정직한 행동에 대한 희망은 없을까? 물론 마키아벨리는 있다고 말한다:

위대한 업적과 좋은 본보기를 보이는 것만큼 군주를 존경받게 만드는 것은 없다. (같은 책, 21장)

선하고 명예로운 행동은 좋은 인상을 준다. 마키아벨리는 우리가 단순히 선하기 때문에 선을 행해서는 안 된다고 말한다. 이것이 문제이다. 선은 종종 우리의 이익에 부합하지만, 그렇지 않을 때는 선은 불행해진다. 이익이 처음, 중간, 마지막이다. 선은 필요하고 관리 가능한 것에 따라 나타났다 사라진다. 디즈레일리가 빅토리아 여왕에게 설명했듯이, 우리의 동맹은 변하지만, 우리의 이익은 거의 변하지 않는다. 그리고 우리가 그것들을 보호하지 않으면 누가 보호하겠는가?

이제 우리는 그 어느 때보다 더 많은 권력을 가진 국제 기업들이 지구, 원칙, 명예, 평등, 민주주의, 책임감에 대해 얼마나 관심을 가지고 있는지 보여주기 위해 애쓰는 모습을 보고 있다. 그들이 명예와 정의를 믿기 때문에 명예롭다고 주장하는가? 아니면 권력을 믿고 항상 그들의 이익을 보호하고 증진하기 위해 행동하기 때문인가? 그들이 주장하는 만큼 선한가? 그들이 말하는 만큼 선할 수 있을까? 그들이 주장하는 만큼 정직해지는 것이 그들의 이익에 부합할까?

우리 나머지는 다른가? 야만성을 자제해야 하지만 우리 자신은 실제로 얼마나 야만적인가? 우리 자신과 타인에게 현명하고 도움이 되려면 우리 모두 안에 있는 야수성을 얼마나 인식해야 할까? 우리는 그것을 어떻게 받아들여야 할까? 그것에 대해 얼마나 솔직해질 수 있을까?

이 질문들은 1513년 당시와 마찬가지로 지금도 매우 중요하다. 우리 모두에게 마키아벨리가 존재한다. 상담사들이 주장하는 대로 내부와 사회의 현실들에 관심을 가져야 한다면, 우리 모두 안팎에서 그를 경계해야 한다.

질문

1. 당신의 내담자들이 항상 다른 사람들과 소통하려고 노력하는가? 그들의 의제가 다른 사람들보다 우위에 서려는 것일 때 당신은 어떻게 하는가? 어떤 예가 떠오르는가?

2. 당신의 내담자들이 항상 정직하고 현실적이고 개방적이어야 하는가? 그들이 겉모습을 조작하려 할 때 당신은 어떻게 하는가? 어떤 예가 떠오르는가?

3. 도덕적으로 불쾌하게 여기는 내담자의 행동에 대한 당신의 반응은 무엇인가? 어떤 예가 떠오르는가?

4. 냉소적으로 되지 않으면서 마키아벨리로부터 무엇을 배울 수 있는가?

5. 당신은 내담자들에게 얼마나 정직할 수 있는가? 마지막으로 당신이 자신의 이익을 내담자의 이익보다 우선시할 때는 언제인가? 어떤 예가 떠오르는가?

연습

1. 상담사나 돌보미 교육에서 명예, 윤리, 정직, 권력에 대해 할애된 위치를 탐구하라. 이런 주제에 더 많은 관심을 기울여야 하는가?

2. 당신이 알고 있는 다양한 상담 및 전문 돌봄 학파들이 인간의 능력, 정직, 진실성, 용기에 대해 취하는 관점을 고려하고 검토하라.

결론

마키아벨리는 인간 영혼의 어두운 이면을 탐구했다. 우리는 그것을 피할 수는 없지만, 그것을 받아들여서는 안 된다. 이런 그림자로 인해 완전히 가려지지 않고 그것으로부터 배울 수 있을까? 비인간적이지 않으면서 비인간성을 다룰 수 있을까? 냉소적이지 않으면서 현실주의자가 될 수 있을까? 마키아벨리에게 윤리는 권력과 이익에 종속된다. 우리는 자신의 명성을 확보할 수 있다면 선을 행한다. 그러나 사람들은 자신에게 이익이 되기 때문이 아니라 선하기 때문에 선을 행하는 사람들을 가장 존경한다. 소박한 이상주의와 비도덕적 냉소주의 사이에서 어떻게 균형을 잡아야 할까? 쉬운 답은 없지만, 마키아벨리는 질문을 명확히 함으로써 중요한 공헌을 했다.

웹사이트

www.sas.upenn.edu/~pgrose/machi/index.html

참고문헌

N. Machiavelli, *The Prince*, WW Norton, 1992

Chapter 11

루터 (1483-1546)

요점

* 개인은 성령의 도움으로 성경을 통해 직접 신을 찾을 수 있다.
* 교회는 인류가 신과 교제하는 데 도움을 주었지만 필수적인 것은 아니다.
* 성령의 도움을 받아 개인의 양심은 성경의 가르침을 해석하고 이해할 수 있다.
* 따라서 성직자의 권위는 성경과 성령의 영감으로 느끼는 개인 자신의 감각에 의해 도전받을 수 있다.

적용

* 교회와 치료 학파 모두에 존재하는 '높은'대 '낮은'과 같은 구분의 유사점에 주목할 가치가 있다.
* 루터의 구원 경로는 가톨릭이 제공하는 것보다 더 '인간 중심적'이었다.
* 루터는 그럼에도 불구하고 사람이 성경의 권위를 해석 할 때 전적으로 성령의 도움에 의존하고 있으며 성령이 없으면 길을 잃고 저주받을 것이라고 믿었다.
* 특정한 외부 권위를 언급하지 않는 현대의 양심적 행위와 경험에 대한 해석을 어떻게 평가해야 할까?

▶

　아퀴나스는 신과 교회의 사람이었다. 그에게 이 두 가지는 분리할 수 없었다. 교회는 모든 사람이 신을 찾기 위해 반드시 거쳐야 하는 길이었다. 교회는 인간에게 신을 해석하는 기관이었다. 엄격한 위계질서 안에서 조직된 교회를 통하지 않고는 신에게로 가는 길은 없었다. 성직자는 평신도의 영적 발전을 감독했다. 그들의 영적인 삶은 더 높은 계급의 성직자들에 의해 감독받았다. 이러한 위계적 관리는 최고위인 교황에게까지 이어졌는데, 교황은 직접 신의 감독을 받았고, 그의 예배 행위는 적어도 지상에서 인류가 신에게 나아갈 수 있는 가장 가까운 통로였다.

　따라서 교황은 학식 있고 현명하며 박식한 조언을 바탕으로 성서 해석, 도덕적 권고, 예배의식 발전, 교회법 등 모든 문제에 대한 최고 권위자였다. 결과적으로 교황은 모든 가톨릭 성직자와 평신도의 도덕적, 영적 발전에 관심을 가질 권리가 있었으며, 여기에는 유럽의 모든 왕, 남작, 군인, 상인 및 정치가도 포함되었다.

　물론 실제 삶에서 교황은 다양한 오류를 범할 수 있고, 활기차고 미신적이고, 공격적인 엘리트들과 실무적인 동맹 또는 화해를 개발해야 했다. 이들 엘리트들은 일상에서 항상 신성한 기독교 텍스트에 설명된 높은 원칙을 실천하지는 않았다. 그 문제에 대해 가톨릭의 성직자들도 평신도들이 선호하고 기대하는 것만큼 경건하고, 거룩하고, 명예롭고, 정직하다거나 심지어 그 기대의 반만도 그런 건 아니었다.

　많은 사람들이 신의 이름으로 고통 받고 죽었다. 신을 두려워하는 많은 사람들이 신의 이름으로 서로를 죽이고, 강탈하고, 강간했다. 기독교가 우세하지 않았다고 가정해 보자. 만약 수많은 경쟁 종교 중 하나나 세속적 인본주의 대안이 기독교를 제치고 성공했다면 어떻게 되었을까?

어느 정도로 유럽은 도덕적으로 함께 살 수 있는 곳이 되었을까? 더 많은 사람이 죽었을까, 아니면 덜 죽었을까? 과학, 예술, 문화, 철학적 발전이 더 많이 이루어졌을까 아니면 덜 이루어졌을까? 의심할 여지도 없이 이 한정된 분량 내에서 대답할 수 없다. 추측은 곧 지나치게 광범위하고 공허해서 현실적이고 의미 있는 내용을 확보할 수가 없다. 그러나 '이교도' 국가들이 중세 유럽보다 사실 더 파괴적이고, 잔인하고, 뒤떨어졌다는 것은 확인된 바 없다. 실제로 초기 및 중세 유럽에서 기독교의 압도적인 우세는 로마가 기원후 400년경에 멸망하면서 매우 두려워했던 1,000년의 '암흑 시대'와 정확히 일치하며, 1400년 이후 르네상스 이탈리아가 탄생하면서 동시대 사람들에 의해 확인되었다는 것을 기억할 가치가 있다.

물론 가톨릭 교회에도 성인들이 있었고 이들은 지역 사제, 수도사 또는 기타 공인된 신에 대한 안내자의 도움 없이 창조주와 직접 황홀한 교제를 나눔으로써 항상 위계 구조를 줄일 수 있는 책임이 있었다. 신은 계시를 통해 알 수 있으며, 드문 지상 방문을 교황이나 다른 가톨릭 고위 당국에만 항상 국한시킨 것은 아니었다. 언제든지 기적, 엑스터시, 연합, 교제 및 기타 큰 기쁨의 소식을 주장하는 개인이 나타날 수 있었다. 물론 이들의 주장은 교회 관계자들의 조사를 거쳐야 하며, 모든 주장이 받아들여지는 것은 아니었다. 그들 중 일부는 비정상적인 종교적 경험에 대한 신성 모독적 주장을 대담하게 제기하여 극단적인 비난을 받을 위험을 감수하기도 했다. 이러한 주장들이 모두 공인되고 등록된 외부 검증자 및 품질 보증 관리자의 승인을 받는 것은 아니었다. 신성한 빛이나 음성에 대한 신비롭고 기적적인 주장은 대부분 거부될 것이었다. 그들 중 일부는 화형을 당할 수도 있었다. 또 다른 이들은 죄 때문에 교수형에 처해지거나 찢기고, 사지가 절단될 것이다. 그들을 가혹하게 다루는 것만이 악마로부터 그들을 구할 수 있는 유일한 방법이 된다고 보았다. 자신의 잘못을 강제로 고백해야만 내세에서 구원을 받을 수 있는 마지막 기회가 주어질 수도 있었다. 신성 모독자의 영혼을 구원하는 과정에서 지상의 신체적 기능을 갑작스럽고 고통스럽게 끝내야 할 수도 있었다.

특히 성직자만이 전체 사회에서 성경을(또는 다른 어떤 책이든) 읽을 줄 아는 유일한 사람들이던 시절에, 신을 만났다고 주장하는 것은 위험한 일이었으며 그 경험을 해석할 수 있다고 상상하는 것은 오만하고 어리석은 일이었다. 그러나 인쇄기가 책을 보급하고 다른 기술 발전으로 인해 다른 종류의 독자가 필요해지자, 성경 판매량은 성직자 수를 능가하기 시작했다. 이러한 상황에서 부패한 교회, 남부의 교회, 세금을 너무 많이 부과하고 북부의 상인과 왕족의 호화스런 취향을 방해하는 교회는 위험에 처했다.

루터가 처음으로 '인간-중심적'(반대는 교회 중심적) 기독교인은 아니었다. 그러나 교황의 방해로부터 자유를 주장했던 그가 처한 환경은 강력히 그를 지지했고, 이번에는 가톨릭이 극복하기에는 너무 강했다.

루터는 1507년 서품을 받은 아우구스티누스 수도사로 1511년 독일 작센 주 비텐베르크 대학의 교수가 되었다. 그 후 몇 년 동안 그는 교회의 간섭 없이 오직 믿음으로만 개인의 구원을 얻을 수 있다는 믿음을 발전시켰다. 사람들은 스스로 성경을 읽을 수 있었고, 신의 도움으로 성경을 이해하고 성경에서 영감을 얻고 도움을 받을 수 있었다. 루터의 방법은 가톨릭 교회의 '중간' 소매업자를 배제한 기독교 신에 대한 최초의 'DIY

접근법'이었다.

    루터는 가톨릭 교회와 성직자들이 빠져있는 낮은 도덕적 상태에 깊은 인상을 받았다. 예를 들어 가톨릭은 평신도들에게 '면죄부'를 팔아 큰돈을 벌고 있었다. 면죄부는 죄를 지었을 때 교회 기금에 적절한 벌금만 내면 자동으로 '용서'를 받는 제도였다. 루터에게 이것은 회개의 개념을 조롱하는 것처럼 보였지만, 교회와 성직자들에게는 분명 큰 수익이 되었다. 루터는 성경에 대한 독자적인 연구를 시작했다. 그는 증거를 바탕으로, 예를 들어『로마서』에 있는 증거를 바탕으로 의로움은 성직자가 아닌 하나님의 선물이라는 결론을 내렸다. 회개의 진정성이 중요했고, 공허한 의식이나 지불로는 충분하지 않았으며, 궁극적으로 우리가 얼마나 진정으로 회개했는지는 우리 자신이나 성직자가 아니라 신이 결정할 일이었다.

    말할 필요도 없이 성직자들은 이런 급진주의를 인정하지 않았고, 1517년 10월 31일 루터가 면죄부 판매 관행에 항의하기 위해 비텐베르크 교회 문에 그 유명한 '95개 조 반박문'을 못 박으면서 갈등이 최고조에 달했다.

    그 후 몇 년 동안 루터의 비판은 광범위해지고 심화되었다.『독일 귀족에게 보내는 글』에서 그는 교황의 권위에 도전하며 독일인들이 가톨릭의 학대에 맞서 단결하여 교회를 개혁할 것을 촉구했다. 그는 "기독교인의 자유에 관하여"에서 기독교 신앙에 대한 급진적인 '인간 중심적' 관점을 탐구했다. "교회의 바빌론 포로에 관하여"에서 그는 대부분의 성례와 다른 교리를 거부했다. 그는 자신을 변호하라는 요청을 받았고 파문당했다. 신성로마제국 황제 찰스 5세는 1521년 보름스 의회에 참관

하고 다음과 같이 말했다:

천년의 기독교적 사상에 대해 모두 반대하는 단 한 명의 수사는 틀림없이 잘못된 것이다.

그러나 작센의 프레데릭 공작을 비롯한 독일 귀족들은 루터를 지지했다. 가톨릭은 이 반란을 진압할 만큼 강력하지 못했다. (그럼에도 가톨릭은 물론 충분히 열심히 노력했고, 이후 투쟁에서 독일의 많은 지역이 폐허가 되었다).

개신교의 원칙은 인류가 교회를 통해서뿐만 아니라 각 개인의 양심과 기독교 가르침을 연구하고 이해하려는 진지한 노력을 통해, 직접적으로 자신의 성경에서 신과 관계를 맺는다는 것이었다. 따라서 개신교 내에는 개인과 교회가 신을 느끼고 찬양하는 자신만의 방법을 찾을 수 있도록 어느 정도 자율성을 허용하는 다양한 종파가 존재했다. 극단적인 예로, 높은 개신교의 가르침 안에서 교회와 성직자에 대한 통제는 가톨릭과 거의 동일하다. 스펙트럼의 다른 쪽, 즉 '낮은' 끝에서는 회중의 구성원들은 거의 성직자의 지도 없이 지냈으며, 단지 예배를 준비하기 위해 자신들 중 한 명을 선출하거나, 신의 음성에 사로잡힌 누군가가 나타나기를 기다렸다. 그들은 필요할 때마다 스스로를 드러내는 신에게 의지할 수 있었다.

이런 방식으로 정신역동치료는 가톨릭의 세속적 등가물이다 그것은 위계적이고, 오랜 훈련이 필요하며, 사제직에 대한 해석을 무지한 평신도가 받아들여야 하고, 평신도들은 지식이나 통찰력이 동등하지 않기 때문에 동등한 그들끼리 토론할 수 없으며, 전문가의 도움 없이는 멀리 발전해 나갈 수 없다. 가톨릭교회 없이는 신을 찾을 수 없듯이 정신 분석 없이는 '나 자신'을 찾을 수 없다.

이와 대조적으로 내담자 중심 접근은 믿음의 개신교 버전을 구성하고 있다. 치료사는 다양한 정도의 통찰력과 권위를 가지고 있다고 생각되지만 최종 결정권은 스스로 해석하고, 경험하고, 발전시키고, 판단해야 하는 평신도에게 있어야 한다. 당신은 분명히 스스로 자신을 찾을 수 있으며 자신의 해석, 이해, 내러티브를 찾아 스스로 판단해야 한다. 치료사가 당신을 대신해 주는 것은 그들의 임무가 아니며, 실제로 그들이 할 수 있는 가장 큰 판단은 그들이 전혀 판단해서는 안 된다는 판단이다. 기독교에서와 마찬가지로 치료에서도 내담자의 완전한 자기 결정이라는 극단으로부터 모든 해석에 대한 전문가의 완전한 통제라는 다른 극단에 이르는 실천의 연속이 있다.

개인이 사제의 권위보다 자신의 양심을 더 신뢰하는 시민 사회는 교회의 권력을 무너뜨리려는 귀족들에게 매력적일 수 있다. 그러나 위험은 시민들이 자신의 판단을 신뢰하는 데 익숙해져서 사제뿐만 아니라 왕과 귀족의 구속에서 벗어날 수 있다는 것이다. '극단주의자'는 심지어 중산층 고용주와 전문가의 지혜와 권위에 도전할 것이다. 이렇게 해서 개신교가 극단적이고 무정부적이며 기존 국가 권위에서는 용납할 수 없는 것으로 간주되는 경향을 낳았다. 따라서 교회와 국가 당국 사이에 동맹을 맺어 사제와 군주가 사업을 계속하고 함께 협력하여 사람들을 제자리에 묶어놓을 수 있도록 해야 할 필요성이 있었다.

이러한 권력 관계의 패턴은 루터 자신 주변에서 곧 나타났다. 학자로서 루터는 성경을 연구하고 최초의 독일어 번역본을 만들었으며 자신만의 결론을 도출했다. 그러나 주변에는 자신만의 연구를 할 수 있는 다른 학자들도 많았다. 일단 한 비평가에 의해 교황의 권위에 대한 의문이 성공적으로 제기되고 나면, 다른 이들로 부터의 자유로운 비평도 가능한 일이었다. 이 학자들이 모두 같은 결론을 내리고 공감대를 형성할 수 있었을까? 당연히 아니다. 얼마 지나지 않아 루터는 츠빙글리, 칼빈 등과 격렬한 논쟁을 벌였다. 인쇄기가 점점 더 많이 보급되었다. 인쇄기는 점점 더 필요해졌다. 루터의 동료였던[26] 네덜란드의 인문주의자 에라스무스는 다음과 같이 말했다:

> 루터는 두 가지 큰 범죄를 지었다. 그는 교황의 왕관과 수도사들의 배를 쳤다는 것이다.

이에 대한 루터의 비판은 날카로웠다:

> 그래서 우리 주 하느님은 일반적으로 다른 아무것도 베풀지 않는 저 멍청한 나귀들에게 재물을 주신다. (『콜로키아』 20장)

이런 종류의 신성 모독적 논쟁에 대한 뉴스는 빠르게 퍼져나갔다. 농민들은 그것을 어떻게 받아들여야 했을까? 농민들은 그들 나름대로 물질적인 불만이 많았다. 자신들의 군주들이 교황의 권위에 의문을 제기하고 있다면, 그들도 군주들에 대한 자신의 비판에 동참할 수 없었을까? 그들 역시 자신들이 선호하는 형태의 해방을 주장할 수 있었을까? 그들은 곧 다음과 같은 사실을 알게 된다. 루터와 독일 귀족들이 가톨릭을 비판하는 것은 별개의 문제였기 때문에 이것이 사회 각계각층의 모든 사람이 자유

---

[26] 그는 나중에 루터의 적이 되었다.

로운 생각으로 자신만의 의견을 개진하는 것이 허용되는 것은 아니었다. 1524~25년에 루터의 저술에서 영감을 받은 독일 농민들이 봉기했을 때 루터는 다음을 깨달았다:

> 선동적인 사람으로 판명될 수 있는 사람은 신과 황제 앞에서 무법자이며, 그를 가장 먼저 죽이는 사람은 옳고 잘하는 사람이다.
> (『살인과 강탈을 일삼는 농민 무리에 반대하여』 1525년 5월)

같은 달에 루터는 한 편지에서 다음과 같이 털어놓았다:

> 농민들이 신의 허락 없이 칼을 들었기 때문에 나는 주권자와 치안판사가 파괴되는 것보다 이 모든 농민들을 죽이는 것이 더 낫다고 생각한다.
> (『니콜라스 폰 안스도르프에게 보낸 편지』 1525년 5월 30일)

농민들이 신의 승인 없이 행동하고 있다는 루터의 사실에 입각한 견해에 주목하라. 하지만 신이 무엇을 허락하고 허락하지 않는지 말할 사람은 사람은 누구인가? 루터가 신의 말씀의 중재자이자 해석자로서의 자격을 교황에게서 박탈한다면, 그는 어떤 근거로 특정 학자가 필요한 권위를 가지고 있다고 말할 수 있을까? 소크라테스적 질문의 과정이 시작되면 어디에서 끝나는가? 판도라의 상자가 열렸을 때 어떻게 그리고 왜 닫아야 하는가? 루터가 교황의 권위를 박탈한 것처럼, 가난한 사람들의 곤경에 더 깊은 관심과 이해를 가진 낮은 사회적 지위의 농민 대표들이 루터의 권위를 박탈하지 못하도록 막을 수 있는 것은 무엇일까? 그리하여 감리교 전통과 그 뒤에는 더 급진적인 원시 감리교가 있다. 따라서 훨씬 후 감리교와 영국 노동당의 부상은 밀접한 관계가 있다.

종교개혁으로 다시 깨어난 질문의 과정은 쉽게 재갈을 물릴 수 없었다.

성경에 대한 학문적 연구는 여러 개신교 버전의 기독교 중 하나를 뒷받침하는 데 사용될 수 있었다. 르네상스 질문은 회의론과 비판주의를 더욱 발전시킬 수 있었고, 궁극적으로는 신의 개념을 완전히 거부하는 불가지론적 또는 무신론적인 인본주의적 버전을 낳을 수 있었다.

예수는 반역자, 청교도 또는 현상 유지의 지지자로 여겨졌는데, 이는 본문의 사실성보다는 학자의 기질에 따라 달라졌다. 예를 들어 루터 자신은 칼빈처럼 인간의 죄를 통제할 필요성에 대해 그렇게 맹렬하지 않았다:

> 와인, 여자, 노래를 사랑하지 않는 자여
> 평생 동안 바보로 남을 지어라.

이는 루터가 했을 말이지 칼뱅이 했을 말은 아니다. 그가 성에 대한 개신교의 불편함을 어느 정도까지 공유했는지는 분명하지 않다. 다음에서 그가 반어적으로 말하고 있기를 바란다:

> 인류의 번식은 위대한 경이이자 신비다. 신이 이 문제에 대해 나와 상의했다면, 나는 신에게 진흙으로 그들을 종의 세대를 이어가라고 조언했을 것이다.

하지만 루터는 그 시대적 한계를 넘을 수 없었다:

> 남자는 가슴이 넓고 크고 엉덩이가 작고 좁은데, 가슴이 작고 좁고 엉덩이가 넓은 여자보다 이해력이 뛰어나다. 결국 여자는 집에 머물면서 가만히 앉아 집안을 돌보고 아이를 낳고 키워야 한다.
>
> (『탁상담화』 "결혼과 독신"[27]

---

27 [역주] 『탁상담화』는 루터가 자기 집에서 신학자들과 식탁에 둘러앉아 신앙교리와 일상의 문제에 대해 나눈 이야기를 주제 별로 모아 1566년 발간된 책이다.

루터의 개신교는 다른 개신교 종파에서 발견되는 '불과 유황'의 종류만큼 강하지는 않았지만, 그는 신시대 New Age, 새로운 새벽 New Dawn, '재탄생 Born Again'을 지향하는 낙관주의자도 아니었다:

> 세상은 날마다 타락하고 악화되고 있다... 아담에게 가해진 재앙은... 우리에게 가해진 재앙에 비하면 가벼운 것이었다. (『창세기 해설』)

루터는 학자들이 성경에 투사해 넣은 것을 성경에서 취하는 전체 전통을 시작했다. 낙관주의자들은 성경에서 희망을 보았다. 비관론자들은 파멸의 예언자를 보았다. 인류를 사랑하는 사람들은 성경이 우리가 용서하고 용서받아야 한다는 것을 '증명'한다고 믿었다. 인간에 대한 절망에 빠진 사람들은 성경을 읽었고, 그들에게 성경은 우리 대부분이 저주받을 수 있고 저주받았다는 것을 보여주었다.

심리 치료가 여러 측면에서 우리의 대체 종교가 된 지금, 우리는 필연적으로 다양한 '학파' 동일한 범위의 메시지를 발견하게 된다. 근본적인 치료 메시지는 또 다시 무엇보다도 영적 스승(구루)의 성격에 의해 결정된다. 각각의 유명한 심리치료사들은 자신의 기질에 가장 적합한 증거를 틀림없이 찾는다. '높은 교회'와 '낮은 교회'가 있다. 낙관론자와 비관론자, 급진주의자와 보수주의자, 청교도와 자유주의자, 무정부주의자와 권위주의자, 그리고 이러한 두 극성사이에 모든 것이 있다.

급진주의자들은 치료를 더 넓은 사회적 현상 유지에 도전하는 수단으로 간주한다. 보수주의자들은 현상 유지를 강화하는 수단으로 보고 있으며, 이들은 과거와 마찬가지로 현재도 그 현상 유지에 의해 일반적으로 더 많은 자금을 지원받고 있다. 예를 들어 영리 기관에 고용되기를 원하는 상담사는 노동시장에서 효과적으로 기능하지 않는 고객을 격려하는 일이 자신의 이익에 부합하지 않는다는 것을 알 수 있다.

질문

1. 개신교 종교개혁은 개인에게 사유와 행동에서 더 큰 자율성을 부여했다. 세속주의는 더 많은 것을 주었다. 하지만 당신의 내담자는 얼마나 자율적일 수 있을까? '개인의 양심'보다 더 높은 권위가 있을까?
2. 그렇다면 그것은 무엇이며 여러분과 여러분의 내담자가 그것을 준수하도록 어떻게 보장하는가? 어떤 예가 떠오르는가?
3. 내담자의 경험을 해석하는 데 가장 적합한 사람은 누구인가? 여러분인가? 내담자인가? 다른 권위자인가? 누가 어떤 기준으로 이것을 결정하는가?
4. 당신의 상담 스타일은 '높은' 교회인가 아니면 '낮은' 교회인가? 왜 그렇게 대답했는지 설명해 보라.
5. 어떤 한 권위자도 진정성을 그대로를 전달해주는 중재자가 될 수 없다면, 누가 어떻게 판단해야 하나?

연습

1. 상담사와 내담자가 인간의 경험을 해석할 수 있도록 해주는 권위에 초점을 맞춰서 여러분이 잘 알고 있는 상담학파를 비교해보라.
2. 만약 어떤 다른 기관이 있다면, 이 기관이 상담사 및 돌보미의 해석에 대해 어떤 권한을 가질 수 있고 가져야 하는지 생각해 보라.
3. 상담은 개인 경험의 진정성을 매우 중요하게 여긴다. 상담에 대한 자신의 접근 방식 내에서 진정성을 판단할 수 있는 시스템이 무엇인지 생각해 보라.

결론

루터는 그의 사상 자체의 위상보다 그가 유럽 역사에 끼친 막대한 영향력 때문에 더 중요하다. 루터는 적절한 시기에 적절한 장소에 있었다. 그 결과 루터가 없었다면 다른 기독교 반란군을 선택했을 수도 있는 북부 상인과 귀족들이 그를 받아들였다. 쇠퇴하는 가톨릭과 북유럽의 독립 압력으로 인해 현상 유지는 계속될 수 없었다. 기독교와 심리치료에는 '높은 교회'와 '낮은 교회'가 있다.[28] 우리는 학적 사회와 세속적 사회 모두에서 자율과 권위의 원칙을 어떻게 조화시킬 수 있을까? 많은 유사한 문제와 기회는 신중한 주의를 기울일 가치가 있다.

참고문헌

J. Atkinson (ed.) *Daily Readings with Martin Luther*: M. Luther, Templegate Publishers, US, 1987

H. P. Grosshans, *Luther*, Fount, 1997

M. Luther, Basic Luther: *Four of His Fundamental Works*, Templegate Publishers, 1994

US, M. Luther, *Colloquia*, trans. J. Aurifaber, Bloomsbury, 1994

H. Marcuse, *From Luther to Popper: Studies in Critical Philosophy*, Verso, 1983

---

[28] [역주] '높은 교회'는 예식, 사제의 권위, 성례전을 강조하는 기독교 교회를 의미한다. 그 반대에 있는 '낮은 교회'는 복음 자체를 중요시해 '복음주의 교회'라 칭하기도 한다.

Chapter 12

토마스 홉스 (1588-1679년)

요점

- 홉스는 우리가 사회 안에서 어떻게 건설적이고 협력적으로 함께 살아갈 수 있는지를 물었다.
- 그는 중앙집권적 왕권이 필수적이라고 믿었다. 그런 권위가 없으면 우리의 삶은 '불쾌하고, 잔인하며, 짧다'고 보았다.
- 홉스에게 사회적 가치는 개인적 가치보다 개인의 양심을 더 많이 형성했다.
- 따라서 사회는 개인의 정체성, 발전, 안녕의 기초였다. 이를 무시하는 것은 위험을 감수하는 것이다.

적용

- 상담사들은 개인주의적 관점에서 개인적 발전, 진실성, 성실성을 본다. 홉스는 이것들이 모두 사회적 뿌리를 갖고 있다고 주장한다.
- 만약 홉스의 말이 맞다면, 상담사들과 다른 돌보미들은 개인의 건강과 안녕의 사회적 요소들에 더 많은 주의를 기울여야 할지도 모른다.
- 우리는 전문 분야에서 개인이나 사회에 집중하면서 파편화되는 경향이 있다. 진정한 전체론적 비전은 역사적으로 오늘날보다 더 흔했던 폭넓은 통합을 추구할 것이다.

* 홉스는 정체성과 양심이 단순히 '내면으로 들어감'으로써 분석될 수 있다는 생각에 도전한다. 우리는 아마도 개인이 어떻게 '성장'할 수 있거나 못하는지를 이해하기 위해 '밖으로 나가야' 할지도 모른다.

▶

홉스는 그 이전의 마키아벨리처럼 인간 정신의 잔인한 이면을 탐구했다. 마키아벨리의 『군주론』이 타인을 지배하려는 자들에게 실용적인 조언을 제공하는 반면, 홉스의 『리바이어던』(1651)은 시민들이 통치자에게 복종하는 것이 왜 그들의 이익에 부합하는지를 설명한다.

홉스는 영국 내전 동안 왕당파 편에 섰다. 그는 왕권에 대한 정당성을 제공하고자 했지만, 더 많은 질문이 제기되는 사회에서는 단순히 '왕권신수설'을 주장하는 것만으로는 충분치 않다는 것을 알았다. 그렇다면 더 이상 그들의 특정 권위가 신에 의해 직접적으로 승인되었다고 받아들이지 않는다면 왜 왕의 명령을 따라야 하는가? 이 질문에 답하기 위해 홉스는 대안을 모색했다. 중앙의 압도적인 주권 권위 없이 살려고 하면 우리에게 무슨 일이 일어날까? 홉스는 개인이 본질적으로 평등하게 태어난다는 것을 인정했다:

> 자연은 신체와 정신의 능력에서 인간을 매우 평등하게 만들었다. 어떤 사람은 다른 사람보다 신체적으로 명백히 강하거나 더 민첩한 정신을 가질 수 있지만, 모두를 합산해 보면 사람과 사람 사이의 차이는 어느 한 사람이 다른 사람이 주장할 수 없는 이득을 주장할 만큼 중요하지 않다. 왜냐하면, 신체적 힘에 관해서는 가장 약한 사람도 비밀스러운 책략이나 자신과 같은 위험에 처한 다른 사람들과의 결탁을 통해 가장 강한 사람을 죽일 수 있을 만큼 충분한 힘을 가지고 있기 때문이다. (『리바이어던』, 13장)

사자와 자칼은 자칼이 항상 갈등을 피하기 때문에 상대적 평화 속에서 살 수 있을 것이다. 어떤 인간도 다른 인간을 상대적으로 쉽게 죽일 만큼 충분한 힘이나 교활함을 가졌다. 이를 저지할 수 있는 것은 무엇인가? 홉스는 중앙 권위가 필수적이라고 믿었다:

> 사람들은 그들 모두를 압도할 수 있는 권위가 없는 곳에서는 교제하는 것을 즐겁게 여기지 않는다. 오히려 큰 슬픔을 느낀다. (같은 책)

이것은 염세주의인가? 우리는 분명히 그보다 더 선량하지 않은가? 그러나 권위가 강하고 안정적이며 여러 세대에 걸쳐 유지되어 온 상황에서 중앙 권위의 중요성을 과소평가하기 쉽다. 강하고 안정된 국가에서 사는 시민들은 그것이 사라지기 전까지 자신들이 갖고 있는 것을 제대로 평가하지 못할 수 있다. 1990년대 발칸반도를 보라. 제3세계와 구 공산권 전역에서 붕괴되는 많은 다른 국가들을 보라. 그런 다음 단순히 개인의 결단력, 양심, 윤리, 명예에만 초점을 맞추는 것으로 충분한지 물어보라.

우리가 속한 국가가 상대적으로 강하고 안정적이며 강력하기 때문에 서구 사회에서 개인주의에 과도하게 몰두할 여유가 있다. 우리는 시장을 구성하고 제한하는 국가와 법률이 너무 강하고 안정적이기 때문에 소위 '자유' 시장의 개인 구매자와 판매자에 대해 이야기할 수 있다. 강한 국가가 없으면 시장은 어떻게 될까? 러시아를 보면, 답을 찾을 수 있다. 그곳은 전쟁터다. 홉스는 국가 권위가 없으면 다툼은 불가피하다고 주장했다:

> 인간의 본성에는 세 가지 주요 다툼의 원인이 있다. 첫째는 경쟁이고, 둘째는 불신이고, 셋째는 영광이다. 첫째는 이익을 위해 사람들을 침략하게 하고, 둘째는 안전을 위해, 셋째는 명성을 위해서이다. 첫째는 다른 사람의 아내, 자녀, 가축을 지배하기 위해 폭력을 사용하고, 둘째는 자신을 방어하기 위해, 셋째는 말 한마디, 미소, 다른 의견, 자신에 대한 직접적 평가절하,

혹은 자신의 친족, 친구, 국가, 직업, 이름에 대한 반사적인 평가절하와 같은 사소한 일 때문에 다툰다. (같은 책)

그렇다면 중앙 권위 없이 살고자 하는 사람들은 어떻게 되는가?:

이로써 사람들이 그들 모두를 경외하게 할 공동의 권위 없이 살아가는 동안 그들은 전쟁이라 불리는 상태에 있다는 것은 분명하다. 이는 만인에 대한 만인의 전쟁이다. (같은 책)

이것은 과장일까? 아니면 사실일까? 홉스는 전쟁 상태가 끊임없는 싸움으로 구성된다고 말하지 않는다:

전쟁은 전투 자체 또는 싸움 행위에만 있는 것이 아니라, 전투를 통해 싸우는 의지가 충분히 알려진 시간의 연속에 있다. 따라서 시간의 개념은 날씨의 본질과 마찬가지로 전쟁의 본질에서 고려되어야 한다. 악천후의 본질은 한 두 번의 소나기에 있는 것이 아니라, 여러 날 동안 계속되는 비의 경향에 있다. 마찬가지로 전쟁의 본질은 실제 싸움에 있는 것이 아니라, 그 반대의 보장 없는 모든 시간 동안 알려진 그 경향에 있다. 다른 모든 시간은 평화다. 그러므로 모든 사람이 모든 사람의 적인 전쟁의 시간에 수반되는 결과는 사람들이 자신의 힘과 자신의 발명품만으로 제공되는 보안 외에 다른 보안 없이 사는 시간에 수반되는 결과와 같다. (같은 책)

다시 말해, 중앙 정부가 없으면 우리는 만성적인 불신, 불안, 불안정 상태에서 계속 살아가게 된다고 홉스는 믿었다. 실제로 싸우고 있진 않더라도, 우리는 끊임없이 강도와 폭력의 두려움 속에 살게 될 것이다. 그 결과는 무엇일까?:

이런 상황에서는 산업이 설 자리가 없다. 그 결과가 불확실하기 때문이다. 따라서 농경도 없고, 항해도 없으며, 바다를 통해 수입되는 상품의 이용도 없으며, 넓고 편리한 건물도 없고, 많은 힘이 필요한 물건을 움직이거나 옮기는 도구도 없으며, 지구의 표면에 대한 지식도 없고, 연대기도 없고, 예술도 없고, 문학도 없으며, 사회도 없으며, 무엇보다도 나쁜 것은 지속적인 두려움과 폭력적인 죽음의 위험이다. 인간의 삶은 고독하고, 가난하며, 추악하고, 잔인하며, 짧다. (같은 책)

이것은 또 다른 과장일까? 현대의 예를 고려해 보자. 러시아서 조직된 정부가 붕괴된 이후 남성의 기대수명도 함께 붕괴했다. 1965년 러시아 남성은 평균 64세까지 살 수 있었다. 1997년에는 남성 기대수명이 59세로 떨어졌으며, 이는 아프가니스탄과 캄보디아를 제외한 유럽, 미국 및 아시아 모든 지역보다 낮았다.[29]

홉스에게 중앙 권위의 부재는 전쟁 상태를 초래한다. 싸움이 계속되지는 않지만, 모두가 '전시 체제'에 있으며 경계하고, 방어하고, 보호되며 불안정한 상태에 있다. 국가 간에도 마찬가지다:

> 모든 시대에 왕들과 주권 권위자들은 독립성 때문에 항상 질투심을 품고, 검투사의 상태와 자세를 취하며 서로에게 무기를 겨누고 서로를 주시한다. 즉, 국경에 요새와 수비대, 대포를 배치하고 인접 국가들을 지속적으로 감시하는데, 이는 전쟁의 자세다. 그러나 그들이 백성들의 산업을 그로써 뒷받침하기 때문에, 개인의 자유에서 비롯되는 비참함이 발생지는 않는다.
> (같은 책)

다시 말해, 이것은 국가 간 전쟁이 지속적이라는 것을 의미하지 않으며, 단지 어떤 국가도 총, 간첩, 선전 부서, 해군 및 현재는 항공기 및 미사일에 상당한 비용을 쓰지 않을 수 없다는 것을 의미한다. 홉스에게 국제적 긴장은 피할 수 없는 것이었다. 국제 정의에 대한 논의는 단순한

---

29 *Time* 매거진, 1997년 8월 11일.

선전 활동이었으며, 자기 이익이 다른 어떤 원칙보다 우선시되었다. 국제 평화는 대립하는 동맹 간의 힘이 균형을 이루거나, 한 지역 강국이 나머지 국가에 강제로 평화를 강요할 수 있을 정도로 경쟁자를 압도했을 때 가장 가능성이 높았다.

이 주장이 17세기 유럽에서 사실이었을까? 21세기에는 덜 사실일까? 20세기를 구성했던 '고등 문명'의 끝에서 우리는 두 초강대국 사이의 균형 잡힌 공포의 시기를 막 벗어났다. 이것은 아마도 전쟁이 각 제국의 중심 지역에서 적어도 '냉전'으로 유지되도록 보장했을 것이다. 우리는 이제 단 한 개의 글로벌 강대국인 미국의 시대에 있다. 어떤 두 나라가 서로 전쟁을 벌인다면, 그들은 미국이 전쟁에 무관심한지 아니면 자신들을 지지하는지 확인해야 한다. 팍스 아메리카나는 완벽하게 평화로운 세상을 만들지 않는다. 그것은 확실히 정의로운 세상을 만들어내지 않는다. 그러나 미국이 승인하지 않기 때문에 얼마나 많은 전쟁들이 그저 가능성으로서조차 발생하지 않는가? 미국의 군사력 때문에 얼마나 많은 전쟁들이 그저 가능성으로서조차 성립하지 않았는가? 미국의 군사력은 무의미하고 불필요한가? 아니면 그 막강한 힘 덕분에 적게 사용될수록 그 가치가 증명되는가? 역사는 평화유지가 설득으로 이루어지는 것이 가장 좋은지, 아니면 무력의 위협으로 이루어지는지를 보여주는가?

홉스에게 갈등은 이성과 도덕적 감수성보다 훨씬 더 깊이 있고 규칙적으로 힘으로 해결되었다. 그렇다면 힘이 옳은지를 결정하는 세계에서 '정의'는 어떤 위치를 차지하는가? 이는 힘과 옳음이 본질적으로 동일하다는 것을 의미하는가? 아니면 옳음이라는 것은 존재하지 않는 것인가?:

만인이 만인과 전쟁을 벌이는 상황에서 내릴 수 있는 결론은 아무것도 정의롭지 않을 수 있다는 점이다. 옳음과 그름, 정의와 불의의 개념은 여기에는 설 자리가 없다. 공동의 권력이 없으면 법이 없고, 법이 없으면 불의도 없다. 힘과 속임수는 전쟁에서 두 가지 기본 미덕이다. 정의와 불의는 신체나 정신의 능력이 아니다. 만약 그렇다면, 그것들은 혼자 세상에 있는 사람에게는 있을 수 있다. 그의 감각이나 정서와 마찬가지로. 그것들은 사회속 인간과 관련된 자질이지 고독 속 인간과는 관련이 없다. 그것은 또한 같은 조건에서 비롯된다. 즉, 소유권도, 지배권도, 명확한 '내 것'과 '네 것'의 구별도 없이, 오직 얻을 수 있는 것은 각자의 것이 되고, 유지할 수 있는 동안만 유지되는 상황이다. 이처럼 인간은 순수한 본성만으로는 좋지 않은 상황에 놓이지만, 감정과 이성을 통해 거기에서 벗어날 가능성도 존재한다.

(같은 책)

이것은 홉스가 냉소주의자였다고 말하는 것이 아니다. 그는 '정의'가 전혀 존재하지 않는다고 주장하지 않았다. 그의 요점은 정의의 개념이 개인의 양심이 아니라 국가에 의해 배양되고 정의되며 발전하고 방어된다는 것이다. 이는 대부분의 사람들이 경험한다고 생각하는 것과 정반대이다. 옳고 그름을 결정할 때 우리는 각자 자신의 양심에 의존해야 한다고 믿는다. 윤리는 개인적인 문제라고 생각하며, 국가들은 개인 양심 간의 협력 결과로 나타난다고 믿는다. 홉스는 이를 뒤집는다. 윤리는 옳고 그름, 수용 가능함과 수용 불가능함을 정의하여 결정하는 중앙 권력을 통해 만들어진다. 규칙은 국가에 의해 만들어지며, 우리는 규칙을 배우고 내면화한다. 그런 다음 내면화한 것을 참조하고 이를 우리의 개인적 양심이라고 부른다. 훗날 프로이트는 우리가 보게 될 것처럼 양심이 외부 권위를 내면화한 결과로 발생했다는 유사한 견해를 취했다.

자유주의적 개인주의자들(이는 상담운동에 참여하는 거의 모든 사람을 포함한다)에게 순서는 "개인의 양심 - 윤리 - 법 - 국가"이다. 하지만 홉스에게는 그 반대인 "국가 - 윤리 - 법 - 개인의 양심"이다. 양심이 국가를 만들지 않으며, 오히려 일관되고 조직된 사회 내에서 양육된 개인의 맥락에서 나타난다.

운이 좋다면 우리는 법과 윤리적 원칙에 구현된 규칙을 결정하는 주권 권력이 있는 합리적으로 안정적인 국가에서 태어난다. 우리는 그것을 배우고, 받아들이고, 통합한다. 우리는 그것들을 아주 잘 통합해서 법전을 보러 가는 대신 (우리가 양심이라고 부르는) '안으로' 들어간다.

운이 나쁘다면, 우리는 어떤 중앙 권위도 없는 무정부적 지역에서 태어난다. 그 결과 우리의 '양심'은 미개발되거나 발달되지 않은 상태로 남아 있을 것이다. 우리는 두려움, 공격성, 자기중심성으로 갈라질 것이다. 우리의 삶과 영혼은 홉스의 기억에 남는 말처럼 '불쾌하고, 잔인하며, 짧을' 것이다!

현대 상담에 대한 이 모든 것의 교훈은 개인과 개인의 발달은 국가의 발전과 분리해서 이야기할 수 없다는 점이다. 홉스는 강력한 주권 권력이 왕권이어야 한다는 점을 충분히 보여주지 못했다. 그래서 후대의 정치철학자인 로크와 밀은 주권적 중앙국가 권력이 의회, 압력 단체, 선거, 헌법 등을 통해 더 민주적이고 집단적일 수 있으며, 또한 그래야 한다고 주장할 수 있었다. 하지만 홉스는 개인 발전의 과정과 겉으로는 분리된 것처럼 보이는 중앙 권위가 실제로는 개인 발전이 일어나는 공적 공간의 기반, 경계, 한계라는 것을 분명히 보여주었다. 그것 없이는 그러한 발전은 불가능하다. 중앙 권위가 강하고 안정적일 때 그것은 우리에게 보이지 않을 수 있다. 그러나 그것은 우리의 정체성만큼 중요하다. 게다가 그것은 우리가 그것을 잊거나 당연하게 여길 여유가 없을 정도로 안정적이거나 안전하지 않다.

개인주의자들은 "개인이 발전하면 사회는 점차 개선될 것이다"라고 주장한다. 홉스의 견해는 강력한 중앙 권력이 사회를 안정적으로 유지해야만 정의, 양심, 개인 발전에 대해 이야기할 수 있다는 것이다.

따라서 국가 권력은 홉스의 중심 관심사였으며, 이는 왕의 중앙 주권 권력에 구현된 국가였다. 홉스가 보기에, 우리는 왕에 대한 신성한 정당화를 마련할 필요가 없다. 우리는 그들의 중요성과 가치를 스스로 계산할 수 있으며, 주권 권력의 시민으로서 자유롭게 왕에게 자신을 맡길 수 있었다. 그렇게 했다고 해서 우리는 동의를 철회할 권리가 없었다. 그러나 개인적인 권력과 관점, 개인 발전도 홉스에게는 어느 정도 관심사였다. 그는 심지어 자신의 책의 한 장에서(17세기 맥락 내에서 이해되는 바에 따라) '상담'의 본질에 대해 논의하기도 했다. 이 주제에 대한 그의 몇 가지 의견은 언급될 가치가 있다:

> 그리고 이로부터 다른 차이점이 발생한다. 즉, 사람이 복종하기로 약속했을 때 명령받은 것을 해야 할 의무가 있을 수 있다. 그러나 조언 받은 대로 해야 할 의무는 없다. 왜냐하면 조언을 따르지 않음으로 인한 해는 자신의 것이기 때문이다. 그렇지 않고 조언을 따르기로 약속해야 한다면 그것은 명령의 성격을 갖게 된다. (『리바이어던』, 25장)

이것은 오늘날 관찰되는 것과 크게 다르지 않지만, 홉스에게는 '조언 counsel'과 '충고 advice'를 분리하는 것이 불가능했다. 오늘날 우리는 그러한 분리가 가능하다고 생각하지만, 나는 여전히 확신하지 못한다. 상담자의 조언은 명시적이거나 명령적이지 않을 수 있다. 하지만 아주 작은 비언어적 반응조차도 특정 관점에서 비롯될 수밖에 없으며, 이는 특정한 가치관, 신념, 사상, 경험을 전제로 한다. '조언'은 명시적으로 드러나지 않을 수 있지만, 그것은 상담사의 반응을 형성하는 과정에 암묵적으로 내재되어 있다. 그것은 여전히 똑같이 조언이다. 그렇지 않는 척하는 것은 분명히 솔직하지 못하고 무책임한 일이 아닐까?

홉스는 상담사의 필수 자격에 대해 흥미로운 관찰을 남겼다:

> 상담 능력은 경험과 오랜 연구에서 비롯되고, 위대한 국가의 관리에 필요한 모든 것을 알 수 있는 경험을 가진 사람은 없다고 추정된다. 그러므로 어떤 사람이 아무리 유능하고 경험이 많더라도, 오랫동안 숙고하고 깊이 생각해 온 분야가 아니라면 그가 좋은 상담사가 될 수 있다고 단정할 수 없다.
>
> (같은 책)

이는 홉스가 일반적인 상담에 대해서는 별로 거의 관심을 두지 않았음을 시사한다. 당신은 '어떻게 삶을 살아야 할지'에 대한 상담사는 될 수 없다. 당신은 자신이 연구하고 숙고한 특정 영역, 사안, 문제와 관련하여 상담사가 될 수 있다. 또한 '듣도록' 훈련된 상담사가 될 수도 없다. 관심 있는 문제에 대해 무엇인가를 알고 있어야 한다. 그렇지 않으면 듣는 것이 무슨 의미가 있으며, 어떻게 들을 수 있겠는가? 당신은 그 사람이 말하는 것을 '들을' 것이지만, 그들이 말하는 것을 따라갈 수 있는 충분한 지식이나 경험이 없기 때문에 그들이 말하는 것의 많은 부분을 이해하지 못할 것이다.

그러므로 내 차가 제대로 작동하지 않는 이유에 대해 '조언'을 받고 싶다면, 자동차에 대한 지식이 있는 사람과 이야기하고 싶을 것이다. 반대로, 자동차에 대한 대화를 듣고 싶다면 자동차 정비에 대해 공부해야 할 것이다. '듣기 기술'만 공부한다고 해서 전혀 도움이 되지 않을 것이며, 충분히 이해하는 데는 부족하기 때문이다.

물론, 치료적 상담사들은 고장난 자동차에 대한 상담을 제공하지는 않는다. 그러나 홉스는 내담자가 상담사에게 가져오는 모든 문제와 관련하여 원칙은 동일하다고 주장했을 것이다. 내담자가 채무, 우울증, 범죄, 새 부모에 대해 이야기한다면, 상담사가 오로지 '듣기 기술'에만 만족하면 도움이 될 수 있을까? 아니면 채무, 우울증, 범죄, 의붓 부모 또는 그 밖의 것에 대해 무언가 배워야 하지 않을까? 또한 실제로 내담자가 제시할 수 있는 무수한 딜레마, 우려, 문제 중 얼마나 많은 것을 한 상담사가 알 수 있겠는가?

현대의 매우 많은 상담사들은 채무, 우울증, 이혼과 같은 지식 기반 없이 독립적으로 '과정'(상담)을 배울 수 있다고 생각하는 경향이 있다. 상담에 대한 현대적인 논의는 매우 자주 인간적인 자질이나 실용적인 기술 중 하나에 집중하는 방향으로 치우치는 경우가 많다. 내담자의 문제와 관련된 가능한 해결책에 대한 지식(이론과 실천)이라는 세 번째 차원이 완전히 간과되는 경우가 많다. 이런 생략에 대해 어떤 방안을 시도할지 결정하는 것은 내담자의 몫이기 때문에 상담사는 해결책에 대해 알 필요가 없다는 변병이 제시된다. 홉스는 이에 동의했겠지만, 상담사가 당면한 문제에 대한 해결 전문가가 아니면서 내담자를 해결책으로 이끌 수 있다는 생각은 경멸했을 것이다.

홉스는 상담을 구하는 데 있어 가능한 한 많은 전문 지식을 활용할 것을 권장했다. 아무리 경험이 많고 박식하더라도 상담사 한 명에게만 의존하는 것은 현명하지 않다. 우리는 다양한 제3자 외부인의 견해를 평가하고 판단해야 한다. 각 상담사가 다른 상담사의 말을 들을 수 없도록 해야 한다:

조언자의 수가 동일하다고 가정할 때, 여러 사람이 모인 자리에서 듣는 것보다 개별적으로 듣는 것이 더 나은 조언을 얻을 수 있다. 여기에는 여러 가지 이유가 있다다. 첫째, 개별적으로 들으면 각자의 조언을 모두 들을 수 있지만, 모인 자리에서는 많은 사람이 자신의 판단이 아닌 다른 사람의 웅변에 영향을 받거나, 이미 말한 사람들을 불쾌하게 할까 봐, 혹은 전체에 대해 반대 의견을 내는 것을 두려워하거나, 반대 의견을 칭찬한 사람들보다 이해력이 부족해 보일까 봐 '예' 또는 '아니오'로 답하거나 손이나 발로 동의를 표시하는 경우가 많기 때문이다. 여러 명의 현명한 조언자들의 도움을 받아, 각자의 전문 분야에서 개별적으로 조언을 구하여 일을 처리하는 사람이 가장 일을 잘 처리한다. (같은 책)

나는 이에 전적으로 동의하며, 상담이 앞으로 이런 방식으로 실행되기를 바란다. 그러나 우리는 자신이 이전의 관행보다 앞선 것처럼 생각한다. 우리의 역사 감각이 그 정도다:

군주의 또 다른 중요한 임무는 훌륭한 조언자를 선택하는 것이다. 여기서 말하는 조언자는 국가 통치에 대한 조언을 구할 사람들을 의미한다. '조언(consilium, 'considium'에서 유래)'이라는 단어는 광범위한 의미를 지니며, 앞으로 해야 할 일을 논의할 뿐만 아니라 과거의 사건을 판단하고 현재의 법률을 심의하기 위해 함께 모이는 모든 사람들의 모임을 포괄한다... 가장 유능한 조언자는 악의적인 조언을 통해 얻을 이익에 대한 기대가 가장 적고, 국가의 평화와 방위에 기여하는 것들에 대한 지식이 가장 풍부한 사람들이다. (같은 책, 30장)

이는 안정된 국가의 중요성을 강조한 홉스의 견해와 일치한다. 홉스에게 있어서 상담의 '결과'는 특정 개인의 개인적 발전을 기준으로 정의되지 않았다. 개인 마음의 평화는 사회 전체의 평화, 힘, 안전보다 덜 중요한 것이었다. 이는 홉스가 개인의 평화와 안녕에 무관심했기 때문이 아니라, 개인의 발전이 전체로서의 국가의 지속적인 방어와 발전 내에서만 가능하다고 믿었기 때문이다. 우리는 마치 국가라는 배의 승객과 같으며, 배가 움직일 때만 우리는 실제로 어딘가로 이동했다. 배가 떠 있는 경우에만 서 있을 수 있었다. 그 배가 클수록 그 경계가 보이지 않기 때문에 그 배가 아예 존재하지 않는다고 상상하기 더 쉬웠다. 타이타닉호에 탑승한 사람들은 자신이 유람선에 탄 것이 아니라 그 자체로 편안한 세계의 일부라고 상상할 수 있었다. 하지만 그 배의 경계를 유지하도록 만든 외피가 찢어지고, 외부의 얼음이 당신 세계의 내부로 차가운 물을 쏟아 부으면, 잠시 기다려 보라. 그때 당신의 개인적인 자율성과 발전이 얼마나 멀리 갈 수 있는지 보라.

홉스는 1651년에 글을 썼다. 그의 견해는 2051년에는 덜 중요할까?

질문

1. 내담자의 주권적 독립성이 그들의 또는 당신의 더 넓은 사회적 의무와 충돌했던 경우를 생각해 볼 수 있는가? 그때 당신의 역할과 반응은 어땠는가? 어떤 예가 떠오르는가?
2. 좋은 상담사를 선택하는 방법에 대한 홉스의 견해를 어떻게 생각하는가?
3. 중앙 권위가 없다면 우리의 삶이 '불쾌하고, 잔인하며, 짧다'라는 홉스의 주장에 얼마나 동의하는가?
4. 상담 운동이 (소위) 개인 자율성의 사회적 뿌리에 충분한 주의를 기울이지 않는다는 생각에 얼마나 동의하는가?

연습

1. 당신의 훈련이 내담자가 습득해야 할 지식과 기술을 얼마나 자세히 설명하는지를 검토하라.

2. 당신의 훈련이 내담자의 특정 문제에 대한 전문 지식을 개발하도록 요구했는지 살펴보라.
3. 상담이 문제 중심의 전문 분야들의 집합이라기보다 일반적인 활동으로 얼마나 이루어지고 있는지 논의하라.

결론

홉스에게 개인의 발전은 사회적 발전의 맥락에서만 이해될 수 있었다. 사회가 더 근본적이고 중요하며 영향력이 컸다. 건강한 사회를 만들 수 있다면, 건강한 개인을 얻을 수 있을 것이다. 중앙 권력이 왕족이어야 한다는 홉스의 주장은 시간이 지나면서 입증되지 않았다. 그러나 상담사들은 내담자가 상담 계약의 범위 내에서도 사기 운명의 주권적 판단자가 아니라는 것을 깨달아야 한다. 상담사와 내담자는 의무, 권리, 의무의 더 넓은 사회 계약의 적용을 받으며, 이런 더 큰 연합과 교제를 무시할 수 없다.

웹사이트

http://www.arrowweb.com/philo/Pers/HobbPers.htm
http://www.rjgeib.com/thoughts/nature/hobbes-bio.html

참고문헌

G. B. Herbert, *Thomas Hobbes: The Unity of Scientific and Moral Wisdom*, University of British Columbia Press, 1989
T. Hobbes, *Human Nature*, Oxford University Press, 1994
T. Hobbes, *Leviathan*, Oxford University Press, 1998
G. A. Rogers, *Perspectives on Thomas Hobbes*, Oxford University Press, 1991

Chapter 13

르네 데카르트 (1596-1650년)

요점

* 지식을 확립하기 위해 우리는 모든 불확실한 것을 제거해야 한다.

* 그러면 우리의 의심할 여지없는 출발점은 비물질적인 사고하는 '자아'임을 알게 된다.

* '나는 생각한다, 고로 나는 존재한다.' 이 출발점에서 우리는 신, 물질적 세계, 다른 정신을 추론할 수 있다.

* 기본 물질인 '실체'에는 세 종류가 있다. 첫 번째와 두 번째는 물질과 정신이며, 세 번째는 신이다.

* 본질적인 '자아'는 물리적인 몸에 거주하는 비신체적 정신이다.

적용

* 사람들은 종종 자신이 데카르트 이론을 무의식적으로 따르고 있다는 것을 알지 못한다. 데카르트처럼 그들은 '자아'를 물질적인 몸에 거주하는 비물리적인 정신이라고 생각한다.

* 정신과 몸 사이의 연결은 신비롭다. '정신'의 본질은 여전히 불분명하다.

* 데카르트는 자기중심적 시대를 시작한다. '나'에서 출발하여 신을 추론하고,

그다음 모든 것을 도출한다.
* 우리는 정신과 물질이라는 이원론적 패러다임에서 매우 자주 보기 때문에 그 안을 들여다보기 어렵다.
* 데카르트의 이원론은 개인적 정체성이라는 수수께끼에 대한 해결책보다 더 많은 문제를 제기했다.

▶

데카르트는 세 가지 근본 실체를 제안했는데, 그것은 신, 정신, 물질이다. 정신과 물질은 신의 창조물이었다.[30] 일부 물질은 살아있는 신체의 형태를 취했으며, 이것들은 모두 기계였다. 그것들을 구성하는 물질은 무생물의 물질과 같은 것이었다. 그러니 신체는 (어떤 의미에서) 그 안에 '정신'이 있기 때문에 살아있거나 움직일 수 있다. 정신이야말로 '나'의 진정한 본질이다. 나는 신체를 차지하고 있지만, 그것으로 구성된 것은 아니다. 무생물의 우주는 거대한 시계 장치와 같았고, 정신은 충분히 성숙하면 추론의 과정을 통해 그것을 이해할 수 있다.

우리가 관찰할 수 있는 것은 다른 신체의 말과 행위뿐이었기 때문에 다른 정신을 이해하는 것은 더 어렵다. 정신과 신체의 상호 연결은 데카르트나 정신과 신체를 별개의 기본 범주로 채택한 사람이 제대로 해결하지 못한 어려운 문제였다.

대부분의 사람에게 어떤 철학자가 자신에게 가장 큰 영향을 미쳤는지를 물어보면, 아마도 농담으로 생각할 것이다. 대부분의 사람들은 철학을 읽어본 적이 없고, 철학자를 거의 알지 못하여 철학과 철학자가 자신의 삶, 생각, 희망 또는 두려움과 아무 관련이 없다고 생각할 수도 있다.

---

30 근본 '실체' 개념에 대한 질문이 필요하지만, 이는 나중에 다루어질 것이다.

이 점에서 그들은 완전히 잘못 생각하고 있다. 철학자들은 자아와 세계에 관한 기본적인 가정, 핵심 아이디어, 우선순위를 상세히 설명하며, 이것들은 다른 사람이 생각하고, 느끼고, 계획하고, 희망하고, 추측하는 틀을 형성한다. 철학자들은 다른 사람이 자기 삶의 형태를 만들려고 할 때 사용하는 개념적 구성 요소를 명확히 밝히고 구축한다. 우리는 자기 생각의 구조에 매우 몰두하고 있기 때문에, 우리의 생각을 구성하는 기초에 대해 생각하도록 고무되거나 그러한 추상적인 것을 숙고하는 기질이 있지 않는 한, 그것이 어떻게 구성되는지를 알아차리지 못하는 경향이 있다.

데카르트는 300년도 더 전에 사망했지만, 대부분의 서구인들은 여전히 데카르트주의자일 수 있으며, 이 개념적 틀이 제공하는 통찰과 맹점을 그대로 갖고 있을 수 있다. 자신의 데카르트적 성향을 인식하지 못한다는 사실은 그들이 데카르트가 개발한 사고의 기초를 반영하고, 도전하고, 벗어나는 능력을 더욱 약화시킨다. 상담 운동이 '나 자신'을 찾는 것에 대해 이야기할 때마다 데카르트적인 개인 정체성 관점이 지나치게 부각되는 경향이 있다. 이는 중요하면서도 불행한 일인데, 왜냐하면 나중에 설명하겠지만, 데카르트식 개인 정체성 모델은 거의 확실히 유통기한이 지났기 때문이다. 앞으로 나아가야 하지만 사람들이 어떤 가정을 하고 있는지 또는 어떤 다른 옵션을 사용할 수 있는지 모른다면 어떻게 앞으로 나아갈 수 있을까?

데카르트는 기하학적 형태를 대수적으로 표현하는 매우 유용한 방법을 발견했고 아이들은 여전히 데카르트 좌표계를 배우고 있다. 그의 대수학은 우리가 3차원이 아닌 n차원의 기하학을 분석할 수 있게 해주었다.

이는 상담과 관련되는데 왜냐하면, 데카르트는 자아와 세계에 대한 지식의 기초를 설명하고 찾기 위한 적절한 좌표계를 만들려고 노력했기 때문이다. 그는 자아와 세계에 대한 지식에서 불확실하고 명확하지 않은 모든 것을 제거하고, 수학자의 모든 체계성과 엄밀성으로 그 작업을 시작하려 했다. 그는 이런 결과를 『방법서설』(1637)에서 설명한다.

그는 작업에 시작할 때 따를 절차를 나열하는 것으로 시작한다:

첫째, 내가 명확히 참이라고 알지 못하는 것은 결코 참으로 받아들이지 않는다. 즉, 경솔함과 편견을 주의 깊게 피하고, 의심의 여지를 배제할 수 있을 만큼 명확하고 명료하게 내 마음에 제시된 것 이상을 내 판단에 포함시키지 않는다.
둘째, 검토 중인 각 어려움을 가능한 한 많은 부분으로, 그리고 직절한 해결에 필요한 만큼 나눈다.
셋째, 가장 단순하고 가장 쉽게 알 수 있는 대상부터 시작하여 복잡한 것에 대한 지식으로 조금씩, 그리고 마치 단계별로 올라갈 수 있도록 내 생각을 정리한다. 그 자체로 선후 관계에 있지 않은 대상에게도 생각 속에서 일정한 순서를 부여한다. 그리고 마지막으로, 모든 경우에 누락된 것이 없음을 확신할 수 있도록 완전히 열거하고 포괄적으로 검토한다.
(『방법서설』, p. 15)

데카르트는 또한 자신의 진행 방식을 형성할 도덕적 원칙을 함께 정리했다. 이것들은 그가 체계적이고 회의적인 비판에서 살아남을 수 없는 대부분의 다른 개념적 짐을 제거하기 시작할 때 그에게 지침을 제공했다:

첫 번째 준칙은 내 나라의 법과 관습을 준수하고, 신의 은혜로 어린 시절부터 교육받았던 신앙을 굳게 지키며, 내가 살고 있는 사람들 중 가장 현명한 이들의 일반적인 동의로 채택된 가장 온건한 의견과 극단에서 가장 멀리 떨어진 의견에 따라 내 행위를 규제하는 것이다. (같은 책, 19쪽)

두 번째 준칙은 가능한 한 내 행동에 있어서 확고하고 결단력 있게 행동하고, 일단 채택되면 매우 확실했던 것처럼 가장 의심스러운 의견에 덜 확고하게 집착하지 않는 것이다. 이는 숲에서 길을 잃은 여행자들이 이리저리 방황하거나 한 곳에 머물러서는 안 되며, 처음 선택을 결정한 것이 우연일지라도 사소한 이유로 방향을 바꾸지 않고 가능한 한 직선으로 같은 방향으로 끊임없이 나아가야 한다는 여행자들의 예를 모방하는 것이다. 왜냐하면 이런 식으로 그들이 원하는 지점에 정확하게 도달하지 못하더라도 결국 숲의 중간보다 아마도 더 나은 어떤 장소에 도착할 것이기 때문이다
(같은 책, 20)

세 번째 준칙은 언제나 운명보다는 나 자신을 정복하려고 노력하고, 세상의 질서보다는 나의 욕망을 바꾸고, 일반적으로 우리의 생각 이외에 우리 힘 안에 아무것도 절대적으로 없는 것에 익숙해지는 것이었다. 따라서 우리 외부의 것들에 최선을 다했을 때, 성공하지 못한 모든 것은 우리에게 절대적으로 불가능한 것으로 간주되어야 한다. 이 단일한 준칙은 나의 욕망을 막기에 충분하다고 생각된다.

이런 준칙들을 갖추고, 믿음의 진리들과 함께 예비로 삼아, 나는 내 의견의 남은 부분을 자유롭게 제거할 수 있겠다고 결론지었다. (같은 책, 23쪽)

데카르트는 이해를 구축할 수 있는 견고한 지식의 기초를 찾고 있었다. 그는 모든 불확실성을 남길 여지가 있는 모든 것을 거부하고 아무런 위험도 감수하지 않기로 결정했다:

내 믿음 중 완전히 의심의 여지가 없는 것이 남아있는지 여부를 확인하기 위해, 내가 조금이라도 의심의 여지가 있다고 상상할 수 있는 모든 의견을 절대적으로 거짓으로 간주하고 거부하는 것이다. (같은 책, 24쪽)

데카르트는 우리의 감각 관찰이 때때로 우리를 속일 수 있으며, 우리의 추론에서도 가끔 오류를 범할 수 있다고 생각했다. 하지만 이 모든 것을 불확실하고 의심할 만한 것으로 버렸을 때, 과연 무엇이 남을까?:

내가 모든 것이 거짓이라고 생각하고 싶어하는 동안, 그렇게 생각하는 나 자신이 무언가임이 절대적으로 필요하다는 것을 관찰했다. 그리고 이 진리, 즉 '나는 생각한다, 고로 나는 존재한다(COGITO ERGO SUM)'가 너무나 확실하고 명백하여 아무리 극단적인 회의론자라도 이를 흔들 수 있는 의심의 근거를 제시할 수 없다는 것을 관찰했을 때, 나는 주저 없이 이것을 내가 찾고 있던 철학의 첫 번째 원리로 받아들일 수 있다고 결론지었다.

(같은 책, 27쪽)

그래서 여기에 '나' 중심의 우주에 대한 철학적 기초가 있다. 다른 모든 것은 의심의 여지가 있지만, 여기 나는 이것을 의심하고 저것을 의심하고 있다. 무엇이든지 사라질지라도, 나는 남아 질문하고, 찢고, 생각하고, 생각하고, 또 생각한다. 심지어 내 신체조차도 '나'보다 덜 실체적이다:

나는 내가 어떤 존재인지 주의 깊게 조사했고, 내가 몸이 없고, 세상도 없고, 내가 있을 곳도 없다고 가정할 수 있음을 관찰했지만, 그럼에도 불구하고 내가 존재하지 않는다고 가정할 수는 없었다. 오히려 다른 것들의 진실성을 의심하고자 하는 바로 그 행위로부터 나는 명확하고 확실히 존재한다는 것이 가장 분명하게 드러났다. (같은 책, 27쪽)

몸은 우리의 상상 속에서 사라질 수 있지만, 우리는 여전히 상상할 수 있다. 그렇다면 무엇이 남는가?:

나는 그로부터 내가 생각하는 데에만 본질 또는 본성이 전적으로 존재하는 실체이며, 존재하기 위해서는 아무런 장소도 필요하지 않으며, 어떤 물질적인 것에도 의존하지 않는다고 결론지었다. 그러므로 '나', 즉 내가 어떤 존재인지 만드는 정신은 몸과 완전히 구별되고, 몸보다 더 쉽게 인식될 수 있으며, 몸이 없더라도 여전히 지금 있는 그대로 존재할 것이다.

(같은 책, 27쪽)

여기에 잠재적으로 존재하지 않는 왕관 속의 확실성이라는 보석이 있다. 그것은 바로 '나', 생각하는 사람, 다른 모든 지식이 구축될 수 있는 토대이다. 그리고 현대 사상과 자유주의 전통의 기반이 여기서 시작된다. '자아'는 실재하고 확실하다. 신체는 덜 실재한다. 사회는 훨씬 덜 실재적이다. 가장 논쟁의 여지가 없는 것이 가장 중요한 것이라고 가정하는 것은 성급한 판단이다.

어떤 점에서 데카르트의 제안은 새롭지 않다. 플라톤 이후 비물질적인 '영혼'이 물질적인 몸보다 더 실재한다는 견해가 탐구되어 왔다. 몸이 70여 년을 산 후에 썩어서 사라지는 명백한 사실을 고려해 볼 때, 개인의 불멸성을 어떻게 정당화할 수 있었겠는가? 하지만 플라톤은 궁극적으로 실재하는 형상들의 전체 집합을 갖고 있었다. 그는 단순히 '자아' 하나만을 남기지 않았다.

물론 데카르트는 회의론적으로 자신의 세계를 의심할 수 없는 실재의 지위에서 사라지게 하면서도, 자신이 법을 준수하며 신을 경외하는 시민으로 남을 것이라고 상기시킨다. 사실 데카르트는 자아의 끈으로 혼자서 멀리 끌어당기지 못한다. 혼자 있을 때 그는 항상 행복하지 않다는 것을 깨닫는다. 그렇다면 그는 정말로 혼자인가?:

> 나는 의심, 변덕, 슬픔 및 그와 같은 것들이 신 안에서 발견될 수 없음을 깨달았는데, 이는 나 자신이 그러한 것들로부터 자유로워지는 것을 행복하게 여겼기 때문이다. 다음으로, 내가 의심했다는 상황을 반영하고 결과적으로 나의 존재가 완전히 완벽하지 않았다는 것을 반영하면서 (나는 아는 것이 의심하는 것보다 더 큰 완벽함이라는 것을 분명히 보았다), 나는 나 자신보다 더 완벽한 것에 대해 생각하는 것을 어디서 배웠는지 묻게 되었다. 그리고 나는 실제로 나보다 더 완벽한 어떤 본성으로부터 이 개념을 가져야 한다는 것을 분명히 인식했다. ... 그 본성은 실제로 나보다 더 완벽

하고, 그리고 내가 어떤 아이디어라도 형성할 수 있는 모든 완벽함을 그 자체 안에 가지고 있는 본성이다. 그것은 신이었다. (같은 책, 28쪽)

데카르트에게 신은 확고히 자리를 잡고 있으며, 그는 신의 존재를 위한 다양한 논증을 탐구하고 받아들인다. 그러나 신의 존재를 '증명'할 필요를 느꼈다는 사실은, 신이 데카르트의 경험에서 확고히 느껴지는 부분이 아우구스티누스와 같은 인물들에 비해 덜 명백했음을 시사한다. 아우구스티누스의 『고백록』은 아우구스티누스 자신보다도 더 현존하는 신과의 대화로 구성되어 있다는 점을 기억할 필요가 있다. 반면 데카르트의 『방법서설』은 훨씬 더 독백에 가깝다. 신은 오직 '자아'가 신을 다시 틀 안으로 추론한 후에야 등장한다. 이로 인해 다른 사람들이 신의 존재에 대한 데카르트의 논증을 의심할 여지가 열리게 되었고, 이후 몇 세기에 걸쳐 실제로 그렇게 되었다. 결국 우리는 신 존재 논증이 불확실하다는 불가지론적 관점을 취하거나, 신적 실재의 개념 자체가 무의미하다고 보는 무신론적 믿음을 가진 사람들이 그 어느 때보다 훨씬 많아지게 되었다.

그렇다면 신이 배제되었을 때, 실제로 남는 것은 무엇인가? 물론 데카르트가 말했듯이 그것은 '나'이다. 결국 '나'는 신의 자리를 대신하게 되는데, 다른 무엇도 '나'처럼 그토록 '만질 수 있고' '진정한' 것으로 남지 않기 때문이다. 전통적으로 교회는 피난처, 의미, 위로, 고백의 장소를 제공했다. 하지만 교회의 쇠퇴와 함께 '자아'라는 종교가 이를 대체하게 되었다. '자아'가 가장 중심적이고, 가장 실재적이며, 가장 중요하다면, 우리는 이 '자아'를 만족시키기 위해 삶을 조직해야 한다. 우리는 누군가가 되기 위해 소비해야 한다. 그리고 신체적 대상이 비신체적 자아보다 덜 실재적이라고 여겨지면서도 스스로에 대해 불안감을 느낀다면, 우리 자신을 '탐구'하고, 자신을 '개발'하고, 자신을 '표현'하고, 자신의 정신적 '내부'를 제공하고, 토론하고, 제시할 수 있는 언어를 제공하는 데 도움을 줄 사람을 찾아야 한다.

이제는 선택할 수 있는 수십 가지의 그런 언어, 즉 이론이 존재한다. 당신에게 원자아, 자아, 초자아가 있는가? 혹은 당신은 자신의 '내면의 아이'를 찾고 있는가? 아니면 '하위 성격'을 찾고 있는가? 오늘날 상담 시장에는 사람들이 자신을 탐구하고, 설명하며, 개발하고 표현할 수 있는 다양한 언어들로 넘쳐난다. 무엇보다도, '진정한' 자아를 찾을 수 있도록 도와줄 전문가 군단이 존재한다. 결국, 당신은 수많은 '거짓 자아' 중 하나에 만족하고 싶지 않기 때문에 그렇다.

내가 스스로를 '찾을 수 있는' 방법이 이렇게나 많다는 사실은, 어떤 사람들에게는 지난 100여 년간 심리학의 엄청난 진보를 보여주는 신호로 여겨진다. 그러나 이는 어쩌면 이 모든 시도가 근본적으로 잘못되었음을 나타낼 수도 있다. 우리는 단지 우리가 상상하는 '나 자신'이라는 더 많은 허구를 만들어내고 그것을 쫓고 있는 것은 아닐까? 이는 정말 우리를 어디로 데려가고 있는가?

상담사가 특정 문제, 예를 들어 빚이나 소심함과 같은 것을 도와주겠다고 제안하는 것과 '나 자신'을 '찾고' '발전시키는'것과 같은 보다 일반적인 목표는 서로 다른 문제이다. 이것은 무엇을 의미할까? 데카르트를 믿는다면, '나 자신'은 가장 확실하고, 가장 근본적이며, 가장 의심할 여지가 없는 것이다. 그러나 데카르트가 옳은가? 나는 그렇지 않다고 생각하며, 이후에 자아에 대한 보다 유용한 관찰을 탐구할 것이다. 예컨대 하이데거는 20세기에 데카르트주의를 철저히 해체한 인물로 꼽힌다. 하지만 하이데거를 읽는 사람은 적다. 그의 난해한 언어와 논란의 여지가 있는 정치적 입장은 대중적인 지지를 얻기에 적합하지 않다.

데카르트 이후 현대의 의제는 '자아'에 관한 것이었다. 자유 시장 안에서 자아를 탐구하고 표현하도록 돕는 것이 자유민주주의의 목표였다. 그러나 자아에 몰두하는 것은 무의미하고 만족스럽지 않다는 것이 판명되었다. 우리는 우리 자신이라고 상상하는 것보다 다른 사람들, 사람 및 원칙에 대한 헌신을 통해 그것이 무엇이든 '우리 자신'을 찾는다. 게다가 우리는 데카르트식 회의론을 자아에 적용할 수 있으며, 자아 역시 허구이자 구성물이라는 것을 알 수 있다. 오늘날 문화 시장에 얼마나 많은 자아 구성물이 이용 가능한지 관찰할수록 이것은 점점 더 가능성이 높아진다. 이런 이유로 포스트모더니즘은 더 이상 '자아'라는 제단에서 숭배하지 않고, 자아를 포함한 모든 것을 '해체'한다. 그러면 무엇이 남는가? 아무것도 남지 않는가? 이에 대한 논의는 더 이어질 것이다.

데카르트는 물리적 세계 (거기에는 그와 다른 이들에게 큰 매력이었던 기계가 존재한다)와 독특한 개인 성격의 본질인 자아의 정신적 세계를 구분했다. 물론, 철학자들은 우리가 실제로 물리적 세계에 속하지 않는다는 결론을 내리면서 침착함을 유지할 수 있다. 결국 철학자들은, 그들의 아내가 냉소적으로 동의하듯이, 대부분의 사람들보다 일상 생활과 물리적으로 덜 연결되는 경향이 있다.[31]

이것은 우리가 다른 사람들을 관찰할 때, 사실상 그들을 전혀 관찰하지

---

31 이 일반화는 여전히 꽤 안전하다고 생각한다. 철학자들은 압도적으로 남성이었지만, 여성적 관점이 더 많이 반영되었다면 이 주제에서 더 많은 성과를 이룰 수 있었을 것이라고 확신한다.

않고 있다는 것을 의미한다. 우리는 어떤 식으로든 정체성의 본질인 비물질적 영혼·정신·자아를 '담고' 몸을 관찰하고 있을 뿐이다. 나는 내 (비신체적) 자아가 (물리적인) 머리 '내부'의 어딘가에서 내 (물리적인) 눈을 통해 외부를 내다보고 있다는 것을 '안다'. 적어도 나는 대부분의 사람들이 부주의하게 데카르트적 세계관을 믿는 것처럼 이것을 알고 있다고 생각한다. 그래서 나는 예를 들어 '의미 있는' 눈 맞춤을 통해 (비신체적인) 당신을 '들여다볼' 수 있다고 상상한다. 하지만 내가 보는 것은 당신의 눈의 흰자와 동공뿐이다. 만약 그 눈에 빛을 비춘다면 당신이 세상을 보는 혈관이 비춰질 수 있다. 나는 당신에게 빛을 비출 수 없다. 물론, 데카르트가 믿었던 것처럼 당신의 본질적이고 진정한 자아가 비물질적인 '기계 속의 유령'이라면 그럴 수밖에 없다.

이것은 내가 주변에서 유일한 실제 사람인가라는 문제를 낳는다! 어쩌면 당신들 모두가 정교하게 만들어진 로봇은 아닐까? 아니면, 실제 로봇이 그렇게 정교하게 만들어질 수 있다면, 그들도 영혼, 정신, 자아, 개성을 갖고 있다고 가정해야 할까? 이런 질문들은 현재 활발히 논의되고 있으며, 많은 공상과학 드라마의 소재가 되어왔다. 데카르트는 이 문제를 처음으로 발견한 사람 중 하나였다 (이는 그의 모형의 필연적 결과이기 때문에 놀랍지 않다):

> 만약 어떤 기계가 원숭이나 다른 비이성적인 동물과 정확히 유사한 기관과 외형을 가진 기계가 있다면, 우리는 그것들이 이런 동물들과 다른 본성을 가지고 있다는 것을 알 방법이 없다. (같은 책, 44쪽)

하지만 만약 기계가 사람처럼 보이고 행동하도록 만들어진다면? 우리는 그것과 사람을 구별할 수 있을까? 데카르트는 우리가 구별할 수 있다

고 생각했다:

> 만약 우리 몸의 형상을 가진 기계가 존재하고, 도덕적으로 가능한 한 우리의 행동을 모방할 수 있다면, 그들이 진정한 인간이 아니라는 것을 알 수 있는 가장 확실한 두 가지 테스트가 여전히 남아 있다. 그 첫 번째는 그들이 결코 우리처럼 생각을 다른 사람에게 전달하기 위해 적절하게 배열된 말이나 다른 기호를 사용할 수 없다는 것이다. 우리는 기계가 발성음을 내도록 구성될 수 있고, 심지어 외부 물체의 작용으로 기관에 변화가 생기면 그에 상응하는 반응을 보이도록 구성될 수 있다는 것을 쉽게 상상할 수 있다. 특정 부위를 만지면 우리가 말하고자 하는 것을 요구할 수 있고, 다른 부위를 만지면 아프다고 울부짖는 등, 이와 유사한 반응을 보일 수 있다. 하지만, 지적 수준이 가장 낮은 사람들도 할 수 있는 것처럼, 듣는 말에 적절하게 대답하기 위해 다양한 방식으로 반응을 조합하는 것은 불가능하다.
>
> (같은 책, 44쪽)

이것은 1637년에는 충분히 사실이었지만, 누가 이것이 훨씬 더 오랫동안 그대로 유지될 것이라고 확신할 수 있을까? 현재 컴퓨터 과학자들은 인간 대화를 잘 모방하도록 설계된 대화 및 상담 프로그램을 만들기 위해 열심히 노력하고 있는데, 그들과 대화할 때 당신은 그들의 답변에서 상대가 인간인지 아닌지를 알 수 없다. 앨런 튜링은 제2차 세계대전 직후 '튜링 테스트'를 제안했다. 그 도전 과제는 30분간의 대화 후에도 인간이 아님을 판별할 수 없는 컴퓨터를 만드는 것이다. (컴퓨터는 벽 뒤에 있다고 가정되며, 테스트는 대화의 내용이지 물리적인 구현이 아니다.) 아직 이 테스트를 통과한 기계는 없지만, 일부는 점점 더 가까워지고 있다![32]

---

[32] 내가 상담로봇인 Dr. Sbaicso와 상담 로봇화에 대해 나눈 대화는 나의 책 *Challenges to Counselling and Psychotherapy* (Macmillan, 1996)에 수록되어 있다.

그럼 데카르트의 두 번째 테스트로 넘어가자:

두 번째 테스트는, 이런 기계가 우리보다 더 큰 완벽함으로 많은 일을 수행할 수 있을지라도, 어떠한 특정한 행동에서 지식에 의해 작용하지 않고 오직 그들의 기관의 배치에 따라 행동한다는 것이 밝혀질 수 있는 특정한 다른 일에서 의심의 여지 없이 실패할 것이라는 점이다. 왜냐하면 이성은 모든 경우에 적용 가능한 보편적인 도구인 반면, 이런 기관은 특정한 행동마다 특별한 배열을 필요로 하기 때문이다. 따라서 어떤 기계에서든 모든 생활 상황에서 우리 이성이 행동할 수 있는 것과 같이 행동할 수 있는 기관의 다양성이 존재하는 것은 도덕적으로 불가능해야 한다. 다시 말해, 이 두 가지 테스트를 통해 우리는 인간과 짐승의 차이를 알 수 있다.

(같은 책, 45쪽)

이것 역시 예전만큼 명백하게 사실이 아니다. 물론 로봇은 인간이 할 수 있는 행동과 '대화'의 범위와 비슷한 어떤 것도 제공하지 않는다. 하지만 그들은 꾸준히 개선되고 있다. 여러 구성 요소가 조합될 수 있어, 언젠가는 로봇 집사가 걷고, 말하고, 아침에 우리를 맞이하며, 아침 식사를 가져다줄 수 있을 것으로 기대되고 있다. 공상과학소설 작가들은 그들이 우리와 '사랑을 나눌' 가능성도 탐구하고 있다. 이런 방향으로 진지한 노력이 이미 이루어지고 있다고 해도 놀랍지 않다.

데카르트의 로봇에 대한 논의에서 흥미로운 점은, 내가 아는 한 그 누구도 주목하지 않은 부분인데, 바로 행동 기준을 사용하여 당신이 사람인지 로봇인지 판단한다는 것이다. (데카르트적) 실재에서 당신은 비신체적 영혼을 갖고 있기 때문에 사람이다. 그러나 우리 누구도 다른 영혼을 관찰할 수 없다. 따라서 나는 당신이 사람인지 로봇인지 판단하기 위해 당신의 대화와 행동의 질과 다양성을 관찰한다. 속담에서는 "오리처럼 걷고 소리가 난다면, 그것은 오리다." 마찬가지로, 당신이 충분히 사람처럼 말하고 행동한다면, 당신은 '사람'이다. 그렇지 않다면, 당신은 기계다. 데카르트는 우리시대에 살아 돌아와 기계가 얼마나 자신의 테스트들을 통과하는데 근접하고 있는지를 관찰할 수 있다면, 그는 자신의 테스트에 대해 매우 걱정할 것이다!

데카르트에게 비신체적인 영혼은 가장 실제적이고, 가장 중요하며, 우리가 누구인지를 가장 본질적으로 구성하는 것이다. 그러나 우리가 지속적으로 우리 자신의 영혼에 (비물질적으로) 접근하는 것처럼, 우리는 다른 사람의 영혼에 접근할 수 없다. 그들이 누구이며 그들을 독특하게 만드는 것이 무엇인지, 우리가 그들과 좋아하거나 싫어하거나, 소통하거나 그렇지 않은 근거를 결정할 때, 우리는 신체적이고 언어적인 기준을 사용한다. 우리는 사람들이 말하는 것과 행동하는 것을 관찰하며, 이것이 우리에게 정말로 중요한 것이다. 하지만 데카르트를 믿는다면, 그들에게 정말 중요한 것은 그들의 비물질적인 영혼이나 '자아'이다.

우리가 매일 모든 방식으로 말과 행위에 참여하고, 우리가 행복한지 슬픈지, 영감을 받았는지 우울한지를 결정하는 것이 바로 신체적이고 언어적인 것이라면 '영혼'이라는 개념이 필요한가? 우리가 갖고 있는 물리적 세계는 충분히 좋고 완전하지 않은가? 우리가 그것이 형이상학적 의미에서 '영혼'이 결여되어 있다고 가정한다면, 그것이 흥분, 경험, 희망, 두려움, 성취, 연결, 의도 및 그 밖의 모든 것이 부족하다는 것을 의미하는가?

기계가 더 유능해지면, 우리는 자신을 진정으로 인간으로 만들고 우리 인간만이 달성할 수 있는 특별한 (작은) 영역을 발견하게 될까? 몇몇 똑똑한 기계와 함께 일하고 놀다 보면, 아마도 조만간 그들이 '개인적인' 특성을 갖게 될 것이라고 상상하기 쉽다. 몇몇 활기 없는 사람과 함께 일하고 놀다 보면, 그들이 살아있는 것이 아니라 로봇처럼 존재하고 있는 것처럼 생각하기 쉽다.

예를 들어, 상담학을 전공하는 학생들이, 심지어 대학원 수준에서조차, '진정한 자아'에 대해 이야기하는 심리적 잡담을 듣고 있노라면, 거기에 인간 문제를 개별적으로 다루는 독특한 영혼의 존재를 전제하고 있다고 보기 어려웠다. 반대로, 그것은 정형화된 진정한 자아에 대한 진부한 의견을 기계적으로 받아들여 무의식적으로 반복하는 자동 알고리즘처럼 들릴 수 있다.[33]

'사람들'이 안드로이드임을 드러내는 공포 이야기는, 어쩌면 결국 우리 주변의 사람들이 모두 진짜 사람이 아니라고 상상할 수 있기 때문에 그 힘을 발휘한다. 로봇이 아니라면, 아마 외계 생명체에게 지배당했을 수도 있지 않을까? (오래된 공상과학 소설의 인기 주제이다) 어쨌든 인격이라는 것이 우리가 계속해서 독특한 말을 해야만 하는 것이라면, 어쩌면 우리 모두의 '인격'이 위협받고 있는 것은 아닐까? 우리 중 얼마나 자주 진정으로 독창적인 생각을 할까? 얼마나 많은 사람이 독특하고 흥미로운 생각을 전혀 하지 못한 채 무덤으로 갈까?

---

[33] 내가 딸의 초기 인터넷 경험을 통해 목격한 일부 청소년 '채팅 라인'에서는 목소리가 인간의 것인지 아니면 온갖 환상과 단절된 시간 채우기 뒤에 있는 대화 프로그램인지 알기는 정말 어려웠다..

질문

1. '진정한 나'에 대한 당신의 이미지는 무엇인가? 진정한, 궁극적인, 본질적인 자아가 존재한다고 상상하는 것이 의미가 있는가? 그것은 비물리적인가?
2. 만약 우리가 팔을 잃은다면 우리는 자신을 잃는 것인가? 하지만 만약 정신을 잃는다면? 그때는 어떻게 되는가?
3. 자신을 찾기 위해 '내부'로 들어가는 것이 유용하거나 의미가 있는가? 아니면 우리의 행위를 살펴보는 것이 더 나을 수 있는가? 예를 들어 답변을 설명하라.
4. 몸 없이 자아가 존재할 수 있는가? 잘 만들어진 기계가 당신을 속여서 마음이 있다고 믿게 할 수 있는가?
5. '자아'에 대한 여러 가지 이론이 우리의 정체성에 대한 이해의 발전을 나타내는가, 아니면 공동체에 대한 이해의 퇴보를 나타내는가?

연습

1. '진정한 나'의 위치에 대한 견해를 공유하라. 그것은 발톱 아래보다 눈 뒤에 더 가까운가?
2. '나 자신을 발견하는' 경험과 이를 설명하는 데 사용하는 언어와 은유에 대해 논의하라.
3. 내담자의 정체성에 대한 견해와 관련하여 자신의 경험을 고려하고 비교하며 논의하라.

결론

데카르트는 개인 정체성에 대한 질문을 그의 이전 사상가들보다 더 많이 다루었다. 그는 자신에 대해 들어본 적이 없는 오늘날 사람들이 수동적으로 채택하는 정신과 물질의 모델을 우리에게 제공했다. 이 과정에서 그는 어느 정도 신을 대체했고, 오늘날까지도 우리를 혼란스럽게 하는 심신문제를 제기했다. 데카르트의 정신-물질 이원론이 우리에게 통찰보다 더 많은 혼란을 야기했을 수 있다. 하지만 이원적 분석은 우리가 '자아'와 '세계'에 대한 생각을 계속해서 구성하는 틀을 제공하기 때문에 벗어나기 어렵다. 그 대안으로, 특히 스피노자, 라이프니츠, 버클리, 헤겔, 하이데거, 사르트르를 데카르트와 비교해 보라.

웹사이트

http://www.geocities.com/Athens/Forum/5507/descartes.html
http://philos.wright.edu/DesCartes/Meditations.html

참고문헌

K. F. Barber, J.E. Gracia (eds) *Individuation and Identity in Early Modern Philosophy: Descartes to Kant*, Scace University of New York Press, 1994

R. Descartes, *Discourse on Method*, Everyman, 1965

R. Descartes, *Meditation*, Cambridge University Press, 1998

Chapter 14

바루흐 스피노자 (1632-1677년)

요점

* 신은 광대하고 신비하며 나눌 수 없는 전체로서 존재의 전부이다.

* 우리의 정신이 단일한 통일성으로 우주를 파악하기에는 너무 작기 때문에 우리는 그것을 오직 단편적으로만 본다.

* 우리의 정신은 시간을 초월한 단일성을 파악할 수 없기 때문에 경험을 과거, 현재, 미래로 나눈다.

* 구성 요소는 어떤 식으로든 분리되어 있지 않기 때문에 상호 연결되지 않는다.

* 자아와 환경의 분리 자체가 환상이므로 우리는 환경을 통제하지도 않고 환경에 의해 결정되지도 않는다.

적용

* 스피노자의 비전은 자아와 세계의 경계를 허무는 불교와 힌두교의 가르침과 유사하다.

* 요가 (어떻게 실행되든 '신과의 합일')는 많은 사람에게 분리된 자아라는 괴로운 망상에서 벗어나는 왕도로 여겨진다.

* 자아와 세계의 합일에 관한 영적 가르침은 의미, 힘, 목적을 찾는 데 있어 결정적인 것으로 생각된다.
* 이런 전체론적, 통합적, 범신론적 가르침에서 자아는 존재의 '나머지'와 구별되기보다는 교감 속에서 발견된다.
* 세계와 다른 사람들과 '하나 됨'을 느낄 때, 우리의 상호 의무는 더욱 분명해진다. 윤리적 명령은 외부의 논증과 강제보다는 내부에서 느껴질 수 있다.

▶

앞 장에서 보았듯이 데카르트는 물질, 정신, 신의 세 가지 기본 '실체'를 제안했다. 스피노자는 오직 하나의 실체만이 있다고 주장했는데, 그것은 바로 신이다. 스피노자에게 신은 물질과 정신의 우주를 존재하게 한 어떤 힘, 인격, 원리가 아니었다. 신은 광대하고 신비롭고 서로 연결된 전체성 안에서 존재의 전부이다.[34] (스피노자의 인용은 모두 『윤리학』, 1677에서 인용했다).

스피노자는 이런 범신론과 그의 다른 개념들을 첫 번째 원칙들과 모형으로 한 추론 과정을 통해 증명하고자 했다. 예를 들어 신이 완벽하므로 전체로서의 우주보다 더 작을 수 없다. 따라서 정신과 물질은 우주의 측면이다. 그들은 독립적인 존재가 아니다. 우리는 그것들을 분리된 것으로 볼 수 있고, 그들의 상호 연결에 대한 질문을 할 수 있지만, 이런 질문은 우주의 본질 보다는 인간의 불가피한 무지, 오류, 제한된 인식과 더 관련이 있다.[35] 스피노자는 이로써 몸과 정신의 상호작용에 대한 모든 해결되지 않은 질문들과 초월적인 신의 역할을 단번에 해결했다. 분리가

---

[34] 정리 1: 사유는 신의 속성이며, 신은 사유하는 존재이다.
[35] 정리 31: 우리는 우리 자신 외부의 특정 사물의 지속에 대해 매우 불충분한 지식만을 가질 수 있다. 정리 35: 허위는 지식의 결핍에 있으며, 이는 불충분하고 단편적이며 혼란스러운 생각들이 수반한다.

없기 때문에 상호 작용도 없다. 신은 내재적이다. 우주는 신이므로, 신과 별개로 존재할 수 없다.

스피노자에게 우주신은 하나의 총체였고, 그 안의 모든 분리와 개념화는 작은 정신이 한 번에 작은 부분만 이해할 수 있기 때문에 생긴 것이다.[36] 우리는 우주를 여러 부분, 테이블, 의자, 원자, 분자로 나누고 그 부분들이 어떻게 상호작용하는지에 대해 부적절한 질문을 한다. 우리가 잊은 것은 우주에 '부분'이 존재하는 것은 단지 우리 정신 속에서 그것이 조각으로 나뉘었기 때문이다.[37] 우주는 말하자면 하나의 거대한 이음새 없는 그림이다. 그것은 너무 커서 우리가 이해할 수 없기 때문에 우리는 그것을 우리 정신이 이해할 수 있는 작고 단순한 수조 개의 조각으로 된 직소 퍼즐로 바꾼다. 그런 다음 우리는 직소 퍼즐의 조각들이 어떻게 상호 연결되는지, 어떻게 그것들을 함께 놓을 수 있는지를 묻는다.

우리가 잊은 것은 실제로 그것들이 상호 연결되지 않는다는 것이다. 실제로 조각이 전혀 없기 때문에 함께 맞지 않는다. 상호 연결은 우리의 정신속에서 만들어진 것이지, 세상에서 발견되는 실재가 아니다. 정신은 우주를 작은 조각으로 잘라야만 이해할 수 있다. 그것은 무한한 실재를 파악할 수 있는 무한한 힘에 의해서만 하나의 전체적인 전체로 파악될 수 있다. 그것이 신이고, 전체로서의 우주이다.[38]

---

36 정리 45: 모든 물체 또는 실제로 존재하는 모든 특정 사물에 대한 관념은 필연적으로 신의 영원하고 무한한 본질을 포함한다.
37 정리 10 따름정리: 인간의 본질은 신의 속성의 특정 변형으로 구성된다.
38 정리 11 따름정리: 인간의 마음은 신의 무한한 지성의 일부이다; 따라서 우리가 인간의 마음이 이것이나 저것을 인식한다고 말할 때, 우리는 신이 이것이나 저것에 대한 관념을 가진다고 주장하는 것이다. 이는 신이 무한하다는 점에서가 아니라, 인간의 마음의 본성을 통해 드러나는 점에서 또는 인간의 마음의 본질을 구성하는 점에서 그렇다. 또한 우리가 신이 이것이나 저것에 대한 관념을 가진다고 말할 때, 이는 인간의 마음의 본질을 구성하는 점뿐만 아니라, 신이 인간의 마음과 동시에 다른 사물에 대한 추가적인 관념을

많은 장소와 시대에서 신비주의자들은 상호 연결된 하나의 전체로서 우주를 엿볼 수 있다고 주장해 왔다. 이런 비전과 존재 방식은 치유, 힘, 영감, 이해의 원천으로 제시되어 왔다. 스피노자는 존재의 통일성을 신비적 경험의 결과가 아니라, 수학적 분석과 연역에서 이끌어 낸다. 현대의 눈으로 볼 때 (나의 경우에는) 그의 문제는 정말 끔찍하다. 그는 합리주의자로서 관념, 단어, 단어와 개념 간의 관계에서 결과를 펼치려 한다. 경험적 관찰과 테스트는 그의 저술에 전혀 나타나지 않는 것 같다.

이런 합리주의적 접근은 현대적 논증 방식과 이질적이며 지금은 너무 평가절하 되어 그가 제시한 윤리적이고 형이상학적 '공리들'이 견고하고 일관되며 그의 끝없는 윤리적이고 형이상학적 '결론'를 충분히 도출지를 '확인'할 의향이 있는 사람들이 거의 없다는 것은 놀랄 일이 아니다. 스피노자는 자신이 말하는 것이 진리임을 증명하기 위해 유클리드가 기본 공리들로부터 기하학 규칙을 연역해낸 방식과 정확히 동일한 방법을 사용했다. 거기서 공리들은 정리, 공준, 증명, 정의, 보조정리, 따름정리, 주석들과 함께 체계적으로 제시되므로 우리는 각각의 요소가 논리적으로 다음 요소로 이어진다고 믿어야 한다. 이 과정은 인위적이고, 따라가기에 고통스럽고, 전혀 설득력이 없다.[39] 그것은 사상의 역사를 연구하는 사람들에게는 흥미롭지만, 오늘날에도 여전히 살아 있고 중요한 아이디어만 유지하려는 사람들에게는 그다지 흥미롭지 않다.

회고해 보면, 합리주의적 프로젝트는 처음부터 실패할 운명에 처해 있었던 것으로 보일 수 있다. 하지만 추상적 합리성의 과정으로서의 수학

가진다는 점에서도 마찬가지이다. 우리는 인간의 마음이 사물을 부분적으로 또는 불충분하게 인식한다고 주장한다.
39 공리 1a: 모든 물체는 운동하거나 정지해 있다. 공리 IIa: 모든 물체는 때때로 더 느리게, 때때로 더 빠르게 움직인다.

이 얼마나 성공적이었는지를 기억할 때 자연과학도 경험적 관찰 없이 유사하게 발전할 것이라는 높은 희망이 오랫동안 있었다는 것은 그리 놀랍지 않다.

데카르트 또한 자신의 아이디어가 추론 과정을 통해 도출될 수 있다고 믿었다. 그의 결론은 스피노자와 달랐다. 동시대의 세 번째 합리론자인 라이프니츠는 또다른 아이디어 체계를 구축했다. 이들은 그들 모두가 옳을 수는 없다는 데 합의했을 것이다. 관찰과 독립적으로 진리를 도출하는 이 방법이 철학적 경험론에 의해 무너진 것은 나중의 일이었다.

스피노자는 존재의 통일성이 철학자들에게만 추상적인 관심 일 뿐이라고 믿지 않았다. 그는 우리의 행복과 불행이 우리가 모든 것을 취한 좁은 시각에 너무 많이 묶여 있었기 때문에, 그런 관심이 일상생활에서 일반 사람들에게 실질적인 가치가 있다고 생각했다. 불행이 닥치면 기분이 나빠지고, 내일이 더 좋으면 다시 기분이 상승한다. 감정은 오르락내리락을 반복한다. 우리는 삶이 정말로 좋거나 나쁘거나 더 나쁘다고 생각하며 감정의 롤러코스터를 탔다. 더 넓은 관점에서 보면, 이 모든 중요해 보이는 문제들은 거대한 만화경 속의 작은 색 조각에 불과하다는 것을 우리는 알지 못했다.

우리는 과거에 집착하거나 후회했고, 미래에 대해 걱정했다. 우리는 시간이 정신이 만든 허구일 뿐이라는 것을 항상 잊고 산다. 정신은 우주 전체를 이해할 수 없으므로 시간, 과거, 현재, 미래를 경험한다. 무한한 정신인 신에게는 과거, 현재, 미래가 모두 하나였다. 어제는 '사라지지' 않았고, 내일은 '아직 도착하지' 않았다. 당신의 정신이 그것을 모두 함께 담을 만큼 충분히 크다면 모든 것, 여기, 멀리, 과거, 미래는 모두 여기에 함께 있다. 오직 신만이 이것을 할 수 있고, 모든 부분, 장소, 시간에 도달하여 그것들을 하나로 묶을 수 있다. 그러나 우리가 진정한 우주적 교감의 일부분만이라도 얻을 수 있다면, 우리의 '희비'를 더 큰 관점에 놓고, 고통 받는 희생자나 바다 위의 나뭇잎에 붙은 개미처럼 느끼는 것을 줄일 수 있을 것이다. 더욱이 우리는 존재의 방대하고 상호 연결된 신비에 대해 적절한 경외감, 존경심, 겸손, 경이로움, 심지어 순수한 기쁨까지도 발전시킬 수 있을 것이다.

이런 비전은 영혼에 필요한 양식을 제공하고, 삶이 우리에게 던져주는 것이 무엇이든 간에 내면의 평온함과 평화를 찾는 수단을 제공할 것이다. 이런 의미에서 스피노자가 깊은 종교적 사고방식을 가졌다고 주장할 수 있지만, 그를 공식적인 유대교 노선에서 감히 벗어나 생각하는 이단자로 본 당시의 관료, 행정관, 통제자들은 이를 인식하지 못했다.

그래서 스피노자의 사상은 이 책에서 논의될 가치가 있다. 그는 모든 상담자와 돌보미들이 그러하듯 인간 고통이라는 영원한 현상에 대해 관련된 무언가를 제공할 수 있다고 믿고자 했다.

사람들이 개인적인 문제를 더 큰 관점에서 바라봄으로써 고통을 극복하는 방법을 찾았고 앞으로도 찾을 것이라는 데는 의심의 여지가 없다. 스토아주의는 우리가 보았듯이 자제력과 자기 패배적인 태도에 대한 통제를 통해 이것을 다루었다. 스피노자의 사상은 자신에게 '더 강해지기' 보다는 존재 안에서의 교감에 대한 이해(또는 숨을 쉬는 것)를 넓히는 과정에 더 가까웠다. 우리는 떠다니는 잎사귀에 표류하는 개미 같은 인간의 관점에서 바라볼 필요가 없다. 우리는 마르고, 익사하고, 결심하고, 표류하는 개미로 가득 찬 홍수 난 풍경 전체를 파악할 수 있다. 이런 더 넓은 설정은 신성한 경험에 한 걸음 더 가까워지는 작은 단계가 될 것이다. 그것은 우리가 스스로를 모으고, 진정시키고, 이용 가능한 모든 힘과 기회를 가지고 가능한 한 최선을 다해 대처할 수 있게 해줄 것이다.

모든 설명에 따르면 스피노자는 실제로 이런 원칙에 따라 살기를 추구했으며, 그 결과로 인해 그렇지 않았을 때보다 더 차분하고 침착하게 지낼 수 있었다. 그의 이단적 아이디어 때문에 암살 시도가 있었고, 유대인으로서 그는 저주받고 추방당했다. 그는 유대교의 노선을 따르지 않았다는 이유로 끔찍하게 사악하다고 여겨졌다. 하지만 스피노자 자신의 더 큰 관점에 대한 선호를 고려하면, 이런 모든 괴로움은 사소한 문제이며 거의 중요하지 않았다. 스피노자는 분명 그렇게 생각했을 것이다. 그는 권력, 명성, 돈에 거의 관심을 보이지 않고 렌즈를 연마하면서 조용히 살았다. 그의 주요 저술인 『윤리학』은 그의 사후에 출간되었다.

그리스 신이든 스피노자의 범신론적 신이든 신의 시각을 가졌다면, 우리는 제한된 인간의 틀과 경험 속에서 덜 열정적이고, 얼어붙고, 두려움을 느낄 것이 분명하다. 그러나 우리가 관찰할 수 있는 것은 우리는 신이 아니라는 점이고, 따라서 인간의 연약함, 인간의 집착, 제한된 인간의 시각으로 인해 고통을 겪는다는 것이다. 따라서 질문이 생긴다. 우리는 무엇을 해야 할까? 대처하는 가장 좋은 방법은 무엇일까? 존재에 대한 더 큰 스피노자적 이해를 시도해야 할까? 아니면 스토아적 자기 훈련을 시도해야 할까? 아니면 무엇을 해야 할까? 어떤 선택지가 있는가? 어떤 선택이 가능한가?

스피노자에 따르면, 우리에게는 어떠한 선택의 여지도 없다. 더 큰 통찰력이 열정을 진정시켜 이를 더 넓은 시각으로 바라보게 된다. 그러나 그는 당신이 이것을 받아들이거나 거부하는 '선택'을 할 수 있다거나, 또는 아무런 것이든 선택하거나 결정할 수 있다고 믿지 않았다. 스피노자에 따르면 자유 의지는 존재에 대한 우리의 좁은 이해에 따른 또 다른 환상일 뿐이다.[40] 만약 당신의 상상력이 충분히 신과 같다면, 과거는 '사라지지' 않으며, 미래는 이미 '여기'에 있을 것이다. 과거와 미래는 모두 하나로, 코끼리의 앞과 뒤가 하나인 것처럼 동일하다. 당신은 미래를 향해 여행한다고 상상할 수 있지만, 이는 당신이 상상 속에서 포괄할 수 있는 '여기 그리고 지금'이라는 무대가 너무 작기 때문일 뿐이다.

따라서 '이 길로 갈까, 저 길로 갈까, 결과는 무엇일까?'에 관한 모든 논의는 전체 그림에 대한 나의 제한된 이해의 작용이다. 내 상상력을 확장하면, 전체 지도, 전체 이야기, 모든 지도, 모든 이야기가 본질적으로 전체적이고 완전하다는 것을 알게 된다. 따라서 어떤 길, 어떤 방향, 어떤 결과에 대한 질문은 우리가 큰 그림을 파악하지 못하는 한에서만 의미가 있다. 우리는 더 좁은 의제와 인식 범위 안에서만 '결정할 수' 없었고, '강요'되거나, 끌리거나, 밀리지 않았다. 노동, 손실, 이득, 패배, 승리, 자유, 투옥과 관련된 모든 환상은 존재에 대한 제한된 이해에서 비롯된 것이다.

범신론적 비전은 그것을 유지할 수 있는 사람들에게 치유력이 있을 것이다. 다른 사람들과 다른 것들과 '하나가 됨'을 느낄 때, 그들의 '다름'이 우리에게 덜 분명해진다. 우리는 더 이상 주변과 '전쟁 중'이라고 느끼지 않게 된다. 시간은 더 이상 '흐르지' 않으며, 따라서 우리는 시간에

---

[40] 정리 48: 마음에는 절대적이거나 자유로운 의지가 존재하지 않는다; 오히려 마음은 이것이나 저것을 의지하도록 어떤 원인에 의해 결정되며, 그 원인 또한 다른 원인에 의해 결정되고, 그 마지막 원인 또한 다른 원인에 의해 결정되며, 이는 무한히 계속된다.

쫓길 필요가 없다. "우리는 문제를 '완벽히 해결해야' 하거나, 문제가 우리를 '압도할' 것을 두려워할 필요가 없다."

존재와의 상호작용은 춤과 더 비슷해진다. 조화는 성취해야 할 것이 아니라 인식되는 것이다. 윤리적이고 상호 협력적이며 사랑이 넘치는 행동은 존재의 근본적인 통일성에 대한 우리 비전의 필수적인 부분이 된다. 그들은 더 이상 불가능할 정도로 높은 이상이나 계명으로 보일 필요가 없다. 당신은 올바른 행동이 완전한 전체 삶을 살아가는 수단의 일부이기 때문에 올바른 일을 한다. 당신은 올바른 생각과 올바른 느낌과 마찬가지로 올바른 행동은 자신에게 '영양분'을 공급한다. 이 모든 것이 삶의 양식의 일부분이 된다. '왜 먹어야 하나?'라고 묻는 사람은 참으로 망상에 빠져 무지한 것이다. 그들의 통찰력과 갈망은 어디에 있는가? 마찬가지로, '왜 올바른 일을 해야 하나?'라고 묻는 사람은 슬프게도 존재의 통일된 힘을 알지 못한다.

세속적이고 원자화된, 개인주의적인 존재관에서 우리는 불안감에 사로잡히게 되며, 우리의 삶은 끊임없이 더 나은 자신을 만들고, 우리와 우리 것을 더 많이 모으려는 투쟁이 된다. 위험은 도처에 있는 것으로 인식된다. 우리가 더 많이 얻을수록 상실에 대한 두려움은 커진다. 시간, 상황, 다른 사람들은 적이나 잠재적 경쟁자이다. 우리는 그들을 지배하고, 그들을 이기고, 그들을 따라잡고, 그들의 장점에 도달하기 위해 계속해서 울부짖는다. 결국 시간은 우리에게서 '소진'될 것이고, 우리가 가지고 있고 붙잡고 있는 모든 것을 '빼앗아갈' 것이다. 우리는 궁극적으로 우리의 덧없는 동맹, 네트워크, 승리와 비극 속에 홀로 남겨진다.

존재에 대한 영적, 범신론적 이해를 통해 우리는 어디에서나 '집에'

있다. 우리는 우리가 움직이는 모든 곳에 도달했고, 모든 시간 안과 모든 시간 밖에 중심을 두고 있다. 우리는 모든 움직임에서 균형을 이룬다. 우리는 서로를 비추는 거울이 된다. 우리는 전체성과 완전함을 이루기 위해 움직이는 것이 아니라, 전체성과 완전함 속에서 움직인다. 우리는 존재라는 더 큰 교향곡을 정복하는 것이 아니라 그 안에서 춤을 춘다. 이런 모든 세속적 악몽은 분리되고 투쟁하는 자아의 환상에 기반하고 있기 때문에 승패가 없다. 우리는 밀리지도, 끌리지도 않으며, 다른 것이나 다른 사람을 밀거나 끌 수도 없다. 이런 모든 것 역시 분리된 자아의 환상 안에서만 의미가 있기 때문이다. 우리는 서로에게 도달하기 위해 싸울 필요가 없다. 우리는 이미 접촉하고 있는 방식으로 단지 눈을 뜨면 된다. 우리는 서로에게서 도망칠 수 없다. 상호 연결과 상호 의무라는 우리의 실재를 제거할 수 있는 곳이 세상에 어디 있을까?

조용히 살고, 렌즈를 갈며, 개인들이 모두 신적인 관점으로 존재를 바라보지 못하는 일상의 소란스러움이나 타협을 피한다면, 이러한 윤리는 좀 더 쉽게 실현될 수 있을 것이다. 문제는, 우리 대부분이 보편적인 신의 포용을 소중히 여기는 것뿐만 아니라, 자신의 우편번호를 기억하고, 한정된 자신의 땅에 서서 그것을 경작하고, 필요한 경우 그것을 방어하는 데 대부분의 시간과 에너지를 쏟는다는 것이다. 그러나 이 모든 것은 무한하고 통합된 공간과 시간의 표면에서 작은 점에 불과하다. 어쩌면 우리의 개미와 같은 익살의 승리와 비극에 수반되는 희열, 절망 및 기타 감정은 사물의 도식에서 어떤 위치를 차지하고 있지 않을까? 어떻게든, 이것들은 이 통일성의 비전 안에 통합되어야 한다.

그래서 우리가 항상 영원한 관점에서 존재를 보려 한다면, 우리는 그다지 현명하지 않을 수도 있다. 낯선 사람의 죽음보다 우리 자신의 두통이 우리를 더 괴롭힌다. 자녀의 고통은 전체 대륙의 거대한 비극보다 더 걱정이 된다. 올림포스 산에서 볼 때 이것은 관점의 부족을 나타낸다. 하지만 이는 우리의 관점이며, 우리가 이를 받아들이지 않는다면 누가 받아들일 것인가? 우리는 서로 연결된 통일체로서 하늘나라에서 전체 우주를 숙고하고 있는 것이 아니다. 우리는 진흙 속에 있고, 그것으로 덮여 있고, 모든 방향에서 시야가 제한되어 있다. 아마 우리는 그곳에 있는 이유는 거기가 우리의 자리이기 때문일 것이다. 그것이 우리의 정체성이자 우리가 있는 위치이기 때문이다. 더 큰 시각을 달성하려고 시도하지 않는다면 우리는 어리석을 수 있다. 우리가 자신이 떠있는 잎사귀에서 빠져나와 제우스처럼 되거나, 더 범신론적으로 모든 곳에 존재하고 모든 시간을 동시에 가질 수 있다고 생각한다면 우리는 마찬가지로 부조리할 수 있다. 아마 그것은 정말로 우리를 어디에도 남겨두지 않을지도 모른다. 어쩌면 우리는 우리가 가진 시간을, 아무리 적더라도, 활용하고 소중히 여길 필요가 있는지도 모른다.

스피노자, 데카르트, 라이프니츠 및 다른 합리론적 접근에서 나타나는 약점은 스피노자의 '정리' 중 하나에서 가장 분명하게 드러난다:

> 진정한 관념을 가진 자는 동시에 자신이 진정한 관념을 갖고 있음을 알고, 인지된 사물의 진실성을 의심할 수 없다. (정리 43)

이것이 참이라면 얼마나 좋을까! 실제로 우리는 다양한 관념의 '참'에 대해 매우 흥분할 수 있다. 어떤 것은 참으로 판명되고 많은 것은 거짓으로 판명되며, 대다수는 우리가 처음에 상상했던 것보다 덜 독창적이고 덜 중요한 것으로 증명될 수 있다. 우리는 애정 어린 허구, 잘못된 조언의 환상, 실질적으로 가치 없는 명제로 판명되는 온갖 종류의 것들을 '꽤 명확하게' 알고 있다고 상상할 수 있다. 우리 생각의 진실성에 대한 우리의 생각은 필연적으로 우리에게 흥미롭다. 그러나 그것들은 생각 자체를 더 많거나 적게 진실하게 만들지는 않는다.

편안한 안락의자에 앉아서 명제, 정리, 주석, 결론, 따름 정리로 이루어진 지식의 건물을 쌓아 올리는 것만으로 진실을 밝혀낼 수 있다고 여기는 것은 착각이다. 어느 정도의 관찰과 테스트도 도움이 되며, 최종적으로 '증명'되는 것은 없는 것 같다. 스피노자 자신이 관찰했듯이, 인간의 정신은 매우 좁고 제한적이다. 그러므로 이런 좁은 기반에서 우주의 궁극적인 본질에 대한 최종적인 '증거'를 제시할 수 있다고 생각하는 것은 현명하지 못하다.

스피노자는 사악한 이단자로 낙인찍혀 생애 내내 그리고 죽은 후에도 명성을 얻지 못했다. 그는 사망 100년 후 독일 낭만주의자들에 의해 재발견되었는데,[41] 그들은 스피노자의 간소한 삶, 존재에 대한 경외심, 삶의 통일성에 대한 감각을 느끼고 지적 정당성을 찾는 그의 능력을 크게 평가했다. 낭만주의자들에게 스피노자는 전통적인 신학적 교리에 얽매이지 않은 영적인 감각으로 가는 길을 열어주었다. 내가 보기에, 그의 합리론은 미래가 없지만, 존재에 대한 그의 살아있는 이해와 그로부터 진화한 생활 방식은 상담사, 돌보미, 내담자에게 상당한 관심을 받을 가치가 있다.

사람들은 일반적으로 자신들의 삶에서 그리스 신적인 초연함으로 평생

---

[41] 괴테와 헤르더가 그 좋은 예이다.

을 보내지 않으며, 아마도 그럴 수 없고, 아마도 그래서는 안 된다. 그러나 현재의 승리와 비극을 넘어설 수 있는 가능성의 순간들을 가끔 느끼는 것은 의심할 여지 없이 치유적이고, 영감을 주며, 유익할 수 있다. 한 가지 예를 들어 보기로 하자. '자아를 어떻게 바라볼 것인가? 가장 일반적인 견해는 우리가 시간 속에 갇혀 있으며, '시간선'을 따라 여행하고, 시간이 지나면서 노쇠해진다는 것이다. 확실히 우리 몸은 늙어가지만, 시간이 지나면서 내가 아는 사람들의 새로운 모습을 발견하게 된다. 우리가 보는 시간 차원의 단편이 커질수록 우리는 사람에 대한 더 온전한 그림을 얻게 된다. 시간이 흐르면서 우리 자신과 타인에 대한 이해가 더 매력적으로 변하지 않을 수 있지만, 분명히 더 깊어질 수 있다.

우리 눈의 망막은 세계의 2차원 이미지를 수용한다. 우리의 뇌는 3차원을 추론하고, 이것이 우리가 '보는' 것을 배우는 것이다. 아마도 우리가 시간을 두고 조금 더 주의 깊게 관찰한다면 4차원을 이해하는 것을 배울 수 있지 않을까? 몸은 여전히 시간 속에서 쇠퇴하겠지만, 우리는 인격이 시간으로 제약되고 차원화된다는 것을 배울 것이다. 아마도 이것이 신비주의자들이 너무 자주 주장 했듯이, 인격 또는 '영혼'은 시간을 초월해 존재하는지도 모른다.

질문

1. 당신의 내담자 중 몇 명이 자신의 상황을 승리 적으로 통제하거나 억압받는 존재가 아닌 세상의 일부로 보도록 돕는 철학에서 혜택을 받을 수 있을까?

2. 스피노자의 극단적인 합리론은 괴테나 콜리지와 같은 극단적 낭만주의자들에 의해 1세기 후에 우상화되었다. 이는 우리에게 어떤 아이러니와 통찰을 제공할까?

3. 만약 신이 모든 것에 있다면, 특히 단순히 믿는 것이 아니라 느낀다면, 마법은 확실히 일상적인 존재로 되돌아온다. 마법은 탈마법의 치료제가 될 수 있을까? 그것은 당신의 내담자에게 관련이 있을까?

4. 더 크고 덜 자기중심적인 관점을 이루는 것은 얼마나 가능한가? 그것이 언제 내담자에게 도움이 될 수 있을까? 언제 그게 단순한 회피 전략일까? 구체적인 예를 생각할 수 있을까?

연습

1. 스피노자의 범신론적 영성과 더 현대적인 버전, 예를 들어 융의 영성과 비교해 보라. 라이프니츠와 버클리와도 비교해 보라.

2. 힌두교와 불교에서 삼매(Samadhi)는 영적이고 정신적인 집중의 최고점이다. 그것은 여러 경로를 통해 도달할 수 있다. 스피노자의 가르침이 이런 경로 중 하나를 제공하는 정도를 고려해 보라. (이 과정은 몇 년이 걸릴 수 있다!)

3. 당신이 내담자 중 누구와 무엇을 달성하려고 노력하는지 고려해 보라. 자신을 찾으려는가? 자신을 개선하려는가? 자신을 변화시키려는가? 자신을 초월하려는가? 스피노자가 마지막에 얼마나 도움될 수 있는지를 생각해 보라

결론

모든 세기와 문화에서 신비주의자들은 상호 연결된 하나의 전체로서 우주를 엿볼 수 있다고 주장해왔다. 이런 비전과 존재 방식은 치유, 영감, 이해의 원천이 되어왔다. 스피노자는 수학적 분석과 연역을 통해 존재의 통일성을 고려했다. 동양철학은 이런 영적 발전의 정점에 이르기 위해 상당한 자기 훈련과 통찰이 필요하다고 제안한다. 제자들은 정신 안에서, 정신 너머에서 몸을 통해, 사랑을 통해, 또는 선한 행동(올바른 행동)을 통해 수행할 수 있다. 이런 선택지 마다, 다양한 전략이 제안되어 왔다.

스피노자의 지적 경로는 그에게 존재 안에서 평화와 교감의 감각을 제공한 것으로 보인다. 목적지는 경로에 관계없이 동일한가? 아니면 신비주의자의 비전은 환상에 불과한 것인가?

웹사이트

http://members.aol.com/Heraklit1/spinoza.htm
http://www.erols.com/jyselman/index.htm
http://frank.mtsu.edu/-rbombard/RB/spinoza.new.html
http://spinoza.tau.ac.il/hci/dep/philos/links.htm

참고문헌

D. Garrett (ed.) *Cambridge Companion to Spinoza*, Cambridge University Press, 1996
L. Lermond, *Form of Man: Human Essence in Spinoza's 'Ethics'*, Brill, 1988
G. Lloyd, *Routledge Philosophy Guidebook to Spinoza and the Ethics*, Routledge, 1996
R. Scruton, *Spinoza*, Oxford University Press, 1986
B. de Spinoza, *Ethics*, Princeton University Press, 1994

Chapter 15

존 로크 (1632-1704년)

요점

* 개인과 기관은 모두 자기 이익에 의해 편향되어 있다.

* 제도적 견제와 균형은 자기 이익으로 인한 피해를 줄일 수 있다.

* 누구도 특권적인 통찰력을 갖고 있지 않다.

* 따라서 진리는 상반된 인식 사이에 존재한다.

* 움직이는 물질이 근본 실재이며, 개인은 각자 자신의 색깔을 제공한다.

적용

* 치료사와 돌보미가 주장하는 특권적 통찰력 주장은 유효하지 않다.

* 돌보미와 내담자의 자기 이익은 때로 충돌할 수 있다.

* 어떤 조직도 돌보미와 내담자의 이익을 실제로 대변할 수 없다. 그들은 서로의 집단 이익을 견제하고 균형을 맞추기 위한 독자적인 기구가 필요하다.

* 로크는 삶의 마법과 매력은 관찰자에 의해 제공된다고 주장한다. '실제로' 운동 중인 물질만 존재한다.

* 로크는 '자아'가 쉽게 직접적으로 관찰될 수 있다고 주장한 최후의 진지한 철학자이다.

▶

　라이프니츠는 몇 가지 기본 공리라는 상대적으로 좁은 지점에서 연역 추론을 통해 거대한 역 피라미드 형태의 지식을 구축하고자 했다. 존 로크는 순전히 이성의 힘으로 지적 구조를 구축할 가능성에 대해 훨씬 더 신중했다. 수학자가 아닌 경험주의자로서 그는 더 실용적이고 시행착오를 통해 작업하고 직접 지각에 의존하는 것이 더 현명하다고 생각했다. 그는 관찰이라는 넓은 기반에서 조심스럽게 움직이면서 몇 가지 잠정적인 일반화로 좁혀갔다.

　로크의 '개인 발전' 의제는 우리의 안녕을 위해 하나의 정부 아래 사회 안에서 우리가 어떻게 그리고 왜 함께해야 하는지를 명확히 하는 것이었다. 그는 정부가 필수적이라고 확신했다. 여기서 어떤 종류의 정부이며, 어떤 근거로 그것을 주장하며, 그 주장이 어떤 정당성을 갖고 있는가와 같은 문제가 발생한다.

　홉스의 대답은 우리가 이미 보았듯이 왕의 압도적인 통제 없이는 우리의 삶이 추악하고 잔인하며 짧을 것이라는 것이었다. 따라서 우리는 권력에 자유롭게 복종하는 것이 현명하고, 왕은 자신의 장기적인 이익을 보지 못하는 사람들을 억압할 만큼 강해야 한다고 주장했다.

　로크는 중앙 권위의 필요성을 인정했다. 왜냐하면 그것이 없으면 우리의 삶은 홉스가 믿었던 것처럼 완전히 잔인해지는 않더라도 가장 '불편'하고 불쾌하며 불안정할 것이기 때문이다. 그러나 의회주의자로서 로크는 이 권위가 절대적이거나 왕권적이지 않고 민주적이어야 한다고 주장했다:

　시민 사회의 목적은 각자가 자신의 사건에 대한 판사가 되는 데서 필연적으로 발생하는 자연 상태의 불편함을 피하고 해결하는 것이다. 이는 모든 사회 구성원이 받은 피해나 발생할 수 있는 논쟁에 대해 호소할 수 있고, 사회 구성원 모두가 따라야 하는 알려진 권위를 설정함으로써 이루어진다. (『시민정부의 진정한 기원, 범위, 목적에 관한 에세이』, 90항, 1690)

로크는 절대권력이 왕, 차르, 술탄, 또는 누구든 간에 한 사람의 손에 있어서는 안 된다고 확신했다. 이는 권위자와 다른 사람들 간의 관계가 여전히 '자연 상태'의 관계가 될 것이기 때문이다. 왕과 시민 간의 관계를 압도하는 권력이 존재하지 않을 것이다. 이것이 용납되고 안전한가? 물론 그렇지 않다:

절대 권력이 사람들의 피를 정화하고 인간 본성의 비열함을 교정한다고 생각하는 사람은 이 시대나 다른 어떤 시대의 역사를 읽으면 그 반대를 확신하게 될 것이다. (같은 책, 92항)

로크가 추상적 이성이 아니라 실용적 관찰에 호소하고 있다는 점에 주목하라. 우리는 왕들에게 '아니오'라고 말해야 한다. 왜냐하면, 우리의 관찰에 따르면, 그들이 충분히 잘 작동하지 않기 때문이다. 우리는 그들을 개선하려고 노력해야 한다.

로크는 개인이나 집단에 너무 많은 권력을 부여하는 것의 위험에 대해 건강한 회의론을 갖고 있었다. 그래서 그는 행정부와 입법부 간 견제와 균형 제도를 제안했으며, 이는 이후 미국 헌법에 포함되었다.

하지만 어떤 종류의 정부는 필수적이었다. 시민 사회의 목적은 각자가 자신의 사건에 대한 판사가 되는 데서 필연적으로 발생하는 자연 상태의 불편함을 피하고 해결하는 것이다. 이는 모든 사회 구성원이 받은 피해나 발생할 수 있는 논쟁에 대해 호소할 수 있고, 사회 구성원 모두가 따라야

하는 알려진 권위를 설정함으로써 이루어진다:

> 자기애는 인간을 자신과 친구에게 편향되게 만들 것이다. 반면에, 악의, 열정, 복수는 남을 처벌하는 데 너무 지나치게 할 것이다. 그 결과 혼란과 무질서만 따를 것이다. 그래서 신은 인간의 편향성과 폭력을 억제하기 위해 분명히 정부를 세웠다. (같은 책, 13항)

홉스의 비관론과는 달리 로크는 사람들이 자신과 자신의 혈족에게 편향적이며, 따라서 부패와 이기심이 인간사에 잠입하거나 휩쓸지 않도록 권력의 견제와 균형이 마련되어야 한다는 것을 당연하게 여긴다. 로크는 모든 개인과 기관의 인식이 편견을 갖는다는 것을 관찰될 수 있는 사실이지만, 정부와 사회를 조직하는 방식에 현명하게 접근한다면 그런 불가피한 편향이 초래하는 최악의 결과를 완화할 수 있다고 본다.

인간 본성에 대한 이런 관점은 상담에 유익하다. 상담 운동의 다양한 흐름 안에서는 개인 내담자는 상담사의 발전되고 적극적인 공감에 의해 충분히 '능력이 고양되고', 격려받고, '역량이 강화되면', 그들은 자동으로 '자기를 발견하고', 성장하고, 발전하며, 더 자율적이고 유능하며 자신감을 갖게 되어, 다른 사람에게 상호 존중, 존경 및 역량 강화의 정신을 동일하게 전달할 수 있다고 가정하는 경우가 많다.

또는, 모든 내담자가 그렇게 할 수 있는 것은 아니더라도, 적절하게 훈련된 상담사는 '자신을 알고' 다른 훈련받지 않은 일반인들이 가질 수 없는 수준의 통찰력으로 내담자를 알고 도울 수 있다고 가정된다. 반면, 로크는 우리 모두에게 근본 본성이 존재하며, 우리는 내면, 주변 및 모든 사회의 역사를 통해 이를 관찰할 수 있다고 생각했다. 따라서 우리는 자신의 판단이나 아무리 '전문가'라고 해도 다른 사람의 판단에 전적으로 의존할 수 있다고 생각하는 것은 어리석은 일이다.

개인은 합리화를 추구하고 권력을 추구하겠지만 종종 그렇지 않은 척하고, 자신의 성취에 대한 관점과 다른 사람들이 자신에게 가했다고 상상하는 상처에 대해 불균형적인 시각을 가질 것이다. 따라서 '진실'은 그것이 그 무엇이든 간에 어떤 개인이나 이익 집단의 관찰이나 의견을 통해서는 결코 발견될 수 없으며, 다양한 참여자, 수행자, 관찰자 간 상충된 견해들 사이 어디에서만 발견될 수 있다. 모든 사람의 편향을 감안할 때, 어떤 사안에 대해 누구 주장이 보다 올바른지를 판단하는 데에는 상당한 겸손이 필요할 것이다.

인간의 객관성에 대한 로크의 회의론은 내가 보기에는 전적으로 현명한데, 그 결과를 상담 운동에 적용하면 흥미롭다. 예를 들어 내담자가 진실보다 합리화를, 선보다 권력을 추구할 수 있다는 것을 받아들여야 한다. 또한 이 점에서 상담사는 내담자와 다르지 않다는 것을 인정해야 한다. 따라서 로크주의적 관찰자는 상담사와 다른 전문가들로 구성된 영국상담협회는 '영국상담사협회'로 이름을 바꿔야 한다고 제안할 것이다. 왜냐하면 상담사들이 인간이기 때문에 내담자보다 자신들의 이익을 우선시할 수밖에 없고, 내담자와 상담사 간의 이익이 충돌하지 않는다고 상상하는 것은 순진하기 때문이다. 따라서 견제와 균형의 역할을 하는 영국(상담)내담자협회가 감시자 역할을 하고, 상담사 집단이 자신의 이익을 보존하고 증진하기 위해 행동할 때 발생할 수밖에 없는 과잉, 오만, 방어, 자만심을 억제할 필요가 있다.

사람들이 스스로 판단하고 해결책을 찾을 수 있다고 믿을 수 없기 때문에, 사회, 정부, 법률 체계가 매우 필수적이다. 일부 상담사들이 믿는 것처럼, 사람들이 선하고 신뢰할 수 있다면, 우리는 진정으로 무정부 상태에서 살 수 있고, 각 개인과 집단은 무엇이 옳고, 무엇이 중요하며, 다음에 무엇을 해야 하는지에 대해 자체적인 지역적 판단을 내릴 수 있을 것이다. 개인들의 문명화는 겉으로 보이는 것보다 실제로는 그렇지 않은 경우가 매우 많다. 그것은 본질적으로 그들이 속한 정부와 사회의 문명에 의해 지탱되고 있다. 그것을 제거하면, 사람들이 얼마나 문명화될 수 있는지 살펴보라. 발칸 반도는 혼란 속에 있지만, 영국과 미국은 그렇지 않다. 이는 사람들의 성격 때문인가, 아니면 정부, 사회, 지리, 역사의 본성 때문인가? 운이 좋지 않았다면, 당신과 내가 그렇게 되었을 수도 있었다.

상담 운동 내에서 개인의 성장은 내적 삶과 개인적 상황, 기회에 초점을 맞춘다. 역사의 증거는 그 반대로 개인 및 집단 성장은 토양, 즉 우리가 속한 사회, 즉 우리의 역사, 문화, 정부, 경제, 지리적 이점 및 제약과 더 관련이 있음을 시사한다.

오늘날처럼 사회적 상호 연결과 지원이 신뢰할 수 있고 어디에나 존재할 때만 사람들은 스스로 얼마나 많은 것을 이룰 수 있는지에 대한 현대의 환상을 창조할 수 있다. 우리의 안녕을 증진하는 데 정말 중요한 것은 개인적인 몸이 아니라 정치적인 몸이다:

> 왜냐하면, 다수의 사람들이 각 개인의 동의로 공동체를 형성했을 때, 그들은 그 공동체를 하나의 단체로 만들었고, 그 단체는 다수의 의지와 결정에 의해서만 하나의 단체로서 행동할 수 있는 힘을 갖게 된다. (같은 책, 96항)

로크는 순진하게도 모든 개인이 어떤 공동체에 동의할 수 있다고 생각하거나 그러한 민주 사회가 공식적으로 존재하게 된 순간이 역사상 있었다고 생각했다. 사회는 사실 자율적 주권자들의 평등주의적 활동에 의해 형성되지 않는다. 그러나 민주 정부를 정당화하는 만장일치나 그런 '순간'이 역사적으로 필요한 것은 아니므로, 로크의 이런 맹점이 궁극적으로 그의 주장을 약화시키지는 않는다. 역사적으로, 신성한 권리로 통치한다는 왕의 주장은 귀족들과 강력한 상인들에 의해 전복되었지, '평민'에 의해 전복된 것이 아니었다. 귀족들이 그들의 주장을 관철하기 위해 농민의 목소리를 이용했을 뿐이다. 평민들은 자신들의 민주적 대표성을 개선하기 위해 울부짖었을 때 곧 진실을 알게 되었다. 영국에서 그들은 절대군주가 사용할 법한 힘과 무자비함으로 짓밟혔다. 로크 자신이 더 유복한 계층을 대표하고 있다는 점에서, 그가 주장하는 바는 그 자신이 압력 집단 내에 본질적으로 내재된 편향, 편견 및 그에 상응하는 무지를 드러낸다.[42]

로크는 18세기부터 발전한 자유주의 정치 전통에 가장 중요한 철학적 기반을 제공했다. 그는 또한 인식론에 대한 경험론적 접근의 핵심 창시자 중 하나였다. 이 중 하나만 이루었어도 대단한 업적이었을 것이다. 지식을 획득하는 가장 좋은 방법에 대한 그의 견해는 『인간 지성론』(1690)에 담겨 있다:

> 따라서 나의 목적은 인간 지식의 기원, 확실성, 범위를 탐구하고, 신념, 의견, 동의의 근거와 정도를 조사하는 것이다. (같은 책, 서문)

로크의 경험론적 접근은 데카르트의 합리론적 접근과 매우 다르지만, 상담사들에게 특히 흥미로운 자기 인식에 관한 그들의 아이디어는 상당

---

[42] 나 자신의 현재 맹점, 편견 및 편향에 관한 한 그것들은 적어도 나에게는, 보이지 않는다.

히 비슷하다:

우리 자신의 존재에 대한 지식은 직관적이다. 우리 자신의 존재에 관해서는, 우리는 그것을 너무나 명확하고 확실하게 인지하기 때문에 어떤 증명도 필요하지 않고 가능하지도 않다. 우리 자신의 존재보다 우리에게 더 명백한 것은 아무것도 없다. 나는 생각하고, 추론하고, 기쁨과 고통을 느낀다. 이 중 어느 것이 내 자신의 존재보다 나에게 더 명백할 수 있겠는가? 내가 다른 모든 것을 의심하더라도, 바로 그 의심이 내 자신의 존재를 인지하게 하고, 그것을 의심하도록 내버려 두지 않는다. 내가 고통을 느낀다는 것을 안다면, 내가 느끼는 고통의 존재만큼이나 내 자신의 존재에 대한 확실한 인지를 가지고 있다는 것이 명백하다. 또는 내가 의심한다는 것을 안다면, 내가 의심이라고 부르는 그 생각만큼이나 의심하는 것의 존재에 대한 확실한 인지를 가지고 있다. 그렇다면 경험은 우리에게 우리 자신의 존재에 대한 직관적인 지식과 우리가 존재한다는 내부의 오류 없는 인식을 가지고 있다는 것을 확신시켜 준다. 감각, 추론 또는 사고의 모든 행위에서, 우리는 우리 자신의 존재를 스스로 의식하며, 이 문제에 있어서 최고의 확실성 수준에 미치지 못한다. (같은 책, 9장)

로크에게 자신의 존재는 관찰될 수 있는 사실이다. 이는 자명하며 증명을 필요로 하지 않는다. 데카르트에게 그것은 '나는 생각한다'는 사실에 의해 '증명'되었다. 각자는 자기 자신에서 출발하여 신의 존재를 추론한다:

그러므로 우리가 신이 존재한다는 것을 알고, 즉 확신할 수 있다는 것과 우리가 어떻게 이 확신에 도달할 수 있는지를 보여주기 위해, 우리는 우리 자신과 우리 자신의 존재에 대한 의심할 여지없는 지식 이상으로 나아갈 필요가 없다고 생각한다.
왜냐하면 인간은 자신이 존재한다는 것을 알기 때문이다. 인간이 자신의 존재에 대한 명확한 개념을 가지고 있다는 것은 의심의 여지가 없다고 생각한다. 그는 자신이 존재하고, 무엇인가라는 것을 확실히 알고 있다. 자신이 무엇인지 아닌지를 의심할 수 있는 사람에게는 말하지 않겠다. 마치 순수한 무와 논쟁하거나 무 존재에게 그것이 무엇인가라고 확신시키려고 노력하지 않는 것과 같다. 만약 누군가가 자신의 존재를 부정할 정도로 회의적인 척한다면(실제로 그것을 의심하는 것은 명백히 불가능하다), 굶주림이나 다른 고통이 그에게 반대를 확신시킬 때까지 그가 아무것도 아닌 사랑스러운 행복을 누리도록 내버려 두자. 그렇다면 이것은 모든 사람의 확실한 지식이 의심의 여지를 넘어 확신시켜 주는 진실, 즉 그가 실제로 존재하는 무엇인가라는 것을 받아들일 수 있다고 생각한다.

그는 또한 무(無)에서는 존재를 만들어낼 수 없다는 것을 알고 있다. 그러므로 무언가가 영원부터 존재했어야 한다. 다음으로, 인간은 순수한 무는 두 직각과 같을 수 없는 것과 마찬가지로 어떤 실재하는 존재도 만들어낼 수 없다는 것을 직관적인 확실성으로 알고 있다. 만약 어떤 사람이 무존재, 즉 모든 존재의 부재가 두 직각과 같을 수 없다는 것을 모른다면, 그는 유클리드 기하학의 어떤 증명도 알 수 없을 것이다. 그러므로 우리가 어떤 실재하는 존재가 있다는 것을 알고, 무존재는 어떤 실재하는 존재도 만들어낼 수 없다는 것을 안다면, 영원부터 무언가가 있었다는 것은 명백한 증명이다. 왜냐하면 영원부터 있지 않았던 것은 시작이 있었고, 시작이 있었던 것은 다른 무언가에 의해 만들어졌어야 하기 때문이다.

그리고 그 영원한 존재는 가장 강력해야 한다. (같은 책, 4권, 10장)

내 자신의 존재에서 신의 존재를 이끌어내는 주장은 18세기보다 지금은 훨씬 적은 지지를 받고 있다. 그럼에도 불구하고 '나 자신'이 자명하며 추가적인 증거나 주장을 필요로 하지 않는다는 로크의 견해는 오늘날 여전히 '상식'적 견해로 여겨질 것이다. 사실, 로크보다 더 신중하게 관찰해 보면, 어린아이들은 자신이 누구인지에 대한 명확하고 모호하지 않은 감각을 갖고 있지 않다는 것을 알 수 있다. 개인 정체성은 수 년에 걸쳐 형성된다. 우리가 자신과 주변을 바라보는 방식에서 둔감해지고 고정되며 편견을 갖게 될수록 유동성은 줄어든다. 개인 정체성 개념은 로크와 데카르트가 믿었던 것처럼 간단하지 않다. 데이비드 흄 이후로 자아 개념은 소위 '상식'이 쉽게 또는 성공적으로 일축할 수 없는 회의적인 검토에 직면했다. 이후 장에서는 개인 정체성의 문제와 그 관련성을 더 깊이 탐구할 것이다.

로크는 또한 지각에 대한 현대적인 상식에 가까운 견해를 제시했다. 그는 '일차' 성질과 '이차' 성질을 구별했다. 첫 번째는 실제적이며 대상 속 '정신 외부에' 있다:

> 물체의 일차 성질. 즉 물체에서 이렇게 고려되는 성질은, 첫째, 어떤 상태에 있든 물체로부터 완전히 분리될 수 없는 성질이다. 그리고 물체가 겪는 모든 변화와 변형, 물체에 가해질 수 있는 모든 힘에도 불구하고, 그것이 끊임없이 유지하는 성질이다. 또한 감각이 인지할 수 있을 만큼 충분한 크기를 가진 모든 물질 입자에서 끊임없이 발견되는 성질이며, 마음이 감각으로 단독으로 인지될 수 없을 정도로 작더라도 모든 물질 입자에서 분리될 수 없다고 생각하는 성질이다. 예를 들어, 밀 한 알을 가져다가 두 부분으로 나누면, 각 부분은 여전히 견고함, 확장, 형태 및 이동성을 가진다. 다시 나누더라도 동일한 성질을 유지한다. 그리고 그 부분을 감각으로 인지할 수 없을 때까지 계속 나누더라도, 각 부분은 여전히 그 모든 성질을 유지해야 한다. (같은 책, 2권, 8장)

물체는 견고하고 3차원 공간에서 확장되어 있고, 형태를 가졌다. 이런 모든 일차 성질은 관찰자와는 독립적이다. 같은 맥락에서 이차 성질은 대상 자체보다 관찰자 '내부에' 존재한다:

> 실제로 객체 자체에는 아무것도 아니지만, 일차 성질, 즉 인지할 수 없는 부분의 크기, 형태, 질감 및 운동에 의해 우리에게 다양한 감각을 일으키는 힘인 이러한 성질, 예를 들어 색깔, 소리, 맛 등을 나는 이차 성질이라고 부른다. (같은 책)

일차 및 이차 성질에 대한 로크의 견해는 널리 수용되었다. 견고성 연장성, 형태, 운동 및 정지 수와 같은 일차 성질을 조사하는 것은 과학의 역할이 되었다. 본질적으로, 과학의 자연 세계는 운동 중인 물질을 연구하는 것이었다. 이는 외부 세계에 '실제로' 존재하는 모든 것이라고 생각되었다. 이 단순하고 명확한 토대는 소리, 열, 빛 및 전기의 연구가 번창할 수 있고 실제로 번창했던 유용한 틀이었다. 외부 세계는 운동 중인 물질의 세계이다. 로크는 이런 세계관을 정당화하는 경험적 철학을 제공했고, 뉴턴은 수학을 개발했다. 그 결과는 여전히 고급 수준의 학교 물리학, 화학 및 수학 교육 과정에서 연구되고 있다. 그러나 이런 기계론적 유물론은 사람들에게 다소 실망감을 남길 수 있었는데, 문자 그대로 모든 매력, 영혼, 오오라, 마법, 신비함, 존재의 신비를 제거하여 우리를 무색의 시계태엽 우주에 남겨둔 철학이었기 때문이다. (색은 '이차' 성질로 분류되었다).

조지 버클리, 고트프리트 라이프니츠 및 이후 많은 철학자들은 물질과 운동에 대한 이런 견해에 도전했다. 그들이 제시한 대안 중 일부는 직관에 반하고, 상식에서 멀리 떨어진 것으로 보인다. 그러나 역사적으로, 현대 물리학의 증거와 이론이 늘어남에 따라 자아와 세계에 대한 일상적 견해 중 일부 '이상한' 변형이 지지받는 것처럼 보인다.

로크에게 비생물 세계는 운동 중인 물질로 구성되어 있었고, 살아있는 몸도 마찬가지로 이런 무생물 물질의 움직임으로 이루어진 기계였다. 이런 기반에서 생물학이 발전했다. 생물학은 화학에 기반을 두었고, 화학은 물리학에 기반을 두었다. 그렇다면 이 그림에서 관념은 어디에 위치할까?:

모든 관념은 감각이나 반성에서 나온다. 마음은 경험을 통해 얻은 생각할 거리에 비례하여 생각한다. 다음으로 고려해야 할 것은, 물체가 우리 안에서 어떻게 관념을 만들어내는지이다. 그것은 분명히 충격에 의한 것이며, 우리가 물체가 작동한다고 생각할 수 있는 유일한 방식이다. 외부 및 우리 유기체 내부의 운동에 의해서. 만약 외부 물체가 우리 안에서 관념을 만들어낼 때 우리 정신과 결합되지 않는다면, 그리고 우리가 감각으로 단독으로 인지하는 것들에서 이러한 원초적인 특성을 인지한다면, 어떤 운동이 우리 신경이나 동물 정신, 우리 몸의 일부를 통해 감각의 자리인 뇌로 전달되어 우리 마음속에 우리가 가진 특정 생각을 만들어내는 것이 분명하다. 우리는 이차 성질에 대한 생각 또한, 즉, 감각에 대한 감지할 수 없는 입자의 작용에 의해 생성된다고 생각할 수 있다. (같은 책, 2권, 8장)

그래서 어떤 움직임이든 우리의 귀, 눈, 미뢰 및 기타 감각 수용체에 작동하게 된다. 우리가 현재 아는 바와 같이, 이는 신경 말단에서 뇌로 전기 화학적 활동 패턴을 자극하고, 그래서 관념이 우리의 마음에 '나타난다'. 이 무생물적 물리적 운동이 어떻게 심리적인 정신 반응으로 나타나는지는 300년 전과 마찬가지로 여전히 수수께끼로 남아있다.

확실히 로크는 자신의 겸손함과 불확실성을 인정하는 데 주저하지 않았다:

나는 지식의 도구로서 언어의 불완전함이 더 철저히 고려된다면, 세상에서 그렇게 큰 소란을 일으키는 많은 논쟁들이 저절로 멈출 것이며, 지식과 아마도 평화로 가는 길이 지금보다 훨씬 더 열릴 것이라고 생각한다. 이것은 오래된 저자들에 대한 우리 자신의 해석을 강요하는 데 있어 우리에게 절제를 가르쳐야 한다는 것을 의미한다. 모든 언어에서 단어의 의미는 그것을 사용하는 사람의 생각, 개념 및 관념에 크게 의존하기 때문에, 같은 언어와 국가의 사람들에게도 불가피하게 큰 불확실성을 초래할 것이라고 나는 확신한다.(같은 책, 4권, 9장)

질문

1. "나는 인간이 자신의 존재에 대한 명확한 관념을 갖고 있다는 것은 의심의 여지가 없다고 생각한다." 정말일까? 우리도 그럴까?
2. 당신은 상담사·돌보미와 내담자의 이익이 별도의 조직에 의해 대표되어야 한다고 생각하는가?
3. 아름다움, 색깔, 마법, 매력은 단지 보는 사람의 눈에만 있는 것인가? 아니면 우주는 우리가 생각하고 인식하는 것과 상관없이 마법적인 것인가?
4. 만약 우리가 개인 이익의 영향을 없앨 수 없다면, 내담자의 이익을 보호하기 위해 무엇을 할 수 있을까?

연습

1. 당신의 이익이 내담자의 이익과 충돌했던 때를 떠올려 보라. 내담자를 보호하기 위해 어떤 행동을 취했는지, 만약 취했다면 무엇을 했는지 고려하라.
2. 당신의 인식과 해석이 내담자의 것과 충돌했던 때를 생각해 보라. 그에 대해 어떤 조치를 취했는가?
3. 상담 및 돌봄 분야 조직에서 내담자의 최선의 이익에 부합하지 않을 수 있는 자기 이익과 자기 홍보의 사례를 관찰한 것을 적어 보라.

결론

로크는 인간의 본질적인 객관성과 신뢰성에 대해 회의적이었다. 그러나 그는 인간 협력에 대해 비관적이거나 냉소적이지는 않았다. 관찰에 기초한 지식을 통해 우리는 존재를 개선할 수 있었다. 민주주의는 개인과 집단의 이익이 견제와 균형의 시스템 내에서 조직될 것을 요구했다. 이는 어떤 이익 집단도 다른 집단에 비해 불균형한 영향을 미치지 않도록 보장할 것이다. 객관적 실재는 본질적으로 물리학이 설명하는 세계였다. 관찰자가 색깔과 마법을 더했다. 우리는 성찰, 즉 내면 관찰을 통해 우리가 누구인지 알았다. 기억은 수년 전에도 같은 사람이 '내면을 들여다보고 있었다'고 알려주었다. 이 관점은 이후 철학자들에 의해 체계적으로 도전받았다.

웹사이트

http://www.geocities.com/Athens/Forum/5507/locke.html

참고문헌

J. Locke, *A Letter Concerning Toleration*, Prometheus Books, 1990
J. Locke, *Two Treatises of Government*, Everyman, 1993
J. Locke, *An Essay Concerning Human Understanding*, Penguin, 1998

Chapter 16

고트프리트 빌헬름 폰 라이프니츠 (1646-1716년)

요점

* 원자는 나눌 수 있기 때문에 존재의 기본 단위가 될 수 없다.

* 기본적인 것은 '모나드'이다. 공간은 나눌 수 있기 때문에, 모나드는 공간을 차지하지 않는다. 만약 모나드가 나눌 수 있다면, 그것은 기본적인 것이 될 수 없다.

* 각 모나드는 유일하고, 독립적이며, 영원하고, 신이 제공한 예정 조화 속에서 춤춘다.

* 우리가 관찰하는 '대상'은 나타났다 사라지는 춤추는 모나드의 패턴이다. 오직 춤과 모나드만이 영원하다.

* 관찰은 외관에 대한 지식만을 제공한다. 오직 이성만이 존재의 근본적인 실재와 우리를 연결한다.

적용

* 라이프니츠의 비전은 현대의 '상식'에 깊이 스며든 기계적이고 물질적인 철학들보다 더 매혹적이다.

* 그의 모나드와 형이상학은 처음에는 명백하지 않지만 현대 물리학과 수학에

더 가깝다.

* 그의 스타일은 건조하지만, 내용이 이해될 때 빛난다.
* 만약 상담이 근본적인 조화와 관련이 있다면, 여기 그러한 조화를 찾으려는 웅장하고 영웅적인 노력이 있다.

▶

데카르트는 세 가지 기본 물질, 즉 신, 정신, 물질이 있다고 '추론'했다. 스피노자는 오직 하나, 즉 신만 존재하며, 나머지 모든 것은 기본 구성 요소에서 잠시 나타났다 사라지는 파도, 불꽃, 사건, 주름과 같다고 결론 지었다. 반면, 라이프니츠의 합리론은 '모나드'(단자)라고 불리는 나눌 수 없는 세계의 근본적인 구성 요소인 무한한 기본 실체를 만들어 냈다.

라이프니츠에게 부산물, 즉 지나가는 존재의 사건들은 어떤 식으로든 복잡하고 더 단순한 것으로 나뉠 수 있는 모든 것이었다. 여기에는 공간을 차지하는 모든 것이 포함되는데 그것들은 조각으로 나눌 수 있기 때문이다. 따라서 존재의 가장 단순하고 기본적인 '물질'은 전혀 공간을 차지하지 않는다는 결론이 나왔다. 왜냐하면 만약 그것이 공간을 차지한다면, 적어도 원칙적으로 반으로 잘라낼 수 있고, 다시 반으로 잘라낼 수 있기 때문이다. 그러므로 원자는 우주의 기본 구성 요소로서는 너무 큰 것이다. 원자는 공간에서 연장되어 있으며, (적어도 상상 속에서) 잘라낼 수 있다. 원자가 반복적으로 부서진 후 생성된 더 작은 잔해도 마찬가지이다. 라이프니츠는 기본 구성 요소는 단지 매우 작아서는 안 되며, 아예 크기를 갖지 않아야 한다고 주장했다.

따라서 우주의 기본 물질인 모나드는 전혀 공간을 차지하지 않는다.[43]

---

43 이것은 라이프니츠가 데카르트의 물질과 정신을 두 가지 기본 물질로 받아들였기 때문에

따라서 그것은 물리적일 수 없고, 정신적이여야 했다. 따라서 라이프니츠의 우주는 비연장적이고, 비물리적이고, 점 같은 영적·정신적·영혼적인 단위인 무한한 모나드로 구성되어 있다. 라이프니츠의 말에 따르면:[44]

> 1. 우리가 여기서 이야기할 모나드는 복합체에 들어가는 단순한 실체에 불과하다. '단순하다'는 것은 '부분이 없다'는 의미이다.
> 2. 그리고 복합체가 있기 때문에 단순한 실체가 있어야 한다. 복합체란 단순한 것들의 집합이나 총체에 불과하기 때문이다.
> 3. 이제 부분이 없다면 연장, 형상(형태), 분할 가능성도 있을 수 없다. 이 모나드는 자연의 진정한 도토리이며, 한마디로 사물의 요소들이다.
>
> (『단자론』)

새로운 단어가 만들어질 때, 그것이 일상 언어에 들어가 정기적으로 사용되는 경우도 있지만, 때로는 사라지기도 한다. '모나드'는 대부분의 사람이 들어본 적이 없기 때문에 요즘 개념으로 통용되지 않는다. 그것은 물속에 죽어 있는 것처럼 보인다. 이상하고, 환상적이며, 우스꽝스럽다. 그것은 무엇을 의미하는가?:

> 7. 모나드는 어떤 것이 들어오거나 나갈 수 있는 창문이 없다.
> 8. 그럼에도 불구하고 모나드는 어떤 특성을 가져야 하며, 그렇지 않으면 존재하는 사물조차 될 수 없다.
> 9. 사실, 각 모나드는 다른 모든 모나드와 달라야 한다. 왜냐하면 자연에는 완전히 똑같고 내부적인 차이, 또는 적어도 내재적인 특성에 기반한 차이를 찾을 수 없는 두 존재가 결코 없기 때문이다.
> 10. 나는 또한 모든 창조된 존재, 그리고 결과적으로 창조된 모나드가 변화를 겪으며, 더 나아가 이런 변화가 각 모나드에서 연속적이라는 것을 인정

함축된다.
[44] 라이프니츠는 그의 『단자론』의 모든 문장에 번호를 매겼으므로, 판본이나 쪽수 번호에 문제가 없다.

된 사실로 가정한다.
11. 바로 앞에서 말한 것에서 모나드의 자연적인 변화는 내부 원인에서 내부 원리에서 비롯된다는 결론이 나온다. 외부 원인이 그들의 내적 존재에 영향을 미칠 수 없기 때문이다. (같은 책)

따라서 라이프니츠는 모나드는 외부 원인에 의해 영향을 받을 수 없다고 보았지만, 어떻게든 이 독립적인 모나드들로 이루어진 이 우주는 조화로운 결과를 낳았다. 각 모나드는 독립적인 '목소리'를 제공하지만 그 결과는 소음이 아니라 교향곡이다. 어떻게 그럴 수 있는가? 라이프니츠에게 그것은 모나드들이 모두 신이 제공한 동일한 찬송가 악보에서 독립적으로 노래하고 있기 때문이다:

78. 영혼은 자신의 법칙을 따르며, 몸 역시 자신의 법칙을 따른다. 그리고 이들은 모든 실체 간의 예정 조화 덕분에 서로 일치한다. 왜냐하면 이들은 모두 하나의 동일한 우주의 표현이기 때문이다.
85. 따라서 모든 영혼의 총체(집합)는 신의 도시, 즉 가장 완벽한 군주 아래 가능한 가장 완벽한 국가를 구성해야 한다는 결론이 쉽게 따라 나온다.
86. 이 신의 도시, 이 진정한 보편적 군주국은 자연 세계 속의 도덕적 세계이며, 신의 작품 중 가장 숭고하고 신성하다. 이 안에 신의 영광이 진정으로 존재하는데, 그의 위대함과 선함이 영혼들에 의해 알려지고 존경받지 않는다면 그는 영광을 누리지 못할 것이기 때문이다. 또한 신의 지혜와 권능은 어디에나 드러나지만, 그의 선함은 특히 이 신성한 도시에 관련되어 있다.
(같은 책)

따라서 겉보기와는 달리, 우주는 궁극적으로 그리고 근본적으로 신성한 질서에 따라 각자가 기능함으로써 조화를 이루는, 물리적인 것이 아닌 영혼으로 작동하는 무한한 독립적인 모나드로 구성된다. 이는 현대인의 귀에는 정말 환상적으로 들린다. 아니면 라이프니츠는 처음에 보이는 것보다 더 현대적인 걸까? '영혼'이라는 단어는 다소 고전적이고 중세적인 느낌을 준다. 그러나 라이프니츠는 수학 언어로 '무한소'를 설명했으며, 여전히 오늘날에도 계속 사용되고 있는 미적분학을 발명했다.[45] 대부분의 현대인들은 대개 산수와 대수학의 기초적인 부분만 배우고 수학을 포기하기 때문에 이런 점을 여전히 따라잡지 못한다.

'모나드'라는 단어를 버리고 에너지가 비활성 물리적 질량보다 더 기본적인 개념이라고 제안하면, 그의 주장은 좀 더 현대적으로 들린다. 만약 우리가 한 단계 더 나아가 질량 에너지가 실제로 근본적 개념이며, 이 두 구성 요소가 논리적으로 구별될 수 없다고 제안한다면, 우리는 외부 힘으로 작용하는 비활성 질량의 뉴턴적 시계 장치 우주에서 벗어나 아인슈타인의 세계관을 빠르게 따라잡게 된다. 힌두교에서는 우주의 내재된 역동성을 시바의 춤으로 표현해 왔다. 합리론적 철학자이자 뛰어난 수학자이자 박식가인 라이프니츠는 추상적 분석을 통해 자신의 그림을 끌어냈다. 신비주의자들은 때때로 문자 그대로 비트에 맞춰 춤추며, 교감의 황홀한 환상 속에서 모든 세포에서 그것을 느끼곤 했다.

현대 물리학과는 매우 다른 현대의 상식은 다양한 비물질적 힘 (에너지)에 의해 밀리고 당겨지는 비생물적 대상들의 물질세계를 가정한다. 라이프니츠는 활동적이고, 에너지 넘치며, 목적을 가진, '지각하는' (즉, 민감한) 비물질 세계를 묘사했다. 그 세계는 각자 자신의 계획 (각본)을 수행하는, 마치 그런 것처럼 보이는, 무한히 작은 객체와 주체들로 이루어져 있으며, 그것은 신의 예정조화의 일부였다.

---

[45] 아이작 뉴턴이 조금 이른 시기에 독립적으로 이를 발명했지만, 라이프니츠의 기호법이 더 우수한 것으로 여겨진다.

그렇다면 평범한 인간의 행복과 고통에 더 관심이 있는 현대 독자들에게 이것은 어떻게 관련될까? 당신의 기쁨과 슬픔을 느끼는 당신은 누구인가? 어떻게든 신체 안에서 통제하고 위치하고 거기에 갇힌 데카르트의 '정신'일까? 신인 우주의 근본적인 침대 커버 (구성 요소)에 있는 스피노자의 짧은 주름일까? 신의 예정조화 속에서 세상을 감지하는 무한한 독립적인 영혼 중 하나일까? 그렇다면 죽고 비활성적인 세계에 대한 환멸이 없다. 모든 무 생명체는 영혼으로 반짝인다. 우주는 춤추고 있으며 당신도 그 춤의 일부분이다. 이것이 라이프니츠의 단자론 속에서 암시되는 것이지만, 그의 지루한 문체 속에서는 그 비트를 느끼기는 매우 어려울 것이다.

혼돈과 무의미를 두려워하는 사람들에게 라이프니츠의 합리론적이고 본질 주의적 철학은 강력한 해독제이다. 각 모나드는 전체 우주의 예정 조화에 따라 작동하며, 이는 독립적이고 독특한 모나드들이 커다란 아름다움이라는 일관된 결과를 만들어내는 이유이다. 또 다른 결과는 각 모나드가 전체 우주의 거울이라는 것이다. 그 비트는 우주의 고동이다. 각 모나드는 독특하면서도 다른 모든 것의 반영이기도 하다. 따라서 우주에는 단절되고, 텅 비고, 쓸모없고, 불모이며, 분리되고, 죽은 것은 없다. 단순한 표면 아래를 보면 혼돈이나 혼란은 없다.

나는 우리가 자신을 외부의 힘이 작용해야만 움직이는 죽은 물질의 황량한 비인격적 시계 장치 우주에 있다고 믿고 느끼는지 아닌지가 중요하다고 생각한다. 이것은 현대 사회에서 자주 교육되고 가정된 세계관이다. 이는 유럽의 어떤 합리론적 철학자의 세계관도 아니었고, 현대의 어떤 현대 물리학자의 관점도 아니다 (이 부분에 대해서는 나중에 더 이야

기하겠다).⁴⁶

라이프니츠는 추론 과정을 통해 도출 가능한 진리와 경험적 관찰을 통해 수집해야 할 사실을 능숙하게 구별했다. 그는 이것이 '모든 가능한 세계 중 최선의 세계'라고 제안했다. 이는 아마도 가능한 모든 관찰 중 최선의 관찰은 아닐 것이고, 볼테르의 풍자 소설 『캉디드』에서 많은 조롱을 받았다. 그는 우리의 세계 외에 '가능 세계'의 가능성을 탐구했으며, 이는 현대 물리학에서 상당한 관심을 받고 있는 또 다른 주제이다.[47]

라이프니츠에게 신은 오직 이성만으로 존재한다는 것을 알 수 있었다. 관찰은 필요하지 않았다. 신 개념은 완전한 존재의 개념이었다. 완전함은 존재를 포함해야 했는데, 존재는 비존재보다 명백히 더 완전하기 때문이다. 따라서 신은 존재한다. 이는 설득력이 없는 논증이다. 버트런드 러셀의 지적처럼 존재가 비존재보다 완전성에 더 가깝다고 믿을 이유가 없기 때문이다. 또한 이처럼 매우 추상적인 방식으로 '완전성'에 대해 이야기하는 것이 타당해 보이지도 않는다.

라이프니츠는 무한소를 수학적으로 정의하고 표현하며 탐구하는 유용한 방법을 발견했다. 근본적인 실체가 공간을 차지할 수 없다는 그의

---

[46] 과학은 여전히 차갑고 기계적인 것으로 보이며, 따뜻하고 인간적이며 개인적이라고 여겨지는 예술과는 대조적이다. 사실, 많은 예술이 무의미한 황무지를 전제로 하거나 도덕적으로 사소한 주관적 내성에 몰두한다. 반면, 많은 과학자가 경외감과 경이로움을 촉진하는 전체론적 작업 틀 내에서 존재의 더 큰 질문을 다룬다. 게다가, 수학에는 많은 시가 있으며, 이해할 수 있다면 더욱 그렇다.

[47] 라이프니츠의 철학이 오늘날의 '엄숙한' 과학에 비해 난해하게 보인다면, 도이치(David Deutsch)의 『실재의 직물』(*The Fabric of Reality*, Penguin, 1997)을 읽어보라. 이 옥스포드 물리학자는 양자 이론의 '다중 세계' 해석을 주장한다. 라이프니츠의 '가능한' 세계는 신경 쓰지 말자. 소수의 양자 물리학자들은 모든 '가능한 것'이 '실제'라고 제안하며, 우리의 우주와 평행하고 있다고 주장한다. '그들은 각 우주 내에서 입자들이 만질 수 있는 우주에서처럼 상호작용하지만, 각 우주가 다른 우주에 미치는 영향은 간섭 현상을 통해서만 약하게 미친다는 점에서 평행하다'(47쪽). 아마도 우리는 양자 컴퓨터를 이용하여 계산을 수행할 수 있다고 주장된다.

개념은 이상하게 보일 수 있지만, 그의 주장은 통찰력과 일관성을 보여준다. 실제로 현대 양자물리학과 그것이 탐구하는 미시 영역에서 우리는 우리가 이해하는 것처럼 연속적인 운동이 존재하지 않으며, 시간이나 공간도 존재하지 않음을 알게 된다. 그렇다면 거시적 수준에서는 어떤가? 최신 이론은 단지 3차원 공간과 1차원 시간뿐만 아니라, 10차원 또는 11차원을 제안하며, 그중 6차원은 '접혀 있고' 기본 '물질'은 '끈' (스트링)으로 구성되어 있다. 이에 비하면 라이프니츠의 모나드는 긍정적으로 평범해 보인다.

모나드는 미적분학에 대한 명확한 이해와 매우 크든 매우 작든 '천체의 음악'의 맥락에서 (약간) 더 합리적으로 보일 수 있으며, 수학을 통해 가장 잘 이해될 수 있다. 가장 '실제적'이고 가장 '근본적'인 것이 우리에게 매우 비실제적이고 환상적이며 모순적이고 비일관적으로 보일 때 일상적인 언어로는 이를 설명하기 어렵다.

그러나 건강과 안녕을 위해서는 우리가 살고 있는 세계를 이해하려고 최대한 노력해야 한다. 과학적, 철학적인 이해가 나머지 세계와 이질적이고 터무니없고 무관한 것처럼 보인다면 아마도 건강에 좋지 않을 것이다. 역사적으로 자아에 대한 이해는 자아가 작동하는 세계에 대한 이해가 커짐에 따라 발전해 왔다. '내부'를 들여다보는 방법을 알고 싶다면, '주변'을 바라보는 방법도 알아야 한다. 왜냐하면 그 두 가지는 그리 다르지 않을 수 있기 때문이다. 전문적인 통찰과 (소위) '상식' 및 '일상적' 세계 이해 사이의 넓은 간극은 바람직하지 않다. 최근 수십 년 동안 이런 간극은 점점 더 커지는 것처럼 보인다. 이 책은 그 간극에 다리를 놓으려는 작은 노력 중 하나이다. 전문 철학자들에게 너무 단순하고 무해하다고 보이지 않기를 바라며, 일반 독자들에게는 너무 복잡하고 관련성이 없다고 여겨지지 않기를 바란다.

질문

1. 무엇이 실재인가? 무엇이 외관인가? 우리는 사실을 이야기 의견, 편견과 어떻게 구별하는가? 이 질문은 중요한가?
2. 내담자가 자기 존재의 근본 실재와 형태를 무엇이라고 믿는지가 정말로 중요한가?
3. 우리가 자신을 이해하기 위해서는 세상을 얼마나 이해해야 하는가?
4. '기본 요소들'이 물질적 실체인지 조화를 이루며 노래하는 비물질적 영혼인지가 중요한가?
5. '기본 요소들'이 사람들의 일상적 삶에서 본질적으로 어떤 방식으로 중요한가?

연습

1. 자신의 삶을 되돌아보기를 원했던 내담자를 생각해 보라. 그들은 이 되돌아보기에 얼마나 깊이 들어가고자 했는가? 신이나 다른 근본적인 패턴 또는 원칙이 그들에게 중요했는가? 미리 정해진 '조화', '춤', '영혼' 개념이 그들에게 관련이 있고 유용할까?
2. 여기 '고급 공감' 연습이 있다. 라이프니츠의 존재에 대한 사상을 공감하면, 존재의 상호 연결성과 통합된 완전성에 대한 경험이 변형된다! 라이프니츠의 모나드는 외부에서 보면 건조하고 무관해 보일 수 있지만, 그 안으로 들어가면 진지한 관심을 받을 만한 생명을 지니고 있다. 라이프니츠의 사상은 마음을 위한 대성당이지만, 이를 감상하기 위해서는 기존의 전제들을 기꺼이 놓아야 한다.

결론

라이프니츠의 뛰어난 수학적 추론은 그를 상식과는 먼 환상적인 형이상학으로 이끌었다. 오늘날 수학자들과 물리학자들은 유사한 지적 노력과 상상력을 통해 '근본적 실재'에 대한 더욱 환상적인 설명을 구성한다. 그런 다음 결과를 테스트하고 상상할 수 없는 정확도로 예측을 확인한다. 일반인들이 이런 모든 것을 따라갈 수 있을까? 따라가려고 노력해야 할까? 과학은 일반인이 감당하기에는 너무 어려워지고 있는 걸까, 아니면 그 매혹적인 통찰력은 이해하려고 노력할 가치가 충분히 있는 걸까?

웹사이트

http://www.biography.com/cgibin/biography/biographyrequest.pl?page=/biography/data/L/L.8424.txt.html

http://www.maths.tcd.ie/pub/HistMath/People/Leibniz/RouseBall/RB_Leibnitz.html

참고문헌

N. Jolley (ed.) *Cambridge Companion to Leibniz*, Cambridge University Press, 1995

G.W. Leibniz, *Philosophical Essays*, Hackett Publishing Company, US, 1989

G.W. Leibniz, *Monadology*, University of Pittsburgh Press, 1991

G.W. Leibniz, *Discourse on Metaphysics*, Prometheus Books, US, 1993

G.W Leibniz, *New Essays on Human Understanding*, Cambridge University Press, 1996

G.W. Leibniz, *Philosophical Texts*, Oxford University Press, 1998

Chapter 17

조지 버클리 (1685-1753년)

요점

* 대상은 관찰자와 독립적으로 존재하지 않는다.

* 따라서 신의 지속적인 이해와 관찰이 모든 존재의 기반이다.

* 따라서 신을 통하지 않고 그리고 신을 참조하지 않고는 어떤 것도 존재하거나 설명되거나 상상될 수 없다.

* 따라서 신은 진정으로 의미 있는 모든 설명의 핵심 구성 요소이다.

* 자신이나 다른 사람 또는 사물을 찾으려면 먼저 신을 찾아야 한다. 신은 모든 것의 위, 아래, 앞, 뒤, 안에 존재한다.

적용

* 버클리에게 신은 어떤 설명에서도 제외될 수 없다.

* 근본 실재는 움직이는 무색의 물질인가? 이것이 우울하고 매력이 없는 전망인가? 버클리는 그렇게 생각했으며, 이 세속적인 비전이 잘못되었다고 확신했다.

* 우리는 어떻게 다른 사람들을 알고 그들과 연결될 수 있는가? 그들의 경험이 어떤 식으로든 우리의 경험과 관련이 있는지 어떻게 알 수 있는가? 세속적인

회의론자들은 그 답을 알지 못했다. 버클리는 오직 신만이 우리를 모두 연결할 수 있다고 믿었다.

* 버클리는 절대 공간과 절대 시간에 대한 우리의 상식적인 개념에 도전했다. 그의 도전은, 비록 해답은 아닐지라도, 현대물리학에 의해 지지받는다.

▶

실재란 무엇인가? 확실한 것은 무엇인가? 그리고 우리가 확립할 수 있는 출발점으로부터 다른 확실성과 실재를 얼마나 추론할 수 있는가? 우리가 보았듯이, 로크와 데카르트는 '나'에서 시작하여 신으로 나아가, 각기 다른 방식으로 신이 주재하는 마음과 물질의 세계를 구축했다.

우리는 여전히 이 세계가 물질직이라는 것을 당연하게 여기고 있지만, '의식'이 무엇이든 간에 그것이 이 물질적 실재와 어떻게 맞물려 있는지 설명하는 데 여전히 어려움을 겪고 있다. 조지 버클리 주교는 소위 통념이 거대한 시계 장치처럼 작동하는 기계적 우주를 점점 더 전제로 하고 있다는 점에 크게 우려했다. 일반적으로 신은 이 메커니즘을 창조한 것으로 가정되었지만, 이제 그것이 스스로 작동할 수 있는 것처럼 보였다. 의심할 여지없이 신은 자신의 창조물에 개입하여 속도를 늦추거나 멈추거나 여기저기 몇 개의 톱니를 조정할 수 있었다. 그러나 우주적 메커니즘에 대한 신의 개입은 이 거대한 기계에 대한 우리의 과학적 이해에 있어 발전을 저해할 것이다. 어쨌든 우리는 신의 첫 번째 노력이 충분히 훌륭했을 것이라고 가정해야 했다. 따라서 그것은 그의 마지막 노력이 되어야 했고, 또 그럴 것이었다. 따라서 창조주인 신은 그의 일을 다 마친 후 이제 잉여적이고, 영구적으로 실업자가 된 것처럼 보였다.

이것은 버클리 주교에게는 충분하지 않았다. 데카르트와 로크가 구상한 세계는 얼굴이 없고 평평하며 무색이며 무의미했다. 버클리에게 신은 분명히 지속적으로 활동하고 있었다. 신이 이제 연금을 받고 잉여적 존재가 되어, 그의 일을 다 마친 후에는 그냥 사라지고 기계가 그 없이 돌아가도록 내버려 둘 수 있다고 상상하는 것은 터무니없는 일이었다. 그리고 왜 모든 관심을 기계에 쏟는 것일까? 이 모든 것에서 영혼과 정신은 어디에 있었을까? 신은 실제로 잉여적이지 않더라도 이야기의 가장자리로 밀려나는 것처럼 보였다. 그의 본질, 역할, 지위는 의심스럽고 제한적이며 불확실해 보였다. 버클리는 그것을 결코 받아들이지 않았다. 그의 견해로는 신은 우주의 중심이었고, 정신은 일상적 존재의 본질이었다. 몸과 물질은 무엇일까?:

> 참으로 이상하게도 사람들 사이에는 집, 산, 강, 그리고 한마디로 모든 감각적인 대상이 지성에 의해 지각되는 것과는 별개로 자연적이거나 실제적인 존재를 가진다는 의견이 널리 퍼져 있다. 그러나 이 원칙이 세상에서 아무리 큰 확신과 묵인 속에 받아들여진다 할지라도, 그것에 대해 의문을 제기할 마음이 있는 사람은, 내가 틀리지 않았다면, 그것이 명백한 모순을 포함하고 있음을 알 수 있을 것이다. 왜냐하면, 앞에서 언급한 대상들은 감각에 의해 우리가 지각하는 것들이 아니겠는가? 그리고 우리가 지각하는 것은 우리 자신의 관념이나 감각 외에 무엇이겠는가? 그리고 이러한 것들 중 어느 하나 또는 그 조합이 지각되지 않은 채로 존재한다는 것이 명백히 모순되지 않겠는가? (『인간 지식의 원리』, 4항)

당신은 물질세계에 살고 있다고 생각할 수도 있고, 물질적 대상들이 가장 실재적이고 가장 만질 수 있는 것이라고 여길지도 모른다. 그러나 버클리에게 있어서 근본적인 실재는 세계가 아니라 세계에 대한 우리의 관념이다. 물질, 재료, 물리적인 것, 이 모든 것은 우리가 스스로에게 일관성과 의미를 제공하고자 사용하는 관념이라는 사실보다 훨씬 덜 실재적이다. 로크는 인간이 지각하든 아니든 대상은 계속 존재한다고 믿었고 현대 일반 상식도 이에 동의한다. 하지만 버클리는 다르게 생각했다:

> 그것들이 나에 의해 실제로 인지되지 않거나 나의 정신이나 다른 어떤 창조된 영혼에 존재하지 않는 한, 그것들은 전혀 존재하지 않거나 아니면 어떤 영원한 영혼의 정신에 존재해야 한다. 어떤 단일 부분이 영혼과 독립적으로 존재한다고 여기는 것은 완전히 이해할 수 없고, 온갖 부조리한 추상화를 포함한다. 이를 확신하려면, 독자는 단지 반성적으로 생각하고 자신의 사고 안에서 인식되는 것을 감각적 사물과 분리하려고 시도하면 된다.
>
> (같은 책, 6항)

버클리에게 그의 아이디어는 환상적이고 이상한 것이 아니라 명백하고 필연적이었다. 터무니없는 것은 현재의 통상적 지혜였으며, 우리는 존재의 표면 아래를 충분히 주의 깊게 들여다보지 않았기 때문에 그것을 믿고 있다. 예를 들어 우리는 거리에서 볼 수 있는 나무가 우리가 바라볼 때 존재하고, 이웃이 바라볼 때 존재하며, 가장 중요한 것은 밤 동안 아무도 바라보지 않더라도 계속 존재한다고 당연하게 여긴다. 버클리는 이를 '터무니 없다'고 생각했다. 실재하는 것은 우리가 나무에 대한 관념을 갖고 있다는 것이다. 우리의 관념이 멈추면 다른 것은 없고, 다른 것이 필요하지도 않다:

> 7. 앞서 말한 것으로부터, 지각하는 영혼 외에 다른 실체는 없다는 결론이 나온다.
> 8. 그러나, 당신은 관념 자체는 정신없이 존재하지 않지만, 그와 유사한 것들이 있고, 그것들이 복사본이거나 유사한 것들이 존재할 수 있으며 그런 것들은 비사유적 실체 속에서 정신 없이 존재할 수 있다고 말할 것이다,

나는 관념은 관념 외 아무것도 닮을 수 없다고 대답할 것이다. 색이나 형태는 다른 색이나 형태 외에는 아무것도 닮을 수 없다. 우리가 자신의 생각을 조금이라도 살펴보면, 우리는 관념 간 유사성 외에는 아무것도 구상할 수 없다는 것을 알게 될 것이다. (같은 책)

그래서 우리는 나무에 대한 우리의 관념이 나무와 '닮았다'고 상상한다. 어떻게 그런 말을 할 수 있었을까? 우리는 지각, 즉 경험만 가지고 있었기 때문에 나무의 관념(지각)을 나무와 비교할 수 없었다. 그렇다면 우리는 우리의 경험이 다른 사람들의 경험과 어떤 유사성이 있는지 어떻게 알까? 버클리에게 이는 결국 신, 즉 영원한 영혼으로 귀결된다. 신은, 설사 우리가 잠을 자는 동안에도, 나무에 대한 관념과 우리가 이제까지 가졌던 모든 다른 관념들을 갖고 있다. 신은 다른 모든 영혼을 창조했다. 신은 모든 관념 간 일관성을 보장한다. 신은 끊임없이 활동하고 있다. 신은 중심이자 주변부이며 그 사이에 모든 곳에 존재한다. 신은 우리 영혼의 토대, 관념의 토대, 정신의 삶에서 일관성이 있을 수 있는 가능성의 토대이다. 신이 없다면 아무것도 존재하지 않으며, 모든 것이 순간적으로 사라졌을 것이다. 우주와 그 안의 소위 기계들이 신 없이 단 1초라도 작동할 수 있다는 생각은 말이 안 된다. 외부의 물체에 대해서는 어떻까?:

20. 요컨대, 외부의 물체가 있다면 우리가 그것을 알게 되는 것은 불가능하다. 그리고 그렇지 않다면 우리가 지금 갖고 있는 것과 같은 이유로 그것이 존재한다고 생각할 수 있다. (같은 책)

이 단계에서 버클리는 사과할 필요성을 느낀다. 그의 견해는 너무나 명백하게 사실이므로, 그는 이를 설명하는 데 너무 오랜 시간을 낭비하고 있다고 생각한다. 모든 것을 빠르고 쉽게 요약될 수 있다:

22. 이 주제를 다루면서 불필요하게 장황하다는 인상을 주었을까 우려된다. 최소한의 성찰이 가능한 이라면 단 두세 줄로 명확히 입증할 수 있는 사실에 대해 길게 설명하는 것이 무슨 의미가 있을까? 이는 자신의 생각을 탐구하여 소리, 형태, 움직임, 색상이 마음 없이 존재하거나 인식되지 않은 상태로 존재할 가능성을 상상할 수 있는지를 점검하는 문제일 뿐이다. 이 간단한 시도를 통해 당신이 주장하는 것이 완전히 모순임을 깨달을 수도 있을 것이다.

23. 하지만 당신은, 예를 들어, 공원의 나무나 벽장 안의 책들이 아무도 그것을 인식하지 못한 채 존재한다고 상상하는 것보다 더 쉬운 것은 없다고 말할 수 있다. 이에 대해 나는 이렇게 대답한다. 물론 그렇게 할 수 있고, 그것에는 아무런 어려움이 없다. 그러나, 간청하건대, 당신이 책이나 나무라 일컫는 특정한 관념들을 마음속에 형성하면서도, 정작 그것들을 지각할 수 있는 주체의 관념은 형성하지 않는 까닭은 무엇인가? 하지만 당신 자신은 그것들을 생각하거나 인식하고 있지 않는가? 그러므로 이는 목적에 맞지 않는다. 이는 단지 당신이 마음 속에 상상하거나 생각하는 능력을 가지고 있음을 보여줄 뿐이다. 하지만 이는 당신이 당신의 관념의 대상들이 마음 없이도 존재할 수 있다고 생각할 수 있다는 것을 보여주지는 않는다. 이를 증명하기 위해서는 그것들이 상상되지 않거나 생각되지 않은 채로 존재한다고 상상하는 것이 필요한데, 이는 명백한 모순이다. (같은 책)

그렇다면 실재란 무엇일까? 버클리에게 신은 가장 압도적으로 실재적이고 지속적으로 필요한 영원한 영혼이다. 그러므로 당신 자신과 진정한 평온을 찾으려면 신을 찾아야 한다. 정신·영혼은 실재한다. '물질'은 가장 비실재적이다. 그것은 정신이 갖는 또 다른 관념일 뿐이다. 하지만 사람들은 그것을 잘못 이해하고 있다. 그들은 충분히 깊게 생각하지 않는다:

> 철학은 지혜와 진리를 탐구하는 것에 다름 아니므로, 이 분야에 많은 시간과 노력을 기울인 이들이 다른 사람들보다 더 큰 마음의 평온과 명확하고 확실한 지식을 얻고, 의혹과 어려움으로부터 덜 방해받을 것으로 기대된다.

그러나 실상은 그렇지 않아서, 우리는 교육을 받지 않은 대다수의 사람들이 명백한 상식의 길을 걷고, 대부분 자연의 명령을 따르면서 쉽고 방해받지 않은 삶을 사는 것을 볼 수 있다. 그들에게 익숙한 것은 아무것도 납득할 수 없거나 이해하기 어려운 것이 아니다. 그들은 감각에서 증거의 부족을 호소하지 않으며, 회의론자가 될 위험도 없다. 하지만 우리가 감각과 본능에서 벗어나 더 높은 원칙의 빛을 따르고, 사물의 본성에 대해 합리적으로 사고하고 반성하기 시작하면, 이전에 완전히 이해하고 있다고 여겼던 것들에 대해 수천 가지의 의구심이 우리의 정신 속에 생겨난다. (같은 책, 1항)

그렇다면 평온을 찾기 위해 당신은 생각하지 않은 다수 중 하나가 되거나, 아니면 깊이 생각하여 당신 발아래의 토대마저도 존재하지 않는 것으로 분석할 수 있는 회의론에서 나오는 불안감과 맞설 수 있다. (어떤 기초인가? 그것은 당신의 또 다른 관념일 뿐이다.) 진정한 통찰력과 결합된 가장 깊은 평온은 진지한 연구를 통해 당신 존재의 진정한 기반, 당신이 의지하고 서 있는 실질적인 기반인 바로 그 영원한 영혼, 곧 신 안에 있음을 발견할 때 찾아온다. 주를 찬양하라!

버클리는 자신의 생각을 진정으로 믿었다. 물론, 그것은 대부분의 사람들이 공유하는 생각이 아니었다. 만약 그랬다면, 나는 교회가 오늘날보다 훨씬 더 사람으로 가득 찼을 것이라고 확신한다.

버클리가 주장한 '관념만이 존재한다'라는 생각은 이후 철학자들에 의해 도전받았다. 그러나 조심해야 한다! 로크가 가정한 일차 성질의 절대성은 버클리가 도전했으며, 현대의 지혜는 이를 당연하게 여겼으나, 20세기 과학으로 뒤집혔다. 예를 들어 우리는 여전히 모든 이가 이동하는 절대 공간과 우리의 이동 속도를 정의하는 절대 시간을 믿는 경향이 있다. '여기', '저기', '지금', '그때'와 같은 것들은 우리가 관찰자와 독립적으로 존재하고 어디서 어떻게 인식하더라도 동일한 일차 성질이라고 추정한다. 3차원 공간과 1차원 시간이 운동 중인 물체를 측정하는 절대적인 틀을 제공했다.

그러나 버클리는 절대적인 공간이나 절대 시간은 존재하지 않는다고 제안했다. 우리는 물체에 대한 관념을 갖고 있고, 공간은 물체에 대한 우리의 관념들 간의 관계를 나타내는 또 다른 관념에 불과하다. 시간 역시 우리의 관념들의 연속성과 흐름을 구성하기 위해 필요한 관념이다. 절대적인 공간과 시간은 감지할 수 없고 의미가 없으며, 우리가 가진 것은 관념 간의 관계를 도출하는 과정뿐이다. 버클리의 관념론은 (어떻게 분석하든) 역사의 시험을 이겨내지 못했을지 모른다. 그러나 버클리의 상대론은 로크, 뉴턴, 현대의 상식보다 20세기 과학에 더 잘 입증되었다.

이런 상대론이 개인과 개인 정체성에 대한 그들의 관념에 어떤 영향을 미치는지는 여전히 고려해야 할 문제이다. 우리는 다음 장에서 이를 시작할 것이다.

질문

1. 신을 언급하지 않는 설명은 말이 되지 않는다고 믿는 내담자에게는 어떻게 접근해야 하는가?
2. 우리의 공간과 시간에 대한 자신의 이해를 바꿀 필요가 있는가?
3. 우리는 공간과 시간에 갇혀 있는가?
4. 시간과 공간을 초월한다는 것은 무엇을 의미하는가?
5. 외부 원리나 존재 없이 자신을 찾을 수 있는가?
6. 존재에 대한 비전 마법이 없어서 얼마나 많은 내담자가 고통 받고 있을까?

연습

1. 내적 또는 외적 탐구에서 신이 여전히 중심인 사회와 문화에 대해 생각해 보라. 그러한 문화에서 상담과 돌봄은 무엇을 의미할까?
2. 개인이 상담자와 함께든 없이든 통찰력을 개발하는 과정에서 '스스로 해결할 수 있다'는 것을 상담이 어느 정도 가정하는지 고려하라. 이런 가정의 강점과 약점은 무엇일까?

결론

　18세기 회의주의적 철학은 우리가 자신과 주변 세계에 대해 알고 있는 것의 기반에 의문을 제기했다. 버클리는 모든 존재, 이해 및 설명에서 신의 중심적 위치를 주장함으로써 이 문제를 해결하고자 했다. 신 없이는 개인의 정신은 아무것도 알거나 행할 수 없다. 이성의 힘에 의해 추진되는 세속적 인본주의적 진보 프로젝트는 신성한 힘과 목적의 용납할 수 없는 대체물이었다. 신은 우리의 세속적 지식의 간극을 채우지 않는다. 그는 위에, 너머 또는 바깥에 있지 않으며, 한쪽으로 밀려날 수 없다. 신은 우리의 모든 지식의 기반, 근거, 본질이다. 신 없이는 의미, 목적, 정체성, 존재에 대해 논의하는 것조차 말이 되지 않는다. 따라서 버클리에게 기독교인이 아닌 상담사는 전적으로 비합리적이며, 명칭 자체로 모순되는 것이었다.

　버클리는 다른 어떤 신학자들보다 더 강력하게 신이 단순히 세속 세계에 대한 신성한 추가물이 아니라, 모든 존재와 경험의 바로 그 기반으로 어떻게 이해될 수 있는지를 보여주었다. 이런 근본적으로 비세속적인 이해에 공감하려는 시도는 유용하다. 새로운 천년은 우리가 세속적인 서구와 비서구, 예를 들어 이슬람 사이를 협상하는 방법을 배울 것을 요청한다. 세속적 인본주의 미래에 대한 비전으로 쇼핑만을 제시할 수 있다면, 근본주의 기독교 우파가 세속주의를 삶의 기반으로 텅 비고 메마른 것으로 여기는 사람들에게 더욱 매력적으로 될 것이라고 예상할 수 있다.

웹사이트

http://www.cpm.ll.ehime-u.ac.jp/AkamacHomePage/Akamac_E-text_Links/Berkeley.html
http://www.ilt.columbia.edu/academic/digitexts/berkeley/bio_berkeley.html

참고문헌

G. Berkeley, *Three Dialogues Between Hylas and Philonous*, Hackett Publishing Company, US, 1988
G. Berkeley, *Philosophical Works*, Everyman, 1993
G. Berkeley, *Treatise Concerning the Principles of Human Knowledge*, Oxford University Press, 1998

Chapter 18

데이비드 흄 (1711-1776년)

요점

* 나는 지각을 통해서만 '나 자신'을 인식할 수 있으며, 지각없이는 그 어떤 것도 관찰할 수 없다.

* 우리는 원인을 관찰하는 것이 아니라, 단지 한 사건이 다른 사건에 뒤따르는 지속적인 결합만을 관찰한다.

* 우리는 상상할 수 없을 만큼 빠른 속도로 서로 이어지고 끊임없는 흐름과 움직임 속에 있는 다양한 지각의 묶음이나 집합일 뿐이다.

* 도덕과 비판은 이해의 대상이라기보다 취향과 감정의 대상이다.

* 우리는 어쩔 수 없기 때문에 우리의 능력에 동의하고 이성을 사용한다.

적용

* 내담자는 자신이 누구인지에 대한 흄적 불확실성에 공감할 수 있다.

* 도덕이 '신의 영광을 위한 것'이 아니라면, 그 세속적 기반을 명확히 할 필요가 있다.

* 인과적 설명은 더 깊은 근본 원칙 없이는 무의미하다. 'A가 B를 야기했다'는 단순히 'A가 B를 일으켰다'라는 인과적 설명만으로는 부족하다. '왜 B인가?'

라는 질문에 대한 설명이 필요하다.

* 알기 위해서는 관찰해야 하지만, 관찰자로서 우리는 얼마나 믿을 만한가?
* 흄은 귀납과 인과에 대한 이전의 확신을 흔들어 놓았다. 이후의 철학자들은 그의 도전에 대처하려고 했다. 우리 시대에는 그의 회의주의를 더욱 발전시키고 있다.

▶

존 로크에게 인간은 자신의 존재에 대해 명확한 관념을 갖고 있으며, 자신이 존재하고 무엇인지를 확실히 알고 있다는 것은 의심할 여지가 없는 사실이었다. 후대의 철학자들은 이 가장 근본적인 가정에 도전했고, 현대에 이르러 자아의 실재, 정체성, '무엇'은 철학자들뿐 아니라 많은 일반인에게도 덜 자명해졌다. 아마도 이것은 사람들이 자신이 누구인지, 자신과 자신의 선택이 무엇으로 구성되어 있는지, 다른 사람에게 '촉진'되거나 듣기 위해 상당한 금액의 돈을 기꺼이 지불하는 이유를 설명하는 데 도움이 될 것이다. 데이비드 흄은 자명한 자아에 대한 가장 강력한 초기 비평가 중 하나였다:

> 우리가 '자아'라고 부르는 것을 매 순간 친밀하게 의식한다고 상상하는 철학자들이 있다. 그들은 자아의 존재와 지속적인 존재를 느끼고, 자아의 완전한 동일성과 단순성에 대해 증명의 증거를 넘어 확신한다고 말한다. 가장 강력한 감각이나 격렬한 열정은 이러한 관점에서 우리를 산만하게 하는 대신, 고통이나 즐거움을 통해 자아에 미치는 영향을 더욱 강렬하게 고찰하게 만든다고 그들은 주장한다. 이보다 더 나아가 증명하려는 시도는 오히려 증거를 약화시키는 행위일 것이다. 우리가 그토록 친밀하게 의식하는 사실로부터는 어떠한 증명도 도출될 수 없으며, 만약 우리가 이것을 의심한다면 확실하게 알 수 있는 것은 아무것도 없기 때문이다. (『인간 본성에 관한 논고』, 1739년, 1권, 4부, 6절).

회의주의의 대가인 흄은 경험론적 접근을 취했다. 그는 '내부'를 들여다보고 '자신'을 전혀 발견하지 못했다. 대신 그는 오늘날 우리가 '의식의 흐름'이라고 부르는 것을 목격했다:

> 내가 '나 자신'이라고 부르는 것에 가장 내밀하게 다가가려 할 때 나는 항상 더위나 추위, 빛이나 그림자, 사랑이나 증오, 고통이나 쾌락 등 특정한 지각에 부딪친다. 나는 어떠한 지각없이 '나 자신'을 포착할 수 없었으며, 지각 외에는 그 어떤 것도 관찰할 수 없다. (같은 책)

다양한 형태의 명상 수행자들도 비슷한 관찰을 한다. 끝없이 흐르는 강물처럼, 변화하고, 또 변화하며, 계속해서 쏟아지는 경험의 흐름을 바라보라. 이 모든 것 속에 '당신'은 어디에 있는가? 당신이 알고 있다고 생각했던 '자아'는 어디에 있는가? 그리고 당신이 잠들었을 때는 어떠한가? 그때 당신은 어디에 있는가?:

> 깊은 잠처럼, 나의 지각이 잠시 제거될 때, 그 시간 동안 나는 '나 자신'에 대해 무감각해지며, 존재하지 않는다고 말할 수 있다. (같은 책)

죽음에서는 어떤가? 경험을 유발하는 수용체를 가진 몸이 더 이상 존재하지 않아 경험이 사라진다면, 그 다음은 어떻게 될까? 흄은 신체 없는 '영혼'이나 비물리적 '자아의 본질'을 이해하기 어려웠다:

> 죽음으로 인해 내 모든 지각이 제거되고, 내 몸이 해체된 후에는 생각할 수도, 느낄 수도, 볼 수도, 사랑하거나 미워할 수도 없다면, 나는 완전히 소멸될 것이며, 나를 완전한 무(無)로 만드는 데 필요한 것이 무엇인지 이해할 수 없다. (같은 책)

그러나 흄은 로크처럼 그들의 자아성이 삶에서 가장 분명하고 압도적인 사실이라고 주장한다는 점을 인정했다. 흄은 그런 사람들에게 무엇이라고 말할 수 있을까?:

누군가 진지하고 편견 없는 성찰을 통해 '자신'에 대해 다른 개념을 갖고 있다고 생각한다면, 나는 더 이상 그와 논쟁할 수 없음을 고백해야 한다. 내가 그에게 인정할 수 있는 것은, 그가 나와 마찬가지로 옳을 수 있으며 우리가 이 점에서 본질적으로 다르다는 것이다. 그는 아마도 자신이 '자아'라고 부르는 단순하고 계속되는 무언가를 지각할 수 있겠지만, 나는 내 안에 그런 원리가 없다는 것을 확신한다. (같은 책)

겉으로 보기에 겸손해 보이지만 흄은 '자신'을 경험하는 사람들이 환상에 빠져 있다고 확신했다:

이런 종류의 형이상학자들을 제외하고 나는 나머지 사람들에 대해 그들은 그저 상상할 수 없을 정도로 빠른 속도로 서로 이어지고 끊임없는 흐름과 움직임 속에 있는 다양한 지각의 다발이나 집합에 불과하다고 감히 단언할 수 있다. 우리의 눈은 동공 안에서 움직이는 것만으로도 우리의 지각을 변화시킨다. 우리의 생각은 우리의 시각보다 더 변하기 쉬우며, 우리의 다른 모든 감각과 능력이 이런 변화에 기여한다. 아마도 한 순간이라도 변함없이 동일하게 유지되는 영혼의 단일한 힘은 없을 것이다. 정신은 여러 지각이 연속적으로 나타나고, 지나가고, 다시 지나가고, 사라지고, 무한한 다양한 자세와 상황에서 혼합되는 일종의 극장이다. 우리가 단순성과 정체성을 상상하는 자연적인 경향이 무엇이든 간에, 정신은 한순간에 단순성을 지니지 않으며, 시간이 지나도 동일한 정체성을 유지하지 못한다. 한 번에 그것에 '단순성'이란 없고 다른 시간에도 정체성은 없다. 우리가 정신에 부여하는 동일성은 허구적인 것에 지나지 않으며, 우리가 채소나 동물의 몸에 부여하는 동일성과 비슷한 종류의 것이다. 따라서 그것은 다른 기원을 가질 수 없으며, 비슷한 대상에 대해 상상력이 비슷한 방식으로 작용한 결과여야 한다. (같은 책)

흄에게 '자아'는 결코 관찰할 수 있는 것이 아니었다. 존재는 관념과 인상의 흐름으로 구성되어 있으며, 하나의 '무언가' 즉 자아로 존재한다는 관념이 형성된다. 인상은 관념보다 더 강하고 생생하다. 인상은 관념이 구성되는 원재료이다. 우리는 얼굴에 대한 인상을 갖고 있고, 그것이 속한 어머니에 대한 관념을 구성한다. 이 관념이 구성되는 데 수년이 걸린다. 우리는 거울을 보고 또 다른 얼굴을 본다. 우리는 그것이 속한 '자아'에 대한 관념을 구성했고, 이 복잡한 관념도 수년에 걸쳐 구성되고 개발되고 변화했다.

인상과 관념을 일관성 있게 만들기 위해 패턴이 구성된다. 이런 패턴은 관념 간의 연결에서 발생하며, 이런 연결이 필수적이고 실제적이라는 관념이 형성된다:

> 두 대상이 필연적으로 연결되어 있다고 말할 때, 우리는 필연성에 대해 어떤 관념을 가지고 있는가? 이 문제에 대해 나는 인상에서 파생되지 않은 관념은 없다는 점을 반복해서 언급해야 한다. 만약 우리가 실제로 그러한 관념을 가지고 있다고 주장한다면, 필연성의 관념을 일으키는 어떤 인상을 찾아야 한다. 이를 위해 나는 일반적으로 필연성이 어떤 대상에 있다고 가정하는지 고려한다. 그리고 그것이 항상 원인과 결과에 귀속된다는 것을 발견하고, 그 관계에 있다고 가정되는 두 대상에 시선을 돌려, 그들이 가질 수 있는 모든 상황에서 그들을 검토한다. 나는 즉시 그들이 시간과 공간에서 인접해 있고, 우리가 원인이라고 부르는 대상이 우리가 결과라고 부르는 다른 대상보다 선행한다는 것을 인식한다. 어떤 경우에도 더 나아갈 수 없으며, 이러한 대상들 사이에 세 번째 관계를 발견하는 것은 불가능하다. 따라서 나는 여러 사례를 포괄하도록 시야를 넓힌다. 그곳에서 나는 유사한 대상들이 항상 인접성과 연속성의 유사한 관계에서 존재하는 것을 발견한다. 처음에는 이것이 내 목적에 거의 도움이 되지 않는 것처럼 보인다. 여러 사례에 대한 반성은 동일한 대상을 반복할 뿐이며, 따라서 새로운 관념을 일으킬 수 없다. 그러나 더 자세히 조사한 결과, 반복은 매번 동일하

지 않고 새로운 인상을 생성하며, 그로 인해 내가 현재 검토하고 있는 관념을 생성한다는 것을 알게 된다. 왜냐하면 잦은 반복 끝에, 한 대상이 출현하면 정신은 습관적으로 그것의 일반적 동반자를 떠올리게 되고, 첫째 대상과의 연관성 때문에 그 동반자를 더 강하게 인식하도록 결정되기 때문이다. 바로 이런 인상, 즉 결정이 우리에게 필연성이라는 관념을 부여한다.
(같은 책, 1권, 3부, 14절)

인상으로부터 '자아'와 인과 관계, 그리고 경험 단위들 사이의 필연적 연결에 대한 관념들이 형성된다. 직접적으로 관찰할 수 있는 것은 인상들이 연속적으로 나타난다는 것뿐이다. 공이 땅에 부딪혀 다시 튀어 오르는 것을 보고 우리는 그것이 땅에 의해 그렇게 하도록 '유발'되었다는 관념을 형성한다. 이것은 우리의 관념일 뿐, 인과 관계는 실제로 관찰할 수 있는 것이 아니다. 우리가 관찰한 전부는 흄이 말했듯이 하나의 인상, 즉 공이 아래로 이동하는 것과 그 뒤이어 다른 인상, 즉 공이 다시 위로 이동하는 것 간의 '항상적 결합'이다.

'상식'에 따르면, 공은 중력이라는 '힘' 때문에 아래로 움직이고, 단단한 땅과 충돌하기 때문에 다시 위로 튀어 오른다. 하지만 흄은 우리가 '힘'을 관찰할 수 없다고 지적한다. 이는 우리가 구성한 관념일 뿐이며, 사실상 아이작 뉴턴에게서 빌려온 것이다. 뉴턴은 이 문제에 대해 우리를 대신해서 깊이 있게 고찰했다. 공의 운동에 대한 가장 최신의 관념은 큰 물체가 주변 공간을 휘게 만들고, 이 때문에 공이 '떨어진다'는 것이다. 하지만 상대 속도가 작을 때는 뉴턴의 설명으로 충분하다.

흄은 자아, 세계, 신, 그리고 윤리적 원리에 대해 가차 없는 회의주의를 주장했다. 흄이 우리의 지식의 기초를 검토한 후에는 아무것도 남아 있지 않은 듯했다. 우리는 마땅히 해야 할 일을 했지만, 그에 대한 '정당화'는 우리가 상상했던 것만큼 강력하지 않았다. 상상했던 '우리'조차 우리가 생각한 것만큼 견고하지 않았다. 흄이 따르는 길은 그 길 자체, 흄, 신, 독자, 그리고 그 길이 존재하는 세계를 붕괴시킨다. 소크라테스는 자신이 아무것도 모른다는 것을 알기 때문에 다른 사람들보다 더 많이 알고 있다고 보았다. 흄은 '아무것도 모른다고 생각하는' 자아가 누구냐고 묻는다. 그는 윤리에 대해 다음과 같이 주장한다:

> 도덕과 비평은 이해의 대상이라기보다는 취향과 감정의 대상이다.
> (『인간 이해력에 관한 탐구』, 12장, 3부)

만약 회의주의가 이 정도에 이르게 된다면, 우리에게 어떤 일이 일어날까? 사회적 혼란일까? 개인적 붕괴일까? 실제로 흄은 윤리적 원칙을 갖춘 완전한 존재처럼 행동했다. 일상생활에서 그는 자기 생각의 뿌리가 우리가 상상하는 것보다 얕다는 것을 발견했음에도 불구하고 그의 생각을 포기하지 않았다. 그의 접근 방식은 우리가 겸손함을 기르고, 우리의 통찰의 비교적 얕은 기반에 대해 더 깊은 이해를 얻도록 돕기 위한 것이었다. 그것은 절망을 유도하기 위한 것이 아니었다:

> 지금까지 언급된 모든 것을 통해 독자는 이 책에 담긴 철학이 매우 회의적이며 인간 이해의 불완전성과 좁은 한계를 드러낸다는 것을 쉽게 알 수 있을 것이다. 거의 모든 추론은 경험에 의존하며, 경험을 따르는 믿음은 특정한 감정이나 습관에 의해 생성된 생생한 개념에 불과하다고 설명된다. 그럼에도 불구하고 우리는 우리의 능력에 동의하고 이성을 사용하게 되는데, 이는 우리가 그것을 피할 수 없기 때문이다. (같은 책, 부록 2)

그러므로 흄은 어쩔 수 없기 때문에, 자신이 다른 곳에서 실제 존재에 대해 의문을 제기했던 '자아들'의 이익을 수용하기 위해 어떻게 사회를 가장 잘 조직할 수 있는지를 고려할 준비가 되어 있다. 이에 대해 그는 다음과 같이 생각 한다:

> 사회를 지탱하기 위한 정의의 필요성이 그런 덕의 유일한 기초이다.
> (『도덕 원리에 관한 탐구』, 1777, 3장, 2부)

정의는 사회가 기능하도록 하는 데 필요하며, 사회는 평화와 질서를 유지하는 데 필수적이다. 이런 것들 없이는 인간사는 불가능하다. 사회가 없다면 만인에 대한 만인의 전쟁이 발생할 것이다. 법률, 치안 판사 및 결정을 실행하는 수단 없이는 사회가 존재할 수 없다. 왜냐하면 사람들은 항상 사회 유지를 위해 필요한 대로 행동할 만큼 지혜롭고 이타적이지 않기 때문이다. 따라서 개인의 자유는 항상 무해하고 유익하지 않기 때문에 제한되어야 한다. 장기적으로 이런 제약은 모든 사람의 이익에 부합한다. 이런 제약 없이는 사회가 존재할 수 없다. 왜냐하면 낯선 이들을 연결하는 유대는 우리의 자기 존중과 가까운 사람들에 대한 관심에 비해 상대적으로 약하기 때문이다. 법이 없으면 사회는 불화를 일으키는 가족과 개인으로 붕괴될 것이다:

> 우리가 인정하듯이, 동정심은 자신에 대한 관심보다 훨씬 희미하고, 우리에게 멀리 떨어진 사람들에 대한 동정심은 가까이 있는 사람들에 대한 동정심보다 훨씬 희미하다. (같은 책, 5장, 2부)

흄은 사람들이 질서 있는 사회에서 사는 것의 가치를 이해할 수 있지만 여전히 자신의 이기적인 이익을 위해 속임수를 쓸 경향이 있다고 믿었다. 그는 교육이 보다 문명화된 행동을 육성하는 데 도움이 될 것이라고

생각했다:

> 천재의 작품을 올바르게 판단하기 위해서는 고려해야 할 관점이 너무 많고, 비교해야 할 상황이 너무 많으며, 인간 본성에 대한 지식이 필요하기 때문에, 가장 건전한 판단력을 갖추지 않은 사람은 그러한 작품들에 대해 제대로 된 비평가가 될 수 없다. 이는 인문학에 대한 취향을 기르는 새로운 이유이다. 이런 연습을 통해 우리의 판단력이 강화되고, 우리는 삶에 대한 더 정확한 개념이 형성될 것이다. 다른 사람들을 기쁘게 하거나 괴롭히는 많은 것들이 우리의 관심을 끌기에는 너무 사소하게 보일 것이다.
>   (『취미와 열정의 섬세함에 대하여』, 1741)

흄에게 건전하고 진지하며 훈련된 포괄적인 교양 교육은 쇠퇴한 문화적 장식이 아니라 사람들이 자신과 그들이 속한 사회에 대해 더 깊고 섬세하며 정교한 이해를 발전시킬 수 있는 수단이다:

> 시, 웅변, 음악 또는 그림의 아름다움을 연구하는 것만큼 기분을 개선하는 것은 없다. 그것들은 다른 사람들에게는 낯선 특정한 감정의 우아함을 제공한다. 그것들이 불러일으키는 감정은 부드럽고 섬세하다. 그것들은 마음을 사업과 이익의 급한 흐름에서 벗어나게 하고, 반성을 소중히 여기며, 평온함을 조성하고, 마음의 모든 기질 중에서 사랑과 우정에 가장 적합한 기분 좋은 우울감을 만들어낸다. (같은 책)

흄은 다른 곳에서 우리가 알고 있다고 생각하는 '자아'의 토대에 대해 회의주의를 쏟아냈지만, 여전히 그는 인간 본성의 강점, 약점, 존경스러운 면과 추악한 면에 대한 정교한 통찰력을 보여줄 수 있었다:

> 일반적으로 모든 열정과 활동이 제거된 후 빠지는 나태하고 무기력한 상태만큼 마음에 불쾌한 것은 없다. 이런 고통스러운 상황에서 벗어나기 위해 마음은 사업, 도박, 쇼, 처형 등과 같은 온갖 오락과 추구를 찾는다. 열정을

일으키고 자기 자신으로부터 주의를 돌릴 수 있는 모든 것을 찾는다. 열정이 무엇이든 상관없다. 그 열정이 불쾌하고 괴롭거나 우울하고 혼란스러운 것이라도, 완전한 평온과 휴식에서 오는 그 무기력한 상태보다는 여전히 나은 것이다. 쾌락의 움직임이 약간 지나치면 고통이 되고, 고통의 움직임이 약간 완화되면 쾌락이 된다. 따라서 부드럽고 유쾌한 슬픔이라는 것이 존재한다 그것은 약해지고 감소된 고통이다. 마음은 자연스럽게 움직이고 영향을 받는 것을 좋아한다. 우울한 대상은 마음에 적합하며, 어떤 상황에 의해 완화된다면 재앙 적이고 슬픈 대상도 적합하다.

(『비극에 대하여』, 1757)

흄의 회의주의는 우리가 분명하고 자명하다고 생각하는 것에 대한 확실성에 대한 생각을 끊임없이 약화 시킨다. 그러나 그는 절망보다는 겸손을 추구한다. 그는 우리가 모든 관념을 포기하기를 원하시 않으며, 딘지 그것들을 덜 간절하고 절박하게 붙잡기를 원한다. 이렇게 함으로써 흄은 우리가 현재의 '확신'이 불충분하다는 것이 드러날 때 새로운 관념을 기꺼이 그리고 더 잘 받아들일 수 있을 것이라고 주장한다. 이전 사상가들의 관념을 되돌아보면, 그들이 오늘날 우리에게 자명하게 불충분한 관념을 수용했다는 사실에 어느 정도 놀라지 않을 수 없다. 그들의 삶과 상황을 더 주의 깊게 살펴봄으로써, 그들이 서 있던 위치와 알고 있던 것과 알지 못했던 것을 고려할 때 그들의 생각이 어떻게 이해될 수 있는지 알 수 있다.

마찬가지로, 후대 사람들도 우리 자신의 소중한 믿음 중 많은 부분을 고풍스럽고, 터무니없고, 어리석다고 생각할 것인지 알 어렵고, 그들도 어떻게 우리가 그런 '자명한' 터무니없음에 '속을' 수 있었는지 이해하기 어려울 것이다. 그들이 개인으로서 자신을 구성하는 방식조차 우리와 같지 않을 가능성이 높다. 실제로 그들은 아주 근본적인 방식에서 다를 수 있다. 우리가 거의 확실하게 알 수 있는 것은 과거에 그랬던 것처럼 관념들은 변하고 종종 근본적으로 변할 가능성이 높다는 것이다. 오히려 변화의 속도는 가속화되고 있다. 우리가 확신할 수 있는 것은 무엇이, 어떻게, 왜 변할지, 무엇이 그것을 대체할지, 그 결과가 무엇일지 추측할 방법이 없다는 것이다.

흄의 회의주의와 열린 마음은 그의 동시대인들에게 환영받지 못했으며, 그의 사고의 힘은 그와 동등하거나 어쩌면 더 위대한 위상을 지닌 독일 철학자인 이마누엘 칸트에 의해 본질적으로 재발견될 때까지 모호하게 남아 있었다. 흄의 동시대인들은 우리의 존재와 행위의 모든 기초를 끝없이 파괴하는 것처럼 보이는 그의 주장에서 쉽게 좌절감을 느낄 수 있었다. 우리 시대에도 철학자들의 '어리석은' 추측에 대한 유사한 짜증이 드물지 않다. 그러나 흄은 유연성 덕분에, 18세기 확신에 그렇게 묶이지 않았기 때문에, 동시대인들보다 우리 시대의 사고와 통찰력을 더 빨리 받아들이고 배우고 발전했을 것이다.

흄의 회의주의는 우리 삶의 기초를 약화시키기보다는 탐구하려고 했다. 그는 절망을 권하지 않았다. 실제로 그의 저술은 삶이 살 가치가 있으며 음미할 수 있는 것이 많다는 조용하지만 강한 믿음을 보여준다. 흄은 감정의 극단을 경고했다. 그는 세련된 '중도'를 선호했지만 일부는 다른 사람들보다 더 흥분하기 쉽다는 것을 인정했다:

> 이러한 성격의 사람들은 냉정하고 침착한 성격의 사람들보다 더 강렬한 슬픔뿐만 아니라 더 생생한 쾌락을 누리는 것은 의심할 여지가 없다. 그러나 모든 것을 균형 있게 고려했을 때, 자신의 성격을 완전히 통제할 수 있다면 후자의 성격을 갖는 것을 선호하지 않을 사람은 없다고 생각한다. 행운과 불운은 우리 마음대로 할 수 있는 것이 아니다. 그리고 이러한 감수

성을 가진 사람이 불행을 만나면 그의 슬픔이나 분노가 그를 완전히 사로잡아 삶의 평범한 사건에서 오는 모든 즐거움을 빼앗아간다. 그 평범한 사건의 올바른 즐거움은 우리 행복의 주요 부분을 형성한다. 큰 쾌락은 큰 고통보다 훨씬 덜 빈번하므로, 민감한 성격은 후자 보다 전자에서 더 적은 시련을 겪어야 한다. (『취향과 열정의 섬세함에 대하여』, 1741)

흄의 스타일은 그의 메시지와 일치한다. "큰 쾌락은 큰 고통보다 훨씬 덜 자주 발생한다." 흄은 드라마 없이, 통곡이나 이를 가는 소리 또는 스토아적 영웅주의에 대한 외침 없이 요점을 제시한다. 상황이 이렇다. 나약함이나 강인함을 과시할 필요는 없다. 세련된 기질은 어떤 종류의 저속한 과시보다 분별력과 신중함을 선호한다.

관념은 변하지만, 종종 이는 당시의 확신을 믿었던 사람들이 사멸하고 새로운 것에 대한 여지를 남기지 않을 때만 일어난다. 흄이 관찰했듯이 습관은 쉽게 변하지 않지만, 이것들은 많은 개념의 진정한 기초일 수 있다. 관념은 습관에 강하게, 아마도 너무 강하게 붙잡혀 있다. 우리가 '자명한' 것으로 여기는 오랜 습관적인 집착을 놓아버린다면, 우리는 혼돈이나 무의미가 아닌 경이, 경외, 존경, 유머, 유연성, 힘을 발견하게 될지도 모른다. 그렇다면 흄이 제기하는 질문들은 추상적이거나 학문적이며 일반인과 무관한 것이 아니다. 이 질문들은 우리가 배우고, 변화하고, 성장할 수 있는 과정의 일부이다. 흄의 글은 읽기 어렵지만, 그의 견해는 주목할 가치가 있다.

질문

1. 일부 내담자가 자신의 정체성을 확립하는 데 문제를 겪고 있는가? '나 자신'을 찾고, 정의하고, 안심시키고, 질문하는 것이 우선적인가?

2. 내담자는 주로 상담 중에 개발된 설명과 이해를 수용해야 하는가, 아니면 도전해야 하는가?
3. 내담자는 새로운 진실이나 새로운 이야기를 발견하는가?
4. 만약 신이 죽었다면, 도덕은 정말로 감정과 후천적 취향에 불과한가?

연습

1. 당신은 내담자가 가정에 대해 질문하도록 얼마나 격려하는가? 흄처럼 회의적인 질문을 할 필요가 있는가, 혹은 그렇게 해야 하는가?
2. 흄은 신의 존재를 지지하는 주장을 약화시킨다. 이것이 내담자가 의미를 확립하는 데 어떤 영향을 미치는지 고려해 보라.
3. '큰 쾌락'과 (훨씬 더 자주 발생하는?) '큰 고통'을 다루는 수단으로서 세련됨, 절제, 수양 그리고 '분별 있는 성격'의 역할을 고려해 보라.

결론

흄은 소크라테스보다 훨씬 더 회의적인 질문 과정을 진행한다. 그럼에도 불구하고 흄은 세련되고, 자신감이 있으며, 긍정적이고, 자신이 속한 문화의 습관, 관습 및 사회적 규범 안에서 살기를 주저하지 않는다. 그는 우리 삶의 많은 틀이 이성으로 정당화하기 어려운 것임을 보여주지만, 그렇다고 해서 비합리론자는 아니다. 오히려 흄은 이성이 우리 확실성의 한계를 보여주고, 그리하여 우리 안에 적절한 겸손, 관용 및 존경심을 일으킬 수 있다고 믿었다. 흄을 이해하는 것이 의미를 찾는 문제에 대해 일부 독자들을 절망하게 만들 수 있을까? 우리는 우리의 행동과 설명을 습관과 관습에 기반하는 것보다 더 나은 방법을 찾을 수 있을까? 앞으로 보겠지만, 많은 후대 사상가들이 흄의 도전에 대답하고 그의 회의적인 결론을 개선하려고 시도해 왔다.

웹사이트

http://www.geocities.com/Athens/4753/menu.html
http://www.ilt.columbia.edu/academic/digitexts/hume/bio_hume.html
http://www.ik.columbia.edu/academic/digitexts/hume/enquiry/enqhum.txt

참고문헌

D. Hume, *Enquiry Concerning the Principles of Morals*, Open Court Publishing Company, US, 1977

D. Hume, *Essays Moral, Political and literary*, Liberty Fund, 1985

D. Hume, *Of Miracles*, Open Court Publishing Company, US, 1985

D. Hume, *An Enquiry Concerning Human Understanding*, Open Court Publishing Company, US, 1988

D. Hume, *Treatise of Human Nature*, Prometheus Books, US, 1992

Chapter 19

장 자크 루소 (1712-1778년)

요점

* 도시는 인간 종의 심연이다.

* 자연을 관찰하고 그것이 제시하는 길을 따라가라.

* 절제와 노동은 인간의 두 진정한 의사이다.

* 나는 책을 싫어한다. 그것들은 단지 사람이 알지 못하는 것에 대해 이야기하는 것을 가르칠 뿐이다.

* 아이와 어른은 느리고 신중하게 단계를 밟아가며 모든 것에 대담해진다.

적용

* 루소는 많은 현재의 실천가들보다도 인간중심치료 및 인지치료를 더 명료하게 탐구하고 칭찬했다.

* 그는 자연에 대한 현대적인 낭만주의와 인간 사회에 대한 비관주의의 근원이다.

* 그는 교육과 개인 발달을 완전히 분리할 수 없는 것으로 보았다.

* 그는 '문명화된' 사회의 허세와 망상보다 '진정한 자연적인 인간성'을 칭찬

했다.

* 그는 자연스러운 인간의 호기심과 개인의 선함을 '촉진'하고자 했다.

▶

조물주의 손을 떠날 때는 모든 것이 좋지만, 인간의 손에 들어가면 모든 것이 타락한다.

이것은 루소의 『에밀, 또는 교육에 대하여』(1762)의 첫 문장인데, 스포크 박사가 쓴 육아 지침서[48]의 18세기 버전에 대한 비판적 시작이다. 에밀은 가상 속 청년이며, 이 책은 루소가 에밀의 멘토이자 교사로서 무엇을 한 것인지를 탐구한다. '인간이 만든 것'을 '타락한 것'과 동일시하는 교사가 건강한 영향을 미칠 수 있을까? 사실 그는 충분히 그리고 진정성 있게 살아진 삶에 대해 병적인 생각을 하지 않았다:

가장 많은 삶을 산 사람은 가장 많은 해를 센 사람이 아니라 삶을 가장 많이 느낀 사람이다. (『에밀』, 42쪽)

그러나 삶을 느끼려면 가능한 다른 사람들로부터 멀어져서 '자연'으로, 그것의 아름다움, 신비, '단순함'으로 돌아가야 한다. 이 비전은 예를 들어 플라톤의 비전과 완전히 대조적이다. 고대 그리스인들에게 야만은 그리스 도시국가 안에서만 찾을 수 있는 민주주의와 문화가 결여된 모든 삶을 의미했다. 반면 루소에게 도시는 피해야 할 곳이었다:

---

48 [역주 벤자민 스포크(Benjamin Spock:)는 미국 소아과 의사로 그의 책, The Common Sense Book of Baby and Child Care(1946)은 부모의 본능을 신뢰하고 아이들에게 더욱 유연하고 사랑이 넘치는 환경을 제공하는 것을 강조하는 육아법을 제시한 것으로 유명하다.

> 도시는 인간 종의 심연이다... 인간은 개미 언덕에 빽빽이 모여 살도록 만들어진 것이 아니라, 경작해야 할 땅 위에 흩어져 살도록 만들어졌다. 그들이 더 많이 모일수록 그들은 더 많이 타락한다. (같은 책, 59쪽)

그러면, 아이를 어디로 데려가야 하는가? 그리고 어떻게 교육해야 하는가?:

> 전원적인 소박함 속에서 시골에서 자란 당신의 아이들은 낭랑한 목소리를 갖게 될 것이고, 도시 아이들의 불분명한 말더듬이를 앓지 않을 것이다.
>
> 그를 방의 축축한 공기 속에 갇혀 있게 하는 대신, 매일 들판 한가운데로 데려가라. 거기서 뛰어다니게 하고, 하루에 백 번 넘어지게 하라. 그러면 더 좋다. 그렇게 하면 그는 더 빨리 일어나는 방법을 배울 것이다.
>
> (같은 책, 73, 78쪽)

수세기 동안 모든 교육받고 교양 있는 사람들은 일상적으로 그리고 본능적으로 농민들로부터 가능한 한 멀리 떨어져 있으려고 노력해 왔다. 루소는 우리가 참되고 온전하며 자연스럽고 진정성 있고 정직한 자아를 찾으려면 소박한 삶으로 돌아가야 한다고 주장했다. 그는 그 이후로 예술, 음악, 정치, 문학, 패션, 종교, 심리학, 그리고 비록 가장 적지만 철학을 통해 밀려오고 흘러간 낭만주의 운동을 시작했다:

> 자연을 관찰하고 그것이 그려주는 길을 따르라. 그것은 아이들을 끊임없이 훈련시키며, 다양한 시험을 통해 그들의 기질을 단련시키고, 그들에게 일찍이 노력과 고통이 무엇인지 가르친다. (같은 책, 47쪽)

고전적 가치와 비전 내에서 그리스인들에게는 가능한 한 '교양 있게' 되는 것이 중요했다. 이런 식으로 당신은 스스로를 문명화되고, 훈련되고, 존경받을 가치 있는 존재로 만들었다. 루소와 이후의 낭만주의자들에게 오늘날까지 목표는 가능한 한 '자연스럽게' 되는 것이다. 그렇게 함으로써 당신은 자연에 의해 단련된 단순하고 진정한 자신을 발견할 것이다. 하지만 '자연스러운'것이란 무엇을 의미하는가? 새의 둥지는 자연스러운 것인가? 아니면 그것은 나무의 자연스러운 발달에 대한 외계 기술의 개입인가? 인간의 기술은 '부자연스러운' 것인가? 아니면 인간은 메르세데스를 생산하는 자연의 한 과정에 불과한가?

오늘날 모든 환경 친화적 제품은 자연스럽고 목가적인 환경에서 생산된 '천연' 성분이 포함되어 있다고 보장한다. 그것들은 우리의 손, 소화, 심장, 마음에 대해 친화적이고 배려적이다. 루소에게도, 자연적인 접근이 최선의 접근이다. 자연의 방식은 치유, 건강, 행복과 온전한 완전함을 향한 인간의 길이다:

> 자연적으로 인간은 지속해서 고통을 견디고 평화롭게 죽는 법을 안다. 의사들은 그들의 처방으로, 철학자들은 그들의 교훈으로, 사제들은 그들의 권고로 마음을 타락시키고 죽는 법을 잊게 만든다. (같은 책. 55쪽)

우리 주변에 너무 많은 사람들, 너무 많은 책들, 우리보다 더 잘 알고 있다고 생각하는 너무 많은 권위자들 때문에 우리는 자기로부터 단절되어 있다. 우리가 살아가는 법을 다시 배우기 위해 정치인들, 사제들, 의사들, 심리학자들, 철학자들을 멀리하고 농민 계층으로 돌아가야 한다. 따라서 신선한 공기와 운동에 관해서는, 적어도 이 점에 있어서 루소는 그리스인들과 뜻을 같이 한다:

> 나는 체질과 건강을 강화하는 데 있어 신체적 노동과 운동의 유용성을 길게

증명하는 데 시간을 낭비하지 않겠다. 누구도 그것을 반박하지 않는다.
(같은 책. 56쪽)

하지만 건강을 유지하려면, 건강에 대해 아무것도 모르는 의사들을 멀리해야 한다:[49]

의학의 유일한 유용한 부분은 위생이다. 그리고 위생은 과학이라기보다는 덕이다. 절제와 노동이 인간의 두 진정한 의사다. 노동은 식욕을 자극하고, 절제는 그것을 남용하지 않도록 막아준다. (같은 책, 55쪽)

노동은 루소와 같은 철학자들의 헛되고 공허한 사색이 아닌 육체 노동을 의미했다. 아는 것은 책을 읽는 것이 아니라 행동하는 것이었다:

나는 책을 싫어한다. 그것들은 단지 사람이 알지 못하는 것에 대해 이야기하는 것을 가르칠 뿐이다.

항상 책을 가까이 하라! 무슨 광기인지. 유럽에는 책이 가득하므로, 유럽인들은 책을 필수적인 것으로 여기지만 지구의 4분의 3에서는 그것들이 전혀 존재하지 않는다는 것을 생각하지 못한다. (같은 책, 184쪽, 303쪽)

당신은 아는 것과 믿는 것을 당신이 하는 것을 통해 보여준다. 행위가 가장 중요하며, 그것은 생각이나 연설보다 분명히 중요하다:

나는 연설로 설명하는 것을 좋아하지 않는다. 젊은이들은 그것에 거의 주의를 기울이지 않고 거의 기억하지 않는다. 사물, 사물! 우리는 말에 너무

---

[49] 루소의 말은 18세기 의학의 심각한 무지 속에서도 크게 틀리지 않았을 수 있다. 의학은 이제 훨씬 더 잘 작동한다: "건강 관리 지출의 80%는 비용 효과성이 알려지지 않은 치료에 쓰이고, 10%는 우리에게 해를 끼치는 치료에, 나머지 10%는 우리의 건강을 개선하는 치료에 사용된다." Alan Maynard, Professor of Health Economics, *Times Higher Education Supplement*, 30 January 1998.

많은 힘을 부여한다는 것을 다시는 반복하지 않을 것이다. 수다스러운 교육으로 우리는 단지 수다쟁이만 생산할 뿐이다. (같은 책, 180쪽)

자유와 진성성에 대한 루소의 호소는 아이의 출생으로부터 시작된다. 어머니는 자신의 아이를 돌보고 모유 수유를 해야 한다. 이를 통해 사랑과 지지라는 진정한 유대가 형성될 것이다:

> 그러나 어머니들이 기꺼이 아이를 기른다면, 도덕은 스스로 개혁될 것이며, 자연적인 감정이 모든 마음에서 깨어날 것이고, 국가는 다시 인구가 채워질 것이다. 이 첫 번째 점, 이 점 하나만으로도 모든 것을 회복할 것이다.
> (같은 책, 46쪽)

아이들은 지나치게 보호되어서는 안 뇌며, 밤험할 수 있도록 허용되어야 한다. 그들의 자연적인 호기심과 배우고자 하는 열망은 육성되어야 한다. 교육은 또한 오늘날 우리가 '자신감 구축'과 '개인 개발'이라고 부르는 것을 포함해야 한다. 기존의 시스템은 너무 자주 비인간적이었고 개인 개발 및 개인적인사를 소홀히 했다:

> 그것은 아이에게 그 자신을 아는 것, 자신을 이용하는 것, 사는 방법과 자신을 행복하게 만드는 방법을 아는 것을 제외하고 모든 것을 가르친다.
> (같은 책, 48쪽)

교육은 단지 형식적인 활동이 아니다:

> 우리는 약하게 태어나 힘이 필요하다. 우리는 완전히 준비되지 않은 채로 태어나 도움이 필요하다. 우리는 어리석게 태어나 판단력이 필요하다. 우리가 태어났을 때 가지고 있지 않고 성인이 되었을 때 필요한 모든 것은 교육을 통해 주어진다. 이 교육은 자연, 사람, 사물로부터 온다.
> (같은 책, 38쪽)

19. 장 자크 루소 (1712-1778년)

가족은 아이들의 교육에서 매우 중요하고 여기에는 아버지도 포함된다:

남자들이여, 인간이 되어라. 이것이 여러분의 첫 번째 의무다. 인간성을 제외하고 여러분에게 어떤 지혜가 있는가? 아이 시절을 사랑하라. 그들의 놀이, 즐거움, 사랑스러운 본능을 북돋아 주라. (같은 책, 79쪽)

루소는 이것을 200여 년 전에 썼지만, 새로운 것인 양 중요하게 여겨지고 반복되고 있다. 2세기가 지난 지금, 이 말은 더 이상 새롭지 않지만, 그 중요성을 고려할 때, 세대를 거쳐 반복할 가치가 있다. 『에밀』은 아마도 발견 학습, 인간 중심 학습, 경험을 통한 학습의 가치를 다룬 최초의 텍스트일 것이다. 그러나 루소는 아이가 항상 최선으로 안다고 믿는 의미에서 '허용적'이지 않았다. 그는 교사들이 의제를 설정하되, 아이가 자신의 본성과 주변 세계의 경계와 가능성을 발견하도록 신중한 계획을 통해 은밀하게 설정해야 믿었다.

아이는 항상 최선으로 아는 것은 아니며, 심지어 아이와 이성적으로 이야기하려고 노력하는 것조차 의미가 없는 경우가 많다. 어른들은 단순히 경계를 설정하고, 그것에 대해 협상조차 하지 않아야 한다:

아이들이 이성을 이해했다면, 그들은 양육될 필요가 없을 것이다.
(같은 책, 89쪽)

그러나 현명한 어른은 개인적인 대립, 적대감, 의지의 싸움이 아니라 경계를 갖고 아이를 대면할 것이다:

그가 자제해야 할 것을 금지하지 말고, 설명이나 추론 없이 하는 것을 막아라. 이와 같이 당신은 그가 원하는 것을 얻지 못했을 때에도 그를 인내심 있고, 차분하며, 체념하게 만들 것이다. 이는 인간의 본성이 사물의 필연성은 인내심 있게 견디지만 타인의 악의는 견디지 않기 때문이다. "더 이상 없어"라는 말은 그것이 거짓말이라고 믿지 않는 이상 아이에게 반항을 일으키지 않는 대답이다. (같은 책, 91쪽)

마찬가지로 처벌 문제에 있어, 어른들이 아이들을 처벌하는 것은 현명치 않다. 아이들은 어른들의 처벌이 아닌 자연적 결과로 벌을 받을 때 자신의 실수로부터 훨씬 더 잘 배울 것이다:

> 처벌은 그 자체로는 아이들에게 절대 가해져서는 안 되며, 항상 그들의 잘못된 행동의 자연스러운 결과로서 아이들에게 일어나야 한다는 것을 이해시키기에 충분히 말했다. (같은 책, 101쪽)

어른이 '자연스럽게' 화를 낸다면 더 많은 정당성이 확보되지는 않을까?[50] 루소는 또한 '인지행동' 프로그램의 가치를 예리하게 인식하고 있었다:

> 나는 그가 새로운 물건, 추하고 역겹고 특이한 동물을 보는 데 익숙해지기를 원하지만, 그가 그것들에 익숙해질 때까지 멀리서 조금씩 보고, 다른 사람들이 그것들을 다루는 것을 보는 데 익숙해져서 마침내 그 자신이 그것들을 다루게 되기를 바란다... 느리고 신중하게 배열된 단계로 사람과 어린이는 모든 것에 대담해진다. (같은 책, 63-64쪽)

이것은 많은 현대 교과서에서 찾을 수 있는 것보다 더 간결한 요약이며, 모든 면에서 정교하다. 내가 아는 한, 루소의 이론은 인지행동치료의

---

[50] "아이를 때릴 때는, 평생 불구가 될 위험을 감수하고서라도 화를 내서 아이를 때리지 않도록 주의하라. 냉혹하게 내리친 한 대는 용서받을 수 없고, 용서되어서도 안 된다." George Bernard Shaw, *Man and Superman*, 'Maxims for Revolutionists'. Viking, 1988.

가장 초기 버전이다. 의심할 여지없이 그것은 인쇄술이 발명되기 훨씬 전, 그리고 어떤 종류의 글이 존재하기 훨씬 전부터 정기적으로 사용되었다.

루소는 '인간중심' 학습의 중요성을 강조했다. 교사는 아이에게 중요한 것이 무엇인지, 아이의 관점에서 주제가 어떻게 경험되는지 이해하기 위해 아이와 공감해야 한다. 그렇지 않으면, 아이는 학습에 대한 동기와 능력이 모두 잃게 된다:

> 아이가 누군가의 말에 따라 행동하지 않도록 해야 한다. 그 자신이 그렇게 느끼지 않는다면, 어떤 것도 그에게 좋지 않다. 그의 이해력을 넘어서는 것을 강요하면서, 당신은 그것이 선견지명이라고 생각할지 모르지만 사실 그렇지 않다. (같은 책, 178쪽)

이는 교사 또한 진실하고 진정성 있으며 인간적이어야 함을 요구한다. 어쨌든 교사의 행위는 말보다 더 크게 다가오기 때문이다. 아이가 적절히 양육되고 '자연스럽게' 성장하면, 아이 자신의 자연스러운 호기심이 학습을 보장할 것이다:

> 우선, 그가 무엇을 배워야 하는지 그에게 제안하는 것은 거의 당신에게 달려 있지 않다는 것을 잘 알고 있어야 한다. 그것을 갈망하고, 찾고, 발견하는 일은 그에게 달려 있다. 그것을 그의 손이 닿는 곳에 두고, 이 욕망을 능숙하게 불러일으키고, 그것을 만족시키는 수단을 그에게 제공하는 것은 당신에게 달려 있다. (같은 책, 179쪽)

루소는 심지어 읽기조차 이런 비지시적 접근에 포함시켰다. 아이에게 책을 강요하면 저항하게 될 것이다. 아이에게 책이 어떻게 관련성이 있고 가치가 있는지를 보여주면 아이는 읽고 싶어질 것이다:

나는 에밀이 열 살에 완벽하게 읽고 쓸 줄 알게 되리라는 것을 거의 확신한다. 왜냐하면 그가 열다섯 살 전에 그것을 아는 것이 나에게는 그다지 중요하지 않기 때문이다. (같은 책, 117쪽)

에밀이 읽기를 원할 때, 그는 자신에게 실제로 흥미로운 내용을 담고 있는 쪽지와 편지를 해독하는 것부터 시작할 것이다. 그러나 시작하기에 가장 좋은 종류의 장편은 무엇일까?:

아리스토텔레스인가? 플리니[51]인가? 뷔퐁[52]인가? 아니다. 바로 로빈슨 크루소다. (같은 책, 184쪽)

교양과 역사는 신경 쓰지 않아도 된다. 아이는 자연의 황야에서 혼자 힘으로 삶을 만들어가는 개인, 즉 로빈슨 크루소와 가장 잘 동질감을 느낄 것이다. 그러나 여기에 루소의 큰 약점이 있다. 그는 다른 사람들로 가득한 곳에서 벗어나는 것이 최고의 전략이라고 상상한다. 루소조차도 이것이 대부분 사람에게는 실제로 불가능하다는 것을 인정하므로, 이는 실제로 주위 사람들과 잘 지내야 하고 그렇게 하고 싶고 할 수 있는 사람들을 위한 실질적 지원을 제공하지 않는 유토피아적 환상이다.

루소는 교양 있고, 부유하며 권력을 가진 사람들의 인위성과 비진정성을 매우 급진적으로 비판한다:

그들의 입에서 '제발'은 '내가 기쁘다'를 의미하고 '부탁합니다'는 '내가 명령한다'를 의미한다는 것을 처음부터 알 수 있다. (같은 책, 86쪽)

루소에게 있어 사회적 '예의'와 예절 규칙은 대부분 권력, 자기 과시,

---

51 [역주] (A.D. 23-79) 로마의 작가, 자연주의자, 자연철학자.
52 [역주] (1707 - 1716) 프랑스의 자연주의자, 수학자, 우주론자.

사회적 지위를 드러내도록 고안된 거짓말, 자세, 사기다. 그것들은 실제로 결코 인간적이고 진실하며 윤리적이지 않다. 사회는 정직한 자기 인식과 진정한 소통을 방해하는 공허한 의식, 무의미한 액세서리, 지위 상징으로 사람을 어지럽힌다:

> 이제는 누구도 더 이상 어떤 것이든, 심지어 아이들과 함께 있을 때조차도 단순하게 대할 줄 모른다. 은과 금으로 만든 딸랑이, 산호, 잘려진 크리스탈 잔, 모든 가격대와 종류의 치아발육기 등. 얼마나 쓸모없고 해로운 겉치레들인가! 그런 것들은 전혀 필요 없다. (같은 책, 69쪽)

사회는 개인의 자신감, 진정성, 자율성을 약화시켰다. 이는 우리를 삶의 모든 측면에서 상호 의존하게 만들었고, 루소에게는 환영받을 일이 아니었다. 그의 롤모델은 로빈슨 크루소였기 때문이다:

> 사회는 인간을 약하게 만들었는데, 이는 그가 자신의 힘에 대한 권리를 잃게 했을 뿐만 아니라, 무엇보다도 그의 힘이 그에게 불충분하게 만들었기 때문이다. (같은 책, 84쪽)

이 글은 200년 이상 전에 쓰여 졌고, 그 이후로 우리의 상호 의존성은 우리의 무기력, 운동 부족, 사소한 상상 속의 '위험'과 역경에 대한 공황 경향과 함께 훨씬 더 커졌다. 루소는 TV 앞에서 아무것도 하지 않는 사람들을 전혀 몰랐고, 그런 모습을 보았다면 그는 완전히 경악했을 것이다.

그는 어린이든 성인이든 슬픔, 두려움, 분노, 좌절 또는 그 밖의 어떤 감정이든 모든 감정을 '표현'하고, '내려놓고', 방출하고, '놓아줘야' 한다는 견해에 동의하지 않았을 것이다. 반대로, 자연이 고난의 대학이라는 것을 아는 아이는 작은 타격이나 진행의 방해로 인해 울지 않을 것이다. 이 점에서 루소는 감정은 올바른 관점에 놓아야 한다는 스토아 철학의 견해를 공유했다. 세상이 제공할 수 있는 것에 대한 기대는 무엇보다도 현실적일 필요가 있다. 만약 그렇다면, 우리가 얻은 것이 우리가 선호했을 수도 있는 것만큼 좋지 않다고 해서 징징거리거나 불평하지 않을 것이다.

> 그의 힘이 필요를 능가하는 사람은 곤충이든 벌레든 강한 존재이다. 그의 필요가 그의 힘을 능가하는 사람은 코끼리든 사자든, 정복자든 영웅이든, 신이든 약한 존재이다.... 우리 영역의 반경을 측정하고 거미줄 한가운데 있는 곤충처럼 중심에 머물러 보자. 그러면 우리는 항상 우리 자신에게 충분할 것이다. 우리는 우리의 약점에 대해 불평할 필요가 없을 것이다. 우리는 그것을 결코 느끼지 않을 것이다. (같은 책, 81쪽)

루소는 현대의 진보적 교육에 대한 견해를 공유했으며, 사실 많은 영향을 주었다. 그러나 그는 쾌락주의자가 아니었다. 그는 행복할 권리가 있다고 믿지 않았다. 오히려 그는 행복을 탐색하고 기대하는 것이 거의 확실히 행복을 감소시킨다는 것을 예리하게 알고 있었다. 루소의 책은 간결하고 유용한 한 줄 문장으로 가득 차 있다. 예를 들어 다음 문장은 여전히 많은 게시판에 붙여둘 가치가 있다:

> 행복을 늘이기 위해 우리 자신을 흔들어 대다 보면 그것을 불행으로 바꾸게 된다. (같은 책)

상상력은 우리 주변의 힘든 세상보다 훨씬 더 큰 불행의 원천이다. 우리는 실제보다 훨씬 더 풍부하게 가능한 좌절과 재앙을 상상할 수 있다. 우리는 실제 돌에 얼굴을 맞는 것과 거의 똑같이 상상 속의 돌에 얼굴을 맞는 것으로 고통 받을 수 있다. 우리는 그것이 계속해서 우리를 가격하는 것을 상상할 수 있다. 우리는 실망과 좌절, 불의에 대해 끊임없이 곱씹으며 스스로를 더욱 비참하게 만들 수 있다:

> 현실 세계는 한계가 있지만, 상상 세계는 무한하다. 전자를 확장할 수 없다면, 후자를 제한하자. 왜냐하면 우리를 진정으로 불행하게 만드는 모든 고통이 태어나는 것은 바로 둘 사이의 차이에서 비롯되기 때문이다.
> (같은 책)

이것은 루소가 세련되고 교양 있는 도시 생활의 가치를 의심하게 만든 또 다른 이유였다. 그것은 우리의 상상력과 기대를 극도로 자극한다. 욕망을 '필요'로 바꾼다. 이 과정은 오늘날의 소비문화로 이어졌다. 루소는 이를 보고 경악했을 것이다:

> 인간이 자연 상태에 가까울수록 그의 능력과 욕망 사이의 차이는 작아지고 결과적으로 행복에서 멀어지는 정도는 줄어든다. (같은 책)

따라서 루소는 아이를 버릇없이 키우고 과잉보호하는 것에 매우 반대했다:

> 자녀를 불행하게 만드는 가장 확실한 방법을 아는가? 그것은 그에게 모든 것을 얻는 데 익숙해지게 하는 것이다. 그의 욕망은 쉽게 충족됨에 따라 끊임없이 커지기 때문이다. (같은 책, 87쪽)

루소는 에밀을 영원히 도시 생활에서 멀리 떨어뜨려 놓을 수 없다고 생각했기 때문에 그의 상상 속의 제자가 도시로 들어왔을 때 어떤 교훈을 배울 수 있을지 고민했다. 그는 '사회'의 일원이 될 것이고, 식사 초대도 받을 것이다. 이런 일들은 정교하고 과시적이며 형식적이고 예의 바를 것이다. 루소는 에밀에게 이 모든 것에 대해 뭐라고 말해야 할까?:

> 식사가 계속되는 동안, 요리가 차례로 제공되는 동안, 식탁에서 활기찬 대화가 이어지는 동안, 나는 그의 귀에 대고 "이 테이블 위에 있는 모든 것이 여기 오기까지 얼마나 많은 손을 거쳤을 것 같아?"라고 말한다. 이 짧은 말로 나는 그의 머릿속에 얼마나 많은 생각을 불러일으키는가!
> (같은 책, 190쪽)

루소의 급진주의를 마르크스가 높이 평가한 것은 놀랄 일이 아니다. 루소는 낙타가 바늘구멍으로 들어가는 것이 부자가 천국에 들어가는 것보다 더 쉽다는 기독교의 가르침에 동의했다:

> 노동으로 준비되고, 굶주림, 자유, 기쁨으로 양념된 소박한 시골 저녁 식사를 그의 웅장한 공식 만찬과 비교하면 만찬의 모든 장치가 그에게 아무런 실질적인 이익을 주지 않았고, 그의 위가 금융가의 식탁만큼 만족스럽게 농부의 식탁을 떠났기 때문에 그가 진정으로 자신의 것이라고 부를 수 있는 것은 어느 쪽에도 없다는 것을 느끼게 하기에 충분할 것이다.
> (같은 책, 191쪽)

교회와 관련된 루소의 급진주의는 그를 특히 곤경에 빠뜨렸다. 그는 성직자들에게 인기를 얻지 못할 비신학적 영성을 장려했다:

> 나는 내 마음의 단순함으로 하나님을 섬긴다. 나는 내 행동에 중요한 것만 알려고 노력한다. 행위나 도덕성에 영향을 미치지 않고 많은 사람들이 스스로를 괴롭히는 대상인 교리에 대해서는 전혀 신경 쓰지 않는다.
> (같은 책, 308쪽)

루소는 교육이 개인이 자기 자신을 찾는 것을 도와야 한다고 믿었고, 개인의 자아가 스스로 신을 향해 나아갈 수 있다고 보았다. 이 진정한 자아는 단순한 사회적 역할, 권력, 명성, 지위보다 훨씬 더 깊이 자리 잡고 있다. 이런 것들은 희미해지고 사라질 수 있는데, 그렇다면 어떻게 될까?:

> 자신을 떠나 보내는 역을 미련 없이 떠나고, 모든 고난에도 불구하고 인간성을 지킬 줄 아는 자는 행복하다! (같은 책, 194쪽)

우리는 단순히 묵상하는 것이 아니라 일해야 자신을 찾을 수 있다. 이런 의미에서 루소는 예를 들어 1세기 후에 등장한 윌리엄 모리스의 전통 Arts and Crafts Movement에 속한다:

> 글자는 죽이고, 영혼은 되살린다. 목표는 직업을 알기 위해 직업을 배우는 것이 아니라, 직업을 무시하는 편견을 정복하는 것이다. 그래야 당신은 결코 생계를 위해 일하게 되지는 않을 것이다. 그렇지 못하면, 너무 안타깝다. 당신에게 너무 안타깝다! (같은 책, 196쪽)

루소의 관점에서 시대가 급변하고 있기 때문에 우리는 사회적 역할에 집착하고 동일시하는 것이 매우 현명하지 못할 것이다:

> 당신은 이 질서가 불가피한 혁명의 대상이며 자녀에게 영향을 미칠 수 있는 혁명을 예측하거나 예방하는 것이 불가능하다고 생각하지 않고 현재 사회질서를 신뢰한다. 귀족은 평민이 되고, 부자는 가난해지고, 군주는 신하가 된다. 운명의 타격은 당신이 면제될 것이라고 기대할 수 있을 만큼 드문 일인가? 우리는 위기의 상태와 혁명의 시대에 다가가고 있다.
> (같은 책, 194쪽)

이것은 프랑스 혁명의 격변이 일어나기 불과 25년 전이었다는 것을 기억하자. 루소는 수사학적 경향이 있지만, 이 점에서 그의 예측은 수십만 사람에게 문자 그대로 정확했다.

그러나 루소의 급진주의는 남녀 관계에 대한 견해까지 확장되지는 않았다:

> 한쪽은 능동적이고 강해야 하며, 다른 한쪽은 수동적이고 약해야 한다. 한쪽은 반드시 원하고 할 수 있어야 하며, 다른 쪽은 약간의 저항만 하면 충분하다. 이 원칙이 확립되면 여자는 남자에게 기쁨을 주기 위해 특별히 만들어졌다는 결론이 나온다. (같은 책, 358쪽)

또한 루소는 역사와 백인 우월주의에 대한 전통적인 유럽 중심적 견해를 취했다:

> 더욱이 뇌의 조직은 두 극단에서 덜 완벽한 것처럼 보인다. 흑인이나 라플란드인은 유럽인의 감각을 갖고 있지 않다. 그렇다면 내 제자가 지구의 주민이 되기를 원한다면, 다른 곳이 아닌 예를 들어 프랑스와 같은 온대 지역에서 그를 데려올 것이다. (같은 책, 52쪽)

그의 제자는 프랑스에 살고 있는 프랑스인이어야 하며 건강해야 한다:

> 나는 병약하고 허약한 아이는 80세까지 산다고 해도 맡지 않을 것이다. 나는 항상 자신과 타자에게 쓸모없는 학생, 오직 자신을 지키는 일에만 얽매여 있으며, 그의 몸이 그의 영혼 교육에 해를 끼치는 그런 학생을 원하지 않는다. (같은 책, 53쪽)

사회가 어떻게 유지될 수 있는지에 대한 그의 견해는 심각하게 부적절하다. 그는 '일반 의지'에 대해 다음과 같이 말한다:

따라서 통치자로서의 행위에 표현된 군주의 의지는 오직 일반 의지, 달리 말하면 법이거나 법이어야 한다. 그가 가진 그런 권력은 그의 인격에 집중된 공동체의 권력일 뿐이다. (『사회계약론』, 321쪽)

루소는 일반 의지를 다수 의지와 구별하는 방법을 설명하지 않기 때문에, 소수자 권리를 보호하고 왕권을 통제하는 방법에 대한 핵심 질문은 그에게서 답을 찾을 수 없다. 그의 마음이 로빈슨 크루소와 함께 있는 만큼, 그는 로크나 밀과 같은 정치철학자들처럼 끈기, 관심, 엄격함으로 정치 문제에 접근하지 않는 것은 놀랍지 않다. 루소는 민주주의에 대한 희망도 그리 크지 않다:

신들의 나라가 있다면, 그것은 민주주의일 것이다. 그러나 그렇게 완벽한 형태의 정부는 평범한 인간에게는 적합하지 않다. (같은 책 333쪽)

사람들은 평등한 시민으로서 스스로를 통치하기엔 너무 어리석고 미성숙하지만, 왕들도 대부분 어리석고 착취적이다. 따라서 사람들이 모이고 사회가 형성되면 불평등이 발생하게 된다:

한 조각의 땅을 둘러싸고 '이것은 내 것'이라고 말하게 된 첫 번째 남자, 그리고 자신을 믿는 너무 단순한 사람들을 발견한 그는 진정한 문명 사회의 창시자였다. 만약 누군가가 그 말을 무너뜨리거나 도랑을 메우고 동료들에게 '이 사기꾼의 말을 듣지 마라. 당신이 한 번이라도 지구의 열매는 모두에게 속하고 지구 자체는 누구에게도 속하지 않는다는 것을 잊는다면 당신은 파멸한다'고 외쳤다면, 인류는 얼마나 많은 범죄와 전쟁, 살인, 공포와 불행으로부터 구제받을 수 있었을까. (『불평등기원론』, 1755 / 1992)

루소가 로빈슨 크루소를 계속 생각하는 것은 놀랄 일이 아니다. 루소 이후의 모든 낭만주의자가 모든 것에서 벗어나 혼자 또는 몇몇 친구와 함께 자신의 뒷마당을 가꾸는 꿈을 갖고 있는 것 또한 놀라운 일이 아니다. 사회로부터의 이러한 도피와 탈출의 감정은 여전히 강하게 남아 있다. 그러나 그것은 우리가 함께 살고, 일하고, 놀고, 적극적인 시민으로 기여하며 실제 사회 문제를 해결하는 방법을 배우는 데 도움이 되지 않는다:

> 한 마디로, 현명한 사람들이 이기적으로가 아니라 항상 대중의 선을 위해 그들을 통치하면, 현명한 사람들이 대중을 통치하는 것이 가장 좋고 자연스러운 합의이다. (『사회계약론』, 335쪽)

하지만 현명한 사람은 누구인가? 어떻게 그들을 알아낼 수 있는가? 루소는 이에 대한 답을 갖고 있지 않다.

루소는 문제를 확인하고 그것을 해결하기에는 아마 너무 늦었고, 이상적으로는 거기에서 시작하지 말아야 한다고 경고한다. 그 다음 그는 자신의 외딴 섬, 호수, 산, 오두막으로 걸어가 꿈꾸고, 그림을 그리고, 노래하고, 명상하고, 음악을 연주한다. 그러나 시민으로서의 삶을 살아가려는 당신의 노력이 여전히 제대로 작동하지 않다고 당신에게 말하기 위해 그가 때때로 돌아올 것이라고 확신할 수 있다. 편안한 삶을 살고 있는 수많은 낭만주의자들이 루소를 따르면서 현 상태를 비난하고, 그 상태에서 잘 살고 있지만, 목가적인 시골 별장을 소유할 여유가 없거나 또는 거기서 일할 수 없는 대다수에게 적용될 수 있다고 볼 수 없는 해결책을 제시한다:

> 인간은 자유롭게 태어난다. 그리고 그는 어디에서나 쇠사슬에 묶여 있다.

이것은 루소의 『사회계약론』의 감동적인 첫 문장이다. 그러나 루소는 이런 쇠사슬을 어떻게 끊을 수 있는지에 대한 아이디어가 전혀 없었다. 마르크스는 실용적이어야 할 필요에 감명을 받아 노력했다. 루소는 그의 노력을 실패로 평가했을 것이다. 당연한 일이다. 이상주의는 머릿속에만 갇혀 있거나 현실에 적용되지 않을 때 거의 가치가 없다. 비관주의는 희망이 경험을 이기기 어려운 상황에서 쉬운 선택이 될 수 있다. 그렇다면 루소는 우리를 어디로 이끄는가?:

> 일반적으로 에밀은 사람을 존중하지 않지만, 그들을 동정하고 그들로 인해 감동받기 때문에 그들을 경멸하지 않을 것이다. 진정으로 좋은 것들의 가치를 알려줄 수 없기에, 에밀은 사람들이 대중적인 의견에 따라 좋다고 여기는 것들로 만족하도록 내버려 둔다. (『에밀』, 336쪽)

이는 도덕적으로 만족스럽지 못하고 독선적이다. 그러나 루소보다 덜 정직하지만, 실제로 이런 거만함을 지닌 낭만적인 도피주의자와 엘리트 미학자는 얼마나 될까?

그럼에도 불구하고, 말과 책에 대한 우리의 집착에 대한 루소의 조바심은 많은 독자들에게 공감을 불러일으킬 것이다. 우리 중 많은 이들에게, 사이버 현실의 화면, 단어, 팩스, 이메일, 목록, 대화가 물리적인 접촉이나 어떤 종류의 물리적 행동보다 더 많은 시간을 차지하고 있다. 우리가 마시는 공기는 조절되어 있으며, 우리는 거의 머리 위의 하늘을 거의 보지 못하거나 발 아래의 땅을 느끼지 못한다. 별들은 가로등에 가려지고, 심지어 눈 맞춤도 드물어진다. 루소에게 '마이크로스프트'의 현재의 존재와 가상 미래는 소외된 '삶'에 대한 그의 최악의 악몽 속에서 상상할 수 있는 모든 것을 초과했을 것이다.

질문

1. 우리는 몇몇 친구들과 함께 목가적인 운둔 생활 '진정한 자신'을 더 쉽게 찾을 수 있을까? 어떻게 생각하는가?
2. 루소는 우리가 개인으로서 진정한 자신을 찾도록 도와주는가? 그는 사회적 의무와 사회적 관심에서의 무책임한 철수를 조장하는가? 어떤 점이 더 진실하다고 생각하는가?
3. 루소의 설명이 현대의 인간중심 치료 및 인지행동치료 이론가들보다 어떤 면에서 더 나은가, 또는 더 나쁜가?
4. 현대 상담은 '시민'으로서의 내담자 발달에 충분한 주의를 기울이고 있는가?

연습

1. 『에밀』을 읽어라. 모든 결점에도 불구하고 그것은 인간중심 및 인지 행동 프로그램을 뒷받침하므로 모든 상담사 교육에서 필수 읽기 자료가 되어야 한다.
2. 상담과 돌봄에 대한 자신의 경험에서 '고전적' 경향과 '낭만적' 경향을 탐구해 보라.
3. 내담자 발달에 대해 어떤 비전을 갖고 있는지 생각해 보라. 발달한 내담자는 혼자인가? 소수의 친구와 함께인가? 적극적인 도시 시민인가?
4. 루소와 칼 로저스를 비교하고 그들의 유사점과 차이점을 고려하라. 그들은 모두 낭만주의자인가? 어떤 면에서 그런가?

결론

　루소 이전에는 인간 발달은 공적 활동이었으며, 농민들 사이에서보다 사회, 도시에서 가장 잘 이루어지는 것으로 여겨졌다. 사람은 언덕 위가 아니라 문명, 문화, 사회와 그 발전 속에서 자신을 발견하게 된다. 루소에게 개인 발달은 사회생활의 불건전한 제약, 불성실함, 이중성을 극복하면서 이루어진다. 자신을 찾기 위해서는 타인과 협력하고 상호작용하기보다는 오히려 그들로부터 멀어져야 했다. 사회는 자신을 찾는 데 장애가 되었지, 정체성이 형성되는 틀은 아니었다. 루소의 낭만주의는 고대 그리스 관점에서 후퇴한 것인가? 가치 있는 인간은 문화, 도시, 문명에서만 성장할 수 있는가? 사회가 없으면 이기심과 미신이 만연하는가? '자연상태는 피해야 할 것인가, 존경해야 할 것인가, 아니면 그 자체로 단순한 낭만적 허구일 뿐인가?

웹사이트

http://members.aol.com/Heraklit1/rousseau.htm
http://www.wabash.edu/Rousseau/
http://www.wabash.edu/Rousseau/WorksonWeb.html
gopher://gopher.vt.edu:10010/02/137/1

참고문헌

J. J. Rousseau, *Social Contact*, Oxford University Press, 1966
J.]. Rousseau, *Emile, or On Education*, Penguin Classics, 1991
J.]. Rousseau, *Discourse on the Origin of Inequality*, Hackett Publishing Company, US, 1992

Chapter 20

이마누엘 칸트(1724-1804년)

요점

* 직접적 관찰이란 존재하지 않는다. 전제는 원칙적으로라도 '한쪽으로 제쳐놓을 수' 없다.

* 관찰은 본질적으로 사건의 구성물이다.

* 인간 지각의 구성은 개인의 정신적 설정과 우리가 모두 공유하고 피할 수 없는 사고의 범주에 의해 결정된다.

* 공간, 시간, 인과관계, 자유, 질서는 어떤 경험에 근거해서도 전혀 해석될 수 없는 기본 조건이다.

* 네가 동시에 보편적 법칙이 되기를 바랄 수 있는 격률에 근거해서만 행동하라.

적용

* 내가 무엇을 알 수 있는가? 이 질문에 대한 칸트의 대답은 현대 상담 이론에서 다양하게 설명되는 '공감'의 가능성에 의문을 제기하게 만든다.

* 너무 많은 상담 이론은 250년 이전에 흄과 칸트에 의해 무너진 소박한 (로크적) 경험주의를 전제로 한다. 현재 이들 철학자에 대한 인식이 거의 없다.

* 상담사들은 자신의 의제를 '제켜놓으라'고 배운다. 칸트는 우리가 어떤 상황에서든 기본적으로 제쳐놓을 수 없는 것, 즉 우리가 늘 동반하는 것을 고려해야 한다고 보여준다.
* 우리가 사회에서 살고 발전하고 있는 점을 감안할 때, 개인 발달은 '당위'에 대한 고려로부터 분리될 수 없다.

▶

우리가 예를 들어 신학이나 스콜라 형이상학에 관한 어떤 책을 손에 들게 될 때, 다음과 같이 물어보자. "그 안에 양이나 수에 관한 추상적 추론이 포함되어 있는가?" 아니오. "그것이 사실 및 존재에 관한 실험적 추론을 포함하고 있는가?" 아니오. 그렇다면 그것을 불태워버려라:

> 왜냐하면 그 안에는 아무것도, 다시 말해서 궤변과 환상 외 아무것도 포함되어 있지 않기 때문이다. (흄, 『인간의 이해력에 관한 탐구』, 12절, 3부)

칸트는 데이비드 흄의 회의적인 불길에 깊은 감명을 받았는데, 그 불길은 수많은 모호한 사고와 증거에 대한 부주의한 관심을 삼켜버렸다. 칸트는 흄을 통해 자신이 '독단적 잠'에서 깨어났다고 믿었다. 그러나 그는 흄의 불길의 크기에 대해 우려했고, 추론의 진리도 직접적인 관찰의 진리도 아닌 모든 것을 태우고 싶지는 않았다.

그렇다면 다른 것은 무엇일까? 다른 무엇이 보존될 가치가 있을까? 만약 그렇다면 어떻게 보존할 수 있을까? 자명하거나 받아들여진 명제에서 순전히 추론을 통해 도출된 진리는 선험적 또는 분석적 진리로 알려져 있다. 관찰에 의존하는 것들은 종합적 진리라고 알려져 있다. 첫 번째는 개념에 대한 논리적·수학적 분석의 과정을 포함하고, 두 번째는 최대한 많은 관찰로부터 구축된 종합을 요구한다.

칸트는 자신이 선천적 종합 명제라고 부르는 세 번째 범주의 진리가 있다고 주장했다. 그것은 직접적인 경험적 지식이 그것으로부터 구축되기 때문에 종합적이고, 우리의 경험이 그 안에서 구성되므로 피할 수 없이 주어진 것 또는 틀이라는 점에서 분석적이다. 오히려 그것들은 경험만으로는 파악할 수 없는 근본적인 조건이다.

라이프니츠는 이성이 우주를 이해하는 주된 도구라고 믿었다. 따라서 그는 순전히 추상적 사고의 과정을 통해 '모나드'를 우주의 기본 요소로 제시했다.[53] 흄은 진리가 우리의 안락의자에서 추론을 통해 순전히 도출될 수 있다고 생각하지 않았다. 우리는 직접적 관찰에서 지식을 구축해야 한다. 우리는 우리의 다섯 가지 감각을 사용해야 하지만, 이런 감각들은 우리의 제한된 이해와 무한한 편견에 취약하기 때문에 주의가 필요하다. 흄은 이성보다 습관이 우리 행위의 기초라고 믿었다.

칸트는 라이프니츠가 심각하게 잘못되었다는 흄의 의견에 동의했다. 그러나 칸트는 단지 '습관'만을 이야기하는 것을 원치 않았다. 그는 왜 우리가 특정한 (소위) 지각, 행동, 이해의 습관을 갖게 되는지를 물었다. 우리는 왜 무언가를 경험하는가? 경험이 우리를 형성하지만, 우리는 경험을 어떻게 형성하는가? 세계와의 만남을 결정하는 논리적·심리적 필연성의 법칙은 무엇인가? 우리는 어떻게 경험을 구성하거나 해석하는가? 어떤 범주 내에서, 어떤 조건에 따라 그런가? 우리가 무엇인가를 경험하려면 무엇이 필연적이어야 하는가?

라이프니츠는 세계가 사고의 법칙에 부합해야 하며, 따라서 추상적

---

[53] 라이프니츠의 수학적 무한소 개념은 그의 자연과학자로서의 모나드 개념보다 훨씬 더 성공적으로 지속되었다.

사고를 통해 이해될 수 있다고 믿었다. 이에 반해 흄은 우리의 사고가 실제 세계와 일치해야 한다고 주장했다. 우리가 감각을 통해 알 수 있는 한, 사고는 실제 세계에 맞추어져야 한다고 했다. 칸트는 우리가 아는 모든 것이 우리에게 주어진 지각 도구에 일치해야 한다고 보았다. 이런 도구를 통해 우리는 존재를 구성하고 분류하며 이해하게 된다. 우리가 파악할 수 없는 것들은 우리에게는 알려지지 않으므로, 우리가 아는 모든 것은 어떤 식으로든 우리의 개념적 범주에 맞아야 한다. 정보를 파악하기 위해 어떤 '손잡이'가 필요할까? 원시적인 경험을 어떤 틀에 대해 맞춰야 할까? 존재의 데이터는 우리의 관찰 틀에 맞추기 위해 어떤 '모양'이어야 할까? 그것들은 우리에게 보이려면 어떤 '색깔'을 가질 수 있을까?

칸트는 그가 의미하는 종류에 대해 다양한 예를 제시했다. 우리는 공간의 세 가지 차원과 시간의 한 가지 차원이 있다는 것을 '본다'. 우리는 이것이 세상의 방식이라고 상상할 수 있다. 아니면 실제로 그럴까? 칸트는 이것이 세계가 실제로 존재하는 방식이 아니라 우리가 세계를 구성하는 방식이라고 제안했다:

2. 그러므로 공간은 모든 외적 직관의 기초가 되는 필수적인 선험적 표상이다. 우리는 공간의 비존재를 상상하거나 자기 스스로 이를 표상할 수 없지만, 그 안에 어떤 물체도 없다고 생각하기는 쉽다. 따라서 공간은 현상의 가능성 조건으로 간주되어야 하며, 결코 현상에 의존하는 결정으로 여겨져서는 안 된다. 이것은 외적 현상을 위한 기초를 반드시 제공하는 선험적 표상이다. (『순수이성비판』, 1절)

1. 시간은 경험적 개념이 아니다. 만약 시간의 표상이 선험적 기초로 존재하지 않는다면, 공존이나 연속성은 우리에게 인식되지 않을 것이다. 이 전제가 없다면 우리는 대상이 동시에 존재한다거나 서로 다른 시간에 존재

한다고, 즉 동시적으로나 연속적으로 존재한다고 스스로에게 표상할 수 없다.

2. 시간은 모든 직관의 기초에 자리 잡은 필수적 표상이다. 현상 일반에 대해 우리는 그것에서 시간을 생각해 낼 수 없으며, 그것들을 시간과 무관하게 스스로에게 표상할 수 없지만, 현상 없이 시간을 충분히 상상할 수 있다. 따라서 시간은 선험적으로 주어지며, 그 안에서만 모든 현상의 현실성이 가능하다. (같은 책, 2절)

이런 차원들은 이것들 없이는 우리가 세계를 전혀 생각하거나 경험할 수 없는 범주이다. 이들은 우주의 실제 본질보다 우리 두뇌가 구성된 방식과 더 관련이 있다. 칸트의 견해는 환상적으로 보일 수 있지만, 이런 문제에 진지한 현대 물리학자들이 이제 우주가 실제로 11차원으로 구성되어 있는 것처럼 보이며, 그중 상당수가 '접혀' 있고, 이것이 우리 세계에 대한 더 정확하고 완전한 설명을 제공한다고 제안한다는 것을 알게 되면 사정은 달라질 것이다. 곧바로 11차원에 대해 어떻게 생각할 수 있을지 궁금해진다. 이것은 무엇을 의미할까? 우리는 그것을 어떻게 상상하거나 말할 수 있을까? 사실, 이는 수학이라는 언어가 없다면 불가능해 보이며, 그렇다면 공간의 3차원과 시간의 1차원이, 세계 자체의 발판을 구성하는지 여부에 관계없이, 인간의 사고와 지각의 필수적인 구성 요소라는 칸트의 견해를 강화한다.

질서 정연는 칸트에게 또 다른 선험적 종합 진리이다. 사고하고 관찰하기 위해서는 패턴, 구조, 형태, 연속성을 인식해야 한다. 세계가 윙윙거리고 혼란스럽다면 우리는 그것을 보고, 맛보고, 만지고, 이야기하거나 생각할 수 없다. 마찬가지로, 연속적인 현상인 관찰자 자체가 있어야 한다. 무작위적인 사건이 아닌 관찰의 대상인 관찰자가 있어야 하고, 관찰될 세계가 있어야 한다. 우리가 이야기하고, 반성하고, 소통하고, 메모를 비교하려면 이 모든 것이 필요하다. 우리는 이야기를 나누는 것이 의미 있는 '저 밖에' 무언가가 있다고 믿어야 한다.

우리는 정신병 환자가 현실과의 접촉을 잃었다고 말한다. 그들은 환각과 실제 지각을 구별할 수 없다. 실제 지각은 실재가 존재하며, 그것을 접촉하고, 논의하고, 분석하고, 합성하고, 공유할 수 있는 실재가 존재한다는 것을 전제한다. 우리는 그것에 대해 어떻게 일관되게 사고하고 이야기할 수 있는가? 칸트는 그것에 '실체가 있어야 한다고 주장했다. 실체는 4차원을 차지해야 하며, 따라서 영구성과 지속성을 가져야 한다. 그렇지 않으면 우리가 인식하고, 생각하고, 논의할 '그것들'이 존재하지 않는다. 이런 실체는 질서 있는 인과 원리에 따라 작용하고 상호작용해야 하며, 그렇지 않으면, 다시, 그것들은 전혀 이해될 수 없다.

흄은 세상 '저 밖에' 원인이 있는 것이 아니라 A와 B가 순서대로 자주 함께 관찰될 때 A가 B를 '야기했다'고 가정하는 인간의 '습관'만 있다고 생각했다. 칸트는 우리의 관찰 속에 인과관계를 삽입하는 것은 단순한 습관이 아니라 경험의 조건이라고 생각했다. 왜 그런가? 우리는 다양한 습관을 개발할 수 있지만, 인과관계에 대한 대체 개념이나 습관을 형성할 수는 없기 때문이다. 우리는 인과관계 개념을 언급하는 것 외에는 A와 B의 결합을 습관적으로 설명할 수 없다:

> 결국, 나의 탐구 결과, 우리가 경험에서 다루는 대상들은 결코 물자체가 아니라 단지 현상에 불과하다는 것이 드러났다. 그리고 물자체의 경우, A가 주어졌을 때 A와는 전혀 다른 B가 주어지지 않는 것이 어떻게 모순이 아닐 수 있는지를 이해하는 것은 불가능하다 (즉, A를 원인으로 하고 B를 결과로 하는 연결의 필요성을 인식하는 것은 불가능하다). 그러나 현상으로

서 이들이 반드시 특정 방식으로 특정 경험 속에서 연결될 수 있다는 것은 충분히 상상 가능하다 (예를 들어 시간 관계와 관련하여). 따라서 그것들은, 그것으로 우리 경험이 가능해지고, 그 경험 안에서 그것들이 대상이고 그것들만이 우리가 인식할 수 있게 되는, 그런 연결에 모순되지 않고는 분리될 수도 없다. 그래서 나는 경험대상과 관련하여 원인 개념의 객관적 실재성뿐만 아니라 그것이 함축하는 연결의 필연성에 의해 그것이 선험적 개념이라는 점을 추론할 수 있었다. (『실천이성비판』, 31쪽)

따라서 인과관계는 단순한 심리적 선호나 습관이 아닌 경험의 조건이다. 마찬가지로 자유의지는 외부세계를 논의하고 도덕적이나 비도덕적 행위를 논의하는 관찰 주체가 존재하기 위한 필수 범주이다. 따라서 칸트는 예를 들어 '사람들이 선택권이 있다는 것을 어떻게 알 수 있는가?'라고 묻는 대신, '선택이 이루어지지 않았다면 사람들이 관찰하고 분석하고 소통하는 사람들로 구성된 세계를 논의할 수 있다고 정말로 생각하는가?'고 묻는다.

자아, 세계, 타인, 선택, 차원, 윤리, 책임이 존재하는 이유는 이 모든 것이 사고와 경험의 근본을 구성하기 때문이다. 만약 이들이 제자리에 있지 않다면, 당신은 이들에 대해 질문할 수도 없고 그 유효성을 부정하거나 의심할 수조차 없다.

이 책에서 우리는 칸트의 경험 가능성에 대한 틀이나 범주에 대한 찬반 논증을 충분히 검토할 수는 없다. 일부 논증은 칸트가 자신이 제시한 모든 선험적 종합 진리들을 유지할 수 없다고 주장하고, 다른 논증은 그의 개념이 수정되거나 대체되어야 한다고 주장한다. 칸트가 제기하는 질문에 대한 그의 답변은 여전히 논란의 여지가 있다. 질문 자체는 점점 더 적합하고 중요해 보인다.

칸트의 문체는 끔찍하게 건조하고 어렵다. 따라서 독자들이 미리 상상할 수 있는 것보다 훨씬 큰 고통을 감내할 만큼의 동기가 없다면, 칸트의 저서를 추천할 수 없다. 그럼에도 불구하고 칸트의 의제는, 그가 생각한 것처럼 실제로 적합하고 중요하다.

사변적이든 실천적이든 이성의 모든 관심은 다음 세 가지 질문에 집중된다:

나는 무엇을 알 수 있는가?
나는 무엇을 해야 하는가?
나는 무엇을 희망할 수 있는가? (『순수이성비판』, 2부)

무엇이 진리인가? 우리는 무엇을 알 수 있는가? 칸트는 공허한 논의가 불에 태워져야 한다는 점에는 흄과 동의했다. 그러나 무엇을 보존해야 할까? 이는 추론의 진리와 관찰의 진리이다. 그러나 우리가 추론하고 관찰하는 능력을 결정하고 추론하고 관찰할 능력이 있는 자아의 존재 자체를 결정하는 진리도 있다. 이것은 사변적 형이상학이 아니라 설명적 형이상학이다. 그것은 우리가 보고 추론한 것을 쓸모없이 넘어가는 공허한 사변이 아니라, 오히려 관찰과 추론의 틀, 관찰이 이루어진 기반, 사고와 인식이 일관된 가능성이 된 도구에 대한 진지하고 철저한 조사이다.

"나는 무엇을 해야 하는가?"라는 질문에서 칸트는 윤리적 판단의 지위를 조사했다. 어떤 사람이 무엇을 '해야 한다'라고 말하는 것은 무엇을 의미할까? 칸트는 '당위'가 단순히 주관적인 선호의 진술이라는 생각을 단호하게 거부했다. 그것은 "나는 원한다, 나는 좋아한다, 나는 선호한다" 등과 같은 의미가 아니다. '당위'는 단지 개인의 의견, 감정 또는 의도가 아니다. 그것은 단순히 개인의 상태를 설명하지 않는다. 삼각형이 세 변을 갖는다는 것이 참인 방식으로 '당위'는 정의나 논리에 의해 참이 되지 않는다. 또한 그것은 단순히 관찰될 수 있는 진리도 아니다. 칸트에 따르면, 그것은 사회가 인간 존재에 바람직하거나 필수적인 요소라는 것을 받아들이자마자 도출되는 진리이다. 사회가 존재하기 위해서는 개인의 행위와 상호작용을 규율하는 일관된 규칙이 필요하다. "당신은 마땅히 해야 한다"는 "나는 원한다"에 도전하기 위해 필수적이었다. 왜 그런가? "나는 원한다"가 모두 이루어진다면 인간의 상호작용은 혼돈과 전쟁으로 하강하기 때문이다 그 결과 사회는 그저 존재하기를 멈춘다.

'욕구'와 반대되는 '당위'의 핵심 특징은 그것이 보편화될 수 있다는 것이다. 이는 모두에게 적용될 수 있는 일관된 규칙으로 표현될 수 있다. "동시에 그것이 보편적 법칙이 되기를 당신이 원하는 그런 격률[54]대로만 행위하라"가 그 예이다.

칸트는 전형적인 학자였다. 그는 매일 아침 5시에 일어나 두 시간 동안 공부하고, 두 시간 동안 강의를 하며, 나머지 아침 시간을 책상에서 보냈다. 그는 식당에서 점심을 먹고 친구들과 대화하며 오후를 보냈다. 이후 그는 약 한 시간 정도 똑같은 경로로 산책하고, 다시 공부한 뒤 매일 오후 9시에서 10시 사이에 잠자리에 들었다. 사람들은 그의 습관에 맞춰 시계를 맞춘다고 전해졌다.[55] 그의 80년 삶 동안 그는 쾨니히스베르

---

54 [역주] '격률'(maxim)은 개인들이 각자 가지고 있는 행위의 지침이다. '나에게 쾌락이나 이익이 될 때 행위한다', '내 이익보다는 인간의 도리에 맞을 때 행위한다'와 같은 지침이 격률의 예이다. 누구나 올바른 행위의 판단 기준으로 받아들일 수 있는 규범이 '보편적 법칙'(a universal law)인데, 개인 차원의 격률 중 이런 보편성을 지닌 것은 '내 이익보다는 인간의 도리에 맞을 때 행위한다'와 같은 도덕 법칙이 된다.
55 이 엄격한 패턴에 대한 유일한 예외는 칸트가 루소의 『에밀』에 몰두하여 며칠간 집에 머물렀을 때 발생한 것으로 보인다.

크에서 40마일 이상 여행하지 않았다고 한다. 이런 점들이 성공적인 철학에 꼭 필요한 선험적 조건이 아니길 바란다. 진정으로 성공한 철학자의 저술은 중요해야 하고 (칸트의 저술은 확실히 그랬다.) 접근 가능해야 한다. (칸트의 저술은 확실히 그렇지 않았다). 당신이 말하는 것을 더 잘 이해할수록 다른 사람들이 쉽게 이해할 수 있는 언어로 더 잘 말할 수 있다. 만약 그렇다면, 칸트는 자신이 말하는 것을 전혀 명확하게 밝히지 않았다. 왜냐하면 그의 언어는 너무나 난해하고 지극히 학문적이기 때문이다. 즉, 항상 그런 것은 아니더라도 너무 자주 사실상 이해할 수 없고 조리가 없기 때문이다. '완전한 칸트'라고 묘사된 산문이 이해할 수 없고 아마도 무의미하다는 것을 의미하는 욕설이 된 것은 당연하다.

물론, 칸트는 그의 질문에서 새로운 영역을 개척하고 있었기 때문에 그 주제에 대해 쉽게 이야기할 수 있는 방법이 없었다. 그러나 적어도 더 짧은 문장을 구성하려는 노력은 도움이 되었을 것이다. 번역가의 책임이 더 커야 할까? 독일어는 문법과 어미가 레고 블록의 어떤 조각이 어떤 조각과 결합되는지를 보여주기 때문에, 더 긴 문장 구조를 허용한다. 영어는 다르게 작동한다. 이미지, 암시, 은유가 더 중요하다. 아마도 칸트를 진정으로 이해하기 위해서는 원문으로 읽어야 할 것이다. 만약 그렇다면, 여기 내가 스스로 충족할 수 없는 이해를 위한 '종합적 선험적' 조건이 있다.

칸트는 경험론과 합리론 철학을 더 큰 철학적 틀 안에서 통합하여 그 둘을 결합하려고 했다. 우리는 순전히 이성이나 순전히 관찰로 세계를 알 수 없다. 우리의 관찰은 기본적인 종합적인 선험적 범주로 구성된다. 이성적 추론은 관찰에 의해 알려져야 한다. 칸트는 흄과 마찬가지로 우리가 세계의 현상을 이해하는 능력에 한계가 있다고 보았지만, 이런 점이 세계가 혼돈이라는 것을 의미한다고는 생각하지 않았다. 오히려 우리가 경험한 모든 현상의 기초가 되는 예지적 세계가 존재한다. 따라서 과거의 역사, 편견, 선호는 경험에 영향을 미치지만, 항상 경험의 조건인 기본적인 변수 안에서 그렇다. 근본적인 예지적 질서가 있다. 따라서 우리가 현상을 이해하려고 노력하는 무질서하고 편견적인 방식에도 패턴이 있다.

칸트가 지각 과정과 조건을 '해체'하는 데 관심을 가진 것은 포스트모더니즘적 회의주의와 다원주의보다 2세기 앞서 그를 포스트모던적 사고방식으로 끌어올렸다. 그는 모든 현실에 대한 본질적이고 근본적인 일관성과 패턴, 즉 현상적 혼란 아래에 있는 예지적 안정성을 믿었다는 점에서 더 혼란스럽고 무정부적이며 주관주의적인 포스트모더니즘 버전과 다르다. 칸트는 실존주의자가 아니었다.[56] 그는 현대 물리학자들과 마찬가지로 본질주의자였다. 오늘날의 이론 물리학은 결코 지루하고 기계적이며 소박하게 경험적인 것과는 거리가 멀고, 일관되고 우아하며 객관적인 수학적 이론의 틀 내에서 근본적 상대성 및 불확실성을 탐구한다. 사르트르와 달리, 우리가 풀어낼 수 있는 존재의 근본적이고 의미 있는 패턴과 일관성을 믿는 물리학자들에게는 본질이 실존에 앞선다. 질량 에너지는 임의적이지 않으며, 우리의 선호에 의해 통제되지도 않는다. 우리는 단순히 의미를 만드는 것이 아니라, 우리가 원하는 것과는 독립적으로 존재하는 의미 있는 패턴을 밝혀낸다. 그럼에도 불구하고, 우리의 관점, 과정, 전제는 우리가 무엇을 어떻게 보는지에 영향을 미친다.

---

[56] 그를 키르케고르, 니체, 하이데거, 사르트르와 비교하라.

객관적인 것과 주관적인 것의 상호연결성에 대한 깊이 있는 탐구는 무엇보다도 칸트에 의해 시작되었다. 이런 점에서 우리는 그에게 큰 빚을 지고 있다. 칸트적 종합을 넘어선 것이 아니라 많은 현대의 소박한 경험론자들(한 극단)과 혼란스러운 포스트모던 주관주의자들(다른 극단)은 아직 칸트의 경지에 이르지 못했다.

질문

1. 내담자들이 당신을 이해하기 위해 필요한 관념은 무엇인가? 당신이 그들을 이해하기 위해 필요한 관념은 무엇인가?
2. '당위' 개념을 내담자와의 대화에 어떻게 도입하는가? 이 개념은 무관한가? 어떤 근거에서 역할을 가지는가?
3. 내담자들과 공감할 수 있다고 얼마나 확신하는가? 이 용어의 무엇을 의미하는가?
4. 내담자들은 '근본적 진리'를 추구하고 있는가? 그것은 우주에 대한 겹쳐진 상대적이고 양자적인 진리인가? 당신이나 그들이 '객관적인' 진리를 추구하고 있는가? 관리할 수 있는 이야기를 추구하는가?

연습

1. 자신의 상담·돌봄 훈련이 지각 심리학을 얼마나 깊이 다뤘는지 고려하라.
2. 상담 및 전문적 돌봄을 구성하는 방식을 지배하는 '정신적 설정'을 고려하라. 이것은 가장 강력하게 유지되는 가정과 전제가 잘 보이지 않기 때문에 매우 어렵다. 이것이 세계를 해석하는 '이질적'이고 '이국적인' 방법을 검토하는 것이 유용한 이유이다. 난해한 생각은 그 자체로 흥미로울 수 있으며, 가장 기본적인 가정을 더 명확하게 보고 다시 평가할 수 있게 해주기 때문에 유용할 수 있다.
3. 결론에 제시된 칸트의 핵심 질문들과 그에 대한 칸트의 답변이 내담자에게

얼마나 중요한지 고려하라.

결론

칸트는 "나는 무엇을 알 수 있는가?", "나는 무엇을 해야 하는가?", "나는 무엇을 희망할 수 있는가?"라고 물었다. 이런 질문은 물론 우리 모두에게 중요한 문제이다. 칸트는 우리가 이성과 관찰을 통해 도달할 수 있는 진리를 고려했다. 그리고 나서 이성과 관찰이 가능하려면 무엇이 필요할지를 고려함으로써 새로운 영역을 개척했다. 우리가 관찰에서 읽거나 관찰에 읽어 들이려면 무엇이 당연히 받아들여져야 하는가? 이는 소위 '포스트모던' 진리, 인식 및 의견에 대한 탐구의 핵심 부분이 된 어렵고 추상적인 질문이다. 이는 내담자가 경험하는 '진리'와 내담자가 염려하는 주체와 대상에 공감할 수 있다고 생각하는 상담사에게 중요한 질문이다. 상담 이론은 너무 자주 "나는 듣고, 나는 관찰하며, 나의 의제를 한쪽으로 제쳐두고 그로 인해 내담자의 탐구를 촉진한다"라는 소박한 경험론을 가정한다. 이는 상담사와 내담자 모두에게 깔끔하고 매력적이다. 그러나 정말로 그런가? 칸트와 후속 철학에 따르면, 이는 편안하고 단순한 환상에 불과하다.

웹사이트

http://comp.uark.edu/~rlee/semiau96/kantlink.html
gopher://gopher.vt.edu:10010/02/107/6
gopher://gopher.vt.edu:10010/02/107/7
gopher://gopher.vt.edu:10010/02/107/2
http://www.friesian.com/kant.htm

참고 문헌

D. Hume, *An Enquiry Concerning Human Understanding*, Open Court, 1988

I. Kant, *Critique of Judgment*, Oxford University Press, 1978

I. Kant, *Critique of Pure Reason*, Prometheus Books, US, 1991

I. Kant, *Critique of Practical Reason*, Prometheus Books, US, 1996

I. Kant, *Groundwork of the Metaphysics of Morals*, Cambridge University Press, 1998

Chapter 21

벤담 (1748―1832)

요점

* 최대 다수의 최대 행복은 도덕과 입법의 기초이다.

* 우리는 개인의 쾌락과 고통을 계산한 다음 최선의 개인 행동을 결정할 수 있다.

* 우리는 정치적 결정에 따라 초래될 개인의 쾌락과 고통의 총량을 합산할 수 있고, 그렇게 최선의 사회 정책을 계산할 수 있다.

* 따라서 윤리적 의사결정은 회계의 문제가 된다. 우리는 선택 가능한 각 옵션의 순 쾌락을 합산하고 가장 큰 행복을 가져다주는 옵션을 선택해야 한다.

적용

* 공리주의 원칙은 상담에 대한 많은 정의의 기초가 된다.

* 따라서 상담은 공리주의의 약점을 공유한다.

* 공리주의의 한계에 주목하며 상담사는 자신의 목표와 대상을 더 깊이 탐구하도록 해야한다.

* 공리주의는 개인의 안녕과 사회적으로 필요한 것을 보다 일반적으로 조화시

키는 문제를 강조한다.

* 공리주의의 한계는 '웰빙'에 대한 의도적인 추구가 얼마나 자기 패배적일 수 있는지의 문제를 야기한다.

▶
> 피상적으로 삶의 일과 인간의 외적 관심사와 너무 동떨어져 보이는 사변철학은 실제로 지구상에서 그것들에게 가장 큰 영향을 미치며, 장기적으로는 그 자체가 복종해야 하는 영향력을 제외한 다른 모든 영향력을 압도한다.
> (밀, 1838)

나는 밀의 말이 옳다고 확신하며, 인간적 지지와 배려가 실천될 때 그 근간에 놓인 철학 사상을 여기에 간략히 설명하려 한다. 오늘날의 '상식'은 수 세기 전에 개발된 난해한 철학의 산물인 경우가 많다. 마찬가지로, 우리 후손들의 상식도 지금 이 순간에도 눈에 보이지 않는 곳에서 발전하고 있을 수 있다. 그것이 지금 우리의 상식과 같을 가능성은 거의 없다.

영향력 있는 철학일수록 더욱 보이지 않게 된다. 철학은 우리의 의식과 관심의 공간을 채운다. 철학은 현대 사유에서 정신적 가구, 바다, 벽, 창문을 구성한다. 어떤 철학이 당신의 사고방식 모든 곳에 스며들어 있다면, 그것을 찾아내기 어렵다. 그것은 당신이 무엇을 생각하고 어떻게 생각하는지를 결정한다. 그것은 생각의 대안적인 방법을 몰아낸다. 이는 무엇이 생각됐는지 들여다볼 기회를 주지 않는다. 특정 철학자들이 당신에게 다른 모든 것을 보는 눈을 제공했을 때 그들의 압도적인 영향을 감지하기 어렵다.

우리는 벤담의 공리주의나 데카르트의 이원론에 대해 알지 못하거나 생각하지 않을 수도 있다. 벤담이나 데카르트에 대해 들어본 적이 없을 수도 있다. 하지만 이는 우리가 전적으로 벤담과 데카르트의 범주 안에서만 생각하기 때문에 그럴 수도 있다. 이러한 사상은 우리가 세상을 바라보는 방식을 구성하기 때문에 정확하게 들여다보기가 어렵다. 다시 말해, 철학의 위상이 커져서 공기처럼 모든 공간을 가득 채우면 철학은 보이지 않게 된다. 예를 들어 다음의 말을 따라보자:

> 상담의 전반적인 목표는 내담자가 보다 만족스럽고 풍요로운 방식으로 살아갈 수 있도록 기회를 제공하는 것이다.

이는 1996년 영국상담협회 연차총회에서 제안된 결의안에서 합의된 내용이다. 공리주의는 상담 학회 내에서 논의된 적이 없지만, 이 정의는 돌고 돌아 공리주의적 존재관의 영향을 크게 받았다. 따라서 공리주의자들이 직면한 문제들을 정확히 똑같이 겪고 있다. 제레미 벤담은 최초의 공리주의자였으며, 이후 벤담의 접근 방식에서 발생하는 문제점을 보완하기 위한 노력이 있었지만, 그 어려움이 완전히 해결되었다고 볼 수는 없다.

공리주의는 시작은 좋았고 논란의 여지가 없는 것처럼 보였다. 공리주의의 핵심 원칙은 개인적이고 집단적으로 최대 다수의 최대 행복을 위해 행동해야 한다는 것이다. 따라서 이 철학은 개인이 행복을 스스로 결정한다는 점에서 자유주의적이며, 왕, 귀족 또는 기타 엘리트뿐만 아니라 모든 사람의 행복을 계산에 넣는다는 점에서 민주주의적이라고 할 수 있다. 공리주의는 또한 이기심과 자기중심주의를 피할 것을 요구한다. 우리 자신의 행복이 다른 사람의 행복보다 더 중요하지도 덜 중요하지도 않다.

벤담은 최대 다수의 최대 행복을 추구하는 것이 인간사를 처리하는 데 가장 유용한 원칙이라고 주장했다. 이는 사회 전체에서 가장 큰 '효용'을 창출할 수 있다는 것이었다. 그는 자신이 일종의 행복·쾌락 계산법으로 본 것을 통해 최선의 개인 및 사회 정책을 '계산'할 수 있다고 믿었다. 무엇이 옳았고 무엇이 잘못되었는지는 윤리학에서 어떤 행동의 결과를 계산해 보면 알 수 있다고 벤담은 주장했다. 그 행동으로 인해 얼마나 많은 사람들이 영향을 받을 것인가? 전체적으로 얼마나 많은 고통을 초래할 것인가? 전체적으로 얼마나 많은 쾌락이 초래될까? 계산이 완료되면 해당 행동의 '효용성'에 대한 전반적인 측정값이 산출된다. 점수에 따라 다른 대안보다 높은 점수를 받으면 그 행동은 정당화되거나 긍정적으로 추구할만하다. 점수가 낮으면 그 행동은 현명하지 않은 것으로 간주된다. 부정적 점수가 매우 큰 경우 (고통이 쾌락을 크게 초과하는 경우), 해당 행동은 분명히 악한 것으로 정의될 수 있다.

이런 식으로 주관적인 판단을 배제할 수 있다. 계산기를 꺼내서 긍정적인 면 (즐거움)과 부정적인 면 (고통)을 합산한 다음, 적절한 점수를 매긴 다양한 옵션 중에서 선택하는 법을 알 수게 된다. 정말 그럴까?

문제는 '행복'을 멀리서 바라볼 때는 쉬운 개념이지만 가까이 다가가면 그렇지 않다는 것이다. 행복이란 실제로 무엇을 의미할까? 쾌락과 같은 의미일까? 행복에 대한 우리의 관점이 제한적이고 쾌락주의적이라면, 공리주의는 개인을 삶의 다른 의미와 목적이 없는 쾌락의 소비자로 보는 얕고 편협한 시각을 제공한다. '쾌락'이라는 단어조차 자세히 들여다보면 쉬운 용어가 아니다. 어떤 종류의 쾌락이 다른 종류의 쾌락보다 더 바람직할까? 누가 어떻게 결정할까? 불만족한 소크라테스가 되는 것이 만족스러운 돼지가 되는 것보다 낫다고 할 수 있을까? 소크라테스와 돼지는 이에 대해 다른 견해를 가질 수 있다. 돼지가 소크라테스보다 많고 투표권이 모두에게 각각 하나라면, 전체 문화가 필연적으로 하향 평준화되어야 한다는 뜻일까? 우리 모두 최소 공통분모에 대해 '바보처럼' 되어야만 할까? 소수자의 행복은 어떤가? 공개 교수형과 채찍질은 사람들을 매우 '행복하게' 만들 수 있으며, 군중의 안락함은 사형수의 비참함보다 훨씬 더 '무겁게' 느껴질 수 있다. 대부분의 소비자가 자신이 무엇을 원하는지, 무엇이 자신에게 좋은지 모르는 바보일지라도 소비자가 왕이 될 수 있을까?

우리는 사람들에게 학교에 가서 교육을 받고 원초적인 본능과 즉각적인 만족을 넘어설 것을 권장한다. 이것이 '최대 다수의 최대 행복'을 가져올까? 설령 그렇지 않더라면, 우리는 교육 시스템을 파괴할까? 약물이 사람들을 끝없이 행복하게 하고 부작용이 없도록 유지할 수 있다면 우리는 약물을 복용해야 할까?

행복의 극대화라는 용어가 너무 모호하기 때문에 우리는 어떤 것을 지지해야 할지 알 수 없다. 마찬가지로, 내담자가 더 만족스럽고 풍족하게 사는 것에 관한 영국상담협회의 글을 보면 답변보다 더 많은 질문이 나타난다. 우리가 그 용어의 의미를 안다고 해도 왜 우리는 더 자주 '만족'해야 할까? '만족'의 가장 중요한 형태는 무엇일까? 만족은 정말 삶의 신비의 핵심일까? 삶에는 이보다 더 많은 것이 있지 않을까? 사실, 공리주의 원칙에는 근본적으로 불만족스러운 점이 훨씬 더 많지 않은가? 나는 공리주의에 만족하지 않는다. 그것은 나의 행복을 극대화하지도 못한다. 도덕철학이 이보다 더 나아갈 수 없다면 그것은 충분히 멀리 나아가지 못한 것이며 실패한 것으로 판단되어야 한다.

"만족할 수 없어, 노력하고 울고 또 울고 또 울었는데도," 이렇게 미크 재거와 롤링 스톤스는 노래했고, 이 노래를 통해 그들은 20세기 마지막 25년 동안의 아이콘이 되었다. 아마도 문제는 20세기 개인과 사회의 실천을 뒷받침해 온 공리주의 철학이 궁극적으로 무미건조하고 무의미하며 성취감을 주지 못한다는 점일 것이다. 우리가 항상, 또는 자주 만족해야 한다고 믿는 광기에서 얼마나 많은 불만족이 발생하는가? 우리가 필연적으로 행복할 수 있고, 행복해야만 한다는 어리석음에서 얼마나 많은 고통이 발생하는가? 지난 세기에는 대부분의 사람들은 실제보다 더 '만족스럽고', '풍요롭고', '만족스러워야 한다'는 기대에 시달리지 않았다. 결과적으로, 삶을 그렇게 비참하고 재미있게 만드는 역설 중 하나를 통해 그들은 아마도 우리보다 더 자주 만족했을 것이다. 현재 우리는 '개인적 성장'과 성취에 대해 끝없이 이야기하는 소비주의적이고 쾌락주의적이며 개인주의적인 존재관에 깊이 빠져 있다. 우리는 '행복'이라는 목표가 우리가 다가가는 만큼 빠르게 우리에게서 멀어진다는 사실을 알아차리지 못한다. 우리는 공리주의적 쾌락주의와 자유주의적이고 세속적인 이데올로기에 너무 깊이 빠져 있어서 마치 그것을 우리가 숨 쉬는 공기의 일부처럼 느낀다. 우리는 다른 가능성에 대한 비전이 없다. 우리는 자신을 상상하고 미래를 구성하는 다른 방법을 생각할 수 없다. 자유주의적 공리주의는 우리 내부와 주변 도처에 존재하지만, 그 압력을 감지할 수 없을 정도로 우리를 밀고 당기고 있다. 대안은 무엇일까? 이 장에서 적어도 그 중 일부라도 살펴볼 수 있기를 바란다:

최대 다수의 최대 행복은 도덕과 입법의 기초다. (벤담, 1789/1988)[57]

벤담은 이렇게 말했다. 그가 이 말을 했을 때, 이는 사실이 아니었을 것이다. 이는 당시보다 현재 실제로 훨씬 더 자주 사실이고, 이는 공리주의 사상이 지난 세기에 얼마나 영향력이 있었는지를 보여준다. 그러나 이것이 도덕과 입법의 기초가 되어야 하는가? 나는 그렇게 생각하지 않는다.

존 스튜어트 밀은 공리주의의 몇 가지 한계를 해결하려고 노력했지만, 그는 삶의 또 다른 역설을 지적하면서 그 운명적인 약점 중 하나를 강조했다:

> 당신 자신에게 행복한지 물어보라. 그러면 당신은 더 이상 행복하지 않게 될 것이다.

이것이 사실인 한, 그리고 종종 그렇듯이 공리주의 원칙은 붕괴된다. 밀은 효용을 계산하는 행위 자체가 효용을 감소시킨다고 말했다. 이것은 분명 공리주의에 대한 파괴적인 비난이다. 단순히 쾌락을 추구하기 위해 삶을 조직할 때 우리의 쾌락은 감소한다. 그렇다면 쾌락주의자들에게도 적극적인 쾌락주의는 쾌락을 찾는 최선의 방법이 아니다. 쾌락, 행복, 효용은 어떻게 정의하든 간에, 우리가 진지하고 헌신적으로 다른 일에 몰두하는 과정에서 대개 우리가 통제할 수 없는 부산물로 나타났다가 사라지는 경향이 있다. 우리는 모두 자신의 경험을 통해 이것을 알고

---

[57] [역주] 이 문장은 1789년 출판된 벤담의 『도덕과 입법의 원리 서설』을 1988년 Prometheus 출판사에서 '위대한 철학자' 시리즈 중 하나로 『도덕과 입법의 원리』라는 제목으로 다시 출간한 판본에서 인용한 것이다.

있지 않은가? 인생의 유일한 목적이 행복이라고 말할 때 인생은 무의미해 보인다. 쾌락주의적 소비주의에 파묻혀 있으면서도 내면은 공허하고 무의미하며 무가치하다고 느끼는 사람들을 둘러보라. 쾌락이 본질적으로 잘못되었다는 것이 아니라 쾌락을 추구하는 것만으로는 진정으로 가치 있는 쾌락이 있을 수 없다는 것이다. 밀은 벤담에 대해 이렇게 말했다:

> 그는 면밀하고 정확한 논리로 반쪽 진실을 그 결과와 실제 적용까지 추적할 수 있었으며, 그 규모는 이전에는 예시된 적이 없을 정도로 위대함과 미세함을 모두 포괄했다. 이것이 후대가 벤담에게 부여할 특성일 것이다.
>
> (밀, 1838)

벤담은 우리가 고통보다 쾌락을 선호하는 경향이 있으며, 좋은 민주주의자로서 우리는 쾌락을 최대화하고 고통을 최소화해야 한다는 분명한 견해를 피력했다. 그것은 대략적으로 준비된 지침으로서는 충분히 논란의 여지가 없다. 그러나 개인과 사회의 삶에서 정체성, 의미, 목적, 방향을 제시하는 근거로서는 공허하고 불완전하다. 설사 그런 계산이 가능하다고 해도 사람들이 왜 협력해야 할까? 나에게 가장 큰 행복을 주는 선택이 가장 많은 사람에게 가장 큰 행복을 주는 선택이 아닐 수도 있다. 그렇다면 왜 나는 내가 선호하는 개인적 선호보다 나를 덜 행복하게 만드는 집단적 선택을 선택해야 할까? 이 문제를 해결하기 위해 '행위 공리주의'보다 더 나은 대안으로 '규칙 공리주의'가 제안되었다. 즉, 칸트에 따라 개인의 행위가 아닌 집단적 규칙을 채택하여 최대 다수의 최대 행복을 추구해야 한다는 것이다. 하지만 왜 그렇게 해야 하는가라는 질문이 여전히 제기될 수 있다. 예를 들어 칸트보다 훨씬 덜 심오한 사상가였던 벤담은 이 문제를 탐구할 필요성을 거의 느끼지 않았다. 그의 장점은 입법 및 사회 정책을 개발하는 것이었다. 궁극적으로 그는 그러한 정책의 근거를 탐구하는 데는 관심이 적었다.

공리주의는 철학적으로는 힘이 약했지만 19세기에는 불의, 귀족적 권위주의, 부패 등 여러 가지 쉬운 타깃을 무너뜨릴 수 있는 '규범'으로 사용되면서 정치적으로 강력한 힘을 발휘했다. 최대 다수의 최대 행복은 모든 사람이 투표해야 하고, 모든 사람의 견해가 중요하며, 사회를 계획할 수 있고 계획해야 하며, 입법, 좋은 정부, 효율적인 관리가 모두 주의와 면밀한 조사, 정기적인 유지보수가 필요하다는 사실 등을 함축했다.

사회개혁가로서 벤담은 그의 에너지와 업적을 여기에 다 담을 수 없고 담을 필요도 없는 강력한 인물이었다. 그는 우리가 어떻게 우리의 정체성을 형성하고 삶의 방향을 잡아야 하는지에 대한 통찰력을 제공한 철학자로서는 훨씬 덜 성공적이었다. 이것은 그가 여전히 가장 영향력이 있기 때문에 중요하다.

질문

1. 상담의 근본적인 목표는 무엇이라고 생각하는가? 쾌락? 최대 행복? 자아실현? 진실? 마음의 평화? 사랑? 성취? 통찰력? 지혜? 용기? 헌신? 믿음? 체념? 초연함?

2. 상담 운동이 그 목표와 결과를 설명하는 적절한 방법을 찾는 데 어려움을 겪는 것이 문제인가?

3. 상담이 그 목표를 정의할 때 공리주의 원칙을 채택하고 있거나 채택해야 한다고 생각하는가? 더 바람직한 대안을 생각해 볼 수 있는가?

4. 우리가 '행복'을 적극적으로 추구하거나 기대할 때 우리는 '행복'할 가능성이 가장 높다고 당신은 생각하는가?

연습

1. 당신의 상담훈련에서 가장 큰 영향을 준 상담 이론가들을 살펴보고, 그들에게 가장 큰 영향을 준 근본적 철학이 무엇인지 생각해 보라.
2. 내담자를 돌보는 일에서 당신 자신의 비전이 내담자의 '행복에 대한 고려'를 얼마나 추구하는지 생각해 보라.

결론

최대 다수의 최대 행복에 대한 벤담의 신념은 이해하기 쉽다. 그것은 상식처럼 들리기도 한다. 하지만 좀 더 자세히 들여다보면 그것은 무너진다. 아리스토텔레스가 수 세기 전에 깨달았듯이 행복에 대한 일반적인 정의는 더 이상 지탱될 수 없게 된다. 최대 행복 원칙은 행복이 무엇으로 구성되는지에 대한 각자의 개념을 투영해 볼 수 있기 때문에 이해하기 쉬울 수 있다. 우리는 또한 행복을 우리가 극대화하고자 하는 것으로 정의하기 때문에 행복을 극대화하려고 노력함으로써 그것을 정의상 참으로 만들 수도 있다. 이것은 우리가 행복이 무엇인지를 더 잘 이해하는데 도움이 되지 않는다. 질문은 여전히 남아 있다. 행복을 적극적으로 추구해야 할까? 우리가 적극적으로 행복을 추구하면 행복해질까? 어쨌든, 다른 더 명확하고 더 중요한 목표, 원칙, 의미와 자존감을 찾는 방법은 없을까?

참고문헌

J. Bentham, *Fragment on Government*, Cambridge University Press, 1988

J. Bentham in *The Principles of Morals and Legislation*, Prometheus

1988

J. Bentham, *Introduction to the Principles of Morals and Legislation*, Oxford University Press, 1996

P. Bhikhu (ed.) *Moral and Political Philosophy of Jeremy Bentham*, Frank Cass, 1974

John Stuart Mill, *'Bentham', London and Westminster Review*, August 1838 (revised in Dissertations and Discussion Volume 1, 1859)

Chapter 22

게오르크 빌헬름 프리드리히 헤겔 (1770-1831년)

요점

- 절대정신은 모든 현실을 감싸고, 지배하고, 안내하고 구성하고, 모든 대립을 통합한다.
- 이 정신에 참여함으로써 우리는 서로 그리고 존재 전체와 하나가 된다.
- 단일한 설명 체계는 존재의 모든 구성 요소의 상호 연결성을 보여주며, '정립', '반정립', '종합'의 변증법적 과정이 사고의 발전과 역사의 움직임을 지배한다. 마지막 '종합'은 다음 '정립'이 된다.
- 종합은 점점 더 포괄적이 되며, 우리는 모든 존재의 통일성을 이해하는 데 더 가까워진다.
- 이성을 사용하는 정신은 존재의 단일성을 탐구할 수 있지만, 궁극적으로 절대자는 계시를 통해 정신적으로 파악되어야 한다.
- 우리는 절대정신 안에서 우리의 위치에 대한 끊임없이 확장되는 이해를 통해 자유를 찾을 수 있다.

적용

- 존재 전체와의 통합에 대한 비전은 고립과 무의미함에 지친 내담자에게

매력적이다.

* 헤겔은 이제 생소할 수 있지만, 결합과 교감을 향한 헤겔주의적 철학은 여전히 매력적이며 끊임없이 반복된다.

* 헤겔주의적 낙관론은 여전히 매력적이다. 우리는 끊임없이 더 큰 단일성과 상호 연결성에 대한 통찰력으로 비전의 필연적 확장에 대한 믿음을 되찾고 싶어한다.

* 통합된 신념 체계는 모든 사람에게 무언가를 제공한다. 그것을 믿는 사람은 자신의 선호에 맞게 의미를 해석할 수 있기 때문이다. 어쩌면 이것이 그 체계의 강점이자 약점일 수 있다.

* 19세기 물리학은 원자론적이고 기계론적이었다. (장 이론, 양자 이론, 상대성 이론 같은) 20세기 물리학은 통합주의적이고 통일적인 존재 모델에 대한 체계적인 접근 방식에 더 호의적이다.

▶

헤겔을 내 컴퓨터에 소개하면 흥미로운 결과가 나타난다. 헤겔의 번역된 저술에서 텍스트를 가져와 컴퓨터에 붙여 넣을 때마다, 컴퓨터는 즉시 모든 내용에 밑줄을 긋고, 문법 검사기는 '긴 문장 (제안 없음)' 또는 '동사 오류 (제안 없음)'이라는 메시지를 반복한다. 문장들이 확실히 길다. 독일어 문법이 이를 효과적으로 다룰 수 있는지는 모르겠지만, 확실히 영어 문법은 그 한계를 넘어선 것으로 보인다.

하지만 우리는 어딘가에서 시작해야 한다. '나로 시작하는 것은 어떨까? 우리가 알고 있다고 생각하는 이 '자아'는 누구인가? 흄은 '내부'를 들여다볼 때마다 '자신을 발견한 것이 아니라 단지 관념과 인상만 발견했다고 보았다. 헤겔은 이에 동의했다:

확실히, 우리가 진정으로 생각하지 않고 단순하고 고정된 일반적인 개념과 이름에 멈추는 한, 우리는 '나'나 그 무엇이든, 심지어 개념 자체에 대해서도 조금도 이해하지 못한다는 것을 인정해야 한다. 내가 '나'를 판단하기 위해 '나'를 이미 사용해야 한다는 것은 이상한 생각이다. (그것을 생각이라고 부를 수 있다면 말이다.) 판단하기 위한 수단으로 자의식을 사용하는 '나'는 실로 우리가 그것과 그러한 '활용'의 관계에 대해 조금도 상상할 수 없는 어떤 변수이다. (『헤겔의 논리학』, 1975)

다시 말해, '나'의 본질을 판단하는 행위 안에 판단하는 '나'가 존재한다는 것인가? 헤겔은 이 '나'가 대수학의 x와 같은 변수와 같다고 암시한다. 그러나 우리는 이 변수 '나'에 대해 무엇을 알고 있는가? 어떤 원리에 따라 어떤 상황이 어떤 종류의 정체성을 부여하는가? 헤겔에게 흄의 회의주의는 필요 없다:

확실히, 자기 의식의 이러한 본성, 즉 '나'가 자신을 생각하고, 생각하는 '나' 없이 '나'를 생각할 수 없다는 것을 불편함이라고 부르고, 마치 거기에 오류가 있는 것처럼 순환 논리라고 부르는 것은 터무니없다. (같은 책)

흄은, 다른 사람들이 '데이비드'나 '흄'이라고 부를 때 대답했을 것이지만, 그는 단순히 자신이 '나'를 관찰하지 못했다고 생각했다. 흄은 이 '나'를 어떻게 설명할 수 있는지에 대해 여전히 혼란스러웠다. 반면에, 헤겔은 '나'를 반성할 수 있는 '나'는 더 큰 무언가의 일부여야 한다고 생각했다. 부분적 관점에서 볼 때 모든 것이 단편적이고 임의적으로 보이지만, 더 넓은 그림, 즉 존재의 전체성 안에 놓이면 더 많은 일관성과 의미가 드러날 수 있다. 퍼즐 조각은 단독으로는 아무 의미가 없다. 그것들이 무엇인지, 그리고 어떻게 맞물리는지를 이해하려면 그것들이 부분인 전체의 총체를 봐야 한다. 그래야만 그것들이 진정한 정체성과 의미를 가질 수 있다. 눈은 기능하고 맥락화되기 위해 내장될 물리적 몸이 필요하다. '나'가 일관성과 방향성을 얻기 위해 우리는 맥락이 필요하다고 헤겔은 생각했다:

> 즉각적인 자의식 속에서 자의식의 절대적이고 영원한 본질과 개념 자체가 드러나는 것은 바로 이 관계를 통해서이며, 자의식은 존재하는 순수한 개념이며, 따라서 경험적으로 지각할 수 있는 절대적인 자기에 대한 관계이며, 분리된 판단으로서 자신을 그 자체의 대상으로 만들고, 자신을 하나의 순환으로 만드는 이 과정 그 자체다. (같은 책)

나는 '나'에게 의미 있는 맥락을 설명할 때, 퍼즐 조각이라는 다소 평범한 은유를 제시한다. 헤겔은 훨씬 더 웅장하게 절대자, 이상, 정신, 이념, 전체성, 세계정신을 언급하며 그것들을 항상 대문자로 표기했다. 이런 대문자 중에는 신도 포함되지만, 개인적이며 귀족적이고 수염이 난 신은 아니다. 이러한 일반화는 헤겔에게 건조한 추상화가 아니었다. 오히려 그것은 개별 현상에 생명, 의미, 에너지, 응집력을 불어넣는다. 이런 전체성이 없다면 개별 현상은 고립되고, 비일관적이며, 자의적이고, 무의미해질 것이다. 헤겔은 모든 실재를 지배하고 인도하는 포괄적인 절대정신을 설정했다. 우리는 이성으로 이 절대자를 관찰하거나 유추하는 것이 아니며, 우리는 그것의 일부이자 표상이다. 세계정신이 있고, 우리는 그것의 구성 요소이다. 이는 역사 전반에 걸쳐 명백하다. 이는 헤겔이 '변증법'이라 부르는 변화와 발전의 과정에 지속해서 놓여 있다.

우리의 부분적 시각으로 우리는 절반의 진리조차 아닌, 그저 작은 진리의 조각들과 함께 살았다. 정립은 반정립을 만들었고, 우리가 지혜롭다면 그 두 부분을 모두 구현하고 덜 단편화된 무언가로 나아가는 종합을 끌어낼 수 있다. 우리는 끊임없이 더 많은 조각들을 모아, 우리가 어렴풋이 보고 느끼지만 결코 완전히 알 수 없는 더 큰 절대적인 것에 조금씩 더 가까이 다가갈 것이다:

> 유한한 것들은 그 개념의 완전한 실재를 내재하고 있지 않기 때문에 유한하다. 그렇기에 완전함을 이루기 위해서는 다른 존재들을 필요로 한다. 또는, 반대로, 그것들이 대상으로 전제되기 때문에 외적 결정으로서 개념을 갖는다. 이 유한성의 측면에서 그들이 도달할 수 있는 가장 높은 것은 외적 목적성이다. (같은 책)

전체 퍼즐은 전반적인 이념, 계획, 또는 그림의 표현이다. 단순한 퍼즐 조각들은 그 그림에 기여하는 물리적 조각일 뿐, 스스로 그림을 체화하지 못한다. 따라서 그것들은 개념 자체보다 근본 현실에서 더 멀어진다. "근본 이념이란 무엇인가?"라고 헤겔이 물었던 것처럼 우리는 그 이념 없이는 단순히 무의미한 조각들만 갖고 있고, 그림은 갖고 있지 못하다. 그래서 우리는 실재로부터 단절되어 있다:

> 우리는 모든 실제적인 것이 이념을 소유하고 그것을 표현하는 한에서만 존재한다는 것을 인식해야 한다. ... 개념과 상응하지 않는 실재는 단순한 현상, 즉 진리가 아닌 주관적이고 우발적이며 변덕스러운 요소이다. 국가와 교회와 같은 전체는 개념과 실재의 통합이 해체될 때 존재하지 않게 된다. 정신과 신체가 분리될 때 살아있는 존재인 인간은 죽는다. 죽은 자연, 즉 기계적이고 화학적인 세계는 그것의 개념과 실재로 분리되면, 사고 형식의 주관적인 추상화와 형식 없는 물질에 불과하다. 여기서 죽은 세계는 무기질 세계를 의미하며, 그렇지 않으면 긍정적인 의미를 전혀 갖지 못한다. 이념 아닌 정신은 그 개념이 그 자체와 통일되지 않은 정신이며, 자신의 실재에 대한 개념 자체를 갖지 않은 개념은 죽은 것이고, 정신 없는 정신, 물질적 대상일 것이다. (같은 책)

이 모든 주장은 느슨한 일반화로는 꽤 괜찮다. 하지만 우리 삶의 조각들을 맞춰나가는 일상적인 구체적 문제에 직면했을 때, 이것이 우리에게 어떤 도움이 되는가? 예를 들어, 이 비유를 한 걸음 더 나아가서, 만약 우리가 둘 이상의 퍼즐 조각들을 뒤섞어 가지고 있다면 어떨까? 왜 우리는 단 하나의 퍼즐만 있다고 가정해야 하는가? 하나의 큰 그림만 있다는 게 진리인가? 조각들이 빠져 있다면 어떨까? 만약 모든 것이 의미 없는 뒤죽박죽이라면 어떨까? 왜 우리는 모든 단어를 대문자로 시작하는 것이 우리의 주장을 더 강력하게 만든다고 생각하는가? 헤겔은 정말 논증을 하고 있는가, 아니면 그의 주장은 단단한 땅에서 벗어나 어디론가 떠다니는 나선형 문장들일 뿐인가?

19세기 동안 이러한 거대한 관념론적 추상화는 적어도 지식인에게 상식이 되었다. 헤겔이 지배했다. 그래도 괜찮은가? 그리고 영국에서는 프랜시스 브래들리[58]와 버나드 보산켓[59]과 같은 영국적 변형들이 똑같이 상승세를 타고 있었다. 그러나 20세기 초에, 버트런드 러셀 등의 비판에 직면하자, 헤겔적 관념론은 거품처럼 터지며 20세기 철학 커리큘럼에서 사라졌다. 적어도 앵글로색슨 교육 내에서는 그렇다. 러셀과 그의 동시대 사람들은 헤겔의 전체 구조물이 논리적 오류, 언어의 오용, 세부사항 및 명료성에 대한 부주의에서 발생한 것으로 생각했다. 그것은 통찰보다는 혼란, 이해보다는 모호한 환상을 낳는다고 여겨졌다. 그것은 냉철한 분석보다는 일관성과 통일성에 대한 열망의 표현으로 보였다.

헤겔이 살아있던 시절에도 몇몇 날카로운 비평가들이 있었다. 무엇보

---

58 [역주] 영국 철학자. 영국 관념론자들 중 가장 유명하고 독창적이며 철학적으로 영향을 미친 인물. (1846-1924)
59 [역주] 영국 철학자, 정치 이론가, 사회개혁가. 프랜시스 브래들리와 함께 19세기 후반과 20세기 초의 '절대적 관념론'의 주요 주창자 중 한 명이었다. (1848-1923)

다도 아르투어 쇼펜하우어가 있었는데, 그는 분명히 직설적으로 말했다. 쇼펜하우어는 모호한 언어가 반드시 생각할 가치가 없다는 것을 의미하지는 않는다고 인정했다. 하지만 위험하기도 하다:

> 대중은 모호한 것이 항상 의미가 없지 않다는 것을 깨닫게 되었다. 무의미하고 의미 없는 것은 즉시 언어로 모호한 설명에 의지했습니다. (쇼펜하우어, 『의지와 표상으로서의 세계』, 부록)

그렇다면 헤겔은 이 도식에서 어디에 들어맞는가? 그의 사상이 그것을 표현하는 능력보다 나았던 것일까? 쇼펜하우어는 자신의 견해에 대해 독자가 의심하지 않도록 배려했다:

> 이전에는 정신병동에서나 들을 수 있었던, 터무니없는 헛소리를 늘어놓고, 무의미하고 정신 나간 단어들의 뒤엉킨 그물을 긁어모으는 가장 엄청난 뻔뻔함이 마침내 헤겔에게서 나타났다. 그는 후세에게는 믿기지 않을 결과와 독일의 어리석음에 대한 영원한 기념비가 될, 이제까지 존재했던 가장 무겁고 일반적인 기만의 도구가 되었다. (같은 책)

많은 사람이 이제는 쇼펜하우어에 동의할 것이다. 나는 더 읽기 쉬운 헤겔의 몇 가지 부분을 제공했다. 하지만 그가 활동하던 시대에는 학생들이 그의 강의에 몰려들었고, 동시에 베를린에서 열리던 쇼펜하우어의 강의는 외면 받았다. 현재 헤겔의 많은 저술에서 상식이나 의미를 찾기가 어렵다. 하지만 새로운 천년에 우리에게 어떤 새로운 패션이나 통찰이 기다리고 있는지는 누가 알겠는가?

우리에게 감춰진 새로운 아이디어는 무엇일까? 아니면 오래된 아이디어가 새것인 척 포장되어 다시 우리에게 돌아오는 것으로 보는 게 더 나을까? 이미 켄 윌버[60]과 같은 '최첨단' 초개인 심리치료사들은 그들이 기꺼이 인정하듯이 헤겔로부터 매우 많은 영향을 받은 자아와 맥락의 새로운 종합을 소개하고 있다.

어떤 새로운 이념이 어떤 새로운 '실재'를 형성하는 데 도움이 될까? (그 반대도 마찬가지이다) 아마도 다음 내용이 이러한 질문에 답하는 데 도움이 될 것이다. 혹은 아닐 수도 있다. 내 컴퓨터는 즉시 모든 내용에 밑줄을 쳤는데, 그것은 분명히 헤겔에 공감하지 않은 앵글로색슨에 의해 프로그래밍된 듯하다. 아니면 내가 불공정한 것일까? 내가 텍스트를 제대로 이해하지 못한 것은 아닐까? 아니면 번역자가 철학을 이해하지 못한 것일까?:

> 이념이 실재를 완전히 관철시키지 못하고, 개념에 그것을 불완전하게 복종시켰다는 것은, 이념 자체가 제한된 내용을 가지고 있다는 사실에서 발생할 수 있다. 이념은 본질적으로 개념과 실재의 통일이지만, 그들의 차이 또한 본질적이다. 왜냐하면 대상만이 그들의 즉각적인, 즉 단지 암묵적인 통일이기 때문이다. 그러나 만약 국가와 같은 대상이 그 이념에 전혀 부합하지 않는다면, 즉 실제로 국가의 이념이 전혀 아니라면, 자의식적인 개인인 그 실재가 개념에 전혀 부합하지 않는다면, 그 정신과 몸은 분리되었을 것이다. 전자는 사고의 고독한 영역으로 도피했을 것이고, 후자는 개별적인 개성들로 분열되었을 것이다. (『헤겔의 논리학』, 1975)

이것은 유용한가, 아니면 심지어 일관성이라도 있는가? 사상가가 큰 의미를 말하고 있다고 생각하는 많은 추종자를 가졌다는 사실이 그가 실제로 큰 의미를 말하고 있었다는 것을 의미할까? 노벨 물리학상 수상자

---

[60] Ken Wilbur, *Up from Eden: A Transpersonal View of Evolution*, Shambhala, 1983 참고.

인 리처드 파인만[61]은 그의 자서전에서[62] 존경받는 사상가 집단에서 항상 발견되지 않을 수 있는 지혜에 대한 유익한 이야기를 제공한다. 어떤 노벨 물리학상 수상자가 자신의 생각에 대해 열변을 토했다. 이 분야의 세계적인 권위자들이 경건하게 듣고 메모를 했다. 영리하고 대담한 젊은 파인만이 감히 그 위대한 사람이 무슨 말을 하고 있는지를 이해할 수 없다고 말했다. 나중에 파인만과의 대화에서 그 위대한 사람은 그의 질문에 감사하며, 자신이 말했던 것이 일관성이 없었다고 동의했다. 아무도 그것을 이해할 수 없었던 것은 그것이 의미가 없었기 때문이었다. 그러나 방안의 모든 사람은 자신들이 그것을 이해하고 있다고 생각하거나, 자신이 느끼는 불확실성에 대해 침묵했다. 그 위대한 사람은 위대한 사람이 되는 것이 끔찍한 일이라고 파인만에게 털어놓았다. 당신은 어떤 헛소리도 말할 수 있고 거의 아무도 감히 당신에게 이의를 제기하거나 당신이 무슨 말을 하는지 묻지 못할 수 있다!

헤겔의 논증은 숨 쉴 틈 없이 계속된다. 의미의 향기가 끊임없이 풍긴다. 행간의 추측과 엿보기는 때때로 유익하게 느껴질 수 있다. 그러나 나는 통찰의 징표로서 명료성을 주장하는 학파에 속한다. 자신이 하는 말을 더 잘 이해할수록, 우리는 비전문가도 이해하고 즐길 수 있도록 더 잘 말 할 수 있다. 헤겔을 읽는 것은 그다지 즐겁지 않다. 하지만 당신이 안락의자에서 일어나지 않고 '절대자'까지 도달하고 싶다면, 당신은 그 과정에서 많은 고생을 해야 할 것이다.

---

61 [역주] 미국 이론물리학자. 1965년 양자전기역학의 초기공식화에 대한 부정확성을 수정한 연구로 노벨 물리학상을 수상하였으며 역사상 가장 뛰어나고 영향력 있고 파격적인 물리학자 알려져 있다. (1918-1988)
62 Richard Feynman, *Surely You're joking Mr Feynmann?*, W.W. Norton, 1997.

현재 철학에서 우리는 영혼 soul에 대한 이야기를 거의 찾아볼 수 없다. 현재 가장 선호되는 용어는 마음·정신 mind, spirit이다. 그 둘은 서로 구별된다. 영혼은 몸과 정신 사이의 중간항 또는 둘 사이의 연결 고리와 같다. 영혼으로서의 마음은 신체성에 몰두하며, 영혼은 몸의 생기적 원리이다.

(같은 책)

헤겔 이후로 영혼과 정신에 대한 이야기가 많이 오갔다. 그러다가 그 이야기는 사라졌다. 이제 다시 돌아올 수도 있다. 그러나 우리의 눈이 그것을 보는 것만큼 우리의 정신이 이러한 개념을 이해하는 데 어려움을 겪는다면 매우 신중하게 접근해야 한다.

『논리학』은 난이도가 높은 책으로 840쪽에 달하는 헤겔의 주요 저술이다. 더 짧은 버전은 더 읽기 쉬울 것이다. 헤겔은 『정신현상학』에서 사고와 존재 간 모든 대립은 결국 사고가 이해하려고 시도한 실재 속에서 자신을 인식함으로써 극복될 수 있다고 주장한다. 그러나 이 맥락에서 존재란 무엇을 의미하는가? 본토 유럽 전통에서 자주 사용되는 용어인 '존재'의 정립은 '존재가 혼란만 일으키는 언어의 오용'이라는 앵글로색슨의 반정립에 직면한다. 우리는 이 두 견해를 넘어선 종합에 더 가까이 접근하고 있는가?

헤겔은 다음과 같이 생각했다:

실천적 이념에 관하여 칸트는 '이념과 충돌한다고 주장하는 경험에 대한 저속한 호소보다 철학자에게 더 해롭고 가치 없는 것은 없다'고 인정한다. 만약 예를 들어 정치 제도가 이념에 따라 적절한 시기에 확립되었고, 경험에서 도출되었기 때문에 조잡한 개념들이 이념을 대신하여 모든 좋은 의도를 무효화하지 않았다면, 바로 이 경험조차 존재하지 않았을 것이다.

(같은 책)

이는 실제로 앵글로색슨 경험론의 반정립이다. 이념은 경험에서 구축되는가, 아니면 우리가 무엇을, 어떻게, 어디서 보는지 결정하는 이념에 의해 경험이 형성되는가? 이 각각에 대한 대답은 의심할 여지 없이 '예'이다. 경험론자는 경험, 직접적 관찰, 측정에 우선권을 부여한다. (철학적) 관념론자들은 이를 소박하고 저급하다고 본다. 이념과 경험은 모든 질문을 검토하는 데 필수적이다. 어느 쪽도 다른 쪽과 독립적으로 없다. 이 의미에서 관념론자가 우위를 점하고 있다. 그러나 이념과 경험이 충돌할 때, 어느 쪽이 양보해야 하는가? 과학적 전통은 통제된 관찰을 결정적인 시험으로 삼을 것이다. 이를 헤겔과 비교해 보자:

> 이념은 개념과 실재의 통합이므로, 존재는 진리로서 의미를 갖는다. 따라서 이념만이 존재한다. 실제 사물이 이념과 일치하지 않는 것은 그들의 유한성과 비진리성의 측면이며, 이 측면에 따라 그들은 다양한 영역에 따라 그리고 객관성의 관계에서 기계적으로, 화학적으로 또는 외부적 목적에 의해 결정되는 객체이다. (같은 책)

헤겔은 간단히 설명하고 싶지 않았다. 그는 자신의 절대자, 즉 신이 삶의 뿌리이며, 삶 전체이며, 삶의 형태이고 통합과 의미라고 믿었다. 그는 추상적인 이념이 이런 삶을 메마르게 만들 수 있다는 것에 쉽게 동의한다. 우리의 죽은 이념과 우리의 살아있는 존재는 멀리 떨어져 있는 것처럼 보일 수 있다:

> 순수한 개념 자체인 삶, 정신, 신은 추상적 이해를 넘어선다. 왜냐하면 추상은 그 생산물에서 특이성, 개별성, 인격성의 원리를 박탈하고, 결국 생명과 정신, 색깔과 내용이 결여된 보편성에 도달할 뿐이기 때문이다. (같은 책)

헤겔은 칸트가 선험적 종합 지식이라는 개념을 통해 자아, 세계, 가치에 대한 흄의 회의론을 극복하는 데 실패했다고 생각했다. 따라서 헤겔은 언뜻 보이며, 이성적으로 일관되며, 미적으로 매력적이고, 정반합의 '변증법'을 통해 더욱 체계적으로 접근할 수 있는 온전함과 통합을 추구함으로써 경험적 회의론에서 벗어나고자 했다.

헤겔은 단편들에 매료된 소박한 경험론의 매력에 불만을 느꼈다. 그는 이러한 도취가 우리를 진리의 근본적인 본질로 데려갈 수 없다고 확신했다. 실재는 무엇이든 전체적인 실체이다. 그러므로 그것은 분석이나 관찰의 단편 속에서 발견될 수는 없다. 우리가 그것을 잘게 썰어 진리를 추구했다면 우리는 그것을 죽였을 것이다. 헤겔은 지적 파편에 대한 앵글로색슨의 안절부절 못하는 것, 즉 조각조각의 끝없는 분석을 싫어했다. 그는 철학에 대한 이런 접근 방식이 근본적인 본질을 무시한다고 생각했다. 그것은 무미건조하고, 무의미하고, 생명이 없으며, 전체성이 부족하다. 이런 점에서 헤겔은 때로 옳았을 수도 있다. 하지만 나는 독일식 '말잔치'가 문제를 해결하고 이념을 삶, 정신, 큰 그림, 우주 끈, 스파게티 또는 영적 소스를 통합한다고 믿지 않는다.

그러나 헤겔을 움직였던 많은 추진력은 부활할 수 있다. 그의 글쓰기 스타일은 아닐지라도, 그의 지적 본능은 진지한 재평가를 받을 만할지도 모른다. 수년 동안 물리학자들은 원자를 점점 더 작은 조각으로 분해하여 '궁극적' 실재와 기본적 이해에 도달하려 했다. 다른 모든 것이 만들어진 기본 입자는 무엇일까? 삶의 기본 구성 요소는 무엇일까? 이러한 원자 분열은 계속되고 있지만, 아마도 가장 실재적이고 근본적인 것은 기본 입자라기보다는 모든 활동이 어떻게 연결되는지를 설명하는 기본 원리라는 것이 점점 더 명확해지고 있다. 장과 파동은 적어도 입자만큼이나 중요하다. 그들의 작동에 대한 절대적(수학적) 본질은 존재적으로(경험적으로) 관찰 가능한 단편보다 더 근본적이다. 진리에 도달하려면 잃어버린 신발 끈의 죽은 형태가 아니라 전체로서의 춤을 봐야 한다. 마치 헤겔이 어제 쓴 것처럼, 이 진리는 항상 유용하지는 않지만 물리학자들이 마음과 신에 대해 이야기하는 동화보다 더 환상적인 것처럼 보인다.

나는 삶, 마법, 우주의 매력이 과학에 의해 재발견되고 재발견되었다고 말하게 되어 기쁘다. 물리학자들은 그들이 희망하는 하나의 개념 안에서 기존의 질량 에너지, 파동 입자 이론을 연결할 '만물 이론'을 찾고 있다. 헤겔의 절대자와는 달리 이론물리학은 실험적으로 검사 가능하고, 예측에서 가치가 있으며, 기대하건대 미적으로도 우아할 것이다. 내 생각에는 수학은 헤겔의 산문보다 훨씬 더 난해할 것이다.

질문

1. '전체성', '단일성', '정신 안에서의 초개인적 통일'의 철학이 안도감을 주고 중요하다고 생각하는가? 아니면 공허하거나, 모호하거나, 산만하거나 사변적인가? 아니면 다른 무엇인가?

2. 헤겔주의는 '거대 체계' 철학이다. 이런 접근 방식이 진전을 이룰 수 있는가, 아니면 너무 쉽게 공허한 사변으로 퇴보하는가?

3. 우리의 본질적 '정신 안에서의 단일성'을 내담자에게 알리는 것이 유익하다고 생각하는가, 아니면 해롭다고 생각하는가?

4. 삶의 '단일성'을 '느끼거나' '이해하는' 것이 의미가 있다고 생각하는가?

5. 원자론자들은 실재를 이해하고 '진리에 다가가기' 위해 주제를 부분으로 쪼개야 한다고 믿는다. 반면 절대론자와 관념론자는 실재와 이해는 전체와 완전한 총체를 파악할 때만 이루어진다고 주장한다. 이에 대해 어떻게 생각하는가? 이것은

잘못된 이분법인가?

연습

1. 헤겔의 '단일성'은 유행이 지났다. 하지만 통일과 상호 연결에 대한 이론은 물리학이 기계론과 원자론에서 벗어나면서 다시 주목받고 있다. 현대 물리학에서 일어난 큰 변화를 따라잡을 시간을 내보라. 이런 변화들이 삶의 철학을 확립하는 데 어떤 관련이 있는지 고려해 보라.
2. 켄 윌버, 로베르토 아사지올리[63] 및 기타 초개인적 치료사들과 헤겔을 비교하라. 윌버는 확실히 더 읽기 쉽다.
3. 유물론의 한계에 대한 현재의 반감에 비추어, 정신과 영혼을 강조하는 철학이 얼마나 대중적이고 유익할 가능성이 있는지 고려하라.

결론

헤겔은 사후 최소한 한 세기 동안 철학에서 매우 중요한 존재였고, 실제로 지배적이었다. 좌파, 우파, 중도적 신헤겔주의자들은 각자의 관점에 맞게 그를 해석했다. 헤겔은 20세기 앵글로색슨 국가들에서 덜 중요해졌지만, 프랜시스 브래들리(1846-1924)와 버나드 보산케트(1848-1923)는 그에게 크게 영향을 받았고, 19세기 말 영국에서 중요한 목소리를 냈다. 그들 또한 물질보다 정신이 더 중심적이고 근본적이라고 말했다. 물리학이 환상보다 더 환상적으로 변해감에 따라, 통합주의 철학들이 부활할 때가 되었을까? 만약 그렇다면, 그들은 물리학의 총체적인 비전뿐만 아니라, 단순한 추측이 아닌 이론을 검사하려는 그 학문적 규율과

---

[63] [역주 이탈리아의 정신과 의사이자 심리학자(1888-1974), '심리 자아'를 강조하며, '자기실현'의 개념을 발전시켰고, 심리종합(Psychosynthesis)이라는 치료 기법을 창안했다.

끈질긴 결단력까지 받아들일 것인가?

웹사이트

http://www.alphalink.com.au/~pashton/thinkers/hegel.htm
http://werple.net.au/~andy/index.htm
http://www.hegel.org/
http://www.radix.net/~joshua/hegel.htm
http://members.aol.com/pantheismO/hegel.htm
http://www.miami.edu/phi/hegel.htm
http://www.ultranet.com/~rsarkiss/HEGEL.HTM

참고문헌

G.W. Hegel, *Philosophy of Mind*, Oxford University Press, 1971
G.W. Hegel, *Hegel's Logic: Being Park One of the Encyclopedia of the Philosophical Sciences*, Oxford University Press, 1975
G.W. Hegel, *Introduction to the 'Philosophy of History'*, Hackett Publishing Company, US, 1988
G.W Hegel, *Phenomenology of Spirit*, Pennsylvania State University Press, 1994
G.W. Hegel, *On Art, Religion and the History of Philosophy: Introductory Lectures*, Hackett Publishing Company, US, 1997
A. Schopenhauer, *The World as Will and Idea*, Everyman, 1995
A.W. White, *Absolute Knowledge: Hegel and the Problem of Metaphysics*, Ohio University Press, 1983

Chapter 23

쇼펜하우어 (1788—1860)

요점

* '자아'는 본체적 주체이지 현상적 대상이 아니다.
* 그것은 대상이 아니기 때문에 관찰할 수 없다.
* '사아'는 오히려 존재의 현상직이고 일시직인 대상이 경힘될 수 있는 맥락, 단계, 틀이다.
* 주체인 자아는 대상의 시공간적 인과적 세계 밖에서 작동한다.
* 분리된 자아는 없다. 우리는 궁극적으로 하나의 주체, 하나의 본체, 신성한 자아의 표현이다.

적용

* 자기중심주의는 욕망의 포기와 예술, 철학 및 공감에 대한 감상을 통해 피해야 할 감옥이라고 쇼펜하우어는 가르쳤다.
* 만약 당신이 집단정신과 교감한다면, 항상 더 많은 것을 원하고 의지하는 끝없는 순환에서 해방될 수 있다.
* 그러나 존재의 근본적인 에너지는 맹목적이고 목적이 없고 비도덕적이며 본질적으로 통제할 수 없다는 것을 기억해야 한다.

* '낙관주의는 인류의 말할 수 없는 고통에 대한 쓰라린 조롱이다.'

▶

  윤리학에서의 이상주의는 물론 이상에 관한 것이다. 그러나 일반적으로 철학에서 이상주의는 관념-론이라 부르는 것이 덜 혼란스러울 수 있다. 그것은 관념이 어떤 특정한 감각적 관찰보다 더 근본적이고, 더 실제적이며, 더 중요하다는 이론이다.

  예를 들어 플라톤에게 '고양이성'이라는 개념은 개별 고양이에 대한 관찰이나 고양이와의 상호작용보다 더 중요했다. 라이프니츠에게는 추론의 힘을 통해 도출된 모나드 개념이 일상적인 경험의 부유물과 잔해를 관찰하는 것보다 우주에 대한 더 근본적인 이해를 제공했다.

  칸트에게 존재의 본체 즉 그 자체로 존재하는 사물은 단순한 현상, 보이는 그대로의 사물보다 훨씬 더 중요했는데, 후자는 지각할 수 있고 전자는 정신적 과정의 추론을 통하지 않고는 볼 수 없기 때문이었다.

  헤겔에게 세계-정신은 이것저것에 대한 일상적인 경험이나 사소한 자기 집착보다 훨씬 더 중심적인 것이었다.

  철학자들은 관념에 몰두하다 보니 관념적 빵과 버터가 현상적 빵과 버터보다 더 중요하다고 생각하는 경향이 있다. 물론, 더 깊이 있는 실제적 형태인 '빵의 본성' ('빵 가능성'?)과 같은 본체적 관념을 사유할 힘을 갖기 위해서는 당신의 몸과 마음은 현상적 빵에 의해 충분히 유지되어야 한다. 그러나 역사적으로 볼 때, 대부분 사람은 근본적 개념보다는 자신의 현상적인 고양이, 들판, 작물, 말, 배우자 및 기타 덧없는 것들에 더 관심을 두는 경향이 있다. 현상은 일반적으로 우리에게 추상적 개념보다 더 '실제적으로 보이는데, 이는 대부분 사람은 일반적으로 근본적인 관념들보다 일상적 사건들에 더 집중하기 때문일 것이다. 이러한 사실은 쇼펜하우어(1973)에게는 놀랍지도 감동적이지도 않았을 것이다: '지성이 없는 사람에게는 지성이 보이지 않는다'(『삶의 지혜에 대한 격언』).

쇼펜하우어는 칸트와 마찬가지로 현상의 세계 뒤에는 모든 존재의 기층이 되는 본체적 세계가 있다고 주장했다. 그러나 쇼펜하우어에게는 다수의 본체들이 아니라 단일한 본체가 존재했다. 물자체가 여러 개가 아니라 오히려 하나의 단일한 물자체가 있었다. 쇼펜하우어는 공간과 시간이 근본적인 실재가 아니라 정신의 구성물이라는 칸트의 주장을 받아들였다. 그는 현상적인 사물은 공간과 시간에서 서로 다른 장소를 차지하기 때문에 서로 다르다는 점에 주목했다. 따라서 그는 본체는 공간과 시간 외부에 존재하기 때문에 둘 이상의 본체가 존재할 수 없다고 생각했다. 하지만 나는 왜 우리가 하나의 비공간적 및 비시간적 실체만 가질 수 있는지 이해할 수 없다. 우리는 하나 이상의 비차원적 실체에 대한 관념을 충분히 수용할 수 있다. 게다가 비공간적이기 때문에 같은 공간을 차지하지 않을 것이다!

그러나 미학적으로 모든 것이 단순한 표현인 단 하나의 큰 관념, 근본 실재, 본체라는 개념에는 매력이 있다. 실제로 현대 물리학자들은 '만물이론'을 만들기 위한 노력에서 이와 유사한 것을 달성하려고 애쓰고 있다. 한 견해에 따르면, 우주가 오렌지 크기 또는 더 작은 원래의 원시 물질에서 폭발했다. 다른 사람들은 이 원래 물질이 어떤 크기도 아니고 어떤 장소와 시간에도 없었다고 주장한다. 왜냐하면 시공간은 아무리 많은 차원이라도 실제로 빅뱅과 함께 생겨났기 때문이다. 진정으로 현대 물리학은 철학자들이 상상했던 가장 특별한 이론만큼이나 환상적이다. 단순한 외관을 넘어 조사된 우리의 '실제' 세계는 가장 황량한 꿈을 긍정적으로 길들이고 예측 가능하게 만든다.

쇼펜하우어는 본체적 세계가 실제로 마술적이라고 믿었고, 철학만큼이나 마술을 즐겼다. 물론 마술과 물리학은 서로 관련이 없는 것으로 여겨지는 경향이 있다. 학교에서 배운 물리학은 원자, 전자, 분자가 시계추처럼 정밀하게 돌아가는 미니 태양계처럼 평범하고 딱딱하며 기계적인 것처럼 보인다. 그러나 이 기계론적인 비전은 기묘함, 매력, 중입자수, 경입자수, 쿼크 및 가장 최근에는 은하계에서 도토리가 작듯 그렇게 작은 '끈'과 같은 초자연적인 양자세계를 다루는 현대 물리학과는 거의 관련이 없다.

그렇다면 '나'는 이 도식의 어디에 속할까? 공간과 시간조차 내가 생각했던 것과 다르다면, 나는 어떤 방향으로 나아가고 있을까? 쇼펜하우어에게 자아는 객체가 아니라 주체였으며, 그는 이 둘 사이에는 근본적인 차이가 있다고 보았다.

흄은 언제 어디서 관찰하든 '나 자신'을 발견하지는 못했다고 말했다. 쇼펜하우어도 자아는 지각이나 성찰의 대상이 아니기 때문에 결코 발견할 수 없다는 데 동의했다. 자아는 존재의 현상적 대상들이 공연하는 본체적 '무대'에 가까웠다. 자아는 세계의 대상이 아니라 오히려 세계가 알려질 수 없는 경계를 제공했다. 또한 경험의 대상이 조직되는 매개체이기도 했다. 주체는 대상을 관찰하고 대상을 알 수 있었다. 주체는 그 자체로 관찰 될 수 없다. 관찰자로서의 우리 자신은 알려질 수 없다. 따라서 오감을 통한 정신 연구는 불가능했다. 따라서 우리는 다음과 같은 이유로 성찰을 통해 '내면'을 들여다볼 수 없었다:

우리가 내성적 성찰을 통해 자신을 완전히 알려고 시도하며 우리 자신에게로 돌아서는 순간, 우리는 밑바닥 없는 공허 속으로 빠져든다. 우리는 마치 수정 구슬과 같으며, 그 안에서 목소리가 나오지만 그 원인은 구슬 안에서 찾을 수 없다. 우리 자신을 이해하려 할 때, 우리는 섬뜩한 전율과 함께 실체 없는 유령만을 붙잡을 뿐이다.

(『의지와 표상으로서의 세계』, 1995, 180쪽)

주체로서 우리는 공간, 시간, 대상들의 인과적 세계 밖에서 작동했다. 따라서 우리는 본체적이지만 쇼펜하우어에게 본체는 단 하나뿐이었다. 따라서 개별적이고 분리된 고유한 자아라는 개념은 본질적으로 환상에 불과했다. 그것은 실재라기보다는 관념에 불과했고, 오해의 소지가 있는 관념이었다. 우리는 궁극적으로 하나의 주제, 신성한 자아, 초월적인 최고의 실재 또는 존재의 표현이었다.

이는 힌두교에서 발견되는 가르침과 다르지 않으며, 쇼펜하우어는 칸트와 플라톤뿐만 아니라 우파니샤드에서 발견되는 고대 힌두교의 가르침에도 빚을 지고 있음을 인정했다:

자선 활동을 하는 사람에게는 마야의 베일이 투명해지고, "개체화 원칙"이라는 환상이 그를 떠났다. 그는 모든 존재, 따라서 고통받는 존재 안에서 자신과 자신의 의지를 인식한다. (같은 책, 235쪽)

많은 신비주의자들은 신성한 근원과 자아의 교감을 경험하는 것을 가르치고 주장해 왔다. 힌두교에서 이것은 아트만이 초월적인 최고의 실재인 브라만과 결합하는 것을 의미한다. 기독교 신비주의에서도 우리가 눈을 뜨기만 하면 모든 얼굴에서 그리스도의 얼굴을 볼 수 있다는 주장이 있다. 성인은 선해지기 위해 선을 행하지 않는다. 그들은 이것이 당연한 일이기 때문에 그렇게 한다. 우리 모두가 한 가족이라고 상상해 보자. 이것을 추상적으로만 상상하는 것이 아니라 다른 사람들과의 상호 연결을 내 존재의 핵심으로 느낀다고 상상해 보자. 만약 그렇다면, 도움이 필요한 다른 사람을 실제로 돕는 것보다 '다른 쪽에서 지나쳐가는 것'이 우리에게 훨씬 더 어려울 것이다.

우리가 가지고 있는 그리스도의 가르침에 대한 통념은 종종 기독교 교회의 현실보다 훨씬 더 급진적이다. 당신이 가진 모든 것을 가난한 사람들에게 나눠주라. 자기 집착을 버리라. 그래야만 부의 진정한 의미를 발견할 수 있다. 그럼으로써 이 땅에서 하늘나라를 발견하게 될 것이다. 신비로운 불안 속에서 자아와 자기 집착이라는 감옥의 벽이 무너지고 생명의 빛이 어두워진 우리의 영혼에 쏟아질 때 천국은 이 땅 위에 있다. 그런 다음 우리는 항상 하나였으며, 분리된 '고유한' 자아를 추구하면서 어둡고 메마른 환상의 동굴을 들여다보고 있었다는 것을 알게 된다.

일반적으로 기독교, 불교, 힌두교의 가르침에서 이러한 주장은 낙관적이다. 적절한 수행이나 요가 (신과의 합일) 를 통해 자아의 감옥에서 벗어나는 법을 배울 수만 있다면, 개인 존재의 조건인 고뇌, 불만족, 고통의 굴레에서 해방될 수 있다. 근본적이고 본체적인 집단 정신과의 교감으로 돌아가면, 항상 더 많은 것을 원하고 갈망하는 끝없는 순환에서 벗어나 해방, 행복, 자유가 찾아올 것이다.

쇼펜하우어 역시 상상 속의 자아라는 '감옥 배에서 초월적으로 탈출하는 것이 구원에 이르는 길이라고 생각했다. 그는 세 가지 경로가 있다고 제안했다. 첫 번째 경로는 진정으로 근본적인 본체적 현실에 대한 지식으로 그것은 철학 연구를 통해 얻을 수 있었다. 두 번째 경로는 예술 작품,

특히 음악에 대한 성숙한 감상으로 노력, 기쁨, 고통에 대한 더 큰 관점과 표현을 제공했다. 정신의 교감으로 가는 세 번째 경로는 타인에 대한 진정한 공감을 보여주는 것이다. 그렇게 함으로써 자기 집착에서 비롯된 고통에서 벗어나 인간의 불행에 대한 더 큰 전망을 얻을 수 있다.

그러나 쇼펜하우어는 이러한 경로를 통해 구원을 추구하는 사람들이 성공할 가능성에 대해 낙관적이지 않았다. 그는 자신의 삶에서 문제의 심각성을 보여줄 수 있었다. 그는 모든 면에서 이기적이고 자기 중심적이며 쾌락주의적이고 바람둥이였고, 확실히 평온한 은둔자, 수도사 또는 신비주의자가 아니었다.

쇼펜하우어에게 우주의 근본 에너지는 비슷한 전체론적 비전을 공유한 다른 많은 사람들이 그랬던 것처럼 사랑스럽고 자유롭지 않았다. 그것은 맹목적이고, 목적이 없으며, 비도덕적이고, 본질적으로 통제할 수 없는 것이었다:

> 모든 의지는 필요, 즉 결핍에서 비롯되며, 따라서 고통에서 비롯된다. 욕망이 충족되면 그것은 끝나지만, 충족된 욕망 하나에 최소한 열 개의 거절된 소원이 남는다. 더 나아가, 욕망은 오래 지속되고, 요구는 무한하지만, 만족은 짧고 빈약하게 주어진다. 그러나 마지막 만족조차도 단지 겉으로만 그럴 뿐이다. 충족된 모든 소원은 즉시 새로운 소원을 위한 자리를 만든다. 둘 다 망상이다. 하나는 그렇다는 것을 알고, 다른 하나는 아직 모른다. 충족된 욕망의 어떤 대상도 지속적인 만족을 줄 수 없고, 단지 순간적인 기쁨만을 줄 뿐이다. 그것은 거지에게 던져진 자선과 같아서, 내일까지 그의 비참함이 연장되도록 오늘만 살아있게 하는 것과 같다. (같은 책, 119쪽)

관찰 주체로서 우리는 냉정하고 평화롭게 우주를 조사할 수 없었다. 우리는 우리가 통제할 수 없는 존재의 힘, 의지, 에너지에 이끌려 움직였기 때문이다. 우리가 본 것은 의지가 우리에게 보라고 밀어 붙인 것이다. 우리가 한 일은 우리가 하게끔 이끌린 일이었다. 우리에게 객관적이고 체계적이며 논리적으로 판단하고 평가하고 결정할 수 있는 이성이 있다는 생각은 쇼펜하우어에게 우리 주변의 증거에 의해 입증되지 않은 아늑한 환상이었다:

> 모든 노력은 자신의 상태에 대한 불만족 즉 결핍에서 비롯되므로 만족하지 않는 한 고통스럽지만, 만족은 영원하지 않으며 항상 새로운 노력의 출발점에 불과하다. (같은 책, 195쪽)

쇼펜하우어는 극단적 비관주의자였기 때문에 그가 어떻게 삶을 정당화할 수 있었는지 알기 어렵다. 물론 그는 우리가 삶에 내몰린다는 것을 관찰했기 때문에 그럴 필요가 없었다. 그러나 그가 정말로 삶이 그렇게 순수한 비참함이라고 믿었다면, 자살이 우리가 할 수 있는 유일한 도전적이고 영웅적인 행동이라고 생각할 수 있다. 사실 그는 잘 먹었고 음식과 섹스를 즐겼고, 아버지의 유산으로 오랫동안 편안하게 살 수 있는 능력자였다. 그는 이 모든 좋은 것들이 거품이 터지는 것처럼 끝난다고 생각했다:

> 그렇지만 우리는 비누방울이 터질 것을 잘 알면서도 가능한 한 오랫동안 불어서 최대한 크게 만드는 것처럼, 가능한 한 오랫동안 헌신과 정성을 다해 삶을 이어간다. (같은 책, 197쪽)

그러나 어떤 경험도 무한히 지속되지 않는다고 해서 정말 훌륭하고 가치 있는 경험이 없을 수 있다는 결론은 나오지 않는다. 쇼펜하우어도 동의했을 테지만, 그는 선택지에 대해 확실히 좋지 않은 시각을 가지고

있었다:

고통을 없애기 위한 끊임없는 노력은 고통의 형태만 바꿀 뿐이다. 이것은 본질적으로 고통, 결핍이며 생명 보존에 대한 관심이다. 우리가 이러한 형태의 고통을 추방하는 데 성공하고 나면 (매우 어렵지만), 즉 성욕, 열정적인 사랑, 질투, 시기, 증오, 두려움, 야망, 탐욕, 질병 등과 같이 나이와 상황에 따라 다양한 수천 가지 고통이 다른 형태로 다시 나타난다. 마침내 그것이 더 이상 접근 할 수 없을 때, 그것은 슬프고 회색의 과잉과 지루한 옷을 입고 나타나서 우리는 이것저것 치료법을 시도한다. 우리가 마침내 그것을 몰아내는 데 성공한다면, 대부분은 과거에 겪었던 고통의 모습 중 하나를 다시 불러들이는 것과 다름없다. 그렇게 우리는 다시 처음부터 춤추기 시작한다. 인간의 삶 전체가 고통과 지루함 사이 여기저기에 던져지기 때문이다. (같은 책, 201쪽)

고통을 겪은 사람들은 인생의 복권 당첨을 꿈꿀 수 있다. 부와 명예를 얻으면 행복하게 살 수 있을까? 쇼펜하우어는 그렇지 않다고 주장했다:

욕구가 서민들의 끊임없는 재앙인 것처럼 지루함은 세련된 세계의 재앙이다. 중산층 삶에서 욕구가 주 6일로 구체화되는 것처럼 권태는 일요일로 구체화된다. (같은책, 199쪽)

'좋은 삶'은 TV에서는 볼 수 있지만, 실제 삶의 일부는 아니었다. 우리는 더 나아지기를 계속 바랐고, 할 수만 있다면 대담한 척했다. 하지만 현상은 번지르르했지만 실재는 어떤 모습이었을까?:

확실히 인간의 삶은 모든 열등한 상품과 마찬가지로 겉으로는 거짓된 광택으로 장식되어 있다. 고통은 항상 자신을 숨기고 있다. 반면에 모든 사람은 자신이 감당할 수 있는 멋짐과 화려함을 과시하고, 자신에 대한 만족도가 떨어질수록 다른 사람들 생각에 운이 좋은 것처럼 보이기를 더 갈망한다.

어리석음은 이 정도까지 이르며, 다른 사람들의 호감을 얻는 것이 모든 사람의 노력에서 우선 순위를 차지한다. 하지만 이 모든 것이 완전히 무의미하다는 사실은 거의 모든 언어에서 허영은 원래 '공허'와 '무'를 의미한다는 점에서 드러난다. (같은 책, 205쪽)

그래서 우리는 유명하고 힘 있는 사람들의 좋은 삶을 꿈꾸며 신문을 훑어보고, 스캔들을 검색하고, 겉으로 드러난 모습 아래에서 고통을 겪으며, 적어도 최근 보도된 비극의 불쌍한 희생자들만큼은 그렇게 나쁘지 않다는 안도감을 느낀다:

다른 사람의 고통에 대한 목격이나 묘사는 루크레티우스가 '사물의 본성에 관하여' 2권의 서두에서 아름답고 솔직하게 표현한 것처럼 우리에게 만족과 기쁨을 준다. (같은 책, 202쪽)

다른 사람이 상실을 겪을 때, 그들의 고통은 우리가 가진 것의 가치와 우리가 더 안 좋았을 수도 있었다는 사실을 상기시킨다. 만일 불행한 사람들이 부유하고 유명하다면, 불행은 '그들의 콧대를 꺾는 일'이 될 것이다. 그러면 다른 사람들의 불행은 우리가 감히 인정하기 꺼려하는 '기분 좋은' 반응을 독자에게 불러일으킬 수 있다. 그러므로 고통과 고난은 인간의 삶에서 장애물이 아니며, 존재의 날실과 씨실인 것이다:

나에게 낙관주의는 무언가를 깊이 생각하지 않고 피상적으로 이야기하는 사람들이 내뱉는 사람들의 무심한 말이 아니라면, 터무니없는 것일 뿐만 아니라 정말 사악한 사고방식이며 인류의 말할 수없는 고통에 대한 씁쓸한 조롱으로 보인다. 누구도 기독교를 낙관주의와 연결 짓지 말아야 한다. 오히려 그 반대로 복음서에서 '세상'과 '악'은 거의 동의어로 사용된다.
(같은 책, 206쪽)

물론 기독교의 가르침에는 천국과 지옥에 대한 비전이 있었지만, 쇼펜하우어는 천국을 심심하고 지루하며 허무하고 비실제적이라고 보았고 지옥은 지상의 삶과 너무 비슷하다는 것을 알아차렸다:

> 단테는 지옥의 소재를 현실 세계가 아니라면 어디서 얻었을까? 그리고 그는 현실을 가지고 지옥 역시도 아주 적절하게 만들었다. 반면에 그가 천국과 그 기쁨을 묘사하려고 했을 때, 우리 세계는 그런 장면을 묘사할 소재를 전혀 제공하지 않는다는 점에서 그는 엄청난 어려움에 직면했다.
> (같은 책, 205쪽)

마찬가지로 예술은 투쟁, 열정, 상실, 좌절, 의심에 대한 이야기를 쉽게 묘사했다. 하지만 희망이 실현되고 부부가 '행복하게' 살게 되었을 때 무슨 일이 일어났나? 그 이야기는 그걸로 끝났다. 왜 그럴까?:

> 모든 서사시나 극적인 시는 행복을 위한 분투와 노력, 투쟁을 표현할 수 있을 뿐이지 결코 지속적이고 완전한 행복 그 자체를 표현할 수는 없다. 영웅이 수천 가지 어려움과 위험을 뚫고 목적지에 도달하자마자 시는 재빨리 막을 내린다. 왜냐하면 지금은 영웅이 행복을 찾을 것이라고 상상했던 반짝이는 목표가 그를 괴롭혔을 뿐이며 그것을 얻은 후에도 이전보다 나아진 것이 없다는 것을 보여주는 것 외에는 아무것도 남지 않았을 것이기 때문이다. 진실하고 지속적인 행복은 불가능하기 때문에 예술의 주제가 될 수 없다. (같은 책, 203쪽)

히스테리적인 불행을 보편적인 불행으로 끌어올리고자 했던 프로이트는 똑같이 낮은 목표를 설정했던 쇼펜하우어의 영향을 인정했다. 그는 우리가 모든 희망을 완전히 버려야 한다고 설득하지는 않지만, 냉정하게 관찰하는 우리의 제한된 능력에 대한 그의 관찰은 잘 이루어졌으며, 우리는 이것을 진지하게 주목할 필요가 있다. 쇼펜하우어는 성욕이 우리의 삶을 얼마나 강력하게 이끌고 구성하며 우리가 보고, 말하고, 행동하는 것의 많은 부분을 형성하는지 알아차린 몇 안 되는 철학자 중 한 명이었다. 철학자로서 사람들은 진리를 추구하거나 그렇게 상상할 수 있다. 인간으로서 사람들은 권력, 지위, 파트너, 동맹, 이점, 찬사, 성공, 안전, 흥분을 추구했다. 우리는 단순히 말만 하는 존재가 아니었다. 우리는 신체화된 성적 동물이었으며, 우리의 마음과 그 내용은 결과에 대한 관찰자라기보다는 희생양이었다:

> 치아, 목구멍, 내장은 객관화된 굶주림이고, 성기는 객관화된 성적 욕망이며, 움켜쥐는 손과 빠른 발은 더 낮고 간접적인 단계로서 그들이 나타내는 의지의 노력에 상응한다. (같은 책, 41쪽)

생각은 자유로운 선택 과정에서 최초의 동인이라기보다는 사건 이후의 합리화인 경우가 더 많았다. 진실이 개인적 이익과 충돌할 때 진실은 대체되거나 회피되거나 완전히 짓밟혔다. 따라서 권력과 이익의 표현은 거의 항상 객관적인 관점과 상충했기 때문에 진실은 정기적인 희생자였다, 우리는 마음속으로 결정을 내린 다음 행동했던 게 아니다. 우리는 행동하고 나서 그 이유를 찾았다. 행동 속에서 우리는 우리가 '결정'이라고 애써 상상하는 것의 본질을 발견했다. 어쨌든 우리의 행동과 '결정'의 대부분은 정신적 과정과는 상당히 독립적으로 작동했다.

우리는 객체가 아니라 주체였다. 하지만 우리는 우주의 의지 즉 에너지의 지배를 받았다. 우리는 우리가 통제할 수 있다고 상상할 수 있을 뿐인 물리적 대상 안에 체화되었다. 예술을 통해 우리는 탈출할 수 있었다. 초월적 의지의 무에 용해됨으로써 우리는 개인주의의 제약과 환상으로부터도 자유로워질 수 있었다. 자아는 감옥이었지만 자아 및 그것의 자아의 충동, 이점, 선호도는 우리가 보고 행동하는 모든 것을 거의 전적으로 결정했다. 우리가 객관적 지식이라고 부르는 것의 대부분은 그저 우리 자신의 이익에 가장 적합한 사건과 의미를 구성한 것에 불과했다. 이러한 모든 측면에서 쇼펜하우어의 지옥에 대한 비전은 성 어거스틴의 지상의 도시와 유사하다. 두 철학자 모두에게 인간의 고통의 핵심은 자기중심적이고 세속인 집착이었다. 하지만 쇼펜하우어는 천상의 도시로 탈출할 수 있다는 희망을 품지 않았다. 쇼펜하우어에게는 우리가 마음을 열고 구원을 찾을 수 있는 자비로운 인격 신은 존재하지 않았기 때문이다.

쇼펜하우어의 세계는 고통과 실망의 세계였다. 그의 윤리는 연민에 기반을 두었지만, 그는 자신이 쓴 글대로 살지 않았다. 모든 생명과 인간에게 비합리적인 힘이 허리케인처럼 몰아친다는 그의 믿음은 프리드리히 니체, 지그문트 프로이트, 리하르트 바그너, 토마스 만, 토마스 하디 등에게 영향을 미쳤다. 쇼펜하우어는 마음보다는 의지를 존재의 구성 원리로 보았지만, 그가 설명하는 의지는 의식적이지도, 통제할 수 있는 것도, 어떤 식으로든 개인적인 것이 아니기 때문에 사실은 에너지에 대해 이야기한다고 보는 게 더 나을 것이다. 쇼펜하우어는 지성이 존재가 갖는 힘의 주인이 아니라 노예라고 믿었다. 우리가 어떤 숙달이나 통찰력을 얻으려면 이 사실을 인정해야 했다. 우리는 그것과 독립적으로 자세를 취하고 인식할 수 있다고 상상하기보다는 그것 앞에 엎드려야 했다. 우리는 존재의 허리케인 같은 힘을 보지 못했는데, 이 힘은 우리를 갈기갈기

찢고, 돌리고, 던지고, 소용돌이치며 우리를 휩쓸고 지나갔다. 그 결과에는 정의란 없었다.

쇼펜하우어 자신은 칸트나 헤겔의 글보다 훨씬 더 명료하게 존재의 역동성에 대한 이러한 비전을 생생하게 묘사했다. 또한 그의 초월적 의지 즉 힘은 그가 큰 영향을 준 작곡가, 소설가, 화가들의 작품에서 생생하게 구체화되었음이 밝혀졌다.

쇼펜하우어는 불안한 에너지가 우리가 알고 있다고 생각하는 어떤 불활성 물체보다 더 근본적인 것이라고 주장했다. 이러한 견해는 학교에서 여전히 가르치고 있는 뉴턴의 시계태엽 우주보다는 현대 물리학에 더 가깝다. 힌두교의 가르침에서는 이를 시바의 춤으로 묘사하며, 신비주의자들은 이를 개념화하기보다는 느끼고 충만해져야 한다고 주장해 왔다. 19세기 물리학의 음울한 죽은 원자는 19세기 경제를 지배한 작은 석탄 덩어리와 같았다. 원자는 현대의 이해 속에서 변모했다. 오늘날 원자는 끝없는 양자 활동의 중심이자 주변인데, 그 본성은 우리의 가장 기상천외한 상상력을 초월한다.

현대의 '상식'에 따르면 우리는 혼자서, 혹은 동료, 고백하는 사람, 상담사의 도움을 받아 악보다 선을 선택할 수 있다. 이는 현대 기독교 교회의 가르침이기도 하다. 따라서 역사적으로 더 일반적으로 여겨지는 견해는 우리 스스로 또는 세속적인 맥락에서 어떤 종류의 휴식, 해방 또는 구원도 얻을 수 없다는 것이었음을 기억할 필요가 있다. 실제로 그렇지 않다고 생각하고 우리가 '혼자서' 할 수 있거나 해야 한다고 상상하는 것은 신성 모독이었다. 쇼펜하우어는 '힘'이 우리를 전적으로 지배한다고 주장했다. 기독교인들은 신이 최고 통치자이며, 신의 적극적이고 지속적인 도움이 없다면 우리는 파멸할 수밖에 없다고 믿었다.

인간은 본질적이든 잠재적으로든 선한 존재가 아니라 근본적으로 '악한 존재'로 여겨져 왔다. 오늘날에도 기독교인들은 자신은 길 잃은 양처럼 잘못을 저지르고 길을 잃었으며, 자신에게는 건강함이 없고, 비참한 범죄자이며, 오직 고백과 겸손한 간청을 통해서만 개선되기를 희망한다고 낭송한다. 우리는 원죄의 오염으로부터 우리를 정화하기 위해 세례를 받아야 했다. 우리는 용서를 위해 기도해야 했다.

'나는 괜찮아요, 당신은 괜찮아요'라는 현대 상담의 메시지는 기록된 대부분의 역사에서 괜찮음과는 거리가 먼 것으로 여겨졌을 것이다. 영국의 수도사 펠라기우스는 서기 5세기에 '인간 중심'의 접근 방식을 채택했다. 그는 구원을 위해서는 신의 은총이 필수적이라는 성 어거스틴의 가르침에 의문을 제기했다. 세례가 필수적이지 않다는 생각이 뒤를 이었다. 사람들은 스스로 길을 찾고 자신에게 선하고 옳은 것이 무엇인지 발견할 수 있지 않을까? 펠라기우스는 어거스틴의 정죄를 받고, AD 417년 교황 이노센트 1세에 의해 파문당했다.

따라서 쇼펜하우어의 비관론은 우리 자신의 관점에서 보면 괴상해 보이지만, 더 큰 역사적 관점에서 보면 거의 '정상'에 가깝다. 우리가 행복할 수 있고, 행복해야 하며, 본질적으로 선하다는 현대 철학은 거의 역사적 오류에 가깝다. 이 현대 철학은 우리가 그렇지 않을 때보다 더 나은 행동을 하도록 만들까? 더 행복한 삶을 촉진할까? 아니면 우리 자신의 사악함과 이기심에 눈이 멀어 행복의 상당 부분을 쉽게 얻을 수 있다는 터무니없는 희망에 사로잡히게 해 우리를 비참하게 만들까? 혹시 우리는 우리의 부정직함에 대해 더 정직해야만 하고, 비참해질 준비가 더 되어 있어야 할까? 그러면 역설적이게도 우리는 조금 더 정직해지고 조금 더 평안을 찾을 수 있을지도 모른다.

욕망과 노력은 그의 전체 존재이며 이는 꺼지지 않는 갈증에 비유할 수 있다. 그러나 모든 욕망의 기초는 필요와 결핍, 한마디로 고통이다. 따라서 동물과 인간의 본성은 그 기원에서부터 고통에 종속되어 있으며 그것이 본질이다. 반면에 욕망의 대상이 부족하면 만족이 즉각적이고 너무 쉽기 때문에 끔찍한 공허함과 권태가 덮쳐온다. 다시 말해서 그의 본질과 그의 존재 자체가 견딜 수 없는 짐이 된다. 따라서 그의 삶은 고통과 권태 사이를 앞뒤로 흔들리는 추처럼 움직이며, 이는 그를 구성하는 요소들이다. 이것은 인간이 모든 고통과 고문을 지옥으로 추방한 후에는 천국에는 권태 외에는 아무것도 남지 않았다는 진술에서 명확하게 드러난다. (같은 책, 198쪽)

존재를 위한 노력은 모든 생명체를 바쁘고 활동적으로 유지하는 원동력이다. 그러나 현존이 확보되면 그것으로 무엇을 해야 할지 모르기 때문에 존재의 부담에서 벗어나 더 이상 존재를 느끼지 않으려는 노력이 그들을 움직이는 두 번째 이유가 된다. 이는 곧 '시간 죽이기' 또는 지루함에서 벗어나려는 노력이다. (같은 책, 199쪽)

이것은 비관주의일까, 현실주의일까, 아니면 희극일까? 이것이 사실이라면 우리는 절망에 빠질 필요가 있을까? 그럼에도 불구하고 우리는 이 엄청나고 끔찍한 상황 속에서 진정한 믿음과 헌신, 보상과 위안을 추구하고 또 때때로 찾을 수 있을까? 쇼펜하우어는 심미주의자와 미식가의 삶을 살면서도 수도자의 삶을 칭송했다. 항상 침대 밑에 권총을 두었지만, 잠시 동안이었지만 즐거운 시간을 보낸 듯 보인다. 그 비결은 아마도 역설적일 것이다. 만약 당신이 영원히 행복하게 살 수 있으며 그래야만 하고, 충만되고 '실현'될 수 있다고 믿는다면, 당신의 삶이 이상에 훨씬 못 미치기 때문에 끝없이 실망할 가능성이 높다. 하지만 쇼펜하우어의 분석을 받아들인다면 좋은 순간도 있을 수 있다. 당신은 여전히 고통을 받겠지만, 적어도 당신이 행복 '해야한다는 믿음에 의해 고통스러워하진 않을 것이다.

질문

1. 여러분의 내담자는 사실에 근거한 통찰력보다 얼마나 자기합리화를 제시하는가? 여러분은 어떤가?
2. 상담 중에 이기심, 성, 권력 책략을 한쪽으로 치워버릴 수 있을까? 그렇게 못한다면, 어떻게 하며 이러한 에너지에 이용당하지 않고 사용할 수 있을까?
3. 쇼펜하우어는 현대 철학 내에 있는 순진한 낙관주의에 대한 유용한 해독제이가?
4. 초월적 의지 혹은 힘이라는 개념을 유용하다고 생각하는가? 아니면 상담사 또는 돌보미로서의 당신의 실습과 무관하다고 느끼는가?
5. '자아'는 우리가 벗어나야 하는 감옥과 같은 환영인가? 당신은 성공 가능성에 대해 낙관적인가 비관적인가?

연습

1. 쇼펜하우어의 철학을 힌두교 체계의 하나인 베단타 철학과 비교해 보라.
2. 현대 상담과 치료 내에서 악의 역할에 대해 생각해보라. 그것은 적절하고 가치있는 개념인가?
3. 인간의 사악함, 한계, 슬픔에 관한 기독교 경전을 살펴보라. 이 중 현대의 돌봄과 관련성이 있는 것이 있는가? 예를 들어 욥기에 관한 구약성경 장은 주목할만하다. 신, 욥, 욥의 친구들 중 누가 가장 설득력이 있는가?
4. 행복해져야 한다는 믿음 때문에 특정 내담자들이 얼마나 비참해졌는지를 이야기

해 보라. 그들의 기대치가 좀 더 실제적이었다면 그들의 기분이 나아질 수 있을까?

결론

쇼펜하우어는 인간 행동을 결정하는 데 있어 성과 권력의 중요성을 강조했고, 이는 각각 프로이트와 아들러에게 영향을 주었다. 쇼펜하우어의 비관주의는 가차 없었지만 유토피아적 낙관주의보다는 더 고무적이었을 것이다. 어쨌든 쇼펜하우어는 자신이 설파했던 우울한 삶을 항상 실천하지는 않았다. 쇼펜하우어는 모든 실재를 연결하는 근본 정신에 대한 힌두교의 개념을 도입하고 다양한 형태의 요가와 유사한 자기 몰두의 고문대에서 벗어날 수 있는 다양한 방법을 제시했다. 쇼펜하우어는 놀랍도록 명료했으며 돌보미들이 무시해서는 안 되는 인간 상태에 대한 깊은 통찰력을 제공했다.

참고문헌

A. Schopenhauer, *Essays and Aphorisms*, Penguin, 1973
A. Schopenhauer, *Philosophical Writings*, Continuurn, US, 1993
A. Schopenhauer, *On the Basis of Morality*, Berghahn Books, 1995
A. Schopenhauer, *The World as Will and Idea*, Everyman, 1995
A. Schopenhauer, *The Wisdom of Life and Counsels and Maxims*, trans. T. Bailey Saunders, *Great Books in Philosophy*, 1995

Chapter 24
밀 (1806—1873)

요점

* 개인 개발 경로는 종종 충돌한다. 따라서 그 결과를 조심스럽게 살펴볼 필요가 있다.

* 사회적 책임이 없는 자유는 무정부 상태를 초래한다.

* 개인의 권리는 매우 중요하며, 그렇지 않으면 우리는 폭정에 시달린다.

* 개인적 자유는 자유, 힘, 성숙, 자제력, 통찰력이 없이 얻어질 수 없다.

* 따라서 개인 개발에는 폭넓은 자유 인문주의 교육이 필요하다.

적용

* 밀은 모든 생각과 감정이 제약 없이 소중히 여겨지고, 환영받으며, 탐구될 수 있다고 믿지 않았다.

* 평균적인 사람들은 지능도 평범하고, 성향도 평범하다.

* 밀은 개인의 자유와 표현을 존중했지만, 그저 있는 그대로 탐구만 하면 되는 것이 아니라 개발되어야 하는 것으로 생각했다.

* 권위주의의 위험성에 대해 진정한 우려를 표명하면서도 밀은 상담에서 자유

주의적 경향은 미성숙하고 무정부주의적인 것으로 간주했을 것이다.

▶ 이책 21장에서 나는 공리주의적 사고가 상담 운동에 미친 영향을 다루었다. '만족과 자원활용 능력은 상담의 근본적인 목표가 되기에는 다소 모호한 것으로 나타났다. 하지만 더 깊은 문제가 있다. 만족과 자원활용 능력을 얻기 위한 나의 노력이 당신과 당신의 노력과 충돌한다면 어떻게 될까? 내담자에 대한 상담사의 관심이 낯선 사람이나 내담자와 가까운 사람의 권리, 필요, 이익을 무시한다면 어떻게 해야 할까? 상담사가 내담자의 입장만 듣는다면 다른 사람의 정당한 주장은 어떻게 존중받을 수 있겠는가?

자신의 만족에 집중하면서 다른 사람의 권리와 필요를 침해하지 않는다면, 상담은 훨씬 덜 문제가 될 것이다. 물론 문제는 사회에서 살아간다는 것이 결코 쉬운 일이 아니라는 데 있다. 악의적인 의도보다는 부주의나 무지로 인해 다른 사람의 발을 밟을 수 있지만 그 피해는 어느 쪽이든 실제적일 수 있다. 경제학자들은 종종 모든 사람이 자신만을 위해 생각하고 일한다면 '보이지 않는 손에 의해 모든 가능 세계 중 최상의 세상을 만들 수 있을 것이라고 상상했다. 당신의 자기 집착은 때때로 이기적이고 다른 사람에게 피해를 주는 것처럼 보이지만, 그럼에도 불구하고 사회 전반의 이익에 부합할 수 있다. 그러한 터무니없는 경제적 '진실'에 의해 마음이 왜곡되지 않은 우리는 이 점을 더 잘 알고 있다.[64]

밀은 지금 우리가 말하는 '개인 개발'에 관심이 있었지만, 결정적으로

---

[64] 고전경제학을 공부하는 학생들이 실제로 다른 학생들보다 더 이기적이 된다는 증거가 있다. Matt Ridley, *the Origim of Virtue*, Penguin, 1997. 참조.

이를 다른 사람들의 관심사 및 사회 전체의 발전과 조화시키려 했다. 밀은 현대의 많은 개인주의자들과는 달리 개인 개발의 경로는 서로 충돌하는 경우가 많다고 생각했다. 그 경로들은 또한 개인적 전망이 정말로 빈약할 수 있는 전체 문화의 요구와도 충돌할 수 있다. 그렇다면 어떻게 균형을 맞출 수 있을까? 협력과 착취가 우리의 본성이기 때문에 쉽지 않았다:

> 공동체의 약한 구성원이 수많은 독수리의 먹이가 되는 것을 막기 위해서는 다른 동물들보다 더 강한 맹수 한 마리가 독수리 떼를 제압하는 임무를 맡아야 했다. 그러나 그 경로들은 또한 개인적 전망이 정말로 빈약할 수 있는 전체 문화의 요구와도 충돌할 수 있다. 무리를 잡아먹는 데 더 열중할 것이기 때문에 그의 부리와 발톱에 맞서 끊임없이 방어하는 자세를 취하는 것이 필수적이었다. 따라서 애국자들의 목표는 통치자가 공동체에 대해 행사할 수 있는 권력에 제한을 두는 것이었고, 그들이 자유라고 의미했던 것은 바로 이러한 제한이었다. (『자유에 대하여』, 65쪽)

사회적 책임이 없는 개인의 지나친 자유는 무정부 상태를 만들었다. 개인의 권리에 대한 지나치게 적은 관심은 폭정으로 이어졌다. 양 극단으로 치닫지 않기 위해서는 지속적으로 균형을 조정하는 과정이 필요했다. 하지만 적절한 타협점을 찾았는지 우리가 어떻게 알 수 있을까?:

> 자발성과 개성의 요소가 지나쳐서 사회 원칙이 그것과 힘겨운 싸움을 벌이던 시대가 있었다. 그 당시의 어려움은 강한 몸과 마음을 가진 사람들이 자신의 충동을 통제해야하는 규칙에 복종하도록 유도하는 것이었다. 그러나 사회는 이제 개성을 상당히 능가했다. 그리고 인간 본성을 위협하는 위험은 개인적인 충동과 선호의 과잉이 아니라 결핍이다.
> (같은 책, 11 18쪽)

밀이 보기에 1859년의 영국은 지나치게 순응적이었고 개인의 발전과 개인의 권리를 충분히 보호하지 못했다. 균형 잡은 추는 사회 집단의 요구와 진화에 너무 치우쳐 있었고 개인을 충분히 존중하지 않았다. 그가 새로운 세기를 향한 우리의 접근 방식을 관찰할 수 있었다면 같은 말을 할지는 분명하지 않다. 그러나 단서는 있다.

밀은 지나치게 권위주의적인 리더십이 개인의 자율성과 개인적 의제를 침범하는 것을 막으려 했지만, 현대 상담에서 흔히 볼 수 있는 것과 달리 개인의 생각과 감정이 존중받고, 소중히 여겨지며, 환영 받고, 원하는 대로 나아갈 수 있도록 허용될 수 있다고 믿지는 않았다. 그가 개인과 자신의 길을 따를 권리에 대해 이야기할 때, 실제로는 다수가 아닌 소수의 뛰어난 개인을 생각하고 있다는 사실이 곧 분명해진다.

밀은 원칙적으로 모든 사람이 스스로 생각하고 느낄 수 있어야 하지만, 그 결과가 반사회적이고 파괴적일 때는 이러한 자유를 제한해야 한다고 믿었다. 하지만 밀이 보기에 대부분의 사람들은 스스로 생각하고 행동할 의지도, 능력도 없다는 것이 진짜 문제였다. 그들은 개인의 자유를 누릴 능력이 없고, 설령 그런 자유가 주어지더라도 그 기회를 두려워할 것이었다:

> 인류의 평균적인 사람들은 지능이 평범할 뿐만 아니라 성향도 평범하다. 그들은 어떤 특별한 일을 하도록 그들을 이끌 정도의 강한 취향이나 욕망이 없으며, 따라서 그런 취향이나 욕망을 가진 사람들을 이해하지 못하며, 그런 사람들을 자신들이 보통 깔보는 거칠고 자제력이 없는 사람들과 동일시한다. (같은 책, 126쪽)

민주주의가 도래하기 전에는 귀족들이 '무지한 대중'의 천박한 즐거움이나 어리석은 관심사를 언급하는 것은 흔하고 특별할 것 없는 일이었다. 개인의 자유를 위해서는 개인의 책임, 힘, 성숙, 자제력, 통찰력이 필요했다. 대부분의 사람들이 이 중 어느 하나도 제대로 갖추지 못했는데 어떻게 성숙한 성인으로 인정받을 수 있을까? 어떻게 투표를 할 수 있을까? 스스로 생각할 능력이 없는데 어떻게 자신을 위해 행동할 수 있을까? 대부분의 사람들이 다 자랐음에도 불구하고 성숙한 성인에 도달하지 못했다면, 민주주의는 얼마나 가능하고 바람직한 것일까?

밀은 19세기 정치에서 진보 세력으로 인정받고 있으며, 교육을 통해 모든 계층의 사람들이 자신의 잠재력을 최대한 발휘하여 국가의 정치 생활에서 더 큰 역할을 할 수 있는 권리를 얻을 수 있다고 믿었다. 그는 또한 정부의 간섭에 반대하며, 개인은 어떤 종류의 왕, 정치인 또는 전문가보다 자신의 최선의 이익이 무엇인지 더 잘 판단하는 경향이 있다고 믿었다.

그는 다른 사람들을 위해 무엇이 최선인지 알고 있다고 생각하고 따라서 그들이 선택된 소수, 선봉대, 선출된 자, 깨달은 자이기 때문에 복종받아야 한다고 기대하는 사람들을 의심했다. 예를 들어 밀은 '칼뱅주의자들'을 의심했다:

그 이론에 따르면, 인간의 가장 큰 죄는 자기 의지이다. 인류가 할 수 있는 모든 선은 순종에 포함된다. 당신에게 선택의 여지는 없다. 그러므로 당신은 이렇게 해야 하며, 다른 방법은 없다. 의무가 아닌 것은 모두 죄악이다. 인간 본성은 근본적으로 부패했기 때문에, 인간 본성이 그 안에서 죽을 때까지 누구에게도 구원이 없다. 이러한 삶의 이론을 가진 사람에게 인간의 능력, 역량, 감수성을 억누르는 것은 악이 아니다. 인간은 신의 뜻에 자신을 맡기는 능력 외에는 어떤 능력도 필요하지 않다. 그리고 그가 신의 뜻이라고 추정되는 것을 더 효과적으로 수행하는 것 외에 다른 목적으로 자신의 능력을 사용한다면, 그에게는 그것들이 없는 것이 더 낫다. 이것이 칼뱅주의의 이론이며, 스스로를 칼뱅주의자로 여기지 않는 많은 사람들에 의해 완화된 형태로 유지된다. (같은 책, 119쪽)

그러한 권위주의에 대한 비판과 개인의 자율성 및 발전에 대한 지지를 하면서 밀은 개인의 성장을 위한 현대 운동에서 널리 사용되는 나무의 은유를 사용했다:

많은 사람이 나무가 자연 그대로의 모습보다 둥근 머리 모양으로 다듬어지거나 동물 모양으로 잘려나갔을 때 훨씬 더 멋있다고 생각했던 것처럼, 그들은 의심할 여지없이 진심으로 이렇게 비좁고 왜소해진 인간이 그들의 창조자가 의도한 모습이라고 생각한다. (같은 책, 120쪽)

칼뱅주의는 1859년 당시의 힘은 없지만, 그 정신은 20세기 동안 흥망성쇠를 거듭한 다양한 권위주의의 변종 속에 살아있다. '국민' 또는 '대중'을 대변한다고 주장하면서 실제로는 그런 일을 하지 않는 황제, 왕, 모든 지도자는 폭군일 수 있다. 또 여러분에게 가장 좋은 것이 무엇인지 여러분보다 더 잘 알고 있고, 여러분이 생각하고, 느끼고, 원하고, 필요로 하는 것을 여러분보다 더 잘 이해한다고 생각하는 어떤 영역의 전문가의 손에 폭정이 좌우될 수도 있다:

도덕적 경찰이라고 할 수 있는 것이 개인의 가장 의심할 여지 없는 정당한 자유를 침해할 때까지 그 경계를 확장하는 것이 모든 인간의 가장 보편적인 성향 중 하나라는 것을 많은 사례를 통해 보여주는 일은 어렵지 않다.
(같은 책, 141쪽)

밀은 자신들이 타인의 부적절함을 바로잡는 것이 소명이라고 믿는 사람들이 20세기 세계에 저지른 대학살에 분명히 경악했을 것이다. 그러나 밀은 또한 파시즘과 공산주의에 대한 자유민주주의의 승리를 환영하면서도 그 결과에 그다지 감명받지 않았을 엘리트주의자이기도 했다. 1859년 '피플 파워'[65]에 대한 그의 견해는 그가 지난 몇 세대 동안 피플 파워의 발전에 대해 어떻게 생각했을지 아주 분명하게 보여준다. 확실히 그는 오늘날 많은 치료적 이념의 일부인 개인의 주권이라는 언어를 사용한다. 예를 들면 다음과 같다:

> 인간사에 대해 말할 때, 인간을 그들이 지닌 최고의 모습에 더 가까워지도록 만드는 것보다 더 훌륭하거나 더 나은 평가가 있을 수 있을까?
> (같은 책, 121쪽)

하지만 밀이 보기에 개성이란 우리 모두가 자동적으로 또는 노력 없이 갖출 수 있는 상태가 아니다. 어떤 사람은 다른 사람보다 더 개성적이다:

> 천재는 자유로운 분위기 속에서만 자유롭게 숨을 쉴 수 있다. 천재적인 사람은 그 정의에 따르면 다른 어떤 사람보다 더 개성적이다. 따라서 사회 구성원들이 자신들의 성격을 형성하는 데 드는 수고를 덜어주기 위해 사회가 제공하는 몇 가지 틀에 천재는 고통스런 압박 없이 자신을 끼워 맞출 능력은 떨어진다. (같은 책, 122쪽)

밀이 보기에 상담가나 다른 돌봄 제공자들에게 그들이 모든 내담자의 개성을 지지할 것이라고 말하는 것은 쓸모없는 일이다. 영웅적이고 뛰어난 개인만이 상담사의 도움을 받아 '자신을 발견'할 수 있는 힘과 통찰력

---

[65] [역주] 이탈리아 독립 전쟁을 말한다. 이탈리아 국가들의 민중은 외세의 지배로부터 독립을 쟁취하기 위해 강력한 힘을 발휘했다.

을 가질 수 있다. 그러나 자신을 창조하거나, 스스로 무언가를 만들거나, 자신이 누구인지 알거나, 스스로 생각하는 노력을 통해 알아내기를 원하지 않는 대다수의 양 같은 사람들은 어떻게 될까? 이들은 상담사나 다른 권위자가 만들어 놓은 자신의 개성에 대한 개념을 기성품으로 받아들이거나 탐욕스럽게 훔칠 것이다.

우리 모두는 자기 개발의 길을 선택할 수 있지만 그 길은 쉽지 않다. 다른 사람들이 우리가 누구인지, 어떤 사람인지, 어디에 속하는지, 어디로 가야 하는지 알려주는 것이 여러모로 훨씬 더 매력적이다:

> 세상이나 자기 삶의 일부가 자신의 인생 계획을 선택하도록 내버려 두는 사람은 유인원처럼 모방하는 능력 외에는 다른 어떤 능력도 필요하지 않다. 스스로 자신의 계획을 선택하는 사람은 모든 어려움을 감수한다. 그는 관찰을 통해 보고, 추론과 판단을 통해 예견하고, 활동을 통해 결정에 필요한 자료를 수집하고, 분별력을 통해 결정하고, 결정한 후에는 신중한 결정을 유지하기 위해 확고함과 자제력을 사용해야 한다. (같은 책, 117쪽)

밀은 소수의 사람들만이 그런 힘든 길을 선택한다고 확신했다. 하지만 민주주의는 보통 사람들에게 더 많은 권한을 부여하는 것이었다. 사람들은 준비가 되어 있었을까? 다수의 의지에 의해 통치되는 사회는 어떻게 될까? 대중은 자신의 의지가 무엇인지 몰랐고 확고히 하고 싶지 않았다. 자기 수양과 개인의 질문과 탐구라는 어려운 도전에 나서지 않았다. 밀은 낙관적이지 않았다:

> 솔직하게 진실을 말하자면, 실제 또는 추정되는 정신적 우월성에 대해 경의를 표할 수도 있고 심지어 경의를 표했을지라도 전 세계적으로 평범함이 인류에게 지배적인 힘이 되는 경향이 있다. (같은 책, 123쪽)

1859년 평범함의 지배에 대한 밀의 주장은 옳았을까? 그는 새로운 천년기에 대해 더 옳거나 덜 옳았을까? 예를 들어 대부분의 사람들이 사회의 정치 생활에 대해 읽는 '정보' 장치인 영국의 타블로이드 신문에 대해 그는 어떻게 생각했을까?:

> 정치에서 여론이 지금 세상을 지배한다고 말하는 것은 매우 사소한 일이다. 이름에 걸맞은 유일한 권력은 대중의 권력이며, 정부는 대중의 경향과 본능의 기관이 될 때만 그 권력을 갖는다. 이것은 공적 거래에서와 마찬가지로 사생활의 도덕적 및 사회적 관계에서도 마찬가지다. 여론이라는 이름으로 의견을 표명하는 사람들이 항상 같은 종류의 대중은 아니다. 미국에서는 백인 전체이고 영국에서는 주로 중산층이다. 그러나 그들은 항상 대중으로 즉 집단적 평범함으로 존재한다. 그리고 좀 더 진기한 일은 대중이 이제 교회나 국가의 고위 인사, 겉으로 드러난 지도자 또는 책에서 의견을 취하지 않는다는 것이다. 그들의 생각은 자신과 매우 흡사한 사람들이 신문을 통해 그들의 이름으로 즉 흥적으로 말하면서 그들을 위해 그들에 의해 이루어진다. (같은 책, 123쪽)

1859년의 신문이 밀을 놀라게 했다면, 현재의 곤경에 대해 그가 어떻게 생각했을지 상상만 해도 몸서리쳐진다. 영국 독자들의 지능을 과소평가해 손해를 본 언론인은 없었다고 냉소주의자들은 말한다. 이것은 부당할까? 아니면 고통스러운 현실일까?: 밀은 낙관적이 되려고 노력한다:

> 나는 이 모든 것에 대해 불평하지 않는다. 나는 더 나은 것이 현재의 낮은 인간 정신 상태와 일반적으로 양립할 있다고 주장하지 않는다. 그러나 이것이 평범한 사람들이 주도하는 정부가 평범한 정부가 되는 것을 방해하지는 않는다. (같은 책, 124쪽)

유권자가 스스로 생각하기를 원하지 않는다면, 다른 사람이 대신 생각해주기를 선호할 것이다. 30초짜리 사운드 바이트로 압축된 '생각'을 원할 것이다. 즐거움, 오락, 아침, 흥분을 원할 것이다. 그들은 정치인이 철학자나 정치가가 되기를 원하지 않을 것이다. 산만함, 감시주의, 관음증, 흥분, 희생양 및 값싼 로맨스, 스릴러, '재난' 영화 및 드라마에 대한 끝없는 욕구를 자극하는 '이벤트'를 만들 수 있는 홍보 전문가가 지도자가 되기를 원할 것이다. 여론이 중요해지고 대중이 드라마를 선호하게 되면, '뉴스'와 정치적 논쟁은 그 자체로 대중의 관심을 끌기 위해 경쟁하는 허구 및 광고와 구별할 수 없는 또 다른 종류의 드라마가 될 것이다.

'피플 파워'의 시대에 사람들은 도전과 교육, 책임감보다는 달래고 즐겁게 해주는 것을 더 선호할 수 있다. 그렇다고 해서 그들이 반드시 많은 권력을 가지고 있다는 의미는 아니다. 진짜 권력을 가진 사람들은 은밀하게 사업을 진행하며 양들이 각자의 분야에서 목축되도록 필요한 환상과 확신을 만들어낼 것이다. 그렇다면 양의 우리에서 벗어날 방법은 없을까?:

> 정치적 행위나 그것이 조장하는 의견, 자질, 사고방식에서 주권자인 다수가 고도로 재능 있고 교육받은 한 사람이나 소수의 조언과 영향력에 스스로 이끌리도록 내버려두는 경우를 (가장 좋은 시절에 그들은 그렇게 했다) 제외하고는 민주주의 정부나 수많은 귀족에 의한 정부는 평범함을 넘어서지 않았고, 또 그렇게 할 수도 없었다. 모든 현명하고 고귀한 일의 시작은 개인으로부터 비롯되며, 일반적으로 처음에는 어떤 한 개인으로부터 시작되어야 한다. 보통 사람의 명예와 영광은 그가 그 시작을 따를 수 있다는 것, 즉 현명하고 고귀한 것들에 내적으로 반응할 수 있고 눈을 뜨고 그것들로 인도될 수 있다는 것이다. (같은 책, 124쪽)

모든 종류의 폭군들은 당연히 위와 같은 말을 할 것이다. 그렇다면

평범함과 폭정이라는 두 개의 바위 사이를 오가며 난파되지 않는 길을 어떻게 찾을 수 있을까?:

> 세계 정부를 강제로 장악하고 자신의 뜻대로 움직이게 한 천재적인 강자에게 박수를 보내는 일종의 '영웅 숭배'에 나는 동의하지 않는다. 그가 주장할 수 있는 것은 오직 길을 제시하는 자유뿐이다. 다른 사람을 강요하는 힘은 나머지 모든 사람의 자유와 발전에 부합하지 않을 뿐만 아니라 강자 자신도 타락하게 만든다. 그러나 평범한 사람들로 구성된 대중의 의견이 도처에서 지배적인 힘이거나 지배적인 힘이 될 때, 그러한 경향에 대한 대항과 교정은 생각의 높은 경지에 서 있는 사람들에 의해 개별적으로 점점 더 두드러지게 나타날 것이다. 특히 이러한 상황에서는 예외적인 개인들이 위축되지 않고 대중과 다르게 행동하도록 장려되어야 한다. (같은 책, 124쪽)

이는 이론적으로는 괜찮게 들릴지 모르지만 실제로는 훨씬 더 어려운 제안이다. 사람들은 그렇지 않으면서도 탁월하다고 주장할 수 있다. 특히 천박한 사람들은 천박한 행동을 '창의적', '예외적', '개성적'이라고 변명될 수 있다. 영적 스승은 흥망성쇠를 거듭한다. 그들은 추종을 받지만, 사후 판단은 리더나 추종자 모두에게 항상 유쾌한 것만은 아니다. 스스로 현명하게 판단하고 행동할 수 없거나 그럴 의사가 없기 때문에 따라야 한다면, 누구를 따라야 할지 알기 위해 필요한 지혜를 어떻게 찾을 수 있을까? 이 질문에 대한 쉬운 답을 찾지 못했다고 해서 밀을 비난할 수는 없다. 정답은 없다.

밀은 일반 시민이 스스로 생각하지 않는다고 말할 정도로 그들을 경멸하지 않았다. 하지만 밀은 시민들이 생각을 한다고 해도 사회나 정치에 관한 생각은 거의 하지 않는다고 우려했다. 시민들은 오히려 일상적인 일에 몰두하는 경우가 더 많았다:

현재 이 나라에서는 사업 외에는 에너지를 발산할 곳이 거의 없다. 그것에 소비되는 에너지는 여전히 상당한 것으로 간주될 수 있다. 그 활동에서 남은 얼마 안 되는 에너지는 개인적인 취미에 소비된다. 그것은 유용하고 심지어 자선적인 취미일 수도 있지만, 항상 어떤 것에 대한 것이며 일반적으로 작은 차원의 것이다. 영국에서 위대한 것은 이제 모두 집단적이다. 개인적으로 작은, 우리는 결합하는 습관에 의해서만 위대한 일을 할 수 있는 것처럼 보인다. 그리고 이것으로 우리의 도덕적, 종교적 박애주의자들은 완벽하게 만족할 수 있다. 그러나 영국을 지금의 영국으로 만든 것은 이것과는 다른 인식을 가진 사람들이었고, 영국의 쇠퇴를 막기 위해서는 또 다른 인식을 가진 사람들이 필요할 것이다. (같은 책, 127쪽)

그렇다면 상담사는 어떤 상황에 놓이게 될까? 내담자가 자신의 의제를 따르도록 상담사가 비지시적으로 '장려'하고 '가능하게' 한다면, 이는 그저 평범함을 부추기는 것일 뿐 아닐까? 만약 상담사가 어떤 종류의 교육적 역할을 맡고 있다면, '기준을 높이는 것'에 관심을 가져야 하지 않을까? 그렇다면 누가 기준을 정의할까? 어떻게 정의할까? 그리고 어떻게 가르쳐야 할까?

개인 개발을 위해서는 단순히 상담사나 조언자에게 고해성사를 하는 것뿐만 아니라, 보다 일반적으로 폭넓은 자유 인문주의 교육이 필요하다고 여겨져 왔다. 확실히 이것은 밀의 견해였지만 그는 모든 사람이 그러한 교육을 통해 동등하게 혜택을 받을 수는 없을 것이라고 확신하고 있었다. '도덕적 경찰'에 대한 그의 관찰은 오늘날에도 여전히 유효하다. 밀은 무정부주의와 권위주의의 극단을 피하는 문제를 탐구했지만 이 문제는 그 본질상 영원히 해결해야 할 숙제로 남아 있다. 사업에 대한 몰두가 너무 많은 사람들의 삶에서 너무 많은 부분을 차지한다는 그의 견해는 19세기에나 지금이나 여전히 적절하고 환영받을 만하다. 밀은

다음과 같은 생각했다:

> 인류가 개인적으로든 집단적으로든 구성원의 행동의 자유를 간섭하는 것이 정당화되는 유일한 목적은 자기 보호이다. 문명화된 공동체의 구성원에게 그의 의지에 반하여 권력을 정당하게 행사할 수 있는 유일한 목적은 타인에게 해를 끼치는 것을 방지하는 것이다. (같은 책, 72쪽)

하지만 무엇이 '타인에게 해를 끼치는 행위'에 해당하는지 결정하는 것은 어려운 문제다. 우리 모두는 서로 연결되어 있기 때문에, 우리 각자의 사업과 행동은 의도하지 않았더라도 어떤 식으로든 다른 모든 사람의 이익과 복지에 영향을 미친다. 불편한 자기 몰두가 타인에 대한 반사회적 해악으로 해석되어야 하는 단계는 언제일까? 분명히 사람들은 서로 다른 곳에서 선을 긋고 있으며 누가 옳은지 결정하는 쉬운 공식은 없다.

한 가지 시도된 해결책은 '최대 다수의 최대 행복'이라는 공리주의 원칙을 개인적·사적 영역과 사회적·공적 영역 사이의 경계를 긋는 수단으로 사용하는 것이다. 앞서 살펴본 바와 같이 벤담은 이런 선택을 탐구했고 밀은 벤담이 직면한 몇 가지 비판에 대응하고자 했다. 그러나 그렇게 하면서 밀은 너무 많은 주의 사항을 추가하여 개인적, 사회적 의사 결정에 대한 공리주의적 접근 방식이 지지받기보다는 약화된 것처럼 보인다.

예를 들어 비평가들은 '행복'이 어떻게 정의되든 인생의 유일한 목표는 아니라고 주장했다. 밀도 이에 동의했다. 실제로 공리주의에서 그는 돼지처럼 행복하게 사는 것보다 불행한 소크라테스가 되는 것이 더 낫다고까지 말했다. 그렇다면 최대 다수의 최대 행복 원칙은 무너진다. 대신 우리는 우울할지라도 민감하고 교양 있는 철학자들의 세계를 건설하려고 노력해야 하는 것처럼 보인다.

질문

1. 내담자의 행동과 의도가 다른 사람의 이익과 충돌했을 수 있는 경우를 생각해 볼 수 있는가? 이에 대해 무엇을 했고, 할 수 있었고, 했어야 했고, 하고 있는가?

2. 자제력을 더 발휘하면 표현력이 향상되었을 수도 있는 내담자를 생각해 볼 수 있는가? '도움'을 주기 위해 무엇을 했고, 할 수 있었고, 했어야 했는가?

3. 추가 교육을 통해 내담자의 개인 개발이 얼마나 자주 향상되는가? 어떤 예가 떠오르는가? 내담자가 무엇을 알아야 했는가? 어떻게 도움을 주었는가? 어떻게 도울 수 있었는가?

4. 내담자의 '기준을 높이는 것'이 상담사의 역할이라고 생각하는가? 사회적 양심의 측면인가, 사회적 책임의 측면인가, 자기 훈련이나 성숙함의 측면인가? 상담사는 필요한 도덕성, 지식, 기술을 갖추고 있는가? 교사인가, 성직자인가, 아니면 누구인가?

연습

1. 상담 과정이 더 넓은 정치적 의제들을 포함하기 위해 변경될 수 있는지 생각해보라.

2. 교육이 치료적이고 치료가 교육적이라면, 내담자 교육은 무엇으로 구성될 수 있는지 토론하라. 각 내담자의 역량에 따라 다른 '수준'이 있어야 하는가?

3. 내담자의 관심사와 외부인의 관심사가 충돌할 때 상담사가 외부인의 관심사를 어디까지 포용할 수 있거나 포용해야만 하는지 토론하라.

결론

밀은 광범위한 사회적, 정치적 관점에서 개인의 개인 발달을 고려했다. 그는 자유를 지키고 폭정과 무정부 상태를 피하기 위해 어떻게 하면 서로 창의적이고 건설적으로 살아갈 수 있는지 탐구했다. 밀은 정치,

교육, 개인 개발 분야에서 자유 인문주의의 원칙을 가장 잘 표현하고 옹호한 사람 중 한 명으로, 이 모든 것이 서로 밀접하게 연결되어 있다고 믿었다. 밀은 기회의 평등을 믿었지만, 이것이 평등을 가져올 것이라고는 생각하지 않았다. 사람들은 분명히 많은 면에서 불평등했다. 각각의 개인은 독특했지만 양들도 또한 그러했다. 밀의 생각에 따르면 자신만의 삶을 만들어가려 하기 보다는 눈앞에 있는 개체가 이끄는 대로 따라가는 것이 가장 바람직하다.

참고문헌

J.S. Mill, *On Liberty*, Dent, 1964 (with *Subjection of Women* and chapters *On Socialism*)

J.S. Mill, *On Socialism*, Prometheus, US, 1987.

J.S. Mill, *Consideration on Representative Government*, Prometheus, US, 1991

J.S. Mill, *Utilitarianism*, Oxford University Press, 1998

Chapter 25

키르케고르 (1813-1855)

요점

* 자아는 단순히 발견되는 것이 아니라 창조되어야 한다.

* 자아는 항상 현재보다 더 나은 존재가 되려고 탐색한다.

* 자아는 영원히 생성되어 가지만 그 자신이 되어 가지 못하는 존재다. 이것은 고통스럽다

* 인간의 영혼은 절망할 수 있는 능력에 있다. 그러나 절망에 굴복하는 순간 우리는 파멸하고 만다.

* 자아 그리고 자아의 절망은 사소한 일에 파묻혀 회피되곤 한다.

적용

* 실존주의자들은 자아를 창조되어야 할 주체이자 기투로 본다. 따라서 외부의 제3자적 객관성이나 인간을 객체로서 중립적으로 묘사할 수 있는 가능성은 배제한다.

* 상담사나 치료사, 돌보미 등 그 누구도 창조된 자아의 본질에 대한 최종 결정권을 가지고 있지 않다.

* 실존주의자들은 자아를 발견, 묘사 또는 조작해야 할 대상으로 보는 모든

생각을 반대한다.

* 자아는 우리의 무한한 잠재력과 유한한 실재 사이의 균형이다.
* 키르케고르에 따르면 우리는 신 안에서 자신을 알게 된다. 현대의 치료에서 신은 어떤 역할을 할 수 있을까?

▶

쇠렌 키르케고르는 누구였는가? 그는 덴마크 철학자, 신학자, 실존주의의 창시자이자 기독교로 개종한 루터교 상인의 아들이었다. 많은 작품에 장난스러운 가명을 사용하며, 마치 자신이 창조한 가상의 작가가 된 것처럼 활발하게 활동했던 작가다. 그의 필명은 진지한 변장이 아니었다. 그의 내면에는 이러한 다양한 캐릭터의 작가로 드러나기를 원했던 근본적인 키르케고르가 분명히 있었다. 그가 유일한 예였던 근본적인 자아에 대한 그의 견해는 무엇일까?:

인간은 정신이다. 그런데 정신은 무엇인가? 정신은 자기이다. 그러나 자기는 무엇인가? 자기는 자신과 관계하는 관계이거나 또는 관계 안에서 자신과 관계 맺는 것이다. 자기는 관계 자체가 아니라, 관계가 자신과 관계 맺는것이다. 인간은 무한과 유한, 시간과 영원, 자유와 필연의 종합이며, 간단히 말해서 종합이다. 종합은 그 둘의 관계이며, 이런 관점에서 인간은 아직 자기가 아니다. (『죽음에 이르는 병』, 43쪽)

여기, 매력적이지만 다소 난해한 하나의 문단에서, 우리는 자기를 인식, 자기 인식, 관계, 존재함과 동시에 되어감, 제한됨과 동시에 무제한됨, 결속됨과 동시에 자유로움으로 이해한다. 확실히 우리는 데카르트의 '나는 생각한다, 고로 나는 존재한다'라는 편안한 기반을 가지고 있지 않다. 데카르트에게 '자기'는 의심할 수 없는 출발점이었고, 신은 분명히 그러한 자기를 창조했을 것이며, 이 질서정연한 출발점에서 나머지 세계는 하나씩 조립될 수 있었다.

키르케고르에게 문제는 우리가 자신을 어떻게 함께 맞춰나가야 하는지에 대한 것이었다. 우리가 현재 어떤 존재인지는 항상 우리가 되고 싶어 하는 것보다 훨씬 부족했다. 우리는 지금의 존재 이상의 존재가 되기를 원했고, 그렇게 되지 못할까 봐 두려워했다. 우리는 적어도 우리 자신에게는 되고 있는 존재가 아니었다. 이것이 좌절, 불안, 절망의 원인이었다.

데카르트는 우리가 생각한다는 사실을 발견함으로써 우리 자신을 발견한다고 믿었다. 키르케고르는 생각을 통해 우리가 되고 싶어했던 것이 아니라는 것을 발견했다고 보았다. 우리는 스스로를 무언가로 만들고, 누군가가 되기를 원했다. 쇼펜하우어가 생각했듯이 우리의 계획은 원대했지만, 실제 성과는 그에 미치지 못했다. 그 결과는 만성적인 불행, 불안, 절망이 될 수 있었다:

> 이 병의 가능성은 짐승에 비해 인간이 가진 이점이며, 그것은 인간 정신의 무한한 직립 또는 고귀함을 나타내기 때문에 직립 자세와는 전혀 다른 방식으로 인간을 특징짓는 이점이다. (같은 책, 44쪽)

현재 상태에 대한 만성적인 불안과 절망은 우리였던 무엇을, 우리가 무엇이었고, 어디에 있었고, 누구였는지를 개선하려는 우리의 노력을 보여주었다. 이것이 우리를 인간으로 만들었다. 불안은 상황이 개선되지 않을 수도 있고 심지어 악화될 수도 있다는 절박한 우려에서 비롯되었다. 절망은 현재의 상태를 뛰어넘을 수 있는 우리의 능력을 나타내는 지표였다. 하지만 실제로 절망에 영구적으로 빠졌다면, 우리는 아무데도 가지 못하고 꼼짝없이 갇혀 있을지도 모른다:

따라서 절망할 수 있다는 것은 무한한 장점이다. 그러나 실제로 절망에 빠진다는 것은 가장 큰 불행이자 고통일 뿐만 아니라 파멸이다.

(같은 책, 45쪽)

키르케고르에게 '자기'는 단순히 발견되는 것이 아니라 만들어지는 것이다. 그리고 우리가 살아있는 한, 우리의 잠재력은 항상 우리의 실재보다 더 컸다. 항상 우리의 존재는 존재하기 위한 과정에 있는 것이며, 이 삶의 과정이 막히거나 망가지면 불안과 절망을 느낀다:

반면에, 자기가 그 자신이 되지 못하면, 그것은 알고 있든 모르든 절망에 빠진다. (같은 책, 60쪽)

우리는 자신이 불안하거나 절망에 빠져 있다는 사실을 잘 모를 수도 있다. 우리는 너무 절망에 빠져서 절망을 경험하는 일조차 차단할 수 있다:

거짓 없이 자신이 절망하고 있다고 말하는 사람은, 결국 절망하고 있다고 여겨지지 않고 스스로도 그렇게 여기지 않는 사람들보다 치료에 한 걸음, 변증법적인 한 걸음 더 가까이 있다... 반면에, 자신이 절망하고 있다고 말하는 사람들은 대개 정신으로서 자신을 자각할 수밖에 없는 훨씬 더 심오한 본성을 가진 사람들이거나, 고통스러운 경험과 어려운 결정을 통해 정신으로서 자신을 자각하게 된 사람들이다. 둘 중 하나이다. 진실로 절망하지 않은 사람은 매우 드물기 때문이다... 사람들은 삶을 낭비하는 것에 대해 많이 이야기한다. 그러나 낭비된 유일한 삶은 삶의 즐거움이나 슬픔에 속아 정신으로서, 자기로서, 혹은 같은 말이지만, 신이 존재하고 '그' 자신, 자신의 자기가 신 앞에서 존재한다는 것을 결정적으로, 영원히 자각하지 못한 삶이다. 이 무한한 이득은 절망을 통해서만 얻을 수 있다. (같은 책, 56-7쪽)

밀과 마찬가지로 키르케고르는 만족하는 돼지보다 불만족하는 소크라테스가 되는 것이 더 낫다고 믿었다. 진정으로 인간이 된다는 것은 현재의 우리보다 더 나은 존재가 되기 위해 노력하고, 신 앞에서 자신을 발견하고, 현재의 부적절함과 불완전함에 절망하는 것이었다. 하지만 단순히 절망에 굴복 한다면, 우리는 그렇게 하지 못할 것이다. 우리는 절망하려는 우리의 타고난 고귀한 경향을 발견해야 했다. 그러나 우리는 절망을 행동하고, 탐구하고, 진정한 자기가 되고, 우리 자신과 곤경에 직면하기 위한 자극제로 삼으면서 그것을 뛰어넘어야 했다.

만성적인 불안은 쓸모없고 자기 파괴적인 습관이 될 수 있다. 자신이 절망에 빠졌다는 것을 알면서 절망에 빠지는 것은 일시적으로 우리를 불안에서 벗어나게 할 수 있지만, 해결책을 제공하지는 못했다. 자신을 실현하지 못하는 더 흔한 경우는 주의를 분산시키고, 피상적인 태도를 취하며, 일상적인 사소함에 빠져 근본적인 절망을 회피하는 것이었다.

> 어떤 한 종류의 절망이 맹목적으로 무한대로 향하여 자신을 잃는 반면, 다른 종류의 절망은 말하자면 "다른 사람들"에 의해 자신을 속일 수 있도록 허용한다. 주변의 군중을 보면서, 즉 온갖 세상 일로 바쁘고 세상의 방식에 맞추면서 그는 자신을 잊고, 신성한 의미에서 자신의 이름을 잊고, 감히 자신을 믿지 않고, 자기가 되는 것이 너무 위험하다고 생각하고, 다른 사람들과 마찬가지로 군중과 함께 하나의 복사품이나 숫자가 되는 것이 훨씬 쉽고 안전하다는 것을 알게된다. (같은 책, 64쪽)

키르케고르는 사소한 것, 다른 것, 일상적인 것에 몰두하여 자신을 회피하는 이러한 과정이 매우 흔하다고 믿었다. 실제로 이것은 거의 전적으로 보편적이고 '정상적인' 행동이었으며, 일반적으로 자신과 자신의 삶에 적응하는 '적절한' 방법으로 생각됐다:

이제 이러한 형태의 절망은 세상에서 거의 눈에 띄지 않는다. 이런 식으로 자신을 잃음으로써 그러한 사람은 일상생활에서 완벽한 수행에 필요한 모든 것, 즉 삶을 크게 성공시키는 필요한 모든 것을 얻는다. 여기에는 발을 질질 끄는 것도 없고, 그의 자기와 자기의 무한화에 대한 어려움도 없고, 조약돌처럼 매끄럽고, 왕국의 동전처럼 교환이 가능하다. 그가 절망하고 있다고 생각하는 사람은 거의 없고, 그는 인간이 되어야 하는 바로 그 사람이다. 물론 세상은 보통 무엇이 진정으로 끔찍한 것인지 이해하지 못한다. 삶에 불편을 주지 않을 뿐 아니라 삶을 편안하고 즐겁게 만드는 절망은 당연히 절망으로 간주되지 않는다. (같은 책, 64쪽)

그렇다, 우리가 세속성이라고 부르는 것은 단순히, 말하자면, 자신을 세상에 저당 잡힌 그런 사람들로 구성된다. 그들은 자신의 능력을 사용하고, 부를 축적하고, 세속적인 사업을 수행하고, 신중한 계산을 하고, 아마도 역사에 언급될 수 있지만, 그들은 그들 자신이 아니다. 정신적으로 그들은 자기가 없고, 모든 것을 감수할 수 있는 자기가 없고, 다른 면에서 얼마나 이기적이든 간에 신을 위한 자기도 없다. (같은 책, 65쪽)

일상적인 활동에서 우리는 자신이 누구인지 파악하지 못하고 바쁨, 산만함, 계산과 조작으로 근본적인 공허함을 채울 수 있다. 우리는 일상적 현실성 안에서 자신을 잃어버림으로써 잠재성으로서의 자기에 대한 감각을 모두 잃었다.

이것이 우리가 '우리 자신을 찾기' 위해 일상적인 책임을 피해야 한다는 것을 의미할까? 절대 아니다. 무한한 잠재력과 유한한 실재 사이에서 균형을 잡아야 했다. 자기는 잠재성과 실재 사이의 균형을 유지하는 행위, 즉 한 쪽의 무한성과 다른 쪽의 피할 수 없는 유한성 사이에서 균형을 잡는 행위였다. 잠재력이 없는 자아는 전혀 자기가 아니다. 그러나 잠재적인 미래의 가장자리를 맴돌면서 그 중 어느 것도 실제적인, 비록 제한적이지만 현재로 만들지 않는 자기는 또 다른 종류의 회피와 절망을

겪는다:

> 이제 가능성이 필요성을 초과하면, 자기는 가능성 속에서 자신에게서 도망치며, 돌아갈 필요성이 없어진다. 이것이 바로 가능성의 절망이다. 여기서 자기는 추상적인 가능성이 된다. 자기는 가능성 속에서 허우적거리며 스스로를 소진하지만, 결코 제자리에서 움직이지 않고 어디에도 도달하지 못한다. 왜냐하면 필연성은 바로 그 '곳'이기 때문이다. 자신이 되는 것은 바로 그 자리에서 이루어지는 운동이다. '되기'는 어떤 곳으로부터의 운동이지만, 자신이 되는 것은 그 자리에서의 운동이다.
> 따라서 자기에게 가능성은 점점 더 커 보인다. 아무것도 실제로 이루어지지 않기 때문에, 점점 더 많은 것이 가능해 보인다. 결국에는 모든 것이 가능한 것처럼 보이지만, 바로 그 순간 자기는 심연 속으로 삼켜진다. 심지어 작은 가능성조차 실재가 되기 위해서는 약간의 시간이 필요하다. 하지만 결국 실제에 써야 할 시간이 점점 더 짧아지고, 모든 것이 점점 더 순간적이 된다.
> 확실히 지금 자기에게 부족한 것은 실제성이다. 적어도 우리는 일반적으로 그렇게 말한다. 그리고 우리가 누군가가 비실제적이 되었다고 말할 때도 그것을 암시한다. 하지만 더 면밀히 살펴보면, 자기에게 진정으로 부족한 것은 필연성이다. (같은 책, 66쪽)

사업가는 일상적 사업에 너무 몰두하여 '자신을 찾는 데' 실패할 수 있다. 그는 일상적인 요구의 현실에서 자신을 잃고 자신의 빽빽한 일과표의 희생자가 된다. 집시는 사업가를 비웃고 '평범한' 몰두를 넘어 미래의 잠재력을 고민함으로써 자신을 찾고 있다고 상상할 수 있다. 그는 자신이 더 미묘한 관점에서 시장을 내려다보고 있다고 상상하며 그의 일과표는 비어 있으며 실제로는 그것을 사용하지 않는다. 하지만 현실, 행동, 선택에 대한 헌신, 한계, 위치, 노력, 성공, 실패가 없다면, 그는 누구이며 무엇일까? 그는 아무것도 된 적이 없으며, 어떤 종류의 행동과 결정 없이는 결코 그렇게 되지 않을 것이다.

따라서 광기와 절망은 '필요성, 한계, 좌절 및 우연한 현실에 의해 막혔다'고 느끼는 사람들에 동반될 수 있다. 기회, 선택, 잠재력, 가능성, 무한한 선택으로만 구성된 세상에서 살 수 있다고 상상하는 사람들에게도 광기와 절망은 똑같이 동반될 것이다:

> 소시민은 정신이 없고 결정론자와 운명론자는 정신적 절망의 공포 속에 있다. 그러나 정신이 없는 것도 절망이다. 어떠한 정신적 특성도 결여하고 있으며 개연적인 것에 몰두해 있고 그 안에서 가능한 것은 아주 작은 자리를 차지할 뿐이다. 따라서 그는 신을 인식하는 데 필요한 가능성을 결여하고 있다. 상상력이 없는 소시민은 늘 그렇듯이, 일이 어떻게 일어나고, 무엇이 가능하며, 보통 무슨 일이 일어나는지에 대한 하찮은 경험의 특정한 궤도 안에서 살아간다. 그가 술집 주인이든 총리든 마찬가지이다. 이런 식으로 소시민은 자신과 신을 잃는다. 자기 자신과 신을 인식하기 위해서 인간의 상상력은 그를 개연적인 것의 습한 공기보다 더 높이 휘몰아 올려야 하며, 거기에서 그를 일으켜 세우고, 모든 경험의 충분성의 척도를 넘어서는 것을 가능하게 함으로써 그를 희망과 두려움, 혹은 두려움과 희망에 이르게 해야 한다. 그러나 상상력은 소시민적 사고방식에 없고, 가지려 하지 않은 것이며, 공포에 질려 움츠러드는 것이다. (같은 책, 71쪽)

키르케고르가 볼 때 우리는 일상적인 삶에 주어진 현실에 충실해야 하는 동시에, 일상 너머를 바라볼 필요가 있었다. 대부분의 경우 사람들은 대부분 일상의 사소한 일들에 빠져 있다. 더 깊은 인식을 얻으려면 어느 정도의 고독이 필요하지만 대부분의 사람들은 이를 두려워하고 피했다:

> 일반적으로 고독에 대한 충동은 결국 사람에게 정신이 있다는 신호이며 거기에 어떤 정신이 있는지 가늠하는 척도다. 수다쟁이 허무주의자들과

사교적인 사람들은 고독의 필요성을 거의 느끼지 못하므로 마치 사랑새처럼 잠시라도 혼자 두면 즉시 죽는다. 어린 아이가 잠을 자도록 달래줘야 하듯이, 이들도 먹고, 마시고, 자고, 기도하고, 사랑에 빠지는 등의 일을 할 수 있으려면 사회적 삶의 부드러운 자장가가 필요하다. (같은 책, 95쪽)

따라서 대다수는 정신적인 길을 아예 피했고, 정신적인 길을 걷고 있다고 생각한 사람들 중에도 극소수만이 성공했다. 대부분의 사람들에게 '정신성'은 일상의 의무, 역할, 선택, 한계를 회피하는 수단일 뿐이었다. 사람들은 자신이 평범한 삶을 초월한다고 생각할 수도 있지만, 대부분의 경우 삶에서 벗어나고, 회피하고, 도망치는 것에 불과했다.

그러나 그들은 자신과 세상에 대한 통찰력이라고 상상하는 것에 대해 온갖 종류의 환상을 즐길 수 있다. 따라서 가치 있는 무언가를 제공한다는 모든 영적인 '지도자'에게는 환상만을 전달하는 수많은 가짜 변종들이 있었다. 진정한 통찰력보다는 환상이 훨씬 더 흔하게 보였다. 젊은이들은 미래에 대한 선견지명이 부족하고 환상이 많을지 모르지만, 나이가 들면 어떨까? 심지어 우리의 뒤늦은 깨달음조차도 우리가 생각했던 것보다 훨씬 약할 수 있다:

성인에게 영향을 미치는 것은 희망의 환상이라기보다는, 의심할 여지없이 다른 무엇보다도, 자신이 환상에서 벗어나 있다고 여기며 젊은이들의 환상을 어떤 가상의 우월한 지점에서 내려다보는 기괴한 착각일 것이다. 우리가 나이 든 사람들에게서 자주 듣는 '우리는 이미 겪어봤다'는 말은 젊은이의 미래에 대한 환상만큼이나 큰 환상이다. 둘 다 거짓말을 하거나 꾸며낸다. (같은 책, p: 89)

심지어는 우리의 발전에 대한 생각조차 종종 환상일 수 있다. 예를 들어 젊은이는 성인이 되어 실재를 뛰어넘는 계획을 세우다가 좌절과 한계를 발견하고 불안과 절망에 빠질 수 있다. 성인은 이 문제를 해결하고 인생을 받아들였으리라 생각할 수 있다. 과연 그럴까? 그들은 유한과 무한 사이에서 성숙한 균형을 찾았을까? 아니면 그저 사소하고 보잘것없는 것에 안주하고 있을까?:

> 그리고 아마도 세월이 흐르면서 사람은 약간의 열정, 감정, 환상, 그리고 내면의 작은 부분을 남겨두고, 당연하게도 (왜냐하면 그런 것들은 당연히 그렇게 되기 마련이니까) 삶을 평범한 관점에서 보게 된다. 이 '개선된' 상태는 실제로 세월이 지나면서 찾아왔고, 그는 이제 그것을 좋은 것으로 여기며 절망적으로 바라본다. 그는 이제 자신에게 절망할 일이 결코 일어나지 않을 것이라고 쉽게 스스로를 납득 시킨다 (그리고 어떤 풍자적인 의미에서 이보다 더 확실한 것은 없다). 아니, 그는 자신을 확보했고, 절망 속에 있으며, 영혼 없이 절망 속에 있다. (같은 책, 90쪽)

키르케고르에게 인간 존재의 가장 낮은 가능성은 자발적으로 절망을 직면하지 않으면서 정신없는 삶에 안주하는 것이었다. 그렇다면 진보란 자신의 불안이나 절망의 깊이를 직면하는 데 있었다. 이것은 현실과 가능성 사이에 존재하는 벌어진 틈을 보는 것으로부터 피할 수 없는 결과였다. 더 나아간 진보는 불안과 절망을 모두 겪으면서 살아가는 것을 의미했지만, 그 속에 빠져 허우적거리지 않는 것이었다. 궁극적으로 인간은 최종 산물이 아니라 가능성과 현실 사이에서 균형을 이루는 움직임으로 자신을 발견한다.

키르케고르에게 자신과의 연결은 곧 신과의 연결을 의미했다. 그러나 키르케고르가 이러한 문제에 대해 깊이 생각할 때 신은 예를 들어 성 어거스틴에게서 볼 수 있는 방식처럼 대화에서 항상 존재하는 것은 아니다:

절망은 자기에 대한 의식의 정도에 비례하여 강렬해진다. 그러나 자기는 자기가 스스로를 측정하는 기준에 비례하여 강렬해지며, 그 기준이 신일 때 무한히 그러하다. 신에 대한 개념이 클수록 자기가 더 커지고, 자기가 클수록 신에 대한 개념이 더 커진다. 오직 한 자기가, 이 특정한 개인으로서, 신 앞에 있는 존재임을 의식할 때만, 그때야말로 그것은 무한한 자기가 된다. 그리고 그 자기는 신 앞에서 죄를 짓는다. (같은 책, 112쪽)

키르케고르는 교회가 그의 견해로는 너무 자주 산을 따르지 않는 경험과 실천을 하고 있다고 공격했다:

가능한 한 직설적으로, 소위 기독교 세계(그곳에서 수백만 명 모두가 당연하다는 듯이 기독교인이어서, 사람 수만큼, 아니, 정확히 그만큼 많은 기독교인이 있는 곳)는 기독교의 비참한 판본일 뿐만 아니라, 의미를 왜곡하는 오타와 사려 깊지 않은 생략과 수정으로 가득 차 있을 뿐 아니라, 기독교의 이름을 헛되이 사용함으로써 그것을 남용하고 있다는 점을 지적해야 한다. 이 작은 나라에는 한 세대에 겨우 세 명의 시인만 알려져 있는데… 그럼에도 진정한 사제는 진정한 시인보다 훨씬 더 드물다. (같은 책, 134쪽)

또한 그는 지적 논증을 통해 하나님을 '변호'하려는 사람들을 별로 좋게 보지 않았다:

연인을 한 번 상상해 보라. 그가 하루 종일, 낮이 끝날 때까지, 심지어 밤까지도 사랑하는 사람에 대해 이야기할 수 있을 것이라고 당신도 동의하지 않겠는가? 그런데 그에게 사랑에 빠진 것이 결국 가치 있는 일이라고 결론짓기 위해 세 가지 이유를 드는 방식으로 말하는 게 떠오를 것인가? 그것이 가능할까? 그런 식으로 말하는 게 역겹게 느껴지지 않을까? 마치 목사가 기도하면 보답을 받는다고 설득하려고 세 가지 이유를 드는 것처럼, 기도의 가치가 너무 떨어져서 약간의 존중이라도 얻으려면 세 가지 이유가 필요한 것처럼 말하는 것은 불가능할 것이다. (같은 책, 135쪽)

그러나 기독교는 종종 논증의 힘과 제도의 힘 즉 맹목적인 추진력을 통해 계속 운영되어왔다. 키르케고르는 이 두 가지를 모두 제거했다. 이것은 자신의 믿음과 경험을 통해 신을 찾을 수 있는 사람들에게는 괜찮았다. 그러나 키르케고르 자신이 주장했듯이, 합리적 논증이나 살아있는 제도의 지원 없이 스스로 영적 표현을 발견한 사람은 극소수에 불과했다. 그러니 키에르케고르를 다른 면에서 따랐던 대부분의 사람들이 신을 찾지 못한 것도 놀랄 일이 아니다. 대신 그들은 그러한 신 없이 일관성을 찾으려 했다. 따라서 오늘날 실존적 의제는 신 안에서가 아니라 신 없이 대처해야 하는 인간의 과제와 연관되는 경향이 있다. 실존주의는 이제 인본주의 의제에서 훨씬 더 많은 부분을 차지하지만, 기독교 가르침 내에서도 실존적 실천을 수용하려는 사람들은 여전히 존재한다.

그렇다면 이제 실존주의가 도대체 무엇을 의미하는지 물어볼 때가 된 것 같다. 쉬운 답은 없지만, 역사적 관점에서 키르케고르가 반대하고자 했던 것이 무엇인지 살펴보는 것으로 시작하는 것이 가장 좋다. 이에 대해 우리는 한 단어로 답할 수 있다. '헤겔'!

헤겔은 키르케고르보다 마흔세 살이 많았다. 헤겔은 권위의 목소리였다. 헤겔주의는 키르케고르의 생애 동안과 그 이후 철학계에서 통용되던 통념이었다. 헤겔주의는 사고의 체계를 구축하고 인간의 경험을 이 광범위한 지적 맥락 안에 배치하는 것이었다. 헤겔은 '절대를 추구했다. 정반합을 만드는 정립의 변증법적 과정을 통해 우리는 더 높은 지적 종합으로 나아갔다. 그리고 이것은 그 자체로 새로운 정반합을 만드는 정립이 되었고, 그 과정은 계속되었다. 이런 식으로 우리는 존재의 근본적인 본질에 더 가까이 다가갔다.

집단적이지만 엘리트주의적인 지적 체계 구축에 비해 개인적인 경험은 거의 중요하지 않았다. 존재는 헤겔의 거물급 지식인들이 지적으로 파악할 수 있는 근본적인 본질에 의해 결정되었다. 이러한 지식관은 플라톤의 전통에서 비롯된 것으로, 가령 10차원 공간을 이해하려면 명상이나 개인의 자기 인식보다는 수학과 정신력이 필요하다고 말하는 사람들 사이에서 오늘날에도 계속되고 있다. 키르케고르에게는 이것은 올바른 길이 아니었다.

우리 각자는 헤겔 앞이 아니라 신 앞에서 개인적인 자기 인식이 필요했다. 우리 각자는 독특했다. 아무리 포괄적이거나 복잡하더라도 인간의 지적 체계 안에 갇히거나 일관성을 유지할 수 있는 사람은 아무도 없었다. 우리 각자는 자신의 경험을 찾고, 직면하고, 탐구하고, 신뢰하고, 받아들여야 했다. 우리 각자는 아는 것과 모르는 것, 유한과 무한 사이에서 균형을 잡아야 했다. 삶 전체와 자기 전체를 이해하려는 모든 시도는 일종의 신성 모독이자 오만, 광기였다. 나중에 사르트르가 말했듯이 실존은 본질에 선행한다.[66]

키르케고르에게 우리가 신 안에서 우리 자신을 발견했기 때문에 불안과 절망 안에 갇혀 있는 대신 그것을 통해 여행할 수 있었다. 키르케고르를 따르는 많은 실존주의자들에게 신을 찾는 일은 없었지만 절망과 '불안'은 많았다. 그렇다면 질문들이 남아 있었고, 지금도 남아 있다. 우리는 우리의 불안을 잘 활용해야 할까? 아니면 단순히 그것에 의해 소진되어야 할까? 우리는 신 없이 불안에 직면할 수 있을까?

『공포와 전율』[67]에서 키르케고르는 다음과 같이 요구할 수 있는 신

---

[66] 외관은 본질을 숨기지 않고, 오히려 그것을 드러낸다; 그것이 본질이다. J-P Sartre, Being and Nothingness, Routledge, 1996, p. xxii.

안에 아브라함이 머물 수 있었던 방식에 대해 경탄 한다:

> 네 아들아, 네가 사랑하는 독자 이삭을 데리고 모리아 땅으로 가서 내가 네게 일러 줄 산 중에서 한 산에서 그를 번제물로 바쳐라. (창세기 22:1)

창세기 전체에 걸쳐 키르케고르는 이 신성한 요구를 이해하기 위해 씨름한다. 어떤 신이 그런 비인간적인 희생을 요구할까? 어떤 종류의 인간이 그런 짐승같고 노예적이며 비도덕적인 방식으로 행동할 준비가 되어 있는가? 그런 신은 변덕스러운가? 오만한가? 거만한가? 자의적인가? 아브라함은 신이 결국 이 희생을 요구하지 않으실 것이라는 것을 '알고' 있었는가? 그렇다면 신 자신은 지나치게 비굴한 제자들에게 값싼 복종을 요구하는 유치한 대부처럼 행동하는 것은 아닌가? 질문은 계속된다. 그러나 적어도 그 질문들은 강렬하지만 대답은 그다지 설득력이 없다. 이와 같은 질문은 이후 성서를 탐구하는 사람들에 의해 계속해서 반복되었다. 그 결과 점점 더 많은 사람들이 그들은 신을 경험하지 못했고 신의 존재에 대한 논증도 믿지 않는다는 견해를 갖게 되었다. 그 결과 점점 더 많은 사람들이 자신들은 기독교 신에 대해 별로 생각하지 않는다고 믿게 되었다. 앨런 와츠가 말했듯이[68] 성경에 나오는 신은 저녁 식사에 초대하고 싶은 존재가 아니었다! 그는 너무나 많은 것을 요구하고, 용서가 없고, 자의적이고, 공격적이고, 가혹했다.

키르케고르의 불안은 그의 신보다 더 오래 지속된 것 같다. 그것은 일종의 유행에 따른 탐닉이 될 수 있으며, 그 자신도 이러한 위험을 인식하고 있는 것처럼 보였다. 그러나 불안과 절망이 삶에 대한 '장애물'이

---

67 Penguin, 1985.
68 Alan Watts, *God, Celestial Arcs*, 1975.

아니라 살아있는 존재의 날실과 씨실의 일부임을 우리에게 상기시키는 데 있어서 키르케고르는 분명 옳았다. 이는 특히 모든 치료사 및 상담사에게 중요하다. 내담자는 불안을 호소할 수 있다. 이는 내담자에게 무언가 '잘못된' 것이 있다는 것을 의미할까? 상담의 진전과 효과를 위해서는 내담자들은 상담을 마치고 불안감이 덜해졌다고 느껴야 할까? 내담자가 때때로 더 불편하게 느껴야 할까? 그들은 얼마나 알게 될까, 혹은 얼마나 모르게 될까?

유한한 실재와 무한한 가능성 사이에서 어떻게 균형을 잡을 수 있을까? 누가 결정할까? 상담사가 제공하는 힌트에 따라 생각하고 느끼면 조금 더 '나'를 찾을 수 있을까? 키르케고르를 따라야 할까, 헤겔을 따라야 할까, 아니면 누구를 따라야 할까?

실존주의자들은 본질보다 경험을 더 중시한다. 하지만 이것이 의미 있는 구별일까? 실존주의가 일반적으로 '주의'에 반대하는 '주의'라면, 이것은 실존주의가 자기 모순적이라는 것을 의미할까? 그렇다면 그게 중요한가? 나는 학파를 없애려는 학파에 속할 수 있을까? 만약 그렇다면 아마도 내가 그 일원이 아니라고 부정하는 것이 유일하게 일관된 반응일지도 모른다.

나는 일상의 요구와 일상의 진부함에 너무 몰두하기보다는 '나 자신을 찾으려' 한다. 하지만 '나를 찾는다'는 것 자체가 너무 쉽게 진부한 표현이 되지 않을까? 모두가 일상적으로 '자신을 찾으려' 노력하는 것처럼 보이고, 그 방법과 용어는 진부함, 피상적임, 공허한 유행을 암시한다. 해결책은 무엇일까? 아니, 최종적인 해결책은 없으니, 다음으로 가장 좋은 선택은 무엇일까?

무엇을 선택하든 불확실성, 불안, 다가오는 절망에서 최종적으로 벗어날 수는 없을 것이다:

삶과 그 일상적인 신비가 우리가 가진 전부인데, 어떻게 우리가 삶에서 우리 자신을 치유할 수 있을까?(van Deurzen, *Everyday Mysteries*, p. 3)

질문

1. 당신의 내담자 중 자신이 아니라고 생각하는 것 때문에 고통 받는 사례가 있는가?
2. 상담사는 내담자를 자신이 누구인지에 대한 새로운 설명 안에 가두는 위험에 얼마나 처해 있는까?
3. 열린 탐색과 공동 창조를 하는 주체(영혼) 간 만남으로서의 상담에 누가 비용을 지불해야 하는가?
4. 무한한 가능성은 우리의 선택을 통해 유한한 실재로 변환된다. 실존주의와 행동주의 사이에 어떤 종류의 연결 고리를 만들 수 있는가?
5. 실존주의 자체는 무한한 잠재적 주체로서의 자아와 유한하고 실제적인 대상으로서의 자아 사이에서 적절한 균형을 어디까지 찾는가?

연습

1. 실존적 관점이 자신의 상담이나 돌봄 교육에 얼마나 영향을 미치는지 생각해 보라? 그래야 할까? 어떻게, 어떤 결과로 영향을 미칠까?
2. 객관적인 학생으로서, 키르케고르를 이 책에 요약된 다른 실존주의자들 즉 니체, 하이데거, 사르트르와 비교해 보라.
3. 진정한 실존주의자로서 키르케고르를 니체, 하이데거 또는 사르트르와 비교하는 것을 삼가야 한다. 그들은 여러분이 주체로서 스스로 창조하고 탐구할 주체다. 그들은 비교 대상이 아니다. 아니, 그런가?

4. 과거와 미래에 대한 노인과 젊은이의 인식에 대해 키르케고르는 "그들은 둘 다 거짓말을 하거나 꾸며낸다"고 생각했다. 이것에 대해 당신은 어떤 경험을 했는지 그리고 진실을 결정하는 당신의 능력은 무엇인지 생각해 보라.
5. 자신의 불안과 절망에 직면하는 것이 종종 발전의 신호가 될 수 있다는 생각에 대해 토론해 보라.

결론

　키르케고르는 실존주의의 창시자로 여겨진다. 실존주의의 요청에 충실하게, 그는 주체로서 인간 주관성의 신비를 탐구했다. 따라서 그는 새로운 연구 대상이나 객관적인 학문 분야를 주창하지 않았다. 키르케고르의 주요 표적은 궁극적 본질주의 체계 구축의 대가인 헤겔이었다. 하지만 그는 사람들을 비인간적인 묘사와 조작의 대상으로 바꾸려는 모든 후속 노력에 반대했을 것이다. 키르케고르의 실존주의는 신에 바탕을 두고 있었지만, 그 이후의 연구자들은 기독교적 신을 찾는 데 어려움을 겪었으며 일부는 헤겔처럼 몇몇 연구자들이 초월적인 정신을 찾았다고 주장하기도 했다. 키에르케고르의 불안은 유행처럼 지나치게 탐닉될 수 있었지만, 그는 그 위험을 많은 후속 실존주의자들보다 더 잘 알고 있었다. 실존주의자들에게 우리는 객체도, 객관적 관찰자도 아니기 때문에 그들은 인류의 본질적인 본질을 묘사하려는 시도에 반대한다. 그들은 틀보다는 자유를, 비인격적인 목표보다는 주관적인 선택을 강조한다. 하지만 어쩌면 주체-객체의 분리 자체를 초월할 필요가 있는 것은 아닐까? 키르케고르, 니체, 하이데거, 사르트르와 같은 실존주의자들 사이의 차이는 심오하다. 그들 모두가 공유하는 공통의 '본질'을 찾기란 어렵다. 그래서 이것이 실존주의의 타당성을 약화하거나 강화하는가?

참고문헌

Emmy van Deurzen, *Everyday Mysteries*, Routledge, 1997
S. Kierkegaard, *Fear and Trembling*, Penguin, 1985
S. Kierkegaard, *The Sickness unto Death*, Penguin, 1989
S. Kierkegaard, *Concluding Unscientific Postscript*, Princeton University Press, 1992
S. Kierkegaard, *Either/or*, Princeton University Press, 1992

Chapter 26

카를 마르크스 (1818-1883년)

요점

* 모든 시대의 지배 사상은 항상 그 시대의 지배 계급의 사상이었다.

* 부르주아지는 개인의 가치를 교환 가치로 환원시켰다.

* 오랜 국가 산업은 모두 파괴되었거나 매일 파괴되고 있다.

* 프롤레타리아의 노동은 모든 개인적 특성을 잃었다. 우리는 기계의 부속물이 되었다.

* 우리는 각자의 자유로운 발전이 모두의 자유로운 발전을 위한 조건이 되는 공동체를 이룰 것이다.

적용

* 마르크스는 개인의 고통, 불확실성 및 정체성이 더 넓은 물질적 환경에 의해 어떻게 형성되는지 능숙하게 보여주었다.

* 마르크스에게 많은 내부적 '불안'은 대인관계 및 국제적 변화 과정을 검토함으로써 가장 잘 이해된다.

* 마르크스주의자들은 개인의 자존감과 의미가 사회적 계급과 국제 관계에 의해 크게 결정되는 방식을 탐구한다.

* 마르크스주의자들은 우리가 의도하지 않거나 억압하고 있다는 사실을 알지 못한 채 다른 사람을 억압할 수 있다고 주장한다. 이는 모든 문제를 '심리화'하고 개인화하려는 경향이 있는 사람들에게 주는 유익한 경고이다.

▶

1989년 이후 공산주의의 혁명적 붕괴는 그 부상보다 훨씬 더 빠르고 완전했다. 그렇다면 카를 마르크스에 대해 이야기할 필요가 있을까? 어떤 경우든 마르크스는 계급, 권력, 정책, 경제에 대해 글을 썼다. 그래서 개인적인 돌봄과 관심을 제공하려는 사람에게 마르크스의 어떤 점이 흥미로운 것일까? 마르크스주의는 새로운 밀레니엄의 사고에서 자리를 잃은 본질적으로 20세기 현상일까? 개인의 정체성, 행복, 개인적 발전이 정치적, 사회적, 문화적, 경제적 변화 과정과 완전히 별도의 궤도로 진행된다고 생각하는 상담사와 돌보미들에게 마르크스는 관련이 없는 것으로 보일 것이다. 그러나 마르크스가 다른 곳에서 틀렸을 수도 있지만, 우리 자신의 개성과 인격이 우리가 살고 있는 더 넓은 사회적, 정치적, 물질적 맥락에 의해 형성되고 변형되는 방식을 강조하고 탐구한 것은 분명히 옳았다:

> 이념의 역사는 물질적 생산이 변화함에 따라 지적 생산의 성격이 변화한다는 점을 증명하는 것 외에 무엇을 증명하는가? 각 시대의 지배적인 사상은 항상 그 시대의 지배 계층의 사상이었다. (『공산당 선언』, 72쪽)

마르크스에게 우리의 생각과 관심은 우리가 그것을 깨닫든 그렇지 않든 마지막 권력 투쟁에서 승리한 자들의 우선 순위에 따라 초점이 맞춰졌다. 마르크스에게 진실은 냉정한 사고로 훈련되고 상아탑에 갇힌 자유주의 지식인들이 사용할 수 있는 순수한 상품이 아니었다. 오직 진리의 여러 버전만이 각각 정립과 반정립이 새로운 (그러나 결코 최종적인) 종합으로 이어지는 헤겔의 변증법적 과정에서 탄생한 진실의 버전만 있다. 헤겔에게 변증법적 투쟁은 본질적으로 추상적이고 논리적이며 지적이다. 이념은 이념과 싸워 새로운 이념을 낳는다. 전체 과정은 본질적으로 모든 존재 안의 근본적인 '정신'의 움직임을 나타낸다. 마르크스에게 실제 전투는 지상에서 적대적인 사회 계급 간의 물질적인 전투였다. 등장하거나 살아남기 위해 싸우는 이념들은 본질적으로 물질적이고 사회적 실재에 뿌리내린 이러한 근본적인 갈등의 부산물이다.

그렇다면 마르크스와 공저자 프리드리히 엥겔스에게 1848년 『공산당 선언』 초판이 나왔을 때 사상과 사회적 실재의 상황은 어땠을까?:

> 부르주아 계급은 어디서든 우위를 차지하면 모든 봉건적이고 가부장적이며 목가적인 관계를 종식시켰다. 그것은 인간을 '자연적 우월자'에 묶여 있었던 복잡한 봉건적 유대를 무자비하게 찢어놓았으며, 인간과 인간 사이에 남은 유일한 연결 고리는 벌거벗은 개인적 이해와 냉정한 '현금 지불'뿐이었다. 그것은 종교적 열정, 기사도 정신, 속물적 감상주의의 가장 천상적인 황홀함을 이기적인 계산의 차가운 물속에 빠뜨렸다. 그것은 개인의 가치를 교환가치로 환원시켰고, 수많은 양도할 수 없는 특허받은 자유 대신 단일하고 양심 없는 자유, 즉 자유 무역을 설정했다. (같은 책, 44쪽)

이것은 감동적인 이야기다. 어떤 사람들은 '군중 선동'이라고 말할 것이다. 자신을 공산주의자로 표현하지 않더라도 공산주의에 대해 깊은 공감을 가진 사람들이 분명히 많다. 우리의 물질적 환경은 우리가 하고 무엇을 하지 않는지, 생각하고 무엇을 생각하지 않는지, 무엇을 느끼고 무엇을 느끼지 않는지를 확실히 구성하고 제약한다. 세상을 탐험하러나가는 것은 내가 아는 '나'가 아니다. 내가 그것을 형성할 수 있는 것보다 훨씬 더 심오하게 나를 형성하는 세상이 있다. 그것은 나보다 먼저 존재했으며, 내가 사라진 후에도 여전히 존재할 것이다. 그것은 내가 누구이고 무엇이라고 생각하는지, 내 자신에 대해 어떻게 느끼는지, 내 머릿속에서 무슨 일이 일어나는지, 내가 무엇을 하고 무엇이 중요하다고 생각하는지를 완전히는 아니지만 매우 큰 정도로 결정한다:

모든 오래된 국영 산업은 파괴되었거나 매일 파괴되고 있다. 그것은 새로운 산업에 의해 자리를 잃고 있으며, 이런 새로운 산업의 도입은 모든 문명국가에서 생사의 문제가 되고 있다. 이 새로운 산업은 더 이상 자국의 원료를 가공하지 않고, 가장 먼 지역에서 가져온 원료를 사용하며, 그 제품은 국내에서뿐만 아니라 전 세계 여러 지역에서 소비된다. (같은 책, 46쪽)

마르크스와 엥겔스의 선언은 1848년에 처음 발표되었다. 그 내용의 많은 부분은 1948년이나 1998년을 설명하는 데 똑같이 잘 들어맞을 수 있다. 아마도 2048년에도 여전히 적절하지 않을까? 이러한 거대한 사회 변화 및 혼란의 결과로 발생하는 개인적인 문제는 얼마나 될까? 자신의 문제가 본질적으로 개인적이라고 생각하는 많은 이들은 본질적으로 사회적 힘으로 고통받고 있다. 이러한 사회적 피해자들에게 가장 치료적인 개입은 마르크스주의 강의를 듣는 것일까? 그들이 자신이 휩쓸리고 있는 사회적 및 경제적 변화의 거대한 파도를 엿볼 수 있다면, 만약 그들 자신이 실려 가는 거대한 사회적, 경제적 변화의 물결을 엿볼 수 있다면, 아니면 그 아래서 가라앉고 있다면, 프롤레타리아의 자존감이 조금이나마 상승할 것인가?

부르주아는 모든 생산 수단의 급속한 개선과 엄청나게 쉬워진 통신 수단을 통해 모든 나라, 심지어 가장 야만적인 나라들까지도 문명으로 끌어들인다. 상품의 저렴한 가격은 모든 중국의 성벽을 무너뜨리는 커다란 대포로서, 외국인에 대한 야만인들의 강렬한 반감을 복종시키는 데 사용된다.

(같은 책, 47쪽)

기계의 광범위한 사용과 분업으로 인해 프롤레타리아의 노동은 모든 개인적 특성을 잃었고 결과적으로 노동자에게 모든 매력을 잃었다. 그는 기계의 부속물이 되고, 그에게 요구되는 것은 가장 단순하고 가장 단조롭고 가장 쉽게 익힐 수 있는 기술뿐이다. (같은 책, 51쪽)

영국 북동부에는 의욕을 잃고 우울하며 환멸을 느끼는 젊은이와 노인으로 구성된 한 공동체가 나를 둘러싸고 있다. 그들이 개인적인 상황, 감정, 자존감을 탐구할 수 있도록 개인 상담을 제공해야 할까? 그렇게 짧은 시간 안에 그렇게 큰 규모로 붕괴된 전통 산업을 대체하기 위해 더 많은 노력을 기울여야 할까? 변화하는 시장에서 필요한 기술이 없다면 할 수 있는 일이 매우 적다고 사람들에게 말해야 할까? 이것은 물론 시장이 자율적인 존재라고 생각하는지, 정부가 우리의 경제적 운명을 형성하는 데 관여할 수 있고 또한 관여해야 하는지에 따라 달라진다. '우울증'은 개인적 경험이자 경제적 개념이다. 이 둘은 사실 매우 밀접하게 연결될 수 있다. 그러나 심리적 우울증은 종종 경제적 종류의 결과일 뿐 원인이 아니라는 것은 확실하다:

수작업 노동에 수반되는 힘의 규모와 노력이 적을수록, 즉 현대 산업이 발전할수록 남성의 노동이 여성의 노동으로 대체되는 정도가 더 커진다.

(같은 책, 52쪽)

여기에서도 단 한 문장으로 상담사와 그들의 내담자들이 염려하는 성 관계와 성 정체성의 많은 심오한 변화의 근본 원인이 드러난다. 무엇보다도 마르크스의 여성 고용에 대한 견해는 처음 발표되었을 때보다 현재의 맥락에서 훨씬 더 적절하다:

중산층의 하층, 즉 소상인, 가게 주인, 일반적으로 은퇴한 상인, 수공업자, 농민은 모두 점차 프롤레타리아로 전락한다. 이는 부분적으로 그들의 미미한 자본이 현대 산업이 운영되는 규모에 충분하지 못하고 대자본가와의 경쟁에서 밀리기 때문이며, 다른 한편으로는 그들의 특화된 기술이 새로운 생산 방식에 의해 가치가 없어지기 때문이다. (같은 책, 53쪽)

마르크스는 경제 경쟁의 세계화, 세계적 규모에서 운영되는 기업의 성장, 그리고 이러한 거대한 힘에 대한 개인의 무력감 (소외감)의 증가를 고려했다. 만약 그가 오늘날 돌아온다면, 틀림없이 자신의 예측이 완전히 옳았다고 주장할 것이다. 이제 국가조차도 이러한 거대한 시장 세력과 비교할 때 상대적으로 무력함을 느낄 수 있다. 내년에 주식시장이 붕괴될 것인가? 일본이 한국을 무너뜨릴 것인가? 유럽과 미국은 그 결과를 견딜 수 있을까? 승자는 누구이고 패자는 누구인가? 어떤 단일 정부가 이러한 사회 경제적 과정을 통제하거나 싸울 수 있을까? 주권을 공유하는 유럽연합조차도 사건을 이끌 만큼 강하거나 똑똑할까?

마르크스는 그의 '과학적' 사회주의에 대한 자신의 모든 주장에도 불구하고 낙관주의자였고 낭만주의자이자 유토피아주의자였다. 마르크스에게 이 거대한 세계 경제의 힘은 기존 정부가 아닌 '인민'에 의해 다루어지고, 지시되며, 인간화될 수 있다:

계급과 계급 적대감이 있는 오랜 부르주아 사회 대신, 각자의 자유로운 발전이 모두의 자유로운 발전의 조건이 되는 연합을 갖게 될 것이다.

(같은 책, 76쪽)

마르크스는 인간 사이의 건설적인 협력을 달성하는 데 어려움을 훨씬 더 잘 알고 있었던 마키아벨리와 밀과 같은 동시대 자유주의 철학자들의 저술을 읽었어야 했다. 실제 세계에서 투쟁, 적대감, 책략, 자기중심주의, 파벌 내부 싸움에서 벗어날 수 있었던 인류 공동체는 존재한 적이 없다. 마르크스는 자신의 '협회'가 이러한 문제를 어떻게 피할 수 있다고 생각했을까?:

공산주의자들은 그들의 견해와 목표를 숨기는 것을 경멸한다. 그들은 그들의 목표가 모든 기존 사회 조건의 강제적 전복을 통해서만 달성될 수 있다고 공개적으로 선언한다. 지배 계급이 공산주의 혁명에 떨게 하라. 프롤레타리아는 잃을 것이 사슬밖에 없다. 그들은 얻을 세상이 있다. 모든 나라의 노동자들이여, 단결하라! (같은 책, 96쪽)

이렇게 『공산당 선언』은 끝맺는다. 노동자(그리고 여성들?)는 단결해야 한다. 이로써 계급 투쟁은 폐지될 것이다. 국가는 다수의 이익을 위해 행동하고, 자본과 사적 탐욕에 기반한 세계 시장의 비합리성을 제거할 것이다:

프롤레타리아는 정치적 우위를 사용하여 점진적으로 모든 자본을 부르주아로부터 빼앗고, 모든 생산 수단을 국가의 손, 즉 지배 계급으로 조직된 프롤레타리아의 손에 집중시키고, 가능한 한 신속하게 생산력의 총계를 늘일 것이다. (같은 책, 74쪽)

만세, 호라, 할렐루야, 호산나. 하지만 어떻게 그럴 수 있는가? 마르크스는 정치적, 경제적 결함에 대한 분석을 장황하게 늘어놓지만, 그중 일부는 여전히 흥미롭다. 그러나 많은 혁명가들처럼 그는 일관된 해결책을 제시하는 데 있어 매우 부족하다.

마르크스는 변증법적 유물론에 기반한 변화 과정에서 공산주의 사회로의 혁명적 변화는 불가피한 다음 단계라고 확신했기 때문에 구체적인 계획을 제시할 필요성을 느끼지 않았다. '부르주아'는 중세의 권력 관계와 관련하여 진보의 힘이었으며, 이전의 정립과 반정립의 충돌에서 새로운 종합으로 등장했다. 그들의 시대는 역사적 필연성에 따라 끝날 것이다. 자본주의는 자체적인 모순을 내포하고 있어 몰락을 초래할 것이다. 특히, 노동자들은 생산할 모두 것을 구매할 만큼 충분한 임금을 받지 못하기 때문에 과잉 생산의 위기를 항상 낳을 수밖에 없다. 전쟁은 일부 잉여를 제거하지만 이런 상황은 지속될 수 없다:

> 부르주아 사회의 조건은 그들이 창출한 부를 수용하기에는 너무 좁다. 그렇다면 부르주아지는 이러한 위기를 어떻게 극복하는가? 한편으로는 생산력의 강제적인 대량 파괴를 통해, 다른 한편으로는 새로운 시장의 정복과 오래된 시장의 보다 철저한 착취를 통해 극복한다. 다시 말해, 보다 광범위하고 파괴적인 위기의 길을 닦고, 위기를 예방하는 수단을 줄임으로써 이루어진다.
> 부르주아가 봉건제를 무너뜨리기 위해 사용한 무기는 이제 부르주아 자신에게 향하고 있다.
> 하지만 부르주아는 그것을 자신에게 죽음을 가져오는 무기를 발명했을 뿐만 아니라, 그 무기를 사용할 사람들, 즉 현대 노동계급인 프롤레타리아를 탄생시켰다. (같은 책, 50쪽)

돌이켜보면 이러한 이야기는 씁쓸한 뒷맛을 남긴다. 이 화려한 언어는 '부르주아'(계몽하기보다는 비난하는 힘이 더 강한 용어)를 악마화 하고,

'노동계급'을 낭만화 한다. 이러한 방식은 무관용, 유토피아주의, 파시즘, 전체주의로 이어진다. 돌이켜보면 정부가 경제를 잘 관리하는 것은 아니라는 것을 알 수 있다. '인민' 정부가 인민에게 많은 관심을 기울이지 않을 수도 있다는 것, 각자의 자유로운 발전이 모든 사람의 자유로운 발전을 위해 조화롭게 작동할 수 있는 조직을 아무도 만들어내지 못했다는 것을 알 수 있다.

많은 철학자들에게 이념은 주권적이며 물질적 실재의 본질과 존재를 결정하거나 '증명'하는 데 사용되어야 한다. 그러나 마르크스에게 있어 물질적 실재는 우리 이념의 본질을 형성하며, 그 반대가 아니었다. 그는 단순히 세상의 본질을 관찰하고 성찰하고자 하는 철학자들에 대해 매우 비판적이었다:

> 철학자들은 세계를 여러 가지 방법으로 해석했을 뿐이지만 진정한 과업은 그것을 변화시키는 것이다. (『독일 이데올로기』, 1998)

이제 우리가 매우 빈번히 자신을 물질적 재화의 양과 질에 따라 평가한다는 상당한 증거가 있다.[69] 마르크스는 지위와 물질적 소유를 동등하게 여기는 이런 숭배는 자본주의에 의해 촉발되었다고 믿었다. '불가피하게' 그것을 대체할 사회주의 인터내셔널[70]에서 사람들은 단순한 상품을 넘어 자신을 인식하고, 교환가치(가격) 보다는 사용과 노동에 따라 가치를 부여할 것이다.

---

69 소비 사회에서는 데카르트의 "나는 생각한다, 그러므로 나는 존재한다"보다는 '나는 IKEA를 생각한다, 그러므로 나는 존재한다'가 더 두드러진다.
70 [역주] 사회주의 인터내셔널(Socialist International)은 1951년에 사회민주당 간 국제교류 촉진을 위해 설치된 중도좌파 기구이다. 조직적 성향은 대다수 사회민주주의, 개혁적 사회주의 제3의 길이고, 소수는 민주사회주의이었다.

우리는 상품에 집착했다. 우리는 시장을 역사와 사회의 산물이 아닌 자연의 일부로 보았다. 마르크스는 변증법적 필연성으로 자신감 있게 예측한 노동계급의 승리에 따라 상품 숭배는 사라질 것이다. 우리는 우리 자신으로부터 덜 단절되고, 덜 소외되고, 덜 착취하고, 더 협력하고, 우리가 생산한 것과 이유에 대해 더 합리적일 것이다. 그렇다, 그리고 돼지는 노동자 공동체에서 제작된 작은 날개로 하늘을 날아다닐 것이다.

마르크스는 믿을 만한 해결책을 제시하는 것보다 동시대 문제를 분석하는 데 훨씬 더 능숙했던 것 같다. 우리의 의식 내용 때문이 아니라 사회적, 정치적 조직의 특성 때문에 서로를 착취할 수 있다는 그의 주장은 확실히 잘 구성되었다. 그것은 문제를 개인화하고 순전히 개인 내담자의 의도와 의식적 이념 및 감정 측면에서 탐구하는 경향이 있는 상담사에게 특히 가치가 있다.

마르크스는 인간 고통의 사회적, 정치적, 경제적 결정 요인을 조사했다. 그의 관점에서 보면 개인이 자신의 운명에 대해 그렇게 많은 통제력을 가지고 있다고 믿는 것은 순진한 생각이다. 그들이 대중으로 함께 모일 때만 역사의 흐름에 영향을 미칠 수 있었다. 우리는 고통 받았고, 혼란스러웠으며, 자신과 타인에게 정직하지 못했다. 우리는 무력감을 느끼고, 불확실하고, 우울하며, 우리의 정체성에 대한 확신이 없었다. 사람들은 개인적인 구성과 의도에 관계없이 서로를 착취하고 비도덕적으로 행위 할 수 있었다. 우리가 어떻게 그리고 왜 서로를 돕고 더 자주 해치는지 이해하고 싶다면 개인의 심리적 역학을 조사하는 것만으로는 충분하지 않다. 우리는 사회적이고 정치적인 역학을 이해해야 한다.

개별적 행동은 분명히 중요하지만, 사람들이 하는 일은 그들이 사회적이고 정치적인 '실재'라고 이해하는 것에 의해 형성된다. 아담 스미스 이후의 자유주의 경제학자들은 시장이 자비롭고 사람들이 자신의 사적 이익을 추구 할 때 최선의 사회적 결과가 나온다고 생각했다. 마르크스는 기존의 사회 질서가 프롤레타리아를 해롭게 착취하고 있으며, 게다가 '부르주아' 사회는 '부르주아'의 영혼을 파괴한다고 믿었다. 자본가에게 착취는 '이용하는 것'을 의미한다. 마르크스주의자에게 자본가의 착취는 억압을 의미한다. 두 가지 의미 중 어떤 것이 더 적절할까? 그 대답은 논쟁의 여지가 있다. 덜 논쟁적인 것은 우리의 정체성과 행위가 우리가 전혀 이해하거나 인지하지 못하는 많은 사회적 힘에 의해 형성된다는 마르크스의 생각이다.

우리는 주변 사회적 세계에서 보이는 것들을 해석하지만, 그중 많은 부분은 전혀 보이지 않는다. 우리는 그것들을 분리하고 분석할 개념이 없기 때문에 많은 사회적 힘을 의식하지 못한다. 결과적으로, 우리가 운반하는 큰 '사회적 파도'는 우리에겐 거의 보이지 않는다. 그것들은 우리가 멀미를 느끼게 만들 수 있지만, 우리는 이 구토를 개인적인 문제로 간주하고 다른 사람들과 얼마나 많이 공유하고 있는지 알아차리지 못한다. 마르크스는 그의 자유주의 동시대인들보다 사회적 과정의 비가시성을 훨씬 더 정교하게 분석했고, 이 점에서 그는 여전히 평가받을 만하다.

모두가 알다시피 프로이트는 무의식에 집중했다. 마르크스는 지금은 '허위의식'이라고 불리는 것에 더 많은 관심을 기울였다. 자본주의 경제는 우리를 노동의 생산물과 진정한 가치로부터 우리를 단절시켜 우리가 누구인지, 우리가 어떤 존재가 되었는지에 대한 잘못된 감각을 줄 수 있다. 이는 우리가 우리 일에서 진정한 자부심을 찾는 것을 방해하고, 우리 사이의 진정한 유대감과 상호 연결을 신비롭게 만들며, 가치의 표현으로서 사물에 대한 집착으로 이어졌다. 이를 기독교적 관점으로 변환하면, 자본주의는 모든 것의 가격을 진지하게 다루었지만, 진정한 가치는 모두 무시했다.

따라서 『공산당 선언』은 사람들이 더 이상 물질적 재화로 자신을 가두지 않도록 사유재산의 폐지를 추구했다:

> 사유재산은 우리를 그렇게 어리석고 편향되게 만들어서, 물건은 우리가 그것을 가질 때만, 즉 우리에게 자본으로 존재할 때나 직접 소유하거나, 먹거나, 마시거나, 입거나, 서주힐 때민 우리의 것이 된자. 요컨대, 그것이 우리에 의해 사용될 때만 우리의 것이 된다. (『경제학-철학 수고』, 139쪽)

사람들은 협력할 것이며, 윤리적인 경제가 형성될 것이다. 각자의 능력에 따라 일하고, 각자의 필요에 따라 받는다. 혁명 후 마법처럼 민주적이고 부패하지 않고 효율적인 정부가 생산할 것과 최적의 생산 방법을 감독할 것이다. 공산당원들은 이러한 변화의 '선봉'에 서겠지만, 그들은 물론 이 권력의 자리를 악용하지 않을 것이다. 우리가 모두 필요한 것을 얻고 있으므로 사유재산을 소유할 필요가 없게 될 것입니다. 재산은 공유될 우리는 어떤 것을 사적으로 소유할 필요가 없을 것이다. 재산은 공유될 수 있다:

> 당신은 우리가 사유재산을 폐지하려 하는 데 대해 경악한다. 그러나 지금 당신이 살고 있는 사회에서 9/10의 인구에게 사유재산은 이미 제거되었다. 소수에게 사유재산이 있는 이유는 순전히 그 9/10의 수중에 그것이 없기 때문이다. (『공산당 선언』, 66쪽)

이 원칙은 가족에게도 적용될 수 있을 것이다:

가족 폐지! 가장 급진적인 사람들조차도 공산주의자들의 이 악명 높은 제안에 대해 격분한다.
현재의 가족, 즉 부르주아 가족은 어떤 기초 위에 세워져 있는가? 자본, 개인적 이익 위에 세워져 있다. 가족은 완전히 발전된 형태로 부르주아 사이에서만 존재한다. 그러나 이러한 상황은 프롤레타리아 내에서 가족의 실제적인 부재와 공공 매춘에서 그 대체물을 찾는다. (같은 책, 68쪽)

가족은 사람을 상품으로 취급하고, 더 넓은 사회로부터 그들을 차단하고, 여성을 노예로 만들고, 더 넓은 협력, 돌봄, 공유보다는 축적에 대한 부르주아 우상화에 집착했다. 이러한 미성숙한 집착은 공산주의가 사람들이 지원을 주고받을 수 있는 더 넓은 집단적 수단을 제공함에 따라 저절로 사라질 것이다:

부르주아는 프롤레타리아의 아내와 딸을 마음대로 할 수 있는 것에 만족하지 못하고, 공공 매춘부들은 말할 필요도 없고, 서로의 아내를 유혹하는데 큰 쾌락을 느낀다.
부르주아 결혼은 실상 아내를 공동으로 갖는 시스템이며, 따라서, 기껏해야 공산주의자들이 비난받을 수 있는 것은 위선적으로 숨겨져 있던 것을 대신해 공개적으로 합법화된 여성 공동체를 도입하고자 한다는 점뿐이다.
(같은 책, 71쪽)

이는 지적인 생각, 논증 및 증거라기보다는 구호와 비난에 가깝다. 그러나 더 넓은 공동체의 사람들이 서로 협력하고 자비롭게 일하고 놀 수 있다고 믿는 한, 그러한 사적인 일부일처적 결혼이라는 안식처의 필요성이 줄어든다고 말할 수 있을 것이다. 이론적으로, 우리는 파트너를 '소유'할 필요가 있는가? 우리가 서로를 즐긴다면, 우리 집 문 밖의 다른 사람들도 즐기기를 원하지 않겠는가? 그리고 왜 우리는 자신의 현관문을 갖고 있는가? 과연 우리는 현관문이 필요할까? 왜 이웃과의 벽을 허물지 않을까? 왜 주방을 공유하지 않을까? 침대 하나만 사용할까? 아니면 교대로 사용할까? 교대 기준은 무엇일까? 이 경우 주방과 침대는 각각 얼마나 커야 할까?

이런 실험은 마르크스 이전에 이루어졌으며, 분명 다시 시도될 것이다. 현재 결혼제도의 상태에 대해 우리가 안심할 이유는 없다. 마르크스가 매우 능숙하게 파헤친 많은 사회 관습의 물질적 기반은 그의 사후 많은 해가 지나면서 더욱 분명해진 것으로 보인다. 예를 들어 여성들은 이전 어느 때보다 재정적으로 훨씬 더 독립적이다. 따라서 그들은 과거보다 더 자주 불만족스러운 결혼에서 빠져나오기를 원한다. 이것이 그들이 조부모들보다 현재 결혼에 대해 덜 행복하다는 것을 의미할까? 아니면 100년 전에도 여성들은 자신의 지위에 대해 똑같이 불행했을까? 만약 그렇다면, 그들은 남편에게 재정적으로 완전히 의존하고 있었기 때문에 그것에 대해 거의 아무것도 할 수 없었다. 물질적 의존은 여성을 남성과 함께 있게 하고 남성이 착취할 수 있도록 했다. 물질적 독립은 여성을 자유롭게 할 수 있지만, 이로 인한 가족의 미래는 무엇일까? 마르크스에게 가족이 착취적이라면 그것은 끝나야 한다. 더 많은 사람이 혼자 사는 개인적 고립이 선호되는 대안일까? 마르크스는 낙관주의자였다. 우리는 함께 모여 평등한 기반 위에서 그룹을 형성할 것이다. 공동체 생활이 개선될 것이다. 사실 국제 관계도 더 평화롭고 건설적으로 변할 것이라고 믿었다.

한 개인이 다른 개인에 의해 착취당하는 것이 종식되는 만큼, 한 국가가

다른 국가에 의해 착취당하는 것 또한 종식될 것이다. (같은 책, 72쪽)

공산주의는 한 개인에 대한 다른 개인의 착취를 끝내고, 이로 인해 한 국가에 대한 다른 국가의 착취도 끝내기를 원한다. 그러나 두 가지 모두 달성되지 못했다. 스탈린은 인민당의 이름으로 수천만 명을 학살했고, 두 초강대국은 서로를 노려보며 소규모 국가들이 대리전을 벌이도록 무기를 제공했다. 이것은 사람들이 공산주의에 적합하지 않았기 때문인가? 아니면 부적절한 상황에서 잘못된 지도자들을 겪었기 때문인가? 아니면 '진정한' 공산주의가 실제로 시도된 적이 없었기 때문인가? 내 견해로는 이들 중 어떤 것도 아니다. 공산주의는 개인의 성격, 사회 구조 및 정치 경제의 어려운 실재에 대해 소박했던 본질적으로 유토피아적 모험이었다. 그것은 '허위의식', 당의 '선봉' 및 '불가피한 진보의 힘' 개념에서 전체주의적이었다. 그것은 치명적으로 '민중'의 모든 반대자를 악마화했다. 그것은 '대중'에 대한 이야기에서 조잡했으며, 따라서 개인의 다양성에 관한 관심과 존중이 부족했다. 그것은 인간 삶의 많은 부분을 계급 투쟁 관점에서 분석하는 데 있어 단순했고, 노동계급이 권력을 잡으면 인간 정신의 모든 그림자와 어리석음이 제거될 것이라는 상상하는 데 터무니없이 순진했다.

공산주의 치하의 러시아는 공산주의의 문제점을 보여주었다. 그러나 다른 대안들에 대해 안주할 이유는 없다. 자본주의 하의 러시아는 공동의 가치, 인류애, 효과적이며 모호하게 민주적인 정부에 의해 완화되지 않을 때 자본주의의 문제점이 무엇인지 훨씬 더 빠르고 역겹게 보여주고 있다. 아마도 서구 정권은 현재 가능한 것 중 가장 나쁜 것은 아닐지도 모른다. 그러나 그것들이 달성 가능한 최선이라고 가정할 만큼 어리석거나 안일하지는 말아야 한다. 이들은 상황이 지나치게 가혹하지 않은 한 '충분히 잘 작동'할 수 있다. 그러나 이러한 안락한 상황이 얼마나 더 지속될까? 그리고 현재의 '이만하면 충분하다'는 것이 과연 정말 충분히 좋은가?

질문

1. 여러분의 내담자 문제 중 몇 개가 심리적이라기보다는 주로 사회적, 정치적, 경제적이라고 생각하는가?
2. 정치적, 경제적 불의에 심리적으로 대처하도록 내담자를 돕는다면, 당신은 어느 정도 불의에 공모하고 있는 것인가?
3. 마르크스가 사회경제적 문제 분석에서 높은 점수를 받지만 제안된 해결책에서는 낮은 점수를 받는다는 데 얼마나 동의하는가?
4. 상담사로서 '허위의식' 개념이 가치가 있다고 생각하는가?
5. 빈곤한 지역 사회의 상담사는 주로 취업 기술에 초점을 맞춰야 하는가, 아니면 이런 지역 사회에서 직업이 사라진 이유에 초점을 맞춰야 하는가?

연습

1. 상담사·돌봄 훈련에서 인간 고통의 사회경제적 요소가 얼마나 포함되어야 하는지를 고려하라.
2. 개인 정체성과 개인적 의미가 얼마나 사회적으로 구성되는지를 논의하라. 내담자가 자신을 '내부'로 바라보는 방식을 이해하기 위해 얼마나 '바깥'을 바라봐야 하는가?

결론

마르크스는 역사적 힘을 설명하고자 했으며, 그의 사상은 20세기 대부분 동안 광범위하고 다양하게 두려움과 존경을 동시에 받았다. 마르크스주의 자체는 거의 하룻밤 사이에 역사적 시대의 유물이 되었다. 마르크스의 사회경제적 문제에 대한 분석은 여전히 주목할 가치가 있지만, 그가 제안한 해결책은 (그가 제시한 것이 있다면) 터무니없이 순진하고 유토피아적이었다. 사람들은 더 넓은 정치적 실재에 의해 형성되고 형성되어진다. 상담사들이 우리 모두 등장하고 양육되고 정의되고 제약되는 사회경제적 토양의 본질을 더 많은 시간을 할애하여 조사한다면 그들은 인간 정신에 대한 더 큰 이해를 얻을 수 있을 것이다.

웹사이트

http://paul.spu.edu/~hawk/marx.html
http://csf.colorado.edu/psn/marx
http://www.alphalink.com.au/~pashton/thinkers/marx.htm
http://www.inarx.org/
http://english-www.hss.cmu.edu/marx/

참고문헌

K. Marx, *Capital* (student edition), Lawrence and Wishart, 1992

K. Marx, *Poverty of Philosophy*, Prometheus, US, 1995

K. Marx and F. Engels, *Economic and Philosophic Manuscripts*, Lawrence & Wishart, 1973

K. Marx and F. Engels, *Communist Manifesto*, Progress Publishers, 1977

K. Marx in *The German Ideology: Including Thesis on Feuerbach*, ed. F. Engels, Prometheus Books, 1998

Chapter 27

니체 (1844-1900)

요점

* 기독교는 시작부터 삶의 메스꺼움과 삶에 대한 혐오였다.

* 정념의 뿌리에 대한 공격은 삶의 뿌리에 대한 공격을 의미한다. 교회의 관행은 삶에 적대적이다.

* 인간에게 사랑받을 수 있는 것은 그가 시작이자 몰락이라는 것이다.

* 모래알 같은 배려심, 가련한 안락함, 최대 다수의 행복을 넘어서라!

* 심연을 보는자, 그러나 독수리의 눈으로, 독수리의 발톱으로 심연을 움켜쥐는자, 그가 용기를 가진 자이다.

적용

* 니체는 삶이 그저 정의롭고 공정하며 보람 있을 수 있다거나 그래야만 한다는 값싼 환상에 도전했다.

* 진정한 인간성은 어려운 현실에 맞설 용기를 찾는 것이며, 위안과 위로를 주는 포근한 동화 같은 이야기는 버리는 것이다.

* 니체는 대부분 사람들이 진정한 자기 표현의 여정을 떠날 용기, 인격, 힘을 갖추지 못했다고 가정했다.

* 발견해야 할 자아는 없다. 자아는 초월되어야 하고, 버려져야 한다.
* 상담사와 내담자는 영웅적으로 정신적인 여행을 하고 있다고 믿고 싶어 한다. 그들은 얼마나 자주 정신적 정원을 가꾸고 있을 뿐인가?

▶
신은 죽었고, 이제 우리는 소망한다. 극복인[71]이 등장하기를.
(『차라투스트라는 이렇게 말했다』, 73장, 2절)

기독교는 처음부터 본질적이고 그리고 근본적으로 삶의 메스꺼움과 삶에 대한 혐오였으며, 단지 '다른' 또는 '더 나은' 삶에 대한 믿음으로 숨겨지고, 가려지고, 꾸며졌을 뿐이다. (『비극의 탄생』, 23쪽)

니체는 신이 죽었다고 반복해서 주장했다. 따라서 극복인은 비겁하고 부패하고 퇴폐적이며 부정직하고 생명과 영혼을 갉아먹는 교회의 족쇄에서 벗어나 지구를 물려받게 될 것이다.

그는 충격을 주는 것을 좋아했고 종종 성공했다. 그 결과는 광적이고 조증적이며 은유에 의존하는 문체인데, 이것은 터무니없는 과장으로 그의 주장을 약화시켰다. 그럼에도 불구하고 그는 주의 깊게 살펴볼 가치가 있다. 상담가들처럼 그는 정체성과 진정성에 대한 질문을 파고들었다. 그의 격렬한 말들은 교훈과 경고를 동시에 제공한다:

---

[71] [역주] '극복인'은 독일어 'Übermensch'의 번역어다. 'Übermensch'는 주로 '초인'으로 번역되었다. 그런데 '초인'은 허무맹랑한 능력을 지닌 비현실적인 영웅으로 오해될 수 있다. 이런 이유에서 최근에는 그 용어를 독일어 발음 그대로 '위버멘쉬'라 표기하거나 '극복인'으로 번역한다. '극복인'으로서 'Übermensch'는 자신의 한계에 굴복하고 운명을 신에게 맡기는 자가 아니라 스스로 극복하며 주인으로 살려는 자다. 니체는 극복인에 반대되는 인간형을 'Untermensch'라 칭한다. 이것은 짐승이나 노예 차원에 머무는 인간을 의미한다.

교회는 모든 의미에서 절제로 정념을 억누르려 한다. 그들의 관행이자 '치유'는 거세이다. 교회는 결코 '어떻게 욕망을 영적으로 승화시키고, 아름답게 만들고, 신성하게 만들 수 있는가?'를 묻지 않는다. 교회는 항상 (성욕, 자만심, 지배욕, 탐욕, 복수심의) 근절에 징계의 초점을 맞춰왔다. 그러나 정념의 뿌리에 대한 공격은 삶의 뿌리에 대한 공격을 의미한다. 교회의 관행은 삶에 적대적이다. (『우상의 황혼』, 7절)

아마도 이것은 모든 형태의 기독교 가르침에 해당하는 것은 아닐 것이다. 하지만 우리가 죽은 후에야 진정으로 온전히 살 수 있다는 믿음은 어떤가? 이것은 이 땅에서의 삶에서 우리의 책임과 기회를 회피하는 것이 아닐까? 니체는 그것을 악의적 행위, 즉 세속적 존재에서 자신감과 용기의 상실로 보았다. 나는 그가 옳다고 생각한다. 교회는 수많은 유치한 환상이라는 보호막에 싸여 있고, 외부인들은 그 환상에 대해 실제 생각을 말하기에는 너무 조심스럽다. 기독교의 가르침으로 여겨지는 것 중 너무 많은 부분이 이성적으로 일관성이 없고 터무니없을 뿐만 아니라 도덕적으로 혐오스럽고 나약하며 비겁하고 정직하지 못하다. 이 땅에서의 삶이 다가올 더 실제적이고 영원한 삶을 위한 준비일 뿐이라고 생각한다면, 우리는 과연 여기서 어떤 희망을 가질 수 있을까? 천국의 영원에 도달하기 위해 '선행'을 해야 할까? 아니면 단순히 그것이 옳기 때문인가? 천국은 왜 그렇게 지루해 보일까? 왜 악마는 최고의 곡을 다 가지고 있을까? 우리는 정말 길 잃은 양과 어린양을 본보기로 삼아야 할까?

아이들은 모든 것이 공정하기를 원하고 산타클로스를 믿는다. 어른들은 자신들이 생각하는 공정성을 선호하지만 삶이 그것을 제공해 주기를 기대한다면 우리는 분명 바보이다. 부모는 우리가 넘어지면 일으켜주고, 흙먼지를 털어주며, 우리가 싸울 때 중재하고 엉망이 된 것을 치워줄 수 있다. 어른이 된 사람들은 자신의 신이 그렇게 해주기를 바라며 무릎을 꿇고 기도한다. 상담사들은 우주적 정의와 공정성에 대한 이러한 세속적 환상에 쉽게 굴복할 수 있으며, 내담자들은 그들에게 그러한 환상을 제공해 달라고 간청할 수 있다. 니체는 이러한 행동에 혐오감을 느끼고 큰 소리로 반복해서 말했다.

'오, 신이시여, 제가 죄를 지었습니다. 제발 용서해 주세요.' '오, 신이시여, 저희는 죄가 없습니다. 고통에서 저희를 자유롭게 해주십시오.' '열심히 노력하고 있지만 삶은 너무 불공평합니다. 제가 죽으면 천국에서 보상을 받을 수 있습니까?' '저희는 길 잃은 양입니다. 정말 그럴까? 이것이 인간에 대한 매력적인 비전일까? 니체는 그렇게 생각하지 않았다.

니체에게 교회의 역사는 굴복하고, 아첨하며, 움츠리고, 징징대고, 사과하며 특별한 호의를 구걸하는 것이었다. 그것은 모욕적이고 수치스럽고 절망적이며 부정직하고 비열한 행동이었다. 우리 모두 철이 들 때가 되었다. 니체는 신은 죽었다고 주장했다. 니체가 볼 때 신이란 줄곧 그저 나쁜 관념이었다. 그는 우리 자신, 우리의 잠재력, 우리의 실제 존재에 대한 믿음과 희망을 가져야 한다고 주장했다. 우리는 스스로 일어서서 독립적인 성인처럼 행동해야 한다. 삶은 매우 힘들 수 있다. 하지만 더 현대적인 관용구를 빌려 말하자면, 상황이 어려워질수록 강한 자는 더욱 분발 한다.

> 독수리의 눈으로 심연을 응시하고 있는자, 독수리의 발톱으로 심연을 움켜잡고 있는자, 그런 자가 는 용기있는 자이다.
> (『차라투스트라는 이렇게 말했다』, 제4부, 73장, 4절)

누가 '공정한' 몫을 받고 있는지를 추적하는 인격적인 천상의 회계사는 없었다. 니체는 이에 만족했다. 모든 사람이 정당하다고 희망하는 것을 받은 것은 아니었다. 왜 그래야 할까? 불행에 휩싸인 나약한 개인은 '나야?'고 외칠 수 있다. 극복인은 '왜 내가 아니야?'라고 생각할 것이다.

정의롭고 공정한 삶을 위해서는 어떤 믿음과 용기가 필요했을까? 진정한 용기는 내일이 가혹하고, 자의적이고, 혼란스럽고, 무작위적일 수 있다는 것을 충분히 알고 일어나서 계속 나아가는 것을 의미했다. 만약 우리가 정신을 차려야 한다면, 우리 자신의 형태, 자아, 상황에 대한 감각을 스스로 만들어내야만 했다. 우리는 자신의 이야기를 만들고 말해야 할 것이다. 그 이야기가 항상, 혹은 자주, '오래오래 행복하게 살았습니다'로 끝나지는 않을 것이다.

> 굶주리고, 사납고, 외롭고, 신에게 버림받은 채로 있는 것, 사자는 이것을 원한다. 노예의 행복에서 벗어나 신과 숭배에서 해방되고, 두려워 않고 두려움을 불러일으키며, 웅장하고 외롭게 되는 것, 이것이 양심적인 자의 의지다. 광야에는 양심적이고 자유로운 영혼들이 광야의 군주처럼 살았지만, 도시에는 잘 먹고 유명한 현자들, 즉 짐승들이 산다.
> (같은 책, 제2부 30장, '유명한 현자들')

> 그들이 말했다 "오, 차라투스트라여, 혹시 당신의 행복을 찾고 계신 겁니까?" 그가 대답했다 "내 행복이 무슨 소용이냐! 나는 행복을 위해 더 이상 애쓰는 것을 오래전에 그만두었다. 나는 내 일을 위해 노력한다."
> (같은 책, 4부 61장, '달콤한 희생')

개인적 성장을 추구하는 현대인들은 종종 참나무를 생각한다. 니체의 이미지는 훨씬 더 육식적인 것이었다. 우리는 잃어버렸거나 찾은 소나양, 어린양이 아니라 늑대, 사자, 독수리가 되어야 했다. 어린이 당신 옆에 누워 있다면, 왜 먹지 않겠는가!

어쨌든, 현대인의 우울증과 절망의 대부분은 너무 쉬운 삶에서 비롯된 방종이었다. 우리는 진정한 고통과 아픔이 무엇인지 잊어버렸다. 심리학은 실업자를 위한 오락거리였다. 우리는 뒷마당을 가꾸고 응접실에서 사색에 잠기면서 존재의 진정한 강풍으로부터 단절되어 있었다. 우리는 신체적으로, 정신적으로, 영적으로, 도덕적으로 허약해졌다:

비관적 철학의 출현은 결코 거대하고 끔찍한 불행의 징후가 아니다. 아니, 모든 삶의 가치에 대한 이러한 물음표는 삶의 정제와 완화가 정신과 신체의 피할 수 없는 모기 물림조차도 유혈이 피투성이고 악성으로 보이게 만들고 고통에 대한 실제 경험이 너무 부족하여 고통스러운 일반적 관념을 최상의 고통으로 간주하고 싶은 시대에 제기된다.

비관적인 철학자들과 '현 시대의 진정한 불행'으로 보이는 과도한 민감성에 대한 처방이 있다. 하지만 이 처방은 너무 잔인하게 들릴 수 있으며, 사람들이 '존재는 악한 것'이라고 판단하게 만드는 징후 중 하나로 여겨질 수도 있다. 글쎄, 이 '비참함'에 대한 처방은 바로 '비참함'이다. (『즐거운 학문』)

니체의 말은 일리가 있다. 고통이나 비극보다 더 많은 시간과 돈을 가진 사람들에게 얼마나 많은 상담과 다른 형태의 보살핌과 관심이 주어지고 있을까? 자신이 얕고, 둔하고, 평범하고, 비겁하다는 더 깊은 진실을 피하기 위해 피상적인 악함을 탐구하는 척하고 싶어 사람은 얼마나 될까?

우리가 찾을 가치가 있는 것을 발견한다면 우리는, 서로의 복제품이 되는 것을 그만두고 우리 자신을 위한 길을 만들어야 한다. 우리는 다른 사람들과 그들의 지친 관습을 따르는 길 잃은 또는 길 찾은 양이 되어서는 안 된다. 이 모든 것은 삶에 대한 두려움에서 비롯되었다. 우리는 자신을 표현하고 스스로 탐구해야 한다. 무엇을 발견할 수 있을까?:

나는 너에게 극복인을 가르친다. 인간은 극복되어야 할 존재다. 너는 인간을 극복하기 위해 무엇을 했느냐?

지금까지 모든 존재는 자신들을 뛰어넘는 어떤 것을 창조했는데, 너는 이 큰 홍수의 썰물이 되어 인간을 극복하지 않고 짐승으로 돌아가고 싶은가? 인간에게 원숭이란 무엇일까? 웃음거리인가, 아니면 고통스러운 당혹감인가? 인간은 극복인에게는 웃음거리가 되거나 고통스러운 골치거리가 되겠지... 인간은 짐승과 극복인 사이에 묶인 밧줄, 즉 심연을 가로지르는 밧줄이다... 인간에게 위대한 것은 그가 끝이 아니라 다리라는 점이고, 인간에게 사랑받을 수 있는 것은 그가 서곡이면서 동시에 몰락하는 존재라는 점이다.
(『차라투스트라는 이렇게 말했다』, 프롤로그, 3-4절)

그렇다면 우리의 임무는 우리 자신을 '찾는 것'이 아니라 우리 자신을 넘어서는 것, 즉 모든 스타트렉 팬들이 알고 있듯이 '어느 누구도 가보지 않은 곳으로 대담하게 가는 것'이었다.

그리고 우리가 '저 너머'에 도달하려면, 자기 자신과 자신의 소심한 평범함을 직면하기조차 원치 않고 자신을 넘어 움직이는 것은 생각조차 하지 않는 모든 인간성의 양, 소, 나귀를 모두 밟고 넘어가야 할 것이다. 현대의 인간 잠재력 운동에 속한 많은 사람들과 달리 니체는 자기 실현과 자기 초월을 위해서는 무수히 많은 형태의 힘을 배우고 활용해야 한다는 것을 알고 있었다. 이것은 종종 힘난한 과정이 될 수 있다:

살아있고 죽어가는 몸이 아닌 모든 것은... 체화된 권력의지 이어야만 할 것이다. 그것은 성장하고, 퍼지고, 장악하고, 우세해지려고 노력할 것이다. 도덕이나 부도덕 때문이 아니라, 살아있기 때문이고, 삶은 단순히 권력 의지이기 때문이다. '착취'는... 기본적인 유기적 기능으로서 살아있는 것의 본질에 속한다. 그것은 결국 삶의 의지인 권력 의지의 결과이다.
(『선악의 저편』, 경구 259)

이런 다원주의적 사고방식, 이빨과 발톱으로 붉게 물든 자연은 자유주의 윤리 원칙과 즉시 충돌한다. 다윈 이후 진화와 윤리를 조화시키려는 노력은 계속되어 왔다. 니체는 그것을 원하지 않았다. 화해는 필요하지 않았다. 니체는 플라톤의 공화국에 나오는 트라시마코스를 되풀이하여 정의란 강자의 이익에 불과하고 역사는 승리자의 이야기라고 생각했다:

> 지금까지 이해되어 온 도덕성은 결국 쇼펜하우어에 의해 '생의지의 부정'으로 다시 공식화되었는데, 이는 스스로를 명령으로 둔갑시키는 바로 그 퇴폐적인 본능이다. 그것은 말한다. 멸망하라! 그것은 유죄 판결을 받은 자가 내리는 유죄 판결이다. (『우상의 황혼』, '반 본성으로서의 도덕', 5절)

> 우리는 도덕적인 소와 선량한 양심의 뚱뚱한 행복 보다 덜 부러워하는 것은 없다. 전쟁을 포기할 때 위대한 삶을 포기한 것이다.
> (같은 책, '반 본성으로서의 도덕', 3절)

이런 맥락에서 니체는 독자들에게 충격을 주고 흔들기를 너무 열망한 나머지 자신의 주장에서 잠재적인 미묘함까지 모두 흔들어 놓는다. 어쨌든 그는 울부짖는다. 그는 논쟁하고 설득하며 모든 끔찍하고 복잡하며 자제하는 자유주의적 합리성의 일부가 되기를 원하지 않는다. 그는 자신의 본능을 따르고 '진실하기를 원한다. 이것이 우리 모두가 해야 할 일이다. 결과적으로 그의 생각은 장황한 말, 외침, 유치한 방종의 비명이 된다. 더 불길하게도 그것들은 악과의 의도적인 파우스트적인 유희가 된다.

니체는 자신이 위험한 게임을 하고 있다는 것을 알고 있으며 그것을 즐긴다. 밀과 다른 '블록헤드'[72] 철학자들을 물리쳐라. 그들은 무게를 재고 균형을 잡고 평가하고 공식과 '한편으로'와 '다른 한편으로'를 찾으려고 울부짖는다. 니체는 낭만주의자이지만, 종종 현란한 산문의 달인이라기보다는 희생자였다. 더 이상 현혹할 수 없을 때 그는 곤봉질을 하려고 울부짖는다. 그는 충격을 위한 충격으로 저속한 모욕에 의존한다. 그는 현자라기보다는 청소년이 된다. 결국 그는 미쳐버렸다.[73]

> 동물 길들이기를 '개량'이라 부르는 것은 우리 귀에는 거의 농담처럼 들린다. 동물원에서 무슨 일이 일어나는지 아는 사람은 짐승들이 그곳에서 '개량되었다는 것을 의심한다. 그들은 약해지고 덜 해롭게 만들어지며, 두려움의 우울한 효과, 고통, 상처, 굶주림을 통해 병든 짐승이 된다. 사제가 개량한 길들여진 인간도 다르지 않다. 중세 초기에 교회가 실제로 무엇보다도 동물원이었던 시절, 무엇보다도 '금발 짐승'의 가장 아름다운 표본이 사방에서 사냥되었다. 예를 들어 고귀한 게르만족은 '개량'되었다.
> 하지만 수도원으로 유혹된 '개량된' 독일인은 그 후 어떻게 보였을까? 인간의 희화화처럼, 유산처럼 보였다. 그는 '죄인'이 되었고, 온갖 끔찍한 개념의 상처들 사이에 갇혀 우리에 갇힌 신세가 되었다. 그리고 그는 병들고 비참하고 자신에게 악의를 품은 채 누워 있었다. 삶의 원천에 대한 증오로 가득 차 있었고, 여전히 강하고 행복한 모든 것에 대한 의심으로 가득 차 있었다. 요컨대, '기독교인'이었다. (『우상의 황혼』, 인류 중 '개선된 자', 2절)

이 단계에서는 니체의 장황한 말은 더 이상 재미가 없다. 윤리가 개인을 차단할 수 있다고 말하는 것과 모든 윤리적 개인은 바보이며 윤리는 승자가 원하는 것이라고 주장하는 것은 완전히 다른 문제다. 이는 앞에서 다루어진 진지한 철학자들이 세심하게 탐구해 온 복잡성과 딜레마를 고

---

72 "블록헤드"(block-head)는 '어리석은 사람'이나 '돌머리'를 뜻한다.
73 니체의 오랜 정신질환은 일차적으로 생리학적 현상인가, 심리적 현상이었는가? 나는 그 점에 대해 알지 못한다. 그가 죽은 원인은 잠복기의 제3기 매독으로 인한 마비라고 알려져 있다. 확실히 그는 여러 해 동안 심각한 신체적 고통을 겪었다.

의적으로 무시하는 것이다. 니체는 실제로 독일 민족주의자가 아니었으나, 그의 "극복인"은 전 세계에서 다른 사람들의 등을 밟고 있는 것으로 발견된다. 그는 민족주의적 멜로드라마를 경멸했으며, 그것은 의미를 창조하려는 각 개인의 욕구에 대한 값싼 해결책으로 여겼다. 그러나 『차라투스트라는 이렇게 말했다』는 제1차 세계 대전 당시 독일 보병의 배낭 속 필수품이었고, 그의 '자유로운 독일인'에 대한 묘사는 또 다른 위대한 자기표현의 향연인 제2차 세계 대전에 대해 조금이라도 아는 사람들의 귀에 거슬린다:

> 너는 선한 대의가 전쟁조차 신성하게 만든다고 말하는가? 나는 너에게 말하노니, 모든 대의를 신성하게 만드는 것은 선한 전쟁이다.
> (『차라투스트라는 이렇게 말했다』, 제1부, '전쟁과 전사에 대하여')

과연 그럴까? 단지 자유주의자들이 전쟁에서 승리했다는 이유만으로 우리는 자유주의적 인본주의의 원칙을 지지해야 할까? 그게 전부일까? 모든 논쟁을 해결하는 것이 군인이라면 철학의 역할은 무엇일까?:

> 나는 철학자를 모든 것을 위태롭게 하는 무시무시한 폭발물로 이해한다... 나의 철학자에 대한 개념은 칸트는 말할 것도 없고, 학계의 '되새김질하는 동물들'이나 다른 철학 교수들을 포함하는 어떤 개념과도 거리가 멀다.
> (『이 사람을 보라』, 3.2.3장)

니체는 확실히 끔찍한 폭발물이었다. 그는 자신의 생애 동안 일반적으로 주목받지 못했지만 사후에 진정으로 살아있고 강력해졌다. 군인과 정치가들이 자신의 편견과 취향에 가장 잘 맞는 철학자를 선택하는 것은 의심할 여지가 없다. 나치 독일은 확실히 니체를 존경했고, 그의 광적인 거품을 생각하면 그 이유를 쉽게 알 수 있다. 철학적 관점에서 볼 때 2차 세계대전은 밀(의 신념)과 마르크스가 니체에 대항하여 동맹을 맺은 것으로 희화화될 수 있다. 그 다음 밀과 마르크스는 필연적으로 사이가 틀어졌다. 이제 마르크스는 몰락했다.

그렇다고 밀이 옳았다는 뜻일까? 아니면 다른 사람들보다는 좀 더 옳았다는 뜻일까? 아니면 그와 자유주의적 인본주의가 안전하다는 뜻일까? 아니면 그들 모두 늙어서 새로운 것으로 대체되었을 때 '웃음거리나 고통스러운 당혹감'이 될까?:

> 오늘날 가장 신중한 자들은 '인간은 어떻게 유지되어야 하는가?'를 묻는다. 그러나 차라투스트라는 최초이자 유일하게 '인간은 어떻게 초극되어야 하는가?'를 묻는다.
> (『차라투스트라는 이렇게 말했다』, 제4부, 제73장 '더 높은 사람', 3절)

여기 인간 잠재력 운동이 가장 활발하게 움직이고 있다. 미약한 관리와 유지 차원에서 자신을 발견하고 육성하는 데 그쳐서는 안 된다. 자신으로부터 벗어나 자신을 뛰어넘어야 한다. 쇼펜하우어나 불교도처럼 포기를 통해서가 아니라 터보엔진을 장착하여 전력을 다하고, 타협하지 않는 자기주장을 통해 가능하다. 도전해 보라. 1년 후에는 어떤 모습일지 상상해 보라. 지금 바로 여기서부터 시작해보라. 자신이 알고 있다고 생각하는 모든 것을 뛰어넘어야 한다. 해내라.

물론 그 결과는 사회적 혼란, 개인적 재앙, 정신적 붕괴로 이어질 수도 있다. 경계는 그저 우리를 가두는 것이 아니다. 경계는 우리가 정체성을 만들 수 있는 형태와 틀을 제공한다. 우리는 사회적 존재다. 우리는 공동체 안에서, 그리고 공동체에도 불구하고가 아니라 공동체를 통해 자신을 발견하고 심지어 초월하기도 한다. 우리는 상황의 흐름과 규율 안에서 자신을 표현한다. 우리가 그저 '본능적으로' 소리치고 냄새를 맡으며 길을 찾아간다면, 우리는 그다지 많이 표현하거나, 발견하거나, 초월하지 못한다. 또한, 우리는 독수리가 아니다. 일반적으로 우리는 무리를 지어 움직이고 자신을 표현한다. 밀은 그 결과로 발생하는 복잡한 문제들을 다루려고 노력했다:

> 그러나 개들에게 늑대처럼 사람들에게 미움을 받는 자, 그는 자유로운 정신, 족쇄의 적, 숭배하지 않는 자, 숲에 사는 자이다.
> (같은 책, 제2부 30장, '유명한 현자들')

우리 모두가 외로운 늑대가 될 수는 없지만, 그들을 위한 자리가 있기를 바란다. 루소처럼 니체는 숲과 황야을 사랑했다. 그것들 역시 인류 이야기의 일부이기 때문에 우리는 니체와 다른 낭만주의자들을 무시할 수 없다. 물론 비웃기는 쉽다. 그는 늑대를 찬양했지만 글만 쓰고 있었다. 희생자들을 무자비하게 짓밟는 말을 탄 강하고 용감한 남자를 사랑했다. 그러나 그 자신은 군인이 아니었다:

> 진정한 남자는 두 가지를 원한다. 위험과 놀이가 바로 그것이다. 그래서 그는 가장 위험한 놀잇감으로 여자를 원한다.
> (같은 책, '노인과 젊은 여자의' 부분)

남자는 전쟁을 위해, 여자는 전사의 오락을 위해 훈련받아야 한다. 그 밖의 모든 것은 어리석다. (같은 책, 같은 곳)

대부분의 여성은 니체가 '놀기'에는 너무 강했을 것이다. 종이위에서 포효했지만, 그 자신의 판단에 따르면 작가는 군인, 폭군, 행동하는 남자,

존 웨인, 커크 선장만큼 사자 같지는 않았다. 페미니즘, 포스트 페미니즘, 포스트 모던 시대에 '힘'과 주장'에 대한 이러한 한심한 개념은 새로운 남자가 아닌, 오직 재건되지 않은 공룡 같은 남성에게만 깊은 인상을 준다. 힘든 일은 기계가 한다. 근육질의 남성은 여성 임원의 장난감 소년이 될 수 있다. 그들은 예전과 같은 지위를 갖지 못한다. 물론 권력은 여전히 성적 매력을 지니고 있지만, 권력 있는 남자는 무거운 영향을 미치는 중요한 결정을 내리는 경우가 많다.

그렇다, 여기서 니체는 아마도 우리가 믿고 싶어 하는 것보다 더 옳았을 가능성이 크다. 권력은 여전히 자신의 규칙을 만들거나 적어도 스스로를 위한 특별한 예외를 만들 수 있다. 하지만 이제 권력은 주로 무리 즉 네트워크에서 작동한다. 권력자는 혼자 앉아 있는 것이 아니라 전화로 연결하고, 설득하고, 조율하고, 조종한다. 마키아벨리는 니체보다 이 운영자에게 더 많은 것을 제공할 수 있다.

니체는 이것이 외로운 늑대에 대한 원숭이의 승리라고 생각할 수도 있다. 그는 늑대를 더 선호할 것이다. 그러나 원숭이 무리가 역사책을 쓰게 되고, 그의 규칙에 따라 그들이 전복되는 순간까지 존중받아야 한다'.

> 민주적 제도는 고대의 전염병, 즉 폭정에 대한 욕망과 싸우기 위한 검역 조치이다. 그런 점에서 매우 유용하면서도 매우 지루하다.
> (『방랑자와 그의 그림자』, 289쪽)

어쩌면 니체가 그토록 광분하는 이유가 그것일지도 모른다. 그는 '문명화와 민주화를 위한 노력을 경멸하지만, 자신의 영웅이 패배할 것이라고 보았다. 그는 대프랑스동맹에 패한 나폴레옹을 숭배했다. 그는 히틀러를 어떻게 생각했을까? 그 모든 외침 속에는 아직 드러나지 않은, 더 사려 깊고 통찰력 있는 니체가 있다. 이는 예를 들어 모든 종교를 감옥으로 비난하지 않고, 살아있고 활기찬 혁명적인 첫 번째 원칙을 대체하는 죽은 제도만을 비난하는 니체이다:

> 종교가 지배적인 위치에 오르자마자, 그 첫 번째 제자들이었을 모든 이들이 그 종교의 반대자가 된다. (『인간적인, 너무도 인간적인』, 118쪽)

그러나 과장된 표현 때문에 독창성, 진실성, 용기에 대한 잠재적인 니체적 우려가 너무나 쉽게 묻혀버린다:

> 나를 믿어라, 가장 풍요롭고 가장 큰 삶의 즐거움을 실현하는 비결은 바로 위험하게 사는 것이다! 베수비오 산의 경사면에 너희들의 도시를 건설하라! 미지의 바다로 너희들의 배를 내보내라! 너희들과 동등한 자들, 그리고 너희 자신들과 갈등하며 살아라! 지식인들이여, 너희가 통치자이자 소유자가 될 수 없을 때까지는 강도이자 약탈자가 되어라! 겁 많은 사슴처럼 숲 속에 숨어 사는 것에 만족할 수 있는 시대는 곧 지나갈 것이다!
> (『즐거운 학문』, 경구 283)

이런 발언들은 어리석지만, 위험할 정도로 그렇다. 그것들은 곧 불쾌감을 준다:

> 병약한 사람은 사회의 기생충이다. 삶의 의미, 삶의 권리가 상실된 후 의사와 약물에 비겁하게 의존하여 연명하는 것은 사회의 심오한 경멸을 받아야 한다. (『신들의 황혼』, '시기적절하지 않은 사람의 횡설수설', 격언 36)

니체 자신이 수년 동안 병약한 상태였고 이 기간 동안 그의 최고의 작품을 많이 썼다는 점을 고려할 때 이러한 관찰은 매우 아이러니하다. 다행히도 니체가 항상 승자를 옹호하려는 것은 아니었다:

오늘날에도 많은 교육받은 사람들은 그리스 철학에 대한 기독교의 승리가 기독교의 우월한 진리의 증거라고 생각한다. 그러나 이 경우는 더 거칠고 폭력적인 것이 더 정신적이고 섬세한 것을 정복했을 뿐이다. 진리에 관한 한, 깨어나는 과학들이 에피쿠로스의 철학과 하나하나 제휴하고, 기독교를 하나하나 거부했다는 것을 말하는 것으로 충분한다.

(『인간적인, 너무도 인간적인』, 68)

이와 같은 진술에서 그는 승리자의 관점보다 더 큰 의미를 갖는 진리와 원칙의 개념에 대한 관심을 보여준다. 다른 곳에서는 그는 더 경멸적이고 더 현대적이다:

그렇다면 진리란 무엇인가? 은유, 환유, 의인화의 움직이는 군대 - 간단히 말해서, 시적으로나 수사적으로 향상되고, 전이되고, 장식된 인간 관계의 총합이며, 오랜 사용 후에 사람들에게 확고하고, 정경적이며, 의무적인 것으로 보이는 것이다. 진리는 그것이 무엇인지 잊어버린 환상이다. 감각적인 힘이 없는 닳아빠진 은유이다. 그림을 잃고 이제는 동전으로서가 아니라 금속으로서만 중요한 동전이다.

(『초도덕적 의미에서의 진실과 거짓』, 46~7쪽)

이와 같은 관찰을 통해 우리는 니체를 초기 포스트모더니스트로 분류할 수 있으며, 그에 따른 무정부주의적이고 무책임한 경향을 모두 거기 포함시킬 수 있다. 모든 진리 개념을 경멸하지는 않더라도, 이러한 포스트모던적 관점은 누구의 '진리'에도 지나치게 관대할 수 있다. 모든 사람이 자신의 '경험'에서 결정된 자신만의 진리를 가지고 있다고 가정하기 때문에 의견은 사라진다. 이런 종류의 철학은 현대의 인간 잠재력 운동의 일부에 상당 부분 영향을 미쳤다. 진리는 '나의 진리', '나의 것'이 된다. '나는 내 일을 하고, 너는 네 일을 한다.' 그 뒤처리는 누가 해야 할까?

이와 같은 부조리는 (일부) 상담가들이 전혀 판단해서는 안된다는 판단으로 이어진다!

니체는 진리가 유희이자 개인적인 관점이라는 생각을 탐구하지만 그는 극복인과 그 밖의 다른 아름다운 패배자들의 진리를 열망한다. 확실히 그는 자신과 우리 시대의 통념적인 진리와 지혜에서부터 벗어났다. 예를 들어:

고귀한 자들이여, 사소한 덕, 사소한 정치, 모래알 같은 배려, 개미 언덕 같은 허례허식, 비참한 안락함, '최대 다수의 행복'을 뛰어넘어라!
(『차라투스트라는 이렇게 말했다』, 제4부, 제73장, '더 높은 사람', 3항)

평등의 교리!... 이보다 더 해로운 독은 없다. 정의 그 자체가 설파하는 듯 보이지만, 실은 정의의 종말이기 때문이다.
(『우상의 황혼』, '시기적절하지 않은 마의 탐험', 격언 48)

외침 속에서 - 강력한 물은 많은 돌과 잔해를 함께 끌고 간다. 강력한 정신은 많은 어리석고 당황한 머리를 끌고 간다.
(『인간적인, 너무도 인간적인』, 541절)

아마도 니체는 자신을 또 다른 아름다운 패배자라고 느꼈을 것이다:

나는 내 운명을 안다. 언젠가 내 이름과 함께 끔찍한 것, 즉 지구상에서 이전에는 없었던 위기와 같은 것, 양심의 가장 심오한 충돌, 그때까지 믿고 요구하고 신성시되었던 모든 것에 대항하여 불러일으켜진 결정의 기억이 연관될 것이다. 나는 인간이 아니다. 나는 다이너마이트이다.
(『이 사람을 보라』)

니체는 자신이 재정의된 진리와 선함의 발견자가 아니라 '끔찍한 것'이 될 것이라고 상상했다. 그는 옳았다. 호랑이는 혼잡한 지구에서 설 자리가 점점 줄어들고 있고, 나치의 타이거 탱크는 그 웅장한 위력과 우월함에도 불구하고 동쪽에서는 대량 생산된 소련의 T34 전차 집단, 서쪽에서는 미국의 셔먼 전차들의 수적 우세에 의해 점차적으로 산산조각 났다. 공중에서도 마찬가지였다. Me262 제트기를 탄 나치 44항공대의 '톱건' 정예 조종사들은 팀으로 협력하는 민주국가들의 생산성과 (다행히도) 더 큰 수적 우세에 압도당했다. 그것은 자체 정의된 엘리트 대 대중의 소모전이었다. '엘리트'가 패배했다. 바그너는 음악을 작곡했고 니체는 시와 철학을 제공했다.[74] 1천년 제국이 무너졌다.

그것은 끔찍한 일이었다. 자유주의자들은 단지 자유주의가 승리했기 때문이 아니라 충분히 좋은 이유와 일관된 논리를 가지고 그렇게 말할 수 있다. 어쨌든 어떤 승리도 영원히 안전하게 유지되지 않는다. 어떤 새로운 철학이 어떤 새로운 군대의 배낭에 담겨 그들의 공간과 시간을 주장하기 위해 태양을 향해 행진할 것인가?

질문

1. 니체가 자신의 독자에게 도전했던 것처럼 당신은 내담자에게 얼마나 자주 도전할 수 있으며, 도전해야 하는가?

2. 어떤 내담자가 가면을 벗고자 하는가? 그것을 극복하려고 하는가? 그것을 다시 색칠하려고 하는가?

3. 어떤 내담자가 고통스럽더라도 진정성을 추구하는가? 그럴듯한 이야기를 추구하는가? 위안이 되는 합리화를 추구하는가?

---

[74] 니체에게 극복인은 초국가적이고 '초인간적인' 영웅이었다. 그는 민족주의적 의지에 관심이 없었다. 그러나 그의 강력한 가르침이 두 차례의 세계 대전 동안 독일 민족주의에 의해 채택되었다는 것은 의심의 여지가 없다.

4. 다양한 관점에서 다양한 진실이 있는가? 하나의 진실에 대한 다양한 관점이 존재하는가? 진실을 가장한 다양한 편견, 이야기, 은유가 존재하는가?

연습

1. 상담사들은 내담자들에게 때로는 도전하고 때로는 지지하는데, 어떤 측면이 더 부각될지는 상담사와 내담자, 그리고 상황에 따라 달라진다. 모든 것이 도전이었다. 그는 우리가 영웅적이고 진정으로 인간이 되려면 다른 것은 비겁하고 지지할 수 없는 것이라고 생각했다. 하지만 내담자가 고통스러운 진실을 마주할 준비도, 의지도, 능력도 없어 보인다면 어떻게 해야 할까? 당산이 무엇을 할 것인지, 또는 무엇을 해야 하는지 생각해 보라. 내담자의 허구, 사소함 또는 평범함에 동조하는가, 그래야 하는가? 떠오르는 예가 있다면 무엇이든 토론해 보라.

2. 단순히 오래된 이야기를 반복하는 대신 '자신'을 버리고 새로운 이야기를 만들면 번영할 수 있는 내담자가 누구인지 생각해 보라.

결론

니체는 진리, 정체성, 권력, 협력의 본질에 대한 안락한 자유주의적, 기독교적 환상에 맞서 싸웠다. 그는 쉽고 편안한 대답에 도전했다. 니체 자신의 치료법은 종종 낭만적이고 무책임하며 방종적이고 미성숙했다. 그러나 그는 문제에 직면하는 것보다 얼버무리는 알팍한 신학, 미지근한 도덕, 나태한 자유주의의 형태를 강조한 점에서 옳았다. 니체는 존재에 대한 '최고의 행복' 개념에 거대한 구멍을 냈다. 그는 이러한 개념들이 핵심적인 질문에 답하기보다는 오히려 그것을 회피하거나 모호하게 처리한다는 것을 보여주었다. 이러한 질문들은 정신, 상황, 원칙, 목적에 대한 얇고 불투명하며 나태하고 자기만족적인 비전을 제공했다. 니체는 우리

혈관에 흐르는 붉은 핏줄을 축하할 용기를 찾아야 한다고 외친다. 나는 그가 옳다고 생각한다. 그러나 진정한 도전은 그 과정에서 지나치게 과열되지 않고 너무 많은 피를 흘리지 않고 그렇게 하는 것일 것이다. 니체, 밀, 마르크스 모두 각기 다른 방식으로 충분한 답을 제시하지 못했다.

참고문헌

F. Nietzsche, *The Gay Science*, trans. W. Kauffinann, untage, 1974
F. Nietzsche, *Beyond Good and Evil*, Penguin, 1990
F. Nietzsche, *Ecce Homo*, trans. W. Kauffmann, Penguin, 1992
F. Nietzsche, *Human, All Too Human*, Penguin, i994
F. Nietzsche, *Thus Spoke Zaratbustra*, Prometheus, US, 1994
F. Nietzsche, *The Birth of Tragedy*, Dover, 1995
F. Nietzsche, *On the Genealogy of Morals*, Oxford University Press, 1997
F. Nietzsche, *On truth and Lies* in Extra-moral Sensè, in *Complete Works ofNietzsche*, trans. R.T. Gray, Stanford University Press, 1998
F. Nietzsche, *Twilight of the Idols*, Oxfcjrd University Press, 1998
F. Nietzsche, *The Wandem and his Shadows*, in *Complete Works of Niezsche*, trans. R. T. Gray, Stanford University Press, 1998

Chapter 28

지그문트 프로이트 (1856-1939년)

요점

* 정신분석은 인간 문명의 진화와 관련된 모든 과학에 필수불가결한 것이 될 수 있다.

* 인류의 종교는 집단 망상으로 분류되어야 한다.

* 스스로 분석을 받아야만 얻을 수 있는 특정한 경험을 하지 않은 사람은 정신분석에 대한 논의에 참여할 권리가 없다.

* 나는 사실 과학자가 전혀 아니다.... 나는 기질적으로 정복자이자 모험가일 뿐이다.

* 우리가 보듯, 삶의 목적을 결정하는 것은 단순히 쾌락 원리의 프로그램이다.

적용

* "우리에게 그는 이제 더 이상 한 개인이 아니라 시대적 사조이다." (W. H. Auden, *Another Time* (1940) 'In Memory of Sigmund Freud')

* 많은 치료가 크든 작든 프로이트의 모델, 은유, 방법을 사용해 왔다.

* 이 장에서는 프로이트가 너무 큰 영향을 미쳤으며, 21세기에는 그의 중요성이 계속해서 감소해야 한다고 주장한다.

* 사회와 문명이 인격 발달에 미치는 영향에 대한 프로이트의 견해는 비관적이고 해로웠다.

* 프로이트는 시민과 도시를 함께 개선할 방법에 대해 건설적인 제안을 거의 하지 않았다.

▶

프로이트는 일반적으로 철학자들에 의해 철학자로 인정받지 못하지만, 오든W H. Auden이 강조한 바와 같이 프로이트는 우리 자신과 우리의 상황에 대해 생각하는 방식에 매우 큰 영향을 미쳤다. 프로이트의 의제는 그 야망의 규모에서 경이로웠다:

> 우리는 정신분석이 의학에 흡수되어 '치료 방법'이라는 제목 아래 정신과 교과서에 영구히 자리 잡는 것을 전혀 바람직하게 여기지 않는다. (『정신분석의 본질』, 63쪽)

프로이트는 정신분석이 다양한 정신과 치료 중 하나가 되기를 원하지 않았다. 오히려 그 목표는 프로이트의 가르침이 문화, 예술, 사회과학, 인문학, 및 아동 양육의 기초가 되어 그것들을 구성하는 것이었다. 이것은 지원과 영감의 원천으로서 종교와 사제를 대체하고, 그 자체로 세속적인 종교가 될 것이다:

> 정신적 무의식에 대한 이론인 '심층 심리학'으로서, 그것은 인간 문명의 진화와 예술, 종교, 사회 질서와 같은 주요 제도들을 다루는 모든 과학에 필수불가결한 존재가 될 수 있다. 내 생각에 그것은 이미 이러한 과학들이 문제를 해결하는 데 상당한 도움을 주었다... 정신분석은 또 다른 적용 분야가 있다... 즉, 아동 양육에 적용되는 것이다. (같은 책, 64쪽)

부모, 교사 및 모든 종류의 전문가들은 조언과 지원을 위해 정신분석에 의지할 수 있다. 과거에는 그들이 사제에게 의존했을 수 있지만, 프로이트는 어떤 형태의 종교든 신경증의 한 형태로 보았다:

인류의 종교는 이러한 집단 망상 중 하나로 분류되어야 한다.
(『지그문트 프로이트의 완전한 심리학적 저술』, 21권)

그 모든 것이 너무나 명백히 유치하고 현실과 너무 동떨어져 있어서 인류에게 우호적 태도를 가진 사람이라면 대다수가 이런 삶의 관점을 결코 초월하지 못할 것이라 생각하는 것이 고통스러울 수밖에 없다. (같은 책)

이러한 대가로, 그들을 정신적 유아기의 상태에 강제로 고정시키고 집단 망상으로 끌어들임으로써, 종교는 많은 사람들이 개인적인 신경증을 겪지 않게 하는 데 성공한다. (같은 책)

우리는 성장하여 우리의 문제와 기회를 진정으로 이해하는 사람, 즉 정신분석가에게 상담해야 한다. 목회 활동은 여전히 중요할 것이지만, 중세의 미신에 얽매여 있는 성직자들에게 맡겨져서는 안된다:

전문적인 비의료 분석가는 세속적인 목회상담사에게 합당한 만큼의 존경을 받는 데 아무런 어려움이 없을 것이다. 사실, '세속적인 목회 상담사'라는 표현은, 의사든 비의료인이든 대중과의 관계에서 수행해야 하는 기능을 설명하는 일반적 공식으로 잘 사용될 수 있다. (『정신분석의 본질』, 70쪽)

교회는 권위주의 때문에 종종 비판받아 왔다. 교황은 전능하며, 아마도 오류가 없는 존재로 여겨졌다. 위계 구조는 협상의 여지가 없었다. 신은 권위 있는 자들에게 자신을 드러냈고, 그의 진리는 교회라는 제도를 통해 전파되었다. 과학자라고 주장하는 프로이트에게는 자유로운 토론, 탐구,

실험 및 증거에 대한 관심이 있지 않았을까? 실제로 프로이트는 스스로 '분석'을 받은 사람만이 분석을 논의할 수 있다고 믿었다:

> 우리가 비밀결사의 비밀 결사 회원이거나 신비한 과학을 실행하는 듯한 인상을 주는 것을 즐기지 않는다고 말하면 부디 믿어주길 바란다. 스스로 분석 받음으로써만 얻을 수 있는 특정한 경험을 하지 않은 사람은 정신분석에 대한 논의에 참여할 권리가 없다는 우리의 확신을 인정하고 표현할 의무가 있다. (같은 책, 495쪽)

개인들이 스스로를 분석하고 그렇게 해서 지그문트 프로이트와 정신분석을 논의할 자격을 얻을 수 있었을까? 프로이트에 따르면, 단 한 사람만이 자기 분석을 수행할 수 있었다. 그의 이름은 지그문트 프로이트였다. 다른 모든 사람은 분석가의 분석을 프로이트에게로 거슬러 올라가는 경로로 추적할 수 있는 사람에게 분석 받아야 했다. 프로이트는 진리를 파악했고, 그것을 승인된 분석가의 계통으로 전달했다. 통찰에 이르는 어떤 경로도 정당하지 않았다:

> 친애하는 빌헬름,
> 나의 자기 분석은 사실 현재 내가 가진 가장 중요한 것이며, 그것이 끝에 도달한다면 나에게 가장 큰 가치를 가져다줄 것을 약속합니다.
> (Masson[75], 1985)

프로이트의 분석은 끝에 도달했고, 따라서 그들은 적절한 지침을 구하기만 하면 다른 모든 사람들을 자신의 망상에서 구할 수 있었다. 이것이

---

[75] [역주] 메이슨(J. M. Masson) 미국 작가로서 정신분석가로 활동할 때 프로이트의 딸 안나(Anna Freud)를 설득하여 프로이트가 빌헬름 플리스(Wilhelm Fliess)에게 보낸 편지 전체를 출판했다.

정말 과학이었을까? 프로이트는 1900년 플리스에게 다음을 인정했다:

> 나는 실제로 전혀 과학자가 아니다... 나는 기질적으로 정복자이자 모험가일 뿐이다. (같은 책)

그 말에는 확실히 진실의 여지가 있다. 더욱이 프로이트의 정복은 상당했다. 소크라테스는 자신이 아무것도 모른다는 사실을 알기 때문에 일반인보다 더 지혜롭다고 믿었다. 반면 프로이트는 정신적 진리를 보았고, 승인된 프로이트식 분석의 위계를 통해 그것을 전달할 수 있었다. 이것이 진보인가? 개인적으로 나는 소크라테스의 통찰을 더 선호한다. 그것은 나에게 훨씬 더 심오하고 겸손하며 가치 있는 것으로 보인다.

만약 당신이 프로이트의 가르침에 복종한다면, 무엇을 배우고 어떻게 배울 수 있을까?:

> 처음에 분석하는 의사는 환자에게 숨겨진 무의식적 자료를 발견하고, 그것을 종합하고, 적절한 시기에 환자에게 전달하는 것 이상을 할 수 없었다. 정신분석은 당시 무엇보다도 해석의 기술이었다. 이것이 치료 문제를 해결하지 않았기 때문에, 환자가 자신의 기억으로부터 분석가의 구성을 확인하도록 강요하는 추가적인 목표가 빠르게 시야에 들어왔다. 이 노력에서 주요 강조점은 환자의 저항에 놓여 있었다. 이제 그 기술은 가능한 한 빨리 이러한 저항을 드러내고, 환자에게 이를 지적하고, 인간적인 영향을 통해 환자가 저항을 포기하도록 유도하는 데 있었다. 여기서 '전이'로 작용하는 암시가 역할을 했다. (『정신분석의 본질』, 227쪽)

분석가는 해석하고, 환자의 기억을 의식으로 되돌리고, 환자는 진실과 마주하는 것을 피하기 위해 사용하는 저항을 드러냈다. 만약 환자가 그들의 저항을 내려놓기만 한다면, 그들은 무엇을 배울 수 있을까?:

여드름집 내용물을 짜내는 것은 분명히 그에게는 자위행위의 대체물이다. 그의 잘못으로 나타나는 구멍은 여성의 생식기, 즉 그의 자위 행위로 인해 유발된 거세의 위협(혹은 그 위협을 나타내는 환상)의 충족이다.

(같은 책, 170쪽)

물론 환자는 다른 이유로 여드름집(면포)을 짜냈다고 감히 주장할 수 있다. 그 구멍이 여성 생식기와는 거의 관련이 없거나 유사하지 않다고 주장할 수 있다. 그리고 자위는 일반적으로 여드름을 짜는 것과 연결되지 않는다고 주장할 수도 있다. 그런 환자는 '저항하는' 것으로 간주되고 그들의 해석은 불법이었다. 해석하는 것은 치료사의 역할이었고 환자의 과제는 치료적 해석에 대한 저항을 극복하는 것이다. 당신은 해석을 골라서 할 수 없다. 전부 아니면 전무이다. 그리고 당신의 치료사가 제시하는 해석을 받아들이지 않으면 당신 스스로 치료사가 될 수 없다.

그 과정에서 당신은 많은 새로운 세속적인 프로이트 용어를 받아들일 수밖에 없게 된다. 프로이트가 자신의 생각으로 전체 문화를 식민지화하려 했기 때문에, 우리 모두는 프로이트가 생각하는 것은 무엇이든 생각해야 했다. 예를 들어:

> 조만간 자신의 남근 소유에 매우 자부심을 느끼는 아이는 작은 소녀의 자신과 매우 유사한 존재에서 남근이 없다는 것에 확신하게 된다. 이로 인해 자신의 남근 상실을 상상할 수 있게 되고, 거세의 위협이 지연된 효과를 발휘하게 된다. (같은 책, 397쪽)

> 모든 것에도 불구하고 결국 갈망하는 남근을 얻고자 하는 바람이 성숙한 여성이 분석을 받도록 이끄는 동기가 될 수 있다... 남근에 대한 질투의 중요성을 쉽게 의심하기는 어렵다. (같은 책, 424쪽)

> 자신이 거세되었다는 발견은 소녀의 성장에서 전환점이 된다. (같은 책)

여성들은 자신이 거세되었다고 믿고 있는가? 이것이 그들의 발달에서 전환점이 되는가? 남자아이는 정말 그렇게 자랑스럽고 여자아이는 그렇게 질투하는가? 남자아이는 실제로 문자 그대로 또는 상징적으로 거세를 두려워하는가? 어떤 증거가 있는가? 증거를 수집하는 방법론은 무엇인가? 프로이트는 자신이 과학자라고 주장했지만, 폴리스에게 자신이 '기질적으로 정복자이며, 모험가'(사기꾼이라고는 말할 수 없지만)라고 고백한 것에서 더 솔직해 보인다.

융은 구루주의와 종교에 대한 프로이트의 낮은 평가에 점점 더 조바심을 냈다. 정신분석가들이 환자를 무지한 어린아이처럼 대하는 것은 모두 좋았다. 그러나 융은 수련 분석가와의 관계는 달라야 한다고 믿었다. 그는 다음과 같이 말했다:

> 당신의 제자를 환자처럼 대하는 테크닉은 실수다. 그런 식으로 당신은 노예 같은 아들이나 건방진 강아지(아들러[76]스테켈[77]과 현재 비엔나에서 힘을 과시하고 있는 당당한 무리들)을 만들어낸다. 나는 당신의 작은 속임수를 간파할 만큼 객관적이다. 당신은 주변의 모든 증상적 행동을 탐색하며, 모든 이를 자신의 잘못을 부끄러워하며 인정하는 아들과 딸의 수준으로 낮춘다. 그동안 당신은 아버지로서 위에 군림했다. (McGuire, 1974)

융이 프로이트와 결별한 것은 당연했고, 그들 스스로 명성을 쌓을 수 있고 쌓아야 한다고 결정한 다른 대부분의 거물 경쟁자들도 마찬가지였다. 프로이트의 교회는 결국 교회가 분열되듯이 여러 종류의 종파로 분열되었다.

---

76 [역주] Alfred Adler(1870-1937). 빈에서 태어난 유대계 오스트리아인으로 개인심리학의 창시자이다.
77 [역주] Wilhelm Stekel(1868-1940). 프로이트의 초기 제자 중 한 명으로, 성욕과 관련된 정신분석이론 개발에 기여했다.

프로이트는 그 이전의 로크와 데카르트처럼 '자아'를 적어도 표면적으로는 각자가 자신 있게 인지하고 이해할 수 있다고 여기는 것이라고 믿었다:

> 정상적으로, 우리는 자신의 자기, 즉 우리 자신의 자아에 대한 느낌보다 더 확실한 것은 없다. 이 자아는 우리에게 자율적이고 단일한 것으로 나타나며, 다른 것들과 명확히 구별된다.
> (*Complete Psychological Works of Sigmund Freud*, 21권)

프로이트는 로크를 인정하지는 않지만 그의 사상을 답습한다. 그러나 그는 소박한 내성에 대한 (흄 이후) 후속 비판자들을 거의 고려하지 않았다. 프로이트의 '자아'는 로크나 데카르트의 자아보다 더 불안하고 격렬하고 분열된 것이었다:

> 우리는 속담에서 동시에 두 주인을 섬기는 것에 대해 경고를 받는다. 불쌍한 자아는 상황이 훨씬 더 안 좋다. 그것은 세 명의 엄격한 주인을 섬기고, 그들의 주장과 요구가 서로 조화를 이루도록 가능한 모든 것을 시도한다. 이러한 주장은 항상 상이하고 자주 양립할 수 없는 것처럼 보인다. 자아가 임무에 실패하는 것은 놀라운 일이 아니다. 그 세 명의 폭군적인 주인은 외부 세계, 초자아, 원초아이다. (『정신분석의 본질』, 502쪽)

이 세 가지 하위 인격들은 우리에게 매우 친숙하기 때문에, 그것들을 간단히 설명하겠다:

> 우리는 원초아를 혼돈, 즉 끓어오르는 흥분으로 가득 찬 가마솥에 비유하여 접근한다. (같은 책, 498쪽)

초자아는 우리에게 모든 도덕적 제약의 대표자, 완벽을 향한 노력의 옹호자이다. 간단히 말해서, 그것은 인간 삶의 고차원적인 측면이라고 묘사되는 것 중에서 우리가 심리학적으로 파악할 수 있는 것과 거의 동일하다.
(같은 책, 493쪽)

자아는 쾌락을 추구하는 동물적 자아의 요구와 완벽을 추구하는 초자아의 요구 사이에서 절충하려 애쓰며 동시에 다른 사람들과 상황의 요구에 대처하려 노력했다. 그렇다면 이 하위 인격들은 무엇일까? 그것들은 정신적 또는 형이상학적 실체이긴 하지만 실제적인 것인가, 아니면 자아에 대해 생각하는 방식에 불과한가? 단지 비유나 은유에 불과한가?:

심리학에서는 오직 비유를 통해서만 사물을 설명할 수 있다. 이것은 특별한 것이 아니다. 다른 곳에서도 마찬가지다. 하지만 우리는 이러한 비유를 끊임없이 바꿔야 한다. 왜냐하면 그 어떤 것도 우리에게 오랫동안 지속되지 않기 때문이다. (같은 책, 17쪽)

실제로 프로이트는 자신의 사상 이전에 존재했던 자아의 비유와 모델에 그다지 주의를 기울이지 않았다. 프로이트 이전의 철학자들과 다른 사람들은 정신분석의 혜택을 받지 못했으며, 프로이트와 달리 자신을 분석할 수 있는 능력이 없었기 때문에 이들 중 누구도 프로이트와 같은 지위를 갖지 않았다. 실제로 그들이 어떻게 생각하고 느꼈는지 '실제로' 분석하고 이유를 분석하는 것은 프로이트 자신이었다. 예를 들어 레오나르도 다 빈치는 매우 독창적인 사상가였을 수 있지만, 지그문트 프로이트는 이탈리아인 자신보다 레오나르도를 더 잘 알고 있었고, 따라서 자신의 '연구'에서 '발견'한 바를 세상에 자유롭게 말할 수 있다고 느꼈다.

우리가 본 바와 같이, 그리스인들은 인간이 동물과 어떻게 다른지, 그리고 문명이 야만보다 어떻게 바람직한지를 보여주는 데 관심을 가졌다. 마찬가지로 흄은 교양, 신중함, 반성, 세련됨의 덕을 찬양했다. 반면 프로이트는 우리가 동물과 기계와 어떻게 유사한지에 주목했다. 이는 빅토리아 시대의 위선에 지치고 제1차 세계대전의 야만으로 우리를 이끌 수 있었던 기성 체제에 회의적인 이들에게 매력적인 종합선물이었다. 우리의 기본적 욕구는 '쾌락' 원리에 따라 작동한다. 우리는 쾌락을 극대화하고 고통을 피하고자 한다. 하지만 쾌락이란 무엇일까? 철학자들이 느끼는 쾌락은 돼지가 느끼는 쾌락과 같은 것일까? 만약 쾌락이 우리가 추구하는 많은 다양한 것들로 단순하게 정의된다면, 그렇다. 우리는 쾌락을 추구한다. 그러나 이 용어는 무엇이든 의미할 수 있으므로 아무것도 의미하지 않는다. 공리주의자들과 마찬가지로 프로이트도 이 문제를 인식하지 못했지만, 행위의 '낮은' 과정과 '높은' 과정을 구별했다:

> 사람들이 일반적으로 잘못된 측정 기준을 사용한다는 인상을 피할 수 없다. 그들은 자신들을 위해 권력, 성공, 부를 추구하며 다른 사람들이 가진 그것들을 존경하면서, 삶에서 진정한 가치가 있는 것을 과소평가한다.
> (*Complete Psychological Works of Sigmund Freud*, 21권)

프로이트는 열등한 버전과 '진정한', '더 나은' 및 '더 높은' 것을 구별하는 방법을 보여주지 않았으며, 가장 '실제적인' 것은 본능, 기본 욕구, 즉 내면의 동물이라고 보는 기계론적이고 원자론적인 견해를 지녔다:

> 우리가 보듯이, 삶의 목적을 결정하는 것은 단순히 쾌락 원리의 프로그램이다. (같은 책)

이는 암울한 그림이다. 그것은 도시 국가가 주민의 선택, 정체성, 세련됨을 문명화하고 향상시킬 수 있는 능력에 대한 그리스의 낙관론과는 아무런 공통점이 없었다:

일반적으로 우리의 문명은 본능 억압 위에 세워져 있다. (같은 책)

도시 생활이 가능하려면 본능적인 인간은 억제되어야 했다. 그러나 프로이트는 문명이 인간에게 많은 이점을 주는 것만큼이나 그들을 좌절시키고 왜곡하며 성장을 방해한다는 의심을 품고 있었다:

문명화된 인간은 행복의 가능성 일부를 안전의 일부와 교환했다.
(같은 책)

플라톤과 아리스토텔레스는 도시가 단지 안전만을 제공한다는 생각에 경악했을 것이다. 도시들은 자연적인 또는 야만적인 환경에서는 존재하지 않았던 개인적 정체성, 발전, 규율, 초연함 및 성취의 가능성을 창출했다. 그리스인들에게 도시는 문명의 요람이었다. 루소와 마찬가지로 프로이트에게 도시는 오히려 감옥과 같았다:

문명이 인간의 성욕뿐만 아니라 공격성에도 엄청난 큰 희생을 강요한다면, 인간이 왜 문명에서 행복하기 어려운 이유를 더 잘 이해할 수 있다. 사실, 원시인은 본능의 제약을 몰랐기 때문에 더 나았다. (같은 책.)

프로이트는 루소처럼 원시인들이 도시 거주자들보다 더 행복하고 진실했을 것이라고 생각했다. 프로이트는 홉스가 제안했던 것처럼 사회가 없다면 우리의 삶은 불쾌하고 잔인하며 짧을 것이라는 점을 보지 못했다. 그는 도시와 문명화된 사회 속에서 일부는 위대한 예술, 문화, 다양한 종류의 창작물을 생산하고 다른 이들은 이를 감상할 수 있다는 것을 인정했다. 이 모든 창의성은 '본질적으로' 그리고 '실제로' 자연적인 배출구에서 해소를 찾을 수 없는 성적 에너지의 전위 또는 '승화'일 뿐이었다:

이 전위 과정을 무한정 확장하는 것은 우리 기계에서 열을 기계적 에너지로 변환하는 경우와 마찬가지로 확실히 불가능하다. 대부분의 조직에는 일정량의 직접적인 성적 만족이 필수적인 것으로 보인다. (같은 책)

프로이트는 이 주제를 다루는 자신의 책에서 '문명화된'이라는 단어에 따옴표를 사용했다. 그는 원시적 건전함에 대한 루소의 낭만주의를 공유하지 않았으며, 쇼펜하우어만큼 비관적이었다. (비록 그보다 쾌락주의자는 아니었지만). 그가 묘사하는 문명화된 인류는 개인적 및 집단적 진보와 발전에 대한 그리스적 찬양이 아니었다:

이것은 합법적인 결혼에서의 성교가 결혼 전 부과된 제약에 대한 완전한 보상을 제공할 수 있는지에 대한 질문으로 이어진다. 이에 부정적인 대답을 뒷받침하는 자료가 너무 많아서 우리는 그에 대한 가장 간략한 요약만을 제공해야 한다. (같은 책)

대다수의 경우 성욕과의 싸움은 인격에서 사용 가능한 에너지를 소모하며, 이는 젊은 남자가 사회에서 자신의 몫과 자리를 차지하기 위해 모든 힘이 필요한 바로 그 시점에 발생한다. (같은 책)

그 결과, 부모의 권위가 갑자기 소녀가 사랑에 빠지는 것을 허용하게 되면, 그녀는 정신적 성취에 미치지 못하고 자신의 감정에 대한 확신 없이 결혼하게 된다. 사랑의 기능이 인위적으로 지연된 결과로, 그녀는 오직 자신을 위해 모든 욕망을 아껴온 남자에게 실망만을 안겨줄 수밖에 없다.

(같은 책)

우리의 성욕에 대한 이런 신경증은 파괴적이다. 왜냐하면 이것이 우리 삶의 다른 많은 것에 대한 패턴을 설정하기 때문이다. 다른 요소들도 그에 따라 왜곡된다:

인간의 성적 행동은 종종 그의 다른 모든 삶의 반응 방식에 대한 패턴을 설정한다. (같은 책)

그의 행동은 다른 삶의 영역에서도 활발하기보다는 온건하고 체념적일 것이다. (같은 책)

성적 관습은 모든 사람에게 피해를 주었지만, 프로이트의 견해에 따르면 여성에게는 절대적으로 치명적이었다:

나는 많은 여성의 의심할 여지 없는 지적 열등함이 성적 억압으로 인해 필요한 사고의 억제로 거슬러 올라갈 수 있다고 생각한다. (같은 책)

그러니 우리가 모두 그렇게 비참했던 것도 당연하다. 그러나 프로이트는 초자아와 원초아 사이의 불가피한 투쟁에서 쉬운 해결책이나 탈출구를 찾을 수 없었다. 어쨌든 어떤 종류의 행복이든 순간적인 것 이상으로 느끼기 매우 어렵다는 것이 우리의 본성이다:

우리는 대조를 통해서만 강렬한 즐거움을 얻을 수 있고 사물의 상태에서는 거의 얻을 수 없도록 만들어졌다. 따라서 우리의 행복 가능성은 이미 우리의 체질에 의해 제한되어 있다. 불행은 경험하기 훨씬 덜 어렵다.
(같은 책)

만약 우리가 히스테리적인 비참함을 일반적인 불행으로 축소할 수 있다면, 그것이 일종의 진전일 것이다. 어쨌든 우리가 왜 행복해야 한다고 기대해야 할까?:

인간이 '행복'해야 한다는 의도가 '창조'의 계획에 포함되어 있지 않다고 말하고 싶다. (같은 책)

어쩌면 우리는 종교 속에서 행복과 성취를 찾을 수 있지 않을까? 그렇겠지만, 환상 속에서 살아야만 가능하다. 신은 성숙하지 않거나 성숙할 수 없는 사람들을 위한 아버지 대용품이었다. 신비로운 경험은 자궁의 열반으로 돌아가려는 이들을 위한 '대양적 느낌'이다. 동양적인 '행복'에 이르는 길은 우리의 모든 기대와 욕구를 완전히 잘라냄으로써만 이룰 수 있었다. 프로이트에게 이것은 현실을 망상적으로 재구성하는 것이었다:

> 이 극단적인 형태는 동양의 세속적인 지혜에 의해 규정되고 요가에 의해 실행되는 것처럼 본능을 죽임으로써 이루어진다. (같은 책)

서양의 종교는 다른 접근 방식을 시도했다. 쾌락을 완전히 포기한 것이 아니라 내세로 미루는 것이었다:

> 이러한 노선을 일관되게 따라가면서 종교는 미래의 존재에 대한 보상 약속을 통해 이 삶에서 쾌락을 완전히 포기할 수 있었다. 그러나 그들은 이러한 수단으로 쾌락 원리를 정복하지 못했다. (같은 책)

루소와 달리 프로이트는 우리가 도시를 벗어나고 어떤 목가적인 에덴에서 '진짜'가 될 수 있거나 그렇게 되어야 한다고 믿지 않았다. 문명은 필요하다. 그러나:

> 문명의 진보에 대한 대가는 죄책감의 고양으로 인한 행복의 상실이다.
> (같은 책)

오히려 프로이트의 관점에 따르면, 너무 많은 사람들이 충분한 죄책감

을 느끼지 못했기 때문에 행복의 총량은 오히려 더욱 감소해야 했다:

> 별들은 정말 장엄하지만, 양심에 관해서는 신은 공평하지 않고 부주의하게 작업을 했다. 왜냐하면 대다수의 사람들이 그것을 아주 적은 양만 가지고 왔거나 언급할 가치가 거의 없을 정도로 가져왔기 때문이다.
> (『정신분석의 본질』, 488쪽)

그것은 전적으로 비참하고, 우울하며, 비뚤어진 견해였지만, 프로이트와 동등한 입장에서 논의될 수 있는 것은 아니었다. 왜냐하면 그는 분석을 통해 자기 인식을 얻은 반면, 우리 대부분은 그렇지 못했기 때문이다. 프로이트에 따르면, 우리의 본질적으로 인간적인 특징, 최고 목표, 이상, 성취는 우리가 탐닉하도록 사회가 허용할 수 없는 더 '실제적인' 성적 에너지의 전위였다.

그렇다면 우리는 무엇을 해야 할까? 이 모든 것의 요점은 무엇일까?:

> 인간 삶의 목적에 대한 질문은 수없이 제기되었지만 만족스러운 답변을 얻지 못했으며 아마도 답변할 수 없을 것이다.
> (Complete Psychological Works of Sigmund Freud, 21권)

우리는 서로를 돌보고, 나누고, 염려하고, 동정심을 느끼며 결속할 수 없을까? 우리가 서로 협력하고 사회와 자신을 발전시키는 법을 배울 수는 없을까?:

> 그들의 공격성을 받아들일 다른 사람들이 남아있는 한, 상당수의 사람들을 사랑으로 결속시키는 것은 언제나 가능하다. (같은 책)

우리의 기술적 진보는 희망이나 위안의 이유가 되는가? 자연에 대한 통제, 노동 절약형 장치, 장난감, 지위의 상징 그리고 문화적 및 예술적 탐구에서 우리가 이룬 모든 진보는 어떤가?:

> 인간은 자연의 힘을 너무나 많이 통제하게 되었고, 그 도움으로 마지막 사람까지 서로를 멸종시키는 데 어려움을 겪지 않을 것이다. 인간은 이것을 알고 있으며, 따라서 현재의 불안, 불행 및 불안한 기분의 상당 부분이 여기서 비롯된다. (같은 책)

프로이트의 스토아주의와 비관주의는 의심할 여지 없이 제1차 세계 대전, 제2차 세계 대전의 발발, 그리고 노년기의 고통스러운 질병의 영향을 받았다. 그는 분석을 통해 우리가 자신을 더 잘 알게 되고 우리의 모순적인 성향과 그다지 멋지지 않은 상황에 대처하는 방법을 배울 수 있다고 약속했다:

> 그 의도는 실제로 자아를 강화하고, 초자아로부터 더 독립적으로 만들고, 지각의 영역을 넓히고 조직을 확장하여 원초아의 새로운 부분을 차지할 수 있도록 하는 것이다. 원초아가 있던 곳에 자아가 있게 될 것이다. 이것은 문화의 작업이다. 자위더르 해[78]를 배수하는 것과 다르지 않은 문화 작업이다. (『정신분석의 본질』, 504쪽)

그러나 프로이트에게 정신분석가들이 자신, 타인 또는 전체 현실에 대한 특권적인 통찰력을 가지고 있다고 생각할 근거는 없었다. 그의 자아에 대한 견해는 비유로서 흥미로웠지만, 그가 주장하는 것처럼 새롭지는 않았다. 그는 다른 많은 사람들의 동등하게 가치 있는 견해에 충분히

---

[78] 자위더르 해(네덜란드어: Zuiderzee). 북해에 연한 네덜란드의 만이었는데 1916년 북해 범람으로 인해 바다가 되었고 1932년 대규모 간척 사업을 통해 입구를 막는 물막이 둑이 완성되면서 담수화되었다.

귀 기울이지 않았다. 우리 모두와 마찬가지로 그의 많은 아이디어는 처음부터 실패한 것들이었다. 무엇보다도, 프로이트가 정신분석학에 서양 사회의 예술, 문화 및 교육에 대한 완전한 패권을 부여하려는 노력은 우리 문화사에서 거의 전례 없는 과대망상적인 행위였다.

질문

1. '무의식' 개념은 유용한 형이상학의 형태인가? 아니면 우리가 우리 내부와 주변의 많은 것들을 단순히 인식하지 못할 뿐인가?
2. 프로이트가 당신의 사고와 실천에 얼마나 영향을 미치는가?
3. 당신의 관점에서 프로이트의 가르침 중 어떤 부분이 여전히 가치가 있다고 생각하는가?
4. 프로이트의 아이디어 중 진정으로 새로운 것은 무엇인가? 그리고 19세기 전환기에 현대적인 은유로 포장되었지만 오래된 것은 무엇인가?
5. 내담자가 프로이트식 분석에 동의하지 않을 때, 그들은 '저항'하고 있는 것인가? 그렇다면 분석에 대한 유효한 이의 제기는 어떻게 고려될 수 있는가?

연습

1. 프로이트가 20세기 지식인들 사이에서 왜 그렇게 영향력 있었는지에 대한 당신의 생각을 적어보라.
2. 프로이트의 초자아, 자아, 원초아와 기독교의 천사, 인간, 악마에 대한 기독교 가르침과 비교하라. 유사점과 차이점을 명시하라.
3. 프로이트의 내부 갈등 분석을 플라톤과 아리스토텔레스의 분석과 비교하라. 그들의 강점과 약점은 무엇인가?
4. 프로이트의 종교에 대한 비판이 얼마나 타당한지 고려하라.

5. 치료사 해석의 문제를 고려하라. 내담자가 치료사의 해석을 받아들여야 하는 이유와 받아들이지 말아야 하는 이유는 무엇인가?

결론

프로이트는 신화적인 주제와 동시대의 (유사) 과학적 비유를 결합한 인간 발달에 대한 이야기를 만들었다. 그것은 쇠퇴하는 기독교가 남긴 공백을 채웠기 때문에 매력적인 혼합물이었다. 그것은 흥분과 (환상적인) 냉철하고 영웅적인 자기 탐구를 모두 제공했다. 사회가 본질적으로 억압적이고 제약적이라는 프로이트의 견해는 필요하긴 하지만 파괴적이었다. 그것은 너무 많은 지적인 사람들이 문명화된 사회를 육성하고 방어하고 발전시키는 끊임없이 절박한 문제로부터 멀어지게 했다. 사회는 개인을 보호하고 정의하지만 헌신적인 시민의 적극적이고 성숙한 참여를 필요로 한다. 프로이트는 그렇게 함으로써 20세기 '자아'에 대한 집착에 기여했다. 이런 자기성찰은 개인에게는 무익했고 사회에는 해로웠다. 개인 정체성에 대한 프로이트의 견해는 철학적으로 순진했고 로크 이후 주체의 발전을 거의 고려하지 않았다. '과학자'이고 자신의 이론을 생물학적 원리에 기반을 두었다는 그의 주장은 시간의 시험을 견디지 못했다.

웹사이트

http://www.geocities.com/Athens/4753/menu.html
http://plaza.interport.net/nypsan/
http://plaza.interport.net/nypsan/freudarc.html
http://www.csulb.edu/~mfiebert/freud.htm

참고문헌

S. Freud, *Totem and Taboo*, Ark, 1 983
S. Freud, *Beyond the Pleasure Principle*, W.W. Norton, 1990
S. Freud, *Interpretation of Dreams*, Penguin, 1991
S. Freud, *Introductory Lectures on Psychoanalysis*, Penguin, 1991
S. Freud, in A. Freud, *The Essentials of Psycho-Analysis*, Penguin, 1991
S. Freud, *Two Short Accounts of Psychoanalysis*, Penguin, 1991
S. Freud in *Complete Psychological Works of Sigmund Freud*, ed. J. Serachey Norton, 1999
W. McGuire (ed.) *The Freud/Jung Letters: The Correspondence between Sigmund Freud and Car/Jung*, Princeton Universiry Press, 1974
J.M. Masson (ed.) *The Complete Letters a/Sigmund Freud to Wilhelm Fliess, 1887-1904*, Harvard University Press, 1985

Chapter 29

칼 구스타프 융 (1875-1961년)

요점

* 융은 인간의 동기를 성적 욕구와 '쾌락 원리'로 환원한 프로이트를 비판했다.

* 존재의 영적 사원은 프로이트가 믿었던 것처럼 유아적 성인 도피가 아니라, 성숙과 통찰이 성장하는 특징이었다.

* 철학은 치료의 기반이며, 우리는 아이디어와 영감을 얻기 위해 동양의 가르침을 포함한 폭넓은 탐색이 필요하다.

* 우리는 치료에 대한 이해에서 여전히 초보자이다. 그러므로 우리는 우리의 무지의 정도에 대해 겸손해야 한다.

* 인간 기질은 전문 자격보다 더 중요하다.

적용

* 융은 치료의 성장과 교회의 쇠퇴 사이의 관계를 탐구했다.

* 그는 체계에 대한 엄격한 충성보다 탐구적인 태도를 장려했다.

* 성공적이고 세련된 사람들에 대한 그의 집착은 보다 기본적인 기술과 통찰을 추구하는 이들에게는 덜 도움이 된다.

* 융은 대부분의 사람이 자신이 누구인지 찾기보다는 다른 사람들이 하는 대로 하기를 원한다고 믿는 엘리트주의자였다.

▷
내 삶은 성격의 비밀을 꿰뚫어 보는 것이라는 단 하나의 생각과 목표로 관통되어 있다. (Storr, 253쪽)

융은 국제정신분석협회의 초대 회장으로서 프로이트와 밀접하게 관련되어 있었다. 결국 그들은 각자 자신의 길을 가게 되었고, 융의 비판(28장 참조)은 그 이유를 이해하는데 도움이 된다. 우리가 보았듯이 프로이트는 전위된 성적 에너지의 관점에서 우리의 '더 높은' 열망을 설명할 수 있다고 생각했다. 융은 성에 대한 프로이트의 초점과 권력에 대한 알프레드 아들러의 집착을 못마땅하게 여겼다:

내 생각에 두 학파 모두 삶의 병리학적 측면을 지나치게 강조하고 인간을 결함의 관점에서 지나치게 배타적으로 해석한 것에 대해 비난받을 만하다. 프로이트의 경우 이에 대한 설득력 있는 예는 그의 책 『환상의 미래』에서 분명히 보여지는 것처럼 종교적 경험을 이해하지 못하는 그의 무능력이다.
(『영혼을 찾는 현대인』, 134쪽)

융은 프로이트에게 큰 빚을 지고 있다고 주장하면서 두 사람이 단순히 서로 반대되는 입장이 아니라고 주장했다. 그러나 프로이트에 대한 그의 비판은 날카로웠다:

프로이트는 성욕을 유일한 정신적 추진력으로 간주하기 시작했고, 내가 그와 결별한 후에야 다른 정신적 활동에 동등한 지위를 부여했다.
(같은 책, 138쪽)

융은 때로 프로이트를 맹렬히 비난했다:

프로이트가 철학을 외면한 것은 큰 실수였다. 그는 자신의 전제나 개인적 견해의 기초가 되는 가정을 한 번도 비판하지 않았다. (같은 책, 135쪽)

융은 심리학적 지식의 현황에 대해 더욱 신중하고 겸손하며 조심스러운 태도를 보였다:

오늘날의 '심리학'의 수는 당혹감의 고백과 같다. (같은 책, 33쪽)

하지만 융은 욕구와 물질적 환경의 관점에서만 인격을 분석하는 모든 종류의 환원주의적 접근 방식은 인간의 본질을 놓칠 것이라고 확신했다. 완벽의 원리와 인간의 이상을 구현하는 프로이트의 '초자아'조차도 융의 관점에서는 지나치게 기계적이고 생명이 결여되어 있다:

프로이트의 '초자아'에 대한 생각은 심리학 이론의 탈을 쓴 그의 오랜 여호와 이미지를 밀반입하려는 은밀한 시도이다. 그런 일을 할 때는 차라리 공개적으로 말하는 것이 낫다. 개인적으로 나는 항상 사물을 알려진 이름으로 부르는 것을 선호한다. (같은 책, 141쪽)

융의 견해로는 프로이트는 너무 자주 인간의 인격을 인간의 병리학적 관점에서 설명하려고 시도했다. 우리가 항상 신경증에 걸리는 것은 아니다. 융은 우리가 사회의 정상적이고 기능적이며 평균적이고 효과적인 구성원이라고 느끼지 못하면 고통 받을 수 있다는 점은 인정한다. 그러나 융은 실제로 성공적인 환자, 즉 사회적 성공의 일반적인 기준에 따라 사회에서 이미 '성공한' 사람들이지만 여전히 그것을 어떻게 처리해야 할지 모르는 사람들에게 더 관심이 있었다:

'정상'이라는 것은 아직 적응을 찾지 못한 모든 실패자들에게 훌륭한 이상이다. 그러나 평균보다 훨씬 더 많은 능력을 가진 사람들, 성공을 얻고 세상의 일을 완수하는 것이 결코 어렵지 않았던 사람들에게 정상에 대한 제한은 프로크루스테스의 침대[79], 견딜 수 없는 지루함, 지옥 같은 불모지와 절망을 의미한다. (같은 책, 55쪽)

내 사례의 약 3분의 1은 임상적으로 정의할 수 있는 신경증이 아니라, 삶의 무의미함과 공허함으로 고통받고 있다. (같은 책, 70쪽)

융의 환자들은 대체로 부유하고, 지적이며, 자신감 있고, 성공적이며, 사회적 영향력이 있었다. 그럼 그들에게 무슨 문제가 있었던 것일까? 그들은 물질적이나 심리적 박탈로 고통 받지 않았다. 오히려 많은 이들이 정신적 위기를 겪고 있는 듯 보였다:

삶의 후반부에 있는 나의 모든 환자들, 즉 35세 이상의 환자들 중 마지막 수단에서 문제가 삶에 대한 종교적 관점을 찾는 것이 아닌 사람은 단 한 명도 없다. (같은 책, 264쪽)

융의 환자들은 자신의 흔적을 남기고, 지위나 정체성을 확립 할 방법을 탐구할 필요가 없었다. 그들은 이미 모든 것을 이뤘다. 이제 그들은 지위에 지루해졌고, 자신의 무게에 눌려 있었으며, 자신들의 이미지에 대해 조급해하고 갇혀 있었다. 그 모든 것의 의미는 무엇이었을까? 중요한 것은 무엇일까? 왜 계속해야 하고, 어떻게 해야 할까?:

나는 방금 우리가 40세 사람들을 위한 학파가 없다고 말했다. 그건 완전히 사실은 아니다. 우리의 종교는 과거에 항상 그런 학파였지만, 오늘날 많은

---

[79] [역주] 프로크루스테스는 그리스 신화에서 등장하는 강도로 여행자들을 잡아다 침대에 맞지 않으면 강제로 몸을 자르거나 늘여서 침대의 크기에 맞추었다.

사람들이 종교를 그렇게 여기는가? 우리 나이 많은 사람들 중 얼마나 많은 사람들이 실제로 그러한 학파에서 자랐고 삶의 후반부, 노년, 죽음, 영원을 위해 준비되었을까? (같은 책, 125쪽)

기존 종교는 더 이상 예전의 권위를 지니지 못한다. 사람들은 더 이상 설명이나 위안, 사면을 위해 쉽게 사제에게 의지하지 않는다. 우리가 보았듯이, 니체는 어떤 신도 존재하지 않는다고 선언했다:

니체가 "신은 죽었다"라고 말했을 때, 그는 대다수 유럽에 들어맞는 진리를 말한 것이다. 사람들은 그가 그렇게 말했기 때문이 아니라, 그 말이 널리 퍼진 심리적 사실을 나타냈기 때문에 영향을 받았다. 그 결과는 오래 지연되지 않았다. 교리의 안개가 걷힌 뒤, 재앙이 다가왔다. (Storr, 247쪽)

융은 그 결과에 놀랐다. 우리가 정말로 스스로 해낼 수 있을까?:

신에 닻을 내리지 않은 개인은 세상의 신체적, 도덕적 감언이설에 자신의 자원으로 저항할 수 없다. (『발견되지 않은 자아』, 24쪽)

우리 문화는 분명 위기에 처해 있었다. 심지어 성직자들조차 자신들의 제도에 대한 신념을 잃고 프로이트와 다른 분석가들에게 통찰력과 이해를 구하기 시작한 것 같았다:

많은 성직자가 프로이트의 성욕 이론이나 아들러의 권력 이론에서 지지나 실질적인 도움을 구하는 모습은 놀랍다. 왜냐하면 이 두 이론 모두 정신적 가치에 적대적이며, 내가 말했듯이 정신을 고려하지 않는 심리학이기 때문이다. 그들은 의미 있는 경험의 실현을 방해하는 합리적인 치료 방법이다.
(『영혼을 찾는 현대인』, 263쪽)

기독교 가르침은 방향을 잃은 듯 보였다. 융은 세속적인 심리치료가 그 자리를 채울 수 있다고 믿지 않았다. 그렇다면 의미, 방향, 영감을 찾으려면 어디로 향해야 할까? 융은 동양과 초기 서양 가르침의 신비적 뿌리 모두를 살펴보았다. 우리 현대 문화는 이들로부터 많은 것을 배울 수 있다:

> 서양인은 '만물'에 사로잡혀 있다. 그는 특이한 것만을 보고, 자아와 사물에 얽매여 있으며, 존재의 깊은 뿌리를 인식하지 못한다. 반면에 동양인은 개별적인 세상과 심지어 자신의 자아를 꿈처럼 경험한다. 그는 본질적으로 '근원'에 뿌리를 두고 있으며, 그 근원은 그를 강력하게 끌어당겨 세상과의 관계를 종종 우리가 이해할 수 없는 정도로 상대화한다. (Storr, 257쪽)

현대 서양철학은 기계론적이고 유물론적이다. 그것은 환멸을 느끼게 하고, 사기를 저하시키며, 우리 자신과 환경에 대한 새로운 감각으로부터 우리를 단절시킨다. 그것은 영혼을 위한 자리가 없기 때문에 그 자체로 영혼을 파괴한다. 철학은 융에게 중요했다. 그것은 단순한 학문적 추상화가 아니었다. 그것은 삶을 만들거나 파괴할 수 있고, 건조시키거나 힘을 줄 수 있었다. 그것은 정신에 양분을 공급하거나 굶주리게 했다. 그것은 우리의 인간성을 찬양하거나 무시했다. 그것은 자아를 정의하거나 용해시켰다. 그것은 다른 활동이 서 있는 바닥이자 기초였으며, 그를 통해 우리도 넘어질 수 있었다.

동양철학은 물질에 충분한 주의를 기울이지 않았을 수 있지만, 서양은 일상적인 것에 너무 많이 사로잡혀서, 근본적인 정신이나 원칙을 잃어버렸다:

> 사물을 강조하는 서양의 태도는 이상적인 것, 즉 그리스도를 외적인 측면에 고정시키고 따라서 내면의 인간과의 신비로운 관계를 빼앗는 경향이 있다.

예를 들어 이것은 개신교 성경 해석자들이 신의 왕국을 '너희 안에' 대신에 '너희 가운데'로 해석하도록 강요하는 편견이다. (같은 책, 258쪽)

'신의 왕국은 너희 안에 있다.' 이것은 무슨 뜻일까? '자아'를 신으로 삼으라는 뜻일까? 이는 사르트르의 견해이지만 융은 이에 동의하지 않았다. 우리는 신과 자아 모두에 대해 경외감, 경이감, 존경심을 가져야 했다. 각각은 우리가 아는 것보다 더 크고 신비롭다. 사람들은 자신이 누구인지 알고 있다고 생각할 수 있으며, 모든 사람은 정신, 인격, 기타 심리학적 문제의 본질에 대한 의견을 자유롭게 제시할 수 있었다:

> 그러나 인간 정신을 진정으로 아는 사람은 그것이 우리의 경험 중 가장 어둡고 신비로운 영역 중 하나라는 내 말에 동의할 것이다.
> (같은 책, 253쪽)

당신은 누구인가? 한 수준에서는 이 질문은 단순하고 자명하며 즉각적이고 명백하고 친숙하다. 그러나 더 깊이 파고들수록 그것은 점점 더 신비로워질 수 있다:

> 대부분의 사람은 자기 지식을 자신의 의식적 자아·성격에 대한 지식과 혼동한다. 자아-의식이 있는 사람은 누구나 자신을 안다고 당연하게 생각한다. 그러나 자아는 오직 자신의 내용만 알 뿐, 무의식과 그 내용은 알지 못한다. (『발견되지 않은 자아』, 351쪽)

우리는 우리 안팎에서 일어나는 대부분의 일에 무의식적이다. (나는 '의식하지 못-한다'라는 표현을 선호한다). 융은 자아의 표면적 외관 아래를 파고들기 위해 칸트, 쇼펜하우어, 니체, 초기 영지주의자[80], 힌두교,

---

80 [역주] 영지주의(Gnosticism) 기원후 1세기부터 3세기까지 다양한 형태로 나타났는데,

연금술 등을 연구했다. 현대 심리학은 주장하는 것처럼 그렇게 새로운 것이 아니었으며, 이전의 사상가들로부터 배움을 얻고 그들에게 빚이 있음을 인정해야 한다. 예를 들어:

> 정신분석의 시작은 본질적으로 고대 진리를 과학적으로 재발견한 것에 지나지 않는다는 것은 사실이다. 초기 치료 방법에 붙여진 이름인 카타르시스(정화)조차 그리스의 입문 의식에서 유래했다.
> (『영혼을 찾는 현대인』, 40쪽)

영지주의 가르침 (기원후 2세기 경 그리스·로마적 형태)에서 신은 자아 안에 있었고 자아는 신 안에 있었다. 존재의 정신적 차원은 물질적인 것보다 더 근본적이며, 시간과 공간의 범주 밖에 존재했다. 이 가르침은 동양철학과 플라톤 철학에서 유래했다. 융은 이를 적용하여 칸트의 선험적 종합 범주 개념을 도입했다. 우리를 연결하고 형성하며 모든 존재의 근본적인 통일성을 가리키는 기존의 사고와 감정의 구조와 범주인 '원형'이 있다. 우리의 모든 철학에서 신성시 될 수 있는 것보다 하늘과 땅에는 더 많은 것이 있다. 우리의 건조한 기계론적이고 유물론적인 존재 개념은 우리 정신을 약화시키고 훼손했다. 그것은 좁고, 얕고, 거짓이다. 이것은 19세기 물리학에서는 생산적 모델이었지만 20세기 물리학자들의 사고에서는 완전히 버려졌다:

> 물리학조차도 우리의 물질 세계를 휘발시킨다. (같은 책, 245쪽)

융은 이 점에 매료되어 물리학자 볼프강 파울리Wolfgang Pauli와의 협력을 통해 자연과학의 현대적 발전에 대한 최신 정보를 유지했다. 우리

주로 신비적이고 직관적인 지식을 통해 구원을 얻는 것에 중점을 두었다.

는 물질적 실재가 형이상학에 비해 실질적이고 견고하다고 상상할 수 있다. 하지만 실재를 보라. 물리학자들은 물질적 대상을 더 작고 작은 단위로 분해하여 '기본입자'를 발견하려고 했다. 그들은 원자가 광대한 빈 공간에서 움직이는 단단한 구체인 기본 구성 벽돌이라고 상상했다. 그러나 원자도 더 분해될 수 있었고, 입자이기도 하면서 파동이기도 하며, 그들의 움직임은 불연속적이고 사라졌다가 다시 나타나며, 엄청난 거리에서 신비롭고 즉각적으로 상호작용하고, 그들의 위치와 속도는 원칙적으로도 정확히 알 수 없다. 관찰자는 실재의 본질에 영향을 미친다. 그이는 평범한 것이 아니라, 문자 그대로 환상적이다:

> 우리는 형이상학적 정신보다 물질에 대해 훨씬 더 많이 알고 있다고 생각하며 스스로를 속이며, 그래서 물리적 인과 관계를 과대평가하고 그것만이 삶에 대한 진정한 설명을 제공한다고 믿는다. 그러나 물질은 정신만큼이나 불가사의하다. (같은 책, 205쪽)

우리는 물리적이고 정신적 또는 영적인 것에 대해 겸손, 경외감, 경이감을 유지할 필요가 있다. 이 둘 중 어느 것에 대해 더 많이 알고 있을까? 그것들은 더 근본적인 이해 수준에서 매우 다른 걸까?:

> 정신과 신체의 구별은 인위적인 이분법으로, 이는 사물의 본질보다는 지적 이해의 특이성에 더 기반하고 있다. (같은 책, 85쪽)

확실히 우리는 정신을 이해하려면 갈 길이 멀었고, 이 주제에 대한 이전의 생각보다 앞서 나갔다고 생각하는 것은 매우 어리석은 일이다. 서양 사람들이 물질에 너무 집중하고 내면을 들여다보는 것을 꺼리므로 우리는 정신을 이해하려는 동양의 노력을 고려하는 것이 좋을 것이다:

정신분석 자체와 그것이 일으키는 사고방식, 즉 특히 서양의 발전은 동양의 유구한 예술에 비하면 초보자의 시도에 불과하다. (같은 책, 249쪽)

따라서 '자신을 찾는' 데 있어 고대와 현대의 서양 및 동양 철학 모두에서 가능한 한 광범위하게 출처를 끌어들일 필요가 있었다. 그렇게 함으로써 '자아'는 최종 목적지로 실현될 수 있었을까? 물론 아니다:

우리 전체 존재의 완전한 실현으로서의 인격은 도달할 수 없는 이상이다. 그러나 도달할 수 없음은 이상에 대한 주장이 아니다. 왜냐하면 이상은 목표가 아닌 표지판일 뿐이기 때문이다. (Storr, 196쪽)

실제로 융은 자아실현이 대부분 사람에게 심각한 의제라고 믿지 않았다:

자신의 인격을 발전시키는 것은 정말로 인기가 없는 일이며, 집단에게는 매우 부적합한 일탈이다. (같은 책, 198쪽)

우리 대부분은 남과 어울리고, 남들이 하는 대로 하고, 양처럼 살고, 남들이 뛰는 대로, 남들이 뛸 때, 뛰기를 원한다. 스스로 생각하고 느끼는 것은 너무 고통스럽고, 위험하며 불편하다. 융은 니체의 영향을 많이 받은 엘리트주의자였다:

세계 역사의 위대한 해방적 행동들은 항상 주도적인 인물들로부터 비롯되었으며, 결코 수동적인 대중으로부터 나온 적이 없다. 대중은 언제나 부차적이며 선동가에 의해서만 활동으로 자극될 수 있을 뿐이다.
(같은 책, 191쪽)

진정으로 인간이 되고, 자신의 천직과 인격을 찾는 것은 드문 일이다.

우리 대부분은 습관, 관습, 유행, 편리함 속에 빠져 있다. 우리는 자신에게 제공되는 모든 가면 또는 '페르소나'를 채택한다. 우리는 스스로 알아내기보다는 누군가가 우리에게 우리가 누구인지 말해주기를 원한다. 우리는 옷과 기타 장식품과 함께 기성품 '인격'을 입는다:

> 인격은 살아 있는 존재의 타고난 특이성을 최고로 실현한 것이다. 그것은 삶의 얼굴에 던져진 높은 용기의 행위이며, 개인을 구성하는 모든 것에 대한 절대적인 긍정이며, 자기 결정에 대한 최대한의 자유와 결합된 보편적인 존재 조건에 대한 가장 성공적인 적응이다. (같은 책, 195쪽)

우리를 찾으려면 주변을 둘러봐야 한다. 그러나 무엇보다도 우리는 내면을 보고 듣고, 일상적인 잡담과 행동의 소음에 휘둘리지 않아야 한다:

> 내면의 목소리는 더 풍요로운 삶, 더 넓고 포괄적인 의식의 목소리이다.
> (같은 책, 208쪽)

내면의 목소리는 진실한가, 아니면 환상인가? 알기 어려울 수 있지만, 이것은 그것을 무시할 변명이 되지 않는다. 우리는 더 큰 존재의 신비의 일부이다. 우리는 대중의 의견에 귀 기울일 필요가 없다. 조용히 있으면 내면의 목소리를 들을 수 있고, 천직을 발견할 수 있다. 오늘날 '직업 교육'은 일일 유급 고용을 위한 평범한 일상 교육을 설명하는 경향이 있다. 그러나 융에게 있어 우리의 천직은 더 깊고 본질적인 정신적 힘에 의해 결정된 우리의 가장 높은 자아, 개인적인 인격, 역할 및 기능을 찾는 것이었다:

> 천직이 있는 사람은 누구나 내적 사람의 목소리를 듣는다. 그는 부름을

받는다.... 이것이 일반적으로 천직이라고 불리는 것이다. 천직은 사람을 무리에서 벗어나, 익숙한 길에서 벗어나 스스로 해방되도록 이끄는 비합리적인 요인이다. (같은 책, 199쪽)

그러나 자신을 찾는 일은 동행자, 안내자, 영혼의 동반자 또는 치료사와 함께할 때 가장 잘 이루어질 수 있다. 융은 환원주의적이고 기계론적인 프로이트의 정신 분석가를 권하지 않았다. 아들러의 권력에 대한 집착도 그다지 유용하지 않았다:

아들러 자신은 자신의 가르침을 '정신분석'이 아니라 '개인 심리학'이라고 부른다. 나는 나의 접근 방식을 '분석 심리학'이라고 부르는 것을 선호한다.
(『영혼을 찾는 현대인』, 32쪽)

융의 분석 심리학은 정신적 탐구를 하는 사람에게 가장 적합한 시스템으로 추천되지만, 융은 자신과 다른 현대 치료사들이 하는 많은 작업이 다른 문화와 전통에서 수 세기 동안 다른 사람들에 의해 행해졌다는 것을 빠르게 인정했다. 스타일, 장식품, 언어는 다를 수 있지만, 근본적인 내용 대부분은 동일하다. 예를 들어 치유는 자신의 한계와 집착을 다른 사람에게 고백하는 것과 깊은 관련이 있다. 기존 종교는 수 세기 동안 이런 활동을 다뤄왔다:

고백의 도움으로만 나는 도덕적 광명의 부담에서 벗어나 인류의 품에 안길 수 있다. (같은 책, 41쪽)

융은 이런 치유 활동을 기계화하려는 어떤 시도도 매우 비판했다. 이는 체크리스트, 품질 기준, 학습 결과로 깔끔하게 요약될 수 없다:

두 인격의 만남은 두 화학 물질의 접촉과 같다. 반응이 있다면, 둘 다 변형된다. (같은 책, 57쪽)

두 개인이 모두 변형되기 때문에 치료사, 심리학자 또는 누구든 분리되고, 무관심하며, 중립적이고 객관적일 수 있다고 상상하는 것은 터무니없는 일이었다:

의사가 환자의 영향으로부터 자신을 보호하고 아버지와 전문적인 권위의 연막으로 자신을 둘러싸는 것은 헛된 일이다. (같은 책, 57쪽)

이로 인해 이런 치유 활동에서 사람들을 어떻게 훈련할 수 있는지에 대한 질문이 제기되었다. 어떤 전문 훈련 경로가 신뢰할 수 있는 결과를 제공할 수 있을까?:

의학 학위는 더 이상 중요하지 않다. 그 대신 인간의 자질이 중요하다.
(같은 책, 61쪽)

이 논쟁은 오늘날까지 계속되고 있으며, 지난 50년 동안 우리가 이 문제에 대해 큰 진전을 이뤘다고 확신하기 어렵다. 아마 지난 500년간도 마찬가지였을까?

융은 '아니마'와 '아니무스'(모든 인격 내의 남성과 여성 구성 요소), 그리고 '내향성'과 '외향성'과 같은 '새로운' 개념을 도입했으며, 이 표현들은 이제 일상적인 언어의 일부가 되어 거의 설명이 필요 없다. 그러나 융은 사람들에 대한 이런 사고 방식에 대해 독단적이기보다는 탐구적이었다. 그는 유익하고 치유하며 변혁적인 것에 대한 아이디어와 영감을 광범위하게 찾았다.

우리의 빈약한 역사의식을 고려할 때, 우리의 아이디어가 새롭지 않은 데도 새롭다고 상상하기 쉽다. 예를 들어 현대 기독교 내의 에큐메니컬 운동은 마니교를 탐구하는 것이 좋을 것이다. 마니는 서기 3세기 바빌로니아에서 태어나 자신의 메시지를 로마 세계의 대부분에 전파했다. 그는 자신이 아담, 부처, 조로아스터, 예수를 포함한 긴 예언자 계보 중 하나라고 믿었다. 마니에게 그들이 공통으로 가진 점은 차이점보다 더 중요했다. 이는 기독교 내에서 이단으로 간주되었다. 그러나 수백만 명이 기독교 가르침의 '순수성'을 유지하기 위해 목숨을 잃었다.

융의 연금술 탐구는 이해하기가 더 어렵다. 물질이 우리가 생각하는 것보다 더 환상적일 수 있지만, 이는, 우리가 어떤 식으로든 활동을 규율하지 않는 한, 마음에 대한 멋진 형이상학적 추측을 할 수 있다고 허용하는 것은 아니다. 연금술사들은 단순히 저급한 금석을 금으로 바꾸려 했던 것이 아니다. 그들은 인간 영혼의 저급한 구성 요소에서 '금'을 찾으려고 노력했다. 즉, 각자 안에서 최고의 것을 끌어내는 방법을 찾으려 했다. 이는 충분히 가치 있는 일이지만, 융의 다양한 공식, 진언(만트라), 만다라 그림 속에서 나는 개인 발달에 대한 어떤 깨달음도 찾을 수 없다. 내가 너무 완고한 것일까?:

> 내 목표는 환자가 자신의 본성으로 실험을 시작하는 정신적 상태, 즉 더 이상 영원히 고정되고 절망적으로 석화된 것이 없는 유동성, 변화, 성장의 상태를 만들어내는 것이다. (같은 책, 76쪽)

이것은 이치에 맞고, 나는 프로이트의 교조적이고 자의적인 해석과 비교할 때 꿈 및 기타 자료에 대한 융의 유쾌하고 탐구적인 접근 방식에 더 감명을 받았다.

또한 자기 성찰이 방종하고 환상적이 될 수 있다는 융의 인식은 존경할 만하다. 카타르시스는 시간과 장소가 적절할 때 옳지만, 다른 목표가 있다면 우리는 관점을 유지해야 한다:

> 자제는 건강하고 유익하다. 그것은 심지어 미덕이기도 하다. 이것이 우리가 자제력이 인간의 가장 초기 도덕적 성취 중 하나님을 알게 되는 이유이다.
> (같은 책, 38쪽)

융은 주로 정신적인 질문에 관심을 가졌지만, 모든 기존 종교 밖에서 그리고 본질적으로 세속적인 준 의료 직업 내에서 활동했다. 젊은이들은 자기 삶에 참여하고 삶 속에서 자신을 확립하는 데 어려움을 겪을 수 있지만, 융은 더 나이가 많은 환자들의 정신적인 문제에 가장 관심이 많았다:

> 젊은 신경증 환자가 삶을 두려워하는 것처럼, 나이 든 신경증 환자는 죽음에서 움츠러든다. (같은 책, 67쪽)

그렇다면 융은 이런 사람들에게 무엇을 제공할 수 있었을까?:

> 따라서 심리 치료의 관점에서 죽음을 우리의 지식을 벗어나는 범위와 지속 시간을 가진 삶의 과정의 한 부분인 전환으로만 생각하는 것이 바람직할 것이다. (Storr, 129쪽)

사람들은 죽음 이후에 신의 왕국에서 보상이 있다고 믿을 때 자신의 삶을 더 쉽게 희생했다. 그러나 우리는 우주 산타클로스에 대한 믿음을 스스로에게 확신시키려고 노력할 수 있고 노력해야 할까?

융은 그런 독단적 환상에서 물러났다. 그는 질문을 탐구하고 이전 탐구자들의 노력을 성찰했지만, 명확한 답변을 제시할 수 있다고 가장하지 않았다. 어쨌든, 우리가 용감하고 강하다면 이런 문제나 다른 문제들에 대한 확실성과 안전이 필요하지 않았다. 그러나 융은 환상을 품지 않았다. 자신만의 개성을 발견하고 표현한 사람들은 전체 인구의 극히 일부에 불과했다. 융은 니체가 '무리'에 대해 느낀 경멸에서 (그리 멀리 물러나지는 않았지만) 물러났다. 그의 엘리트주의는 '아리아인 우월성'에 대한 나치 환상과 충돌하지 않는 듯하다. 그러나 그는 발전하는 '극복인'보다 뒤떨어지고 열등한 과거에 대한 니체의 거부를 확실히 공유하지 않았다. 반대로, 우리가 알 수 있었던 자아는 빙산의 일각에 불과했다. 우리가 알지 못했던 것은 방대하며, 과거에서 비롯되고 인류와 더 일반적으로 삶의 친교 안에서 공유된다:

> 만약 무의식을 의인화하는 것이 허용된다면, 우리는 그것을 남녀의 특성을 결합하고, 젊음과 노년, 탄생과 죽음을 초월하며, 100만 년 또는 200만 년의 인간 경험을 지휘할 수 있는 거의 불멸의 집단적인 인간이라고 부를 수 있다. (『영혼을 찾는 현대인』, 215쪽)

연구와 노력을 통해 우리는 이 인류의 유산을 더욱 의식하고 이용할 수 있게 만들 수 있었다. 그러나 우리는 얼마나 많은 현명한 말을 용감한 행동으로 바꿀 수 있을까?

> 삶과 세상의 의미에 대해 단순히 이야기만 하는 것이 아니라 실제로 그것을 소유하고 있는 위대하고 현명한 사람들은 어디에 있는가? (같은 책, 261쪽)

질문

1. 당신의 내담자 중 어느 정도가 일차적으로 정신적 위기를 겪고 있는가? 어떻게 알 수 있는가? 어떻게 대응하는가?
2. 철학이 상담, 치료, 기타 돌봄 작업에 얼마나 중요한가? 어떤 철학이 당신의 실천에 가장 큰 영향을 미치는가?
3. 융의 내담자는 일반적으로 매우 부유했다. 정신적 문제에 관심을 갖기 전에 물질적으로 편안해야 하는가? 아니면 가난과 소박함이 천국으로 가는 바람직한 경로인가?
4. '놀라운 상담사, 전능하신 신, 영원한 아버지, 평화의 왕' (헨델의 〈메시아〉에서 인용). 상담 실천은 정신적 실천과 분리될 수 있으며, 분리되어야 하는가?

연습

1. 자신의 이론과 실천을 검토하라. 향후 3년 동안 어떤 변화와 추가를 예상하는가?
2. 치료 이론과 실천의 확산을 고려하라. 에큐메니컬 운동이 가능하거나 바람직한가?
3. 내담자와의 관계를 논의하라. 누가 당신에게 가장 큰 영향을 미쳤고, 당신을 변화시켰는가? 어떻게? 왜? 내담자와의 어떤 '화학 반응'이 가장 중요했는가?
4. 분리되고 공정하려는 상담사의 노력에 대해 평가하라. 이것이 바람직하고 적절한 방식은 무엇인가? 환상적이고 도움이 되지 않는 것은 무엇인가?

결론

융은 심리치료와 종교의 관계를 탐구했다. 치료는 철학을 무시할 수 없었다. 왜냐하면 철학은 치료 활동의 기초, 개념, 가치, 경계를 제공했기 때문이다. 동서양 철학은 주목할 가치가 있었고, 융은 중세 연금술, 초기 기독교의 신비주의, 20세기 물리학에 대한 관심을 결합했다. 그는 기본적인 사회적 기능 장애로 고통 받는 세련되지 않고 성공하지 못한 사람들에게는 그다지 관심이 없었다. 그러나 나는 의미, 목적, 영감은 우리 모두에게 중요하기 때문에, '대중'을 정신적 의제와 관심에서 제외하는 것은 부당하고 부적절하다고 생각한다. 융의 '분석 심리학'은 엄격하거나 내향적인 실천 학파라기보다는 탐구를 위한 플랫폼이었다. 우리는 치유와 도움이 되는 것에 대해 다른 문화와 세대로부터 여전히 배울 것이 많다. 따라서 현대 실천에 또 다른 치료 '학파'를 강요하기를 꺼리는 인상적이고 적절해 보인다.

웹사이트

http://onlinepsyche.com/jungweb/
http://www.cgjung.com/cgjung/
http://www.uga.edu/-counseling/jung/

참고문헌

C.G. Jung, *Answer to Job*, Ark, 1984
C.G. Jung, *Psychology and the East*, Ark, 1986
C.G. Jung, *Psychology and Western Religion*, Ark, 1988
C.G. Jung, *Man and His Symbols*, Penguin, 1990
C.G. Jung, *Development of Personality*, Routledge, 1992
C.G. Jung, *Two Essays on Analytical Psychology*, Routledge, 1992
C.G. Jung, *Freud and Psychoanalysis*, Routledge, 1993
C.G. Jung, *Modern Man in Search of a Soul*, Ark, 1995
C.G. Jung, *The Undiscovered Self*, Routledge, 1996
A. Storr, (ed.) Jung, *Selected Writings*, Fontana, 1986

Chapter 30

루드비히 비트겐슈타인 (1889-1951년)

요점

* 비트겐슈타인은 어떤 철학 '학파'에도 쉽게 들어맞지 않지만, 논리적·언어적 분석에 큰 영향을 미쳤다.

* 그의 관심사는 논리에서 살아있고 사용되는 언어로, 마지막으로 심리학으로 이동했다.

* 비트겐슈타인의 소크라테스적인 질문에 기반한 탐구는 경계가 없었다. 그것은 타인을 아는 방식, 의식의 본질, 개인적 정체성, 윤리의 지위에 관한 질문을 포함했다.

적용

* 심리학 본질에 관한 비트겐슈타인의 질문을 읽는 것은 일종의 충격치료를 제공한다.

* 비트겐슈타인의 질문은 도발적이고, 불안정하고 수수께끼 같고, 도전적이며, 사고를 자극한다.

* 비트겐슈타인은 어떤 체계를 구축하기보다 현재 자신이 속한 사상 체계에 지나치게 안주하는 사람들에게 해독제 역할을 한다.

▶
일반적으로 나는 다른 사람보다 내 행위에 대해 더 일관되게 보고할 수 있어야 한다.
(비트겐슈타인, Lask Writings on the philosophy of Pychology, 2권, 34쪽)

확실히 우리는 다른 사람들이 우리를 아는 것보다 자신을 더 잘 알고 있을까? 우리는 그렇게 생각하고 싶어한다. 그러나 때때로, 그리고 어떤 면에서는 다른 사람들이 자신을 아는 것보다 더 잘 안다고 주장한다. 사람들은 자기 인식이 너무 부족할 수 있다. 레이 몽크는 철학자 자신이 알았던 것보다 루트비히 비트겐슈타인을 더 잘 알고 있을까? 몽크의 수상 경력에 빛나는 전기[81]를 읽고 나서 나는 그가 더 잘 알고 있다고 생각하게 되었다. 그것은 비트겐슈타인 자신의 노트, 책, 또는 기록된 대화보다 이 철학자의 정신, 인격, 삶 및 저술에 대한 훨씬 더 일관된 보고를 제공한다.

비트겐슈타인의 인격, 삶, 유산은 매혹적인 특성을 지니고 있다. 나는 몽크의 전기를 바탕으로 제작된 (고예산) 영화가 비트겐슈타인에 대한 (더 큰) 숭배와 철학에 대한 유행하는 패션을 만들 수 있다고 생각할 수 있다. 불행히도, 그것은 속세에 초연하고, 매우 괴팍하고, 약간 미쳤으며, 완전히 이해할 수 없는 철학자라는 모든 고정관념을 강화할 것이다. 비트겐슈타인은 아인슈타인을 긍정적으로 평범하게 보이게 만든다.

그의 이야기와 배경은 그의 비범한 인격에 생생하고 극적인 배경을 제공한다. 그는 문화적 활력이 절정에 달했던 세기 전환기의 비엔나에서 궁전 같은 호화로운 생활을 하는 유럽에서 가장 부유한 산업가 중 한 명의 아들이었다. 유대인 배경을 가진 가족 구성원들은 국제적인 예술

---

81 Ray Monk, *Ludwig Wittgenstein: The Duty of Genius*, Vintage, 1991.

후원자였으며, 쇠퇴하는 오스트리아·헝가리 제국의 유명하고 다소 전위적인 시민이었다. 비트겐슈타인은 오스트리아 군대에서 복무하며 (훈장을 받기도 하면서) 노트에 낙서를 했다. 그는 자신의 막대한 재산을 모두 나누어 주었다. 그의 동성애는 행위보다는 글에서 간접적으로 표현되었다. 그는 종종 자살을 생각했고 (여러 형제들이 실제로 자살했다). 완벽주의자였고 오랜 기간 우울증에 시달렸다.

비트겐슈타인은 철학 분야에서 어떤 정식 교육도 받지 않고 캠브리지 대학의 철학 교수가 되었다. 그는 이 책에서 언급된 대부분 철학자들이 쓴 글을 읽지 않았으나, 매우 영향력 있으며 20세기 최고의 사상가 중 한 사람으로 여겨진다. 이는 철학, 캠브리지 대학, 그리고 무엇보다 비트겐슈타인에 대해 무엇을 말하는가?

비트겐슈타인은 모든 강의를 '철학'이라고 명명했다. 그는 많은 청중을 싫어했고, 아무 준비도 하지 않았으며, 강의 계획도 작성하지 않았다. 긴 정적이 있었고, 많은 사람이 그가 일반적으로 이해할 수 없다고 주장했다. 그는 토론을 주도했고, 사회적 재증이 없었고 그것에 전혀 신경 쓰지 않았다. 그는 답변 패키지를 전달하기보다는 질문과 씨름했다. 그는 종종 질문을 하는 이유조차 설명하지 않았고, 질문들은 종종 눈에 띄게 일관된 패턴 없이 서로 이어졌다. 그는 철학의 제품을 설명하거나 전달하는 것보다 그 과정(특정 접근 방식)을 더 많이 보여주었다.

비트겐슈타인은 생전에 단 한 권의 책, 『논리·철학 논고』(1922)을 출판했다. 그의 다른 주요 저술인 『철학적 탐구』는 1953년 사후에 출판되었다. 그 후, 비트겐슈타인의 개인적인 사색과 학생들의 강의 노트가 엄청나게 많이 팔렸다. 그것들은 단편적이고, 수수께끼 같으며, 신비롭고, 자극적이며, 사고를 자극한다. 비트겐슈타인은 일반적으로 철학 학생들이 철학을 포기하고 신체 노동을 시작하도록 권장했다.

그렇다면 왜 이 책에 비트겐슈타인에 관한 장이 포함되어야 하는 이유는 무엇일까? 그가 똑똑하지만 이해할 수 없기 때문일까? 그렇다면 이것은 어떤 종류의 영리함이며 우리는 그것을 어떻게 평가해야 할까? 분명히 비트겐슈타인이 실제로 말하려 했던 것이 독자들에게 어떤 관련이 있는지 고려해야 할 때가 되었다.

『논리·철학 논고』는 매우 적은 부수로 출판되었고, 출판 후 그는 철학을 포기하고 여러 외딴 오스트리아 마을에서 매우 괴팍하고 까다로우며 흥미롭지만 본질적으로는 성공하지 못한 초등학교 교사가 되었다. 이 기간 동안 그는 앵글로 색슨 철학자들과 영국 지식인의 유행에 민감한 엘리트 집단인 '사도들' 사이에서 전설이 되었다. 케인스 J. M. Keynes는 그를 장난스럽게 '신'이라고 부르고 (실제로 아니었다.), '광인'이라고도 부르기도 했다(어쩌면 그랬을지도 모른다). 비트겐슈타인은 '대륙' 철학이 아닌 앵글로색슨 철학의 발전에서 매우 중요한 역할을 한 '비엔나 학파'의 철학자들과 교류했다. 따라서 이런 구별은 처음부터 문제가 된다. 비엔나 학파는 예상할 수 있듯이 비엔나에 기반을 두고 있었고 비트겐슈타인은 이미 언급했듯이 오스트리아인이었기 때문이다.

그렇다면 '앵글로색슨' 철학은 무엇인가? 20세기 초반, 영국 철학자들은 헤겔주의와 신헤겔주의의 신비주의 및 변증법에 지치고 조급해졌다. 헤겔의 영향을 많이 받은 브래들리와 보전켓은 더 이상 떠오르는 스타가 아니었다. 버트런드 러셀의 『수학원리』(1903)는 수학 전체가 소수의 기본 논리적 원리에서 유도될 수 있으며, 언어 또한 실재의 기본 원자'와

'원자적 사실'로 분석되고 구성될 수 있음을 보여주고자 했다.

형이상학적 절대자와의 통합에 점점 더 가까워지는 논제와 반논제의 대규모 종합은 유행이 지났다. 러셀은 혼란스럽고 모호하며 과도하게 일반화된 사고에 불만을 느꼈다. 세부 사항을 분석하고, 논리적 원자와 그 상호 연결을 조합하고, 차가운 명확성과 합리성을 위해 따뜻하고 모호한 감정을 버릴 때였다.

항공학을 연구하는 학생이었던 비트겐슈타인은 러셀의 책에 깊은 인상을 받았고, 철학이 항공학보다 자신을 더 사로잡는다는 것을 깨달았다. 그는 곧 지성의 힘과 에너지로 러셀에게 깊은 인상을 주었다. 러셀은 『수학원리』 저술 작업으로 지쳐가고 있었는데, 비트겐슈타인과 『논리·철학 논고』가 자신의 논리적 원자론을 더욱 발전시키고 개선할 수 있는 수단이라고 생각했다.

단 75쪽에 불과한 『논리·철학 논고』는 복잡한 십진법 표기법으로 번호가 매겨진 일련의 진술들로 구성되어 있다. 각 소수점 자리수는 이전 진술에 대한 한정적 설명을 제공한다. 따라서 진술 2.011과 2.012는 진술 2.01을 상술하고, 진술 2.0121과 2.0122는 2.012를 상술한다. 비트겐슈타인은 여러 소수점 자리로 이동하며, 전체적인 효과는 러셀이 『수학원리』에서 설정한 방향으로 나아가기 위해 사고의 논리 원자를 분석하려는 러셀의 정신에 매우 가까운 것처럼 보인다.

그러나 실제로 비트겐슈타인은 논리학자만큼이나 시인이자 자유로운 사고가였다. 그는 논리 분석만큼이나 문학적 비유 속에서 춤을 추었다. 논리적 원자론의 철학자들은 비트겐슈타인적 분석력에 감탄하고 비트겐슈타인 신비주의에 당황했다. 확실히 그 둘은 함께 갈 수 없었을까? 논리학자 프레게Frege는 불가능하다고 생각했고 『논리·철학 논고』의 첫 번째 진술부터 날카롭게 비판했다. 비트겐슈타인의 반응은 그의 책을 이해한 사람은 극소수에 불과하며, 프레게는 그중 하나가 아니라는 것이었다. 만약 이것이 사실이라면 이상하다. 어떻게 논리의 기초와 구조를 뒷받침하고 명확히 하려는 책이 가장 저명한 전문 논리학자들에게 이해될 수 없었을까? 책의 구성과 표현이 부족했을까? 논리학자들에게 상상력과 지능이 부족했을까? 비트겐슈타인은 모든 면에서 '예'라고 대답했다:

1 세계는 일어나는 모든 것이다.
1.1 세계는 사실들의 총체이지 사물들의 총체가 아니다.

프레게는 '사실'과 '일어나는 것'을 언급하는 이유가 무엇인지, 그 차이가 무엇인지 물었다:

1.12 왜냐하면 사실들의 총체는 무엇이 일어나는 것인지, 그리고 또한 무엇이 일어나는 것이 아닌지를 결정하기 때문이다.

이는 무슨 의미인가? 프레게는 다음과 같이 생각했다:

처음부터 당신이 무슨 말을 하고 싶은지에 대해 의심에 빠져 나는 제대로 진전하지 못했다.[82]

프레게만이 아니었다. 『논리·철학 논고』를 읽어나가는 데 가장 적합할 수 있는 수학적 시인이나 시적 수학자는 거의 없었다. 노력할 만한 가치가 있을까? 비트겐슈타인의 글은 이전 노력의 요약이라기보다는 탐

---

82 Monk, 1991, p. 163.

구적 사고의 과정이다. 그는 (해로울 정도로) 매혹적이고 (도움이 될 정도로) 도전적이며 사고를 자극하는 레이저 같은 강도 높은 분석을 제공한다.

(『논리·철학 논고』에 구현된) 비트겐슈타인은 명제가 실재의 '그림'이라고 제안했다. 그림들은 분석될 수 있으며 질서 정연하므로, 그것들이 나타내는 세계 또한 그러하다. 표상과 실재는 동일한 논리적 형식을 공유하며, 둘 다 일관되고 잘 형성되어 있지만, 둘 다에 대해 우리가 알 수 있는 것에는 한계가 있다. 결과적으로 우리가 지식의 가장자리에 도달했을 때 우리는 마찬가지로 우리 언어의 경계에 부딪히는 것을 발견한다. 종종 우리는 우리가 모르는 것에 대해조차 말할 수도 없다. 무엇을 질문해야 할지조차 모를 수도 있다.

『논리·철학 논고』의 이런 요소들은 영국, 미국, 그리고 비엔나의 논리적 원자론자들과 논리 실증주의자들이 쉽게 고려할 수 있었다.[83] 그러나 그들은 다음과 같은 비트겐슈타인의 더 수수께끼 같은 생각을 어떻게 받아들여야 했을까? 예를 들어:

5.631 생각하거나 아이디어를 떠올리는 주체라는 것은 존재하지 않는다. 만약 내가 『내가 발견한 세계』라는 책을 쓴다면, 내 몸에 관한 보고를 포함해야 하고, 어떤 부분이 내 의지에 종속되고 어떤 부분이 그렇지 않은지 등을 말해야 할 것이다. 이는 주체를 분리하는 방법, 또는 중요한 의미에서 주체가 존재하지 않는다는 것을 보여주는 방법이다. 왜냐하면 그 책에서 주체 자체만은 언급될 수 없기 때문이다.

---

[83] 실증주의는 신학, 신비주의, 형이상학을 정교화되지 않은 혼란스러운 환상으로 보거나, 만약 일관성이 있다면 인간의 논의, 분석, 이해의 범위를 벗어난 것으로 보는 견해이다. 어떤 경우이든 실증주의의 목표는 철학과 합리적 사고의 '올바른' 수행에서 이러한 모든 체계를 제거하는 데 있다.

여기에는 '나 자신'을 관찰하는 데 실패했던 흄의 흔적이 있다:

5.632 주체는 세계에 속하지 않는다. 그것은 오히려 세계의 한계이다.

이는 쇼펜하우어와 유사하다. 그것은 자존심 있는 논리학자가 마땅히 그래야 하는 것보다 형이상학에 더 가까운 것으로 보인다. 비트겐슈타인의 문장에는 원자론적 의제에 쉽게 들어맞기에는 너무 많은 열린 제안과 신비가 있었다. 그는 러셀이나 (훨씬 이전의) 유클리드가 선호했던 방식인 정의, 공리, 절차를 확정하는 것보다 더 빠르게 새로운 질문과 새로운 탐구 방향을 만들어냈다:

5.641 따라서 철학이 비심리학적인 방식으로 자아에 대해 말할 수 있는 의미가 실제로 있다. 철학에 자아를 끌어들이는 것은 '세계는 나의 세계이다'라는 사실이다. 철학적 자아는 심리학이 다루는 인간, 인간의 신체, 또는 인간의 영혼이 아니라, 오히려 형이상학적 주체, 즉 세계의 한계이며, 세계의 일부도 아니다.

여기서 비트겐슈타인은 심지어 형이상학을 언급하는 대담함을 보인다. 그의 지성은 그가 구축해야 하는 지적 틀에서 계속 벗어나 새로운 질문을 제기한다. 러셀은 자신의 『수학원리』의 부족한 부분을 보완하고 채워줄 책을 기대했지만, 비트겐슈타인은 논리적 명제와 그 상호 연결성에 대한 기술적 분석을 넘어 나아가고 있었다. 그는 끊임없이 탐구하는 정신이 이끄는 대로 심리학과 경험의 본질, 그 밖에 떠오르는 모든 것에 대한 추측으로 나아갔다.

논리학은 여전히 비트겐슈타인에게 중요했다:

6.124 논리학의 명제들은 세계의 골격을 기술하거나, 그 골격을 표상한다. 그들은 '주제'를 갖고 있지 않다. 그들은 이름들이 의미를 가지며, 기본 명제들이 의미를 지닌다는 전제한다. 그리고 그것이 세계와의 연결이다.
6.13 논리학은 교리의 집합이 아니라 세계의 거울상이다. 논리학은 초월적이다.

하지만 다른 진술들은 그를 더 넓은 의제로 이끌어 가는데, 그는 나중에 다시 그 의제들로 돌아가게 된다:

6.41 세계의 의미는 세계 밖에 있어야 한다. 세계 안에서는 모든 것이 있는 그대로이고, 모든 것은 일어나는 그대로 일어난다. 그 안에는 어떤 가치도 존재하지 않으며, 존재한다 해도 가치가 없을 것이다. 만약 가치 있는 가치가 있다면, 그것은 일어나는 모든 것과 사실인 것의 전체 영역 밖에 있어야 한다. 왜냐하면 일어나는 모든 것과 사실인 것은 우연적이기 때문이다. 그것을 비우연적으로 만드는 것은 세계 내에 존재할 수 없다. 만약 그렇다면 그것 자체도 우연적일 것이기 때문이다. 그것은 세계 밖에 있어야 한다.

여기서 비트겐슈타인은 논리적 분석을 위한 논의 세계에서 사실인 모든 것이 사실의 전부가 아니라고 암시하고 있다. 그는 '무언가'가 이 세계 밖에 놓여 있다고 암시한다. 그것은 무엇일까? 우리는 그것에 대해 이야기할 수 있을까? 그것은 중요한 것인가? 이것들은 논리실증주의자들이 자신들을 분리시키고 싶어 했던 바로 그러한 형이상학적 진술들이었다.

비트겐슈타인은 논리학자들이 그들의 분석적 구조를 개선하도록 도왔고, 그런 다음 그 구조에서 완전히 벗어나기 시작했다:

6.54 내 명제들은 이런 방식으로 설명적이다. 나를 이해하는 사람은 마침내 그것들을 통해, 그것들을 타고, 그것들을 넘어 올라갔을 때 그것들이 무의미하다는 것을 인식한다. (그는 말하자면, 사다리를 타고 올라간 후에는

그것을 버려야 한다.)

비트겐슈타인은 『논리·철학 논고』를 다음과 같이 마무리했다:

7. 말할 수 없는 것에 대해서는 침묵해야 한다.

혹은 더 전통적이고 시적으로 번역하면, "우리가 말할 수 없는 것에 대해서는 우리는 침묵해야 한다."

그의 메시지에 충실하게, 그는 수년 동안 실천하는 철학자로서 침묵을 지켰다.

비트겐슈타인이 철학으로 돌아왔을 때, 그는 『논리·철학 논고』에서 말했던 많은 것들을 뒤집었다. 그는 논리적 분석의 틀 안에 자신과 자신의 질문을 가두는 것으로 얻을 수 있는 것이 없다고 결정했다. 『논리·철학 논고』에 담긴 내용이 잘못되었다. 논리는 세계의 거울 이미지가 아니며, 세계는 그보다 훨씬 더 큰 곳이다. 명제는 실재의 그림이 아니며, 논리적 분석은 존재 대부분에 대한 지지대를 제공하지 못한다. 이러한 감정 변화의 씨앗은 이미 『논리·철학 논고』 안에 자리 잡고 있었다:

> 4.112 철학은 사고의 논리적 명료화를 목표로 한다. 철학은 교리의 체계가 아니라 활동이다. 철학적 작업은 본질적으로 해설로 구성된다. 철학은 '철학적 명제'를 결과로 내는 것이 아니라, 오히려 명제의 명료화를 결과로 낸다.

『철학적 탐구』에서 비트겐슈타인의 철학적 활동은 논리 자체를 넘어 언어로 나아갔다. 언어의 논리를 고려하고 해설하는 것만으로는 충분하지 않았다. 우리는 또한 삶의 흐름 속에서, 그리고 그 의미와 위치를 이해하는 데 필수적인 비언어적 활동과 함께, 언어가 사용되는 엄청나게 다양한 방식을 검토하고 명확히 해야 한다.[84] 철학은 새로운 언어를 필요로 하지 않으며, 기존 언어에 구조를 제공해서도 안 된다:

> 124. 철학은 언어의 실제 사용을 어떤 식으로든 방해해서는 안 된다. 결국에는 그것을 기술할 수 있을 뿐이다.
> 왜냐하면 그것에 어떤 기초도 제공할 수 없기 때문이다.
> 그것은 모든 것을 있는 그대로 둔다.

그러나 비트겐슈타인의 철학 활동의 두 번째 단계에서 '있는 그대로'의 세계는 그 어느 때보다 훨씬 더 다양하고 복잡하며 다면적인 곳이었다. 언어 분석이 논리적 분석을 대체했고, 비트겐슈타인이 이동하는 곳마다 많은 앵글로색슨 철학자들이 뒤따랐다. 언어에는 하나의 규칙 집합이 있는 것이 아니라, 많은 규칙이 있었다. 그들은 기록되지 않았다. 그것들은 사람들이 말한 것뿐만 아니라, 그들이 하는 행동에도 포함되어 있다. 살아있는 사람들의 상호작용의 전체 흐름을 검토해야 한다. 그들의 몸짓, 어조, 행위는 그들이 말하는 것과 어떻게 관련될까? 그들이 어떤 종류의 게임, 언어적 게임이나 다른 종류의 게임을 하고 있고, 그것들은 어떻게 작동할까? 그들이 이것저것을 말하고 행동할 때 '그들의 머리 안'에서 무슨 일이 일어나고 있을까? 우리는 어떻게 알 수 있을까? 그것이 얼마나 중요할까? 이것저것을 한 '나'는 도대체 누구일까?

비트겐슈타인은 이러한 일반적인 질문에 대한 답을 제공하지 않았다. 대신 그는 다양한 특정 상황과 관련하여 자신에게 중요하게 나타나는 대로 그 질문들을 탐구했다. 요점은 우리가 일반화를 피하고 모든 다양성

---

[84] 하이데거도 유사한 영역을 탐구했다. 이 두 사상가의 진지한 만남은 흥미로웠을 것이다.

속에서 언어 사용의 특수성을 살펴봐야 한다는 것이었다.

비트겐슈타인의 노력의 결과는 인간 활동의 풍부함을 묘사하기보다는 보여주고, 그것에 대해 이전에 만들어진 모든 철학적 또는 기타 일반화를 초월하는 정도를 보여주는 것이었다. 『철학적 탐구』에서 많은 번호가 매겨진 단락은 사실 연습이며, 독자는 질문을 탐구하고, 특정 은유가 사용되는 방식을 고려하고, 특정 상황에서 진실이 결정되는 방식, 중요한 구별이 무엇인지, 그리고 그 이유를 고려하도록 초대된다. 예를 들어 단락 151의 각주 a는 다음과 같다:

'단어를 이해한다'는 것은 하나의 상태이다. 하지만 정신 상태인가? 우울, 흥분, 고통은 정신 상태라고 불린다. 다음과 같이 문법적 탐구를 수행하라. 우리는 다음과 같이 말한다.
'그는 하루 종일 우울했다.'
'그는 하루 종일 매우 흥분했다.'
'그는 어제부터 계속 고통스러워하고 있다.'
우리는 또한 '어제부터 나는 이 단어를 이해했다'라고 말한다. '계속해서'일까? 물론, 이해의 중단에 대해 말할 수 있다. 그러나 어떤 경우에 그럴까? '언제부터 고통이 줄어들었는가?'와 '언제부터 그 단어를 이해하지 못하게 되었는가?'를 비교하라.

질문은 계속된다. 비트겐슈타인은 여러 면에서 소크라테스의 환생이다. 그는 불안정하고, 혼란스럽고, 불안하게 만들며, 체계 구축자가 아니라, 당신이 가지고 있다고 생각하는 모든 체계에 큰 위협이 되지만, 탐구하고, 해설하고, 명확히 하고, 평가하고, 비교하는 데 관심을 갖는다:

이제 그가 신문을 읽을 때 어떤 일이 일어날까? (156)
나는 곡조를 기억하고 싶지만 떠오르지 않는다. 갑자기 나는 '이제 알겠다'

라고 말하며 그것을 부른다. 갑자기 그것을 알게 된 것은 어떤 느낌일까? (184)
단어는 감각을 어떻게 지칭할까? (244)
내 감각은 어떤 의미에서 개인적인가? (246)
만약 인간이 고통의 외적인 징후를 보이지 않는다면 어떨까? (257)
살아있는 존재, 사물이 느낄 수 있다는 생각을 우리에게 주는 것은 무엇일까?(283)
그림이나 도안을 이해한다는 것은 무엇을 의미할까? (526)

비트겐슈타인은 답변으로 일반화를 추구하기보다는, 이런 질문에 답하기 위해 우리가 실제로 일상에서 사용하는 증거, 행위, 절차의 규칙을 검토하는 데 주로 관심을 둔다. 그는 우리가 답을 설정하는 방식이 다른 상황에서 동일할 것이라고 가정하지 않는다. 사실 그는 진리를 해명 하려는 우리의 노력이 다를 가능성이 있다고 본다. 발견할 수 있는 큰 일반화는 그다지 많지 않다. 대신 검증 노력들 사이의 '가족적 유사성'이 있다. 세상은 정말로 (마법처럼) 복잡한 곳이다. 비트겐슈타인의 철학은 복잡성을 부적절한 일반화로 압축하기보다는 그것을 존중하고 풀어내려고 시도한다:

돌을 바라보고 그것이 감각을 갖고 있다고 상상해 보라. (284)
모든 사람이 무언가가 들어 있는 상자를 갖고 있다고 가정해 보자. 우리는 그것을 '딱정벌레'라고 부른다. 아무도 다른 사람의 상자를 볼 수 없고, 모든 사람은 자신의 딱정벌레를 보고서만 딱정벌레가 무엇인지 안다고 말한다. 여기서는 모든 사람이 자신의 상자에 서로 다른 것을 가지고 있는 것이 완전히 가능하다. (293)
스스로 일종의 말하기일까? (330)
의자는 스스로 생각하고 있다 ... 어디서? 그 부분 중 하나에서? (361)
상상 속에서의 계산하는 것은 종이에 계산하는 것보다 어떤 면에서 덜 실제

적일까? (364)

비트겐슈타인은 일반화의 위험성을 보여주며 상황과 우리의 인식 수단이 얼마나 미묘하고 다양한지를 설명한다. 하이데거와 마찬가지로 그는 우리가 이해하는 많은 것들이 의식적인 이해의 '행위' 없이 동화된다는 것을 알았다:

'오늘 아침 방에 들어갔을 때 책상을 알아보았습니까?'라는 질문을 받으면, 나는 의심할 여지 없이 '물론입니다!'라고 말할 것이다. 그러나 인식 행위가 일어났다고 말하는 것은 오해의 소지가 있다. (602)

그는 언어의 논리뿐만 아니라 시에도 점점 더 매료되었다:

문장을 이해하는 것은 음악의 주제를 이해하는 것과 훨씬 더 유사하다.
(527)

그는 '내적' 세계와 '외적' 세계, 그리고 그들의 상호 연결에 대한 개념으로 우리가 무엇을 의미하는지 그리고 우리가 그것을 어떻게 사용하는지에 점점 더 관심을 가지게 되었다:

우리에게 이해는 내적 과정이라고 말하는 사람에게 우리는 어떻게 대응해야 할까? 그에게 체스를 두는 방법을 아는 것이 내적 과정이라고 말하면 우리는 어떻게 대응해야 할까? (『철학적 탐구』, 2부, 6절)

그러나 그가 하지 않는 것은 우리가 모든 일반화를 피해야 한다고 보여주는 것이다. 실제로 일반화는 우리 삶의 흐름의 일부이며, 인간 활동에서 역할(여러 다면적 역할)이 있다는 것은 자명하다. 비트겐슈타인은 일상생활의 언어에 초점을 맞추고, 그의 후기 작업에서는 일상적이고 비전문적인 언어를 사용한다.

그 결과 때로는 그가 말하는 것이 매우 명확하지만, 왜 그것을 말하는지 그리고 그가 말하는 다른 어떤 것과 어떻게 어울리는지는 덜 명확하다. 이정표는 제 역할을 한다. 그러나 비트겐슈타인은 길을 가리키고 함께 걸어가도록 초대하는 경향이 있지만, 지도를 조사하거나 그리기를 꺼린다.

비트겐슈타인은 복잡한 삶의 흐름 속에서 모든 종류의 언어 게임을 언급하지만, 일반인들이 사용하는 일상적 언어를 선호했다. 그럼에도 불구하고 철학의 언어를 포함한 전문적인 언어 게임 자체도 인간 활동의 풍부한 문화적 과정의 일부이나. 따라서 비트겐슈타인은 일상생활에서의 대화와 상호작용의 다양성뿐만 아니라, 이전 세기의 철학자들이 고안하고 탐구한 아이디어에도 관심을 가울이는 것이 더 현명했을 것이다. 그가 철학을 너무 적게 공부했다는 점을 고려하면, 철학을 하는 과정에서 전문 철학을 완전히 배제하려는 것은 합리화처럼 보인다.

레이 몽크는 옥스퍼드 대학이 철학을 그토록 적게 공부한 사람을 교수로 임용하지 않았을 것이라고 생각한다. 그러나 동료들은 비트겐슈타인에게 교수직을 거부하는 것은 아인슈타인(특히 사무소 직원)에게 물리학 교수직을 거부하는 것과 같을 것이라는 점에 동의했다. 비트겐슈타인은 규칙이 다시 쓰여져야 하는 사람이었다. 그는 또한 일반적으로 규칙이 제자리를 차지하는 이유를 설명한다.

비트겐슈타인은 '철학' 학파를 홍보하거나 남기고 싶어 하지 않았다. 그는 평범함으로 인해 자신이 하려는 일이 오해되고 사소한 것이 되고,

쓸모없는 나무토막 같은 절차의 집합으로 되지 않을까 두려워했다. 비트겐슈타인에게 철학 연구(철학을 하는 것)의 모든 순간은 실존적 순간이었다. 우리는 전체적인 광범위하고 복잡한 상황을 우리의 전체 존재로, 그리고 (검토되지 않은) 전제 없이 생생하게 받아들여야 한다. 덜 뛰어난 제자들은 이를 제대로 해내지 못할 수도 있다. 그들은 요점, 목적 또는 통찰력의 명확성이 훨씬 떨어지는 언어 사용을 가지고 꼼지락거릴 수 있다. 따라서 비트겐슈타인 이후 앵글로색슨 철학은 마치 이러한 수단만으로 모든 철학적 질문을 해명할 수 있는 것처럼 일상언어 사용의 검토를 숭배하는 경향으로 빠져들었다.

우리는 비트겐슈타인이 이러한 유산에 대해 일상적으로 혐오감을 느꼈을 것이라고 확신할 수 있다. 또한 그가 더 오래 살았다면, 비트겐슈타인 철학의 3단계 또는 완전히 다른 것으로 나아갔을 것이라고 확신할 수 있다. 그는 심리학에 점점 더 관심을 가지게 되었지만, 그 당시로는 유용하지 않은 분야로 보았다:

> 실험 방법의 존재는 우리를 괴롭히는 문제를 해결할 수단이 있다고 생각하게 만든다. 그러나 문제와 방법은 서로 스쳐 지나간다.
>
> (같은 책, 2부, 14절)

비트겐슈타인은 심리학적 질문을 날카롭게 검토하는 능력을 지니고 있었으나, 다른 사람에게 미치는 영향을 거의 전혀 인식하지 못하는 능력도 가지고 있었다. 그는 분석, 해설, 창의성에서 매우 높은 점수를 받았지만, 공감 능력은 거의 없었다. 그러나 이것때문에 그가 심리학자로서 활동하는 자격을 상실하지는 않았을지도 모르지만, 어쩌면 그렇게 되었어야 했을 것이다.

비트겐슈타인은 쉽게 요약되지 않거나 전혀 요약되지 않는 심리학적 문제에 대해 할 말이 많았다. 그는 뛰어났지만 우리 모두처럼 오류를 범하기 쉬웠다. 우리는 그에게 현혹되지 않도록 경계해야 한다. 그는 부정확한 진술을 하는 데 능숙했다. 예를 들어 『논리·철학 논고』에서 다음과 같은 말을 했다:

> 4.1212 보여질 수 있는 것은 말해질 수 없다.

이 진술에 대해 생각해 보라. 비트겐슈타인은 여기서 잘못을 범했다. 우리는 보여줄 수 있고, 우리가 보여주는 것을 말할 수 있다. 둘 다 각자의 위치나 역할이 있으며, 필요성이 인정된다:

> 4.116 생각할 수 있는 모든 것은 명확하게 생각할 수 있다. 단어로 표현할 수 있는 모든 것은 명확하게 표현될 수 있다.

분명히 생각되는 많은 것은 전혀 명확하게 생각되거나 단어로 표현되지 않으며, 언젠가는 그렇게 될 것이라고 생각할 이유도 없다. 비트겐슈타인은 종종 불명료했으며 그가 말할 수 있는 것과 생각할 수 있는 것의 경계를 다루고 있었기 때문에 이는 예상된 일이다. 그는 『철학적 탐구』의 서문에서 자신의 책에 대해 다음과 같이 말한다:

> 이 빈약하고 어두운 시대의 책이 어쩌면 누군가의 머릿속에 빛을 가져다주는 행운을 얻을 수도 있지만, 물론 가능성은 희박하다.

또한 그는 다음과 같이 조언 한다:

> 나는 내 글이 다른 사람이 생각하는 수고를 덜어주기를 원하지 않는다.

오히려 가능하다면 누군가가 스스로 생각하도록 자극하기를 바란다.

이 점에서 비트겐슈타인은 매우 엄청난 성공을 거두었으며, 몇몇만이 그와 같은 끈기와 탁월함으로 사고했다는 사실을 그의 탓으로 돌릴 수는 없다. 비트겐슈타인은 자신의 책이 좋지 않다고 생각했지만, 그것을 개선할 수 없다고 생각했다. 일반적인 기준으로 보면 그것은 끔찍한 책이다. 제대로 구성되지 않았고, 안내도 부족하며, 전혀 설명되지 않은 아이디어로 가득 차 있다. 책의 전체적 완성도는 미흡하지만, 그 안에 담긴 많은 아이디어들은, 전부는 아니지만, 이 모든 것에도 불구하고 여전히 빛을 발하고 있다.

질문

1. 이 장에서 인용된 비트겐슈타인이 제기한 질문이 유용하다고 생각하는가? 그 질문들의 요점과 중요성을 이해할 수 있는가? 어떤 점에서 그렇고, 그 이유는 무엇인가?
2. 케임브리지 대학이 '자격이 없는' 후보자를 철학 교수로 임명해야 하는 이유와 하지 말아야 하는 이유를 생각할 수 있는가?
3. 비트겐슈타인은 심리학에 대해 관찰하고 질문하는 날카로운 능력과 다른 사람들이 자신을 보는 방식을 이해하는 부족한 능력을 동시에 지녔다. 이것이 중요한가? 관련이 있는가? 일반적인가?
4. 개인의 공감 능력을 누가 어떻게 결정하는가?

연습

1. 이 장에서 인용된 비트겐슈타인의 질문과 연습을 다시 살펴보라. 그것들을 탐구하고, 평가하며, 논의하고, 그가 이런 질문을 제기한 이유와 이 질문들이 고려할

가치가 있다고 생각하는 이유를 기록하라.

2. 이 글이 당신의 호기심을 자극한다면, 비트겐슈타인의 저서를 직접 읽고 그가 제기한 질문들을 적극적으로 그리고 스스로 고민하는 것이 가장 좋은 방법이다. 비트겐슈타인은 철학을 요약하려고 하지 않았고, 독자들이 스스로 철학을 탐구하며 그 힘과 관련성을 스스로 발견하기를 원했다. 비트겐슈타인을 높이 평가한다면 당신은 '추종자'(비트겐슈타인 또는 다른 사람의)가 되지 않을 것이다.

결론

일상 언어뿐만 아니라 심리학 및 정체성의 본질과 지위에 대한 비트겐슈타인의 탐구는 치유의 수단으로서 대화에 관심 있는 모든 사람에게 매우 관련이 있다. 그는 어떤 학파에도 소속되기를 원하지 않았지만 두 가지 철학 사조에 중요한 영향을 미쳤다. 철학의 역사에 대한 무지 때문에 그는 철학적 질문을 새롭게 바라볼 수 있었지만, 다른 이들이 제공하는 것을 배우는 데 방해가 되었다. 그의 이름으로 출판된 대부분의 작업은 사실 그가 전혀 출판하기를 원하지 않았던 개인적인 노트들을 모아 놓은 것이다. 그것은 혼란스럽고, 창의적이며, 당혹스럽고, 자극적이다. 비트겐슈타인은 엉뚱한 천재 철학자의 고정관념에 너무 잘 맞아 그의 이야기를 풍자하는 것이 불가능할 정도이다. 그의 경우 진실은 그 어떤 허구보다 더 이상하고 매혹적이다.

웹사이트

www.sbg.ac.at/phs/alws/alws.htm
www.hd.uib.no/wab/wabhome.htm
www.utm.edu/research/iep/w/wittgens.htm
www.unc.edu/~elliott/witt.htm

참고문헌

L. Wittgenstein, *Philosophical Investigations*, 3rd edn, Macmillan, 1973
L. Wittgenstein, *Remarks on the Philosophy of Psychology*, Vols 1 and 2, University of Chicago Press, 1989
L. Wittgenstein, *Last Writings on the Philosophy of Psychology*, Vols 1 and 2, Blackwell, 1994
L. Wittgenstein, *Tractatus Logico-Philosophicus* (English tr. Pears and McGuinness), Routledge, 1995
L. Wittgenstein, *Culture and Value*, Blackwell, 1998

Chapter 31

마르틴 하이데거 (1889-1976년)

요점

* 사람은 의도적인 행위를 수행함으로써 존재하므로 본질적으로 대상이 될 수 없다.

* '세계-내-존재'는 우리가 이 용이를 만들어낸 방식 그 자체에서, 그것이 단일한 현상을 의미한다는 것을 나타낸다.

* '현존재Dasein'라는 존재가 '세계'라는 다른 존재와 '나란히 존재함'이라는 것은 없다.

* 이미 이해하고 있는 사람만이 들을 수 있다.

* 일상적 현존재의 자아는 그들-자기로, 우리는 이것을 진정한 자기와 구별한다. 즉, 그것은 자기만의 방식으로 자리 잡고 있는 그런 자기와 구별된다.

적용

* 하이데거에게 우리는 자기에서 시작해 세계로 나아가는 것이 아니다. 데카르트에서 파생된 일상적인 상식적 자기는 우리가 자아와 세계의 관계에서 벗어난 잘못된 생각이다.

* 시간은 우리가 이동하는 선이라기보다 우리의 정체성의 차원이다. 우리는

우리의 의도와 과거에 의해 특징지어진다.

* 공간과 사물 역시 우리를 특징짓는다. 집, 직장, 여가 활동, 자동차 등은 단순히 우리를 둘러싸고 있는 것이 아니다. 그것들과의 상호작용 및 의도의 패턴이 우리 존재의 일부를 구성한다.

* 우리는 공유된 상호작용과 의도의 친교를 통해 소통하며, 이 방식은 전통적으로 생각되는 '내적' 경험의 교환보다 훨씬 더 중요하다.

* 하이데거가 옳다면, 상담에서 가장 기본적이고 상식적 가정인 자기, 세계, 상호작용 및 소통에 대한 가정은 폐기되어야 한다.

▶

하이데거의 『존재와 시간』(1927)은 20세기의 주요 실존주의 저술 중 하나로 평가된다. 사르트르의 『존재와 무』(1943) 또한 그중 하나이다. 하이데거는 사르트르의 저술이 읽을 수 없는 쓰레기라고 생각했으며, 사르트르가 『존재와 시간』의 중심 주제를 완전히 이해하지 못했다고 주장했다 (이 점에서 나는 하이데거가 옳았다고 생각한다). 하이데거는 자신이 결코 실존주의자가 아니었다고 생각했다. 실존주의의 일관성을 유지하려면 스스로를 실존주의자로 규정하는 것을 거부해야 할 수도 있다. 이 모든 것을 어떻게 이해해야 하며, 왜 중요한가?

하이데거는 개인적 정체성, 의미, 선택, 진정성 및 관계에 대한 질문에서 매우 근본적이고 급진적으로 중요하다. 그것들은 모두 상담사에게 매우 중요한 주제들이다. 그의 사상은 우리가 현재 사용하는 언어에 내재된 많은 현대적 지혜와 '상식'에 근본적으로 도전하기 때문에 표현하기 어렵다. 영어 번역에서 하이데거 사상은 하이픈을 사용하여 설명된다. 이러한 하이픈은 하이데거에게 분리할 수 없는 개념들을 결합하는 역할을 한다. 다만, 이는 쉽게 읽히지 않는다.

그러나 하이데거 사상의 많은 부분은 몇 가지 설명을 추가하면 유용하게 인용될 수 있다. 나는 개인 정체성부터 시작하겠다:

> 본질적으로 사람은 의도적인 행위를 수행하는 과정에서만 존재하며, 따라서 본질적으로 대상이 아니다. 행위를 정신적으로 객체화하는 것은, 따라서 그를 정신적인 어떤 것으로 간주하는 모든 방식은, 비인격화와 같다. 사람은 의미의 통일성에 의해 결합된 의도적인 행위의 수행자로서 주어진다.
> (『존재와 시간』, 73쪽)

하이데거에게 의도, 의미, 행위는 단순히 사람이 수행하거나 경험하는 것이 아니라, 사람을 형성하고 표현하며 그들의 정체성의 필수적인 부분이었다. 내가 존재하고 난 뒤에 의도를 형성하는 것이 아니다. 나의 의도는 내가 그것을 형성한 것보다 나를 더 많이 형성했고 궁극적으로 나와 분리될 수 없다. 의도는 단순히 정신적인 현상도 아니다. 나는 (정신적으로) 의도를 형성한 다음 물리적인 행동을 하는 식으로 존재하지 않는다. 오히려 그 순서는 거의 반대에 가깝다. 나는 어떤 행위를 하고, 그렇게 함으로써 나의 정체성을 알게 된 의도를 발견한다. 이는 아기들의 행위를 고려하면 분명해진다. 그들은 정체성을 형성하거나 의도를 명확히 하지 않는다. 그들은 행동하고, 그렇게 함으로써 그들의 어머니와 나중에 그들 자신이 그들이 누구인지, 어디로 가려고 울고 있는지에 대한 그림을 만든다. 이 과정은 수년간의 끝없는 활동을 필요로 한다.

이러한 결과 중 하나는 소위 '내면의 삶'을 물질적 맥락에서 분리할 수 있다고 생각하는 것이 터무니없다는 것이다. 우리는 행위자이고, 우리가 내면의 세계라고 상상했던 것은 물리적 세계와 전혀 분리되어 있지 않다. 그렇지 않다고 상상하는 것은 자기와 세계 사이의 '관계'에 대한 끝없는 혼란을 초래한다. 아인슈타인은 '질량 에너지'라는 개념을 도입하여, 각각이 서로의 측면이며 분리해서 생각할 수 없음을 강조했다. 하이데거는 비슷한 목적으로 '세계-내-존재'에 대해 말했다.

> 복합적 표현인 '세계-내-존재'는 우리가 만들어낸 방식에서 나타나듯이, 단일한 현상을 의미한다. 이 기본 단위는 하나의 전체로 보아야 한다.
> (같은 책, 78쪽)

다시 한번 현대 물리학과 비교하는 것이 유용할 것이다. 입자의 정체성은 그 기본적인 '물질성'보다는 작용과 상호작용을 설명하는 원리에 의해 결정된다. 이러한 수학적 방정식은 입자를 시간과 공간에서 통합하여, 시간-공간-물질-파동-함수-전경-배경-n차원이 하나의 단일 개념과 수학 함수가 된다. 마찬가지로, 하이데거에게 사람-장소-맥락-목적-의도-의미는 하나의 개념이다. 당신은 다른 것 없이는 하나를 가질 수 없고 다른 것과의 역동적인 관계없이는 어떤 구성 요소에도 의미가 없다:

> '현존재'라는 '존재'가 '세계'라는 다른 존재와 '나란히 존재함'이라는 것은 없다. (같은 책, 81쪽)

다시 말해, 자아와 세계를 의미 있게 구별할 수 없다. 자기-세계는 하나의 개념, 하나의 실재이다. 우리는 세계 속에 존재하는 것이 아니라, 세계의 일부이다:

> 인간이 '존재'하고, 그 후에 추가적으로 '세계'에 대한 존재-관계를 갖는 것은 아니라 '세계'는 그가 그 관계와 더불어 때때로 스스로에게 제공하는 것이

다. 현존재는 결코 '근접하게' 자유로운 내-존재가 아니라, '때로는 세계와의 관계'를 갖는 경향이 있는 존재이다. (같은 책, 84쪽)

따라서 우리는 안으로 들어가서 '자신을 찾을' 수 없다. 정체성, 의미, 목적은 헌신적이고 일관된 행동과 연결을 통해 발견되거나 전혀 발견되지 않는다:

> 현존재가 무언가를 향해 자신을 지향하고 그것을 이해할 때, 그것은 근접하게 캡슐화되어 있던 내면의 영역에서 어떻게든 먼저 나오는 것이 아니다. 그것의 일차적 존재 방식은 이미 발견된 세계에 속하며 그것이 대면하는 존재들 옆에 '외부'에 항상 있다는 것이다. (같은 책, 89쪽)

입자가 현재 시공간에 걸쳐 중첩 (모든 장소에 잠재적으로 하나로서의 패턴) 파동함수로 존재하는 것으로 여겨지는 것과 (비유적으로) 같은 방식으로 우리는 세상에 '퍼져' 있다.

중요한 것은 우리가 지각한 것보다 우리가 행한 것이다. 실제로 우리가 보고 보지 못한 것은 우리가 행한 것에 의해 크게 구조화된다. 철학자들은 모든 것을 거꾸로 이해했다:

> 우리가 보여준 것처럼 우리에게 가장 가까운 종류의 다룸은 단순한 지각적 인식이 아니라, 사물을 조작하고 사용하는 종류의 고려이다. 그리고 이것은 그 자체의 종류의 '지식'을 갖는다. (같은 책, 95쪽)

아기들은 행동했고, 그렇게 함으로써 보기 시작한다. 그들이 본 것은 그들이 할 수 있고 하고 싶은 것에 의해 결정된다. 어른들도 마찬가지이다:

우리는 우리가 관심 속에서 마주치는 존재들을 '도구'라고 부를 것이다. 도구는 본질적으로 '무언가를 하기 위한 어떤 것'이다. 도구는 항상 다른 도구에 속하는 것의 관점에서 존재 한다. 즉, 잉크 받침대, 펜, 잉크, 종이, 흡수지, 전선, 램프, 가구, 창문, 문, 방이 그러하다. 이러한 '사물들'은 그 자체로 가까이 나타나서 실재들의 총합을 이루어 방을 채우는 방식으로 결코 나타나지 않는다. 우리가 가장 가까이 마주치는 것(주제로 삼는 것이 아닌)은 방이다. 그리고 우리는 그것을 기하학적인 공간 개념에서 '네 개의 벽 사이'에 있는 어떤 것으로서가 아니라, 거주하기 위한 도구로서 마주친다. (같은 책, 97쪽)

우리는 결코 분리되고 무관심한 방식으로 '보지' 않는다. 우리는 항상 관심을 가지고 우리의 관심사를 추구한다. 우리가 본 것은 그에 따라 선택되고, 구조화되고 통합된다. 우리의 지각은 우리의 의도, 과거의 경험, 의미와 목적, 오늘을 위해 세우고 있는 프로그램과 계획에 의해 형성된 일관되고 통일된 구성물이다. 우리는 우리에게 흥미롭고 관심 있는 것을 알아차리고, 우리의 목적에 필수적인 다른 모든 대상과 관련하여 그것을 이해한다. 펜, 잉크, 서재, 방, 사무실, 시내 중심가, 이 모든 것은 우리가 존재에 대해 이해한 의미 안에서 통합된다. 회계사, 사무실, 계약, 오늘, 마감일, 그것이 바로 '나'이다. 나무? 개미? 노숙 여성? 나는 그것들을 알아차렸다고 말할 수 없다:

우리가 '처음' 듣는 것은 결코 소음이나 복잡한 소리의 집합이 아니라, 삐걱거리는 마차 소리, 오토바이 소리이다. 우리는 행진하는 군대의 열, 북풍, 딱따구리의 두드림, 나무 타는 소리를 듣는다. '순수한 소음'을 '듣는' 것에는 매우 인위적이고 복잡한 사고의 틀을 필요로 한다. 오토바이와 마차가 우리가 가까이에서 먼저 듣는 것이라는 사실은 모든 현존재, 즉 세계 내 존재가 이미 손에 닿는 것과 함께 거주하고 있다는 현상적 증거이다. 그것은 분명히 '감각'옆에 머물러 있지 않다. (같은 책, 207쪽)

우리는 '그냥' 들을 수 있을까? 그것은 특이하고 인위적이며 부자연스럽고 어려운 작업일 것이다. 듣기는 항상 경험, 지식, 가치, 우선순위 및 목적에 의해 구조화된 창의적인 행위이다. 당신은 이해하는 대로 듣는다. 따라서 많은 증인이 사건을 해석하는 방식에 따라 매우 다르게 듣고 본다. 우리는 듣고 나서 이해하는 것이 아니다. 더 정확히 말하자면, 우리는 이해하고 그에 따라 듣는다. 내가 희망하기에 상담에 대한 이 모든 것의 관련성은 분명하고 압도적이다.

말하기와 듣기는 모두 이해를 기반으로 한다. 그리고 이해는 장황하게 말하거나 '주변의 모든 것'을 열심히 듣는 것으로 일어나지 않는다. 이미 이해한 사람만이 들을 수 있다:

> 무언가에 대해 장황하게 말하는 것은 이해 증진에 대한 최소한의 보장도 제공하지 않는다. 반대로 무언가에 대해 광범위하게 말하는 것은 그것을 가리고 이해되는 것을 거짓된 명확성, 즉 사소한 것의 이해 불가능성으로 이끈다. (같은 책, 208쪽)

하이데거에게 행위는 실제로 말보다 더 큰 의미를 갖는다. 우리는 행위하는 동물로 진화했다. 언어가 진화하면서, 우리는 우리가 한 일을 이야기하는 법을 배웠다. 언어는 원인이라기보다는 우리가 의도한 것의 결과일 가능성이 더 크다. 근본적인 실재는 우리가 한 일에 있다. 언어는 그러한 실재를 드러내는 것만큼이나 쉽게 숨길 수 있다. 결과적으로, 우리가 어떤 것에 대해 이야기함으로써 자연스럽게 '본질을 파악할 수 있다'는 생각은 의심스럽다. 우리는 우리가 말한 것보다 우리가 한 일에 직면함으로써 우리가 누구인지, 어디로 향하고 있는지에 대한 본질을 이해한다. 실제로 중요한 것은 우리의 행위이다.

'실천적인' 행동은 '무사유성'이라는 의미에서 '비이론적인'것이 아니다. 그것이 이론적 행동과 다른 것은 단순히 이론적 행동에서 관찰하고, 실천적 행동에서 행동하며, 그 행동이 맹목적인 것으로 남지 않으려면 이론적 인지를 사용해야 한다는 사실에만 있는 것이 아니다. 왜냐하면 관찰이 일종의 관심이라는 사실은 행동이 자기 나름의 시각을 가지고 있다는 사실만큼 원초적이기 때문이다. (같은 책, 99쪽)

관찰과 해석은 행위와 의도보다 더 근본적인('원초적인') 것이 아니다. 의도 자체는 종종 주요 원인이기보다는 우리가 한 일에서 도출될 수 있다. 우리는 의도를 형성한 다음 행위하는 것이 아니라, 우리의 행위로부터 의도의 형태를 발견하는 경우가 많다. 어쨌든 우리가 한 대부분의 일은 의식적인 의도나 해석 없이 단순히 행해진다. 우리의 행위는 의식적인 정신 활동이나 두뇌의 숙고로 꾸며지는 경우는 예외적인 경우이다.

해석은 이론적인 진술이 아니라, 부적절한 도구를 치워두거나 '말을 낭비하지 않고' 교환하는 주의 깊은 고려의 행위로 원초적으로 수행된다. 말이 없다는 사실로부터 해석이 없다고 결론지을 수는 없다. (같은 책, 200쪽)

우리가 무엇을 하고 있는지 알고 있을 때, 그리고 보통 우리는 알지만, 우리는 말이나 토론 없이 그냥 진행한다. 우리는 다음에 해야 할 일에 대한 공유되고 합의된 지식을 바탕으로 조용히 협력하고 소통할 수 있다. 가능한 선택 사항에 대한 의식적인 정신적 표상이 시작되고 다른 사람들과의 공개적인 토론이 시작되는 것은 우리가 불확실해질 때뿐이다. 예를 들어, 우리는 운전자이자 네비게이터로서 능숙하게 무의식적으로 운전한다. 반면, 초보 운전자는 이렇게 말한다: "이제 1단 기어, 회전수 증가, 페달, 기어 레버, 앞으로, 옆으로." 길을 잃은 운전자는 "언덕 지나서

왼쪽 두 번째, 아니었나?"라고 말한다.

의식적인 숙고, 정신적 표상, 광범위한 토론과 논쟁은 우리가 조용하고 무의식적이며, 지시되고, 효율적이며, 유능했을 때 가졌던 통제를 잃었다는 신호일 수 있다. 마찬가지로, 우리가 다른 사람과 가장 가까이, 건설적으로, 협력적으로, 능숙하게 작업할 때 말하거나 토론해야 할 것이 점점 줄어들 수 있다. 내가 워드 프로세서에서 가장 열정적이고 효과적으로 타이핑할 때, 가장 생산적이라고 느낄 때, 나는 자신과 내면의 대화를 하지 않는다. 나는 그냥 타이핑할 뿐이다. 단어는 계속 나온다:

> 소통은 의견이나 바람과 같은 경험을 한 주체의 내부에서 다른 주체의 내부로 전달하는 것과 같은 것이 아니다. 현존재 더불어는 이미 공동의 정신 상태와 공동의 이해에서 본질적으로 나타난다. (같은 책, 205쪽)

우리는 단순히 이 하나의 물리적 장소에 있는 것은 아니다. 우리의 헌신과 고려의 세계 안에서 우리는 협력하는 다른 사람들과 함께 존재한다. 우리는 단지 지금 이 시간에 있는 것이 아니다. 우리의 고려는 과거로 거슬러 올라가고 미래로 뻗어 있다. 여기서 그리고 지금, 우리는 우리의 이야기인 전체적 의미 패턴에 의해 끊임없이 형성되었고 형성되었다. 신체는 한 시간에 한 공간에 위치한다. 사람들은 관심, 일관성, 의도의 공간-시간 안에 자리 잡고 있다. 개인 정체성의 차원은 수십 년에 걸쳐 수많은 사람, 장소, 프로젝트에 걸쳐 펼쳐져 있다:

> 그러나 존재론적으로, 자신의 고유한 존재 가능성을 향한 존재는 각 경우에 현존재가 이미 본래의 존재에서 자기보다 앞선다는 것을 의미한다. 현존재는 항상 '자신을 넘어서' 있다. (같은 책, 236쪽)

그 자신의 과거 - 그리고 이것은 항상 그의 '세대'의 과거를 의미한다 - 는 현존재를 따라오는 것이 아니라, 이미 그보다 앞서가는 것이다.

(같은 책, 41쪽)

우리에게 명백한 선택은 보이지 않으며 전혀 선택으로 간주되지 않는다. 이는 우리가 이미 내린 더 큰 선택의 필연적인 결과이다. 나는 아픈 어머니를 만나기로 결정한다. 나는 운전을 할 것이다. 그 이후 모든 것은 자동적이다. 기어를 바꿔야 할까? 왼쪽이나 오른쪽으로 방향을 틀어야 할까? 이 신호에서 멈춰야 할까? 저 보행자를 피해야 할까? 나는 이러한 선택지를 의식적으로 고려하지 않는다. 나는 이것들을 선택지나 노력과 분석이 필요한 문제로 간주하지 않는다.

> 도구를 사용할 수 없을 때, 이는 '그 때문에'를 향하여 '위하여'를 전체 구성에서 부여하는 일이 방해받았음을 의미한다.[85] 부여 자체는 관찰되지 않으며 오히려 우리가 관심을 가지고 그것에 자신을 맡길 때 '거기에' 있다. 하지만 할당이 방해받을 때, 즉, 어떤 목적을 위해 사용 불가능할 때, 할당은 명시적이 된다. (같은 책, 105쪽)

따라서 우리가 하는 모든 것을 의식적으로 다시 살펴보고 토론하고 분석함으로써 우리의 일에 대한 통제를 더 얻는다는 생각은 말이 안된다. 우리는 우리 활동의 모든 구성요소를 분석할 수 없으며, 그럴 필요도

---

[85] [역주] 위 인용문의 "그 때문에"(궁극적 목적)는 영어본의 'toward -this'의 번역이다. 'toward -this'를 '그 때문에'로 번역한 것은 이 영어가 독일어 원전의 'Worumwillen'에 해당하기 때문이다. 'Worumwillen'(그 때문에)는 목적의 목적 즉 '궁극목적'을 뜻한다. 또, 위 인용문의 "위하여"(수단적 목적)는 영어본의 'in-oder-to'의 번역이다. 이 영어는 독일어 원전의 'um-zu'에 해당하며, 도구를 사용할 때의 직접적인 목적이라는 의미에서 '수단적 목적'을 뜻한다. 예를 들어 칼은 사과 껍질을 깎는다는 수단적 목적을 위해 사용되는데, 이 수단적 목적은 사과를 먹는 사람의 건강이나 생존이라는 궁극목적을 향하고 있다. 평상시 이런 '목적 부여'는 명시적 의도 없이 자연스럽게 행해진다. 목적과 그 도구를 의도적으로 살펴보는 때는 문제가 발생할 때이다.

없다. 대부분의 활동은 무의식적이라기보다는 의식적이지 않다. 내가 '기어를 바꿔', '빨간 신호에서 멈춰'라고 말하는 무의식적인 세계는 없다. 운전의 구성요소를 의식하려고 노력하는 것에는 아무 의미나 목적이 없다. 작동한다면 고치지 말라. 개별 유기체로서 우리는 행위하고 상호작용하는 방대한 세포 제국이다. 우리는 어깨에서 수행되는 모든 작업을, 예를 들어 아프기 시작할 때, 즉 무언가 잘못될 때만 의식하게 된다.

그 원리는 의미를 만드는 것과 동일하다. 보통 우리는 누가, 무엇을, 왜인지에 대해 의식적인 반성 없이 해석한다. 때때로 그 대답이 명확하지 않을 때도 있다. 그때에야 우리는 질문이나 질문을 공식화해야 할 필요성을 인식하게 된다. 이러한 의미 만들기는 궁극적으로 공유된 활동이다:

> 현존재의 세계는 더불어-세계이다. 내-존재는 타자들과 더불어-존재이다.
> (같은 책, 155쪽)

우리 각자는 본질적으로 다른 사람들과 상호 연결되어 있지만, 이는 문제를 일으킬 수 있다. 우리는 너무 쉽게 적절한 경계 감각을 잃었다. 우리는 타자 속에서 자신을 잃었다. 우리는 자신의 책임을 회피했다:

> 이 서로-더불어-존재는 자신의 존재를 완전히 '타자'의 존재 방식으로 녹여버린다. 실제로 이렇게 함으로써 구별 가능하고 명확한 타자는 점점 더 사라진다. 이러한 눈에 띄지 않음과 불확실성 속에서 '그들'의 실제적 독재가 펼쳐진다. 우리는 그들이 즐기는 것처럼 즐거워하고 즐긴다. 우리는 그들이 보고 판단하는 것처럼 문학과 예술에 대해 읽고 보고 판단한다. 마찬가지로 우리는 그들이 물러설 때 '거대한 대중'으로부터 물러선다. 우리는 그들이 충격적이라고 여긴 것을 충격적이라고 생각한다. 어떤 것도 확실하지 않고, 합계로서가 아닌 모두인 '그들'은 일상성의 존재 방식을 규정한다. (같은 책, 164쪽)

건설적인 협력과 상호 연결은 쉽게 맹목적인 순응과 평범함으로 변질되었다. 규범의 폭정이 확립되었다. 우리는 이것저것을 하지 않았다. 왜 그런가? '그것이 완료되지 않았기 때문이다':

이 평균성에 대한 배려는 다시금 우리가 모든 존재 가능성의 '평준화'라고 부르는 현존재의 본질적 경향을 드러낸다. (같은 책, 165쪽)

모두가 타자이고, 아무도 자기 자신이 아니다. 일상적 현존재의 '누구'라는 질문에 대한 대답을 제공하는 '그들'은 현존재가 서로-가운데-존재에서 이미 자신을 양보한 '아무도 아닌 자')이다. (같은 책, 166쪽)

하이데거에게 자기는 복잡하게 창발하는 현상이다. 철학자들은 역사적으로 자기를 자기가 속한 환경에서 분리하는 중대한 오류를 범했다. 그렇다면 우리는 어떻게 나 '자신을 찾을' 수 있으며, 이 질문은 실제로 무엇을 의미하는가? 하이데거의 대답은 진정한 의도적인 행위와 상호작용의 과정에서 우리가 의미를 만들고 우리의 정체성을 정의하며 확립한다는 것이다. 그러나 이는 실재가 아니라 이상에 가깝다. 왜냐하면 하이데거는 많은 사람이 실제로 이를 성취한다고 믿지 않기 때문이다. 대신, 대부분의 사람들은 니체가 그렇게 경멸했던 양들처럼 행동하는 것을 선호한다. 그들은 자신이 누구인지, 무엇을 생각해야 하는지, 무엇을 해야 하는지, 어떻게 행동해야 하는지, 어떻게 반응해야 하는지, 무엇을 느껴야 하는지, 무엇을 입어야 하는지를 정해진 대로 원했다. 그들은 포장되어 있고 색상이 조화롭게 맞춰진, 선반에서 바로 꺼내 쓸 수 있는 쉬운 선택지를 원했다. 그들은 다른 사람들이 생각하고 결정해 주기를 원한다. 그들은 자신이 속한 사회 집단과 생활방식의 상품 포장에 속하기 위해 '당신이 하는 대로' 하기를 원한다:

일상적인 현존재의 자기는 그들-자기이며, 우리는 이를 스스로 자신만의 방식으로 붙잡은 진정한 자기와 구별한다. '그들-자기'로서, 특정한 현존재는 '그들' 속에 펴져 있으며, 먼저 자신을 찾아야 한다. (같은 책, 167쪽)

따라서 상담사들은 고객이 '자신을 찾도록' 촉진할 있다고 생각할 수 있다. 하이데거의 견해는 평범한 사람들은 상담사나 다른 권위 있는 인물에게 이끌려 자신들이 누구인지, 무엇인지, 자신에 대해 어떻게 말하고 생각해야 하는지, 어디로 가야 하는지, 무엇을 해야 하는지를 암묵적으로든 명시적으로든 듣고 싶어 할 것이라는 것이다.

다양한 치료 학파 안에서 각각의 심리적 방식에 따르는 상담사는 내담자가 '내면 세계'를 개조하고 재장식하기 위해 구매할 수 있는 다양한 '정신적 내부'를 제공한다. 자기의 본질과 그 이야기를 설명하는 다양한 언어, 개념, 우선순위, 서사가 있다. 일부 상담사는 내면 아이를, 일부는 원자아를, 일부는 초월적 자아를, 일부는 원초적 절규를 제공하는 등 다양하다. 대다수의 내담자는 틀림없이 (아마도 '비지시적인') 상담사가 제공하는 언어, 개념, 우선순위, 서사만을 사용하여 문제를 해결한다. 그들은 내면 아이, 원자아, 초월적 자아를 찾고 찾는다. 왜일까? 이용 가능한 광범위한 선택지 내에서 무게를 재고 평가하기보다는 이러한 생각을 '선반에서 꺼내' 사용하는 것이 더 쉽기 때문이다. 스스로 독창적이고 창의적으로 생각하는 것은 힘든 일이다. 대부분 사람들은 이를 피하는 경향이 있는 것 같다. 마찬가지로, 대부분의 교육은 지금도 사람을 끌어내는 과정이 아니다. 대체로 우리는 다른 사람이 하고 생각한 것을 반복하도록 요구받는다.

나는 하이데거가 우리가 누구인지 '진실'하다는 것이 무엇인지를 이해하려는 시도에서 심오하고 근본적인 중요성을 지닌다고 생각한다. 그는 의심할 여지없는 주어진 존재로 '나'에서 시작하여 세상을 도출하고 관찰하고 구성하려는 모든 철학자들에게 도전한다:

> 세계가 실로 존재하는지, 그 존재가 증명될 수 있는지에 대한 질문은 현존재가 세계-내-존재로서 제기할 경우 아무 의미가 없다. 그렇다면 누가 이 질문을 제기할 것인가? (같은 책, 247쪽)

우리는 우리 세계에 내재되어 있고, 상호 연결되어 있으며, 그 산물이다. 우리의 정체성은 이러한 역동적인 상호 연결과 분리될 수 없다. 우리 자신에 대한 개념조차 우리가 속한 세계와 분리될 수 없다. 환경으로부터 모든 감각 자극을 박탈하면 사람들은 빠르게 개인으로서 해체된다. 고립된 비물리적 단위로서의 영혼 또는 자기의 개념은 일관성이 없다. 따라서 우리가 어떤 식으로든 '나'로 시작할 수 있다고 상상하는 것은 터무니없는 일이다:

> 칸트가 '내 외부의 사물의 현존재'에 대해 증명을 요구하는 것 자체가 이미 그가 주체, 즉 '내 안에'를 이 문제의 출발점으로 삼고 있음을 보여준다.
> (같은 책, 248쪽)

더욱이, 일어나는 일의 대부분은 의식적인 의도나 선택 없이 일어나며, 당연히 그래야 한다. 삶의 기술은 언제 의식적인 주의, 생각, 질문, 의사결정, 창조 및 검토가 필요한지를 아는 것을 포함한다. 그 경우에 우리는 용기와 사고, 감정, 행위의 독립성을 가지고 자신의 속에서 있어야 한다. 물론 우리는 여전히 상호 의존적일 것이다.

실제로 하이데거는 우리가 다른 사람들에게, 사물들에 갇혀 있고, 실제로 우리 자신을 사고 팔고, 거래하고, 교환할 상품, 즉 사물로 보았기 때문에 이러한 진정성과 개성이 종종 달성되지 않는다고 믿었다. 자신이 되려면 용기가 필요하다. 왜냐하면 자기와 그 정체성에 대한 쉬운 설명이 없기 때문이다. 자기는 고정되고 움직이지 않은 것이 아니다. 그것은 다른 사람들에게 자신을 잃어서는 안 되지만, 그것의 세계 및 다른 사람들과 분리될 수 없다. 그것은 변화하고, 움직이고, 추구하고, 의도하고, 끊임없이 자신을 형성하고, 끊임없이 불완전하다. 우리는 항상 이야기의 다음 부분, 다음 의제와 다음 장으로 나아가려고 했기 때문에 불완전함을 느낀다. 앞으로 나아가고 새로운 형태를 만드는 것은 바로 실제로 살아있다는 것을 의미한다. 헤라클리토스의 강처럼 우리는 강둑을 만들고 강둑에 의해 만들어졌으며, 우리는 둘 다이다. 이는 대부분 사람들이 피하고 싶어하는 현기증 나는 생각이다. 그렇다면 언제 견고함, 최종성 및 완전함이 있을 수 있을까?:

현존재에는 죽음으로 끝나는 끊임없는 '총체성의 결핍'이 분명히 존재한다.
(같은 책, 286쪽)

우리가 죽으면, 즉 우리가 상상할 수 없고 우리가 움츠러드는 소멸의 순간이 오면, 모든 것이 고요하고 고정되고 최종적인 것이 될 것이다. 아마도 우리는 적어도 좋은 죽음을 맞이할 수 있고, 바로 직전에, 제때에 우리가 원하는 대로 모든 일을 마무리할 수 있을까? 우리가 갈망했던 모든 인정, 존경, 사랑을 얻고 '안녕'이라고 말하고, 모든 과제를 완료할 수 있을까? 우리가 죽기 전에 마침내 삶, 즉 우리 자신을 극복할 수 있을까? 하이데거에게 죽음은 삶만큼이나 계획대로 진행되지 않을 것이다. 하이데거에게 있어 죽음이란 삶만큼이나 계획대로 진행되지 않을 것이다. 우리는 너무 일찍 또는 너무 늦게 죽을 수 있으며, 그리고 우리의 진정한 죽음은 우리가 상상했던 어떤 죽음과도 큰 관련이 없을 것이다:

> 현존재가 죽음과 함께 성숙기에 이르는 경우는 거의 없으며, 현존재는 끝이 오기 전에 성숙기를 지나쳤을 수도 있다. 대부분의 경우 현존재는 미완성으로 끝나거나, 해체되고 소진된 상태로 끝난다. (같은 책, 288쪽)

죽음은 우리가 항상 우리 자신이나 우리의 삶으로 무언가를 만들려고 노력하기 때문에 끔찍하다. 죽음은 우리를 무, 즉 비존재로 만든다. 죽음은 우리가 함께 만들려고 했던 모든 것을 무효화하는 것처럼 보인다. 그것은 우리를 조롱하는 것으로 보인다. 우리는 여기에서 용감하게 앞으로 나아가고 있고, 아니면 그렇게 희망한다. 무엇을 향하는가, 비존재를 향하는가? 그것은 상상할 수 없는 일이다:

> 이러한 정신 상태(불안)에서 현존재는 자신의 존재가 완전히 불가능해질 수 있는 가능성, 즉 '무'와 직면하게 된다. 죽음을 향한 존재는 본질적으로 불안이다. (같은 책, 310쪽)

모든 것이 너무 어렵고 고통스럽다. 물러나고, 군중을 따르고, 가능한 한 최선을 다해 자신을 분산시키는 것이 더 쉽다:

> '실제로' 선택한 사람이 누구인지 불확실하게 남아 있다. 따라서 현존재는 선택하지 않고, 아무에게나 이끌려 다니며, 따라서 비본래성에 빠진다.
> (같은 책, 312쪽)

탈출구가 있다. 그것은 신으로부터 오는 것이 아니다. (하이데거는

가톨릭을 포기했다) 그것은 우리 자신의 양심의 부름에 귀를 기울이는 것으로부터 오는 것이다:

> 양심을 더 깊이 분석하면 그것은 부름으로 드러난다. 부름은 담론의 한 방식이다. 양심의 부름은 현존재를 자신의 가장 고유한 자기-존재-가능성으로 부름으로써 현존재에게 호소하는 성격을 띤다. 그리고 이것은 현존재를 자신의 가장 고유한 유죄-존재로 소환하는 방식으로 이루어진다.
> (같은 책, 314쪽)

하이데거는 나치당의 주장에 귀 기울였고, 한동안 그것이 나아갈 길이라 여겼다. 나치당은 강력하고 용감하며 헌신적이었고, 소비주의적 방종과 얕은 캐릭을 비판했다. 또한, 나치당은 거대한 국가적 목표에 영웅적으로 융합됨으로써 자기완성이 가능하다고 보았으며, 극복인 사상에 대한 찬사에서 니체와 뜻을 함께했다. 그러나 그는 결국 끔찍한 결과를 보고 뒤로 물러났다. 그는 『존재와 시간』처럼 규모와 범위가 큰 책을 다시 쓰지 않았다. 하이데거는 오늘날 현대 사상과 열망을 지배하는 미키 마우스 문화를 별로 좋게 생각하지 않았을 것이다:

> 일상성은 현존재를 다루고 계산해야 할 준비된 것으로 만든다. '삶'은 비용을 충당하든 그렇지 않든 '사업'이다. (같은 책, 336쪽)

그래서 우리는 매력적인 상품으로서 자신을 마케팅하고, 포트폴리오를 들고 다니며, 자신을 사고팔고 있다. 심지어 우리의 양배추가 플라스틱에 포장되고 우리의 걱정이 지역 상담사에 의해 압축 포장될 수 있을 때, 영웅주의와 결단력을 위한 공간이나 수요가 과연 있을까?:

현존재가 결의적일 때, 그것은 타인의 '양심'이 될 수 있다. 이는 '그들'과 '그들'이 수행하려는 것 안에서 모호하고 질투심 많은 규정과 수다스러운 친목을 통해서가 아니라, 사람들이 진정으로 서로 함께할 수 있는 결의성 속 진정한 자기-자기-존재에 의해서만 가능하다. (같은 책, 345쪽)

어쩌면 우리는 죽음에도 불구하고 시간을 초월할 수 있을지도 모른다:

현존재가 사실적으로 존재하는 '한', 그것은 결코 과거가 아니라, 항상 '나는-과거였던-존재'라는 의미에서 이미 과거였던 것으로 존재한다. 따라서 현존재는 존재하면서, 현재-여기 있고, 이미 과거의 일부와 함께 시간의 흐름 속에서 발생하고 사라지는, 하나의 사실로 자신을 확립할 수 없다.

(같은 책, 376쪽)

하이데거는 이미 세상을 떠났지만, 그의 철학은 여기에 남아 있다. 나는 그의 정신 일부를 여러분에게 전달하려고 노력했다. 그는 자신의 정체성을 형성하기 위해 시간을 거슬러 올라갔다. 그는 자신의 죽음을 넘어 우리에게 별처럼 다가온다. 그가 말한 많은 것들이 앞으로 발전시킬 가치가 있다. 그는 충분히 널리 알려지지 않았다. 나는 하이데거가 지금은 그보다 더 빛이 나지만 훨씬 더 빨리 잊혀질 많은 유명인들보다 훨씬 더 먼 시대까지 남아있기를 바란다:

현존재는 어떤 식으로든 현재에 존재하는 실재의 단계들로 '삶'의 궤적이나 구간을 채우지 않는다. 자신의 존재가 뻗어 나가는 것으로 미리 구성된 방식으로 현존재는 자신을 펼친다. 탄생과 죽음을 관련시키는 '사이'는 이미 현존재의 존재 안에 놓여 있다. (같은 책, 426쪽)

한 번 자기 존재의 유한성을 이해하게 되면, 이 일은 안락함, 회피, 그리고 일을 가볍게 대하는 것처럼 자신에게 가장 가까운 가능성의 끝없는 증식으로부터 자신을 되찾아 현존재를 운명의 단순성으로 인도한다. 이것이 우리가 현존재의 본래 역사 기록을 묘사하는 방법이다. 그것은 본래적 결의성에 놓여 있으며, 이 결의성 속에서 현존재는 자신이 물려받았으나 스스로 선택한 가능성 속에서 죽음에 자유로운 채 스스로 자신을 자기에게 넘겨준다.

(같은 책, 435쪽)

질문

1. 어떤 것에 대해 장황하게 이야기하는 것은 이해 증진에 대한 최소한의 보장조차 제공하지 않는다. 상담·돌봄 실천에서 침묵과 비언어적 의사소통의 위치는 무엇인가?

2. '오직 이미 이해하고 있는 사람만이 들을 수 있다.' 이해하고 있는지 어떻게 알 수 있는가? 이해하기 위해 무엇을 알아야 했는가? 어떤 예가 떠오르는가?

3. 내담자의 경험을 그의 '내면'에서 보려고 할 때, 상담자는 얼마나 거기에 몰두하는가?

4. 내담자의 정체성을 구성하는 의도, 역사, 행동 및 관련 요소들과 상담사는 어떻게 관계를 맺는가?

5. 당신은 누구이며, 내담자의 진정성을 평가하기 위해 어떤 방식으로 접근하는가?

연습

1. 개인 정체성, 책임감, 진정한 의사소통에 대한 개념을 자신의 상담사 훈련과 돌봄 실천 훈련에서 살펴보라. 하이데거가 이런 개념들을 얼마나 도전하는가? 당신은 자신의 실천에 하이데거의 사상을 얼마나 받아들일 준비가 되어 있다고 느끼는가?

2. 많은 심리치료에서는 통찰을 얻기 위해서 말해야 한다는 조언이 통용된다. 반면, 많은 동양의 스승들은 몇 시간 동안 입을 다물고 우리가 하는 일에 집중하는 것이 더 낫다고 제안한다. 동서양의 치유 프로그램에서 침묵의 역할을 살펴보라.

결론

하이데거의 개인 정체성, 의사소통, 경험, 책임에 대한 개념은 기존의 '상식'과 근본적으로 다르다. 그가 말하는 많은 내용은 세상의 존재를 '추론'하고 행위와 말을 분리하는 육체가 없는 영혼의 개념보다 덜 환상적이고 더 그럴듯하다. 아마도 우리는 선입견이나 사전 이해 없이 듣는 것이 불가능하다는 사실을 인정해야 할 것이다. 상담사나 다른 누구에게도 분리된, '객관적' 입장은 존재하지 않는다. 우리는 인간 삶의 패턴의 일부이지 외부 관찰자가 아니다. 우리는 말하기 전에 이해하며, 다른 사람이 하는 말은 의사소통의 가장 중요하지 않은 요소이다. 무엇보다 우리는 자신이 의도하는 바에 의해 형성된 행동을 통해 표현한다. 우리는 우리가 가진 것과 붙잡고 있는 것, 사용하는 것과 남용하는 것, 전제하고 선입견을 갖는 것에서 소통한다. 하이데거의 세계는 역동적이며, 움직임, 감정, 시간과 공간은 우리가 속한 것이 아니라 우리 자체이다.

웹사이트

http://www.wavefront.com/-contra_m/cm/reviews/cm13_rev_heidegger.html
http://www.geocities.com/Athens/Delphi/9994/heidher.html
http://www.webcom.com/-paf/ereignis.html

참고문헌

M. Heidegger, *Being and Time*, Blackwell, 1978
M. Heidegger, *Basic Problems of Phenomenology*, Indiana University Press, 1982
M. Heidegger, *Concept of Time*, Blackwell, 1992

Chapter 32

사르트르 (1905-1980)

요점

* '자아'는 형이상학적인 미덕으로 나의 자유를 소유하고 있는 작은 신이다.
* 인간의 실재는 자신이 결핍된 것을 향해 나아가는 초월이다.
* '즉자-존재'는 우리가 스스로 만들어낸 모든 것에서 계속해서 나아가는 불안정한 정신이다.
* '대자-존재'는 타인이 자신을 만들어가는 과정에서 관찰되는 객체로서의 '나'이다.
* 우리가 태어나는 것은 부조리하고, 죽는 것도 부조리하다.

적용

* 사르트르는 실존적 정신분석을 '원초적 선택을 결정하려는 시도'라고 설명했다.
* 내담자는 중요한 결정, 해석 및 의도를 찾고, 재평가하고, 책임을 진다. 이 각각은 특정한 생각이나 감정보다 더 근본적인 것으로 간주된다.
* 사르트르는 소위 과거의 영향에 대한 집착을 무책임한 행위, 즉 '불성실한 행위'로 보았다.

* 과거의 환경보다 결정과 의도가 더 중요하다. 중요한 것은 우리가 환경과 사건을 어떻게 만들어내는가이다.

* 우리는 자신이 선택하고, 참여하고, 의도하는 것 안에서 의미를 만든다. 절대적인 의미는 없으므로 의미는 '발견'되는 것이 아니다.

▶

키르케고르의 실존주의는 신 안에서 그리고 신 앞에서 자신을 찾는 데 있었다. 니체의 자아는 '극복인'으로 이어지는 다리였다. 하이데거에게 자기[86]는 더 큰 맥락과 불가분의 관계로 얽혀 있으며, 거기에서 생겨나는 것이었다. 헤겔의 자아는 절대 이념의 일부였다. 사르트르에게 자아는 데카르트의 자아와 유사하지만, 신이 없었다. 사르트르에게 자아는 그 자신의 신이었다:

> 문제는 내 안에 거주하고, 형이상학적 덕성으로서 나의 자유를 소유하고 있는 작은 신으로서의 자아를 상상하는 일이다. (『존재와 무』, 42쪽)

니체의 극복인은 1945년 화염 속에서 사라졌다. 그러나 사르트르의 자아에 대한 신격화는 20세기 후반에 가장 큰 영향을 미쳤다. 사르트르가 묘사한 자아는 여러모로 차후에 만들어진 자아였다.[87] 그 메스꺼운 결과는 그의 소설 구토에서 설득력 있게 탐구되었다.

그렇다면 사르트르의 '자아'는 하이데거나 키르케고르의 '나'와 어떻게

---

86 [역주] 하이데거는 '나' 혹은 '자기'라는 존재가 의식 바깥의 세계나 신체와 분리된 의식으로 존재한다고 보지 않는다. 그런데 '자아'라는 표현은 이런 분리를 전제하는 경우가 많다. 이런 이유에서 역자는 '자아'라는 번역어를 하이데거의 입장과 관련해 피했다.
87 [역주] 사르트르가 볼 때 '자아란 확정된 본질로서 이미 주어진 것이 아니라 삶의 결과로서 차후에 만들어 진다는 뜻이다. '실존이 본질에 앞선다'는 이런 그의 자아론을 나타내는 명제다.

다를까? 우리는 하나 또는 다른 하나를 '선택'할 수 있을까? 어느 것이 다른 것보다 '진실'에 더 가까운가? 우리는 우리 자신을 무엇으로 만들어야 할까? 어떻게? 그리고 이 철학자들 중 어떤 철학자가 우리에게 도움이 될 수 있을까? 우리는 누구인가? 우리는 무엇을 해야 할까? 우리의 실재는 무엇인가?:

> 인간의 현실은 자신이 결핍된 것을 향해 나아가는 초월이다. 그것은 자신이 만약 자신이 가지고 있는 것이 된다면 될 특정한 존재를 향해 자신을 초월한다. (같은 책, 89쪽)

키르케고르, 쇼펜하우어와 마찬가지로 사르트르에게 인간은 항상 현재보다 더 나은 존재가 되고 싶어하는 존재였다. 우리는 대담하게 나아가고 존재하고 행동하기를 원했으며, 우리가 어디에 있든, 어떤 존재이든, 아직 거기 도달하지 못했다. 우리는 계속 나아가고, 성장하고, 손을 뻗고 싶었다. 우리가 스스로 만들어냈다고 생각했던 '어떤 것'도 우리가 되고 싶었던 어떤 것과 누군가에 비하면 아무것도 아닌 것처럼 느껴졌다. 우리가 종종 좌절감을 느낀 것은 당연한 일이었다:

> 인간 실재의 존재는 고통이다. 왜냐하면 그것은 자신이 될 수 없는 전체에 의해 끊임없이 사로잡힌 존재로 떠오르기 때문이다. 정확히 말하자면, 대자로서의 자신을 잃지 않고서는 즉자에 도달할 수 없기 때문이다. 그러므로 인간적 실재는 본질적으로 불행한 상태를 초월할 가능성 없는 불행한 의식이다. (같은 책, 90쪽)

사르트르도 하이데거처럼 하이픈으로 연결된 개념을 사용했다. 즉자-존재는 어떤 의미에서 우리였던 존재는 우리가 전부인 것은 아니었다.

우리는 우리 자신으로부터 벗어나고, 우리 자신으로부터 나아가고, 우리 자신을 더 많이 만들고, 다시 더 많이 만들기를 끝없이 원했다. 대자-존재는 우리가 스스로 만들어낸 모든 것에서 계속해서 나아가는 불안정한 정신이었다. 마침내 우리 자신을 만드는 것은 죽는 것이었다. 살아 있다는 것은 현재의 '즉자'로 부터 영원히 갱신하고, 다시 만들고, 개조하고, 제거하고, 벗어나는 것이었다. 사르트르는 대자가 즉자를 '무화'한다고 말했다. 나는 이 서투른 개념을 '무화'시키고 싶다.

사르트르는 또한 '대타-존재'에 대해서도 이야기했다. 이것은 자신을 만들어가는 타인들에게 관찰되는 대상로서의 '나'다. '각자 도생'이라는 원칙이 그에 따른 결과로 보일 수 있는데, 이는 우리가 분명히 배운 바와 같이 사회에 큰 여지를 남겨두지 않는다. 하이데거보다 사르트르가 대타-존재가 되면서 자신을 잃고 소외된 객체가 될 것이라고 생각하는 경향이 강했다. 그는 사회적 존재가 공동체 안에서 자신을 찾을 수 있다는 점을 충분히 인식하지 못했다. 지나치게 자기중심적인 대자-자기는 나를 제멋대로 하게 만들고, 메마르고 불모의 상태로 만들 수 있다. 그것은 내가 속한 사회에 긍정적으로 파괴적일 수 있다:

> 우리가 연극을 하거나 강연을 하기 위해 '대중 앞에' 서게 되면, 우리는 우리가 보여 지고 있다는 사실을 결코 놓치지 않고, 그 시선 앞에서 수행하기 위해 온 일련의 행위들을 실행한다. 더 나아가 이 시선을 위해 존재와 일련의 객체들을 구성하려고 노력한다. (같은 책, 281쪽)

우리는 다른 사람들에게 보여 지고 있다는 것을 의식한다. 우리가 우리 자신에 대해 만든 것은 다른 사람들이 우리에 대해 상상하는 것에 영향을 받았다. 우리는 다른 사람들에게 특정한 제안을 하거나 자기 제시를 함으로써 다른 사람들이 우리에 대해 가지고 있는 이미지에 영향을 미치려고 노력했다. 우리는 우리 자신을 만들었고 서로를 만들었다. 우리는 타인이 만들어낸 이미지가 어느 정도 우리를 형성하도록 허용한다. 하지만 이 상호 재구성 작업에서 나온 자아는 무엇일까? 진짜 진정한 자아일까 아니면 만들어진 자아일까? 이것을 누가 결정할 수 있을까?

사르트르는 성찰을 통해 답을 찾을 수 있다고 믿지 않았다. 행위는 말이나 생각보다 더 큰 소리를 낼 수 있고, 사실 이들은 서로 연결되어 분리될 수 없다. 외부의 '행위'를 독립적으로 또는 독립적으로 유발하는 내부의 '동기'를 생각하는 것은 도움이 되지 않는다:

> 변화를 향한 단호한 기투는 행위와 다르지 않으며 동기, 행위, 목표는 모두 하나의 분출 안에서 구성된다. 이 세 가지 구조는 각각 다른 두 가지를 그것의 의미로 주장한다. (같은 책, 438쪽)

이는 헤라클레이토스가 실재를 유동적인 것으로 본 견해를 반영한다. 하이데거도 '과정'이 중심이라는 점에 비슷한 관심을 기울였고, 실제로 자신의 생각을 헤라클레이토스의 생각과 연관시키려고 노력했다. 그러나 자신을 이해하려고 애쓰는 과정에서 이 영원한 삶의 움직임은 두려운 것이었다. 우리는 우리 삶의 실내 가구를 고정시키고 싶었다:

> 심리적으로 우리 각자에게 이것이 의미하는 바는 원인과 동기를 사물로 생각하려고 한다는 것이다. 우리는 사물에 영속성을 부여하려고 노력한다. 우리는 그것들의 성격과 무게가 내가 그것들에 부여하는 의미에 따라 매 순간 달라진다는 사실을 스스로 숨기려 하고, 그것들을 상수처럼 생각하려 한다. (같은 책, 440쪽)

사르트르에게 우리는 동기에 의해 만들어진 존재가 아니라 동기의 창조자였다. 우리는 동기를 만들고, 해석하고, 재해석했다. 우리는 동기 때문에 행위하는 것이 아니라 동기를 가지고 행위했다. 우리의 동기와 행위는 우리가 가진 자유로운 잠재력에서 비롯되었다. 우리는 우리가 스스로 만든 존재였으며, 살아 있는 한 우리는 다시 만들고, 더 만들고, 덜 만들고, 새로운 것을 만들고, 다시 나아갈 수 있었다.

> 인간은 때로는 노예이고 때로는 자유로운 존재가 아니다. 그는 완전히 그리고 영원히 자유롭거나 아니면 전혀 자유롭지 않다. (같은 책, 441쪽)

사르트르에게는 우리가 우리의 동기와 상황에 의해 '유발'되고 결정된다고 보는 것은 '나쁜 믿음', 도덕적 비겁함, 환상으로 이어지는 무책임한 행위였다. 상황은 어느 정도는 주어진 것이지만, 중요한 것은 우리가 그것들을 어떻게 만들었느냐였다. 동기는 모두 우리 스스로가 만들어낸 것이다.

> 과거의 동기, 과거의 원인, 현재의 동기와 원인, 미래의 목적은 모두 원인, 동기, 목적을 초월하는 자유의 분출에 의해 불가분의 통일체로 조직된다.
> (같은 책, 450쪽)

내가 자유롭고 책임감 있게 행위하기 전에 이 모든 원인과 상황을 고려하고 숙고해야 한다는 생각 자체가 기만이었다.

> 자발적인 숙고는 언제나 기만이다. 모든 숙고 이전에 그리고 내가 자신에 대해 내리는 바로 그 선택에 의해, 내가 스스로 가치를 부여하는 원인과 동기를 어떻게 평가할 수 있을까? (같은 책, 450쪽)

더 나아가, 만약 내가 숙고하는 지점에 도달하게 된다면, 이는 단순히 내가

다른 형태의 발견(예를 들어, 열정이나 단순한 행위를 통해)이 아닌 숙고를
통해 동기를 실현하는 것이 나의 원래 기투의 일부이기 때문이다.
(같은 책, 451쪽)

사르트르의 말은 확실히 일리가 있다. 우리는 잠시 멈추고 의식적으로
숙고할 때 책임감 있게 행위할 수 있지만, 하이데거가 관찰했듯이 항상
또는 자주 의식적인 숙고를 할 필요는 없다. 우리는 종종 행위하거나
느끼며, 내면의 독백이나 대화를 할 필요 없이 무엇을 하고 무엇을 선택
하고 있는지 알고 있다. 그렇다고 해서 책임감이 덜하다는 뜻은 아니다.
그것은 종종 우리가 더 통제력이 있다는 것을 의미한다. 숙련된 운전자는
의식적으로 숙고하지는 않지만 의도적으로 운전하며 그 결과에 대해 확
실히 책임을 진다.

따라서 무책임하고 정직하지 못한 사람은 외부의 원인과 내적 동기에
짓눌리고 억압받는다고 느낄 수 있지만, 자신의 실재를 느끼고 직면한
사람은 원인과 동기에 무게, 모양, 크기, 영향을 부여하는 것이 바로
우리라는 것을 알고 있다. 우리는 이미 자신을 위해 설정한 결정, 기투,
변명에 따라 그렇게 했다:

실제로 원인과 동기는 나의 기투, 즉 실현될 목적과 알려진 행위의 자유로
운 생산이 그것들에게 부여하는 중요성만을 갖는다. (같은 책, 451쪽)

그래서 우리는 우리가 하는 일에서, 우리가 되고 싶은 자아를 향한
기투 속에서 우리 자신을 발견했다. 흄이 옳았다. 우리는 내면을 들여다
보고 '나'를 찾지 않는다. 이 순간, 즉각적인 여기 그리고 지금에는 '나
자신'이라고 찾아낼 만한 그 어떤 것도 없다:

자기-의식을 가정한다는 것은 결코 순간에 대한 의식을 가정하는 것을 의미하지 않는다. 왜냐하면 순간은 마음의 한 가지 관점일 뿐이며, 설사 그것이 존재한다고 하더라도 순간에 자신을 파악하는 의식은 더 이상 아무것도 파악하지 못할 것이기 때문이다. 나는 오직 이 사업이나 저 사업에 종사하고, 이 성공 또는 저 성공을 기대하고, 이 결과 또는 저 결과를 두려워하고, 이러한 기대의 앙상블을 통해 자신의 전체 모습을 윤곽을 그리는 특정한 사람으로서만 나 자신에 대한 의식을 가정할 수 있다.

(같은 책, 462쪽)

찾아야 할 '본질적' 자아는 아예 없다. 게다가 시간은 자아의 형태를 구성하는 차원 중 하나이기 때문에 이 순간, 저 순간 또는 다른 순간에 관찰될 수 있는 자아는 없다. 자아는 2차원 또는 더 중요하게는 3차원에서 관찰될 수 없다. 우리가 발견했다고 상상했던 본질적 자아는 원래 비본질적 자아였다. 그것은 선택과 행위를 지닌 우리 자신의 존재를 통해 만들어진 일시적인 구성물이었다. 나는 나 자신을 발견한 다음 어떤 기투와 목적을 착수할지 결정할 수 없었다. 반대로 (대자-존재로서) 나는 자신의 기투와 목적을 자유롭게 선택했고, 그렇게 함으로써 나 자신을 창조했으며, (즉자-존재로서) 나 자신을 발견했다.

인간 실재에서 신존이 본질에 선행하기 때문에 아담은 본질에 의해 정의되지 않는다. 아담은 자신의 목적을 선택하는 것으로 정의된다.

(같은 책, 468쪽)

실존주의 프로젝트의 본질은 바로 여기에 있다. 실존은 본질에 선행한다. 나는 존재하며, 그렇게 함으로써 선택하고, 기투하고, 행위하고, 그렇게 함으로써 나 자신을 구성하고 발견한다.

그러므로 인간의 실재는 나중에 행위하기 위해 먼저 존재하는 것이 아니라, 인간의 실재에 있어서 존재는 행위하는 것이며, 행위을 멈추는 것은 존재를 멈추는 것이다. (같은 책, 476쪽)

이 모든 것이 어느 정도 명확하기를 바란다. 나는 사르트르의 철학적 글에서 가장 명료한 부분을 선택했는데, 그 대부분은 슬프게도 그의 소설과 극명한 대조를 이룬다. 하지만 사르트르의 실존주의는 과연 얼마나 사실일까, 아니면 전혀 사실이 아닐까? 사르트르는 실존주의자이자 마르크스주의자였다. 이 두 철학 사이의 엄청난 차이와 불일치를 고려할 때, 이것은 꽤 큰 업적이다. 말년에 그는 둘 다 포기했다. 몇 가지 문제점을 살펴보자. 첫째, 그리고 가장 분명한 것은 개인의 자유와 책임에 대한 골치 아픈 문제다.

사르트르는 인간의 자유와 책임에 대한 자신의 견해가 기존의 지혜와 상식에 어긋난다는 것을 잘 알고 있었다:

인간은 스스로를 만들어간다고 보이는 것보다 훨씬 더 기후와 땅, 인종과 계급, 언어, 소속 집단의 역사, 유전, 어린 시절의 개인적인 환경, 습득된 습관, 삶의 크고 작은 사건들에 의해 '만들어지는' 것처럼 보인다.
(같은 책, 482쪽)

우리의 상황은 거대한 산처럼 우리를 둘러싸고 압도하며 우리 위에 솟아 있는 것처럼 보였다. 어떻게 극복할 수 있을까? 정상에 오르는 데 실패한들, 우리는 자신을 비난할 수 있을까?:

사물의 역경 계수는 우리의 자유를 부정하는 논거가 될 수 없다. 왜냐하면 그 계수는 우리에 의해, 즉 목적을 미리 설정함으로써 발생하기 때문이다. 내가 어떤 바위산을 치우려고 하면 깊은 저항을 보이지만, 반대로 내가 시골을 내려다보기 위해 그것을 오르려고 하면 귀중한 도움이 된다.
(같은 책 482쪽)

우리는 건물을 우리의 길을 가로막는 장애물로 여기지 않는다. 우리는 그것을 우리가 선택하고 행위하기 위해 주어진 것이라고 생각한다. 산은 움직일 수 없을지 모르지만, 우리가 그것을 어떻게 활용하고, 그것으로 무엇을 했는지 또는 하지 않았는지는 우리 손에 달려있다. 우리는 자신의 상황에서 우리가 선택한 것을 자유롭게 만들 수 있었다. 하지만 우리는 그것을 가지고 우리가 좋아하는 것을 할 자유가 있었을까?:

'자유롭다'는 것은 '원하는 것을 얻는 것'이 아니라 '스스로 원하도록 자신을 결정하는 것'(넓은 의미의 선택)을 의미한다. 달리 말하자면, 성공은 자유에 중요하지 않다. (같은 책, 483쪽)

사르트르가 탐구하는 자유는 우리의 세계와 산을 해석할 수 있는 자유다. 그것은 산을 옮길 수 있는 자유는 아니다. 왜냐하면 자명하게도 우리는 일반적으로 그것들을 아예 움직일 수 없기 때문이다:

따라서 우리는 죄수가 항상 감옥에서 나갈 자유가 있다고 말하지 않을 것이다, 이는 터무니없는 일이다. 또 우리는 그가 항상 석방을 갈망할 자유가 있다고 말하지 않을 것이다. 이는 무의미한 진리가 될 것이다. 하지만 우리는 그가 항상 탈출(혹은 석방되기 위해 노력)할 자유가 있다고 말할 것이다.
(같은 책, 484쪽)

갑자기 사르트르의 자유에 대한 개념이 덜 매력적으로 느껴지고 덜 중요해 보인다. 그는 우리가 감옥에서도 자유롭다고 말한다. 우리는 성공 가능성(사르트르의 '역경 계수')이 극히, 거의 무한히 작을 수 있음에도 불구하고 탈출을 시도할 자유가 있다. 이것이 대부분의 죄수들에게 큰 위로가 될까? 마찬가지로 우리 모두는 최고급 호텔에서 식사할 '자유'가 있다. 물론 돈이 좀 필요하다. 따라서 우리는 돈을 벌거나, 찾거나 훔치고, 등급을 만들고, 정장을 사고, 차를 사고, 신용 등급을 설정하고, 운전하고, 식사를 선택하는 기투를 선택할 '자유'가 있다.

상황이 어려울 때 우리에게 어떤 선택지가 있는지 알아내고 그것들로 작업하는 것이 유용하다는 것은 의심의 여지가 없다. 전쟁 포로, 양심수들은 간수들이 도달할 수 없는, 자신의 생각과 감정에 대한 내면의 통제력을 가지고 있다는 것을 발견할 수 있다. 그들은 심지어 감방의 일상생활에서 몇 가지 능동적인 선택권을 갖기도 한다. 우리가 감옥에 갇혀서 엉망이라고 느끼는 이유는 단지 우리가 나가고 싶어 하기 때문이다. 하지만 그것이 우리가 감옥에 있는 것에 대해 전적으로 책임을 져야 한다는 것을 의미할까? 그리고 우리가 그곳에 있기를 선택할 수 있다는 생각이 정말 말이 될까? 선불교의 가르침은 창밖으로 던져진 상황에서 '나는 내려간다!'라고 선언하며 상황을 통제한 선사의 이야기에서 문제를 탐색한다.

여기에는 통찰이 있고, 또 이런 종류의 주장을 너무 지나치게 확장하는 것의 부조리함에 대한 인식도 있다. 건물이 없다면 A에서 B로 더 빨리 이동할 수 있는데도, 건물은 우리에게 장애물이 아니다:

> 나에게 장애물인 것이 다른 사람에게는 장애물이 아닐 수도 있다. 절대적인 의미의 장애물은 없지만, 장애물은 자유롭게 발명되고 자유롭게 습득한 기술에서 그 역경 계수를 드러낸다. (같은 책, 488쪽)

이 모든 것은 어느 정도까지는 매우 좋다. 태도, 기투, 기대를 바꾸면 우리는 상황의 의미와 본질을 재 정의할 수 있다. 데일 카네기가 베스트셀러인 『친구를 사귀고 사람들에게 영향을 미치는 방법』(1994)에서 제안했듯이, 운명이 당신에게 레몬을 건네줄 때 레모네이드로 바꾸면 어떨까? 대중적인 자기 계발 심리학은 이런 종류의 것들로 가득하다. 긍정적인 태도를 선택하고, 긍정적인 행위를 취하고, 긍정적인 방식으로 상황을 재 정의하라, 그러면 긍정적인 순환을 만들고, 자전거를 타고, 일어나서 나아가고, 시작하고, 해낼 수 있다! 그런 식으로 계속하라. 이는 어느 정도까지는 모두 사실이고 중요하다.

그러나 레몬을 레모네이드로 바꾸려면 물과 설탕이 필요하다. 일부 사람들의 험난한 상황은 그들이 결코 마땅히 겪어서는 안 될 사막과 같으며, 그들 스스로 거기에서 벗어날 수 있다고 기대할 수 없는 곳이다. 사르트르는 우리가 상황 안에서만 자유를 가지며, 그 상황의 많은 부분은 우리가 그 안에서 노력해야 하는 존재의 '주어진 것들'임을 깨닫는다:

> 인간-실재는 어디에서나 자신이 만들지 않은 저항과 장애물에 부딪히지만, 이러한 저항과 장애물은 인간-실재라는 자유로운 선택 안에서 그리고 그것을 통해서만 의미를 갖는다. (같은 책, 489쪽)

이 문장의 두 번째 부분에서 사르트르는 심각한 오류를 범하고 있다. 이러한 존재의 주어진 것은 나의 기투, 행위, 선택, 해석을 통해서만 의미를 갖는 것이 아니다. 산은 내가 있기 전에도 거기에 있었고, 내가 떠난 후에도 거기에 있을 것이다. 내가 그것을 어떻게 상상하든 그것은 산이다. 내가 생각하고 행위하는 것이 무엇이든 도움 없이 29,000피트를 오를 수 없을 것이다.

> 따라서 우리의 자유 자체가 우리가 고통받는 장애물을 만든다.
> (같은 책, 495쪽)

이는 참이기도 거짓이기도 하다. 하지만 '참'보다는 '거짓'에 더 가깝다. 우리의 상황은 우리가 감당하는 것보다 더 큰 고통을 주는 장애물을 만들어 낸다. 우리의 본성은 우리의 상황만큼이나 주어진 것이다. 우리에게는 선택지뿐만 아니라 필요사항도 있다. 나는 물이 필요하다. 이는 선택의 여지가 없다. 물이 없으면 나는 물을 원할 것이고, 물을 갈망할 것이며, 물 부족에 신경 쓰지 않기로 '선택'할 수 없다. 나는 물 부족으로 죽을 것이다.

개인적인 차원에서 하이데거는 의미가 전적으로, 또는 주로 개인에 의해 구성되는 것이 아니라는 것을 깨달았다. 대부분의 의미 만들기는 사회적 활동이다. 우리는 트라팔가르 해전이나 워털루 전투가 무엇을 의미하는지 알게 되며, 그것들로부터 우리가 원하는 어떤 것이든 만들어 낼 수 있다고 상상한다면 정신 나간 짓이다. 개인적 자유와 선택의 여지가 있겠지만, 우리가 그것으로 무엇을 만들지는 우리가 프랑스 시민인지 영국 시민인지에 따라 크게 결정될 것이다. 사르트르는 다른 모든 것과 마찬가지로 역사도 우리의 현재 기투, 목적, 선택, 상황에 따라 구성되고 재구성된다고 깨달았다. 그러나 개인의 선택에 대한 그의 주장은 자신의 마르크스주의와 잘 맞지 않았다:

> 절도 후 감옥에서 보낸 기간이 유익했는지 아니면 비참했는지는 누가 결정하는가? 내가 도둑질을 포기하느냐 아니면 더 하느냐에 따라 내가 결정한다. (같은 책, 499쪽)

이것은 충분히 사실이며 중요하다. 우리가 역사를 해석할 수 있는 범위에 한계가 있다는 것을 사르트르가 인식한 것도 사실이다. 게다가 사르트르는 우리가 하려는 일과 가고자 하는 방향이 우리가 어디에 있었다고 생각하는지, 우리에게 무슨 일이 일어났다고 생각하는지, 우리 앞에 무슨 일이 일어났다고 믿는지에 큰 영향을 미친다는 사실을 깨달으면서 소박한 경험주의를 넘어선다:

> 이제 과거의 의미는 나의 현재 기투에 엄격하게 의존한다. 이것은 내가 이전 행위의 의미를 내가 원하는 대로 바꿀 수 있다는 것을 의미하지 않는다. 오히려 내가 결정하는 근본적인 기투가 내가 가져야 할 과거가 나와 다른 사람들에게 가질 수 있는 의미를 절대적으로 결정한다는 것을 의미한다. 사실 나는 매 순간 과거의 의미를 결정할 수 있다. (같은 책, 498쪽)

프로이트가 현재의 행동에 영향을 미치고, 설명하고, 결정하는 과거의 힘에 우선권을 부여한 것과 달리, 사르트르는 미래가 중요하다고 믿었다. 과거는 중요하지만, 계획된 미래의 관점에서 정의되고, 형성되고, 설명된다:

> 따라서 과거의 긴급성은 미래에서 비롯된다. (같은 책, 499쪽)

치료사는 과거의 주요 영향이 아니라 우리의 미래에 대한 주요 결정과 비전을 풀어내야 한다. 시작과 끝조차도 우리 자신에 대한 이야기라는 관점에서만 의미가 있다:

> 따라서 실제 기투는 과거의 정의된 기간이 현재와 연속적인지 아니면 거리를 두는 분리된 조각인지 결정한다. (같은 책, 501쪽)

결과적으로 우리 자신에 대한 현재의 이야기는 개인적으로나 집단적으로 변화함에 따라 우리의 역사도 다시 쓰여질 것이다. 예를 들어, 바스티유의 습격 사건을 어떻게 해석해야 할까?:

> 오늘 질문을 결정하려는 사람은 그가 역사가라면 자신이 역사적이라는 사실을 망각한다. 즉 그는 자신의 기투와 사회의 기투에 비추어 역사를 조명함으로써 자신을 역사화한다는 사실을 망각한다. 따라서 사회적 과거의 의미는 끊임없이 '미결정 상태'에 있다고 말해야 한다.
> (같은 책, 501쪽)

우리는 미래를 위해 기투를 변경하는 과정에서 우리의 역사를 다시 쓸 수 있고, 그렇게 할 것이다. 미래를 위한 기투를 선택한 후 과거는 중요했다:

> 우리는 어떤 목적에 비추어 과거를 선택하지만, 그때부터 과거는 우리에게 자신을 강요하고 우리를 삼켜버린다. (같은 책, 503쪽)

사르트르에게 우리는 자유롭게 선택할 수 있으며, 치료사는 내담자 자신이 이미 내린 선택을 인식하고 책임질 수 있도록 도울 필요가 있다:

> 우리가 보았듯 나의 선택할 자유는 나의 획득할 자유와 혼동되서는 안된다.
> (같은 책, 505쪽)

사르트르는 우리가 상황에 관계없이 선택할 자유라는 의미에서 자유를 유지한다고 믿었다:

> 고문자의 뜨겁게 달궈진 집게조차도 우리를 자유로운 존재에서 벗어나게 할 수는 없다. (같은 책, 506쪽)

하지만 이것은 어떤 종류의 자유일까? 솔직히 말해서 뜨겁게 달궈진 집게에 직면했을 때 우리의 선택지는 무엇일까? 비명을 지르지 않거나 화상을 입거나 죽는 것을 선택할 수 있을까? '적'에게 정보를 제공하지 않기로 선택할 수 있지만, 이것조차 확실하지 않다. 고문자들은 대부분의 사람들의 의지를 꺾을 수 있다고 주장한다. 그럴 만한 충분한 이유가 있을 것이다:

> 나는 내 상황에 대해 절대적으로 자유롭고 절대적으로 책임이 있다. 그러나 나는 그 상황을 제외하고는 결코 자유롭지 못하다. (같은 책, 509쪽)

예를 들어 이런 종류의 생각은 가난하고, 소외되고, 억압받는 사람들의 상황을 개선하는 것을 선택하지 않는 정부들에게 편리한 변명으로 사용될 수 있다. '여러분은 모두 절대적으로 자유롭습니다. 자전거를 타세요. 긍정적인 태도를 가지고, 스스로를 돕고, 더 책임감을 가지세요.' 당신의 상황은 '주어진 것'이다.

마르크스주의자인 사르트르는 이 변명을 받아들이지 않았고, 정부는 '절대적 자유'로 행위하는 가난한 사람들이 처한 비참한 상황을 개선할 절대적 자유가 있다고 덧붙였을 것이다. 그러나 이러한 어려운 상황에서 절대적 자유에 대해 이야기하는 것은 일반적인 용어를 오용하는 것이며, 자유에 대한 일상적인 의미와 이해를 바꾸려는 이런 시도로 인해 얻는 것보다 잃는 것이 더 많을 수 있다.

이 '자유'에 직면하면 우리는 두려움, 위축감, 외로움, 길을 잃은 느낌, 그리고 임의적인 느낌을 받을 수 있다. 사르트르가 데카르트적이고 개인주의적인 용어로 자유를 정의했기 때문에 우리는 분명히 외로움을 느낄

것이다. 하지만 하이데거의 자유를 선택한다면 결코 외로움을 느낄 필요가 없다:

> 우리가 태어난 것은 부조리하고, 우리가 죽는 것도 부조리하다.
> (같은 책, 547쪽)

우리 삶에 절대적인 기초가 있을까? 세상은 평평하고 광대한 우유 바다에 떠 있는 거북이 위에 서 있는 네 마리의 거대한 코끼리가 지탱하고 있다. 하지만 우유 바다 밑에는 무엇이 있을까? 다른 더 큰 접시에 담겨 있을까? 우리가 만들어낼 수 있는 폭풍과 크고 작은 찻잔에 대해 던질 수 있는 질문에는 끝이 없다. 우리가 원한다면 '하지만 왜, 그리고 어떻게?'라고 물어볼 수 있다는 점에서 어떤 설명도 최종적인 것은 아니다. 그러면 우리가 구성한 근본적인 '무언가'의 '뒤'나 '아래'에 놓인 신비한 '무'를 상상할 수 있으며, 이것은 터무니없게 느껴질 수 있다. 우리가 감지하고 이해하는 것의 한계를 넘어서면, 놀랍지 않게도 무의미함이 놓여 있다.

그러나 부조리가 우리 삶의 가장자리에 머물 수 있더라도 그것이 삶의 중심에서 뒹굴도록 허용할 필요는 없다. 자신을 기투하고 자신의 기투에 만족하는 사람들은 추진력을 잃거나 찾지 못하고 우울증과 절망에 빠진 사람들보다 당연히 더 성취감을 느낀다. 심지어 사르트르 자신의 이론에 따르면, 우리는 삶이 부조리하다고 말할 자격이 사르트르에게 있는지 물을 수 있다. 우리가 삶을 부조리하게 만들고 부조리하게 해석할 때 그것은 부조리해 질 수 있다. 우리가 그것을 이해하지 못할 때 그것은 불가피하게 무의미하다. 사르트르가 명성을 얻은 후, 온갖 종류의 '미투

' 철학자, 지식인, 카페 거주자들이 불안에 떨고 구토를 느끼며 부조리함을 느끼는 게임에 합류했다. 무의미함과 쓸데없음의 사막에서 절망적인 희망을 공유하는 방황하는 개인들과 함께 '부조리 극장'이 유행했다. 그 극장은 사람이 '민감하고' '아방가르드'하다는 것을 보여주는 징표가 되었다.

그 후 미국은 실존주의를 받아들였고 '할 수 있다'는 구성 요소에 더 집중하는 경향을 보였다. 인생은 당신이 만드는 것이다. 앞으로 나아가고, 생각하고, 부자가 되라는 등등. 이 기투도 다른 기투와 마찬가지로 단순하고 방종하며 소박해질 수 있다.

사르트르는 때때로 우리가 기투를 통제하는 데 한계가 있다는 것을 깨달았던 것 같다:

> 사실 우리는 우리의 과업을 완수하기 전에 죽을 가능성이 매우 높고, 반대로 과업보다 오래 살 가능성도 있다. 따라서 우리의 죽음이 예를 들어 소포클레스의 죽음처럼 해결된 화음의 방식으로 우리에게 제시될 가능성은 매우 희박하다. (같은 책, 536쪽). (같은 책, 536쪽)

다분히 북미 관점에서 우리는 자신이 되고 싶은 존재가 될 수 있었다. 우리는 자신에 대해 우리가 만들고 싶은 기투를 만들 수 있었다. 치료사의 임무는 내담자의 기투를 밝혀내는 것이었다. 내담자는 선택을 했지만 자신이 한 선택에 대해 인식하지 못하거나 책임을 지지 않을 수도 있다:

> 실존적 정신분석은 근원적 선택을 결정하려 시도한다. (같은 책, 570쪽)

사르트르는 정신분석에 대한 이러한 실존적 접근이 프로이트의 기투와 매우 다르다고 보았다. 그는 또한 자신의 역할에 대해 겸손한 편이었다:

이 정신분석은 아직 프로이트와 같은 대가를 찾지 못했다. (같은 책, 575쪽)

하지만 사르트르에게는 우리가 깨닫든 깨닫지 못하든 우리 모두가 공유하는 근본적인 기투가 있었다:

인간 실재의 근본적인 기투를 이해하는 가장 좋은 방법은 인간이 신이 되고자 하는 기투를 가진 존재라고 말하는 것이다. (같은 책, 566쪽) (같은 책, 566쪽)

역사상 대부분의 기독교인과 심지어 인본주의자들은 이 견해를 일종의 신성 모독으로 여겼을 것이다. 결국 그것은 신의 뜻을 거스르는 악한 행위였다. 그것은 악마의 일이었다. 존재의 날실과 씨실을 존중하고 이해하지 않고 선택할 수 있다고 상상하는 것은 오만이다. 자기 생각에 사로잡혀 고립되고 내성적이 되는 것은 오만과 어리석음이었다. 자유에 대한 합리적인 해석에 따르면 우리는 절대적으로 자유롭지 않다. 우리의 자유는 우리의 상황에 의해 크게 제약되며, 그렇지 않은 척하는 것은 서로에게 그리고 우리 자신에게 아무런 도움이 되지 않는다.

사르트르의 이야기는 사람들이 자신의 힘, 선택권, 책임을 더 완벽하게 이해하도록 돕는 수단으로 쓸모가 있다. 하지만 사람들이 자신의 힘, 선택권, 자원의 범위를 과대평가하도록 이끌 수도 있다. 사르트르의 의미에서, 우리는 최고급 호텔에서 식사할 '자유'가 있다. 하지만 주관적인 수완은 제쳐두고 객관적인 자원도 필요하며 대부분의 사람들은 그것을 가지고 있지 않으며 앞으로도 그럴 것이다. 따라서 사르트르의 '자유'는 근본적인 구조적 불평등과 불의를 모호하게 만들고자 하는 사람들을 제외하고는 개인적으로나 정치적으로 큰 관심거리가 되지 못한다.

소설 『구토』에서 사르트르의 주인공은 주변 세계로부터 점점 분리되고 당연히 정신병적 우울증 증세를 더 보이게 된다. 이 소설은 일어날 수 있는 일에 대한 훌륭한 설명이지만, 실행 가능한 철학이라기보다는 경고로 사용되어야 한다:

> 이 공원, 이 도시, 나 자신 모두 아무것도 아니다. 그걸 깨닫는 순간, 속이 뒤집히고 모든 것이 떠다니기 시작한다. (『구토』, 188쪽)

주인공 앙투안 로캉탱은 무심하고 냉담하며, 모든 방향에서 부조리함, 맹목적인 습관, 개인의 자유와 책임 회피를 목격한다:

> 제가 뭘 할 수 있을까? 그가 내게 말하는 모든 것에서 빌려온 말과 인용구를 발견하는 게 내 잘못일까? 그가 말하는 동안 내가 알고 있던 모든 인문주의자들이 다시 나타나는 게 내 잘못일까? (같은 책, 168쪽)

그는 자신의 내면에서도 같은 것을 본다:

> 그들은 죽지 않았다. 내 습관들은. 여전히 부산하게 돌아다니며, 부드럽고 은밀하게 거미줄을 치고, 유모처럼 나를 씻기고 말리고 옷을 입힌다. 이 언덕으로 나를 데려온 것도 그들이었을까? (같은 책, 224쪽)

로캉탱은 또한 자신의 기투로 바쁜 사람들보다 더 경이롭고 경외로운 시선으로 바라볼 수 있는 초연함을 지니고 있다:

> 나는 뿌리의 기능, 즉 흡입 펌프로서의 기능에서 저 딱딱하고 단단한 바다사자 가죽, 저 기름지고 각질화된 완고한 모습으로 넘어갈 수 없다는 것을 분명히 알았다. 기능은 아무것도 설명하지 못했다. 그것은 뿌리가 무엇인지 일반적으로 이해할 수 있도록 했지만, 저 특정한 뿌리는 전혀 설명하지

못했다. 그 색깔, 모양, 멈춰진 움직임을 가진 그 뿌리는... 모든 설명 너머에 있었다. (책, 186쪽)

따라서 오랜 동안 개인 수입으로 카페에서 빈둥거리는 데는 몇 가지 이점이 있다. 하지만 결국 로캉탱은 자신의 무기력하고 목적 없는 삶에서 벗어날 수 있는 기투를 생각해낸다:

내가 시도해 볼 수는 없을까... 물론, 곡조에 관한 것은 아니겠지... 하지만 다른 매체로는 안 될까?... 책이어야 할 텐데. 나는 다른 것은 할 줄 모르니까. 그러면, 그것을 통해 내 삶을 혐오감 없이 회상할 수 있을지도 몰라. (같은 책, 252쪽)

로캉탱은 기투를 발견하고 다른 사람들과의 연결을 찾고 무미건조한 자기 성찰에서 벗어난다. 아이러니하게도 그는 실행 가능한 선택지를 하나만('나는 다른 것은 할 줄 모른다') 생각해낼 수 있으며, 이것은 사르트르의 '절대적인' 자유 개념과 상관없이 우리 대부분에게 흔한 경험일 것이다. 그렇더라도 우리는 로캉탱이 우울증과 정신병에서 벗어나 그가 속한 공동체에 다시 합류한다고 믿을 이유를 갖게 될 것이다. 우리는 또 로캉탱의 실존주의가 그렇게 함으로써 사르트르보다 하이데거의 영향을 더 많이 받았다고 상상할 수도 있다. 그렇다면 사르트르 자신이 자신의 창조물로부터 벗어난 것도 당연하다. 그의 철학에서 벗어나는 것은 어쨌든 자신의 철학이 설명하고자 하는 실재와 일치한다.

질문

1. '내 안의 작은 신'이라는 자아 개념에 대해 어떻게 생각하는가? 현대 유럽 문화가 자아를 신으로 만든 것은 통찰력일까, 아니면 어리석음일까?

2. 내담자가 자신의 상황에 대해 책임감을 갖도록 격려하는 것이 얼마나 도움이 되는가? 내담자가 자신의 환경을 형성하는가, 아니면 주로 환경에 의해 형성되는가? 어떤 예가 떠오르는가?

3. 우리는 정말로 우리 자신의 의미를 만들 수 있는가? 자아가 주권적이라면, 의미는 어디까지 공유될 수 있으며, 어떤 근거에서 도전받을 수 있을까?

4. 당신의 상담과 돌봄 실천현장에서 실존적 접근법을 어떻게 활용하고 있거나 활용할 의향이 있는가?

연습

1. 니체, 키르케고르, 하이데거, 사르트르를 비교해보라. 각각의 강점과 약점은 무엇이라고 생각하는가?

2. 우리가 동기에 의해 움직이는 것이 아니라 동기를 만든다는 사르트르의 견해를 숙고해보라. 여러분의 견해는 무엇인가? 동기는 자아에 영향을 미치는가 혹은 자아로부터 나오는가?

결론

사르트르의 '자아'는 몇 가지 면에서 데카르트의 자아와 유사했지만, 신은 없었다. 사르트르에게 자아는 자신의 신이 된다. 나는 이러한 자아에 대한 관점이 우리 문화에 매우 큰 영향을 미쳤으며 결과적으로 그 영향은 파괴적이었다고 생각한다. 사르트르는 하이데거가 탐구한 더 복잡한 상호작용을 전혀 고려하지 않고 자아에게 상황으로부터의 자율성을 부여한다. 그러므로 하이데거가 『존재와 무』에 대해 그렇게 낮은 평가를 내린 것은 놀라운 일이 아니다. 비록 사르트르가 개인의 힘에 대한 상황의 결정적인 영향을 과소평가했음에도 불구하고 자유, 동기, 의도, 의미 형성 책임에 대한 그의 연구는 주목할 만하다.

'나는 나 자신의 의미를 만든다' 라는 실존주의자의 주장은 관찰자와 독립적인 절대적인 의미가 있다는 본질주의적 관념주의적 대안만큼이나 잘못된 것으로 보인다. 철학계의 다음 '거물'은 바라건대 이런 정명제와 반명제를 통합하고 초월하는 종합을 제공할 수 있을 것이다. 불행히도 내가 알기로는 아직 그러한 통합을 이룬 철학자는 없다. 주관성에 침몰하거나 무의미 속에서 방황하거나 자신의 해체 안에서 궁핍하게 허우적거리는 것은 진보가 아니다. 마키아벨리식 공공 관계가 진리에 대한 자유주의적 관심을 이긴 것을 축하하는 것도 존경할 만한 일은 아니다. 이전에 이해되었던 근대성은 뒤처지고 있다. 포스트모더니즘의 형태는, 그것이 시도되거나 달성된다고 해도, 여전히 불분명하다. 다음 장에서는 적어도 몇 가지 문제를 탐구하려고 시도할 것이다.

참고문헌

Dale Carnegie, *How to Make Friends and Influence People*, Pocket Books, 1994
J.P. Sartre, *Existentialism and Humanism*, Eyre Methuen, 1974
J.P. Sartre, *Essays in Existentialism*, Citadel, US, 1987
J.P. Sartre, *Nausea*, Penguin, 1990
J.P. Sartre, *Being and Nothingness*: An Essay on Phenomenological Ontology, Routledge, 1996

Chapter 33

다음은 어떤 철학일까?

요점

* 지금부터 한 세기 후에 어떤 현대 철학자들 중 누가 족적을 남길지 판단하기에는 너무 이르다.

* 현재 철학계의 입장은 '거대 담론'에 대해 상당한 환멸을 느끼는 것으로 보인다.

* 마르크스주의와 정신분석학은 명성과 영향력에서 큰 타격을 받았다. 기독교는 오랜 쇠퇴를 이어가고 있으며, 자유주의적 인본주의는 여러 방면에서 공격받고 있다.

* 어떤 큰 주장도 할 수 없다는 주장은 그 자체로 큰 주장이다.

적용

* 쇼핑과 개인 포트폴리오의 판매 외에는 아무것도 제공하지 않는 미래에 대한 비전은 황량하고 우울하다.

* 건강, 개인적 및 집단적 진보는 무기력한 세속주의나 포스트모던적 허무주의로는 이루어질 수 없다.

* 비전이 없는 비전은 매우 위험할 정도로 건강하지 않다. 이는 정부와 개인

에게 미래를 제공하지 못한다.

* 자유주의적 인본주의적 의제는 계속될 수 있지만, 안주할 여지는 없다.

▶

　사르트르는 1980년에 사망했다. 그의 주요 작품인 『존재와 무』는 1956년에 쓰여졌다. 이것은 현대를 위한 현대적 글쓰기였다. 우리는 현재 소위 포스트모던 시대에 있다. 그것은 무엇을 의미할까? 사르트르 이후 사상 발전에서 어떤 일이 일어나고 있을까? 현재 상황을 어떻게 이해해야 할까? 무엇이 변화하고 있을까? 무엇을 해야 할까? 현대적 담론에서 어떤 목소리가 세기를 넘어 후손들에게 영향을 미칠게 될까? 포스트모더니즘이라는 개념은 처음 건축에서 등장했다. 근대는 기능적이고, 장식이 없으며, 새롭고 과거의 퇴보적인 형태와 깨끗하게 단절되었다. 반면 포스트모던은 장식과 스타일을 가지고 놀고, 자기 자신과 함께 연기하며 '진정성'을 큰 걱정 없이 차용한다. 그렇다면 포스트모던 예술도 가능할까? 포스트모던 철학이 있을까? 우리는 지금 포스트모던 인류일까? 아니면 역사 속의 특정 시대, 관점, 유행을 초월하는 인간 정신과 인간 상황의 본질이 없는 것일까?

　모두가 자신의 아이디어를 가지고 첨벙거리는 가운데, 누가 정말로 한 세기를 넘어 나아갈 더 깊은 파도를 만들고 있는지 보기는 거의 불가능하다. 누가 다른 이들의 사고, 감정, 행위 양식을 가장 깊이 있게 형성하고 있는지 보려면 시간이 필요하다. 사르트르가 남긴 영향력의 본질과 규모를 보여주기에 충분한 수십 년이 흘렀다. 그러나 최근 이름들 중에서 그와 비슷한 위상을 가진 이는 누구일까? 나는 그것을 알기에는 너무 이르다고 생각한다. 그럼에도 불구하고 우리는 소위 포스트모던 의제를 구성하는 논의의 패턴에 대해서는 말할 수 있다.

흄 이후로 단순한 핵심 자아에 대한 순진한 생각은 점점 더 믿기 어려워졌다. 자아는 분석되고 맥락화 되었다. 그 잠재적인 내부 역학, 경계 및 외부 상황에 대한 본질은 뜨거운 논쟁의 주제가 되었다. 하지만 모든 진지한 논자들은 정체성의 위기를 피하는 사람들 사이에서도 변화하는 세계와 독립적으로 존재하는 단순하고 불변하는 자아의 본질은 없다는 데 동의했다. "나는 누구인가?"라는 질문은 전통적인 '정체성'의 관점에서 비교적 쉽게 답할 수 있지만, 이전 답변의 근거에 대한 질문이 계속되면 훨씬 더 복잡하고 신비로워진다.

거대 이론에 비판적인 실존주의자들은 '나 자신'에 대한 단순한 이름짓기를 경계했다. 어쨌든 자아는 전혀 객체가 아니었다. 사르트르 이후, 회의주의는 더욱 심화되어, 예를 들어 자크 데리다(Jacques Derrida, 1930년 생)는 우리의 개념뿐만 아니라 경험의 기초까지 '해체'해야 한다고 제안했다. 구축할 시스템이나 자아는 없지만 다른 사람들이 그러한 자아와 시스템을 구성하기 위한 노력을 해체할 수 있다. 목표는 새로운 삶의 철학을 배양하는 것이 아니라, 어떠한 가정과 편견으로 그러한 철학과 정체성을 구성했는지 파악하는 데 있다. 올림푸스 산도 없고, '중립적이거나 냉정한 관점도 유지해야 할 철학적 교리도 없으며, 단지 분석해야 할 입장, 언어, 서사만이 존재한다.

전후 앵글로색슨 철학은 언어 분석에 대해 유사한 관심을 보였다. 그 스타일은 대륙철학의 접근 방식과 매우 달랐지만, 위험성은 동일했다. 모든 것을 해체하는 것 외에는 아무 것도 하지 않으면 어떻게 될까? 가장 작은 조각만 남게 되더라도 놀라지 말아야 한다. 그 어떤 것도 온전하고 손상되지 않을 것이다. 게다가 덧없는 사소한 것과 영원한 진정을 어떤 기준으로 구별할 것인가? '거대 담론자'라면 문제가 없겠지만, 모든 '거대 서사'를 해체했다면 남은 것들의 상대적 중요성을 어떻게 측정할 것인가? 이러한 작은 스케치 중 어느 것도 특별한 권위를 지니지 않는다면, 판단은 어떻게 내려야 하는가? 무엇을 기준으로 판단하는가? 분명히 해체 행위 자체도 권위와 판단을 요구하는 것 아닌가? 그렇다면 누가 권위를 제공하는가? 어떤 기준으로 어떠한 판단이 단순한 편견이나 저급한 뇌의 습관과 집착과 구별되는가?

우리가 검토한 많은 철학은 절대적 진리가 중세인이나 '상식'을 믿는 현대 신봉자들이 믿고 싶어 하는 만큼 절대적이거나 진실하지 않다는 것을 보여준다. 하지만 우리가 정반대로 내려가 '진리'가 의견으로부터 구별되지 않으며 누구의 '진리'도 다른 누구의 것만큼 중요하다고 가정하면 혼돈에 빠진다. 의미를 찾으려는 노력에서 '무엇이든 가능하다'면 곧 아무것도 의미가 없을 것이다.

따라서 포스트모던 사상은 좁게 정의된 '합리성'의 한계를 탐구한다는 점에서 우리의 지적 자산이다. 그러나 합리성은 아예 없고 오직 합리화만 있다고 제안한다면 그것은 위험한 부채이다. 만약 의견과 외관만 있다면, 아무것도 실재가 아니고, 아무것도 진실이 아니며, 아무것도 중요하지 않다. 더욱이 아무도 의견만 있다고 말할 근거가 없다. 이러한 주장은 '진리'가 아니며, 단지 또 하나의 의견일 뿐이다. 포스트모더니즘은 다른 사람의 활동과 관심에 심각하게 침투하고 무너뜨릴 위치에 서기 전에 스스로를 거세한다.

현대 광고는 현대적 주택에 거주하며 흰 가운을 입은 현대 과학자들의 조언을 따르는 현대인들의 모습을 보여주었다. 포스트모던 광고는 제품을 판매하는 아이디어를 비웃으면서도 여전히 제품을 판매한다. 그것은 관심을 끌려는 모든 노력을 농담으로 치부하면서도 계속해서 관심을 끈다. 그것은 현대적인 환경보다는 모든 환상이 실재가 될 수 있지만, 광고주들이 판매를 시도하고 성공하고 있다는 사실 외에는 아무것도 실제로 실재가 아닌 초현실적인 세계를 불러일으킨다.

현대 생활은 방송 기술을 통해 공유되었다. 포스트모던 생활은 '협대역 방송' 네트워킹으로 파편화된다. 그것의 더 발전된 기술은 당신에게 새로운 것과 현실적인 것을 최신 상태로 유지할 수 있다. 그러나 그것의 기술은 당신을 단순히 산만하게 만들어 당신을 환상, 놀이, 이미지, 불안정한 (무)관심 서핑으로 더 깊이 데려갈 가능성이 더 높다. 자크 데리다가 해체주의의 거장이라면, 클로드 레비스트로스(1908년 생)는 구조주의의 거장이다. 레비스트로스에게 우리는 단순한 외관, 편견, 의견, 그럴듯함의 세계에 거주하지 않는다. 반대로, 문화 시스템의 기저에는 특정한 유행이나 역사적 시기의 특정 문화적 집착을 초월하는 심층 구조가 존재한다. 그리스 사람들이 불렀을 법한 것처럼, 문화가 구성되고 발전하는 방식의 기초에는 로고스가 있다. 문화는 의사소통의 시스템이며, 문화 자체를 초월하는 구조를 지배하는 근본적인 본질이 있다. 레비스트로스는 해체주의자들이 그러한 일반화 노력에 경멸을 퍼붓는 것과는 달리, 전체 인간 조건을 기꺼이 일반화하려 한다. 물론 그들은 일반화의 한계에 대해 일반화 한다.

늘 그렇듯이 두 가지 사고 방식 모두 위험과 통찰이 존재한다. 해체주의자들은 사소한 조각들을 더욱 사소한 요소로 해부하는 것으로 끝날 수 있으며, 구조주의자들은 더 이상 무엇이 일반화되고 있는지 명확하지 않을 정도로 광범위한 일반화를 할 수 있다.

때때로 최악의 프랑스 철학은 두 가지 종류의 무의미함을 동시에 관리하는 것처럼 보인다. 가장 구체적인 발언이 어떻게 더욱 세분화되어 거의 아무것도 아닌 것으로 분해될 수 있는지에 대한 광범위하고 포괄적인 주장들이 제안되고 있다. 나는 이런 종류의 주장은 다른 세기에는 살아남지 못할 것이라고 확신한다. 앵글로색슨 철학의 더 열악한 버전은 의사소통의 명료성에 훨씬 더 관심이 많다. 친근하고 현실적인 구체성이 거의 아무것도 아닌 것에 대해 매우 신중하게 이야기하는 데 사용된다. 여기서의 교훈은 도덕, 가치, 우선순위가 있으며, 철학자들은 일부 주제가 다른 주제보다 더 중요하다고 믿어야 한다는 것이다. 철학자들은 중요한 것에 대해 더 많이 이야기하고 중요하지 않은 것에 대해서는 덜 이야기해야 한다. 그들은 (널리) 공유되고 진지한 대화가 가능하고 바람직하다는 믿음을 가져야 한다. 그렇지 않다면 그들의 철학은 놀랍지도 않게 무의미해질 것이다.

17세기와 18세기는 계몽주의의 시대로 묘사되어 왔다. 이 시기에 우리는 미신과 신학적 교리를 벗어나 이성과 인간성의 힘을 신뢰하게 되었다고들 말한다. 큰 두뇌를 가진 인간은 스스로 지능적으로 생각하고, 느끼고, 행동할 수 있었고, 자신의 실수로부터 배우고, 자연의 힘을 활용하여 더 편안하고 공정하며 계몽된 세상을 만들 수 있었다. 이전 장들에서 우리는 데카르트, 로크, 흄을 포함하여 밀에 이르기까지 이 전통의 대표적인 사상가들을 고려했다. 여러 면에서 이 전통은 그리스 인본주의 전통의 재발견에 의해 자극을 받았다. 그리스인들은 다시 한번 롤모델이 되었고, 교양 교육은 수도원의 교리와 맹목적인 습관보다 2500년 전의 사상에서 끌어왔다. 공립학교와 공공 건축물은 모두 이, 고대 그리스의 이 황금 시대에서 영감을 받았다.

이런 자유주의적 인본주의는 계속되고 있지만, 그 한계는 쇼펜하우어, 키르케고르, 마르크스, 니체에 의해 드러났고, 이러한 공격은 포스트모던 시대에도 계속되고 있다. 그것은 우리를 어디로 이끌고 있을까? 구체적 예를 들어 설명해보자. 나는 세기 전환기에 교육에 대한 최신 사상에 대한 어떤 발표회에 참석했는데, '인문학'이 과목 영역으로서 '호텔 및 접객 경영'과 논리적으로 조직적으로 동등하게 제공되는 것을 발견했다. 분명히 무언가가 심각하게 잘못되고 있었다. 나는 집에 돌아와 유럽에서 가장 큰 쇼핑센터라고 주장하는 광고를 본다. '메트로 센터'는 단순한 쇼핑센터가 아니라, 생활 방식이라는 점에서 안심이 된다. 나는 생각한다, 그렇다, 이 광고는 진실을 말하고 있다. 쇼핑은 우리의 삶의 방식이다. 플라톤이 보았을 것처럼, 이제 상인들이 세상을 지배한다. 포스트모던 시대에는 호텔 및 접객 경영은 인문학과 동등하며, 아마도 동일할 것이다. 하지만 이것이 사실이어야 할까? '그래야 한다'고 말하는 것이 정당할까, 아니면 나는 단지 낡고 지친 자유주의적이고 가부장적인 선호를 표출하고 있는 것일까?

나는 독자들이 이러한 모든 일반화가 존재를 이해하거나 다른 누군가가 그렇게 하는 데 도움을 주고 싶어 하는 사람에게 얼마나 중요한지 알 수 있기를 바란다. 만약 쇼핑이 정말로 삶의 방식이라면, 우리가 진정으로 우리 자신을 이해하고, 현실을 직시하고, 다른 사람들과 소통하기를 원한다면, 우리는 심각한 문제에 처해 있다. 만약 우리가 실재는 없고 그저 그럴듯한 외관만 있다고 생각한다면, 이는 우리의 문화가 심각한 위기에 처해 있다는 신호이다. 나는 이 책 전체가 왜 이러한 장들을 단순한 의견 표출로 보는 것이 터무니없는지 보여주었기를 바란다. 이 철학자들은 자신의 아이디어와 다른 사람들의 아이디어를 진지하게 다룬다. 그들은 서로에 대해 진지하게 반응했고, 그들의 사고는 결과적으로 언제든지 탐구하고 고려할 수 있는 패턴, 형태, 방향을 형성했다.

이러한 분석에서 결정적인 결론이 도출되지 않고, 쉬운 합의가 존재하지 않는다는 사실이. 모든 낡은 편견과 의견이 충분하다는 것을 의미하지는 않는다. 그것은 단순한 해답의 부족에 실망하여 실재의 복잡성, 불확실성, 역설을 진지하게 다루려 하지 않는 사람들을 위한 값싼 해결책이다.

자유주의적 인본주의 전통은 경험과 개인적 및 집단적 발전을 통합하려고 했다는 점에서 항상 '거대 담론'이었다. 자유주의적 인본주의는 본질적으로 중요한 거대 질문들 간의 상호 연결성을 드러내고 탐구했다. 반대로 과학자들은 인간적인 차원과 원만한 인격에 대한 관심이 적은 좁은 전문가로 여겨지는 경향이 있었다. 그러나 인문학 내의 일부 근대 및 포스트모던 발전에서는 삶의 가능성에 대한 더욱 내성적이고 자기몰두적이며 회의적인 비전으로의 후퇴가 있었다. 세상은 더욱 회색빛으로 희망이 적고, 기계적으로 보였으며, 매일 수행해야 할 자아에 대한 불확실성이 커지고 있다. 과연 자아는 존재하는가? 우리는 단순히 이야기꾼에 불과한가? 벗겨낼 원래 얼굴이 없고 단지 착용할 가면만 있는 것인가? 실재에서 환상만 존재할 경우 우리가 원하는 대로 거짓말을 할 수 있는가? 아침에 일어나는 이유는 무엇인가? 신은 죽었는가? 세속적

황무지에 남은 것은 쇼핑과 자기 홍보뿐인가? 어떤 가치, 기투, 모험이 진지하게 다룰 가치가 있는가?

이 질문들은 항상 중요할 것이지만, 인문학 내의 일부 근대 및 포스트모던 발전에서는 삶의 가능성에 대한 더욱 내성적이고 자기 몰두적이며 회의적인 비전으로의 후퇴가 있었다. 그러나 계몽주의의 진보, 이성, 정의, 협력, 자결에 대한 의제가 자신감을 잃어감에 따라 과학의 비전은 단순한 회색 기계론을 훌쩍 넘어 루이스 캐럴 소설의 어떤 것보다도 더 경외롭고 마법 같은 세계로 우리를 데려간다. 처음에는 현대 과학의 세계가 이상한 나라 또는 거울 나라에서 앨리스가 만난 어떤 것만큼이나 두렵고 혼란스러운 것으로 보일 수 있다. 그러나 그 모든 것의 임의성은 겉으로만 보이는 것이며, 시인들의 최고의 묘사 노력을 능가하는 실재에 근본적이고 필수적인 아름다움, 일관성, 순수한 경외로운 웅장함이 존재한다. 사실, 그것은 시를 필요로 하지 않는다. 그것은 간결함, 우아함, 힘에서 이미 시적이다.

따라서 포스트모던 언어가 우리가 그것으로 살고 싶어 하는 일관성, 감각, 의미에 대한 거대한 비전을 해체하고 분해하는 데 사용되는 것처럼, 포스트모던 수학은 조직적이고 우아하며 아름다운 우주의 더 큰 종합성, 패턴, 구성을 제공한다. 전통적으로 우리는 단어가 존재를 이해하고 통합하는 데 중심적이라고 가정해 왔다. 그러나 수학은 그것을 다루는 방법을 배운 사람들에게 파편화 및 분해에 대한 경향이 더 강한 최신 산문보다 더 많은 통합 비전을 제공한다.

'만물의 이론'을 개발하려는 과학의 노력과 극명하게 대조적으로, 장-프랑수아 리오타르(1924년 생)는 포스트모더니즘을 '메타 담론에 대한

불신'으로 묘사한다:

> 거대 담론은 그것이 어떤 통합 방식을 사용하든, 그것이 사변적 담론이든 해방의 담론이든 관계없이 신뢰성을 잃었다. (리오타르, 1984, 489쪽)

이 자체가 큰 주장을 할 수 없다는 큰 주장이다. 우리는 우울해야 할까?:

> 대부분의 사람은 잃어버린 담론에 대한 향수를 잃었다. 그들이 야만 상태로 전락했다는 것은 전혀 아니다. 그들을 거기에서 구원하는 것은 정당성이 그들 자신의 언어적 실행과 소통적 상호 작용에서만 나올 수 있다는 그들의 지식이다. (같은 책, 493쪽)

여기서 우리는 다시 한번 우리의 네트워크로 돌아온다. 우리의 '소통적 상호작용'이 이루어지는 더 넓은 그림에 대해 이야기할 수 없다. 아니면 적어도, 내 네트워크에서 하는 종류의 이야기는 다른 네트워크의 다양한 종류의 이야기와 공약 불가능할 것이다. 만약 당신이 다른 네트워크에서 왔다면, 우리가 서로 교류하려 시도할 수 있는 메타 서사는 없을 것이다. 따라서 우리는 서로를 이해할 수 없을 것이다. 우리는 서로를 관찰하면서 가치 판단을 내릴 수 있지만, 어느 판단도 다른 판단에 대해 초월적인 권위를 갖지 못할 것이다.

다시 말해, 이러한 비전 없는 비전에 따르면, 인류의 역사는 없고, 각자의 스핀과 합리화 및 보호할 이익을 가진 다른 부족과 네트워크의 다른 역사만 있을 뿐이다.

이것이 정말 사실이라면, 새로운 주요 사상가로부터 어떤 새로운 큰 아이디어도 없을 것이고, 있을 수도 없다. 아무도 시간과 사회 전체를 통해 이동하는 큰 파도를 만들 수 없을 것이다. 만약 메타 서사가 불가능하다면, 전체로서의 사회는 없고, 아마도 사회 자체가 없을 것이다. 우리 모두가 공유하는 하나의 존재의 바다는 없을 것이다. 대신, 각 네트워크는 다른 네트워크로부터 거의 밀폐된 자신만의 작고 건조하고 파편화된 연못, 자신만의 사적이고 제한된 공유 경험의 우주를 점유할 것이다. 리오타르는 주요 대학에서 명성을 얻지는 못했을 것이다. 그가 성공하면 그는 실패한다. 그는 자신과 같은 방식으로 이야기하고 생각하며 좁은 대학 서클에서 움직이는 사람들에게만 알려진 이름이 된다:

> 우리는 모두 이러저러한 학문이나 학습의 실증주의에 갇혀 있다. 축소된 연구의 통들은 구획화 되었고, 아무도 그것들에 모두 통달할 수 없다. 사변적이거나 인문주의적인 철학은 정당성 부여 의무를 포기해야 하며, 이는 철학이 그러한 기능을 자처하는 한 위기에 직면하는 이유를 설명한다.
>
> (같은 책, 492쪽)

대학의 권위 자체도 의심스러울 것이며, 어떠한 경우에도 공유된 의미의 대학은 없을 것이고, 각자의 의제에 초점을 맞추고 다른 복도에 있는 사람들의 작업에 무관심하고 이해하지 못하는 다양한 학과와 소규모 팀만 있을 것이다. 아마 이것이 리오타르와 많은 동시대 사람들이 포스트모던 프랑스 철학 세계에 속하지 않은 사람들을 이해시키기 위해 거의 노력을 기울이지 않는 이유를 설명할 것이다. 이 철학자들은 다른 이들이 자신들을 이해하지 못할 것이라고 가정하고, 노력해야 할 이유가 없다고 가정한다.

리오타르가 옳다면, 나는 그가 자기 축하보다는 집단적 경각심의 원인이 되어야 할 병폐, 해체, 공유된 비전과 공동체적 가치의 상실을 묘사하고 있다고 생각한다. 리오타르가 옳다면, 역사뿐만 아니라 암시적으로 미래도 없다. 대신 공유되지 않는 개인적인 '미래'만 있을 뿐이며, 이는 본질적으로 목적 없는 채널 돌리기, 산만함 추구, 무의미한 다양성이 될 것이다.

포스트모더니스트들은 거대 담론이 없다는 자신들의 거대 담론과 일관되게, '포스트모더니즘'이라는 용어에 대한 광범위하고 공유된 이해가 있을 수 있거나 있어야 한다는 것을 부인할 것이다. 그들은 이 단어가 서로 다른 사람들의 네트워크에서 동일한 의미를 가질 수 있다는 것을 부인할 것이다. 그들이 진지하다면, 당신이 자신의 관점에서 반드시 자신들을 진지하게 받아들일 것이리고 기대히지 않을 것이다.

이러한 종류의 광대극은 '최첨단' 학계와 지식인들 사이에서 심각한 사기 저하를 시사한다. 이 허무주의는 어떻게 설명될 수 있는가? 시도하는 것 자체가 물론 또 다른 거대 담론에 참여하는 것이다. 나는 너무 거창하게 들리지 않도록 노력할 것이지만, 이러한 포스트모더니스트 발전의 패턴에 대한 상당히 명확한 증거가 있다. 20세기의 두 거대 담론이 그 세기가 끝날 무렵 거의 붕괴된 것으로 기억될 때 현재의 파편화는 의미가 있다. 한편으로 마르크스주의가 있다. 20세기 중반에 많은 서구 지식인들은 공산주의가 미래의 이데올로기라고 진심으로 희망하거나 두려워했다. 이제 그것은 과거의 목소리처럼 들리며, 많은 포스트모던주의자들은 1968년 이후 이 이데올로기에 환멸을 느낀 마르크스주의 난민처럼 보일 것이다. 다른 한편으로, 정신분석학이 있다. 이는 한때 무의식, 즉 우리의 기본적이고 진정한 개인적 실재에 이르는 왕도라고 여겨졌다. 이제는 프로이트의 작업이 항상 사이비 과학적이고 모호하며 검증할 수 없는 세뇌였다는 것이 점점 더 분명해지고 있다.

그렇다면 우리 자신을 찾는 두 가지 주요 경로, 즉 개인적 경로와 집단적 경로는 이제 모두 실현 불가능해 보인다. 게다가 기독교 전통은 이미 19세기에 이미 진행 중이던 쇠퇴를 계속 이어가고 있다. 이 책의 여러 장에서 그 역사와 발전을 탐구한 또 다른 중요한 담론인 자유주의적 인본주의 역시 지난 100년 동안 심하게 비판받아 왔다. 이제 어떤 종류의 자유주의적 인본주의자든 그들이 믿었던 것만큼 냉정하거나 초연하거나 합리적이거나 자유롭거나 인간적이지 않다고 말하는 것이 일반적인 일이 되었다. 오히려 그들은 여러 분야에서 비난을 받았고, 이제 백인, 남성, 보수적, 착취적, 편견적, 서구적이고 중산층으로 여겨지는 경향이 있다. 그들의 역사는 '여성사'를 무시했다. 그것은 이성적이기보다는 자신을 합리화했다. 이것은 많은 사람들에게 인류가 직면한 문제, 또는 적어도 인류 내의 더 구체적인 소수 집단에 대한 해결책을 제공할 수 없는 것으로 자유주의적 인본주의 전체를 비난하기에 충분했다. 그러나 대안적인 거대한 비전은 제시되지 않고 있다. 대신, 다양한 경쟁적 의제를 가진 여러 네트워크의 단일 쟁점 정치, 내성, 이익 집단, 로비 활동이 있다. 그렇다면 새로운 분석, 설명 또는 이데올로기를 찾는 것이 무의미하다고 말하고 싶어지는 것도 당연하다. 앞도적인 설명, 의미 또는 가치를 찾을 수 없기 때문이다. 또한 사람들이 사적이고 개인적인 영역으로 물러나, 더 큰 공동체 내에서 우려와 희망, 두려움을 공유하기보다는 개인적이고 비밀스럽고 신뢰할 수 있는 지원을 찾는 것도 당연하다.

20세기가 시작될 때 많은 사람이 새로운 비전이 낡은 기득권층을 쓸어버릴 것이라고 믿었다. 사회주의·공산주의 정부는 그들이 주장했던 만큼 자유롭거나 민주적이지 않았던 자유 민주주의를 대체할 것이다. 빅토리아 시대의 위선은 우리 각자가 정신분석학적 안내 덕분에 더욱 진실되고 자아 인식이 높아짐에 따라 풀릴 것이다. 21세기가 시작되면서, 자유 민주주의는 그 어느 때보다 더 큰 권력의 패권을 가진 것처럼 보이며, 동시에 그 자체에 대한 자신감과 믿음은 계속해서 감소하고 있다. 그것은 여러 면에서 크게 약화되었으며 스스로를 약화시켜 왔다. 그것은 비전이 부족했으며, 종종 너무 편안하고 안일해졌다. 정신적 필요와 관심사를 이해하고 기르는 데 실패하였고, 인간적인 가치를 희생하여 상업에 지나치게 굴복함으로써 우리 모두를 상품으로 만들었다. 자유 민주주의는 주장했던 것보다 훨씬 덜 자유롭거나 민주적이라는 비판을 받는 것이 정당하다.

그러나 누구도 그 자리에 무엇을 놓아야 할지 모르는 것 같다. 사회주의와 보수주의 사이에서 '제3의 길'을 찾고 있는 '좌파' 체계 관리자들은 최악의 과잉을 통제하려고 하지만, 이를 대체할 권한과 계획이 거의 없다. 포스트모더니스트들은 끝없는 다양한 네트워킹과 '협대역' 관심사를 이야기하지만, 권력 불평등은 그 어느 때보다 심하다. 많은 사람이 고용 상태라면 수많은 사이버 서커스와 주의분산에 참여할 수 있다. 소수만이 진정한 권력을 가지고 있으며, 상호 연결된 글로벌 경제를 인식하고, 그 경제를 운영하는 데 중요한 사람들이 누구인지 알고 있다.

우리가 지금 어디에 있는지, 만약 단일한 '우리'가 있다면, 다음에 일어날 가능성이 있는 일 등, 소위 거대 담론에 대한 논의는 단순한 추상적인 철학적 주제가 아니다. 궁극적으로 이러한 문제는 왜 누군가 아침에 일어나야 하는지에 대한 질문과 관련이 있다. 전통적으로 철학은 이러한 주제에 할 말이 많았다. 최악의 경우, 포스트모던 철학은 권위가 없다고 주장하는 권위를 주장하는 것 외에는 어떠한 권위도 가정하지 않는다. 이러한 종류의 이야기에는 미래가 없다. 하지만 인류는 철학자들로부터 이보다 더 나은 것을 받을 자격이 있다:

> 이상주의, 보편주의, 진리, 정의를 포기한 것은 대중이 아니다. 다른 사람들을 대신하여 그것들을 비난한 것은 이미 그것들을 누리고 있는 사람들이다. 물론 양쪽은 결코 만나지 않는다. (O'Neill, 1쪽)

질문

1. 포스트모던 사회에서 냉정한 공감과 지원을 제공하는 독립적인 제3자 외부인을 더 이상 믿을 수 있을까?
2. 객관적이고 냉정한 돌봄은 단순한 부조리인가, 아니면 복잡한 가능성인가? 돌보미가 객관적 판단을 내릴 근거가 없다고 주장하며, 내담자가 다른 사람을 고려하지 않고 자신의 내러티브를 탐색할 수 있다는 포스트모던적 입장을 채택하는 것이 적절한가?
3. 돌보미가 객관성, 주관성 및 개인 정체성에 대한 철학적 비판으로부터 자신을 방어하기 위해 얼마나 알아야 하는가?
4. 이제 거대 담론이 가능한가? 자유주의적 인본주의가 더 이상 하나의 통합된 삶의 비전과 가능성 안에서 자유예술, 과학, 영성을 포용할 수 있는 '르네상스인'을 유지할 수 있는가? 아니면 우리 모두가 각자의 내향적이고 고립된 전문성, 관심사, 네트워크, 언어로 분열해야 하는가?

연습

1. 상담 및 기타 전문적 돌봄 프로그램이 포스트모던 허무주의와 중립성, 정체성, 객관성에 대한 순진한 신념이라는 두 극단 사이에서 어떻게 최선의 위치를 찾아야 하는지 고려하라.

2. 전문 돌봄 훈련이 철학의 과거, 현재 및 가능한 미래와 얼마나 밀접하게 연관되어 있어야 하는지 고려하라.

결론

'포스트모더니즘'이라는 단어를 단 하나의 검색 엔진(알타비스타)에 입력하면, 이 키워드를 언급하는 43,000개의 기사가 나타난다. (물론 이는 다른 사람이 읽자마자 쓸모없게 될 것이다!) 대학 웹사이트는 때때로 괴팍한 개인의 사색들로 뒤섞여 있다. 누가 이 모든 것을 읽을 수 있을까? 이 모든 목소리 중 누가 진정성과 권위를 가지고 말하며, 누가 결정하는가? 이 모든 자료를 통합할 수 있는 일반화나 거대 담론이 만들 수 있는가? 아니면 통찰·사실·의견·지혜·편견·논평 하이퍼텍스트로 이루어진 메타언어의 방대한 가용성이 우리가 단지 존재의 작은 조각, 네트워크, 세포만을 차지할 수 있다는 포스트모던적 관점을 강화하는 것인가?

현재 인터넷에서 이용 가능한 제품과 함께 포스트모던 철학의 모든 핵심 전문 용어, 의제, 문법 스타일을 사용하여 포스트모더니즘에 대한 기사를 생성하는 컴퓨터 프로그램이 있다. 그 글은 인간 경쟁자의 글보다 더 우수한가? 이 질문이 의미가 있는가? 독자는 기계의 노력과 인간의 노력을 구별할 수 있는가? 그것이 중요한가? 내 견해로는 이러한 농담 섞인 비판은 비합리주의 또는 반합리주의를 진지하게 받아들이는 것의 필연적인 결과가 부조리라는 것을 보여줌으로써 모든 합리성과 객관성을 해체하려는 포스트모던 시도를 효과적으로 무너뜨린다.[88]

---

[88] *The postmodernism Generator*는 불학(Andrew C. Bulhak)이 만들었고, 재귀 문법을 기반으로 무작위 텍스트를 생성하는 시스템인 다다엔진(Dada Engine)을 사용한다. 더 자세한 기술 정보는 모나시대학 컴퓨터 과학과 기술 보고서 96/264 'On the simulation of postmodernism and mental debility using recursive transition networks'에서 확인

웹사이트

http://www.as.ua.edu/ant/murphy/pomo.html
http://private.fuller.edu/-clameter/phd/postmodern.html
http://www.cs.monash.edu.au/links/postmodern.html
http://www.geocities.com/Athens/Agora/9095/postmodernism.html
http://olympus.athens.net/-hartman/essayl5.htm
http://briet.berkeley.edu/phil/postmodern.html
http://www.utm.edu/research/iep/

참고문헌

S. Brown , D. Collinson and R. Wilkinson (eds) One *Hundred Twentieth-century Philosophers*, Roucledge, 1998

L. Cahoone (ed.) *From Modernism to Postmodernism, An Anthology*, Blackwell, 1996

T. Eagleton, *The Illusions of Postmodernism*, Blackwell, 1996

J.F. Lyocard, *The Postmodern Condition: A Report on Knowledge*, in L. Cahoone (ed.) *From Modernism to Postmoderism: An Anthology*, Blackwell, 1996

W McNeill and K. Feldman (eds) *Continental Philosophy: An Anthology*, Blackwell, 1998

J. O'Neill, *The Poverty of Postmodernism*, Roucledge, 1995

R. Tamas, *The Passion of the Western Mind*, Pimlico, 1996

할 수 있다.

결론

나는 누구인가? 나는 정말 무엇을 알고 있는가? 나는 어디로 가고 있는가? 나는 어디로 가야 하는가? 서론에서 나는 독자들이 이 책을 읽어가는 동안 이 네 가지 질문을 함께 고민해 보시길 제안했다. 그것들은 책의 많은 내용을 걸어두기에 편리한 못과 같다.

어린 시절 나는 정답이 책 뒤에 있는 교과서를 기억한다. 철학은 그렇게 작동하지 않는다. 가장 흥미로운 질문은 '최종적인' 답이 없지만, 그렇다고 해서 어떤 설명이든 다른 설명만큼 좋다는 것은 아니다. 우리의 존재가 만약 그것이 '설명'될 수 있다면 진부하고 지루할 것이며, 30명 이상의 철학자들의 작업을 정리하는 깔끔한 결론은 존재하지 않는다. 나는 지금 것을 시도할 만큼 어리석지 않을 것이다. 그것은 그들이 제기한 질문이나 질문 과정에 대한 정당한 평가가 될 수 없다.

철학에는 쉬운 합의나 명확한 의견 불일치가 없다. 직선적인 진전이나 진전을 이루지 못한 실패도 없다. 중요한 통찰은 잊혀지고 재발견된다. 고대 그리스의 작품은 천 년 동안 서구에서 잊혀졌다. '이교도' 무슬림들이 그것을 보존했다. 다음에 이슬람이 인본주의 전통에 반하는 것으로 풍자될 때, 그 점을 기억하자.

그러나 철학에서 진전이 이루어지지만, 이는 우리가 가지고 있다고 생각했던 간단한 설명을 파괴하는 경향이 있다. 우리의 진전은 새로운 질문과 의심을 불러일으킨다. 이는 도전적인 탐구보다 편안한 확실성을 선호하는 사람들에게는 반가운 일이 아니다.

우리는 모두 어느 정도 자주 다른 사람의 행동을 이해하고 예측하려고 노력한다는 점에서 아마추어 심리학자이다. 마찬가지로, 우리 모두는 때때로 또는 정기적으로 왜 우리가 여기에 있는지, 우리가 하는 일을 어떻게 이해해야 하는지, 우리가 누구인지, 무엇이 중요한지, 어디로 가고 있는지를 묻는다는 점에서 아마추어 철학자이다. 통속적 지혜는 누가, 언제, 왜인지도 모른 채 전문가들의 연구에 의존하는 경우가 많다. 프로이트의 일부 아이디어는 주류 문화에 스며들었다. 현대 상담의 일부 용어도 마찬가지이다. 데카르트주의는 많은 사람의 사고를 구조화하는 것 같지만, 데카르트에 대해 들어본 사람은 거의 없다.

아마추어 심리학과 철학의 문제는 전문가들을 따라가지 못하는 경향이 있다는 것이다. 음악과 그림도 마찬가지다. 대부분의 사람들은 한 세기 전에 불가능할 정도로 새롭고 전위적인 것을 듣는 것을 선호한다. 전문가들은 과거를 버리지 않으면서 의미와 표현의 경계를 더 밀어붙이고, 현대적 이해를 탐구할 새로운 방법을 찾으려고 노력한다.

물론 우리 모두가 모든 것의 '최첨단'에 있을 수는 없으며, 우리가 그렇게 노력해야 할 이유도 없다. 내담자들은 일반적으로 철학을 공부할 시간도 의향도 없다. 자신의 삶을 되돌아보려는 돌봄 제공자와 내담자는 이 주제에 얼마나 많은 시간을 할애해야 할까? 나는 이 책이 철학 공부에 더 많은 시간을 할애해야 하는 이유를 보여주었기를 바란다. 이는 대화와 경청을 통해 다른 사람들에게 지원을 제공하려는 사람의 훈련과 관련이 있다. 철학은 그러한 훈련 내에 이미 존재하지만, 대부분 인식되지 않는다. 예를 들어 인지행동치료는 엄청난 양의 스토아 학파의 가르침을 수입한다. 인본주의 치료는 루소를 상당한 규모로 통합한다. 실존적 접근은 사르트르를 활용하지만, 하이데거, 니체 또는 키르케고르를 충분히 활용하지는 않는 것 같다.[89]

다른 사람이 자신의 곤경을 되돌아보도록 돕기 위해 말하거나 듣는 사람은 가치, 자아, 사회의 구성 틀 안에서 그렇게 하는 것을 피할 수 없다. 무엇이 중요한지, 우리가 누구인지, 어디로 가야 하는지에 대한 가정이 이루어진다. 이러한 가정은 모두 이전 철학자들의 연구에 강하게 영향을 받는다. 따라서 철학은 인간적 관심의 실천이 서 있는 기초, 그것이 보호하는 지붕, 그것이 담긴 벽, 그것이 더 넓은 세상을 내다보는 창문을 제공한다.

이러한 주장에 대해 일부 상담사들은 그들이 내담자에게 철학을 가르치는 것이 아니라 '단지 듣고 있을 뿐'이므로 이러한 철학자들에 대해 알 필요가 없다고 응답한다. 우리는 하이데거를 비롯한 여러 철학자가 '단지 듣는 것'은 원칙적으로나 실제로 불가능하다는 것을 보여주는 매우 강력한 주장을 했다는 것을 보았다. 상담사들은 물론, 하이데거의 주장을 일반적으로 전혀 알지 못하기 때문에 이를 그것에 도전하거나 반박하지 않았다. 이러한 순진함과 무지는 대화와 경청을 통해 다른 사람들을 치유하고 이해하는 방법에 대한 전문적인 분석을 제공한다고 주장하는 사람들 사이에서 결코 용납될 수 없다.

---

[89] 하이데거는 보스(M. Boss)와 함께 그의 철학을 심리치료에 적용했지만, 사르트르는 의심할 여지 없이 더 널리 영향을 미쳤다. 하이데거의 나치즘 관련은 그의 명성에 큰 타격을 주었다.

한 대학 행정관이 물리학자들에게 다음과 같이 물었다고 한다. "물리학자들은 도대체 무슨 문제가 있는 건가요? 당신들은 원자를 부수기 위해 수십억 달러를 원하고, 항상 더 많은 것을 요구하네요. 수학과는 연필, 종이, 쓰레기통으로 충분히 잘 해내고 있어요. 그리고 철학자들은 쓰레기통조차 요구하지 않아요."

철학자들은 큰 쓰레기통이 필요하지만, 최고의 철학은 아무리 오래되었더라도 다시 고려할 가치가 있다. 그것은 버려지지 않지만, 우리 시대보다 자신의 장소와 시간에 속하는 오래되고 초기적인 것으로 인식된다. 최고의 철학은 세기를 넘어 이어지는 대화와 같다. 대화는 맴돌고 막힐 수 있다. 때로는 반복될 수도 있다. 하지만 각 발언자가 자기 말만을 듣고 다른 모든 사람을 무시하지 않는 한, 각각의 기여를 어떤 순서로든 단순히 나열할 수는 없다. 물론, 그렇다면 그것은 실제 대화가 전혀 아니다. 모든 대화에서처럼, 모든 사람이 동등하고 중요한 기여를 할 수 있는 것은 아니다. 대부분의 철학은 중요하지 않고, 현학적이며 사소하며 혼란스럽다. 이것이 바로 철학과에 쓰레기통이 필요한 이유다!

때때로 우리는 우리가 얼마나 멀리 나아갔는지 측정하고 특정 논의가 어떻게 시작되고 성장했는지 이해하기 위해 오래된 철학자들을 읽는다. 철학의 어떤 주제의 현재 상태를 이해하는 것은 그것이 어떻게 그리고 왜 발전했는지 알 때 더 쉽다. 때로는 진전이 결코 순탄하지 않기 때문에, 우리는 어떤 면에서 나아가지 않고 심지어 퇴보하고 있을 수도 있다는 것을 보기 위해 오래된 철학자들을 읽는다. 예를 들어 나는 우리가 개인 발전에 대한 우리의 현대적인 집착 중 일부가 예를 들어, 그리스 및 이후 인본주의적 개인 정체성과 발전에 대한 아이디어와 비교할 때 소박하며 정교함이 부족할 수 있음을 보여주고자 했다.

철학에서 새로운 중요한 통찰을 발전시키는 것은 매우 어렵다. 나는 이 책에서 그렇게 했다고 주장하지 않는다. 그러나 '최고 30명'에 의해 개발된 생각은 상담 및 기타 돌봄 전문직의 관심을 받을 가치가 있는 것으로 보인다. 내가 조금이라도 성공했다면, 나는 이러한 아이디어의 상호 연결성, 관련성, 패턴, 매력을 보여주었을 것이다. 나는 너무 많은 미묘함을 짓밟지 않고 접근 가능한 언어로 몇 가지 복잡한 개념을 요약하려고 시도했고 성공했다고 생각한다.

우리가 우리에게 제공되는 근본적인 철학들을 체계적으로 살펴보지 않으면, 이들 중 하나가 우리의 시고방식에 침투하여 우리가 돌봄과 배려의 실천을 어떻게 생각하거나 생각하지 않게 될 방식을 결정하게 된다. 예를 들어 소비주의 사회에서 시장 가치는 일부 상담사들이 사람에 대해 생각하는 방식에 스며들 수 있다. 그들은 '기술 포트폴리오'를 만들고, 자신감과 자존감을 개발한다고 이야기하며, 마치 우리가 훈련받고 다듬어지고 홍보되는 대상과 제품인 것처럼 자신감과 자존감을 키운다. 소비자 가치와 경쟁적인 시장은 '상담', '상담 심리학', 그리고 심리치료의 '마케팅'에도 기초하며, 각 분야는 제품 차별화를 통해 시장 점유율을 보호하려고 한다. 시장 경쟁은 또한 현재 치료사들을 '과정화하고', '등록하고', '인증하려는' 열풍의 근본 원인이 된다. 이는 거의 모든 사람에게 모든 반대 증거에도 불구하고 인간 상호작용과 존재를 이해하려는 우리의 노력이 역량과 기술의 '수준'을 통한 훈련 및 감독의 생산 라인으로 '서비스'될 수 있다고 맹목적으로 가정하도록 이끈다. 마르크스주의와 실존주의의 아이디어는 이러한 현대적이고 포괄적인 망상의 유용한 해독제가 될 수 있다.

철학과 독립적으로 생각하고 볼 수는 없다. 우리가 채택하는 철학은 우리가 인식하고 반영하는 방식의 기초가 되는 구성 요소와 근본적인 조직을 제공한다. 그러나 철학이 더 크고 포괄적일수록 그것을 감지하기 더 어려워진다. 그것이 사회에서 패권을 얻으면 완전히 보이지 않게 될 수 있다. 그러면 그것은 우리가 세계와 자신에 대해 생각할 수 있는 유일한 방법을 제공한다. 이것이 내가 이 장에서 여러 이상하고 '낯선' 사상가를 소개하는 것이 매우 중요하다고 생각한 이유 중 하나이다. '화성인' 또는 '달'의 철학으로 상상 속에서 여행해야만 지구에서 현재 흔하고 압도적이지만 보이지 않는 것을 볼 기회를 얻을 수 있다.

따라서 사람들이 철학을 전혀 모른다고 말할 때, 실제로 의미하는 것은 그들이 단지 하나의 철학만 알고 있고 그것을 찾거나 평가할 수 있는 수단이 없다는 것이다. 그 결과, 그것은 그들이 하는 모든 일과 관심을 갖는 모든 것을 구조화한다. 그것은 또한 그들이 대안을 고려하거나 즉각적인 몰두를 더 큰 관점에 놓는 것을 방해한다.

이 장들 각각은 자체적인 결론을 가지고 있으므로 여기서 내가 제시한 일반적인 점을 자세히 설명할 필요는 없을 것이다. 하지만 나는 하나의 매우 큰 일반화를 시도할 것이다. (15세기) 르네상스는 오랜 문화적 정체기 이후 고전 학습과 가치에 대한 관심의 부흥으로 정의된다. '르네상스인'[90]은 자신, 학습능력, 삶과 기회에 대한 완전하고 균형 잡힌 통합적이고 지적인 관점을 갖는 능력을 믿었다. 미신, 참회, 그리고 비관주의는 종지부를 찍어야 했다. 모든 지식 영역과 창의적 표현 간의 (믿었던)

---

[90] 15세기 유럽의 기회 평등 정책은 여성에 대해 그다지 주목하지 않은 것으로 보인다.

상호 연결성을 탐구하고 기념해야 했다. 인간은 존엄성이 있었다. 소포클레스가 분명히 밝혔듯이 진보가 보장된 것은 아니었다. 그러나 영웅적인 정신은 그럼에도 불구하고 어쨌든 진보를 시도하려고 노력했다. 사람들 속의 선함은 기념할 만한 것이었지만[91], 우리는 인간의 이중성을 지적으로 다룰 필요도 있었다.[92]

이런 낙관적이고 활기찬 정신은 17세기와 18세기의 표현에서 역사적 메타 담론가들에 의해 '계몽주의'로 묘사되었다. 다시 한번 메시지는 소위 '신성한' 텍스트에서 진리를 단순히 찾고 해석하기보다는 우리 자신의 두뇌를 사용하여 존재를 이해할 수 있다는 것이었다. 우리는 자연과 인류의 작용 및 상호 연결에 대한 전반적인 그림을 얻을 수 있었다. 세계는 일관되고 질서 정연했으며, 우리가 체계적이고 창의적이며 규율 있는 접근을 취한다면 그 근본적인 로고스를 풀 수 있었다. 우리는 그렇게 함으로써 협력하고, 더 자유로워지고, 더 행복하고 충만한 삶을 살 수 있다는 것을 배울 수 있었다.

앞에서 보았듯이, 19세기 이후의 비평가들은 합리성 및 진보에 대한 우리의 이상이 그 자체로 좁고 억압적이며 비합리적이거나 단순히 거짓이 아닌지 의문을 제기했다. 예술에서의 낭만주의는 '이성'의 많은 구성이 죽어 있고 기계론적이며 인간 정신의 근본 진리로부터 분리되어 있다고 보았다. 루소, 쇼펜하우어, 키르케고르, 마르크스, 니체, 프로이트는 각기 다른 방식으로 '합리적이고', 계몽된, 인본주의적 진보와 협력의 성공 가능성에 대한 소박한 낙관주의의 근거가 없음을 보여주었다.

그렇다고 해서 인본주의 프로젝트 전체를 포기해야 할까? 그리스인들

---

91 예를 들어 에라스무스가 1509년의 『우신예찬』에서 분명히 밝힌 바 있다
92 앞에서 보았듯이, 예를 들어 마키아벨리의 『군주론』(1513)에서 나타난다.

과 그들의 르네상스 및 계몽주의 찬미자들은 진보를 정의하거나 달성하는 것이 쉽지 않다는 것을 잘 알고 있었다. 그러나 그들은 우리의 평범하고 제한적이며 오류투성이인 인간성에 대한 도전에 움츠리지 않고 맞서는 영웅적이고 강건한 사고방식을 따랐다. 우리가 자신의 사적 경험, 잠재된 절망, 자신 및 타인을 이해하고 관계를 맺는 어려움에 대한 비관주의에 빠지도록 조장하는 철학은 우리에게 별로 도움이 되지 않을 것이다. 만약 그러한 비관주의가 미래를 갖는다면, 그것은 우리가 의심, 절망, 환멸의 또 다른 '암흑 시대'로 빠져들도록 허용하기 때문이다. 그러면 아마도 모든 복잡성, 불확실성, 근본적 믿음과 희망을 가진 인본주의 의제가 다시 한 번 재발견되어야 할 것이다. 만약 이 책이 중요한 목적을 수행한다면 그것은 어려움, 복잡성, 한계에 대해 안일하지 않으면서 인본주의를 살아있고 건강하게 유지하는 데 도움이 되는 작은 기여를 제공하기 때문일 것이다.

이 장들의 많은 부분에서 또 다른 근본적인 관심사는 인간 존재의 정신적 차원을 설명하고 존중하며 가치를 부여하는 것이었다. 인본주의가 미래를 가지려면 기계론적이고 기계적이고 협소하게 합리적이며 완전히 세속적인 존재관을 피해야 할 것이다. 비합리적이거나 교조적이거나 미신적이지 않으면서 매혹의 비전을 통합할 수 있을까? 환상에 빠지지 않고도 환상적인 것에 참여할 수 있을까? 낭만적인 감정과 고전적인 이성이 더 크고 포괄적인 우주에 대한 이해로 통합될 수 있을까? 나는 그것이 가능하다고 느끼며, 그 때문에 나는 포스트모던 단편주의에서 멀어질 수 있다. 또한 나는 이러한 통합이 쉬운 합의나 '최종 종합'을 필요로 한다고 생각하지 않는다. 나는 정신성이 우리를 현실 도피, 독단적인 신학, 또는 비합리주의로 몰아넣을 필요가 없다는 생각을 계속해서 갖고 있다. 과학 자체도 경외, 경이, 잠정적 탐구 및 '거대 담론'이 가능하고 우리가 아무리 많은 관점을 취하더라도 끝없는 비교 불가능한 사적인 세계가 아닌 공유해야 할 하나의 우주가 있다는 기본적인 믿음으로 우리를 이끈다고 제안하고 싶다.

나는 고전적인 자유주의적 인본주의가 포스트모던 유아론보다 훨씬 더 선호되어야 하며, 최상의 경우 낭만적인 정신을 거부하기보다는 통합한다고 확신한다. 슬프게도 그러한 인본주의는 매력을 잃고 생명이 없는 개인적이고 비도덕적인 소비주의로 붕괴될 수 있다. 다행히도, 자유주의적 인본주의는 독단, 미신 또는 모호하고 피상적인 감정을 전제하지 않는 사회적 및 정신적 인식으로 활기를 되찾을 수 있다. 따라서 미래의 '거물'은 고전적인 인본주의 의제에 정신과 낭만을 되돌리는 과업에 대해 진지하게 생각하고 중요한 기여하기 때문에 정확히 그렇게 될 것이다.

나는 인간의 곤경을 이해하도록 돕기 위해 노력하는 모든 사람의 일상적인 실천과 관심사에 특정 철학적 관점을 연결하는 질문과 연습들을 모았다. 나는 그것들이 자체적인 설명과 정당성을 제공하고, 적어도 독자들의 식욕을 돋우기 위해 장들 사이에 충분한 연결고리가 확립되기를 바란다.

철학은 우리가 방금 받은 답변에 대해 어색한 질문을 계속해서 던질 때, 우리가 젊은이로서 결국 하게 되는 모든 것이다. 전문적인 돌봄과 공감의 본질, 통찰 및 한계에 대한 너무 많은 질문들이 너무 오랫동안 무시되어 왔다. 나는 이 책이 독자들이 이러한 근본적인 관심사를 유용하고 건설적으로 탐구할 수 있는 다양한 경로를 제시하면서 이러한 많은 질문들을 명확히 하는 데 도움이 되기를 바란다.

물론, 질문하는 과정 자체가 비겁한 대체물이 되는 때도 있다. 반복적으로 이유를 묻는 행위는 우리를 헌신적인 참여에서 분리시킬 수 있다. 하이데거가 관찰했듯이 의미는 종종 행동 속에서 발견된다. 따라서 우리가 행위를 멈추고 무엇을 해야 하는지, 왜 해야 하는지 계속해서 질문한다면, 바로 이러한 질문 과정 때문에 결국 모든 것이 무의미하고 임의적이며 부조리하다고 느끼게 될 수 있다. 이는 사르트르의 로캉탱의 경험이었다. 모든 답변에 대한 지속적이고 끈질긴 질문 후에, 우리 우주의 경계에 균열이 나타날 수 있다. 무의미함, 공허함, 무의 차가운 기운이 쏟아져 들어올 수 있다. 반복적으로 이유를 물음으로써 우리는 답을 제공하는 활동과 담론에서 분리될 수 있다. 이는 우울증에 취약한 사람들에게 잘 알려진 악순환이 될 수 있다. 우리는 항상 어떤 의미 체계에서도 벗어나 이유를 물을 수 있다. 이는 새로운 기회와 위협을 제공한다. 마찬가지로, 자아 인식의 능력은 우리가 이전에 살던 정체성의 모든 구조에서 벗어날 수 있게 해준다. 우리가 알고 있다고 생각했던 자기를 '넘어서는' 것은 다양한 동양 철학에서 잘 이해되고 있다. 우리가 보았듯이, 이러한 지향적 존재로서의 자기는 실존철학에서도 탐구되었다. 나는 이것이 우리의 정체성에 대한 이해에서 중요한 형태의 진보를 구성한다고 생각하며, 더 널리 이해될 가치가 있다고 생각한다.

의미는 행위와 참여에서 온다. 의미를 묻는 바로 그 과정은 자체가 우리를 그러한 행위에서 분리시키고, 따라서 무의미함의 느낌에 빠뜨릴 수 있다. 그러나 어떻게 정의되든 인간의 진보는 의미와 이해의 한계를 찾고 그것들을 개선하려면 그것들이 질문되어야 함을 요구한다. 인간 활동의 어떤 영역에서든 가정에 질문을 던지는 것과 그에 따라 행동하는 것 사이의 균형을 찾아야 한다. 내 생각에는 현재 급증하는 심리 치료 및 기타 돌봄 프로그램에서 행동과 기술에 너무 많은 관심을 기울이고 전제 조건과 그 근본적인 철학을 검토하는 데 충분한 관심을 기울이지 않고 있다.

이 철학자들의 아이디어와 그들 사이의 관계를 설명하려는 노력에서 나는 불협화음이 아닌 교향곡을 듣는다. 나는 그들의 노래의 일부를 제시하려고 노력했다. 이 결론을 마치면서, 나는 이 지적인 음악 중 일부가 당신에게 전달되었기를 바란다. 무엇보다도, 제기된 문제 중 일부를 스스로 질문하고 더 탐구하도록 영감을 주기를 바란다.

부록

응용 철학과 관련된 조직

이 책에서 나는 철학은, 아주 잘하면, 다른 분야에서와 마찬가지로, 치료를 포함한 모든 실천에 정보를 제공하고, 그 토대를 마련하며, 이를 안내하고 제약을 가한다고 주장했다. 행위와 참여와 무관한 말이나 이론은 의미를 잃는다. 반대로, 이론과 분리된 행위는 지혜와 관점을 잃는다. 따라서 철학은 특정 치료 방식에 국한되지 않으며 모든 치료의 기초이자 틀의 역할을 한다.

아래 연락처는 상담 및 심리치료 실천에 철학을 통합하는 데 깊은 관심을 가진 전문가들과 여러분을 연결해 줄 것이다.

UK
Society of Consultant Philosophers
The Old School Centre, Newport, Pembs SA42 0TS

Anglo-American Society for Philosophical Practice (AASPP)
School of Psychotherapy & Counselling
Regent's College
Inner Circle, Regent's Park
London NW1 4NS

USA
American Society for Philosophy, Counseffing and Psychotherapy (ASPCP) [93]
37 Parker Drive

---

[93] [역주] ASPCP는 해체되고 1992년 NPCA로 발전했다.

Morris Plains, NJ 07950
ASPCP Web Site: http://www.aspcp.org

American Philosophical Practitioners Association (APPA)
The City College of New York
137th St. at Convent Avenue
New York, NY 10031
Website: http://www.appa.edu

*National Philosophical Counseling Association**
Purdue University Northwest
2200 169th Street Hammond, IN 46323-2094
Website: https://npcassoc.org/

Canada

Canadian Society for Philosophical Practice
473 Besserer Street
Ottawa, Ontario K1N 6C2
Website: http://www.philosophicalpractice.ca/*[94]

Germany

International Society for Philosophical Practice
Hermann-Loens-Str. 56c
D-51469 Bergisch Gladbach, Germany
Webpage: www.achenbach-pp.de*

Japan*

Japanese Society for Philosophical Practice
The Philosophy Course in the Department of Psycho-Social Studies,
　School of Arts and Letters, Meiji University.
1-1 Surugadai, Kanda, Chiyoda-ku, Tokyo, 101-8301, Japan

---

94 [역주] '*'는 번역자가 추가한 것임.

Website: https://philopracticejapan.jp/about-en/

Korea*

Korean Society of Philosophical Counseling
Department of Philosophy, Dongguk University
30, Pildong-ro 1-gil, Jung-gu, Seoul, 04620, Republic of Korea

East Asian Society of Philosophical Practice
Department of Philosophy, Dongguk University
30, Pildong-ro 1-gil, Jung-gu, Seoul, 04620, Republic of Korea
Website: https://kspc2023.modoo.at/?link=awugixu6

Netherlands

Dutch Society for Philosophical Practice (VFP)
E. Schilderinkstraat 80
7002 JH Doetinchem, Netherlands

Norway

Norwegian Society for Philosophical Practice
Cappelens vei 19c
1162 Oslo, Norway
Website: http://home.c2i.net/aholt/e-nsfp.htm

Israel

Israel Society for Philosophical Inquiry
Horkania 23, Apt. 2
Jerusalem 93305
Website: http//www.geocities.com/ Athens/Forum/5914

Taiwan*

Taiwan Philosophical Counseling Association
2f-5, No. 2, Sec. 1, Zhongshan North Road
Taipei, Taiwan 10041
Website: https://www.tpca.tw/

역자
소개

이영의는 고려대학교 철학과를 졸업한 후, 뉴욕주립대학교(빙햄턴) 철학과에서 과학철학을 전공하여 박사학위를 받았다. 강원대학교에서 정년퇴임한 이후, 현재 동국대학교 철학과 특임교수로 있다. 한국체화인지학회 회장과 East Asian Society of Philosophical Practice의 공동회장을 맡고 있다. 저서로는 『베이즈주의』, 『신경과학철』, 『입』(공저), 『과학혁명』(공저), 『체화된 마음과 세계』(공저) 등이 있으며, 베이즈주의, 인공지능, 인지과학, 체화인지, 철학상담에 관한 여러 논문을 발표했다.

이진오는 연세대 신학과와 서울대 대학원 서양철학과를 졸업했다. 독일 뮈빙겐 대학교에서 칸트와 야스퍼스 연구로 철학박사학위를 받고 귀국한 후 서울대, 명지대, 서울시립대 등에서 가르쳤다. 현재 경희대 후마니타스칼리지 교수로 있다. 「철학상담 교과과정 연구」, 「이상 정신 및 행동에 대한 현존재분석론적 이해 1, 2」 등의 논문을 발표했다. 『철학수』, 고등학생용 『철학』, 『실존철학상담 입문』, 『AI와 철학의 전환』 등의 저서를 출간했다.

역자 후기

이 책은 10여 년 전 대학원 철학상담 수업에서 활용할 교재를 찾던 중 발견했다. 다른 좋은 교재들도 있었지만, 이 책만큼은 꼭 번역하고 싶다는 강한 열망이 들었다. 그동안 내심 누군가 번역해 주기를 기다렸다. 하지만 시간이 지날수록 그 가능성이 희박하다고 느껴졌고, 그때부터 번역에 대한 강한 사명감이 밀려왔다. 우연히 공역자인 이진오 교수에게 이 이야기를 꺼냈는데, 이 교수 역시 이 책의 번역 필요성에 동감하여 함께 작업을 하게 되었다.

철학책을 번역하는 것은 결코 쉬운 일이 아니다. 특히 이 책은 32명의 철학자와 다양한 사조를 다루고 있어 번역에 상당한 어려움이 있었다. 여러 철학자가 공동으로 사용한 개념을 어떻게 번역할 것인지도 문제였다. 우리는 각 철학자의 의도를 최대한 살리면서도 철학적 통일성을 잃지 않도록 심혈을 기울였다.

이 책의 저자인 알레스 하워드(Alex Howard)는 영국에서 25년 이상 성인교육 분야에서 강사이자 관리자로 활동했다. 그는 30년에 걸친 풍부한 상담 경험을 바탕으로 우리가 번역한 책 외에도 〈Challenges to Counselling and Psychotherapy〉(Macmillan, 1996)와 〈Counselling and Identity: Self Realisation in a Therapy Culture〉(Macmillan Education UK, 2005) 등 총 6권의 책을 집필했다. 그의 저술은 전체적으

로 상담에 관한 이론적 연구와 실천적 경험을 융합하고 있다는 점에서 루 메리노프를 비롯해 상담 분야에서 이론과 실천이 분리된 상황을 우려하는 많은 학자로부터 높은 평가를 받고 있다. 우리가 이 책을 번역하게 된 것도 바로 그런 이유 때문이다. 참고로 우리말로 번역된 〈Decode Your Fatigue〉(2021)의 저자는 그와 동명이인이다.

이 책의 특징을 소개하는 것이 독자들이 이 책을 더 깊이 이해하는 데 도움이 될 것이다.

첫째, 이 책은 철학사적 관점에서 철학이 상담에 대해 구체적으로 어떤 함의를 갖는지 분석한다는 점에서 독보적이다. 철학상담이 무엇인지, 어떻게 진행되는지, 주요 방법론은 무엇인지를 다룬 책은 많지만, 철학사적으로 개별 철학자들의 사상이 상담과 어떻게 관련되는지를 구체적으로 분석한 사례는 찾기 어렵다.

둘째, 이 책은 철학과 심리학의 독특한 조합이다. 따라서 이 책은 철학상담 전공자뿐만 아니라 철학을 자신의 분야에 적용하고자 하는 심리치료 및 상담학 전공자들에게도 흥미로운 통찰을 제공할 것이다. 철학 전공자들에게는 철학 사상을 실제 분야에 어떻게 적용할지에 대한 아이디어를 얻을 수 있을 뿐만 아니라, 자신의 분야가 수용했던 철학 사상이 어떤 점에서 충분치 못한지를 성찰할 기회도 제공할 것이다.

셋째, 이 책은 철학상담, 심리치료, 상담학을 교육하기 위한 매우 적절한 교재로 활용될 수 있다. 각 장은 크게 세 부분으로 구성되어 있다. 먼저, 개별 철학 사상의 요점을 제시하고 이를 상담에 적용할 사항을 정리한다. 그다음 본문에서 해당 사상을 상담의 관점에서 상세히 다룬다.

마지막으로 독자들이 상담 및 심리치료에서 철학 사상의 역할을 고민할 수 있도록 질문과 연습을 제공한다. 또한 결론에서는 관련 웹사이트와 참고문헌을 제시한다. 독자들은 이 책을 읽어가면서 개별 철학 사상에 대한 확고한 이해와 그 핵심을 파악하는 저자의 뛰어난 능력을 실감할 수 있다.

모든 철학책이 그렇듯이, 이 책 역시 저자의 고유한 관점을 담고 있다. 저자는 영미철학의 관점에서 철학에 접근한다. 잘 알려져 있듯이 영미철학은 경험과 의미의 명료화에 집중하는 반면, 대륙철학은 세계에 관한 진리 탐구에 중점을 두는 경향이 있다. 독자들은 저자가 영미철학의 전통에 속해 있음을 금방 알아차릴 것이다. 그런 관점 때문에 저자는 칸트나 하이데거의 사상을 의미가 명료하지 않다는 이유로 낮게 평가한다. 또한, 저자는 책 전체에 걸쳐 철학을 자연적으로, 즉 과학적으로 이해하려고 한다. 그는 자주 철학의 바람직한 방향을 상대성이론이나 양자물리학과 같은 현대과학 이론과의 비교를 통해 역설한다.

저자는 현대 상담과 심리치료가 서비스하는 자기 계발 프로그램들이 사회 및 세계로부터 독립된 '자기' 또는 '자아'에 의존하고 있음을 비판한다. 인간은 사회로부터 독립된 존재가 아니라, 하이데거가 주장했듯이, '세계내존재'이다. 우리는 자기 계발을 강조한 나머지 종종 자신이 사회적 존재라는 점을 망각하곤 한다. 저자가 추천하는 상담은 내담자의 고민과 고통을 덜어주고 위안을 제공하는 데 그치지 않고, 자기 주위와 세계를 둘러보고 현상계가 아닌 실재 세계에 직면하도록 내담자를 이끄는 상담이다.

저자가 이 책을 저술한 주요 동기는 포스트모더니즘이 진리와 가치를 해체한 결과 지적 황폐화가 발생했다고 보았기 때문이다. 이 책은 2,000년에 쓰였고, 그 후 25년이 흘렀다. 이제 우리는 포스트모던 사회가 아니라 포스트휴먼 사회에 살고 있다. 지난 25년 동안 저자가 기대했던 철학 사상이 출현했는지, 아니면 기존의 어떤 사상이 재평가되어 부상하고 있는지 살펴보는 것은 우리 시대의 고민과 고통을 상담하는 데 중요한 과제이다.

이 책을 번역하는 데 많은 분의 도움을 받았다. 우선, 함께 번역에 참여해 준 이진오 교수에게 깊이 감사드린다. 또한 이 책을 통해 공부하면서 창의적 의견과 비판을 제시해 준 학생들에게도 감사드린다. 그들의 생각은 이 책의 장단점을 이해하는 데 큰 도움이 되었다. 마지막으로 이 책의 번역을 흔쾌히 수락해 준 박찬익 박이정 대표이사님과 여러 차례 수정 작업을 훌륭히 수행해 주신 권효진 편집장님과 편집부원들에게 진심으로 감사드린다.

2025. 6. 12.
역자들 대표하여 이영의

색인

ㄱ

감리교 • 163
개신교 • 160, 161, 164, 165, 435
걸프 전 • 148
경험주의 • 283, 500
경험주의자 • 215
계몽주의 • 515, 518, 533, 534
공간 • 12, 18, 67, 223, 228, 229, 234, 235, 239, 244, 245, 252, 253, 283, 286, 287, 298, 299, 325, 326, 327, 368, 407, 436, 437, 468, 470, 472, 475, 483, 486
공무원 • 103
공산주의 • 50, 347, 375, 376, 380, 381, 386, 388, 521, 522
관념론 • 245, 313, 318, 320
괴테 • 210, 211
교양 교육 • 33, 256, 516
교육 • 9, 32, 39, 49, 51, 56, 69, 74, 75, 102, 114, 133, 151, 153, 185, 224, 233, 255, 256, 262, 263, 264, 267, 268, 273, 276, 277, 281, 301, 313, 341, 350, 352, 354, 371, 405, 426, 439, 449, 479, 516
교황 레오 • 13, 133
교황 이노센트 1세 • 337
구조주의 • 514, 515
그리스도 • 327, 328, 434
금권국가 • 48
기독교 • 22, 100, 111, 118, 119, 126~28, 132~35, 156~60, 164, 167, 246, 247, 275, 327, 328, 336, 339, 357, 366, 367, 369, 372, 385, 391, 392, 393, 405, 408, 426, 427, 433, 442, 445, 505, 510, 522

ㄴ

나는 생각한다, 고로 나는 존재한다 182, 187, 357
나치즘 • 529
나폴레옹 • 403
낭만주의 • 90, 210, 211, 264, 265, 278, 279, 281, 282, 379, 399,

402, 421, 533
네 가지 원소 • 19, 20
네로 • 96
뉴턴 • 4, 67, 224, 232, 245, 253, 336
니체 • 100, 126, 131, 293, 371, 372, 391~99, 400~08, 433, 435, 438, 444, 478, 483, 488, 516, 529, 533

ㄷ

다윈 • 398
단자 • 233
데리다 • 514
데모크리토스 • 19
데카르트 • 182~92, 194, 195, 197, 200, 203, 209, 220~22, 229, 233, 239, 298, 357, 358, 382, 417, 467, 488, 502, 515, 528
동양 • 18, 19, 68, 107, 423, 429, 434, 437, 438, 485
동양철학 • 18, 22, 212, 434, 436
디오게네스 라에르티오스 • 80
디즈레일리 • 152

ㄹ

라이프니츠 • 198, 203, 209, 212, 215, 224, 228~30, 232~34, 236, 237, 285, 324
러셀 • 59, 234, 313, 450, 451, 454

러시아 • 98, 101, 170, 172, 388
러시아 • 101
레비스트로스 • 514
로고스 • 4, 10, 20, 22, 64, 514, 533
로빈슨 크루소 • 271, 272, 278
로저스 • 10, 86, 140
로크 • 15, 175, 214, 215, 216~26, 239, 241, 244, 245, 249, 251, 278, 283, 417, 427, 515
루소 • 262~69, 271~82, 291, 402, 420, 423, 533
루크레티우스 • 78, 332
르네상스 • 157, 164, 524, 532, 534
리오타르 • 518, 520

ㅁ

마니교 • 442
마르쿠스 아우렐리우스 • 89, 96, 97, 105
마르크스 • 275, 280, 374~77, 379, 380, 383, 384, 387, 390, 401, 409, 516
마르크스주의 • 374, 375, 384, 499, 510, 521, 531
마키아벨리 • 144~54, 169, 403, 509, 533
메르세데스 • 265
메커니즘 • 138, 239
명예 • 9, 30, 44, 46, 51, 63, 65,

66, 68, 75, 84, 102, 139, 144, 150, 152, 170, 331, 350
모리 • 276
몽크 • 448, 461
무신론 • 164, 189
미국 헌법 • 216
밀 • 303~05, 341, 342, 344~49, 351~55, 359

ㅂ

발칸 반도 • 219
버클리 • 198, 212, 224, 238~46
벤담 • 297, 298, 299, 300, 303~06, 353
보산켓 • 313
보조자 • 47, 48
분석적 • 284, 285, 455
불교 • 22, 111, 199, 212, 328, 401
불평등 • 66, 80, 278, 355, 505, 523
브래들리 • 313, 321, 450

ㅅ

사도들 • 450
사르트르 • 20, 198, 293, 368, 371, 372, 435, 468, 487~93, 495, 496, 498, 499, 500~05, 507, 508, 511, 512, 529, 536
사회주의 • 379, 382, 522, 523

상담심리학 • 10
상대성 이론 • 309
상인 • 47, 48, 49
상트페테르부르크 • 98
생존주의 • 93, 100
선험적 종합 • 287, 289, 319, 436
선험적 지식 • 1
세 가지 요소 • 41, 45
세네카 • 96
소크라테스 • 16, 32~38, 41, 51, 59, 74, 163, 254, 260, 301, 353, 360, 447, 458
소포클레스 • 23, 25~27, 95, 504, 533
솔로몬 • 69
쇼펜하우어 • 314, 323, 325~27, 329~31, 333, 335~38, 340, 358, 398, 401, 435, 454, 489, 516, 533
쇼핑 • 6, 101, 247, 510, 516, 518
수호자 • 46, 47, 48, 49, 50
스미스 • 384
스콜라 철학 • 133, 134
스토아주의 • 86, 93~97, 101, 102, 106~08, 110, 111, 114, 115, 425
스포크 박사 • 263
스피노자 • 198, 199, 200~05, 209, 210~12, 233
시간 • 12, 15, 18, 20, 21, 24, 34,

45, 55, 64
신비주의 • 4, 9, 202, 211, 212, 232, 336, 445, 450, 451
신비주의자 • 327, 329
실존주의 • 293, 356, 357, 367, 368, 370~72, 468, 488, 494, 495, 504, 507, 512, 531

ㅇ

아놀드 • 28
아들러 • 416, 430, 440
아리스토텔레스 • 53~58, 60~71, 73~75, 133, 142, 271, 306, 420, 426
아사지올리 • 321
아우구스티누스 • 117~20, 121~26, 128~30, 132, 139, 140, 142, 158, 189
아인슈타인 • 67, 448, 461, 470
알렉산더 대왕 • 54
앙투안 로캉탱 • 506
앵글로색슨 철학 • 450, 457, 462, 512, 515
야만인 • 73, 378
양자 이론 • 234, 309
에라스무스 • 533
에픽테토스 • 84, 89, 96, 97
엘리스 • 106, 107, 108, 109, 111
엠페도클레스 • 19

엥겔스 • 376, 377
영국상담협회 • 218, 299
영지주의 • 435, 436
예수 • 100, 442
오든 • 411
오이디푸스 • 23, 25~28, 30
올림포스 산 • 209
왕당파 • 169
융 • 20, 212, 416, 429~36, 438~443, 445
의무 • 45, 51, 56, 62, 75, 88, 102, 103, 105, 107, 114, 128, 135, 147, 176, 180, 181, 200, 208, 268, 345, 364, 405, 413, 520
이슬람 • 54, 142, 246, 527
일반 의지 • 277, 278

ㅈ

자본주의 • 381, 382, 384, 385, 388
자부심 • 18, 44, 91, 97, 100, 103, 112, 124, 385, 415
자유주의적 인본주의 74, 400, 401, 511, 516, 517, 522, 535
작센의 프레데릭 • 160
재거 • 302
정신분석학 • 426, 510, 521
정신분석학적 • 523
정신역동치료 • 160
정적주의 • 93

제3의 길 • 382, 523
종교개혁 • 138, 163, 166
종합적 진리 • 284
중산층 • 72, 101, 161, 331, 349, 522

ㅊ
찰스 5세 • 159
초인 • 100, 138, 392, 407

ㅋ
카네기 • 498
칸트 • 15, 258, 283~95, 304, 317, 319, 324, 325, 327, 400, 435
칼빈 • 164
칼빈 • 162
캐럴 • 518
케인스 • 450
콜리지 • 211
크리시푸스 • 94
키르케고르 • 34, 293, 357~60, 363, 365~72, 488, 489, 508, 516, 529, 533

ㅌ
타이타닉호 • 180
타키투스 • 96
토마스 아퀴나스 • 119, 132, 135, 136
튜링 • 193

트라시마코스 • 398
트라팔가 • 499

ㅍ
파우스트 • 398
파울리 • 436
파인만 • 316
팍스 아메리카나 • 79, 173
펠라기우스 • 337
포스트모더니즘 • 191, 293, 511, 513, 518, 521, 525, 546
프레게 • 452
플라톤 • 10, 32~34, 36~53, 56, 58, 63, 74, 75, 188, 263, 324, 327, 368, 398, 420, 426, 436, 516
플리스 • 413
피타고라스 • 7, 8, 9, 10, 12, 13, 15, 25

ㅎ
하디 • 335
하이데거 • 16, 20, 190, 293, 371, 372, 457, 460, 468~70, 473, 478~82, 484~86, 488, 489, 491, 493, 499, 503, 507, 508, 529, 536
합리론 • 203, 210, 211, 220, 229, 232, 233, 292
해체주의자 • 514
행복 • 6, 29, 37, 45, 54~56, 58, 64, 68, 74, 77, 94, 95, 100, 104,

106, 126, 139, 188, 195, 203, 222, 233, 259, 265, 273, 274, 276, 297, 299, 300
허위의식 • 118, 384, 388, 389
헤겔 • 20, 21, 198, 310, 311, 312, 313~21, 324, 336, 367, 368, 370, 372, 376, 450, 488
헤라클레이토스 • 14~20, 22, 491
헨델 • 445
현상 • 3, 5, 9, 12, 19, 164, 165, 167, 204, 234, 286, 287, 325,
331, 375, 467, 470, 478
현상계 • 545
홉스 • 168~81, 215, 217
흄 • 15, 222, 248~60, 283, 284, 288, 290, 292, 309, 310, 319, 326, 417, 418, 454, 493, 512, 515
히포크라테스 • 19
힌두교 • 22, 199, 212, 232, 327, 328, 336, 339, 340, 435